Der Dokumentarfilm – Bürgerlichrechtliche und urheberrechtliche Grundlagen der Produktion

Studien zum deutschen und europäischen Medienrecht

herausgegeben von Dieter Dörr und Udo Fink

mit Unterstützung der Dr. Feldbausch Stiftung

Bd. 21

PETER LANG

Frankfurt am Main · Berlin · Bern · Bruxelles · New York · Oxford · Wien

Henrike Maaß

Der Dokumentarfilm – Bürgerlichrechtliche und urheberrechtliche Grundlagen der Produktion

PETER LANG
Europäischer Verlag der Wissenschaften

Bibliografische Information Der Deutschen Bibliothek
Die Deutsche Bibliothek verzeichnet diese Publikation in der Deutschen Nationalbibliografie; detaillierte bibliografische Daten sind im Internet über <http://dnb.ddb.de> abrufbar.

Zugl.: Mainz, Univ., Diss., 2006

D 77
ISSN 1438-4981
ISBN 3-631-55408-7

www.peterlang.de

Vorwort

Die vorliegende Arbeit wurde vom Fachbereich Rechts- und Wirtschaftswissenschaften der Johannes Gutenberg-Universität Mainz im Wintersemester 2005/2006 als Dissertation angenommen.

Mein herzlicher Dank gilt vor allem meinem Doktorvater, Herrn Prof. Dr. Jürgen Oechsler, der die Betreuung des Themas mit großem Interesse übernommen hat. Mit seinem unschätzbaren Engagement hat er die Arbeit – auch nach ihrer Fertigstellung – gefördert und begleitet und durch wertvolle Anregungen zu ihrem Gelingen beigetragen. Bei Frau Prof. Dr. Dagmar Kaiser bedanke ich mich für die äußerst schnelle Erstellung des Zweitgutachtens. Den Herausgebern, Herrn Prof. Dr. Dieter Dörr und Herrn Prof. Dr. Udo Fink, danke ich für die Aufnahme der Dissertation in diese Schriftenreihe. Die Arbeit wurde mit dem Feldbausch-Preis des Jahres 2006 ausgezeichnet, wofür ich mich bei der Dr. Feldbausch-Stiftung sehr bedanke.

Der Grundstein für das Dissertationsthema wurde während meiner Redaktionstätigkeit bei der Cine Impuls Film und Video KG gelegt, auf die ich mit Freude und Dank zurückblicke. Karl Laabs und Walter Brun seien hier stellvertretend für all diejenigen genannt, von denen ich während dieser Zeit viel habe lernen dürfen. Einen wichtigen Anstoß für meinen Entschluss zu promovieren gab mir Rechtsanwalt Norbert Klingner, dem ich für seine Förderung und Unterstützung sehr danke.

Erst die vielfältige – tatkräftige und moralische – Unterstützung meiner Familie und Freunde haben mir jedoch die Erstellung dieser Arbeit ermöglicht. Ein großer Dank geht insbesondere an Diana Tangnatz, Ri'inVG Rautgundis Uebel, Kerstin Ammerlahn, Daniela Gehlen, Dr. Alexandra von Westernhagen, Ursula Pfriem und Nina Meretzki.

Ein ganz besonderer Dank geht an meine Eltern. Sie haben mir meine Ausbildung ermöglicht und mich mit viel Liebe und Geduld in allen Entscheidungen unterstützt. Mit ihrer Förderung haben sie einen maßgeblichen Beitrag zum Erfolg dieser Arbeit geleistet.

Berlin, im Mai 2006 Henrike Maaß

Inhalt

3. Teil

Urheberrechtliche Grenzen der Dokumentationsfreiheit und Schranken des Urheberrechts

4. Teil

Persönlichkeitsrechtliche Grenzen der Dokumentationsfreiheit – Insbesondere: Persönlichkeitsrechtliche Aspekte von Lebens- und Charakterbildverfilmungen

5. Teil

Der Vertrag über die Gestattung einer Lebens- und Charakterbildverfilmung

Abkürzungen

a.A. / A.A.	andere Ansicht
ABl. EG	Amtsblatt der Europäischen Gemeinschaften
Abs.	Absatz
AcP	Archiv für die civilistische Praxis
a.F.	alte Fassung
AfP	Archiv für Presserecht
AG	Amtsgericht
AK	Reihe Alternativkommentare: Kommentar zum Grundgesetz für die Bundesrepublik Deutschland
Alt.	Alternative
a. M.	am Main
Anh.	Anhang
AnwBl.	Anwaltsblatt
AöR	Archiv des öffentlichen Rechts
ARD	Arbeitsgemeinschaft der öffentlich-rechtlichen Rundfunkanstalten der Bundesrepublik Deutschland
Art.	Artikel
ARTE	Association Relative à la Télévision Européenne
AT	Allgemeiner Teil
BayOLG	Bayrisches Oberstes Landesgericht
BayOLGZ	Entscheidungen des Bayrischen Obersten Landesgerichts in Zivilsachen
BB	Betriebs-Berater
Bd.	Band
BGB	Bürgerliches Gesetzbuch
BGBl.	Bundesgesetzblatt
BGH	Bundesgerichtshof
BGHZ	Entscheidungen des Bundesgerichtshofs in Zivilsachen
BT-Drs.	Bundestagsdrucksache
BVerfG	Bundesverfassungsgericht
BVerfGE	Entscheidungen des Bundesverfassungsgerichts
BVerfGG	Gesetz über das Bundesverfassungsgericht
BVerwG	Bundesverwaltungsgericht
BVerwGE	Entscheidungen des Bundesverwaltungsgerichts
bzw.	beziehungsweise
ca.	circa
d.h.	das heißt
Diss.	Dissertation
e.A.	eine Ansicht
EGMR	Europäischer Gerichtshof für Menschenrechte

Einf. .... Einführung
Einl. .... Einleitung
EMRK .... Europäische Konvention zum Schutze der Menschenrechte und Grundfreiheiten
etc. .... et cetera
EuGRZ .... Europäische Grundrechte Zeitschrift
EWiR .... Entscheidungen zum Wirtschaftsrecht
f. .... folgende (Seite / Randnummer)
FamRZ .... Zeitschrift für das gesamte Familienrecht
ff. .... folgende (Seiten / Randnummern)
Fn. .... Fußnote
FS .... Festschrift
FuR .... Film und Recht
GA........................ Goltdammer's Archiv für Strafrecht
GeschmMG .... Geschmacksmustergesetz
GG .... Grundgesetz
GRUR .... Gewerblicher Rechtsschutz und Urheberrecht
GRUR Int. .... Gewerblicher Rechtsschutz und Urheberrecht – Internationaler Teil
GRUR-RR .... Gewerblicher Rechtsschutz und Urheberrecht – Rechtsprechungs-Report
GVG .... Gerichtsverfassungsgesetz
h.L. .... herrschende Lehre
h.M. .... herrschende Meinung
Hrsg. .... Herausgeber
hrsg. v. .... herausgegeben von
i.Br. .... im Breisgau
i.V.m. .... in Verbindung mit
JA .... Juristische Arbeitsblätter
JR .... Juristische Rundschau
JuS .... Juristische Schulung
JW .... Juristische Wochenschrift
JZ .... Juristenzeitung
Kap. .... Kapitel
KG .... Kammergericht
KUG .... Gesetz betreffend das Urheberrecht an Werken der bildenden Künste und der Photographie (Kunsturhebergesetz)
LG .... Landgericht
LM .... Lindenmaier-Möhring, Nachschlagewerk des Bundesgerichtshofs
LMK .... Kommentierte BGH-Rechtsprechung Lindenmaier-Möhring
LPartG .... Gesetz über eingetragene Lebenspartnerschaften (Lebenspartnerschaftsgesetz)

LUG	Gesetz betreffend das Urheberrecht an Werken der Literatur und der Tonkunst
MDR	Monatsschrift für deutsches Recht
MDR	Mitteldeutscher Rundfunk
M.M.	Mindermeinung
MMR	MultiMedia und Recht
MTV	Music Television
MüKo	Münchener Kommentar zum Bürgerlichen Gesetzbuch
MüKo-ZPO	Münchener Kommentar zur Zivilprozeßordnung
m.w.N.	mit weiteren Nachweisen
n.F.	neue Fassung
NJW	Neue Juristische Wochenschrift
NJW-RR	NJW-Rechtsprechungs-Report Zivilrecht
Nr.	Nummer
NVwZ	Neue Zeitschrift für Verwaltungsrecht
nwPresseG	Pressegesetz für das Land Nordrhein-Westfalen
o.Ä.	oder Ähnliches
OASG	Gesetz zur Sicherung der zivilrechtlichen Ansprüche der Opfer von Straftaten (Opferanspruchssicherungsgesetz)
OLG	Oberlandesgericht
OLGE	Die Rechtsprechung der Oberlandesgerichte aus dem Gebiete des Zivilrechts
RBÜ	Revidierte Berner Übereinkunft zum Schutze von Werken der Literatur und Kunst
RG	Reichsgericht
RGRK	Reichsgerichtsräte-Kommentar
RGSt	Entscheidungen des Reichsgerichts in Strafsachen
RGZ	Entscheidungen des Reichsgerichts in Zivilsachen
RiStBV	Richtlinien für das Strafverfahren und das Bußgeldverfahren
RKEG	Gesetz über die religiöse Kindererziehung
Rn.	Randnummer
RTL	Radio Télévision Luxembourg
s.	siehe
S.	Seite
Schulze	Erich Schulze, Rechtsprechung zum Urheberrecht, Entscheidungssammlung
StGB	Strafgesetzbuch
u.a.	unter anderem
UFITA	Archiv für Urheber-, Film-, Funk- und Theaterrecht
UrhG	Gesetz über Urheberrecht und verwandte Schutzrechte (Urheberrechtsgesetz)
UWG	Gesetz gegen den unlauteren Wettbewerb
v.	von / vom

VerlG .... Gesetz über das Verlagsrecht
VersR .... Versicherungsrecht
VG .... Verwaltungsgericht
vgl. .... vergleiche
Vorb. v. .... Vorbemerkung vor
WDR .... Westdeutscher Rundfunk
WM .... Wertpapiermitteilungen – Zeitschrift für Wirtschafts- und Bankrecht
WRP .... Wettbewerb in Recht und Praxis
z.B. .... zum Beispiel
ZDF .... Zweites Deutsches Fernsehen
ZeuP .... Zeitschrift für europäisches Privatrecht
ZIP .... Zeitschrift für Wirtschaftsrecht
zit. .... zitiert
ZPO .... Zivilprozessordnung
z.T. .... zum Teil
ZUM .... Zeitschrift für Urheber- und Medienrecht
ZUM-RD .... Zeitschrift für Urheber- und Medienrecht – Rechtsprechungsdienst
ZZP .... Zeitschrift für Zivilprozess

1. Teil
Einführung

Der Dokumentarfilm kann auf eine lange kulturelle Tradition zurückblicken, doch gerade in jüngerer Zeit scheint im Fernsehen eine wahre Renaissance des Dokumentarischen stattzufinden. So ist das Schlagwort „Doku" in den letzten Jahren zum Präfix einer Vielzahl von dokumentarischen Fernsehformaten geworden – eine Entwicklung, die auch die aktuelle Dokumentarfilmdiskussion beschäftigt. Während einerseits im Hinblick auf die rasante Zunahme von „Doku"- und „Reality"-Formaten die Frage diskutiert wird, ob von einem neuen „Dokumentarfilmboom" gesprochen werden kann, wird andererseits gerade die fortschreitende Formatierung von dokumentarischen Programmen beklagt, die in Form von reduzierten Sendeplätzen und Budgets vor allem zu Lasten des großen Dokumentarfilms geht.[1]

Auch in der Rechtswissenschaft wird auf die zunehmende Bedeutung von Darstellungen, die sich mit tatsächlichen Ereignissen beschäftigen, reagiert. Zwar sind viele der sich im Rahmen einer Filmproduktion ergebenden rechtlichen Fragestellungen unabhängig vom jeweiligen Filmgenre nach identischen Maßstäben zu bewerten, jedoch gilt dies nicht ausnahmslos; vielmehr können die genrespezifischen Eigenheiten dokumentarischer Darstellungen für die rechtliche Bewertung bedeutsam sein. Auch die vorliegende Arbeit behandelt einige ausgewählte rechtliche Aspekte, die in einem spezifischen Zusammenhang zum dokumentarischen Film stehen: den urheberrechtlichen Werkcharakter und die verfassungsrechtliche Kunstwerkqualität, die Zitierfreiheit gemäß § 51 UrhG und die Rechtsfigur eines sogenannten übergesetzlichen Notstandes sowie persönlichkeitsrechtliche Aspekte von dokumentarischen Darstellungen, insbesondere von Lebens- und Charakterbilddarstellungen. Die rechtlichen Besonderheiten, die sich hierbei gegenüber fiktiven Filmgenres, insbesondere dem Spielfilm ergeben, resultieren vor allem aus dem Darstellungs- und Bezugsgegenstand dokumentarischer Filme: der Realität. So liefern die „Bilder aus der Wirklichkeit" einen Blick auf das Leben, auf Ereignisse und Menschen, auf Fremdes und Bekanntes. Sie vermitteln Gedanken und Informationen und nehmen damit im gesellschaftlichen Diskurs und demokratischen Meinungsbildungsprozess eine bedeutsame Funktion ein, die durch die Kommunikationsgrundrechte des Art. 5 Abs. 1 GG verfassungsrechtlichen Schutz genießt. Diesen Stellenwert gilt es bei der Rechtsanwendung zu berücksichtigen. Andererseits ist es gerade dieser Realitätsbezug, der dokumentarischen Darstellungen rechtliche Grenzen set-

---

[1] Vgl. die zahlreichen Beiträge in *Feil* (Hrsg.), Dokumentarisches Fernsehen: Eine aktuelle Bestandsaufnahme, S. 9, 9 ff. Eine umfangreiche Analyse des dokumentarischen Programmangebots im deutschen Fernsehen findet sich bei *Wolf*, Alles Doku – oder was?, S. 12, 12 ff.

zen kann, zu denen vor allem entgegenstehende Persönlichkeitsrechte der im Film dargestellten Personen zählen.

Bevor auf die vorstehenden rechtlichen Aspekte näher eingegangen wird, soll im Folgenden zunächst ein Überblick über die unterschiedlichen Formen des dokumentarischen Films und Fernsehens verschafft werden. Deren inhaltliche Bestimmung und Abgrenzung ist für die juristische Auseinandersetzung keinesfalls nur theoretischer Natur, da sich an die Eigenschaften der verschiedenen dokumentarischen Formate durchaus unterschiedliche rechtliche Konsequenzen knüpfen können. Dies gilt beispielsweise für die urheberrechtliche Werkqualität und die Kunsteigenschaft des Films. Auch der Informationswert der verschiedenen Formen des dokumentarischen Films und Fernsehens ist unterschiedlich stark ausgeprägt, was für die verfassungsrechtliche Abwägung der Kommunikationsgrundrechte des Art. 5 Abs. 1 GG mit entgegenstehenden Verfassungsgütern bedeutsam ist. Für die Beurteilung von Persönlichkeitsrechtsverletzungen spielen schließlich die Publikumswirksamkeit und Breitenwirkung der Formate sowie das Ausmaß der Verfremdung der dargestellten Ereignisse und Personen eine Rolle, wobei sich ebenfalls Abweichungen zwischen den einzelnen dokumentarischen Formaten ergeben.

A. Begriff des Dokumentarfilms, historische Entwicklung und Ausdrucksformen des dokumentarischen Films und Fernsehens

Obgleich jedermann eine ungefähre Vorstellung davon hat, was ein Dokumentarfilm ist, existiert bis heute keine anerkannte Definition dieser Filmgattung. Zu unterschiedlich sind die Auffassungen darüber, was ein Dokumentarfilm leisten kann bzw. soll und wodurch er sich im Vergleich zu anderen dokumentarischen Formaten auszeichnet. Der Ausdruck „documentary" wurde von *John Grierson* in einer Besprechung von *Robert J. Flahertys* Film „Moana" (1926) geprägt.[2] *Grierson* beschrieb den Dokumentarfilm als „creative treatment of actuality"[3], als den kreativen Umgang mit der Realität bzw. eine kreative Bearbeitung der Wirklichkeit. Schon in diesem ersten Beschreibungsansatz deutet sich an, wodurch die filmtheoretische Auseinandersetzung um den Dokumentarfilm jahrzehntelang gekennzeichnet sein sollte: Eine Bestimmung des Begriffs Dokumentarfilm wurde vor allem in seinem Verhältnis zur Realität und in der Abgrenzung zum Spielfilm gesucht. Während der Dokumentarfilm noch in den

---

[2] „Moana, being a visual account of events in the daily life of a Polynesian youth and his family, has documentary value", zitiert nach *Heller*, Dokumentarfilm, in: Reclams Sachlexikon des Films, S. 124, 124.

[3] Zitiert nach *Hohenberger*, Dokumentarfilmtheorie, S. 8, 13.

sechziger Jahren von Vertretern des Direct Cinema als eine authentische, objektive Abbildung der Wirklichkeit begriffen wurde[4], setzte sich im Verlauf der Zeit die Erkenntnis durch, dass letztendlich jede Filmaufnahme aufgrund der Subjektivität filmischer Gestaltung eine Inszenierung und Fiktionalisierung des Dargestellten enthält, und zwar unabhängig davon, ob es sich um dokumentarische oder um Spielfilmaufnahmen handelt.[5] In der jüngeren Filmtheorie wird zwischen Dokumentarfilmen und anderen Filmgenres deshalb erst auf der Ebene der Rezeption differenziert. Erst der Zuschauer, der die klassischen stilistischen Strukturen und Konventionen von Dokumentarfilmen kennt, unterscheidet diesen von anderen Genres wie z.B. dem Spielfilm.[6]

Neben dem unterschiedlichen theoretischen Verständnis vom Dokumentarfilm sind die Definitionsschwierigkeiten jedoch vor allem auf die zahlreichen Ausdrucksformen zurückzuführen, die der dokumentarische Film im Verlauf seiner Geschichte gefunden hat. „Fällt es schon schwer, eine konsequent stichhaltige Definition für den mediengeschichtlich vor und außerhalb des Fernsehens entstandenen ‚Dokumentarfilm' zu finden, so mehren sich die Probleme angesichts des Fernsehens: Nicht nur, dass das Fernsehen mit der Übernahme und Weiterentwicklung einzelner Traditionen des Dokumentarfilms dessen begriffliche Unschärfen bewahrt,- verkompliziert wird die Lage dadurch, dass das Fernsehen darüber hinaus ein breites Spektrum medienspezifisch neuer dokumentarischer Filmformen ausgebildet hat".[7] Dementsprechend wird der Begriff Dokumentarfilm häufig auch nicht als Gattungsbegriff, sondern vielmehr als abgrenzendes Qualitätsurteil benutzt – Dokumentarfilme wollen Einzelstücke sein.[8] Trotz aller Unterschiede in Darstellungsgegenstand und -ästhetik lassen sich jedoch bestimmte Genreeigenschaften feststellen: Der Dokumentarfilm steht in Opposition zu anderen dokumentarischen Formaten, da er weniger auf journalistische Informationsvermittlung, sondern auf individuelle künstlerische Gestaltung zielt.[9] Sein Inhalt und seine Ästhetik sind unformatiert, in einer Gesellschaft der schnellen Bilder folgt er seinem eigenen Tempo, er ist ausschließliches Produkt

---

[4] Vgl. zum theoretischen Ansatzpunkt des Direct Cinema etwa *Hohenberger*, Dokumentarfilmtheorie, S. 8, 15 ff., und unten unter 2.Teil A II 1 a bb.

[5] Vgl. hierzu: *Hohenberger*, Dokumentarfilmtheorie, S. 8, 22 f.; *Roth*, Der Dokumentarfilm seit 1960, S. 185; *Witzke/Rothaus*, Die Fernsehreportage, S. 61; *Rabinger*, Dokumentarfilme drehen, S. 52.

[6] *Hattendorf*, Dokumentarfilm und Authentizität, S. 62 ff., nennt als solche Authentisierungsstrategien z.B. Interviews, Reporter vor der Kamera, Off-Kommentare, Originalton, lange Einstellungen oder ausdrückliche Hinweise auf den dokumentarischen Charakter der Aufnahmen. Vgl. zu den unterschiedlichen filmtheoretischen Positionen: *Hohenberger*, Dokumentarfilmtheorie, S. 8, 18 ff., 25 ff.; *Heller*, Dokumentarfilm, in: Reclams Sachlexikon des Films, S. 124, 124.

[7] *Heller*, Dokumentarfilm im Fernsehen – Fernsehdokumentarismus, S. 91, 91.

[8] *Witzke/Rothaus*, Die Fernsehreportage, S. 77; *Wolf*, Alles Doku – oder was?, S. 94.

[9] *Witzke/Rothaus*, Die Fernsehreportage, S. 77.

des Autors und trägt dessen individuelle Handschrift.[10] Der Dokumentarfilm will Geschichten, Hintergründe, Ereignisse oder Themenbereiche ausführlich mit den Mitteln des Films darstellen, so dass klassische Dokumentarfilme häufig Spielfilmlänge haben.[11]

Im Ergebnis lassen sich weder der Dokumentarfilm noch andere Formen des dokumentarischen Films und Fernsehens in festen Definitionen inhaltlich fixieren, zumal die Genrekonturen zunehmend verwischen und Genrebezeichnungen höchst unterschiedlich gebraucht werden.[12] Auch die folgenden Ausführungen können daher nur eine inhaltliche Annäherung an die im Rahmen dieser Arbeit relevanten dokumentarischen Formate bieten, indem ihre Eigenschaften in Form eines Überblicks über die historische Entwicklung des dokumentarischen Films beschrieben werden.

I. Die Anfänge des Dokumentarfilms

Als der Film im ausgehenden 19. Jahrhundert erfunden wurde, waren es dokumentarische Bilder, die den Zuschauer in ihren Bann zogen. Einer übermittelten Anekdote zufolge soll das Publikum des Filmes „L'arrivée d'un train en gare de la Ciotat" (Frankreich 1895) der *Gebrüder Lumière* beim Anblick eines in den Bahnhof einfahrenden Zuges in Aufruhr und Panik geraten sein. Die Faszination, die von den ersten bewegten Bildern ausging, war dabei weniger in einem besonderen künstlerischen Anspruch begründet. Die ersten Filme wurden auf Jahrmärkten und in Wanderkinos aufgeführt und galten als Volksvergnügen. Film war nicht Kunst, sondern Geschäft – ein echtes „Kind des Kapitalismus".[13] Schon bald wurden jedoch die künstlerischen Möglichkeiten des Films entdeckt und für abendfüllende Dokumentarfilme genutzt, die zwar bereits innerhalb weniger Jahre in ihrer Popularität vom Spielfilm verdrängt wurden, sich aber dennoch in den zwanziger Jahren zu einem eigenständigen Filmgenre entwickelten.[14] Hierbei prägten sich weltweit sowohl im Hinblick auf das theoretische Verständnis vom Dokumentarfilm als auch auf den Stil und das Sujet, mit denen sich die Dokumentarfilmemacher beschäftigten, konkurrierende Ansätze aus.

---

[10] *Wolf*, Alles Doku – oder was?, S. 30, 94.
[11] *Wolf*, Alles Doku – oder was?, S. 30; vgl. auch *Witzke/Rothaus*, Die Fernsehreportage, S. 77. Die meisten Dokumentarfilme haben eine Dauer von 60 bis 90 Minuten und länger, wobei es allerdings auch kürzere Dokumentarfilme gibt, *Wolf*, Alles Doku – oder was?, S. 24, 30.
[12] Vgl. auch *Wolf*, Alles Doku – oder was?, S. 30 f., 53; *Landgraeber*, Ihr da draußen, wir hier drinnen, S. 247, 251 f.; *Witzke/Rothaus*, Die Fernsehreportage, S. 76.
[13] *Kurowski*, Lexikon Film, S. 127.
[14] *Buchers Enzyklopädie des Films*, S. 188; vgl. *Rabinger*, Dokumentarfilme drehen, S. 36 ff.

Als Gründerwerk des Dokumentarfilms gilt *Robert J. Flahertys* Film „Nanuk der Eskimo" („Nanook of the North", USA 1922), eine ethnographische Studie, die den Alltag einer Eskimofamilie schildert.[15] Europäische Dokumentarfilme der zwanziger und dreißiger Jahre setzten sich oftmals mit dem Leben in der Großstadt auseinander, wie etwa *Walter Ruttmanns* „Berlin – Die Sinfonie der Großstadt" (Deutschland 1927).[16] In Russland bildete sich nach der Revolution von 1917 ein dokumentarischer Stil heraus, der vor allem durch einen experimentellen und dynamischen Umgang mit der Montagetechnik geprägt war und in *Dziga Vertov* einen namhaften Vertreter fand.[17] Nach seiner Theorie des „Kinoglaz" („Film-Auges") soll sich das menschliche Auge den technischen Möglichkeiten des objektiven Kameraauges und der Montage hingeben. Hierdurch entstehe ein Film der Fakten, der die sichtbare und dem menschliche Auge unsichtbare Welt mit dem Ziel entschlüsselt, im Leben selbst eine Antwort auf ein gestelltes Thema zu finden.[18] Demgegenüber legte *John Grierson*, der als Vater der englischsprachigen Dokumentarfilmbewegung gilt, dem Dokumentarfilm eine erzieherische, meinungsbildende und demokratisierende Funktion bei. Mit seinen Filmen versuchte er Informationen über soziale Kontexte zu vermitteln und so zu einer Partizipation des Bürgers an sozialen und politischen Fragestellungen beizutragen.[19]

Neben den Dokumentarfilmen im klassischen Sinne entstand bereits während des ersten Weltkrieges in Deutschland die erste Wochenschau, die nach 1918 die Form annahm, die sie über Jahrzehnte beibehielt und die bereits in den späten zwanziger Jahren als zu einseitig kritisiert wurde.[20] Doch erst mit den Geschehnissen der folgenden Jahre und dem Ausbruch des Zweiten Weltkrieges offenbarte sich das ungeheure Missbrauchspotential des Dokumentarfilms als wirkungsvolles Propagandamittel – wie etwa in *Leni Riefenstahls* Film über den Reichsparteitag der NSDAP in Nürnberg „Triumph des Willens" (Deutschland 1935).[21] Der Dokumentarfilm der fünfziger Jahre befand sich noch unter dem Einfluss der traditionellen Wochenschau- und Kulturfilmtradition.[22] Jedoch nahm in dieser Zeit eine Entwicklung ihren Ursprung, die im engen Zusammen-

---

[15] *Rabinger*, Dokumentarfilme drehen, S. 39 f.; *Buchers Enzyklopädie des Films*, S. 188; *Heller*, Dokumentarfilm, in: Reclams Sachlexikon des Films, S. 124, 124; *Decker*, Dokumentarfilm, in: Sachlexikon Film, S. 61, 63.

[16] *Heller*, Dokumentarfilm, in: Reclams Sachlexikon des Films, S. 124, 126.

[17] *Buchers Enzyklopädie des Films*, S. 188; *Rabinger*, Dokumentarfilme drehen, S. 44 f.

[18] Vgl. *Hohenberger*, Dokumentarfilmtheorie, S. 8, 10 f.; *Witzke/Rothaus*, Die Fernsehreportage, S. 50 ff.; *Heller*, Dokumentarfilm, in: Reclams Sachlexikon des Films, S. 124, 126.

[19] *Hohenberger*, Dokumentarfilmtheorie, S. 8, 12 ff.; *Heller*, Dokumentarfilm, in: Reclams Sachlexikon des Films, S. 124, 126; *Buchers Enzyklopädie des Films*, S. 188.

[20] *Kurowski*, Lexikon Film, S. 195.

[21] *Buchers Enzyklopädie des Films*, S. 189; *Heller*, Dokumentarfilm, in: Reclams Sachlexikon des Films, S. 124, 124.

[22] *Zimmermann*, Geschichte von Dokumentarfilm und Reportage, S. 213, 216 f.; *Witzke/Rothaus*, Die Fernsehreportage, S. 57.

hang mit der Einführung des Fernsehens sowie moderner Aufnahmetechniken stand und zu einer entscheidenden Neuorientierung des dokumentarischen Films in den sechziger Jahren führen sollte.

II. Die Entwicklung des dokumentarischen Films seit den sechziger Jahren

Bis weit in die fünfziger Jahre hinein hatte der Dokumentarfilm mit den Restriktionen einer schwer handhabbaren Kamera- und Tontechnik zu kämpfen, die sich letztendlich auch auf die Ausdrucksform und Ästhetik der Filme auswirkte. Das Darzustellende konnte nur selten spontan eingefangen werden, vielmehr mussten Lebenssituationen häufig inszeniert und „nachgespielt“ werden.[23] Die Entwicklung einer neuen mobilen und flexiblen Aufnahmetechnik, vor allem die Möglichkeit von Synchrontonaufnahmen, führte nicht nur in der Bildsprache, sondern auch inhaltlich-programmatisch zu einer Neubestimmung des Dokumentarfilms. Aufgrund der Spontaneität der Kamera, die sich nunmehr auf das vor ihr ereignende Leben einstellen konnte, bildeten sich während dieser Zeit zwei unterschiedliche Schulen aus: das Direct Cinema und das Cinéma Vérité. Der Dokumentarfilmstil des Direct Cinema entstand in den USA und verfolgte den Ansatz, die Lebenssituation vor der Kamera rein beobachtend, zurückgenommen und unauffällig aufzunehmen, ohne in den Ablauf einzugreifen oder ihn zu unterbrechen. Auf diese Weise sollte eine möglichst unmittelbare und unverfälschte Darstellung des „wirklichen Lebens“ erfolgen. Der Dokumentarfilm sollte als Mittel zur Wahrnehmung authentischer Wirklichkeit dienen.[24] Im Gegensatz zum Direct Cinema stand der in Frankreich entwickelte Ansatz des Cinéma Vérité, wonach sich der Filmemacher aus der passiven, beobachtenden Rolle lösen und sich zu seiner Rolle als unmittelbar Beteiligter des Films bekennen sollte. In dieser Funktion sei es seine Aufgabe, Ereignisse, Konflikte und Krisen durch Intervention zu fördern, zu beeinflussen und zu provozieren und durch diesen „Forschungsprozess“ die Wahrheit hervorzubringen, die unter dem Sichtbaren verborgen liegt.[25]

In den sechziger Jahren nahm darüber hinaus die Verbreitung des Fernsehens einen bestimmenden Einfluss auf die Entwicklung des dokumentarischen Films.

---

[23] *Rabinger*, Dokumentarfilme drehen, S. 48 ff.; *Roth*, Der Dokumentarfilm seit 1960, S. 9.
[24] Zum theoretischen Ansatzpunkt des Direct Cinema vgl. *Hohenberger*, Dokumentarfilmtheorie, S. 8, 15 ff.; *Roth*, Der Dokumentarfilm seit 1960, S. 8 ff.; *Rabinger*, Dokumentarfilme drehen, S. 50 ff.; *Heller*, Direct Cinema, in: Reclams Sachlexikon des Films, S. 120, 120 ff.; *Heller*, Dokumentarfilm, in: Reclams Sachlexikon des Films, S. 124, 127; *Decker*, Direct Cinema, in: Sachlexikon Film, S. 59, 59 ff.
[25] Vgl. zum Cinéma Vérité: *Roth*, Der Dokumentarfilm seit 1960, S. 8 ff.; *Hartmann/Wulf*, Cinéma Vérité, in: Sachlexikon Film, S. 43, 43 f.; *Rabinger*, Dokumentarfilme drehen, S. 51 ff.

Einerseits wirkte sich das Fernsehen negativ auf die Kinoeinspielergebnisse aus, was dazu führte, dass der Dokumentarfilm den Platz auf der Kinoleinwand noch mehr als zuvor dem Spielfilm überlassen musste.[26] Andererseits brachte das Fernsehen für den Dokumentarfilm ein neues Forum – es wurde zum wichtigsten Produzent und Käufer von Dokumentarfilmen.[27] Unter dem Einfluss des Fernsehens entwickelte sich in Deutschland zunächst ein beobachtender Modus des Dokumentarfilms, der sich an die Stilrichtung des Direkt Cinema anlehnte und in *Klaus Wildenhahn* einen wichtigen Vertreter fand.[28] Inhaltlich stand in den sechziger und siebziger Jahren unter dem Einfluss der Studenten- und Alternativbewegung ein gesellschaftskritischer und politisch engagierter Dokumentarismus mit Aufklärungsanspruch im Vordergrund.[29] In den achtziger Jahren sah sich der beobachtende Dokumentarfilm und die Methode des Direkt Cinema jedoch starker Kritik ausgesetzt. Ihm wurde entgegengehalten, dass eine vollkommen zurückgenommene Beobachtungsweise nicht möglich sei, da sich die Mitwirkenden der anwesenden Kameratechnik stets bewusst und dementsprechend in ihrem Verhalten beeinflusst seien. Damit relativiere sich die behauptete Beobachtung und es werde ein falscher Schein von Authentizität suggeriert. Es entwickelte sich die Auffassung, dass der Dokumentarfilm nicht realistischer sei als der Spielfilm, da jede Filmaufnahme aufgrund einer Vielzahl künstlerischer und subjektiver Entscheidungen letztendlich inszeniert sei.[30] In der Folgezeit entstanden bewusst subjektive und vielfach essayistische Dokumentarfilme, welche die Möglichkeit einer Wiedergabe von Realität durch den Dokumentarfilm in Frage stellten. Auf der Suche nach neuen Ausdrucksformen entwickelten sich halbdokumentarische Mischformen, die Dokumentation und Fiktion miteinander verbanden, insbesondere das Dokumentarspiel.[31]

---

[26] *Berg-Walz*, Vom Dokumentarfilm zur Fernsehreportage, S. 76; *Rabinger*, Dokumentarfilme drehen, S. 57 ff.

[27] *Roth*, Der Dokumentarfilm seit 1960, S. 145; *Berg-Walz*, Vom Dokumentarfilm zur Fernsehreportage, S. 77.

[28] *Zimmermann*, Geschichte von Dokumentarfilm und Reportage, S. 213, 245 ff., 254 f., 259 ff.; *Witzke/Rothaus*, Die Fernsehreportage, S. 60 f.; *Berg-Walz*, Vom Dokumentarfilm zur Fernsehreportage, S. 80 f.

[29] Vgl. umfassend zum Dokumentarfilm der sechziger und siebziger Jahre und den mit ihnen behandelten Themen: *Roth*, Der Dokumentarfilm seit 1960, S. 9 ff.; *Zimmermann*, Geschichte von Dokumentarfilm und Reportage, S. 213, 214 f., 250 ff.

[30] *Zimmermann*, Geschichte von Dokumentarfilm und Reportage, S. 213, 215, 304 f.; *Witzke/Rothaus*, Die Fernsehreportage, S. 61; *Decker*, Direct Cinema, in: Sachlexikon Film, S. 59, 60 f.; *Rabinger*, Dokumentarfilme drehen, S. 50 ff.

[31] *Zimmermann*, Geschichte von Dokumentarfilm und Reportage, S. 213, 215, 304 ff.; *Witzke/Rothaus*, Die Fernsehreportage, S. 61 f.; *Berg-Walz*, Vom Dokumentarfilm zur Fernsehreportage, S. 83; *Roth*, Der Dokumentarfilm seit 1960, S. 185 ff. Zum Dokumentarspiel bzw. Doku-Drama vgl. unten unter 1.Teil A IV 2.

III. Die Entstehung dokumentarischer Fernsehformate – Nachrichtensendung, Magazin, Reportage, Dokumentation, Feature und Beitrag

Indem sich das Fernsehen im Laufe der Zeit zum wichtigsten Auftraggeber und zur hauptsächlichen Abspielstätte für Dokumentarfilme entwickelte, musste sich der klassische Dokumentarfilm an sein neues Medium, aber auch an ein neues Publikum anpassen, wodurch im Verlauf der Jahrzehnte zahlreiche neue dokumentarische Fernsehformate entstanden. Als erste und bis heute überaus präsente Fernsehformate entwickelten sich in den fünfziger und sechziger Jahren neben dem Nachrichtenfernsehen vor allem das Magazin, die Reportage, die Dokumentation und das Feature.

Die aus der Tradition der Kino-Wochenschau entstandenen **Nachrichtensendungen** dienen vor allem der Berichterstattung über aktuelle Themen ohne vertiefende Hintergrundinformationen. Die erste reguläre „Tagesschau" (ARD) wurde am 26.12.1952 ausgestrahlt. Am 1.4.1963 startete das ZDF seine Ausstrahlung und mit ihr die Nachrichtensendung „heute".[32] Seitdem sind zahlreiche Nachrichtensendungen entstanden, die mit einer Mischung aus Sprechertexten und eingespielten Filmbeiträgen über das aktuelle Tagesgeschehen berichten. Mit Einführung des Privatfernsehens im Jahre 1984 nahm eine Entwicklung ihren Ursprung, die durch eine zunehmende Vermischung von Information und Unterhaltungsaspekten in Fernsehnachrichtensendungen gekennzeichnet ist.[33]

Quasi als „Komplementärsendung"[34] zu den Nachrichten entwickelte sich Ende der fünfziger Jahre das **Magazin**, das sich seit den sechziger Jahren im deutschen Fernsehen fest etabliert hat. Magazine sind Fernsehsendungen, in denen ein Moderator mit persönlich gefärbten, verbindenden Texten Einzelbeiträge verschiedener Autoren präsentiert, Verbindungen herstellt und gegebenenfalls Beiträge interpretiert.[35] Die durchschnittliche Beitragslänge in Magazinen beträgt etwa 5 Minuten. Inhaltlich werden oft aktuelle Themen aufgegriffen und somit zusätzliche Informationen über die tagesaktuelle Berichterstattung hinaus angeboten.[36] In den frühen sechziger Jahren entstanden politische Magazine, die z.T. noch heute ausgestrahlt werden, wie z.B. die ARD-Magazine „Panorama",

---

[32] *Ludes*, Nachrichtensendungen, S. 17, 18, 20, 24.
[33] *Ludes*, Nachrichtensendungen, S. 17, 35 ff.
[34] *Arnold*, Magazinsendung, in: Döhn/Klöckner, Medienlexikon – Kommunikation in Gesellschaft und Staat, S. 133, 134.
[35] *Arnold*, Magazinsendung, in: Döhn/Klöckner, Medienlexikon – Kommunikation in Gesellschaft und Staat, S. 133, 133; *Berg-Walz*, Vom Dokumentarfilm zur Fernsehreportage, S. 110.
[36] *Berg-Walz*, Vom Dokumentarfilm zur Fernsehreportage, S. 111.

„Report“ oder „Monitor“.[37] Daneben entwickelten sich Kulturmagazine, unterhaltsame Magazinformate wie Professor *Grzimeks* Zoo-Magazin „Ein Platz für Tiere“ (ARD) oder das „Aktuelle Sportstudio“ (ZDF) sowie erste Wirtschaftsmagazine.[38] Mit dem Ausbau des Unterhaltungsfernsehens und der allgemeinen Programmexpansion haben die Magazinsendungen im Verlauf der Jahrzehnte eine große thematische Vielfalt erreicht: Politik, Kultur, Zeitgeist, Wirtschaft, Ausland, Sport, Wissenschaft und Technik, Recht, Gesellschaft, Erotik, Gesundheit, Reise, Verbraucher – keine Sparte und kein Sender kommt mehr ohne Magazin aus.[39]

Die **Reportage** dient vorwiegend der Erlebnisvermittlung, d.h. in erster Linie werden Eindrücke, nicht Hintergründe vermittelt. Es handelt sich um eine Art Augenzeugenbericht über Ereignisse, bei dem der Reporter einen Standpunkt bezieht. Insofern sind Reportagen subjektiv geprägt, wobei der Reporter für den Zuschauer ersichtlich die Grenzen seines Blickfeldes definiert.[40] Die Reportage ist gegenüber dem Feature eine eher aktuelle Berichterstattung, die anhand von singulären Geschehnissen auf weiterreichende Strukturen und Gesamtzusammenhänge verweist.[41] Dabei geht der Autor induktiv vor, d.h. vom besonderen Einzelschicksal, vom konkreten Stoff zu einem allgemeinen, übergeordneten Zusammenhang.[42] Die Reportage hat meist eine Länge von 30 bis 45 Minuten.

Die Bezeichnung **Feature** wird häufig als Oberbegriff für alles „Dokumentarische“ im Fernsehen gebraucht, wodurch eine klare Handhabung des Begriffs erschwert wird.[43] Teilweise wird eine Differenzierung zwischen Feature und Dokumentation gar für überflüssig gehalten.[44] Im engeren Sinne lässt sich mit dem Feature jedoch ein Format bezeichnen, das der differenzierten Berichterstattung und Betrachtung dient. Es handelt sich um ein Format, das durch eine Hintergrundberichterstattung die wesentlichen Aspekte eines Themas anhand von Anschauungsmaterial (z.B. Filmberichte, Fotos, Archivfilme, Grafiken) so-

---

[37] *Schumacher*, Ästhetik, Funktion und Geschichte der Magazine im Fernsehprogramm der Bundesrepublik Deutschland, S. 101, 109 ff.; *Berg-Walz*, Vom Dokumentarfilm zur Fernsehreportage, S. 112 ff.

[38] *Schumacher*, Ästhetik, Funktion und Geschichte der Magazine im Fernsehprogramm der Bundesrepublik Deutschland, S. 101, 135 ff.

[39] *Berg-Walz*, Vom Dokumentarfilm zur Fernsehreportage, S. 113; *Schumacher*, Ästhetik, Funktion und Geschichte der Magazine im Fernsehprogramm der Bundesrepublik Deutschland, S. 101, 162 ff.

[40] *Witzke/Rothaus*, Die Fernsehreportage, S. 13 ff.; *Klöckner*, Reportage, in: Döhn/Klöckner, Medienlexikon – Kommunikation in Gesellschaft und Staat, S. 193, 193; *Berg-Walz*, Vom Dokumentarfilm zur Fernsehreportage, S. 95 f.

[41] *Berg-Walz*, Vom Dokumentarfilm zur Fernsehreportage, S. 93 f.

[42] *Witzke/Rothaus*, Die Fernsehreportage, S. 79; *Berg-Walz*, Vom Dokumentarfilm zur Fernsehreportage, S. 94.

[43] *Witzke/Rothaus*, Die Fernsehreportage, S. 78.

[44] *Proske*, Die Anfänge des Dokumentarfilms im Deutschen Fernsehen, S. 81, 87.

wie durch die Kombination von unterschiedlichen Präsentationsformen wie Interview, Reportage und Kommentar darstellt. Hierbei ist die Feature-Tendenz argumentativ-analytisch: Der Autor geht von einer These aus und sucht nach passenden Bildern, die diese These bestätigen oder widerlegen können. Es handelt sich im Gegensatz zur Reportage um ein deduktives Vorgehen vom Hauptthema her zu Schlaglichtern auf beispielhafte Fälle.[45] Die **Dokumentation** ist im Vergleich hierzu reduzierter. Es ist ein journalistisches Genre, das unter Rückgriff auf Originaldokumente Themen aus Zeitgeschehen und Zeitgeschichte in einen umfassenden Zusammenhang einordnet und behandelt. Dokumentationen zielen auf die Information des Zuschauers und haben den Anspruch, so objektiv wie möglich zu sein.[46] Insofern ist für eine subjektive Gestaltung beim Feature mehr Raum geboten.[47] Feature und Dokumentation haben in der Regel eine durchschnittliche Länge von mindestens 45 Minuten und sind im Vergleich zum Dokumentarfilm journalistischer, d h. sie zielen eher auf Informationsvermittlung als auf individuelle künstlerische Gestaltung[48].

Ein **Bericht** ist kein dokumentarisches Sendeformat im eigentlichen Sinne, sondern z.B. Bestandteil von Nachrichtensendungen und von Magazinen. Es handelt sich um einen Beitrag, der auf der Basis von Recherchen ein Thema darstellt, behandelt und Fakten ordnet, und bei dem im Unterschied zur Nachricht die Autorenschaft oft erkennbar ist. Berichte sind nicht an Tagesaktualität gebunden, sondern können auch von mittelfristiger oder latenter Aktualität sein.[49]

IV. Die Entwicklung des dokumentarischen Fernsehens ab den achtziger Jahren

Die achtziger Jahre, insbesondere die Einführung des dualen Rundfunksystems im Jahre 1984 brachten für die Entwicklung des dokumentarischen Fernsehens einen weiteren, folgenreichen Einschnitt. Die neue Konkurrenz für die öffentlich-rechtlichen Sender durch die Privatsender verschärften den Kampf um die Einschaltquote und erhöhte deren Einfluss auf die Programmplanung. Mehr denn je musste das öffentlich-rechtliche Fernsehen, der Hauptauftraggeber für den Dokumentarfilm, sich am Sehbedürfnis des Zuschauers orientieren, das vor

---

[45] Vgl. zum Feature: *Burgmann*, Alles kann zum Thema werden. Über einige Bedingungen des Features, S. 290, 290 ff.; *Witzke/Rothaus*, Die Fernsehreportage, S. 78 ff.; *Berg-Walz*, Vom Dokumentarfilm zur Fernsehreportage, S. 90 ff.; *Wolf*, Alles Doku – oder was?, S. 88 ff.
[46] *Witzke/Rothaus*, Die Fernsehreportage, S. 81 f.; *Wolf*, Alles Doku – oder was?, S. 88 ff.
[47] *Witzke/Rothaus*, Die Fernsehreportage, S. 78 f., 81; *Berg-Walz*, Vom Dokumentarfilm zur Fernsehreportage, S. 91.
[48] *Wolf*, Alles Doku – oder was?, S. 30, 88 ff.; *Witzke/Rothaus*, Die Fernsehreportage, S. 77 ff., 83.
[49] *Berg-Walz*, Vom Dokumentarfilm zur Fernsehreportage, S. 121 f.; *Klöckner*, Bericht, in: Döhn/Klöckner, Medienlexikon – Kommunikation in Gesellschaft und Staat, S. 24, 24.

allem nach Unterhaltung verlangte.[50] Unter dem Quotendruck und mit der Ausbreitung des Unterhaltungsfernsehens erfolgte in den achtziger Jahren eine thematische Hinwendung zum Subjektiven, Privaten und Intimen[51]; es begann eine lebensweltliche Orientierung zum Realitätsfernsehen.[52] Hierbei rückte das authentische Lebensschicksal des Einzelnen sowie die Darstellung und Inszenierung von Alltagsrealität in den Vordergrund.[53] Der neu entdeckte Unterhaltungswert des Wirklichkeitsbezugs von Alltagsrealität, dessen Darstellung und Inszenierung wurde zur Einführung zahlreicher neuer „intimer Formate“ genutzt.[54]

Im Zuge der Individualisierung und lebensweltlichen Orientierung des Fernsehens lassen sich vor allem zwei Tendenzen ausmachen: So führte das Bedürfnis des Publikums nach Authentizität, reellen Bildern und Privatem zunächst dazu, dass sowohl das bestehende Unterhaltungsfernsehen als auch die sich aus diesem Bedürfnis ergebenden neuen Unterhaltungsformate einen zunehmenden Realitätsbezug aufwiesen. Auch wenn die „realitätsbezogene Unterhaltung“ nicht unmittelbar dem dokumentarischen Bereich zuzuordnen ist, soll sie im Folgenden kurz dargestellt werden, da sie Ausdruck einer allgemeinen Entwicklung ist, die auch auf das dokumentarische Fernsehen Einfluss genommen hat. Denn das wachsende Interesse des Publikums an Geschichten aus der Realität und dem Leben hatte zur Folge, dass sich das dokumentarische, der Informations-, Nachrichten- und Hintergrundvermittlung dienende Fernsehen zunehmend mit Unterhaltungselementen verband. Aufgrund dieses Trends zur „unterhaltsamen Informationsvermittlung“, zum sogenannten „Infotainment“, entstanden zahlreiche und vielfältige neue Formen des dokumentarischen Fernsehens, dessen Genre-Konventionen im stetigen Erneuerungsprozess zunehmend verwischen.[55]

1. Realitätsbezogenes Unterhaltungsfernsehen

Seit Anbeginn des Fernsehens in Deutschland waren Unterhaltungssendungen wie fiktionale Serien, Sportsendungen, Talkshows sowie Quiz- und Gameshows sehr beliebt. Die Entwicklung dieser Formate ist vor allem seit den achtziger Jahren durch eine zunehmend lebensweltliche Orientierung und einen Trend zu Authentizität und Alltagsrealität gekennzeichnet.[56] Diese Tendenz spiegelte sich

---

[50] *Berg-Walz*, Vom Dokumentarfilm zur Fernsehreportage, S. 60 f., 86.
[51] *Berg-Walz*, Vom Dokumentarfilm zur Fernsehreportage, S. 84.
[52] *Mikos*, Big Brother als performatives Realitätsfernsehen, S. 161, 161.
[53] *Hohlfeld*, Weniger Wirklichkeit war nie, S. 195, 196 ff.
[54] *Hohlfeld*, Weniger Wirklichkeit war nie, S. 195, 197.
[55] *Wolf*, Alles Doku – oder was?, S. 70 f., 87 f.; *Berg-Walz*, Vom Dokumentarfilm zur Fernsehreportage, S. 46.
[56] *Mikos*, Big Brother als performatives Realitätsfernsehen, S. 161, 161 ff.

bereits in der Entwicklung der klassischen Showformate wieder. In den fünfziger und sechziger Jahren stand zunächst noch die große musikalische Abendunterhaltung sowie Rate- und Gewinnspiele mit einem belehrenden, bildenden Charakter im Mittelpunkt der Fernsehunterhaltung. In den sechziger Jahren, als die ARD durch das ZDF Konkurrenz bekam, entwickelten sich erste verhaltens- und leistungsorientierte Spielshows.[57] Die achtziger Jahre und die Konkurrenz zwischen öffentlich-rechtlichen und privaten Sendern brachten dann Unterhaltungsformen, die bereits Vorboten einer Entwicklung waren, die sich in den neunziger Jahren in aller Deutlichkeit zeigte: Gegenstand von Unterhaltungsshows wurde zunehmend die private Lebensrealität der Kandidaten, auf die sich die Sendung auch wieder auswirkte.[58] „Wenn eine Familie einen sechsstelligen Betrag dadurch gewinnen kann, dass die Mutter es binnen sieben Tagen lernt, einen Fußball für eine Minute mit dem Fuß in der Luft zu halten – was sie vor laufender Kamera und einem Millionenpublikum live demonstrieren muss –, dann ist durch das kalkulierbare Scheitern ein privates Drama vorgezeichnet. Das programmierte Versagen schafft tragische Helden, denen man zuerst beim mühsamen Aushalten des Erwartungsdrucks und später beim anschließenden Leiden zuschauen kann."[59] Das auch als „performatives Realitätsfernsehen" bezeichnete Phänomen bringt Kandidaten in eine zur Ausstrahlung inszenierte Situation, in der sie wie im Alltag handeln sollen. Das Medium fügt den Alltag der Teilnehmer nach seinen Gesetzen zusammen und greift so wieder in den Alltag ein, wie z.B. in Single-, Beziehungs- oder Bekenntnisshows.[60]

Aber auch fiktionale Formen wie z.B. Familienserien folgten dem Trend zur authentischen und lebensweltlichen Inszenierung.[61] Während zu Beginn der achtziger Jahre in Serien noch aus einer heilen, jedenfalls in hohem Maße fiktiven Welt berichtet wurde (z.B. Schwarzwaldklinik (ZDF) oder USA-Importe wie „Dallas" (ARD) und der „Denver-Clan" (ZDF)), startete die ARD-Dauerserie „Lindenstraße" im Jahre 1985 mit dem Anspruch, ein realistisches Spiegelbild der Lebensverhältnisse in der BRD abzugeben.[62] Vorabendserien wandelten sich zunehmend in Daily-Soaps[63], die – abgestimmt auf die Zielgruppe – ein hohes Identifikationspotential durch Geschichten und Dramen des Alltags boten. Diese Realitätsnähe setzte sich in allen Programmbereichen durch:

---

[57] Z.B. „Einer wird gewinnen" (ARD), „Spiel ohne Grenzen" (ARD), „Der goldene Schuss" (ZDF), „Wünsch Dir was" (ZDF).

[58] *Mikos*, Big Brother als performatives Realitätsfernsehen, S. 161, 161 ff.

[59] *Hohlfeld*, Weniger Wirklichkeit war nie, S. 195, 198, zu Gameshows wie die „100.000 Mark-Show" (RTL) und „Die Chance Deines Lebens" (Sat.1).

[60] *Mikos*, Big Brother als performatives Realitätsfernsehen, S. 161, 163 f. Vgl. z.B. „Nur die Liebe zählt" (Sat.1); „Herzblatt" (ARD); „Family Date" (Sat.1); „Verzeih mir" (Sat.1).

[61] *Mikos*, Big Brother als performatives Realitätsfernsehen, S. 161, 165.

[62] *Mikos*, Big Brother als performatives Realitätsfernsehen, S. 161, 165.

[63] Eine umfassende Übersicht über deutsche Soap Operas findet sich bei *Evermann*, Lexikon der deutschen Soaps.

Aus Talkshows wurden Daily-Talkshows[64], deren Themen ausschließlich um Glück oder Elend, Konflikte, menschliche Schwächen und andere individuelle Befindlichkeiten kreisen. Im Kampf um die Aufmerksamkeit des Zuschauers müssen die Sender auf Innovation, Reizverstärkung, Sensation und Grenzüberschreitung setzen.[65] Durch die vielfältigen Enthüllungs- und Intimitätsgenres, die durch nichtfiktionale Informationen über das Leben von Menschen der Unterhaltung dienen wollen, entsteht eine Konkurrenz und ein nachlassendes Interesse an herkömmlichen Formaten.[66]

Diese Ausgangssituation bildete eine wichtige strukturelle Randbedingung für die Erfindung von sogenannten **„Real-Live-Show"**-Formaten[67] wie beispielsweise „Big Brother" (RTL) und Nachfolgeshows wie „Das Inselduell" (Sat.1) „Girlscamp" (Sat.1) oder „Ich bin ein Star – holt mich hier raus" (RTL). Die Empörung, die das Format „Big Brother" in den Medien und der Politik bereits vor seinem Start am 1.3.2000 erregt hat, wird daher von mancher Seite angesichts der vorangegangenen Entwicklung als verspätet charakterisiert.[68] Real-Live-Shows versetzen die Kandidaten in eine künstlich geschaffene und in höchstem Maße arrangierte und inszenierte Situation, in der sie sich dem Kampf um die Sympathie des Zuschauers und bestimmten Aufgaben zu stellen haben, um nicht vom Fernsehpublikum abgewählt zu werden. Das in der Allgegenwart zahlreicher Kameras und Mikrofone gefilmte Material wird zum Zwecke der Dramatisierung oftmals banaler Geschehnisse gesiebt und montiert, wodurch eine inszenierte „Show-Realität" geschaffen wird[69], die dem Unterhaltungsfernsehen, nicht jedoch dem dokumentarischen Fernsehen zuzurechnen ist.[70]

„Big Brother" markierte zwar einen zwischenzeitlichen Höhepunkt in der Entwicklung der Unterhaltungs-Intimitätsgenres, aber lange keinen Schlusspunkt. Mittlerweile kann die Fernsehnation in prominent besetzten Casting-Shows[71] Teenager auf ihrem Weg zum Superstar begleiten und sie in Auswahlshows zum Gewinner des medialen Gesangswettbewerbs krönen. Eine Psychologin katapultiert uns nachmittäglich in die nachgestellte intime Lebensrealität fremder

64 Z.B. „Vera am Mittag" (Sat.1) oder „Die Oliver Geissen Show" (RTL).

65 *Willems*, Big Brother – We are watching you, S. 23, 23 f.

66 *Willems*, Big Brother – We are watching you, S. 23, 23.

67 *Willems*, Big Brother – We are watching you, S. 23, 23.

68 *Kübler*, Inszenierte Banalität, S. 11, 19; *Hohlfeld*, Weniger Wirklichkeit war nie, S. 195, 195.

69 *Schicha*, „Leb, so wie Du Dich fühlst?", S. 77, 84 ff.; *Mikos*, Big Brother als performatives Realitätsfernsehen, S. 161, 164 f.; *Westerbarkey*, Der Voyeur als Kontrolleur. Lust und Nutzen fiktiver Privatheit, S. 69, 72.

70 *Westerbarkey*, Der Voyeur als Kontrolleur. Lust und Nutzen fiktiver Privatheit, S. 69, 72; *Witzke/Rothaus*, Die Fernsehreportage, S. 309; *Schanze*, Big Brother oder Die Erfindung des Nebenbeifernsehens, S. 3, 6, spricht von einem „Reality-Soap-Talk-Game-Event".

71 Vgl. etwa „Popstars" (RTL2), „Teenstar" (RTL2), „Deutschland sucht den Superstar" (RTL), „Fame Academy" (RTL2), „Popstars – Das Duell" (Pro7), „Starsearch" (Sat.1).

Menschen[72] und in zahlreichen – mit echten Richtern besetzten – Gerichtsshows[73] kann der Zuschauer sein Judiz bei der Lösung von „echten Fällen" auf die Probe stellen, ohne dass es ihn stört, dass diese von Laienschauspielern nachgespielt sind. Nachdem eine Ärztin bereits Einblick in ihren Praxisalltag gewährt hat[74], kann man täglich in sogenannten Ermittler-Doku-Serien echte Kriminalkommissare[75] bzw. einen mit privaten Ermittlungen betrauten echten Rechtsanwalt[76] bei der Lösung von Fällen begleiten, die zwar Drehbüchern entspringen, dem Zuschauer aber stets den Eindruck von miterlebter Realität vermitteln sollen.

2. Unterhaltungselemente im Informationsfernsehen, Formatierung und Ausdifferenzierung dokumentarischer Programme, dokumentarische Mischformen – Infotainment, Reality-TV, Doku-Soap, Doku-Drama

Seit den achtziger Jahren wuchs das Bedürfnis des Zuschauers nach Informiertheit, wodurch sich eine Tendenz zur Beschleunigung und eine zunehmende Aktualisierung der Informationsvermittlung beobachten ließ[77], etwa in Form von Spätnachrichten. Im Konkurrenzkampf um die Gunst des Zuschauers setzte zugleich ein Trend zur Vermischung von Unterhaltung und Information zum sogenannten „Infotainment" ein.[78] Dies hatte eine Entpolitisierung der Nachrichtenberichterstattung, insbesondere auf den kommerziellen Sendern und eine Entwicklung hin zu mehr Unterhaltungselementen in der Informationsvermittlung – etwa aus dem Umfeld Sport, Alltag und Gesellschaft – zur Folge.[79] Damit einher ging eine fortschreitende „Magazinisierung" zu Lasten der größeren dokumentarischen Formate wie Dokumentarfilm, Feature und Reportage.[80] Es entstand ein immer stärker gesellschaftlich geprägter Magazinjournalismus[81], wie z.B. in

---

[72] „Zwei bei Kalwass" (Sat.1).
[73] Vgl. z.B. „Richterin Barbara Salesch" (Sat.1), „Richter Alexander Hold" (Sat.1), „Das Strafgericht" (RTL), „Das Familiengericht" (RTL), „Das Jugendgericht" (RTL).
[74] „Dr. Verena Breitenbach" (Pro7).
[75] „Einsatz für Ellrich" (RTL); „Niedrig und Kuhnt – Kommissare ermitteln" (Sat.1); „K11 – Kommissare im Einsatz" (Sat.1).
[76] „Lenßen & Partner" (Sat.1).
[77] *Berg-Walz*, Vom Dokumentarfilm zur Fernsehreportage, S. 21 f., 30 f., 34 f.
[78] *Johnen*, Big Brother – und raus bist Du, S. 57, 62 f.; *Berg-Walz*, Vom Dokumentarfilm zur Fernsehreportage, S. 60 f., 86; vgl. auch *Wolf*, Alles Doku – oder was?, S. 70.
[79] *Ludes*, Nachrichtensendungen, S. 17, 36. Vgl. auch die Meldung in AfP 2002, 34, 34, über die Analyse „Programmalltag in Deutschland" der Arbeitsgemeinschaft der Landesmedienanstalten. Hiernach hat sich der Trend zu einer stärkeren Orientierung auf Unterhaltungselemente in allen deutschen Fernseh-Vollprogrammen fortgesetzt, wobei der Rückgang an politischen Informationssendungen am deutlichsten bei den öffentlich-rechtlichen Programmen zu beobachten ist.
[80] *Berg-Walz*, Vom Dokumentarfilm zur Fernsehreportage, S. 41, 110 ff.
[81] *Berg-Walz*, Vom Dokumentarfilm zur Fernsehreportage, S. 121.

Form von zahlreichen Boulevardmagazinen[82], die sich u.a. mit der Lebenswelt Prominenter auseinander setzen.

Als besondere Magazinform entstand in den neunziger Jahren das sogenannte **Reality-TV**, das sich zahlreicher Kritik und dem Vorwurf ausgesetzt sah, Sensationsjournalismus und Voyeurismus am Unglück anderer Menschen zu betreiben.[83] Eine genaue Definition für das Genre Reality-TV existiert nicht, zumal die Bezeichnung in der Praxis sehr uneinheitlich gebraucht wird. Ursprünglich wurden in Deutschland unter dem Begriff Reality-TV Sendungen diskutiert, in denen tatsächliche Ereignisse – vor allem Katastrophen, Unfälle oder Verbrechen – nachgestellt oder durch Originalvideoaufnahmen dokumentiert werden. Es ist die Darstellung von Grenzsituationen, die das Genre kennzeichnen. Eine Reality-TV-Sendung besteht durchschnittlich aus vier bis fünf einzelnen, in sich geschlossenen Geschichten, die in keinem unmittelbaren Zusammenhang zueinander stehen und durch einen Moderator verbunden werden, der durch die Sendung führt.[84] Damit entspricht die Struktur von Reality-TV-Sendungen grundsätzlich der Magazinform, wobei die dargestellten Realereignisse zum Zwecke der Emotionalisierung und Dramatisierung in weitem Umfang – nicht zuletzt durch das Nachstellen der Geschehnisse – inszeniert werden.[85] Ansätze zum Reality-TV finden sich bereits in der seit dem 20.10.1967 ausgestrahlten Fahndungssendung „Aktenzeichen XY ... ungelöst" (ZDF). Doch erst die Jahre 1992/1993 bringen die Vielzahl von Reality-TV-Sendungen in der deutschen Fernsehlandschaft[86], wie z.B. die heute noch ausgestrahlte Sendung „Notruf" (RTL), in der Rettungsaktionen und die daran beteiligten Menschen vorgestellt werden. Neben Sendungen, in denen Vermisstenschicksale rekonstruiert werden[87], geht es im Reality-TV häufig um das Nachstellen von Verbrechen und deren Aufklärung[88].

Der neu entdeckte Unterhaltungswert von „Bildern aus der Wirklichkeit" führte zwar nicht zu einer Verdrängung der klassischen dokumentarischen Fernsehformate wie z.B. der Dokumentation und der Reportage, dennoch veränderte und diversifizierte er das dokumentarische Programmangebot. Es entstand der Versuch, mit modernen Gestaltungsformen des dokumentarischen Fernsehens neue Chancen für Informationssendungen zu erarbeiten und mit Mischformen von dokumentarischer und szenischer Darstellung das Interesse des Publikums

---

[82] Vgl. z.B. „Exclusiv" (RTL), „Exclusiv – Weekend" (RTL), „blitz" (Sat.1), „Leute heute" (ZDF), „Brisant" (ARD).
[83] *Wegener*, Reality TV – Fernsehen zwischen Emotion und Information, S. 9.
[84] *Wegener*, Reality TV – Fernsehen zwischen Emotion und Information, S. 15 ff.
[85] *Wegener*, Reality TV – Fernsehen zwischen Emotion und Information, S. 40 ff.
[86] S. den Überblick bei *Wegener*, Reality TV – Fernsehen zwischen Emotion und Information, S. 20 ff.
[87] Vgl. Sendungen wie „Bitte melde Dich" (Sat.1) und „Spurlos" (RTL).
[88] Z.B. „Ungeklärte Morde" (RTL2).

zu wecken.[89] Fernsehdokumentationen wurden zunehmend als „Doku-Reihen" und „Doku-Serien" entwickelt, um im Programm aufzufallen, Sendeplätze wurden stärker formatiert, um die Wiedererkennbarkeit zu erhöhen.[90] Zwar können Dokumentations-Fernsehreihen, wie z.B. die von *Guido Knopp* und seinem Autorenteam im ZDF[91], besondere Publikumserfolge verzeichnen, jedoch geht die zunehmende Formatierung der dokumentarischen Programme zu Lasten des klassischen Dokumentarfilms[92] und sieht sich daher auch starker Kritik ausgesetzt[93].

In seiner auf der Grundlage des Programmangebots im Oktober 2002 erstellten Expertise „Alles Doku – oder was? Über die Ausdifferenzierung des Dokumentarischen im Fernsehen" stellte *Fritz Wolf* fest: „Der Zug zum Formatfernsehen hat auch die dokumentarischen Programme erreicht. Reihen, Serien und Mehrteiler in wachsender Zahl, starre Zeitgrenzen in den Programmschemata und das allmähliche Verschwinden des Genres Autoren-Dokumentarfilm in der Programmnacht – diese Tendenzen sind aus der Analyse der empirischen Daten abzulesen."[94] Die Formatierung der Fernsehprogramme gehe zugleich einher mit einer Ausdifferenzierung dokumentarischer Formen. „Unter dem Dach der Formatierung werden vorhandene Formate verändert, neu zusammengesetzt oder, wie mit der Doku-Soap, neue Genres kreiert. (...) Im Prozess dieser Ausdifferenzierung werden häufig vorhandene Erzählweisen zu hybriden Formen verschmolzen. Vor allem sind Mischformen erkennbar, in denen Dokumentarisches und Fiktionales miteinander verschmolzen wird, manchmal undurchschaubar für den Zuschauer."[95] Nachinszenierungen und szenische Rekonstruktionen beschränken sich keineswegs auf Dokumentarspiele, vielmehr arbeiten zunehmend auch Dokumentationen mit derartigen Darstellungsmitteln, wodurch das dokumentarische Arbeiten einer Tendenz zur Fiktionalisierung und Entrealisierung

---

89 *Berg-Walz*, Vom Dokumentarfilm zur Fernsehreportage, S. 86; *Wolf*, Alles Doku – oder was?, S. 72 ff.

90 *Witzke/Rothaus*, Die Fernsehreportage, S. 81 f.; *Wolf*, Alles Doku – oder was?, S. 52 ff.

91 Vgl. z.B. die ZDF-Doku-Reihen „Hitlers Helfer", „Vatikan – Die Macht der Päpste".

92 *Wolf*, Alles Doku – oder was?, S. 52.

93 Im April 2001 richteten sieben Berliner Dokumentarfilmregisseure einen offenen Brief („Der zweite Blick", abgedruckt bei *Feil* (Hrsg.), Dokumentarisches Fernsehen: Eine aktuelle Bestandsaufnahme, S. 194, 194 ff.) an ihre Redakteure, in dem sie die zunehmende Formatierung des dokumentarischen Fernsehens kritisierten. In einem zweiten offenen Brief („Der zweite Blick – Die Zweite", abgedruckt bei *Feil* (Hrsg.), Dokumentarisches Fernsehen: Eine aktuelle Bestandsaufnahme, S. 198, 198 ff.) zogen sie im Oktober 2001 aus den eingegangenen Antworten das Resümee, „dass der Dokumentarfilm im Fernsehen keine richtige Heimat hat." Der Stellenwert des Dokumentarfilms im Fernsehen wurde im Juni 2001 auf dem Münchener Filmfest im Rahmen der Veranstaltung „Doku-Tanic – Wohin steuert der Dokumentarfilm im öffentlich-rechtlichen Eismeer" diskutiert (Protokoll der Diskussion abgedruckt bei *Feil* (Hrsg.), Dokumentarisches Fernsehen: Eine aktuelle Bestandsaufnahme, S. 203, 203 ff.).

94 *Wolf*, Alles Doku – oder was?, S. 52.

95 *Wolf*, Alles Doku – oder was?, S. 183.

unterliege.[96] Der Prozess der Vermischung der Genres habe zudem zur Folge, dass Genrebezeichnungen zunehmend verschwimmen und klare Zuordnungen nicht mehr möglich sind.[97] „Programmzeitschriften kümmern sich nicht mehr um herkömmliche Genres, unterscheiden kaum zwischen Reportage oder Dokumentation, Essay, Collage oder gar Dokumentarfilm. (...) Aber selbst in den Sendern geht man inzwischen mit den Begriffen für die eigene Ware recht lax um, jedenfalls in der Außendarstellung."[98] „Der Name der alles umfasst, heißt: Doku. Überall ist Doku. Gelegentlich paart das Kürzel sich mit Begriffen aus der Nachbarschaft und wird zum Doku-Drama oder zur Doku-Soap."[99]

Das Mitte der neunziger Jahre entstandene Format der **Doku-Soap** zeichnet sich dadurch aus, dass es sowohl Strukturmerkmale aus fiktionalen Genres, namentlich der Soap-Opera verwendet als auch Merkmale, die aus nichtfiktionalen Genres stammen, vor allem aus Dokumentarfilm und Reportage.[100] Über das zu dokumentierende Thema bzw. die darzustellenden Personen wird zunächst dokumentarisches Material gesammelt. Im Gegensatz zu den klassischen dokumentarischen Formaten bzw. Real-Live Shows wie „Big Brother" wird das Material später nach den dramatischen Regeln von Soap-Operas bzw. Serien montiert.[101] Durch die Seriendramaturgie, z.B. eine verschachtelte Erzählweise, die Schaffung von Spannungsbögen und Höhepunkten sowie ein „Grundbestand" an immer wiederkehrenden Protagonisten, wird die Chance auf Wiedererkennung und damit auf eine Publikumsbindung vergrößert.[102] Obgleich zunächst starker Kritik ausgesetzt, ist die Doku-Soap mittlerweile ein anerkanntes dokumentarisches Format, das auch bei den öffentlich-rechtlichen Sendern zum festen Repertoire zählt.[103] Vorläufer dieses Formats war die WDR-Serie „Die Fussbroichs" über das Leben einer Kölner Familie. Die erste als Doku-Soap angekündigte Sendung startete 1994 mit dem Titel „Das wahre Leben" (PREMIERE), das auf dem MTV-Vorbild „The Real World" basierte. Es folgten Doku-Soaps wie „OP-Schicksale im Klinikum" (ZDF), „Frankfurt Airport" (ZDF), „Der wahre Kir Royal" (ARTE) über die Münchener Feinkostfirma Käfer sowie die mit dem Grimme-Preis ausgezeichneten Serien „Abnehmen in Essen" (ARTE/WDR), in der einige Frauen bei ihrem Versuch abzunehmen beobachtet wurden und „Schwarzwaldhaus 1902 – Leben wie vor 100 Jahren" (ARD), in der sich eine städtische Familie zehn Wochen auf einem Bauernhof

---

96 *Wolf*, Alles Doku – oder was?, S. 72 ff., 183.

97 *Wolf*, Alles Doku – oder was?, S. 30 f., 53.

98 *Wolf*, Alles Doku – oder was?, S. 53.

99 *Wolf*, Alles Doku – oder was?, S. 53.

100 *Witzke/Rothaus*, Die Fernsehreportage, S. 75, 305 ff., 313, 315; *Mikos*, Big Brother als performatives Realitätsfernsehen, S. 161, 170. Bei *Witzke/Rothaus*, Die Fernsehreportage, S. 83, 305 ff., wird die Doku-Soap auch als „serielle Reportage" bezeichnet.

101 *Witzke/Rothaus*, Die Fernsehreportage, S. 74, 305 ff.; *Mikos*, Big Brother als performatives Realitätsfernsehen, S. 161, 170.

102 *Witzke/Rothaus*, Die Fernsehreportage, S. 313.

103 *Witzke/Rothaus*, Die Fernsehreportage, S. 75, 305 ff.

ohne Strom und fließendes Wasser behaupten musste. Mittlerweile gibt es kaum ein Thema, das nicht in Form einer Doku-Soap aufgegriffen wird[104], wobei oftmals eher der Unterhaltungsaspekt als journalistische Reportagearbeit im Vordergrund steht.

In den neunziger Jahren hat sich darüber hinaus ein dokumentarisches Format etabliert, das zur Prime-Time auf besten Sendeplätzen ausgestrahlt wird und auf große Publikumsresonanz stößt: das **Doku-Drama**. Unter der Bezeichnung Dokumentarspiel entwickelte sich dieses Format in Deutschland bereits in den sechziger Jahren[105], erfreut sich aber gerade in jüngerer Zeit großer Beliebtheit.[106] Beim Doku-Drama werden tatsächliche Geschehnisse und Ereignisse mittels Schauspielern szenisch nachgestellt, wobei die filmische Rekonstruktion den Anspruch verfolgt, so nah wie möglich an der Realität zu bleiben. Auch wenn aus dramaturgischen Gründen Verfremdungen der realen Vorlage erforderlich sind, verfolgt das Doku-Drama im Grundsatz ein dokumentarisches Anliegen, indem es einer möglichst authentischen Wirklichkeitsvermittlung dienen will.[107] Zu diesem Zwecke arbeiten Doku-Dramen überwiegend mit einer Mischung von Spielszenen und dokumentarischem Material wie z.B. Interviews, Fotos oder Originalfilmaufnahmen.[108]

B. Gegenstand der Arbeit

Während viele Dokumentaristen die zuvor geschilderte Entwicklung als eine Verdrängung des klassischen Dokumentarfilms aus der deutschen Film- und Fernsehlandschaft beklagen, werten andere sie als Chance, das Interesse des Zu-

---

[104] Vgl. z.B. „Die Fahrschule" (Sat.1), „The Osbournes" (MTV) über die Alltagswelt von Ozzy Osbournes Familie, „Eine Couch für alle Felle" (WDR) über die Behandlungserfolge eines Hundepsychologen, „Samba für Singles" (WDR); „Die Kinderklinik" (ZDF); „Schnulleralarm 4! – Wir bekommen ein Baby" (RTL2); „Auf Dübel komm raus – Die Heimwerker kommen" (Kabel 1); „Wohnen nach Wunsch" (VOX).

[105] *Hickethier*, Fiktion und Fakt. Das Dokumentarspiel und seine Entwicklung bei ZDF und ARD, S. 53 , 53 ff.; *Hattendorf*, Dokumentarfilm und Authentizität, S. 236; *Wolf*, Alles Doku – oder was?, S. 99.

[106] Vgl. auch *Unland*, Die Verfilmung tatsächlicher Ereignisse, S. 7 f.

[107] *Behrendt*, Doku-Drama, in: Reclams Sachlexikon des Films, S. 122, 122; *Singleton*, Filmmaker's Dictionary, S. 49; vgl. zum Doku-Drama auch *Hoffer/Musburger/Nelson*, in: TV Genres, 181, 181 ff.

[108] Vgl. z.B. die ARD-Doku-Dramen „Die Manns – Ein Jahrhundertroman" sowie „Speer und Er" (Buch/Regie jeweils: *Heinrich Breloer* und *Horst Königstein*), das Doku-Drama „Todesspiel" (ARD) von *Heinrich Breloer* oder das Doku-Drama „Die Stunde der Offiziere" (ZDF) von *Guido Knopp*.

schauers an dokumentarischen Darstellungen (wieder) zu gewinnen.[109] Gerade der Erfolg formatierter Dokumentationsreihen sowie der auch als „serielle Reportage“[110] bezeichneten Doku-Soap zeigt ein unverkennbares Bedürfnis des Publikums an „Bildern aus der Wirklichkeit“. Da sich über das Medium Fernsehen eine Vielzahl von Menschen erreichen lässt, nehmen dokumentarische Darstellungen eine wichtige Funktion im gesellschaftlichen Meinungsbildungsprozess ein. Auch wenn diese Funktion in erster Linie durch die Vermittlung von Sachinformationen, durch Berichterstattung, Aufklärung und die Darstellung von Hintergründen erfüllt wird, wird ihr Wert durch die Zunahme von Unterhaltungsaspekten in dokumentarischen Darstellungen nicht per se geschmälert. Dies hat auch das BVerfG in einer jüngeren Entscheidung im Hinblick auf die wachsende Tendenz zum „Infotainment“ festgestellt: „Meinungsbildung und Unterhaltung sind keine Gegensätze. Auch in unterhaltenden Beiträgen findet Meinungsbildung statt. Sie können die Meinungsbildung unter Umständen sogar nachhaltiger anregen oder beeinflussen als ausschließlich sachbezogene Informationen. (...) Es wäre einseitig, anzunehmen, Unterhaltung befriedigt lediglich Wünsche nach Zerstreuung und Entspannung, nach Wirklichkeitsflucht und Ablenkung. Sie kann auch Realitätsbilder vermitteln und stellt Gesprächsgegenstände zur Verfügung, an die sich Diskussionsprozesse und Integrationsvorgänge anschließen können, die sich auf Lebenseinstellungen, Werthaltungen und Verhaltensmuster beziehen, und erfüllt insofern wichtige gesellschaftliche Funktionen.“[111] Zwar kann nicht jedem unterhaltenden Beitrag die zuvor angesprochene Funktion beigemessen werden, jedoch ist festzuhalten, dass dem dokumentarischen Film und Fernsehen nach wie vor eine wichtige Bedeutung im gesellschaftlichen Diskurs zukommt. Damit stellt sich die Frage, inwieweit der Informationswert dokumentarischer Darstellungen gegenüber kollidierenden Rechten Dritter privilegierungswürdig ist, was eine Bewertung und Abwägung der beteiligten Interessen erforderlich macht. Dieser Problematik soll im Rahmen der vorliegenden Arbeit unter urheber- und persönlichkeitsrechtlichen Gesichtspunkten nachgegangen werden.

In urheberrechtlicher Hinsicht ist dabei vor allem von Interesse, inwieweit der Informationszweck dokumentarischer Darstellungen aber auch ihre etwaige künstlerische Qualität bei einer Güter- und Interessenabwägung eine Einschränkung fremder Urheberrechte gebieten können. Dabei soll insbesondere die Frage erörtert werden, ob urheberrechtlich geschützte Werke in einer dokumentarischen Darstellung auch ohne Zustimmung des Rechtsinhabers genutzt werden dürfen. Bereits in der Vergangenheit ist die Forderung nach einer erweiterten Dokumentationsfreiheit laut geworden[112], womit rechtlich eine Problematik an-

---

[109] *Witzke/Rothaus*, Die Fernsehreportage, S. 306; *Gäbler*, Vorwort, in: Wolf, Alles Doku – oder was?, S. 9.
[110] *Witzke/Rothaus*, Die Fernsehreportage, S. 83, 305 ff.
[111] BVerfG NJW 2000, 1021, 1024 – Caroline von Monaco.
[112] *Deutsch*, NJW 1967, 1393, 1393 ff.

gesprochen ist, die vor allem im Zitatrecht gemäß § 51 UrhG angesiedelt ist, aber auch unter dem Rechtfertigungsgrund eines sogenannten „übergesetzlichen Notstandes" diskutiert wird. Gerade in den Medien Film und Fernsehen ist der visuelle Beleg für getroffene Ausführungen gefordert; im 3. Teil der Arbeit wird daher der Frage nachgegangen, inwieweit dieser durch das Anführen fremder Werke erbracht werden darf.

Die vorherigen Ausführungen haben gezeigt, dass die Ausbreitung des Unterhaltungsfernsehen eng verknüpft ist mit einem Trend zur Personalisierung der Darstellung, mit einer Hinwendung zum Privaten und Intimen. Das wachsende Interesse des Publikums an höchstpersönlichen, realen Lebenswelten spiegelt sich auch in dokumentarischen Formaten wie z.B. der Doku-Soap wieder. Neben der Alltagsrealität des Einzelnen erfreuen sich auch umfassende Lebens- und Charakterbilddarstellungen großer Beliebtheit.[113] In rechtlicher Hinsicht stellt sich damit die Frage nach den persönlichkeitsrechtlichen Grenzen dokumentarischer Darstellungen, die im 4. Teil erörtert werden, wobei insbesondere auf die persönlichkeitsrechtlichen Aspekte von Lebens- und Charakterbilddarstellungen eingegangen wird. Besonderes Augenmerk soll dabei auf der kommerziellen Zielsetzung von entsprechenden Medienveröffentlichungen liegen. Denn gerade private und intime Informationen über das Leben und Wirken bestimmter Personen besitzen eine große Publikumswirksamkeit und eignen sich daher für eine Vermarktung der Persönlichkeit. Insofern stellt sich die Frage, ob eine unberechtigte Nutzung von Persönlichkeitsdetails wie z.B. des Lebens- und Charakterbildes neben ideellen Persönlichkeitsinteressen auch vermögenswerte Belange des Rechtsinhabers verletzt und welche rechtlichen Konsequenzen sich hieraus für die Darstellungsfreiheit ergeben.

Soweit eine Darstellung von persönlichkeitsbezogenen Informationen nur mit Zustimmung des Betroffenen zulässig ist, spielt die persönlichkeitsrechtliche Einwilligung, die ebenfalls Gegenstand der Ausführungen im 4. Teil ist, für Medienveröffentlichungen eine große Rolle. Bei der Verfilmung von Lebensgeschichten wird die Einwilligung zur Nutzung persönlichkeitsrelevanter Daten häufig in Form eines umfangreichen, zweiseitigen Gestattungsvertrages geregelt, dessen Inhalt im 5. Teil der Arbeit dargestellt wird. Dabei stellt sich die Frage, wie auf die dogmatischen Streitigkeiten über das Wesen von Persönlichkeitsrechten, insbesondere ihres vermögensrechtlichen Charakters und die Frage einer dinglichen Verfügbarkeit über persönlichkeitsrechtliche Befugnisse in der Vertragspraxis reagiert werden sollte. Neben einem Überblick über die in Rechtsprechung und Literatur vertretenen Ansätze soll daher ein Vorschlag für die Vertragsgestaltung entwickelt werden.

---

113 Vgl. etwa das dreiteilige ARD-Doku-Drama „Die Manns – Ein Jahrhundertroman" (Buch/Regie: *Heinrich Breloer* und *Horst Königstein*) oder die Dokumentationsreihen „Legenden" (MDR), „Deutsche Lebensläufe" (ARD) und „Idole" (ZDF).

Als Grundlage für die nachfolgenden Ausführungen soll im 2. Teil der Arbeit jedoch zunächst der Frage nachgegangen werden, unter welchen Voraussetzungen einigen Grundformen des dokumentarischen Films und Fernsehens, namentlich dem Dokumentarfilm, der Reportage, dem Magazin, dem Nachrichtenfernsehen sowie dem Doku-Drama als Mischform zwischen Spiel- und Dokumentarfilm urheberrechtlicher Werkschutz und Kunstwerkcharakter im Sinne des Art. 5 Abs. 3 GG zukommt.

2. Teil
Urheberrechtlicher Werkschutz und Freiheit der Kunst

A. Dokumentarfilm als Werk

Über die Werkqualität von Dokumentarfilmen besteht im Ergebnis weitgehend Einigkeit. Angesichts der aufwendigen Gestaltung, die Dokumentarfilme und Fernsehdokumentationen mittlerweile fast ausnahmslos aufweisen, wird deren Werkhöhe zu Recht nicht mehr ernsthaft in Frage gestellt.[114] Auffällig ist jedoch die Zurückhaltung, mit der diese Werkqualität argumentativ begründet wird. Während Rechtsprechung und Literatur beim Spielfilm zumeist ohne weiteres von einer schöpferischen Gestaltung ausgehen, wird die Werkqualität des Dokumentarfilms zwar im Ergebnis, nicht immer jedoch mit einer vergleichbaren Selbstverständlichkeit angenommen.[115] Dementsprechend soll nach einer verbreiteten Ansicht aufgrund des regelmäßig bestehenden Werkcharakters von Spielfilmen eine tatsächliche Vermutung für die Werkhöhe von Spielfilmen sprechen. Für den Dokumentarfilm hingegen wird eine derartige Vermutung nur vereinzelt befürwortet. In den folgenden Ausführungen wird daher der Frage nachgegangen, ob bzw. unter welchen Voraussetzungen der Werkcharakter von Filmen vermutet werden kann und ob hierbei eine Differenzierung zwischen Spiel- und Dokumentarfilm gerechtfertigt ist. Dies hängt im Wesentlichen davon ab, ob der Werkcharakter von Dokumentarfilmen als gleichermaßen typisch angesehen werden kann wie der des Spielfilms, so dass im Folgenden zunächst zu klären ist, unter welchen Voraussetzungen Filme überhaupt urheberrechtlichen Schutz genießen.

I. Voraussetzungen des urheberrechtlichen Filmwerkschutzes

Gemäß § 2 Abs. 1 Nr. 6 UrhG genießen Filmwerke den Schutz des Urheberrechts. Allerdings ist nicht schlechthin jede Form von filmtechnischer Aufnahme

---

[114] Anders noch *Greco*, UFITA 25 (1958), 497, 500 ff.

[115] Nach Wandtke/Bullinger-*Bullinger*, § 2, Rn. 119, lassen sich bei Dokumentarfilmen im Hinblick auf die Werkeigenschaft keine generellen Aussagen treffen. Nach Schricker-*Loewenheim*, § 2, Rn. 186, sollen die Voraussetzungen für eine Werkqualität bei Spielfilmen in der Regel gegeben sein, „können" aber auch bei Dokumentarfilmen vorliegen, was nach *v. Gamm*, § 2, Rn. 23, im Gegensatz zu den „eigentlichen" Spielfilmen nur selten der Fall sein soll. Nach v. Hartlieb/Schwarz-*Dobberstein/Schwarz*, Kap. 36, Rn. 3, „kommt dem Unterschied zwischen Spiel- und Dokumentarfilm urheberrechtlich eine bestimmte Bedeutung zu, da der Spielfilm der Natur der Sache nach mehr Möglichkeiten für originelle schöpferische Leistungen aufweist." Vgl. hierzu ausführlich unten unter 2. Teil A II.

auch zugleich ein Filmwerk. In § 95 UrhG stellt das Gesetz dem Begriff des Filmwerks vielmehr die sogenannten Laufbilder gegenüber, denen die Qualität als urheberrechtlich geschütztes Werk gerade fehlt. Was unter einem Filmwerk – im Gegensatz zu bloßen Laufbildern – genau zu verstehen ist, beantwortet das Gesetz nicht. Da an beide Begriffe jedoch unterschiedliche Rechtsfolgen geknüpft sind, etwa bezüglich der Rechte des Filmherstellers und der am Herstellungsprozess beteiligten Personen, erweist sich eine Abgrenzung als erforderlich. Ausgangspunkt hierfür ist die Regelung des § 2 UrhG. Aus ihr ergibt sich, dass ein Film dann ein Filmwerk im Sinne des § 2 Abs. 1 Nr. 6 UrhG ist, wenn es die allgemeinen Anforderungen an ein Werk gemäß § 2 Abs. 2 UrhG erfüllt.

1. Voraussetzungen des Werkbegriffs

In § 2 Abs. 2 UrhG wird das urheberrechtliche Werk als persönliche geistige Schöpfung definiert. Rechtsprechung und Lehre entnehmen dieser Legaldefinition im Wesentlichen vier Voraussetzungen für die Annahme eines schutzfähigen Werkes: Erforderlich ist eine **persönliche Schöpfung** des Urhebers, die eine sinnlich **wahrnehmbare Formgestaltung** angenommen hat und in der ein **geistiger Gehalt** im Sinne eines Gedanken- oder Gefühlsinhalts zum Ausdruck kommt.[116] Als das wesentliche[117] und zugleich am schwierigsten fassbare Merkmal des Werkbegriffs ist jedoch das Kriterium der **Individualität** anzusehen[118], das auch im Bereich Film regelmäßig die Grenze zwischen Filmwerk und Laufbildern beschreibt. Hiernach muss das Werk einen charakteristischen Persönlichkeitsbezug aufweisen, d.h. das Werk muss das Ergebnis individuellen Schaffens sein.[119] Grundvoraussetzung für eine Werkschöpfung ist demnach ein – zumindest geringer – Gestaltungsspielraum, innerhalb dessen sich die schöpferische Persönlichkeit in individueller Weise entfalten kann.[120] Allerdings muss

[116] Schricker-*Loewenheim*, § 2, Rn. 11 ff.; Wandtke/Bullinger-*Bullinger*, § 2, Rn. 15 ff.; Dreyer/Kotthoff/Meckel-*Dreyer*, § 2, Rn. 7 ff.; *Rehbinder*, Urheberrecht, Rn. 115 ff.; ähnlich Möhring/Nicolini-*Ahlberg*, § 2, Rn. 43 ff. Vgl. zu diesen Voraussetzungen im Bereich Film *Straßer*, Die Abgrenzung der Laufbilder vom Filmwerk, S. 37 ff.

[117] Schricker-*Loewenheim*, § 2, Rn. 23; *Schricker*, GRUR 1991, 563, 566; *Ulmer*, Urheber- und Verlagsrecht, S. 119; *Straßer*, Die Abgrenzung der Laufbilder vom Filmwerk, S. 22.

[118] Vgl. etwa Schricker-*Loewenheim*, § 2, Rn. 23 ff.; Wandtke/Bullinger-*Bullinger*, § 2, Rn. 20; Fromm/Nordemann-*Nordemann/Vinck*, § 2, Rn. 20; *Schack*, Urheber- und Urhebervertragsrecht, Rn. 161; *Ulmer*, Urheber- und Verlagsrecht, S. 123 f.; *Rehbinder*, Urheberrecht, Rn. 117.

[119] BGHZ 9, 262, 268 – Lied der Wildbahn I; BGHZ 90, 219, 222 – Filmregisseur. Ähnliche Formulierungen sind, dass das Werk vom individuellen Geist des Urhebers geprägt sein muss (Schricker-*Loewenheim*, § 2, Rn. 23) bzw. dessen individuelle Handschrift tragen muss (Möhring/Nicolini-*Ahlberg*, § 2, Rn. 74). Der BGH spricht u.a. auch von schöpferischer Eigentümlichkeit, schöpferischer Eigenart und eigenschöpferischer Prägung, vgl. Schricker-*Loewenheim*, § 2, Rn. 23, m.w.N.

[120] *Ulmer*, Urheber- und Verlagsrecht, S. 133; *Schack*, Urheber- und Urhebervertragsrecht, Rn. 164; Schricker-*Loewenheim*, § 2, Rn. 29; *Schricker*, GRUR 1991, 563, 567.

das Ergebnis dieser Entfaltung weder objektiv neu[121] noch in dem Sinne durch den Schöpfer geprägt sein, dass es quasi „den Stempel der Persönlichkeit des Urhebers" trägt.[122] Auch der künstlerische Wert oder die Qualität des Erzeugnisses ist nicht entscheidend, denn Individualität bzw. individuelle Gestaltung ist keine Frage des guten oder schlechten Geschmacks.[123] Von einer individuellen schöpferischen Gestaltung kann vielmehr dann ausgegangen werden, wenn ein anderer denselben Gegenstand möglicherweise anders behandelt hätte.[124] Demgegenüber sind Leistungen, die jeder so erbringen würde oder die der Sache nach vorgegeben sind, nicht das Ergebnis individuellen Schaffens.[125] Durch das Merkmal der Individualität unterscheidet sich ein Werk daher vom Alltäglichen, von Allerweltserzeugnissen, rein handwerklichen, mechanisch-technischen oder routinemäßigen Leistungen, mögen sie auch solide, fachmännisch und mit Fleiß erbracht sein.[126]

Die Individualität des Urhebers kann in unterschiedlichem Maße im Werk ausgeprägt sein. Das Werk kann in derart starker Weise den Stempel der Persönlichkeit des Urhebers tragen, dass es sich aufgrund seiner Gestaltung ohne weiteres einem bestimmten Schöpfer zuordnen lässt. Umgekehrt kann die Individualität jedoch auch auf ein gerade ausreichendes Minimum beschränkt sein. Dieser unterschiedliche Grad der im Werk zutage tretenden Individualität, d.h. der quantitative Gesichtspunkt der Individualität wird von der Rechtsprechung und der h.L. mit dem Begriff der Gestaltungshöhe beschrieben.[127] Welche Anforderungen an das Maß der Individualität bei den einzelnen Werkarten des § 2 Abs. 1 UrhG zu stellen sind ist im Einzelnen sehr streitig. Die Schwierigkeit liegt dabei in der Bestimmung der Schutzuntergrenze, womit die Problematik des urheberrechtlichen Schutzes der sogenannten „kleinen Münze" angesprochen ist. Hierunter versteht man Werke, die aufgrund eines äußerst geringen Grades an Individualität an der untersten Grenze der Schutzfähigkeit liegen. Der

---

[121] Erfasst sind vielmehr auch Doppelschöpfungen, vgl. Schricker-*Loewenheim*, § 2, Rn. 41 f., m.w.N.

[122] *Ulmer*, Urheber- und Verlagsrecht, S. 124; *Schack*, Urheber- und Urhebervertragsrecht, Rn. 163; Schricker-*Loewenheim*, § 2, Rn. 24; Fromm/Nordemann-*Nordemann/Vinck*, § 2, Rn. 12.

[123] BGH GRUR 1981, 267, 268 – Dirlada; Schricker-*Loewenheim*, § 2, Rn. 26, 44; Fromm/Nordemann-*Nordemann/Vinck*, § 2, Rn. 20; *v. Gamm*, § 2, Rn. 16; *Schack*, Urheber- und Urhebervertragsrecht, Rn. 165; *Ulmer*, Urheber- und Verlagsrecht, S. 133.

[124] Fromm/Nordemann-*Nordemann/Vinck*, § 2, Rn. 20.

[125] Schricker-*Loewenheim*, § 2, Rn. 26; *Rehbinder*, Urheberrecht, Rn. 117; *Schricker*, GRUR 1991, 563, 567.

[126] BGH GRUR 1986, 739, 741 – Anwaltsschriftsatz ; Schricker-*Loewenheim*, § 2, Rn. 26; Möhring/Nicolini-*Ahlberg*, § 2, Rn. 77; Fromm/Nordemann-*Nordemann/Vinck*, § 2, Rn. 20; *Schack*, Urheber- und Urhebervertragsrecht, Rn. 165.

[127] Vgl. etwa BGH GRUR 1999, 923, 924 f. – Tele-Info-CD; BGH GRUR 1991, 449, 451 f. – Betriebssystem; BGH GRUR 1983, 377, 378 – Brombeer-Muster; Wandtke/Bullinger-*Bullinger*, § 2, Rn. 22; Schricker-*Loewenheim*, § 2, Rn. 24 f.; Loewenheim-*Loewenheim*, § 6, Rn. 16; Möhring/Nicolini-*Ahlberg*, § 2, Rn. 75; *Rehbinder*, Urheberrecht, Rn. 117.

Gesetzgeber hat sich in der Begründung zum Urheberrechtsgesetz von 1965 ausdrücklich für einen Schutz der kleinen Münze durch das Urheberrecht ausgesprochen.[128] Ein derartiger Schutz ist auch von der Rechtsprechung und h.L. im Grundsatz anerkannt[129], wobei der BGH zwischen den verschiedenen Werkarten im Hinblick auf das jeweils erforderliche Mindestmaß an Gestaltungshöhe differenziert.[130] Damit stellt sich die Frage, ob für die Filmwerkeigenschaft ein deutliches Überragen der Gestaltungstätigkeit gegenüber der Durchschnittsgestaltung erforderlich ist[131] oder ob auch die kleine Münze filmischen Schaffens urheberrechtlichen Schutz genießt.

Teilweise wird die Ansicht vertreten, dass bei der für Filmwerke erforderlichen schöpferischen Gestaltungshöhe ein strengerer Maßstab angelegt werden könne, da für Laufbilder jedenfalls der Schutz aus § 95 UrhG bestehe.[132] Ähnlich wurde auch die höhere Schutzuntergrenze bei Werken der angewandten Kunst vom BGH damit begründet, dass Werke der angewandten Kunst mit einem nur geringen Individualitätsgrad – also im Bereich der kleinen Münze – bereits vom Geschmacksmusterrecht geschützt seien, so dass der Urheberschutz ein deutlich

---

[128] Vgl. die amtliche Begründung zum Urheberrechtsgesetz vom 9.9.1965, abgedruckt in UFITA 45 (1965), 240, 252.

[129] BGH GRUR 1968, 321, 324 – Haselnuss; BGH GRUR 1981, 267, 268 – Dirlada; BGH GRUR 1991, 533, 533 – Brown Girl II; Fromm/Nordemann-*Nordemann/Vinck*, § 2, Rn. 20; Loewenheim-*Loewenheim*, § 4, Rn. 8, § 6, Rn. 17 ff.; *Loewenheim*, GRUR 1987, 761, 767 ff.; Schricker-*Loewenheim*, § 2, Rn. 38 ff.; Möhring/Nicolini-*Ahlberg*, § 2, Rn. 78; Dreyer/ Kotthoff/Meckel-*Dreyer*, § 2, Rn. 58; *Ulmer*, Urheber- und Verlagsrecht, S. 136; *Reimer*, GRUR 1980, 572, 574 f. Im Ergebnis besteht jedenfalls Einigkeit darüber, dass die mit dem Begriff der kleinen Münze bezeichneten Leistungen rechtlichen Schutz verdienen. Auf die umstrittene Frage, ob es sachgerechter wäre, die kleine Münze aus dem Urheberrecht auszuklammern und dem Wettbewerbsschutz bzw. einem de lege feranda zu schaffenden Leistungsschutzrecht zu unterstellen (vgl. hierzu *Schulze*, Die kleine Münze, S. 1, 283 ff.; *Schulze*, GRUR 1987, 769, 769 ff.; *Thoms*, Der urheberrechtliche Schutz der kleinen Münze, S. 1, 273 ff.; *Knöbl*, Die „kleine Münze", S. 311 ff.; *Rehbinder*, Urheberrecht, Rn. 51; *Schack*, Urheber- und Urhebervertragsrecht, Rn. 260 ff.), soll hier nicht eingegangen werden.

[130] Vgl. hierzu mit zahlreichen Nachweisen aus der Rechtsprechung des BGH: Schricker-*Loewenheim*, § 2, Rn. 32 ff.; Loewenheim-*Loewenheim*, § 6, Rn. 17 f.; Fromm/Nordemann-*Nordemann/Vinck*, § 2, Rn. 13 ff.; Dreyer/Kotthoff/Meckel-*Dreyer*, § 2, Rn. 54 ff.; *Loewenheim*, GRUR 1987, 761, 761 ff.

[131] So die Formulierung des BGH für Sprachwerke, die einem praktischen Gebrauchszweck dienen, vgl. BGH GRUR 1985, 1041, 1047 f. – Inkasso-Programm; BGH GRUR 1986, 739, 740 f. – Anwaltsschriftsatz; BGH GRUR 1993, 34, 36 – Bedienungsanweisung; vgl. auch BGH GRUR 1991, 449, 452 – Betriebssystem.

[132] *v. Hartlieb*, Handbuch des Film-, Fernseh- und Videorechts, Kap. 59, Rn. 11, der insoweit auf die Entscheidung BGHZ 94, 276, 287 – Inkassoprogramm (=BGH GRUR 1985, 1041, 1047 f.) verweist, wonach ein deutliches Überragen der Gestaltungstätigkeit erforderlich ist. Einschränkend v. Hartlieb/Schwarz-*Dobberstein/Schwarz*, Kap. 35, Rn. 12. S. auch *Roeber*, FuR 3/1971, 99, 101.

höheres Maß an Individualität verlange.[133] Allerdings entspricht das Verhältnis von Filmwerkschutz und Laufbilderschutz nicht dem Verhältnis von Urheberschutz der angewandten Kunst und dem auf der Grundlage des § 1 Abs. 2 GeschmMG a.F. gewährleisteten Geschmacksmusterschutz. Während § 1 Abs. 2 GeschmMG a.F. mit dem Erfordernis der Eigentümlichkeit nämlich ein Grundmaß an Gestaltungshöhe voraussetzte[134], erfordert der Laufbilderschutz überhaupt keine individuelle Gestaltungsleistung. Dementsprechend dient § 95 UrhG nicht dem Schutz von Filmaufnahmen mit geringer Schöpfungshöhe, sondern vielmehr der wirtschaftlichen und organisatorischen Leistung des Filmherstellers.[135]

Daneben wird das Erfordernis einer höheren Schutzuntergrenze für bestimmte Werkarten mit einem Freihaltebedürfnis für bestimmte Formen begründet. So sollen bei wissenschaftlichen oder Gebrauchszwecken dienenden Sprachwerken wie z.B. Bedienungsanleitungen strengere Anforderungen an die Gestaltungshöhe zu stellen sein, da hier ein weiter Bereich von Formen liege, die jedem frei zugänglich bleiben müssten.[136] Bei Filmen, deren urheberrechtlicher Schutz sich auf den individuellen Einsatz filmgestalterischer Mittel in einer ganz konkreten Bild-/Tonfolge bezieht[137], besteht die Gefahr einer derartigen Monopolisierung angesichts der zahlreichen Gestaltungsmöglichkeiten jedoch nicht. Dementsprechend geht die ganz h.M. im Schrifttum von einer urheberrechtlichen Schutzfä-

---

[133] BGH GRUR 1983, 377, 378 – Brombeer-Muster; BGH GRUR 1979, 332, 336 – Brombeerleuchte; BGH GRUR 1974, 669, 671 – Tierfiguren; BGH GRUR 1972, 38, 39 – Vasenleuchter; *Ulmer*, Urheber- und Verlagsrecht, S. 149 f.; *Schack*, Urheber- und Urhebervertragsrecht, Rn. 202; *Erdmann/Bornkamm*, GRUR 1991, 877, 878; *Erdmann*, GRUR 1996, 550, 552; Schricker-*Loewenheim*, § 2, Rn. 33, 157 f.; Wandtke/Bullinger-*Bullinger*, § 2, Rn. 95. Kritisch: *Schulze*, GRUR 1987, 769, 772 f.; Möhring/Nicolini-*Ahlberg*, § 2, Rn. 81, 110 ff.; vgl. auch: Loewenheim-*Loewenheim*, § 6, Rn. 19 f.; Fromm/Nordemann-*Nordemann/Vinck*, § 2, Rn. 15, 21.

[134] Im Zuge einer Reform des Geschmacksmusterrechts wurde das Tatbestandsmerkmal der „Eigentümlichkeit" durch das der „Eigenart" ersetzt. Dieses setzt gemäß § 2 Abs. 1, 3 GeschmMG n.F. lediglich voraus, dass sich der Gesamteindruck des Musters vom vorbekannten Formenschatz unterscheidet, so dass die Schutzschwelle im Vergleich zum früheren Recht geringer ist. Die Klärung, worin der wesentliche Unterschied zwischen dem Merkmal der Eigentümlichkeit und dem der Eigenart besteht, hat der Gesetzgeber dabei der Rechtsprechung überlassen, vgl. die Begründung zum Entwurf eines Gesetzes zur Reform des Geschmacksmusterrechts vom 28.5.2003, BT-Drs. 15/1075, S. 1, 30, 33 f.

[135] *Schricker*, GRUR 1984, 733, 733; Möhring/Nicolini-*Ahlberg*, § 2, Rn. 144; Möhring/Nicolini-*Lütje*, § 95, Rn. 1; Schricker-*Loewenheim*, § 2, Rn. 188; Loewenheim-*Loewenheim*, § 9, Rn. 174; *Loewenheim*, GRUR 1987, 761, 763; *Straßer*, Die Abgrenzung der Laufbilder vom Filmwerk, S. 89 f., 98 f.

[136] BGH GRUR 1987, 704, 706 – Warenzeichenlexika; vgl. zum Geschmacksmusterrecht BGH GRUR 1980, 235, 236 – Play-family; *Erdmann*, FS v. Gamm, S. 389, 400 f. Hiergegen: Schricker-*Loewenheim*, § 2, Rn. 35; Loewenheim-*Loewenheim*, § 6, Rn. 19, 22.

[137] Vgl. hierzu sogleich 2. Teil A II.

higkeit der „kleinen Münze“ im Bereich Film aus.[138] Hiernach setzt der Filmwerkbegriff keine überragende Gestaltungshöhe voraus, vielmehr genügt es, wenn die Darstellung ein Grundmaß an Individualität aufweist, die Gestaltung also den Bereich des Alltäglichen und der rein handwerklichen Leistungen verlässt. Teilweise wird dieses Ergebnis auch mit dem Hinweis auf die europäische Rechtsentwicklung argumentativ untermauert, da bereits drei europäische Richtlinien[139] eine einheitlich niedrige Schutzuntergrenze für bestimmte Werkarten – u.a. auch für Lichtbildwerke – vorschreiben.[140] Auch der BGH hat in seiner „Filmregisseur“ – Entscheidung einem Fernsehfeature die für die Urheberrechtsschutzfähigkeit erforderliche eigenschöpferische Prägung zugesprochen, obgleich sich diese lediglich „im unteren Bereich“ bewege.[141]

2. Gegenstand und Begründung des Filmwerkschutzes

Grundsätzlich kann ein Werk urheberrechtlichen Schutz sowohl für seinen Inhalt als auch für seine Form sowie für eine Verbindung von beidem erlangen.[142] Allerdings bezieht sich der urheberrechtliche Schutz von Filmen – insbesondere solcher dokumentarischen Inhalts – in erster Linie auf die Form, d.h. die sinnlich

---

[138] Dreier/Schulze-*Schulze*, § 2, Rn. 211; Loewenheim-*Nordemann*, § 9, Rn. 174; Schricker-*Loewenheim*, § 2, Rn. 188; Wandtke/Bullinger-*Manegold*, § 95, Rn. 19; Möhring/Nicolini-*Ahlberg*, § 2, Rn. 74 ff., 144; Möhring/Nicolini-*Lütje*, § 95, Rn. 3; Fromm/Nordemann-*Nordemann/Vinck*, § 2, Rn. 77; Dreyer/Kotthoff/Meckel-*Dreyer*, § 2, Rn. 254; *Straßer*, Die Abgrenzung der Laufbilder vom Filmwerk, S. 89 f., 98 f.; *Lütje*, Die Rechte der Mitwirkenden am Filmwerk, S. 39; v. Hartlieb/Schwarz-*Dobberstein/Schwarz*, Kap. 35, Rn. 6; *Schricker*, GRUR 1984, 733, 733; *Feyock/Straßer*, ZUM 1992, 11, 14; *Loewenheim*, GRUR 1987, 761, 763.

[139] Vgl. Art. 1 Abs. 3 der Richtlinie 91/250/EWG vom 14.5.1991 über den Rechtsschutz von Computerprogrammen, ABl. EG L 122, S. 42 ff., abgedruckt in GRUR Int. 1991, 545 ff.; Art. 6 der Richtlinie 93/98/EWG vom 29.10.1993 zur Harmonisierung der Schutzdauer des Urheberrechts und bestimmter verwandter Schutzrechte, ABl. EG L 290, S. 9 ff., abgedruckt in GRUR Int. 1994, 141 ff.; Art. 3 Abs. 1 der Richtlinie 96/9/EG vom 11.3.1996 über den rechtlichen Schutz von Datenbanken, ABl. EG L 77, S. 20 ff., abgedruckt in GRUR Int. 1996, 806 ff. Hiernach ist für einen Urheberrechtsschutz lediglich eine eigene geistige Schöpfung des Urhebers erforderlich und es dürfen zur Bestimmung der Schutzfähigkeit keine anderen Kriterien angewendet werden.

[140] Dreier/Schulze-*Schulze*, § 2, Rn. 211; Loewenheim-*Nordemann*, § 9, Rn. 175. Von einer einheitlich niedrigen Schutzuntergrenze für alle Werkarten aufgrund der europäischen Rechtsentwicklung gehen aus: Loewenheim-*Nordemann*, § 4, Rn. 8; Loewenheim-*Loewenheim*, § 6, Rn. 20; Fromm/Nordemann-*Nordemann/Vinck*, § 2, Rn. 19.

[141] BGHZ 90, 219, 224 – Filmregisseur.

[142] Möhring/Nicolini-*Ahlberg*, § 2, Rn. 52 ff., 61; Schricker-*Loewenheim*, § 2, Rn. 55; Wandtke/Bullinger-*Bullinger*, § 2, Rn. 32 ff.; Fromm/Nordemann-*Nordemann/Vinck*, § 2, Rn. 23 f.; *Rehbinder*, Urheberrecht, Rn. 113. Vgl. auch die amtliche Begründung zum Urheberrechtsgesetz vom 9.9.1965, abgedruckt in UFITA 45 (1965), 240, 252, wonach persönlich geistige Schöpfungen solche Erzeugnisse sind, die durch ihren Inhalt oder durch ihre Form oder durch die Verbindung von Inhalt und Form etwas Neues und Eigentümliches darstellen.

wahrnehmbare äußere Gestaltung der Bild- und Tonfolge.[143] Hintergrund hierfür ist, dass der Inhalt eines Filmes in weitem Umfang durch Exposé, Treatment und Drehbuch bestimmt wird. Hierbei handelt es sich um vorbestehende Werke, die gemäß § 89 Abs. 3 UrhG eigenständigen Urheberrechtsschutz genießen und nach h.M. bei der Beurteilung der Werkqualität des Filmes selbst außen vor zu bleiben haben.[144] Hinzu kommt, dass der Schutz des Werkinhalts oftmals dadurch eingeschränkt ist, dass die verarbeiteten Fakten in weitem Umfang gemeinfrei sind.[145] Das sogenannte Gemeingut muss für jedermann frei zugänglich bleiben, so dass ein urheberrechtlicher Schutz z.B. an historischen Vorgängen und Ereignissen, aber auch an gegenständlichen und abstrakten Grundmustern und -begriffen in Natur und Gesellschaft von vornherein nicht in Betracht kommt.[146] Der Inhalt ist daher nicht schutzwürdig bezüglich Tatsachen aller Art[147], so dass auch der Inhalt von dokumentarischen Darstellungen für einen urheberrechtlichen Schutz ausscheidet. Dies gilt auch für Doku-Dramen, da sich ihr Inhalt – wenn auch durch Schauspieler nachgestellt – ebenfalls auf reale Begebenheiten bezieht.

Bei der Beurteilung der Werkqualität von Filmen sind ferner dessen spezifischen Entstehungsvoraussetzungen zu berücksichtigen. Der urheberrechtliche Schutz eines Filmes folgt regelmäßig aus der filmischen Bearbeitung (§ 23 S. 2, 1. Alt UrhG) und Umsetzung der Vorlage, d.h. aus individuellen gestalterischen Leistungen, mit denen der erfundene oder vorgegebene Stoff ins Bildliche umgewandelt oder bildlich festgehalten wird.[148] Der Film als „Gesamtkunstwerk"[149]

---

[143] Möhring/Nicolini-*Ahlberg*, § 2, Rn. 61; Dreyer/Kotthoff/Meckel-*Dreyer*, § 2, Rn. 251, 256; *Rehbinder*, Urheberrecht, Rn. 144; *Moosmann*, Exklusivstories, S. 28.

[144] Dreier/Schulze-*Schulze*, § 2, Rn. 208; Wandtke/Bullinger-*Manegold*, Vor §§ 88 ff., Rn. 43 ff.; Dreyer/Kotthoff/Meckel-*Dreyer*, § 2, Rn. 249; Möhring/Nicolini-*Lütje*, § 88, Rn. 7 ff., § 89, Rn. 10; *v. Gamm*, § 89, Rn. 3; v. Hartlieb/Schwarz-*Dobberstein/Schwarz*, Kap. 37, Rn. 3; *Homann*, Praxishandbuch Filmrecht, S. 148; a.A. *Straßer*, Die Abgrenzung der Laufbilder vom Filmwerk, S. 54 ff. Nach der „Lehre vom Doppelcharakter" kann ein Beitrag zur Filmherstellung sowohl vorbestehend als auch Bestandteil des Filmwerkes selbst sein, so dass die Individualität des Filmwerkes aus der Individualität des vorbestehenden Werkes folgen kann. Wegen dieser Ausstrahlungswirkung sollen die Schöpfer dieser Werke sowohl Filmmiturheber als auch Alleinurheber ihrer Beiträge sein. Einen derartigen „Doppelcharakter" sollen auch Drehbücher besitzen, vgl. Loewenheim-*Nordemann*, § 9, Rn. 180 f.; Schricker-*Katzenberger*, Vor §§ 88 ff., Rn. 69; *Götting*, ZUM 1999, 3, 6 ff.; vgl. auch Fromm/Nordemann-*Hertin*, Vor § 88, Rn. 22.

[145] Möhring/Nicolini-*Ahlberg*, § 2, Rn. 53, 61; Wandtke/Bullinger-*Bullinger*, § 2, Rn. 37; *Schack*, Urheber- und Urhebervertragsrecht, Rn. 160; *Ulmer*, Urheber- und Verlagsrecht, S. 121; *Moosmann*, Exklusivstories, S. 28 f.

[146] Möhring/Nicolini-*Ahlberg*, § 2, Rn. 69. S. zu gemeinfreien Tatsachen auch unten unter 3. Teil A I.

[147] Fromm/Nordemann-*Nordemann/Vinck*, § 2, Rn. 22; Wandtke/Bullinger-*Bullinger*, § 2, Rn. 37.

[148] BGHZ 26, 52, 55 – Sherlock Holmes; BGHZ 27, 90, 96; BGH UFITA 24 (1957), 399, 401; Dreier/Schulze-*Schulze*, § 2, Rn. 208; Dreyer/Kotthoff/Meckel-*Dreyer*, § 2, Rn. 249; *v. Gamm*, § 2, Rn. 23; *Rehbinder*, Urheberrecht, Rn. 145.

entsteht erst durch das Zusammenspiel einer Vielzahl von Personen, deren Leistungen sowohl in ihrer Art als auch in ihrer Bedeutung für das Endprodukt höchst unterschiedlich zu bewerten sind. Entscheidend ist demnach, welche der vielfältigen Tätigkeiten und Funktionen im Rahmen der Filmherstellung als individuelle Gestaltungsleistungen üblicherweise zum Werkcharakter des Films beitragen. Anknüpfungspunkt für die Beurteilung, ob ein Filmwerk vorliegt, sind daher die Beiträge möglicher Filmurheber im Filmherstellungsprozess, die in der Literatur auch als filmgestalterische Mittel bezeichnet werden.[150] Entsprechend ihrer übergeordneten Bedeutung für die individuelle Gestaltung eines Filmes werden vor allem die Beiträge von Regisseur, Kameramann und Cutter als filmische Gestaltungsmittel genannt[151], die auch im Folgenden – insbesondere im Hinblick auf ihre Relevanz im Bereich des dokumentarischen Films und Fernsehens – näher beleuchtet werden sollen.[152]

---

[149] Loewenheim-*Nordemann*, § 9, Rn. 168; Dreier/Schulze-*Schulze*, § 89, Rn. 7; Fromm/ Nordemann-*Nordemann/Vinck*, § 2, Rn. 76; *v. Gamm*, § 2, Rn. 23.

[150] *Straßer*, Die Abgrenzung der Laufbilder vom Filmwerk, S. 50 ff. Zur Beurteilung der Werkqualität anhand von filmischen Gestaltungsmitteln vgl. auch Möhring/Nicolini-*Ahlberg*, § 2, Rn. 141; Loewenheim-*Nordemann*, § 9, Rn. 167 ff.; Möhring/Nicolini-*Lütje*, § 95, Rn. 2 f.; Wandtke/Bullinger-*Manegold*, § 95, Rn. 19; Dreier/Schulze-*Schulze*, § 2, Rn. 208 f., § 89, Rn. 5; Schricker-*Loewenheim*, § 2, Rn. 186; Fromm/Nordemann-*Hertin*, § 95, Rn. 2; *v. Gamm*, § 2, Rn. 23.

[151] Vgl. etwa Dreier/Schulze-*Schulze*, § 2, Rn. 208, § 89, Rn. 5; Wandtke/Bullinger-*Manegold*, Vor §§ 88 ff., Rn. 44; Loewenheim-*Nordemann*, § 9, Rn. 180. Aus der Regelung des § 65 Abs. 2 UrhG lassen sich keine Schlussfolgerungen im Hinblick auf den Kreis der möglichen Filmurheber ziehen. Gemäß der Aufzählung in § 65 Abs. 2 UrhG sind bedeutsam für die Schutzdauer eines Filmwerkes der Hauptregisseur, der Urheber des Drehbuches bzw. der Dialoge und der Komponist der für das Filmwerk komponierten Musik. Die Bestimmung beruht auf der – vom nationalen Gesetzgeber zwingend zu übernehmenden – Regelung des Art. 2 Abs. 2 der Schutzdauerrichtlinie (vgl. Richtlinie 93/98/EWG vom 29.10.1993, ABl. EG L 290, S. 9 ff., abgedruckt in GRUR Int. 1994, 141 ff.). § 65 Abs. 2 UrhG bezweckt insofern allein die Harmonisierung der Schutzdauer, besagt jedoch nichts über das Vorliegen der Miturheberschaft, vgl. auch Dreyer/Kotthoff/Meckel-*Meckel*, § 65, Rn. 5; *Schack*, Urheber- und Urhebervertragsrecht, Rn. 298, 472; Möhring/Nicolini-*Gass*, § 65, Rn. 8.

[152] Darüber hinaus sind auch andere filmgestalterische Mittel denkbar, wie etwa der Einsatz des Tons, vgl. etwa OLG Köln ZUM 2000, 320, 323 f.; Schricker-*Loewenheim*, § 2, Rn. 190; Schricker-*Katzenberger*, Vor §§ 88 ff., Rn. 70; Fromm/Nordemann-*Hertin*, § 89, Rn. 5; *Straßer*, Die Abgrenzung der Laufbilder vom Filmwerk, S. 69; v. Hartlieb/Schwarz-*Dobberstein/Schwarz*, Kap. 37, Rn. 18; *Homann*, Praxishandbuch Filmrecht, S. 148 f.; Loewenheim-*Nordemann*, § 9, Rn. 180; *Bohr*, UFITA 78 (1977), 95, 111 f. Zur Nachvertonung vgl.: *Straßer*, Die Abgrenzung der Laufbilder vom Filmwerk, S. 70, 105; *Unland*, Die Verfilmung tatsächlicher Ereignisse, S. 75 f. Eine umfassende Darstellung der einzelnen gestalterischen Mittel findet sich bei *Straßer*, Die Abgrenzung der Laufbilder vom Filmwerk, S. 52 ff. Zu den Grundlagen der Gestaltung dokumentarischer Fernsehsendungen aus praktischer Sicht vgl. *Witzke/Rothaus*, Die Fernsehreportage, S. 85 ff.

II. Werkqualität von dokumentarischen Filmen und Fernsehsendungen und Vermutung der Filmwerkeigenschaft

Ob und in welcher Weise in einem Film bestimmte filmgestalterische Mittel zum Einsatz kommen und ob hierdurch eine urheberrechtliche Schutzfähigkeit der Aufnahmen begründet wird, kann letztendlich nur anhand eines konkreten Films beurteilt werden. Dennoch lassen sich im Hinblick auf den Einsatz filmgestalterischer Mittel zumindest einige typisierende Aussagen treffen. Hierauf beruhend befürwortet eine verbreitete Auffassung eine tatsächliche Vermutung für die Werkhöhe von Spielfilmen[153], d.h. aufgrund der Zugehörigkeit des Films zum Genre Spielfilm soll dessen schöpferischer Gehalt prima facie zu vermuten sein[154]. Dogmatisch bezieht sich diese Auffassung also auf die Rechtsinstitute von tatsächlicher Vermutung und Anscheinsbeweis (sogenannter prima-facie-Beweis), deren Inhalt und Verhältnis zueinander sowohl in der Literatur als auch in der Rechtsprechung höchst uneinheitlich beurteilt wird.[155] Auf die Auseinandersetzungen um tatsächliche Vermutung und Anscheinsbeweis muss an dieser Stelle jedoch nicht im Einzelnen eingegangen werden, da jedenfalls über die hier relevanten Aspekte und Voraussetzungen dieser Rechtsfiguren weitgehend Einigkeit besteht. Beide Rechtsinstitute werden zur Lösung beweisrechtlicher Probleme verwendet. Ferner beruhen sowohl die tatsächliche Vermutung als auch der Anscheinsbeweis auf einem durch die allgemeine Lebenser-

[153] LG München I Schulze LGZ 89, 1, 7; *v. Gamm*, § 2, Rn. 23; Möhring/Nicolini-*Lütje*, § 95, Rn. 4; Fromm/Nordemann-*Hertin*, § 95, Rn. 2; *Straßer*, Die Abgrenzung der Laufbilder vom Filmwerk, S. 13, 99; *Unland*, Die Verfilmung tatsächlicher Ereignisse, S. 79, der von einer tatsächlichen Vermutung im Hinblick auf Spielfilme, Dokumentarspiele und die von ihm als „Schlüsselfilme" bezeichneten Filme ausgeht, die eine reale Geschichte zum Ausgangspunkt einer eigenen, fiktiven Spielhandlung nehmen. Unlands Ausführungen beziehen sich dabei zwar auf die Eigenschaft des Films als Kunstwerk im Sinne von Art. 5 Abs. 3 GG. Diese bemisst er im Ergebnis jedoch danach, in welchem Umfang filmgestalterische Mittel zum Einsatz kommen, also anhand von Kriterien, nach denen die urheberrechtliche Filmwerkqualität festzustellen ist, vgl. *Unland*, Die Verfilmung tatsächlicher Ereignisse, S. 70 f. Nach LG Berlin GRUR 1962, 207, 208 – Maifeiern, können Spielfilme grundsätzlich als Filmwerk angesehen werden.

[154] Möhring/Nicolini-*Lütje*, § 95, Rn. 4; Fromm/Nordemann-*Hertin*, § 95, Rn. 2; *Straßer*, Die Abgrenzung der Laufbilder vom Filmwerk, S. 13, 99.

[155] So werden die Begriffe tatsächliche Vermutung und Anscheinsbeweis teilweise synonym gebraucht, zum Teil wird in der tatsächlichen Vermutung ein Hilfsmittel für den Anscheinsbeweis gesehen, während sich nach anderer Auffassung tatsächliche Vermutung und Anscheinsbeweis im Beweisthema insofern unterscheiden sollen, als der Anscheinsbeweis den Nachweis von Kausalität und Verschulden und die tatsächliche Vermutung sonstige bestimmte Tatsachen betrifft. S. zu diesen und weiteren Ansätzen in Literatur und Rechtsprechung *Allner*, Die tatsächliche Vermutung mit besonderer Berücksichtigung der GEMA-Vermutung, S. 21 ff., 33 ff., m.w.N. Kritisch zur tatsächlichen Vermutung Zöller-*Greger*, Vor § 284, Rn. 33.

fahrung gestützten Erfahrungssatz.[156] Damit stellt sich die Frage, ob ein Erfahrungssatz existiert, der für die Werkqualität bestimmter Filmgenres spricht.

1. Für die Werkqualität bestimmter Filmgenres sprechender Erfahrungssatz?

Unter einem Erfahrungssatz versteht man eine abstrakte Regel, in der die Summe der Ergebnisse gezogen ist, die bei der Beobachtung typischer Geschehensabläufe immer wieder festgestellt worden sind.[157] Der Erfahrungssatz besagt, dass bei einem typischen Geschehensablauf aus bestimmten feststehenden Ursachen in aller Regel bestimmte Wirkungen hervorgehen (bzw. umgekehrt bestimmte feststehende Wirkungen auf bestimmten Ursachen beruhen), so dass in Fällen, die das Gepräge des Üblichen und Gewöhnlichen tragen, ein bestimmter Ablauf und damit das Verhältnis von Ursache und Wirkung als gegeben bzw. bewiesen angesehen werden kann.[158] Hierdurch wird der beweispflichtigen Partei die Beweisführung erleichtert, da es dem Gericht gestattet ist, aufgrund der allgemeinen Lebenserfahrung von feststehenden Tatsachen Schlüsse auf das Vorliegen streitiger Tatsachenbehauptungen zu ziehen.[159]

Einen hinreichend starken Beweiswert[160] hat der Erfahrungssatz jedoch nur unter zwei Voraussetzungen: Zunächst muss seine Vermutungsgrundlage – d.h. die tatsächlichen Voraussetzungen, auf deren Grundlage die Vermutung angenommen wird – unstreitig feststehen, d.h. es muss sich um einen festgestellten,

---

[156] Vgl. zum Anscheinsbeweis: BGH NJW 1996, 1828, 1828; BGH NJW 1994, 945, 946; BGH VersR 1991, 460, 461; BGH NJW 1987, 1694, 1694; BGH NJW 1951, 360, 360; BGH NJW 1998, 79, 80 f.; Palandt-*Heinrichs*, Vorb. v. § 249, Rn. 163 ff.; *Schneider*, Beweis und Beweiswürdigung, Rn. 323 ff.; Stein/Jonas-*Leipold*, § 286, Rn. 90; MüKo/ZPO-*Prütting*, § 286, Rn. 48 ff., 56 ff. Vgl. zur tatsächlichen Vermutung: BGH NJW 1966, 826, 827; BGH WM 1978, 1049, 1050; BGH NJW 1986, 2829, 2831; *Allner*, Die tatsächliche Vermutung mit besonderer Berücksichtigung der GEMA-Vermutung, S. 28 f., 37 f., 41, 65 ff.; *Rosenberg*, Die Beweislast, S. 187; *Seeliger*, Beweislast, S. 53; *Walter*, ZZP 90 (1977), 270, 274 f.

[157] *Schneider*, Beweis und Beweiswürdigung, Rn. 332.

[158] Zum Anscheinsbeweis: BGHZ 2, 1, 5; BGHZ 31, 351, 357; BGHZ 100, 214, 216; *Schneider*, Beweis und Beweiswürdigung, Rn. 325; Palandt-*Heinrichs*, Vorb. v. § 249, Rn. 163. Ähnlich zur tatsächlichen Vermutung *Allner*, Die tatsächliche Vermutung mit besonderer Berücksichtigung der GEMA-Vermutung, S. 71 ff.

[159] Zum Anscheinsbeweis Palandt-*Heinrichs*, Vorb. v. § 249, Rn. 163. Die Auffassung, dass die Werkhöhe von Spielfilmen zu vermuten sei, könnte etwa mit folgendem Erfahrungssatz begründet werden: „Handelt es sich bei dem zur Beurteilung stehenden Film um einen Spielfilm, so spricht der erste Anschein dafür, dass der Film Werkhöhe aufweist."

[160] Vgl. zum unterschiedlich starken Beweiswert von Erfahrungssätzen: BGHZ 2, 82, 85; BGH NJW 1961, 777, 779; *Schneider*, Beweis und Beweiswürdigung, Rn. 323 f.; Stein/Jonas-*Leipold*, § 286, Rn. 90, 7; MüKo/ZPO-*Prütting*, § 286, Rn. 48 f.; *Allner*, Die tatsächliche Vermutung mit besonderer Berücksichtigung der GEMA-Vermutung, S. 68 ff.

streng nachgewiesenen Teilsachverhalt handeln.[161] Darüber hinaus muss der Erfahrungssatz einen typischen Geschehensablauf betreffen[162], also einen sich aus der Lebenserfahrung bestätigenden gleichförmigen Vorgang, durch dessen Typizität es sich erübrigt, die tatsächlichen Einzelumstände darzulegen und zu beweisen.[163] Hierfür genügt es, wenn das Verhältnis von Ursache und Wirkung bei dem betreffenden Geschehensablauf fast immer bzw. in aller Regel zu beobachten ist, da bei einer unumstößlichen Gewissheit der Vollbeweis erbracht wäre.[164]

a) Typischer Geschehensablauf

Ob ein Erfahrungssatz von hinreichender Aussage- und Beweiskraft für die Werkqualität des Spielfilms spricht, hängt demnach zunächst davon ab, ob es im Rahmen der Spielfilmherstellung aufgrund eines typischen Geschehensablaufs fast immer bzw. in aller Regel zu einer schöpferischen Gestaltung durch den Einsatz filmgestalterischer Mittel kommt. Denn nur wenn der Erfahrungssatz einen typischen Geschehensablauf betrifft, erlaubt die allgemeine Lebenserfahrung einen entsprechenden Rückschluss. Anhand des typischen Geschehensablaufs im Rahmen der Filmherstellung ist ferner zu beurteilen, ob eine Differenzierung zwischen Spielfilm und Dokumentarfilm – für den eine tatsächliche Vermutung der Werkeigenschaft nur selten angenommen wird[165] – gerechtfertigt ist. Hiervon kann nur dann ausgegangen werden, wenn eine Filmgestaltung auf Werkhöhe in beiden Genres nicht im gleichen Maße typisch wäre, was im Folgenden im Hinblick auf einige filmgestalterische Mittel, namentlich die Inszenierung, Kameraführung, den Filmschnitt sowie die Sammlung, Auswahl und Anordnung des Filmstoffes geprüft werden soll.

---

[161] Zum Anscheinsbeweis: BGH NJW-RR 1993, 1117, 1118; Stein/Jonas-*Leipold*, § 286, Rn. 87, 89; Thomas/Putzo-*Reichold*, § 286, Rn. 12 f.; Palandt-*Heinrichs*, Vorb. v. § 249, Rn. 163. Zur tatsächlichen Vermutung *Allner*, Die tatsächliche Vermutung mit besonderer Berücksichtigung der GEMA-Vermutung, S. 56, 57, 73.

[162] Zum Anscheinsbeweis: BGH NJW 1991, 230, 231; BGH NJW 1996, 1405, 1406; BGH NJW 1996, 1828, 1828; Palandt-*Heinrichs*, Vorb. v. § 249, Rn. 166; Stein/Jonas-*Leipold*, § 286, Rn. 88, 94; MüKo/ZPO-*Prütting*, § 286, Rn. 48. Zur tatsächlichen Vermutung *Allner*, Die tatsächliche Vermutung mit besonderer Berücksichtigung der GEMA-Vermutung, S. 71, der von einem gleichmäßigen Hergang als Beobachtungsgrundlage spricht, der zur Folge habe, dass die benutzten Sachverhalte nach Prämissen und Folgen übereinstimmen.

[163] Zum Anscheinsbeweis: BGH NJW 1951, 360, 360; MüKo/ZPO-*Prütting*, § 286, Rn. 48.

[164] Zum Anscheinsbeweis: BGH LM § 286 (C) ZPO Nr. 29; *Schneider*, Beweis und Beweiswürdigung, Rn. 326; Stein/Jonas-*Leipold*, § 286, Rn. 90; vgl. auch BGH VersR 1991, 460, 461 f. Zur tatsächlichen Vermutung *Allner*, Die tatsächliche Vermutung mit besonderer Berücksichtigung der GEMA-Vermutung, S. 67 f.

[165] Eine entsprechende Vermutung findet sich bei: Möhring/Nicolini-*Lütje*, § 95, Rn. 4; *Straßer*, Die Abgrenzung der Laufbilder vom Filmwerk, S. 60 (Fn. 352), für Dokumentarfilme, die auf der Grundlage eines Drehbuches realisiert werden.

aa) Einzelne schöpferische Leistungen im Rahmen der Filmherstellung

(1) Inszenierung

Die Inszenierung betrifft die Umsetzung der in einem vorbestehenden Werk enthaltenen erdachten Handlung in die filmische Gestaltungsform durch den Regisseur. Dieser formt und prägt anhand seiner individuellen Vorstellung von der Verbildlichung des vorbestehenden Werkes den Film. Die Inszenierung macht den Film daher in aller Regel zum Filmwerk.[166] Im Rahmen seiner Inszenierungstätigkeit erbringt der Regisseur die unterschiedlichsten Leistungen: Ihm obliegt die Disposition, Leitung und Kontrolle des gesamten Vorgangs der Filmaufnahmen (z.B. die Entscheidung über Motive, Drehorte und Drehplan) und das künstlerische Arrangement der Filmszenen.[167] Dabei übt der Regisseur die Verfügungsmacht über Art und Weise des Einsatzes von filmgestalterischen Mitteln aus, indem er etwa über Kamerastand, -fahrten und -schwenks, Licht-, Farb- und Toneffekte sowie über den Schnitt des Filmes entscheidet.[168] Aufgrund der Koordinierung und Leitung des Filmstabs durch den Regisseur fügen sich eine Vielzahl von Einzelleistungen zum Filmwerk, das in seiner Formgebung der Idee des Regisseurs vom vorbestehenden Werk entspricht.[169] Er wird daher überwiegend als Haupturheber des Filmwerks angesehen.[170]

Beschreibt man die Inszenierung als die Umsetzung der in einem vorbestehenden Werk enthaltenen erdachten Spielhandlung in die filmische Gestaltungsform so findet eine Inszenierungsleistung in diesem Sinne vor allem bei Spielfilmen,

---

[166] *Straßer*, Die Abgrenzung der Laufbilder vom Filmwerk, S. 52 f.; Dreier/Schulze-*Schulze*, § 2, Rn. 208, § 89, Rn. 5; *Unland*, Die Verfilmung tatsächlicher Ereignisse, S. 78; *Feyock/ Straßer*, ZUM 1992, 11, 15; vgl. auch Wandtke/Bullinger-*Bullinger*, § 2, Rn. 119, wonach der Regisseur wegen der bei der Umsetzung einer Handlung notwendigen Abstraktion stets eine persönliche geistige Schöpfung erbringt.

[167] Daneben besteht die Regietätigkeit in der auf einer Werkinterpretation beruhenden Führung und Anleitung der Darsteller, mit der auf die Werkdarbietung Einfluss genommen wird. Hierin wird jedoch keine schöpferische Filmgestaltung, sondern eine werkinterpretierende Mitwirkung des Regisseurs als ausübender Künstler im Sinne von §§ 92, 1. Alt., 73 UrhG an der Werkdarbietung gesehen. Vgl. zum Verhältnis zwischen schöpferischer Filmgestaltung und künstlerisch mitwirkender Darbietungsleistung: BGHZ 90, 219, 224 f. – Filmregisseur; *Schricker*, GRUR 1984, 733, 733 f.; Möhring/Nicolini-*Ahlberg*, § 7, Rn. 21; *Hoeren*, GRUR 1992, 145, 150; *Straßer*, Die Abgrenzung der Laufbilder vom Filmwerk, S. 92 ff.

[168] Möhring/Nicolini-*Ahlberg*, § 7, Rn. 20; v. Hartlieb/Schwarz-*Dobberstein/Schwarz*, Kap. 37, Rn. 6; *Homann*, Praxishandbuch Filmrecht, S. 148 f.; *Straßer*, Die Abgrenzung der Laufbilder vom Filmwerk, S. 53 f.; *Reupert*, Der Film im Urheberrecht, S. 81.

[169] *Straßer*, Die Abgrenzung der Laufbilder vom Filmwerk, S. 52.

[170] *Ulmer*, Urheber- und Verlagsrecht, S. 201; Dreier/Schulze-*Schulze*, § 89, Rn. 10; Schricker-*Loewenheim*, § 2, Rn. 190; Schricker-*Katzenberger*, Vor §§ 88 ff., Rn. 61; Dreyer/ Kotthoff/Meckel-*Dreyer*, § 2, Rn. 261; *Straßer*, Die Abgrenzung der Laufbilder vom Filmwerk, S. 52; *Lütje*, Die Rechte der Mitwirkenden am Filmwerk, S. 54.

nicht jedoch bei Filmen mit einem rein dokumentarischen Ansatz[171] statt. Zwar wird auch im dokumentarischen Bereich in aller Regel anhand eines vorgezeichneten Entwurfs gearbeitet und ein bestimmter Filminhalt nach einem subjektiven Konzept in die filmische Gestaltungsform umgesetzt. Auch hier geht es im Ergebnis also um die Verbildlichung eines Themas, quasi um eine „Inszenierung der Wirklichkeit". Während beim Spielfilm die Inszenierungsleistung in der Umsetzung der durch das Drehbuch vorgegebenen Einstellungen und Anweisungen besteht, liegt ein Schwerpunkt der Umsetzungsleistung des Dokumentarfilmregisseurs jedoch darin, die für eine anschauliche Darstellung des Stoffs notwendigen Bilder überhaupt erst zu finden, wobei zur Visualisierung auch ein Rückgriff auf Fremd-, insbesondere Archivmaterial wie Fotografien oder Filmausschnitte nötig sein kann. Damit bleibt vieles dem Moment der Dreharbeiten und dem Filmschnitt überlassen. Diese spezifische Besonderheit der Tätigkeit eines Regisseurs im dokumentarischen Bereich hat der BGH mit der Formel zusammengefasst, dass sich die Filmwerkqualität „durch die Auswahl, Anordnung und Sammlung des Stoffes sowie durch die Art der Zusammenstellung der einzelnen Bildfolgen"[172] ergeben kann.

Dieser Unterschied bei der Gestaltung von Spiel- und Dokumentarfilmen wird mitunter auch dahingehend umschrieben, dass sich Spiel- und Dokumentarfilm durch das „Moment der Phantasie" unterscheiden. Da dieses Moment beim Spielfilm eine größere Rolle spiele als beim Dokumentarfilm, könne ein urheberrechtlicher Schutz beim Spielfilm eher angenommen werden als beim Dokumentarfilm, da die persönliche geistige Schöpfung sich häufig gerade in Phantasie ausdrücke.[173] Gegen die Begründung einer derartigen Schlussfolgerung mit dem Kriterium der „Phantasie" spricht jedoch die Ungenauigkeit dieses Begriffs. Zurecht ist gegen ihn eingewandt worden, dass Phantasie sowohl Kreativität bezeichnen als auch die Abgrenzung zwischen Fiktion und Wirklichkeit umschreiben kann.[174] Die Bestimmung der Werkeigenschaft davon abhängig zu machen, welches „Maß an Kreativität" im Film enthalten ist, verbietet sich wegen der Unschärfe und Wertungsoffenheit dieses Begriffs. Vielmehr legt die Aussage, dass die Form eines Dokumentarfilms, der reale Begebenheiten schildern soll, als um so eher erfüllt angesehen werden könne, je weniger er an

[171] Anderes gilt für dokumentarische Formate wie z.B. Doku-Dramen, die mit Spielsequenzen arbeiten und bei denen insofern eine Inszenierung im beschriebenen Sinne stattfindet.

[172] BGHZ 9, 262, 268 – Lied der Wildbahn I; BGHZ 90, 219, 222 – Filmregisseur.

[173] v. Hartlieb/Schwarz-*Dobberstein*/*Schwarz*, Kap. 36, Rn. 3. *Roeber*, UFITA 60 (1971), 193, 200, stellt ebenfalls auf das Merkmal der Phantasie ab. Nach *Greco*, UFITA 25 (1958), 497, 500, gibt es zwei getrennte Kategorien von Filmen: Filme, die Geschehnisse dokumentieren und Filme, die der Phantasie entspringen. Vgl. zur Kunstwerkeigenschaft auch *Moosmann*, Exklusivstories, S. 55: „Der Ersteller einer Dokumentation will mit seinem Werk typischerweise nicht seiner Phantasie oder seinen subjektiven Erfahrungen und Eindrücken mit den Mitteln des Films Ausdruck verleihen, sondern sein Publikum über bestimmte Vorgänge in optischer und akustischer Form informieren."

[174] *Hoeren*, GRUR 1992, 145, 148.

Phantasieelementen aufweist[175], den Schluss nahe, dass mit dem Unterscheidungsmerkmal „Phantasie“ letztendlich auf die erdachte, fiktive Handlung eines Spielfilms Bezug genommen werden soll. Für die Behauptung, dass der Film im Falle einer fiktiven Spielhandlung eher Werkhöhe aufweist als bei einem dokumentarischen Inhalt, fehlt es jedoch an einer näheren Begründung. Eine derartige Begründung könnte allenfalls darin bestehen, dass erdachte Handlungen stets einer individuellen Umsetzung in die filmische Gestaltungsform durch den Regisseur bedürfen. Hiermit ist jedoch weniger das in der erdachten Handlung enthaltende Moment der Phantasie als vielmehr das filmgestalterische Mittel einer Inszenierungsleistung angesprochen.

Im Hinblick auf die Frage, ob die Inszenierungsleistung als ein typischer Geschehensablauf im Rahmen der Filmherstellung bewertet werden kann, gilt es demnach zwischen dem Spielfilm einerseits und dem Dokumentarfilm andererseits zu differenzieren. Im Bereich Spielfilm wird der Erfahrungssatz, dass der erste Anschein bzw. eine tatsächliche Vermutung für die Werkhöhe von Spielfilmen spricht, zutreffend damit begründet, dass im Rahmen der Spielfilmherstellung typischerweise eine Inszenierung der Filmhandlung durch den Regisseur stattfindet.[176] Beim Dokumentarfilm (im idealtypischen Sinne) spielt die Inszenierung einer fiktiven Handlung hingegen keine Rolle, so dass ein für die Werkhöhe von Dokumentarfilmen sprechender Erfahrungssatz jedenfalls nicht durch den Hinweis auf eine typischerweise stattfindende Inszenierungsleistung des Regisseurs bestätigt werden kann. Hieraus folgt allerdings nicht im Wege des Umkehrschlusses, dass ein Anscheinsbeweis bzw. eine tatsächliche Vermutung für die Werkqualität von Dokumentarfilmen schlechthin ausscheidet. Vielmehr stellt sich die Frage, ob beim Dokumentarfilm vergleichbare typische Abläufe existieren, die einen hinreichend starken Erfahrungssatz begründen können. Daher sollen in den folgenden Ausführungen zunächst einige im dokumentarischen Bereich besonders relevante filmgestalterische Mittel vorgestellt und sodann im Hinblick auf die Typizität ihres Einsatzes im Rahmen einzelner dokumentarischer Formate untersucht werden.

(2) Sammlung, Auswahl und Anordnung des Filmstoffes

Erstmals in seiner „Lied der Wildbahn I “ – Entscheidung stellte der BGH im Zusammenhang mit einer dokumentarischen Darstellung fest, dass sich die Werkqualität eines Films auch aufgrund der Auswahl, Anordnung und Sammlung des Stoffes sowie durch die Art der Zusammenstellung der einzelnen Bild-

---

[175] v. Hartlieb/Schwarz-*Dobberstein/Schwarz*, Kap. 36, Rn. 3.

[176] *Straßer*, Die Abgrenzung der Laufbilder vom Filmwerk, S. 52 f., 79; *Feyock/Straßer*, ZUM 1992, 11, 15; vgl. auch Dreier/Schulze-*Schulze*, § 2, Rn. 208, § 89, Rn. 5.

folgen ergeben kann.[177] Dass der Sammlungs-, Auswahl- und Anordnungsgedanke bei einem Film mit dokumentarischem Charakter zum Tragen kam, ist nicht zufällig. Während bei Spielfilmen der Filminhalt sowie die Chronologie und Erzählstruktur des Filmstoffes durch das Drehbuch weitgehend vorgeben ist, ist der Autor bzw. Regisseur bei dokumentarischen Stoffen wesentlich freier in der Entscheidung über die inhaltliche und bildliche Umsetzung des Filmstoffs. Hierdurch eröffnet sich ein spezifischer Gestaltungsspielraum, der den gesamten Filmherstellungsprozess durchzieht und Raum für individuellen Ausdruck bietet. Die Sammlungs-, Anordnungs- und Auswahltätigkeit ist in erster Linie dem Regisseur zuzuordnen[178], der im dokumentarischen Bereich häufig mit dem Autor identisch ist. Die Sammlungs-, Anordnungs- und Auswahlleistung des Regisseurs/Autors findet häufig in Zusammenarbeit mit Kameramann und Cutter statt. Nicht selten kann auch der Redakteur bzw. der Filmhersteller bei der Filmgestaltung mitwirken.[179]

Die Sammlungs-, Anordnungs- und Auswahlleistung durchzieht die gesamte Filmherstellung. Bereits im Vorfeld der Dreharbeiten für einen Dokumentarfilm findet ein umfangreicher Sammlungs-, Anordnungs- und Auswahlprozess statt, indem ein Thema ausgewählt, aufgrund von Recherchearbeiten inhaltlich geformt und eingeschränkt wird sowie Kriterien für die filmische Umsetzung getroffen werden, aufgrund der die sich anschließenden Dreh- und Schnittarbeiten maßgeblich beeinflusst werden.[180] Die eigentliche „Sammlung der Bilder" erfolgt während der Dreharbeiten. Gerade bei der Darstellung realer Ereignisse und bei ungestellten Motiven ist häufig das spontane Einfangen von Bildern und Stimmungen erforderlich. Sofern sich hierbei mehrere Aufnahmemöglichkeiten bieten, muss eine Auswahl durch Regisseur und/oder Kameramann[181] erfolgen. Von entscheidender Bedeutung für Auswahl, Anordnung und Zusammenstellung des Filmstoffs ist jedoch der Schnitt in der Phase der Postproduktion.[182] Aus dem gedrehten Material wählt der Regisseur in Zusammenarbeit mit dem

---

[177] BGHZ 9, 262, 268 – Lied der Wildbahn I; vgl. auch BGHZ 90, 219, 222 – Filmregisseur; BGH GRUR 1987, 362, 363 – Filmzitat; LG München I ZUM 1993, 370, 373; OLG Frankfurt a. M. ZUM 2002, 226, 227; OLG Köln GRUR 1994, 47, 48 – Filmausschnitt; Schricker-*Loewenheim*, § 2, Rn. 186; Möhring/Nicolini-*Ahlberg*, § 2, Rn. 143; Fromm/Nordemann-*Hertin*, § 95, Rn. 2; Dreyer/Kotthoff/Meckel-*Dreyer*, § 2, Rn. 256; *v. Gamm*, § 2, Rn. 23; *Homann*, Praxishandbuch Filmrecht, S. 146 f.

[178] *Straßer*, Die Abgrenzung der Laufbilder vom Filmwerk, S. 106; *Unland*, Die Verfilmung tatsächlicher Ereignisse, S. 76 f.; Möhring/Nicolini-*Ahlberg*, § 7, Rn. 20; *Hoeren*, GRUR 1992, 145, 147; vgl. auch BGHZ 90, 219, 222 ff. – Filmregisseur; OLG Frankfurt a. M. ZUM 2002, 226, 227.

[179] Dreier/Schulze-*Schulze*, § 89, Rn. 7 f.

[180] *Homann*, Praxishandbuch Filmrecht, S. 147; *Straßer*, Die Abgrenzung der Laufbilder vom Filmwerk, S. 107; *Hoeren*, GRUR 1992, 145, 147.

[181] Zur „dokumentarischen Kamera" s. unten unter 2. Teil A II 1 a aa (3).

[182] *Unland*, Die Verfilmung tatsächlicher Ereignisse, S. 74 f.

Cutter die nach seiner Vorstellung vom Film passenden Sequenzen aus, strukturiert sie und fügt sie zum Film zusammen.

Aus der Sammlungs-, Auswahl- und Anordnungsleistung ergibt sich allerdings nur dann eine Werkhöhe des Films, wenn sie individuelle Züge trägt, d.h. durch die Auswahl und Anordnung der Bilder muss eine individuelle Idee des Regisseurs umgesetzt werden.[183] In seiner „Filmregisseur" – Entscheidung hat der BGH eine solche urheberschutzfähige Leistung des Regisseurs beispielsweise in der Auswahl der wesentlichen Aspekte einer Herzoperation und der Darstellung wesentlicher Begleitumstände durch eingeblendete Erläuterungen, Interviews und (z.T. nachgestellte) Gespräche gesehen.[184] In der „Filmzitat" – Entscheidung bejahte das Gericht den Werkcharakter eines Fernsehfilms mit der Begründung, er beruhe „auf einer selbständigen Konzeption, nach der das Thema in erster Linie durch Kommentare und Interviews dargestellt wird, wobei die in eigenschöpferischer Weise ausgewählten und angeordneten Filmbeispiele als Beleg für die jeweiligen Aussagen eingeblendet werden."[185] Die Anordnung muss über diejenige Zusammenstellung hinausgehen, die jeder verständige Dritte ebenso vorgenommen hätte[186], was in der Terminologie des BGH[187] nicht bei einer „bloß schematischen Aneinanderreihung von Lichtbildern" angenommen werden kann.

Die Grenzen zwischen einem schematischen Anordnen und einer gestalterischen Leistung auf Werkhöhe ist fließend und häufig mittelbar durch den Aufnahmegegenstand geprägt. Eine rein schematische Aneinanderreihung von Lichtbildern ist insbesondere dann anzunehmen, wenn der Aufnahmegegenstand filmisch zwangsläufig im Wesentlichen nur in der Weise aufgenommen werden kann, wie dies tatsächlich geschehen ist[188], was häufig bei der aktuellen (Tages-) Berichterstattung der Fall sein wird.[189] Zwar findet auch hier ein Grundmaß an Sammlung, Auswahl und Anordnung des Filmstoffs statt; die insoweit zu tref-

---

183 *Feyock/Straßer*, ZUM 1992, 11, 16 f.; *Straßer*, Die Abgrenzung der Laufbilder vom Filmwerk, S. 78.

184 BGHZ 90, 219, 223 – Filmregisseur.

185 BGH GRUR 1987, 362, 363 – Filmzitat.

186 *Straßer*, Die Abgrenzung der Laufbilder vom Filmwerk, S. 78.

187 BGHZ 9, 262, 268 – Lied der Wildbahn I; BGHZ 90, 219, 222 – Filmregisseur.

188 LG Berlin GRUR 1962, 207, 208 – Maifeiern; BGHZ 9, 262, 269 – Lied der Wildbahn I; Fromm/Nordemann-*Nordemann/Vinck*, § 2, Rn. 77.

189 *Feyock/Straßer*, ZUM 1992, 11, 17; *Straßer*, Die Abgrenzung der Laufbilder vom Filmwerk, S. 107 f.; Fromm/Nordemann-*Nordemann/Vinck*, § 2, Rn. 77; Loewenheim-*Nordemann*, § 9, Rn. 176; Schricker-*Loewenheim*, § 2, Rn. 187; Möhring/Nicolini-*Lütje*, § 95, Rn. 4; Dreyer/Kotthoff/Meckel-*Dreyer*, § 2, Rn. 260. Als ein weiteres Beispiel für Laufbilder nennt die amtliche Begründung zum Urheberrechtsgesetz vom 9.9.1965, abgedruckt in UFITA 45 (1965), 240, 321, die Fernsehübertragung von Opernaufführungen mit feststehender Kamera; vgl. hierzu auch OLG Koblenz UFITA 70 (1974), 331, 335 – Liebeshändel in Chioggia. Differenzierend: Dreier/Schulze-*Schulze*, § 95, Rn. 10; Möhring/Nicolini-*Lütje*, § 95, Rn. 5; Fromm/Nordemann-*Hertin*, § 95, Rn. 3.

fenden Entscheidungen sind jedoch oftmals dadurch geprägt, einen repräsentativen Überblick über eine Thematik, und nicht eine individuelle Idee von ihr zu vermitteln.[190] Der im Vordergrund stehende Gebrauchszweck und je nach Aufnahmegegenstand gegebenenfalls auch der bei der Herstellung bestehende Zeitdruck[191] führt zu einer reinen „Ablaufregie“[192], und die Umsetzung kann auf die Wahl des besten Aufnahmewinkels und den Schnitt des Materials auf eine bestimmte Länge, also rein handwerksmäßige Leistungen reduziert sein. Ein Indiz für Laufbilder ist ferner der Umfang des gedrehten Materials. Je kleiner die Materialfülle ist, desto weniger muss ausgewählt und angeordnet werden, so dass eine individuelle Prägung des Materials seltener eintreten wird.[193] Mit wachsendem Umfang des Themas und der zur Auswahl stehenden Umsetzungs- bzw. Visualisierungsmöglichkeiten wird in aller Regel auch eine ausgeprägtere Sammlung und Auswahl des Filmstoffes im Vorfeld bzw. während der Dreharbeiten stattfinden und sich aufgrund der erhöhten Materialfülle im Auswahl- und Anordnungsprozess während der Schnittarbeiten fortsetzen. Bei der dokumentarischen Darstellung von komplexen, auf Zusammenhängen beruhenden Themen wird sich eine individuelle Prägung daher kaum „vermeiden“ lassen.[194]

(3) Kamera und Schnitt

Neben der Sammlung, Auswahl und Anordnung des Filmstoffes kann die Werkhöhe von (dokumentarischen) Filmen auch durch sonstige filmische Gestaltungsmittel, insbesondere durch Kamera und Schnitt begründet werden.

Bei der bildlichen Umsetzung des Filmstoffs bieten sich dem Kameramann bzw. dem anweisenden Regisseur eine Vielzahl von gestalterischen Möglichkeiten.[195] Auf die Gestaltung des Films kann beispielsweise mit Licht- und Farbwirkung, Kontrast und Bildschärfe bzw. Schärfeveränderungen Einfluss genommen werden. Eine schöpferische Leistung kann ferner in der Kameraführung liegen. Diese bestimmt Bildkomposition, -dramaturgie und -dynamik, indem sie einen bestimmten Bildausschnitt, -schwerpunkt und Aufnahmewinkel wählt und Kamerabewegungen, wie z.B. eine stehende oder fahrende Kamera bzw. das Schwenken, Neigen oder Rollen der Kamera einsetzt. Eine individuelle Gestal-

---

[190] *Feyock/Straßer*, ZUM 1992, 11, 16 f.
[191] Möhring/Nicolini-*Lütje*, § 95, Rn. 4; *Straßer*, Die Abgrenzung der Laufbilder vom Filmwerk, S. 107.
[192] BGHZ 90, 219, 223 – Filmregisseur; Möhring/Nicolini-*Lütje*, § 95, Rn. 4.
[193] *Feyock/Straßer*, ZUM 1992, 11, 16 f.
[194] *Feyock/Straßer*, ZUM 1992, 11, 17.
[195] Zu den gestalterischen Möglichkeiten der Kamera s.: *Monaco*, Film verstehen, S. 75 ff.; *Straßer*, Die Abgrenzung der Laufbilder vom Filmwerk, S. 61 ff.; *Merker*, Das Urheberrecht des Chefkameramannes am Spielfilmwerk, S. 84 ff.; *Reupert*, Der Film im Urheberrecht, S. 72 f.; *Hertin*, UFITA 118 (1992), 57, 61 ff.; *Prümm*, UFITA 118 (1992), 23, 23 ff.; *Bohr*, UFITA 78 (1977), 95, 107 ff.

tung erfährt das Filmwerk durch die Kameraführung allerdings nur dann, wenn diese über die konventionelle kameratechnische Erfassung eines Motivs hinausgeht. Eine alltägliche, handwerksmäßige Aufnahmeleistung genügt nicht, vielmehr muss der zu realisierende Filmstoff gerade durch die Kameraführung in individueller Weise geprägt sein, etwa indem durch die Bildinszenierung auf das ästhetische oder emotionale Empfinden des Zuschauers eingewirkt wird.[196]

Auch der Filmschnitt, bei dem das Filmmaterial durch Kürzungen strukturiert und die Filmteile zusammengefügt werden, bietet zahlreiche Möglichkeiten für eine schöpferische Gestaltung des Films: Schnittrhythmus und -dramaturgie, Abfolge und Länge von Einstellungen, harte Schnitte oder weiche Überblendungen, Kontrastierungen in Bewegung, Handlung, Farbe, Licht und Ton sowie assoziative Schnitte stellen nur einige der Gestaltungsmöglichkeiten des Cutters bzw. des anweisenden Regisseurs dar, mit denen die Wahrnehmung des Zuschauers gezielt beeinflusst und gelenkt werden kann.[197] Durch den Filmschnitt wird die Filmwerkqualität allerdings nur dann begründet, wenn er sich nicht auf konventionelle Schnitttechniken beschränkt, indem er etwa lediglich das Ziel verfolgt, das vorhandene Material auf eine bestimmte Länge zusammenzuschneiden. Vielmehr muss der Schnitt ein Eigenleben entwickeln und auf die Gestaltung des Films in individueller Weise Einfluss nehmen.[198]

Da die filmische Darstellung realer Ereignisse nicht in gleicher Weise festgelegt werden kann wie die Szenerie einer Spielhandlung durch ein Drehbuch, findet der Sammlungs-, Auswahl- und Anordnungsgedanke auch im Bereich Kamera und Schnitt seinen Niederschlag. Gerade wenn es um die Aufnahme ungestellter Bilder, das spontane Einfangen von Stimmungen und das Erfassen aller für die Darstellung des Filminhalts erforderlichen Informationen geht, sind die bildgestalterischen und -dramaturgischen Fähigkeiten des Kameramanns in spezifischer Weise gefordert.[199] Die dokumentarische Kamera „kann, ja sie muss auch auswählen, sie gibt den Ereignissen ihren Rhythmus, sie muss Entscheidungen treffen, die unwiderruflich sind, die beim Drehen selbst mit dem Regisseur nicht mehr diskutiert werden können."[200] Auch der Filmschnitt nimmt einen erhebli-

---

[196] *Straßer*, Die Abgrenzung der Laufbilder vom Filmwerk, S. 60 f., 63. Bei dem in der amtlichen Begründung zum Urheberrechtsgesetz aufgeführten Beispiel einer feststehenden Kamera scheidet eine schöpferische Gestaltung durch die Kamera daher aus, vgl. amtliche Begründung zum Urheberrechtsgesetz vom 9.9.1965, abgedruckt in UFITA 45 (1965), 240, 321. Eine eigenschöpferische Gestaltung durch die Kameraführung wurde bejaht vom LG München I ZUM 1993, 370, 373. Eine schöpferische Gestaltung durch die Kamera wurde im konkreten Fall verneint vom LG Berlin GRUR 1962, 207, 208 – Maifeiern.

[197] Vgl. *Straßer*, Die Abgrenzung der Laufbilder vom Filmwerk, S. 64 ff.; *Reupert*, Der Film im Urheberrecht, S. 85 f.; *Bohr*, UFITA 78 (1977), 95, 110 f.

[198] *Straßer*, Die Abgrenzung der Laufbilder vom Filmwerk, S. 65.

[199] *Straßer*, Die Abgrenzung der Laufbilder vom Filmwerk, S. 104 f.; *Unland*, Die Verfilmung tatsächlicher Ereignisse, S. 73 f.

[200] *Roth*, Der Dokumentarfilm seit 1960, S. 86.

chen gestalterischen Einfluss, da häufig erst in der Phase der Postproduktion Entscheidungen über die endgültige Struktur des Films und die Anordnung der Bilder getroffen werden.[201]

bb) Typizität des Einsatzes filmgestalterischer Mittel im dokumentarischen Bereich

Für die Frage, ob die Werkeigenschaft bestimmter dokumentarischer Formate vermutet werden kann, ist entscheidend, ob – ähnlich der Bedeutung der Inszenierungsleistung beim Spielfilm – auch im dokumentarischen Bereich die zuvor beschriebenen filmgestalterischen Mittel typischerweise zum Einsatz kommen und insofern regelmäßig von einer Werkhöhe des Filmes ausgegangen werden kann. Jedenfalls für den Dokumentarfilm wird dies z.T. mit der Begründung bejaht, dass der Spielraum für eine individuelle Gestaltung bei diesem Genre besonders groß sei, so dass ein schöpferischer Gehalt von Dokumentarfilmen „wenigstens prima facie" anzunehmen sein soll.[202] Hierzu im Gegensatz steht die Auffassung, dass der dokumentarische Charakter der Annahme einer individuellen Gestaltung des Films regelmäßig eher widerspricht. Ausgangspunkt dieses Verständnisses ist es, dass sich der dokumentarische Film auf das Abfilmen von Realität beschränkt und insofern eine individuelle Gestaltung grundsätzlich ausscheidet, da der Ablauf und die Struktur des Films von der Wirklichkeit vorgegeben sind.[203]

Der Gedanke, dass die schöpferische Qualität von dokumentarischen Darstellungen aufgrund ihres Realitätsbezuges eingeschränkt sein kann, findet sich auch in der Rechtsprechung des BGH. In seiner „Lied der Wildbahn I" – Entscheidung, in der die Werkhöhe von Ausschnitten aus einem Kulturfilm – es handelte sich um Aufnahmen von fliegenden Schwänen – zu beurteilen war, führt der BGH zunächst aus, dass Spielfilme zumeist eine individuelle Prägung aufweisen und stellt dann fest: „Anders liegt es bei einem reinen Naturfilm, der sich auf die Wiedergabe in der Wirklichkeit vorgegebener Gegenstände und Naturereignisse beschränkt. Hier ist die Formgebung weitgehend durch den Geschehensablauf in der Natur festgelegt."[204] In der „Filmregisseur" – Entscheidung hatte sich der BGH u.a. mit der Werkqualität von zwei Fernsehfeatures zu befassen, in denen es um die Darstellung einer Herzoperation bzw. um die Dar-

---

[201] *Straßer*, Die Abgrenzung der Laufbilder vom Filmwerk, S. 104; *Unland*, Die Verfilmung tatsächlicher Ereignisse, S. 74 f.

[202] Möhring/Nicolini-*Lütje*, § 95, Rn. 3 f.

[203] *Greco*, UFITA 25 (1958), 497, 500 f. Vgl. auch die amtliche Begründung zum Urheberrechtsgesetz vom 9.9.1965, abgedruckt in UFITA 45 (1965), 240, 321, worin ohne nähere Differenzierung als Beispiele für Laufbilder reine Dokumentarfilme oder Fernsehübertragungen von Opernaufführungen mit feststehender Kamera genannt werden.

[204] BGHZ 9, 262, 268 – Lied der Wildbahn I.

stellung der Lebensumstände eines Mädchens in Griechenland ging. In der Entscheidung heißt es, dass „die dokumentarisch genaue, informative Darstellung" ihren eigengesetzlichen Regeln unterliege und der Regisseur „insoweit eine von der Wirklichkeit bestimmte Ablaufregie" führe.[205]

Zwar mag es Aufnahmegegenstände geben, die die filmische Darstellung in einer Weise determinieren, dass kein Raum für eine individuelle Gestaltung verbleibt. Jedoch ist es unzulässig, diesen Umstand dahingehend zu verallgemeinern, dass die Annahme einer typischerweise stattfindenden Gestaltung auf Werkhöhe für den gesamten dokumentarischen Bereich schlechthin ausscheidet. Denn hierin läge ein Verständnis des dokumentarischen Films, das durch eine unzutreffende Prämisse und eine hierdurch ebenfalls unzutreffende Schlussfolgerung gekennzeichnet ist: Es handelt sich um das Verständnis, dass der dokumentarische Film objektiv Wirklichkeit abbilde und dass deshalb von einer individuellen, eigenschöpferischen Gestaltung nicht als typischer Regelfall ausgegangen werden könne.[206]

Der Gedanke, dass dokumentarische Darstellungen ein objektives und wahres Abbild der Wirklichkeit darstellen, findet sich nicht nur in der Rechtswissenschaft, sondern auch in der Filmtheorie. So setzte etwa der in den sechziger Jahren entstandene dokumentarische Stil des Direct Cinema den Dokumentarfilm mit unverfälschter Realitätsabbildung gleich, die den Zuschauer an der abgebildeten Wirklichkeit teilhaben lasse und somit die eigene Realitätserfahrung ersetzen könne.[207] Im Verlauf der Jahre machten sich jedoch immer mehr Zweifel an der Reproduzierbarkeit der objektiven Wirklichkeit breit und es wurde zunehmend betont, dass es sich bei der in Dokumentarfilmen gezeigten Wirklichkeit stets um eine subjektive handelt.[208] Mittlerweile wird der Film als ein Medium begriffen, das nicht die Wirklichkeit abbildet, sondern ausschnitthafte Aussagen über sie macht. Die Auswahl des Motivs und des Bildausschnitts, Kamerastandpunkt und -führung sowie die nachträgliche Selektion und Montage des Materials beim Schnitt stellen subjektive Entscheidungen dar, die ein subjektives Bild

---

[205] Vgl. auch BGHZ 90, 219, 223 – Filmregisseur.

[206] Kritisch hierzu *Hoeren*, GRUR 1992, 145, 146.

[207] Zum theoretischen Ansatzpunkt des Direct Cinema: *Hohenberger*, Dokumentarfilmtheorie, S. 8, 15 ff.; *Roth*, Der Dokumentarfilm seit 1960, S. 8 ff.; *Heller*, Direct Cinema, in: Reclams Sachlexikon des Films, S. 120, 120 ff.; *Heller*, Dokumentarfilm, in: Reclams Sachlexikon des Films, S. 124, 127; *Decker*, Direct Cinema, in: Sachlexikon Film, S. 59 ff.; Buchers Enzyklopädie des Films, S. 190.

[208] Vgl. hierzu etwa: *Berg-Walz*, Vom Dokumentarfilm zur Fernsehreportage, S. 54 ff.; *Zimmermann*, Geschichte von Dokumentarfilm und Reportage, S. 213, 304 f.; *Ertel*, Von der Stuttgarter Schule zum Haus des Dokumentarfilms, S. 15, 21; *Heller*, Dokumentarfilm im Fernsehen – Fernsehdokumentarismus, S. 91, 92; *Leiser*, Dokumentarfilm und Geschichte, S. 37, 38 ff.; *Hohenberger*, Dokumentarfilmtheorie, S. 8, 22 f.; *Troller*, Zur Psychologie des Dokumentaristen, S. 169, 172. Aus der Rechtswissenschaft: *Hoeren*, GRUR 1992, 145, 147; *Unland*, Die Verfilmung tatsächlicher Ereignisse, S. 4 ff.

der Wirklichkeit malen, auch wenn größtmögliche Sachlichkeit und Neutralität bezweckt ist.[209] Innerhalb der jüngeren Filmtheorie entwickelte sich daher die Tendenz zu einer Gleichstellung von Dokumentar- und Spielfilm, da jede filmische Aufnahme auf einer notwendigen Erzählstruktur beruht, welche die dargestellte Realität letztendlich fiktionalisiert.[210] Hierauf aufbauend wurden die spezifischen Besonderheiten des Dokumentarfilms in Abgrenzung zum Spielfilm zunehmend auf der Rezeptionsebene gesucht. Prämisse dieses Zugangs ist es, dass ein Film von sich aus zunächst nicht preisgibt, ob er dokumentarisch ist oder nicht. Aufgrund eines Weltwissens und des Wissens um Genrekonventionen, um klassische stilistische Strukturen von Dokumentarfilmen unterscheidet erst der Zuschauer zwischen Dokumentar- und Spielfilm. Fehlt dieses Wissen, ist diese Unterscheidung nicht möglich.[211]

Der Ansatz, dass dokumentarische Filme Wirklichkeit abfilmen und die Struktur des Filmes deshalb von den realen Geschehnissen weitgehend vorgegeben sei, ist demnach durch die Filmwissenschaft widerlegt. Es geht nicht um eine objektive Abbildung, sondern um eine subjektive Annäherung an die Wirklichkeit.[212] Zwar bedeutet dies nicht zwangsläufig, dass dokumentarische Aufnahmen auch stets individuell im Sinne des urheberrechtlichen Werkbegriffs sind. Jedoch kann die Typizität einer individuellen Sammlungs-, Anordnungs- und Auswahlleistung beim Dokumentarfilm – und damit eine etwaige tatsächliche Vermutung der Werkeigenschaft – nicht mit der Begründung abgelehnt werden, dass das Wesen dokumentarischer Aufnahmen in einer objektiven Realitätsabbildung bestehe. Maßgeblich ist vielmehr, ob bzw. in welchem Umfang filmgestalterische Mittel typischerweise zum Einsatz kommen. Dies soll im Folgenden für einige Grundformen des dokumentarischen Films und Fernsehens, nämlich Dokumentarfilm, Doku-Drama, Reportage, Magazin und Nachrichtensendung geprüft werden.

---

[209] *Troller*, Zur Psychologie des Dokumentaristen, S. 169, 172; *Berg-Walz*, Vom Dokumentarfilm zur Fernsehreportage, S. 54 f., 61 ff.; *Rabinger*, Dokumentarfilme drehen, S. 52; *Hoeren*, GRUR 1992, 145, 147; *Unland*, Die Verfilmung tatsächlicher Ereignisse, S. 5.

[210] Vgl. hierzu *Hohenberger*, Dokumentarfilmtheorie, S. 22 f.

[211] *Odin*, Dokumentarischer Film – dokumentarisierende Lektüre, S. 286, 286 ff.; *Hattendorf*, Dokumentarfilm und Authentizität, S. 72 ff., 84 ff., 312 f., nennt als filmische Authentisierungsstrategien z.B. Interviews, Reporter vor der Kamera, Off-Kommentare, Originalton, lange Einstellungen und ausdrückliche Hinweise auf den dokumentarischen Charakter. Diese sollen beim Zuschauer den Eindruck hervorrufen, dass das Gezeigte der Wirklichkeit entspricht. Vgl. hierzu auch *Hohenberger*, Dokumentarfilmtheorie, S. 25 ff.; *Heller*, Dokumentarfilm im Fernsehen – Fernsehdokumentarismus, S. 91, 96 ff.

[212] Vgl. auch *Roth*, Der Dokumentarfilm seit 1960, S. 185.

cc) Rechtliche Qualifikation einzelner Formen des dokumentarischen Films und Fernsehens als Filmwerk oder Laufbilder

(1) Dokumentarfilm

Ein Dokumentarfilm wird in aller Regel über das für eine Werkqualität erforderliche Maß an Individualität verfügen. Ein klassischer Dokumentarfilm mit einer Länge von in der Regel mindestens 60 Minuten, der lediglich Lichtbilder aneinander reiht, ist faktisch undenkbar. Dies gilt nicht nur vor dem Hintergrund einer durch Bewegung, Schnelligkeit und visuelle Reize geprägten medialen Erlebniswelt, die auch die Anspruchshaltung an die filmische Umsetzung dokumentarischer Stoffe – zumal wenn sie für eine Kinoauswertung bestimmt sind – wachsen lässt. In aller Regel ist bereits die Thematik eines Dokumentarfilms so komplex, dass der Regisseur „notwendigerweise" Entscheidungen über den konkreten Filminhalt, die bildliche Umsetzung und die Anordnung des meist umfangreichen Bildmaterials[213] zu treffen hat, die zu einer individuellen Gestaltung des Films beitragen. Dokumentarfilme weisen daher in aller Regel Werkqualität aufgrund des Sammlungs-, Auswahl- und Anordnungsgedankens auf.[214] Zusätzlich kann die Werkqualität im Einzelfall durch gestalterische Leistungen von Kamera, Schnitt sowie gegebenenfalls durch andere filmgestalterische Mitteln begründet werden.[215]

(2) Doku-Drama

Auch die Werkeigenschaft von Doku-Dramen bzw. Dokumentarspielen wird in aller Regel zu bejahen sein.[216] Denn diese zeichnen sich durch ein inszeniertes

---

[213] Für den Film „Woodstock" mussten mehrere hundert Stunden Filmmaterial auf eine Länge von vier Stunden zusammengeschnitten werden, vgl. *Monaco*, Film verstehen, S. 129 f.

[214] Dreier/Schulze-*Schulze*, § 2, Rn. 209, § 89, Rn. 5, § 95, Rn. 11; Möhring/Nicolini-*Lütje*, § 88, Rn. 27, § 95, Rn. 4; Fromm/Nordemann-*Hertin*, § 95, Rn. 2; *Straßer*, Die Abgrenzung der Laufbilder vom Filmwerk, S. 102 ff., 106; *Reupert*, Der Film im Urheberrecht, S. 54 f.; *Hoeren*, GRUR 1992, 145, 147; wohl auch *Homann*, Praxishandbuch Filmrecht, S. 147. In BGH UFITA 55 (1970), 313, 316 – Triumph des Willens, wird ohne weiteres von der Werkeigenschaft eines Propagandafilmes mit dokumentarischem Charakter ausgegangen; vgl. auch die Entscheidung des OLG München ZUM 1985, 514, 515, in der die Werkeigenschaft des Films „Olympiade 1936 in Berlin" von *Leni Riefenstahl* als offenkundig (§ 291 ZPO) befunden wurde. Nach Wandtke/Bullinger-*Bullinger*, § 2, Rn. 119, lassen sich bei Dokumentarfilmen im Hinblick auf die Werkeigenschaft keine generellen Aussagen treffen. Nach Schricker-*Loewenheim*, § 2, Rn. 186, „können" die Voraussetzungen einer Auswahl, Anordnung und Sammlung bei Dokumentarfilmen gegeben sein, was nach *v. Gamm*, § 2, Rn. 23, nur selten der Fall sein soll. Gegen die Werkqualität des Dokumentarfilms *Greco*, UFITA 25 (1958), 497, 500 ff.

[215] Zu den filmgestalterischen Mitteln, insbesondere der Nachvertonung vgl. *Straßer*, Die Abgrenzung der Laufbilder vom Filmwerk, S. 52 ff., S. 70.

[216] *Unland*, Die Verfilmung tatsächlicher Ereignisse, S. 78 f.

Spielgeschehen aus, so dass sich die Werkhöhe jedenfalls aus einer entsprechenden Inszenierungsleistung des Regisseurs ergibt. Auch wenn die Darstellung sich weitgehend an realen Geschehnissen orientiert, handelt es sich doch um einen dramaturgisch aufbereiteten, fiktionalisierten Ausschnitt aus der Realität, so dass die gestalterischen Anforderungen an eine Inszenierung aufgrund des realen Bezugs nicht gemindert sind.[217] Soweit das Doku-Drama mit einer Mischung von dokumentarischer Darstellung und Spielhandlung arbeitet, kann sich der Werkcharakter zusätzlich aus einer Sammlungs-, Auswahl- und Anordnungsleistung ergeben.[218] Daneben kommt im Einzelfall wiederum der Einsatz anderer filmgestalterischer Mittel in Betracht.

(3) Reportage, Magazin, Nachrichtensendung

Reportagen und Magazinbeiträge werden ebenfalls häufig Werkqualität aufweisen, wobei allerdings nicht von einer Regelmäßigkeit wie im Bereich Dokumentarfilm ausgegangen werden kann. Gerade Reportagen und Magazine sind z.T. dem Bereich der aktuellen Berichterstattung zuzuordnen, so dass entsprechend den vorhergegangenen Ausführungen eine nur begrenzte Sammlungs-, Auswahl- und Anordnungstätigkeit vorliegen und auch die Gestaltung durch Kamera und Schnitt sich im Bereich des Konventionellen, Herkömmlichen, Handwerksmäßigen halten kann. Die Bandbreite der hier anzutreffenden Gestaltungen macht eine Prüfung des Einzelfalles erforderlich. So ist der Gestaltungsraum bei Reportagen über Sportereignisse etwa durch die tatsächlichen Gegebenheiten sehr stark vorgegeben[219], während andere Reportageinhalte, insbesondere wenn sie sich der Darstellung von Hintergründen und Zusammenhängen widmen, durchaus einer eigenschöpferischen Gestaltung zugänglich sind[220]. Letzteres wird beim überwiegenden Teil der Sendungen der Fall sein.[221]

---

[217] *Unland*, Die Verfilmung tatsächlicher Ereignisse, S. 78 f.

[218] Zum Teil nachgestellte und inszenierte Szenen enthielten auch die beiden Fernsehfeatures, die Gegenstand der „Filmregisseur" – Entscheidung des BGH (BGHZ 90, 219, 223, 226) waren. Nach *Straßer*, Die Abgrenzung der Laufbilder vom Filmwerk, S. 87 f., hätte die Filmwerkeigenschaft in diesen Fällen daher allein aufgrund der Inszenierungsleistung bejaht werden können, ohne dass es eines Rückgriffs auf den Sammlungs-, Auswahl- und Anordnungsgedanken bedurft hätte.

[219] Möhring/Nicolini-*Lütje*, § 95, Rn. 4; Schricker-*Katzenberger*, § 95, Rn. 10; *Feyock/Straßer*, ZUM 1992, 11, 16, weisen darauf hin, dass die Leistung des Senderegisseurs nicht darin besteht, seine individuelle *Idee* von dem tatsächlichen Ereignis zu vermitteln, sondern den Fernsehzuschauer jeweils in die beste Sehposition zu bringen.

[220] Dreier/Schulze-*Schulze*, § 2, Rn. 210; Schricker-*Katzenberger*, § 95, Rn. 10; Möhring/Nicolini-*Lütje*, § 95, Rn. 4; *Straßer*, Die Abgrenzung der Laufbilder vom Filmwerk, S. 107 ff.; LG Berlin GRUR 1962, 207, 208 – Maifeiern, spricht von besonders ausgestalteten Reportagen.

[221] *Reupert*, Der Film im Urheberrecht, S. 57 f. Zur Arbeitsmethode und Gestaltung von Fernsehreportagen vgl. *Witzke/Rothaus*, Die Fernsehreportage, S. 116 ff.

Bei Nachrichtensendungen kann in aller Regel nicht von einer Werkhöhe ausgegangen werden.[222] Sowohl die Sprecherpassagen als auch ein Großteil der Bildberichte sind mit einer feststehenden Kamera gedreht. Soweit Kameraführung und Schnitt zum Einsatz kommen, erfolgt dies vor allem im Hinblick darauf, einen repräsentativen Überblick über das jeweilige Geschehnis in einer bestimmten Sendelänge zu vermitteln und den Fernsehzuschauer in die beste Sehposition zu bringen. Das Nachrichtenfernsehen verfolgt dabei gerade das Ideal einer möglichst sachlich-neutralen, kommentarlosen Berichterstattung, so dass auf der bildgestalterischen Ebene eine individuell geprägte Formgebung oftmals gar nicht erwünscht ist.[223] Auch die Sammlung, Auswahl und Anordnung des Filmstoffes, d.h. der einzelnen Nachrichtenbeiträge wird in der Regel nicht individuell geprägt sein, sondern nach Kriterien erfolgen, die jeder verständige Dritte bei der Zusammenstellung auch berücksichtigt hätte, wie z.B. die Ordnung nach Bedeutsamkeit der Nachricht oder die Trennung nach Ressorts wie Politik und Sport.

dd) Zwischenergebnis

Sowohl bei der Herstellung eines Spielfilms als auch bei der Herstellung eines Dokumentarfilms kommen typischerweise filmgestalterische Mittel zum Einsatz, durch die in aller Regel die Werkqualität des Films begründet wird. Wenn man im Hinblick auf den typischen Geschehensablauf den Erfahrungssatz formuliert, dass bei Spielfilmen der erste Anschein für die Werkhöhe des Films spricht, so muss ein entsprechender Erfahrungssatz demnach auch für den Dokumentarfilm gelten. Dennoch bestehen Zweifel an einer tatsächlichen Vermutung für die Werkqualität von Spiel- und Dokumentarfilmen bzw. einer Anwendbarkeit des Anscheinsbeweises, die aus der zweiten Voraussetzung für einen tragfähigen Erfahrungssatz resultieren: der Notwendigkeit einer feststehenden Vermutungsgrundlage.

---

[222] v. Hartlieb/Schwarz-*Dobberstein/Schwarz*, Kap. 36, Rn. 6; *Feyock/Straßer*, ZUM 1992, 11, 17; *Reupert*, Der Film im Urheberrecht, S. 57, 59; Wandtke/Bullinger-*Bullinger*, § 2, Rn. 120; Schricker-*Loewenheim*, § 2, Rn. 187; Schricker-*Katzenberger*, § 95, Rn. 10; Möhring/Nicolini-*Lütje*, § 95, Rn. 4. Zur rechtlichen Behandlung der Wochenschau: *Straßer*, Die Abgrenzung der Laufbilder vom Filmwerk, S. 109 ff.; *Wandtke*, UFITA 132 (1996), 31, 31 ff.; *Reupert*, Der Film im Urheberrecht, S. 56 ff.; *Feyock/Straßer*, ZUM 1992, 11, 11 ff.

[223] *Feyock/Straßer*, ZUM 1992, 11, 17.

b) Vermutungsgrundlage

aa) Filmgenre- und Formatbezeichnungen als Vermutungsgrundlage?

Damit der Erfahrungssatz zum Tragen kommen kann, muss seine Vermutungsgrundlage unstreitig feststehen.[224] Vermutungsgrundlage des vorstehenden Erfahrungssatzes ist die Spielfilmeigenschaft bzw. bei einer Erstreckung der Vermutung auf Dokumentarfilme, dass es sich bei dem betreffenden Film um einen Dokumentarfilm handelt. Damit stellt sich die Frage, ob eine Genrebezeichnung tatsächlich als ein „streng nachgewiesener Teilsachverhalt"[225] angesehen werden kann. Hierfür spricht, dass die Allgemeinheit von bestimmten Filmgenres eine so klare Vorstellungen hat, dass es naheliegend wäre, eine einheitliche Nutzung des Gattungsbegriffs sowie ein einheitliches Verständnis von ihm zu unterstellen. In der Literatur wird ein derartiges einheitliches Verständnis für Spielfilme[226], Fernsehfilme[227], Doku-Dramen[228], Unterhaltungssendungen mit Spielhandlungen, Zeichentrick- und Puppenfilme sowie Dokumentarfilme[229] vorausgesetzt. Dennoch bestehen Zweifel daran, ob die Vorstellungen, die sich mit einzelnen Genrebezeichnungen verbinden, tatsächlich so klar sind, dass sie sich als feststehende Vermutungsgrundlage eignen. Hiermit im Zusammenhang steht die Problematik, wo die Grenze für die Anwendbarkeit einer tatsächlichen Vermutung bzw. des Anscheinsbeweises verläuft.

Beschreibt man den typischen Geschehensablauf beim Spielfilm, der einen hinreichend tragfähigen Erfahrungssatz begründen soll, mit der typischerweise stattfindenden Inszenierung einer Spielhandlung, so trifft diese Argumentation gleichermaßen für das Fernsehspiel zu. Es erscheint dann folgerichtig, den oben beschriebenen Erfahrungssatz auch auf Fernsehspiele bzw. -filme zu erweitern. Gleiches muss dann allerdings auch für Dokumentarspiele gelten, die sich – ungeachtet ihres dokumentarischen Ansatzes – ebenso durch eine inszenierte Spielhandlung auszeichnen. Was gilt dann aber für Dokumentarspiele, die Originalmaterial mit inszenierten Spielszenen mischen? Auch auf diese muss dann wohl der oben beschriebene Erfahrungssatz erstreckt werden, da sie zumindest teilweise inszenierte Spielszenen enthalten. Wo verläuft dann aber die Grenze zu

[224] BGH NJW-RR 1993, 1117, 1118; Stein/Jonas-*Leipold*, § 286, Rn. 87, 89; Thomas/Putzo-*Reichold*, § 286, Rn. 12 f.; Palandt-*Heinrichs*, Vorb. v. § 249, Rn. 163.
[225] Palandt-*Heinrichs*, Vorb. v. § 249, Rn. 163.
[226] LG München I Schulze LGZ 89, 1, 7; *v. Gamm*, § 2, Rn. 23; Möhring/Nicolini-*Lütje*, § 95, Rn. 4; Fromm/Nordemann-*Hertin*, § 95, Rn. 2; *Straßer*, Die Abgrenzung der Laufbilder vom Filmwerk, S. 13, 99; vgl. auch *Unland*, Die Verfilmung tatsächlicher Ereignisse, S. 78. Nach LG Berlin GRUR 1962, 207, 208 – Maifeiern, können Spielfilme grundsätzlich als Filmwerk angesehen werden.
[227] *v. Gamm*, § 2, Rn. 23; Möhring/Nicolini-*Lütje*, § 95, Rn. 4.
[228] Vgl. *Unland*, Die Verfilmung tatsächlicher Ereignisse, S. 78 f.
[229] Möhring/Nicolini-*Lütje*, § 95, Rn. 4.

Dokumentationen, die zunehmend ebenfalls mit inszenierten Spielszenen arbeiten?[230]

Befindet man sich erst im dokumentarischen Bereich, vermehren sich die Schwierigkeiten. Jeder hat eine Vorstellung davon, was ein Dokumentarfilm ist. Aber kann der Begriff vor Gericht tatsächlich als feststehende Vermutungsgrundlage dienen, wenn die Unmöglichkeit einer stichhaltigen Definition dieses Begriffs dazu geführt hat, dass er in der Medienwissenschaft zunehmend nicht mehr als Gattungsbegriff, sondern als abgrenzendes Qualitätsurteil benutzt wird?[231] Warum sollte die tatsächliche Vermutung bzw. der Anscheinsbeweis für den Dokumentarfilm gelten und nicht für die Dokumentation, die sich im Hinblick auf die Typizität einer filmgestalterischen Sammlung, Anordnung und Auswahl des Filmstoffes nicht wesentlich vom Dokumentarfilm unterscheidet? Dies gilt aber auch für das Feature – allerdings nur, wenn man den Begriff im oben beschriebenen Sinne versteht.[232] In diesem Zusammenhang tritt ein weiteres Problem zu Tage, nämlich dass Genre- und Formatbezeichnungen z.T. sehr uneinheitlich gebraucht werden.[233] So werden Dokumentationen oftmals unzutreffend als Fernseh-Reportagen etikettiert.[234] Kann man aber auch eine tatsächliche Vermutung für die Werkqualität von Reportagen annehmen? Die „Maifeiern“ – Entscheidung des LG Berlin, in der ein urheberrechtlicher Schutz für Wochenschauaufnahmen von einer Parade in Magdeburg anlässlich des 1. Mai 1957 versagt wurde, könnte hierfür sprechen. Dort heißt es: „Während Spielfilme und besonders ausgestaltete Reportagen zu Berichten über Ereignisse grundsätzlich als Filmwerk angesehen werden können, gilt dies nicht für den aktuellen Dokumentarfilm und die Wochenschau als Unterart des Dokumentarfilms (...)“.[235] Wenn man diesem Urteil die Aussage entnimmt, dass für die Werkhöhe von Spielfilmen eine tatsächliche Vermutung bestehen soll[236], so muss dies nach der Formulierung der Entscheidung gleichermaßen für besonders ausgestaltete Reportagen zu Berichten über Ereignisse gelten. Was ist jedoch unter einer besonders ausgestalteten Reportage zu Berichten über Ereignisse zu verstehen? Eine Antwort hierauf erweist sich als überaus problematisch, da unter den Begriff der Reportage mitunter auch Berichte, Live-Sendungen und Features subsumiert werden.[237] Bei der Bezeichnung Feature setzen sich die Schwierigkeiten fort, da auch dieser Begriff in unterschiedlicher Weise gebraucht wird, z.B. als

---

[230] Vgl. die Beispiele bei *Wolf*, Alles Doku – oder was?, S. 72 ff.
[231] Vgl. oben unter 1. Teil A.
[232] Vgl. oben unter 1. Teil A III.
[233] Vgl. oben unter 1. Teil A IV 2.
[234] *Wolf*, Alles Doku – oder was?, S. 31, 87.
[235] LG Berlin GRUR 1962, 207, 208 – Maifeiern.
[236] So *Straßer*, Die Abgrenzung der Laufbilder vom Filmwerk, S. 99; vgl. auch *Unland*, Die Verfilmung tatsächlicher Ereignisse, S. 78.
[237] *Landgraeber*, Ihr da draußen, wir hier drinnen, S. 247, 251; *Berg-Walz*, Vom Dokumentarfilm zur Fernsehreportage, S. 93; *Witzke/Rothaus*, Die Fernsehreportage, S. 76.

„naher Verwandter“ der Dokumentation[238], aber auch als Bezeichnung für Kurzberichte.[239] Im englischen Sprachgebrauch versteht man unter einem „feature film“ wiederum einen Spielfilm.

Erschwerend kommt schließlich hinzu, dass die Grenzen zwischen den unterschiedlichen Filmgenres zunehmend verschwimmen. Dies betrifft sowohl die Grenze zwischen Fakt und Fiktion als auch die Grenze zwischen den einzelnen dokumentarischen Formaten.[240] Als Folge der Publikumswirksamkeit unterhaltsamer Informationsvermittlung, des sogenannten Infotainments, orientieren sich die dokumentarischen Formate zunehmend an narrativen und dramaturgischen Strukturen der fiktionalen Genres. Immer häufiger wird mit Nach-Inszenierungen des dokumentarischen Materials, insbesondere mit schauspielerisch nachgestellten Szenen gearbeitet.[241] So mag man sich im Einzelfall die Frage stellen, ob man es noch mit einer Dokumentation oder schon mit einem Doku-Drama zu tun hat.[242] Umgekehrt bedient sich auch der Spielfilm klassischer Erzählstrukturen des Dokumentarfilms.[243]

So klar die mit einer Genrebezeichnung verbundenen Vorstellungen sein mögen, so handelt es sich doch weniger um einen feststehenden Sachverhalt, sondern um einen notwendigerweise generalisierenden Oberbegriff für sich ähnelnde Sachverhalte. Ausgehend von derartigen Gattungsbegriffen lassen sich zwar typisierende Aussagen zu der Werkqualität bestimmter typisierter Filmgenres treffen, jedoch erscheint es fraglich, ob die Zuordnung eines Films zu einem bestimmten Filmgenre eine hinreichend sichere und feststehende Grundlage für eine tatsächliche Vermutung bzw. einen Anscheinsbeweis darstellt, auf der die richterliche Überzeugungsbildung aufgebaut werden kann.

bb) Folgen einer Nichtanwendbarkeit von tatsächlicher Vermutung bzw. Anscheinsbeweis

Betrachtet man die vorstehenden Probleme, die sich bei einer Heranziehung von Filmgenrebezeichnungen als Vermutungsgrundlage stellen würden, so stellt sich

[238] *Wolf*, Alles Doku – oder was?, S. 88 ff.; *Witzke/Rothaus*, Die Fernsehreportage, S. 81. Zu diesem Begriffsverständnis vom Feature vgl. oben unter 1. Teil A III.

[239] So z.B. auch *Straßer*, Die Abgrenzung der Laufbilder vom Filmwerk, S. 107.

[240] S. hierzu oben unter 1. Teil A IV 2.

[241] Vgl. *Wolf*, Alles Doku – oder was?, S. 72 ff., der von „einer tendenziellen Verspielfilmung“ dokumentarischer Sendungen spricht, *Wolf*, Alles Doku – oder was?, S. 74.

[242] *Wolf*, Alles Doku – oder was?, S. 73.

[243] So z.B. der Spielfilm „Halbe Treppe“ von *Andreas Dresen*, bei dem mit digitalen Handkameras, Dialogen, die erst an den Schauplätzen entwickelt wurden und Interviewsequenzen mit den Protagonisten gearbeitet wurde. Vgl. auch die Beispiele bei *Wolf*, Alles Doku – oder was?, S. 74 f. Zur „Dogma 95“ – Bewegung vgl. *Witzke/Rothaus*, Die Fernsehreportage, S. 335 ff.

auf der anderen Seite die Frage, welche Vorteile sich aufgrund einer hierauf gestützten tatsächlichen Vermutung bzw. der Anwendbarkeit des Anscheinsbeweises für den Darlegungs- und Beweispflichtigen ergeben würden.

Üblicherweise kommen tatsächliche Vermutung und Anscheinsbeweis in Fällen zur Anwendung, in denen das Vorliegen einer Tatbestandsvoraussetzung nur schwer oder gar nicht dargelegt und bewiesen werden kann. Hier hilft der Anscheinsbeweis, ausgehend von einer feststehenden Vermutungsgrundlage und unter Zugrundelegung eines typischen Geschehensablaufs, über faktisch bestehende Unsicherheiten hinweg. Ganz überwiegend findet der Anscheinsbeweis im Haftungsrecht Anwendung, wenn es um Fragen der Kausalität oder des Verschuldens geht.[244] Er tritt an die Stelle der Darlegung und des Beweises von Tatsachen, aus denen sich die Kausalität oder z.B. die Fahrlässigkeit des schadensbegründenden Verhaltens ergibt. Im Kern handelt es sich um problematische Urteile, die bloß wahrscheinlich zutreffende Ergebnisse vermitteln.[245] Die Motivation, die hinter der Befürwortung einer tatsächlichen Vermutung der Werkqualität von Spielfilmen steht, scheint jedoch eine andere zu sein. Es sind nicht Schwierigkeiten bei der Feststellung der Werkeigenschaft von Spielfilmen, die überwunden werden sollen, denn derartige Schwierigkeiten bestehen – auch angesichts der Schutzfähigkeit der „kleinen Münze“ – nicht. Vielmehr steht der Gedanke im Vordergrund, dass die Werkeigenschaft bestimmter Filme wie z.B. von Spielfilmen so selbstverständlich ist, dass die darlegungs- und beweispflichtige Partei diesbezüglich keinen großen Begründungsaufwand haben soll. Es stellt sich jedoch die Frage, ob die Beweisführung über den Werkcharakter des Spielfilms durch die Grundsätze der tatsächlichen Vermutung bzw. des Anscheinsbeweises tatsächlich nennenswert erleichtert würde.

Sofern man eine tatsächliche Vermutung bzw. einen Anscheinsbeweis für die Werkhöhe des Spielfilms annimmt, kann der Gegner diese Vermutungsfolge entkräften, indem er einen atypischen Geschehensablauf (etwa dass die Inszenierungsleistung des Regisseurs nicht zur Werkhöhe des Films geführt hat) behauptet und unter Beweis stellt.[246] Beweismittel ist der Film als Augenscheinsobjekt. Ohne den Anscheinsbeweis wäre es hingegen an demjenigen, der eine schöpferische Inszenierungsleistung und damit die Werkqualität behauptet,

---

[244] Palandt-*Heinrichs*, Vorb. v. § 249, Rn. 163 ff.; MüKo/ZPO-*Prütting*, § 286, Rn. 67 ff.

[245] *Schneider*, Beweis und Beweiswürdigung, Rn. 338.

[246] Beim Anscheinsbeweis entspricht es der h.M., dass der Gegner lediglich Tatsachen behaupten und beweisen muss, aus denen sich im konkreten Fall die Möglichkeit eines anderen und damit atypischen Geschehensablaufs ergibt, vgl. BGHZ 8, 239, 240; BGH VersR 1995, 723, 723; MüKo/ZPO-*Prütting*, § 286, Rn. 51; Palandt-*Heinrichs*, Vorb. v. § 249, Rn. 164. Bei der tatsächlichen Vermutung ist streitig, ob ein solcher – die richterliche Überzeugung erschütternder – Gegenbeweis genügt, oder ob nicht vielmehr der Beweis des Gegenteils erforderlich ist, vgl. hierzu *Allner*, Die tatsächliche Vermutung mit besonderer Berücksichtigung der GEMA-Vermutung, S. 29 f., 38 ff., m.w.N. In diesem Fall müsste der Gegner darlegen und beweisen, dass der Film keine Werkhöhe aufweist.

den Beweis für diese Behauptung anzutreten. Auch hier ist der Film Beweismittel. Es kann nicht bestritten werden, dass die Beweisposition für den Darlegungs- und Beweispflichtigen ohne tatsächliche Vermutung bzw. Anscheinsbeweis grundsätzlich nachteiliger ist als im Falle einer Anwendung dieser Rechtsfiguren. Praktische Auswirkungen hat dieser Nachteil jedoch vor allem dann, wenn der Beweis nur schwer oder gar nicht zu führen ist, etwa weil keine Beweismittel zur Verfügung stehen. Dies ist hier jedoch nicht der Fall, im Ergebnis geht es vielmehr allein um die Frage, welche Partei ein Beweisangebot zur Inaugenscheinnahme des Films machen muss.

Der Nutzen einer tatsächlichen Vermutung und der Anwendung der Regeln über den Anscheinsbeweis ist damit erheblich relativiert. Darüber hinaus erscheint es zweifelhaft, ob in Fällen, in denen sich das Gericht auf eine eigene Beobachtung stützen und ihm der fragliche Sachverhalt wahrnehmbar gemacht werden kann, die Anwendung von Erfahrungssätzen notwendig bzw. statthaft ist. Denn erst dann, wenn dem Gericht die unmittelbare Möglichkeit fehlt, den streitigen Sachverhalt aufzuklären, ist es zu Schlussfolgerungen aus der Lebenserfahrung heraus angewiesen.[247] Hinzu kommt, dass der Gegner, um die tatsächliche Vermutung bzw. den Anscheinsbeweis zu entkräften, dessen Vermutungsgrundlage, hier also die Zugehörigkeit des Films zu einen bestimmten Genre, bestreiten kann. Dies hätte zur Folge, dass der Beweisführer die tatsächlichen Voraussetzungen des Vermutungssatzes nachzuweisen hat, wobei die allgemeinen Darlegungs- und Beweisregeln gelten.[248] Ob es jedoch tatsächlich unproblematischer ist, die Zugehörigkeit des Films zu einem bestimmten Genre zu beweisen, als von vornherein zur Werkqualität des Films vorzutragen, erscheint fraglich.

Angesichts der bereits oben geschilderten Zweifel ist eine tatsächliche Vermutung der Werkqualität von bestimmten Filmgenres daher abzulehnen. Dies bedeutet jedoch nicht, dass die Klassifizierung in bestimmte Filmgenres und (dokumentarische) Formate bei der Beurteilung der Werkqualität völlig nutzlos ist. Trotz unterschiedlichen Gebrauchs und zunehmender Verwischung der Genrebezeichnungen sind diese doch Ausdruck gemeinsamer, wiederkehrender Strukturmerkmale bestimmter Filmgattungen. In ihrer Funktion als generalisierende Oberbegriffe ermöglichen Genrebezeichnungen demnach zumindest verallgemeinernde Aussagen zu bestimmten Filmgenres, wie etwa die Aussage, dass bei Spielfilmen typischerweise eine Inszenierung stattfindet. Mittels der Bezeichnung des Films als Spielfilm, Dokumentarfilm oder z.B. als Doku-Drama kann also zumindest eine gewisse Zuordnung des Films vorgenommen

---

[247] *Allner*, Die tatsächliche Vermutung mit besonderer Berücksichtigung der GEMA-Vermutung, S. 66; *Rommé*, Der Anscheinsbeweis im Gefüge von Beweiswürdigung, Beweismaß und Beweislast, S. 12 f.

[248] BGH NJW 1994, 1880, 1880 f.; BGH NJW 1994, 2478, 2479, zur gesetzlichen Vermutung; *Anders/Gehle*, Das Assessorexamen im Zivilrecht, Rn. 353, 358; vgl. auch Zöller-*Greger*, Vor § 284, Rn. 29.

werden. Eine derartige Zuordnung erweist sich bei der Rechtsfindung als unproblematisch, solange man ihr nicht den Rang rechtlicher Maßgeblichkeit beimisst und hinreichend Raum für eine Prüfung der Eigenschaften des Films im konkreten Einzelfall belässt. Damit sind Genrebezeichnungen zwar nicht für die Beweisführung, jedoch für die Substantiierung des Vortrags zur Werkqualität des Films sehr hilfreich, da die Angaben zum konkreten Film durch die Zuordnung zu einem Genre untermauert werden können. Trägt der Darlegungspflichtige vor, dass es sich bei dem betreffenden Film um einen Spiel- oder z.B. einen Dokumentarfilm handelt, so bietet dies zumindest einen Anhaltspunkt für die rechtliche Qualifizierung.[249] Wird die Werkeigenschaft jedoch bestritten, so lassen sich allein aus der angegebenen Genrebezeichnung keine rechtlich relevanten Aussagen herleiten, insbesondere kann diese nicht zum Anknüpfungspunkt einer tatsächlichen Vermutung bzw. eines Anscheinsbeweises gemacht werden.

Hiervon zu trennen ist die Frage, ob – unabhängig vom Filmgenre – die Urheberschaft bestimmter Filmschaffender prima facie vermutet werden kann. Teilweise wird dies mit der Begründung befürwortet, dass bestimmte Filmschaffende im Rahmen der Filmherstellung typischerweise schöpferisch tätig sind, weshalb bei ihnen aufgrund eines Erfahrungssatzes darauf geschlossen werden können soll, dass sie auch im Rahmen des konkreten Filmprojekts schöpferisch tätig geworden sind.[250] Diese Frage soll hier nicht weiter vertieft werden, da sie nicht die Werkqualität von Filmen, sondern die hier nicht erörterte Problematik der Filmurheberschaft betrifft, und zudem keinen spezifischen Bezug zum dokumentarischen Film und Fernsehen hat. Jedenfalls kann gegen einen solchen Ansatz nicht eingewandt werden, dass es sich um ein Vorgehen nach der Kategorienmethode handele.[251] Diese besteht darin, den Kreis der Urheber aufgrund einer generalisierenden und typisierenden Bewertung ihrer filmspezifischen Tätigkeiten fest zu bestimmen, so dass entgegen dem in § 7 UrhG verankerten Schöpferprinzip keine Einzelfallprüfung der Werkbeiträge auf ihre schöpferi-

---

[249] Vgl. auch Möhring/Nicolini-*Lütje*, § 95, Rn. 3.

[250] *Bohr*, UFITA 78 (1977), 95, 98, 99 ff., spricht sich für die Anwendung des Anscheinsbeweises bezüglich der schöpferischen Mitwirkung bestimmter, typischerweise schöpferisch tätiger Filmschaffender aus, zu denen auch Regisseur, Kameramann und Cutter zählen sollen. Vgl. auch *Bohr*, Die Urheberrechtsbeziehungen der an der Filmherstellung Beteiligten, S. 24 ff. Zustimmend: *Merker*, Das Urheberrecht des Chefkameramannes am Spielfilmwerk, S. 82 f.; *Hertin*, UFITA 118 (1992), 57, 58 f. Nach Loewenheim-*Nordemann*, § 9, Rn. 182, ist eine schöpferische Mitwirkung zugunsten derjenigen zu vermuten, die „im Normalfall schöpferisch am Filmwerk beteiligt sind". Nach Auffassung des BGH in der „Videozweitauswertung" – Entscheidung (BGH GRUR 1991, 133, 135) konnte das Berufungsgericht die Urheberschaft des Regisseurs unterstellen und vom „Regelfall" ausgehen, dass der Regisseur den entscheidenden Einfluss auf die schöpferische Filmgestaltung genommen hat; hiergegen *Homann*, Praxishandbuch Filmrecht, S. 149.

[251] So *Homann*, Praxishandbuch Filmrecht, S. 149.

sche Qualität hin erfolgt.[252] Die von der h.M.[253] geäußerten Bedenken gegen diese Methode – insbesondere im Hinblick auf § 7 UrhG – greifen im Fall einer tatsächlichen Vermutung bzw. eines Anscheinsbeweises nicht durch. Beim Anscheinsbeweis handelt es sich allein um eine prozessuale Erleichterung beim Beweis materiell-rechtlich vorgegebener Tatbestandsvoraussetzungen. Diese entbindet jedoch nicht von einer richterlichen Überzeugungsbildung im Einzelfall. Vielmehr muss der Erfahrungssatz die volle Überzeugung des Gerichts vom behaupteten typischen Geschehensablauf begründen. Zudem kann der Anscheinsbeweis entkräftet werden, wenn Tatsachen behauptet werden, aus denen sich die ernsthafte Möglichkeit eines anderen Geschehensablaufs ergibt.[254] So kann der Gegner vortragen, dass eine urheberrechtlich bedeutsame Leistung im konkreten Fall von einer Person erbracht worden ist, die im Filmherstellungsprozess herkömmlicherweise einem anderen Tätigkeitsgebiet bzw. einer anderen Berufsgruppe angehört. Eine etwaige prima-facie-Vermutung bezüglich bestimmter Filmurheber würde demnach nichts an dem Umstand ändern, dass gemäß § 7 UrhG die Urheberschaft am Filmwerk im Einzelfall untersucht werden muss, sondern lediglich an der Beweisführung hierüber.

2. Ergebnis

Maßgeblich für die Werkeigenschaft eines Filmes sind die individuell-gestalterischen Leistungen der am Herstellungsprozess beteiligten Personen, durch die der Filminhalt ins Bildliche umgesetzt wird. Bei bestimmten Filmgenres wie z.B. dem Spielfilm, Doku-Drama oder dem Dokumentarfilm kommt es nach der allgemeinen Lebenserfahrung im Rahmen des Filmherstellungsprozes-

---

[252] Vgl. *Werhahn*, GRUR 1954, 16, 17 ff.; *Bruchmann*, Wer ist Urheber beim Tonfilm?, S. 32; *Weber*, Der Träger des Filmurheberrechts im zukünftigen Recht, S. 24 ff.; *Schilling*, Grundfragen des Tonfilmrechts für Zwangsvollstreckung, Vergleich und Konkurs, S. 28 f.

[253] *Homann*, Praxishandbuch Filmrecht, S. 149; *Bohr*, Die Urheberrechtsbeziehungen der an der Filmherstellung Beteiligten, S. 15 f.; *Bohr*, UFITA 78 (1977), 95, 97 f.; *Merker*, Das Urheberrecht des Chefkameramannes am Spielfilmwerk, S. 82; *Pintsch*, Das Urheberrecht am Tonfilm, S. 36 f.; *Gloy*, Das Urheberrecht des Angestellten, S. 69; *Sutermeister*, Das Urheberrecht am Film, S. 31, 45 f.; *Ulmer*, GRUR 1952, 5, 9. Ablehnend zur Kategorienmethode auch: Möhring/Nicolini-*Lütje*, § 95, Rn. 3; *Roeber*, Das Filmrecht und die Frage seiner Reformbedürftigkeit, S. 28 ff.; v. Hartlieb/Schwarz-*Dobberstein*/*Schwarz*, Kap. 37, Rn. 1, 4. Unter Differenzierung zwischen individuellen Ansprüchen und der kollektiven Wahrnehmung von Nutzungsrechten durch Verwertungsgesellschaften: *Hertin*, UFITA 118 (1992), 57, 58 f.; Fromm/Nordemann-*Hertin*, Vor § 88, Rn. 20.

[254] Palandt-*Heinrichs*, Vorb. v. § 249, Rn. 163 f. Bohr spricht von einer „modifizierten Kategorien-Methodik“, der zufolge eine tatsächliche Vermutung für die schöpferische Mitwirkung der entsprechend kategorisierten Filmschaffenden besteht, die jedoch im Einzelfall – entsprechend den Grundsätzen, die für den Anscheinsbeweis gelten – widerlegt werden kann (*Bohr*, Die Urheberrechtsbeziehungen der an der Filmherstellung Beteiligten, S. 14 ff.; *Bohr*, UFITA 78 (1977), 95, 98 f.). Vgl. auch *Merker*, Das Urheberrecht des Chefkameramannes am Spielfilmwerk, S. 82 f.; *Hertin*, UFITA 118 (1992), 57, 58 f.

ses typischerweise zum individuellen Einsatz filmgestalterischer Mittel, insbesondere zur Inszenierung bzw. Sammlung, Auswahl und Anordnung des Filmstoffs, so dass diese Filme in aller Regel Werkhöhe aufweisen. Allerdings sind generalisierende Filmgenrebezeichnungen als Grundlage für eine tatsächliche Vermutung der Werkqualität bzw. eine Anwendung der Regeln über den Anscheinsbeweis nicht geeignet. So stehen der unterschiedliche sprachliche Gebrauch sowie die fließenden Grenzen der einzelnen Genre- und Formatbezeichnungen dem Erfordernis einer feststehenden Vermutungsgrundlage entgegen. Zudem sprechen die hieraus resultierenden Unklarheiten über den Kreis der Filmgattungen, für die eine derartige Vermutung angenommen werden kann, gegen die Anerkennung einer tatsächlichen Vermutung der Werkqualität bzw. gegen eine Anwendung des Anscheinsbeweises, zumal hierfür im Ergebnis kein dringendes praktisches Bedürfnis besteht.

B. Dokumentarfilm als Kunst

Die Einordnung eines Films als urheberrechtlich geschütztes Werk bedeutet nicht zwangsläufig, dass das Filmwerk auch als Kunst im Sinne von Art. 5 Abs. 3 GG zu qualifizieren ist. Urheberrechtlicher Werkbegriff und verfassungsrechtlicher Kunstbegriff sind nicht identisch.[255] Rechtliche Relevanz kommt der Kunsteigenschaft eines Films vor allem dort zu, wo bei der Rechtsanwendung verfassungsrechtliche Abwägungsprozesse stattfinden, was insbesondere beim Recht der Persönlichkeit, aber z.B. auch beim Zitatrecht gemäß § 51 UrhG der Fall ist.[256] Die Frage, ob bzw. unter welchen Voraussetzungen ein Film als Kunst angesehen werden kann, ist geprägt durch die Schwierigkeiten, die eine Begriffsbestimmung von Kunst generell mit sich bringt. Während das BVerfG in seinem „Mephisto" – Beschluss ursprünglich noch von einer Bestimmbarkeit des Begriffs „Kunst" ausgegangen ist[257], stellte es in nachfolgenden Urteilen die Unmöglichkeit fest, Kunst generell zu definieren[258]. Dennoch besteht die Notwendigkeit, den Schutzbereich der Kunstfreiheit bei der Rechtsanwendung zu

---

[255] Schricker-*Loewenheim*, § 2, Rn. 2, 132; *Homann*, Praxishandbuch Filmrecht, S. 55; *Metzger*, ZUM 2000, 924, 931.
[256] Vgl. hierzu unten unter 4. Teil und 3. Teil B.
[257] BVerfGE 30, 173, 188 f. – Mephisto.
[258] BVerfGE 67, 213, 225 – Anachronistischer Zug; BVerfGE 75, 369, 377 – Strauß-Karikaturen.

konkretisieren[259], was in der Rechtsprechung des BVerfG durch die parallele Anwendung von drei verschiedenen Kunstbegriffen geschieht.[260]

Nach dem sogenannten materiellen Kunstbegriff ist das Wesentliche der künstlerischen Betätigung „die freie schöpferische Gestaltung, in der Eindrücke, Erfahrungen, Erlebnisse des Künstlers durch das Medium einer bestimmten Formensprache zu unmittelbarer Anschauung gebracht werden."[261] Demgegenüber soll nach dem sogenannten formalen Kunstbegriff maßgeblich sein, dass das Kunstwerk einem bestimmten Werktyp (z.B. der Malerei, Bildhauerei oder Dichtung) zugeordnet werden kann.[262] Gemäß einem eher offenen Kunstbegriff ist das kennzeichnende Merkmal einer künstlerischen Äußerung schließlich, „dass es wegen der Mannigfaltigkeit ihres Aussagegehalts möglich ist, der Darstellung im Wege einer fortgesetzten Interpretation immer weiterreichende Bedeutung zu entnehmen, so dass sich eine praktisch unerschöpfliche, vielstufige Informationsvermittlung ergibt".[263]

Ob ein dokumentarischer Film auf der Grundlage dieser Kunstbegriffe als Kunst im Sinne des Art. 5 Abs. 3 GG qualifiziert werden kann, hängt maßgeblich von der konkreten Gestaltung des Films im Einzelfall ab. Insofern lassen sich keine abstrakten Kategorisierungen treffen, sondern allenfalls bestimmte Leitlinien aufzeigen. Der formale Kunstbegriff bietet dabei einen nur geringen Erkenntniswert. Auch wenn die Filmkunst durchaus als Werktypus anzuerkennen ist[264], ginge es zu weit, sämtlichen filmtechnischen Aufnahmen künstlerische Qualität beizumessen. Dem formalen Kunstbegriff lässt sich daher allenfalls die Aussage entnehmen, dass Filmaufnahmen nicht von vornherein aus dem Schutzbereich der Kunstfreiheit auszuschließen sind. Der materielle Kunstbegriff weist terminologisch eine starke Übereinstimmung mit dem urheberrechtlichen Werkbegriff auf.[265] Der Begriff „schöpferische Gestaltung" findet sich in der vom BGH zum Werkbegriff geprägten Formulierung „schöpferische Filmgestaltung" bzw. „eigenschöpferisch gestaltete Filmwerke" wieder.[266] Die gemäß § 2 Abs. 2 UrhG bestehende Voraussetzung, dass Werke einen geistigen Gehalt im Sinne eines Gedanken- oder Gefühlsinhalts aufweisen und eine sinnlich wahrnehmbare

---

[259] BVerfGE 67, 213, 225 – Anachronistischer Zug; BVerfGE 75, 369, 377 – Strauß-Karikaturen; Sachs-*Bethge*, Art. 5, Rn. 183; Maunz/Dürig-*Scholz*, Art. 5 Abs. III, Rn. 25.

[260] BVerfGE 67, 213, 226 f. – Anachronistischer Zug.

[261] BVerfGE 30, 173, 188 f. – Mephisto.

[262] BVerfGE 67, 213, 226 f. – Anachronistischer Zug.

[263] BVerfGE 67, 213, 227 – Anachronistischer Zug.

[264] Maunz/Dürig-*Scholz*, Art. 5 III, Rn. 30.

[265] *Straßer*, Die Abgrenzung der Laufbilder vom Filmwerk, S. 18; *Unland*, Die Verfilmung tatsächlicher Ereignisse, S. 70 ff., beurteilt die Einschlägigkeit des materiellen Kunstbegriffs bei Filmen danach, ob filmgestaltende Mittel zum Einsatz kommen. Wie *Unland* selbst feststellt (vgl. S. 70, Fn. 387), wurde dieses Kriterium ursprünglich zur Bestimmung der urheberrechtlichen Filmwerkeigenschaft entwickelt.

[266] BGHZ 90, 219, 224, 225 – Filmregisseur.

Formgestaltung angenommen haben müssen[267], liegt nicht weit entfernt von der Formulierung des materiellen Kunstbegriffs, wonach sich Kunst dadurch auszeichnet, dass Eindrücke, Erfahrungen und Erlebnisse des Künstlers durch das Medium einer bestimmten Formensprache zu unmittelbarer Anschauung gebracht werden. Der Verweis des materiellen Kunstbegriffs auf Eindrücke, Erfahrungen und Erlebnisse des Künstlers deutet darauf hin, dass Kunst einen Bezug zur Persönlichkeit und zum Wesen des Künstlers aufweist, die der Werkbegriff nicht zwingend voraussetzt. Künstlerisches Schaffen „ist primär nicht Mitteilung, sondern Ausdruck und zwar unmittelbarster Ausdruck der individuellen Persönlichkeit des Künstlers."[268] Im Einzelfall mag die Frage, worin sich diese spezifische Subjektivität und Individualität von Filmkunst gegenüber „bloßen Filmwerken" ausdrückt, nur schwer zu beantworten sein. Eine weitergehende Präzisierung bringt insoweit der Ansatz des offenen Kunstbegriffs, wonach auf die Interpretationsfähigkeit und Bedeutungsvielfalt der künstlerischen Aussage abzustellen ist. Merkmal von Kunst ist es demnach, dass diese aufgrund ihrer vielfältigen Interpretierbarkeit und Bedeutungsoffenheit weithin einer eindeutigen Aussage- und Stoßrichtung entbehrt.[269]

Insofern stellt sich Frage, ob Dokumentarfilme, die sich inhaltlich mit der Darstellung von Tatsachen und realen Begebenheiten beschäftigen, überhaupt subjektiv-künstlerisch sein bzw. Bedeutungs- und Interpretationsvielfalt aufweisen können. Dies könnte insofern problematisch sein, als die bloße Tatsache und Information an sich nicht subjektiv und bedeutungsoffen ist, also keinen mannigfaltigen, sondern einen eindeutigen Aussagegehalt besitzt. Allerdings können auch reale Begebenheiten in einer Weise verarbeitet und dargestellt werden, die zu einer subjektiven Prägung sowie Interpretations- und Bedeutungsvielfalt der Darstellung führt. Dies gilt nicht nur dann, wenn in einem dokumentarischen Film ausdrücklich inhaltliche Aussagen getroffen werden, die über die reine Information und Tatsache hinausgehend einen für unterschiedliche Deutungen offenen Sinn zulassen. Auch die äußere Form kann eine Interpretations- und Bedeutungsvielfalt vermitteln. So ist eine filmischen Darstellung durch zahlreiche subjektive Entscheidungen geprägt, wie etwa die Motivwahl und die Auswahl und Montage des Bildmaterials beim Schnitt.[270] Jede dieser subjektiven Entscheidungen kann potentiell Ausgangspunkt für eine weitergehende Interpretation des Filmes sein. Dies gilt um so mehr, als die Form der Darstellung häufig in einem unmittelbaren Zusammenhang zum Inhalt des Filmes steht. Dementsprechend kann sich die inhaltliche Aussage eines Films ändern, je nachdem wie die Filmaufnahmen, etwa Interviewsequenzen, selektiert, strukturiert und angeordnet werden. Mittels der Form können daher – quasi unausgesprochene – inhaltli-

---

[267] Vgl. hierzu oben unter 2. Teil A I 1.
[268] BVerfGE 30, 173, 189 – Mephisto.
[269] *Pieroth/Schlink*, Grundrechte, Rn. 612.
[270] Vgl. hierzu bereits oben unter 2. Teil A II 1 a.

che Aussagen getroffen werden, die trotz des realen Bezugs des Dokumentarfilms durchaus subjektiv sowie interpretationsfähig und mehrdeutig sind.

Insofern erscheint die in Rechtsprechung und Literatur im Hinblick auf die Kunstqualität von dokumentarischen Darstellungen z.T. anzutreffende Unterscheidung zwischen Form und Inhalt, die zur Folge haben soll, dass lediglich die äußere Form der Darstellung künstlerisch sein kann, während der Inhalt als bloße Meinungsäußerung durch Art. 5 Abs. 1 GG geschützt ist[271], problematisch. Aus dem Vorstehenden folgt, dass sich Form und Inhalt eines (Film-) Kunstwerkes nicht voneinander trennen lassen, sondern sich vielmehr gegenseitig prägen.[272] Dementsprechend schützt die Kunstfreiheit nicht nur die künstlerische Formgestaltung, sondern gerade auch die Freiheit, Gedankeninhalte bzw. Meinungen in künstlerischer Weise zu verarbeiten und als Kunstwerk zu verbreiten (sogenannte engagierte Kunst).[273] Insofern würde man das Wesen von Kunst – gerade auch in seiner kommunikativen Dimension – verkennen, wenn man den Film als Gesamtkunstwerk quasi „auseinander reißen“ und nur dessen Formgestaltung der Kunstfreiheit unterstellen würde. Hierdurch würde die Freiheit der Kunst über Gebühr eingeschränkt, denn Kunst lebt letztendlich – wie nicht zuletzt der materielle und offene Kunstbegriff zeigt – durch einen vermittelten Inhalt. Sobald eine Meinungsäußerung in künstlerischer Form erfolgt, untersteht das Kunstwerk daher in Form und in Inhalt der Freiheitsgarantie des Art. 5 Abs. 3 GG.[274] Keineswegs ist hierin ein Freibrief für rechtswidrige Meinungsäußerungen zu sehen.[275] Denn auch die Kunstfreiheit unterliegt verfassungsimmanenten Schranken, so dass die stets durchzuführende einzelfallbezogene Güter- und Interessenabwägung hinreichend Raum für die Berücksichtigung entgegenstehender Interessen bietet.[276]

Aus dem Vorstehenden folgt, dass auch dokumentarische Darstellungen künstlerische Qualität im Sinne des Art. 5 Abs. 3 GG aufweisen können. Voraussetzung hierfür ist, dass der Film über eine rein empirische Berichterstattung bzw. bloße

---

[271] Vgl. OLG Stuttgart NJW 1976, 629, 629 f.; Palandt-*Sprau*, § 823, Rn. 108; Wenzel-*Burkhardt*, Rn. 3.15. Hiergegen: BGH GRUR 1982, 627, 628 f.; *Isensee*, AfP 1993, 619, 623; *Hoeren*, GRUR 1992, 145, 149; *Unland*, Die Verfilmung tatsächlicher Ereignisse, S. 156 ff.; *Jacobs*, GRUR 1982, 629, 630; *Jacobs*, FS Kreile, S. 307, 309; *Reupert*, NVwZ 1994, 1155, 1164; *Pieroth/Schlink*, Grundrechte, Rn. 618.

[272] *Hoeren*, GRUR 1992, 145, 149; *Unland*, Die Verfilmung tatsächlicher Ereignisse, S. 156 ff.; *Pieroth/Schlink*, Grundrechte, Rn. 618; *Reupert*, NVwZ 1994, 1155, 1164. S. auch: *Jacobs*, GRUR 1982, 629, 630; *Jacobs*, FS Kreile, S. 307, 309.

[273] BVerfGE 30, 173, 190 f. – Mephisto; BVerfGE 75, 369, 377 – Strauß-Karikaturen.

[274] Hiervon zu trennen ist die Frage des Konkurrenzverhältnisses zwischen Kunstfreiheit und der ihrem Schutzbereich nach gleichermaßen einschlägigen Meinungsfreiheit. Die h.M. geht hier von einem Vorrang des Art. 5 Abs. 3 GG aus, vgl. unten unter 4. Teil B II 1 b.

[275] So die Befürchtung des OLG Stuttgart NJW 1976, 629, 630; s. auch Wenzel-*Burkhardt*, Rn. 3.16.

[276] S. hierzu unten unter 4. Teil B II 2.

Tatsachenmitteilung hinausgeht[277] und subjektiv-künstlerische Elemente enthält, die etwa durch den künstlerischen Einsatz filmgestalterischer Mittel wie Kamera und Schnitt begründet werden können[278]. Nach dem offenen Kunstbegriff muss die Art und Weise der Darstellung eine vielfältige Interpretation und weiterreichende Deutung des Film zulassen.[279] Aufgrund dieser Maßstäbe finden sich in der Literatur Aussagen, wonach Dokumentarfilme[280] und Dokumentarspiele[281] durch die Kunstfreiheit geschützt sein können, während dies für Filme, deren Schwerpunkt auf der Information und Berichterstattung liegt und die insoweit eine eindeutige Aussage- und Stoßrichtung haben, wie z.B. Reportagen[282] verneint wird. Diese Einordnung ist zu befürworten, sofern sie für die Beurteilung der Kunsteigenschaft nicht als verbindlich, sondern lediglich als Angabe einer Tendenz begriffen wird. Inwieweit Filme im Allgemeinen sowie dokumentarische Filme im Besonderen als Kunst im Sinne von Art. 5 Abs. 3 GG anzusehen sind, kann nicht pauschal beantwortet werden, sondern muss einer Prüfung im Einzelfall vorbehalten bleiben.[283] Damit bleibt immer die Bewertung des konkreten Filmes maßgeblich.

---

[277] Maunz/Dürig-*Scholz*, Art. 5 III, Rn. 31; *Reupert*, NVwZ 1994, 1155, 1159.

[278] *Bär*, Die verfassungsrechtliche Filmfreiheit und ihre Grenzen, S. 16.

[279] Nach AK-*Ladeur*, Art. 5 Abs. 3 II, Rn. 19, zeichnen sich dokumentarische Kunstwerke durch ein „Fluktuieren des Sinns" aus.

[280] *Bär*, Die verfassungsrechtliche Filmfreiheit und ihre Grenzen, S. 16; *Homann*, Praxishandbuch Filmrecht, S. 55; *Reupert*, NVwZ 1994, 1155, 1159; *Unland*, Die Verfilmung tatsächlicher Ereignisse, S. 72 ff.; *Hoeren*, GRUR 1992, 145, 149; vgl. auch AK-*Ladeur*, Art. 5 Abs. 3 II, Rn. 19. A.A.: *Moosmann*, Exklusivstories, S. 23 (Fn. 35), 55; BVerwGE 1, 303, 305, wonach ein Film dann als Kunst anzuerkennen ist, wenn er eine frei erdachte Handlung wiedergibt, ohne zu den in ihm dargestellten Vorgängen Stellung zu nehmen, was namentlich bei Spielfilmen anzunehmen sein wird.

[281] *Unland*, Die Verfilmung tatsächlicher Ereignisse, S. 78 f.; *Homann*, Praxishandbuch Filmrecht, S. 55; *Moosmann*, Exklusivstories, S. 54.

[282] AK-*Ladeur*, Art. 5 Abs. 3 II, Rn. 19; *Reupert*, NVwZ 1994, 1155, 1159; Dreier-*Pernice*, Art. 5 III (Kunst), Rn. 20, spricht von „Tatsachenberichten".

[283] *Hoeren*, GRUR 1992, 145, 149.

3. Teil
Urheberrechtliche Grenzen der Dokumentationsfreiheit und Schranken des Urheberrechts

A. Überblick

Die Herstellung und Verbreitung eines Dokumentarfilms unterliegt zahlreichen rechtlichen Grenzen, die im Einzelnen nicht abschließend aufgezählt werden können. Von der Informationsbeschaffung und Recherche, über den eigentlichen Herstellungsprozess bis hin zur Veröffentlichung und Auswertung des Films können sich Konflikte mit Rechtsgütern Dritter und anderen durch die Rechtsordnung geschützten Interessen ergeben, die auf der Grundlage der Gesetze zu lösen sind.

So unterschiedlich die mit der Herstellung und Veröffentlichung des Films verbundenen Rechtsverletzungen sein können, so zahlreich sind die Beispiele für mögliche rechtliche Schranken der Darstellungsfreiheit. Finden die Dreharbeiten etwa auf öffentlichen Straßen und Plätzen statt, wird in der Regel eine Drehgenehmigung einzuholen sein.[284] Ferner sind bei Dreharbeiten fremde Eigentumsrechte – z.B. an Grundstücken – zu wahren, so dass für die Nutzung fremden Eigentums eine Einwilligung des Eigentümers erforderlich ist. Auch die Frage, inwieweit die Medien ein Recht auf Zutritt zu Veranstaltungen haben, kann problematisch sein.[285] Für die Teilnahme der Medien an Gerichtsverhandlungen enthalten die §§ 169 ff. GVG insoweit Vorgaben.[286] Bei privaten Veranstaltungen hingegen kann der Veranstalter aufgrund seines Hausrechtes grundsätzlich selbst darüber entscheiden, wen er zur Veranstaltung zulassen möchte. Eine Einschränkung dieser Befugnis enthält jedoch wiederum § 5 des Rundfunkstaatsvertrages, wonach für Fernsehveranstalter ein Recht zur unentgeltlichen Kurzberichterstattung über Veranstaltungen und Ereignisse besteht, die öffentlich zugänglich und von allgemeinen Informationsinteresse sind.[287] Auch der Inhalt eines Films unterliegt Beschränkungen durch die Rechtsordnung. Werden im Verlauf des Films beispielsweise Namen, Firmenzeichen oder Marken sichtbar, so kann hierin eine Verletzung von Namens- und Kennzeichenrechten Dritter liegen.[288] Darüber hinaus ist es gerade im Rahmen einer kritischen Berichter-

---

[284] *Homann*, Praxishandbuch Filmrecht, S. 183.
[285] Vgl. hierzu *Soehring*, Presserecht, Rn. 6.1 ff.; Wenzel-*Burkhardt*, Rn. 10.8 ff.
[286] Vgl. zum Verbot der Herstellung von Ton-, Film- und Fernsehaufnahmen in Gerichtsverhandlungen gemäß § 169 GVG unten unter 4. Teil E II.
[287] Vgl. hierzu *Soehring*, Presserecht, Rn. 6.39 ff.; Wenzel-*Burkhardt*, Rn. 10.11 ff.
[288] Vgl. hierzu *Homann*, Praxishandbuch Filmrecht, S. 178 f.; *Soehring*, Presserecht, Rn. 22.49 ff.; Wenzel-*Burkhardt*, Rn. 10.60 ff.

stattung denkbar, dass der Film ein negatives Erscheinungsbild des Rechtsinhabers zeichnet. Hier kann neben einer Persönlichkeitsrechtsverletzung oder einer strafrechtlich relevanten Beleidigung (§§ 185 ff. StGB) auch ein Verstoß gegen wettbewerbsrechtliche Vorschriften, gegen das gemäß § 823 Abs. 1 BGB geschützte Recht am eingerichteten und ausgeübten Gewerbebetrieb, gegen § 826 BGB oder eine Kreditgefährdung gemäß § 824 BGB vorliegen.[289] Ferner kann die Auswertung eines Filmes z.B. gegen die Vorschriften des Filmförderungsgesetz (FFG) verstoßen, etwa wenn der geförderte Film entgegen § 30 FFG vor Ablauf der Fernsehsperrfrist im Rundfunk ausgestrahlt wird.

Die vorliegende Arbeit beschränkt sich auf die Erörterung möglicher urheber- und persönlichkeitsrechtlicher Grenzen von dokumentarischen Darstellungen. Dabei wird in den nachfolgenden Ausführungen zunächst der Frage nachgegangen, inwieweit die an fremden Werken bestehenden Urheberrechte unter Berücksichtigung verfassungsrechtlicher Wertungen zugunsten einer möglichst umfassenden Dokumentationsfreiheit wiederum einzuschränken sind.

I. Fremde Urheberrechte als Grenze der Darstellungsfreiheit

Die aus §§ 11, 15 UrhG folgende Pflicht zur Wahrung fremder Urheberrechte stellt eine wesentliche Schranke für die Filmherstellung dar. Werden bei der Produktion eines Filmes Urheberrechte Dritter verletzt, löst dies gemäß § 97 UrhG Beseitigungs-, Unterlassungs- und Schadensersatzansprüche zugunsten des Urhebers des fremden Werkes aus.

Eine Urheberrechtsverletzung kann dabei auf unterschiedliche Weise eintreten. Zunächst kann der Inhalt eines Filmes in unzulässiger Weise auf die individuellen Gestaltungselemente eines fremden, urheberrechtlich geschützten Werkes Bezug nehmen, etwa in Form einer Bearbeitung oder sonstigen Umgestaltung des fremden Werkes (§ 23 UrhG), bei der – im Gegensatz zur freien Benutzung gemäß § 24 Abs. 1 UrhG – wesentliche Züge des Originalwerkes übernommen werden. Was den Schutz des Inhalts fremder Werke angeht, gilt es allerdings zu beachten, dass auf das sogenannte frei benutzbare Gemeingut unbeschränkt zurückgegriffen werden darf und zwar auch dann, wenn das Gemeingut bereits zuvor für eine Werkschöpfung benutzt worden ist.[290] Hierzu zählen tatsächliche Begebenheiten und Ereignisse sowie alles, was durch die Natur und die gesamte Menschengeschichte vorgegeben ist. Beispiele für gemeinfreie Quellen sind z.B. die gesamte physische Umwelt des Menschen wie Länder, Landschaften, Fauna und Flora, Naturerscheinungen, historische Personen und Geschehnisse, Tagesereignisse und Nachrichten tatsächlichen Inhalts, Naturgesetze, Gedanken und

[289] Wenzel-*Burkhardt*, Rn. 5.2 ff.; *Homann*, Praxishandbuch Filmrecht, S. 155 f.
[290] Schricker-*Loewenheim*, § 24, Rn. 7; Wandtke/Bullinger-*Bullinger*, § 24, Rn. 5.

(wissenschaftliche) Lehren.[291] Auch das gelebte Leben einer Persönlichkeit ist urheberrechtsfrei und kann – vorbehaltlich etwaiger persönlichkeitsrechtlicher Grenzen, auf die an späterer Stelle ausführlich eingegangen wird – grundsätzlich verfilmt oder in sonstiger Weise dargestellt werden.[292] Gemeinfrei sind ferner Werke, deren urheberrechtliche Schutzdauer bereits abgelaufen ist. Sie können von jedermann frei verwertet werden, ohne dass es der Zustimmung des Urhebers bzw. seines Rechtsnachfolgers bedarf.[293]

Darüber hinaus kann eine Urheberrechtsverletzung dadurch eintreten, dass in der Bild- bzw. Tonfolge des Films fremde Werke unberechtigt genutzt werden, z.B. durch die Einblendung von Ausschnitten aus einem anderen Film- oder Musikwerk. Auch das bloße Erscheinen eines fremden Werkes im Film kann einen Urheberrechtseingriff darstellen, etwa wenn im Bildhintergrund ein urheberrechtlich geschütztes Gemälde erkennbar ist. Die für eine derartige Nutzung grundsätzlich erforderliche Zustimmung des Rechtsinhabers ist jedoch dann entbehrlich, wenn eine der in den §§ 44a ff. UrhG normierten Schranken des Urheberrechts einschlägig ist.

II. Die Schranken des Urheberrechts, §§ 44a ff. UrhG

Die ausschließliche Herrschaft des Urhebers über sein Werk (§ 15 UrhG) unterliegt gemäß §§ 44a ff. UrhG diversen Einschränkungen, die im Interesse der Allgemeinheit an einer freien Nutzung fremder Werke normiert sind.[294] Auf der Grundlage dieser Schrankenbestimmungen können fremde Werke auch ohne Zustimmung des Urhebers genutzt werden. Für den Bereich des dokumentarischen Films sind vor allem die Schranken der §§ 51, 57 und 59 UrhG bedeutsam, auf die in den nachfolgenden Ausführungen deshalb näher eingegangen wird. Aufgrund des Zitatrechts gemäß § 51 UrhG ist es unter bestimmten Vor-

---

[291] Schricker-*Loewenheim*, § 24, Rn. 3; Fromm/Nordemann-*Vinck*, § 24, Rn. 1.

[292] OLG München ZUM 1995, 427, 428 f.; Schricker-*Loewenheim*, § 24, Rn. 3; Dreier/Schulze-*Schulze*, § 24, Rn. 21. Die Darstellungsfreiheit endet allerdings dort, wo die Verfilmung auf individuelle Gestaltungselemente eines urheberrechtlich geschützten Werkes über das betreffende Thema – im Falle einer Lebensbildverfilmung etwa eine Biografie, die ein Dritter über die Person geschrieben und für die er Teile des Lebenslaufs ausgewählt, verarbeitet und in individueller Weise zusammengestellt hat – zurückgreift, vgl. Dreier/Schulze-*Schulze*, § 24, Rn. 21; s. auch Österreichischer OGH ZUM 1993, 628, 630. Die rechtliche Problematik einer Verfilmung von Lebensgeschichten zeigte sich beispielsweise bei dem Spielfilm „Die Stille nach dem Schuss" von *Volker Schlöndorff*. Das ehemalige RAF-Mitglied *Inge Viett* wendete sich gegen den Film mit der Begründung, dass dieser in unzulässiger Weise ihre Autobiografie verarbeite, vgl. *Weingarten*, Der Spiegel, Nr. 7/ 14.2.2000, S. 222, 222 f.

[293] Schricker-*Katzenberger*, § 64, Rn. 5.

[294] Vgl. auch die Amtliche Begründung zum Urheberrechtsgesetz vom 9.9.1965, abgedruckt in UFITA 45 (1965), 240, 278.

aussetzungen gestattet, fremde urheberrechtlich geschützte Werke in einem durch den Zweck des Zitats gebotenen Umfang ganz oder teilweise in das eigene Werk zu übernehmen. Erscheinen die urheberrechtlich geschützten Werke hingegen mehr oder weniger zufällig im Bild, so kann sich die Zulässigkeit derartiger Aufnahmen aus § 57 UrhG ergeben. Schließlich können urheberrechtlich geschützte Werke, die sich bleibend an öffentlichen Wegen, Straßen oder Plätzen befinden, in den durch § 59 UrhG normierten Grenzen gefilmt werden.

B. Das Zitatrecht, § 51 UrhG

Das Zitatrecht zählt zu den wichtigsten Schranken des Urheberrechts und ist auch für den dokumentarischen Film, der in besonderer Weise auf die Nutzung von Fremdmaterialien angewiesen ist, von großer Bedeutung. Neben dem faktischen „Zwang" zur Visualisierung des Filminhalts, würden die vermittelten Informationen und Gedanken häufig abstrakt und gegebenenfalls auch unverständlich bleiben, wenn sie nicht durch optisches oder akustisches Anschauungsmaterial belegt werden könnten. § 51 UrhG bietet insofern die Möglichkeit, unter bestimmten Voraussetzungen auch fremde Werke wie z.B. Fotografien, Film- und Musikausschnitte, Texte oder sonstige Dokumente ohne Einwilligung des Urhebers in einem anderen (Film-) Werk anzuführen. Wie weit diese Dokumentationsfreiheit reicht, ist Gegenstand der folgenden Ausführungen.[295]

I. Anforderungen an das zitierende Werk nach § 51 Nr. 1 und 2 UrhG

Das Gesetz stellt an die rechtliche Qualität von zitiertem und zitierendem Werk unterschiedliche Anforderungen. Demnach kommen als Zitatobjekte grundsätzlich alle Arten von Werken in Betracht, wobei eine Inanspruchnahme des Zitatrechts nur dann erforderlich ist, wenn die zitierten Werke bzw. Werkteile überhaupt urheberrechtlich geschützt sind.[296] Aus gemeinfreien Werken kann

---

[295] Das Musikzitat in Musikwerken gemäß § 51 Nr. 3 UrhG hat für Zitate in Filmen keine Relevanz. Die folgenden Ausführungen beschränken sich daher auf eine Erörterung des Großzitats gemäß § 51 Nr. 1 UrhG und des Kleinzitats gemäß § 51 Nr. 2 UrhG.

[296] OLG Düsseldorf GRUR 1983, 758, 759 – Anwaltsschriftsatz; KG GRUR-RR 2002, 313, 314; Wandtke/Bullinger-*Lüft*, § 51, Rn. 12; Dreier/Schulze-*Dreier*, § 51, Rn. 1; Schricker-*Schricker*, § 51, Rn. 7. Bei einem Zitat von Laufbildern bzw. Lichtbildern ist allerdings zu beachten, dass § 51 UrhG über die Verweisungsvorschriften der §§ 95, 94 Abs. 4 UrhG bzw. des § 72 Abs. 1 UrhG auch auf das Leistungsschutzrecht des Filmherstellers von Laufbildern bzw. des Lichtbildners anwendbar ist, vgl. Wandtke/Bullinger-*Lüft*, § 51, Rn. 8, 15; Möhring/Nicolini-*Waldenberger*, § 51, Rn. 3, 8; Dreyer/Kotthoff/Meckel-*Dreyer*, § 51, Rn. 10.

hingegen frei zitiert werden, da sie auch im Übrigen unbeschränkt genutzt werden dürfen.[297]

Für das zitierende Werk schreibt § 51 UrhG zunächst vor, dass es sich um ein urheberrechtlich schutzfähiges Werk im Sinne der §§ 1, 2 UrhG handeln muss.[298] Da die Zitierfreiheit ihrem Sinn und Zweck nach der Freiheit geistigen Schaffens und der Förderung der geistigen und kulturellen Werte dient[299], soll sie nur demjenigen zustehen, der selbst eine persönliche geistige Schöpfung erbringt.[300] Im Bereich Film kommen daher allenfalls Filmwerke oder urheberrechtlich geschützte Fernsehsendungen, nicht jedoch Laufbilder als zitierende Werke in Betracht.

Hinsichtlich der weitergehenden Anforderungen an das zitierende Werk ist nach der Gesetzessystematik zwischen § 51 Nr. 1 UrhG (sogenanntes Großzitat) und § 51 Nr. 2 UrhG (sogenanntes Kleinzitat) zu differenzieren.

1. § 51 Nr. 1 UrhG: Zitat in einem wissenschaftlichen Werk

Im Gegensatz zum Kleinzitat gemäß § 51 Nr. 2 UrhG, das seinem Wortlaut nach nur eine Wiedergabe von Stellen des fremden Werkes gestattet, können gemäß § 51 Nr. 1 UrhG vollständige Werke in das eigene Werk übernommen werden. Eine tatbestandliche Grenze erfährt dieser sehr weitgehende Eingriff in fremde Urheberrechte dadurch, dass es sich bei dem zitierenden Werk um ein wissenschaftliches Werk handeln muss. Damit stellt sich die Frage, unter welchen Voraussetzungen ein Werk als wissenschaftlich qualifiziert werden kann und ob hiernach ein Großzitat in Filmen bzw. Fernsehsendungen in Betracht kommt.

---

[297] Dreier/Schulze-*Dreier*, § 51, Rn. 1; *v. Gamm*, § 51, Rn. 7; Schricker-*Schricker*, § 51, Rn. 7; Wandtke/Bullinger-*Lüft*, § 51, Rn. 12; Möhring/Nicolini-*Waldenberger*, § 51, Rn. 3.

[298] BGH GRUR 1994, 800, 802 – Museumskatalog; KG GRUR 1970, 616, 617 – Eintänzer; OLG Köln GRUR 1994, 47, 48 – Filmausschnitt; LG München I AfP 2002, 444, 448; AG Köln ZUM 2003, 77, 78 – TV Total; LG Hamburg AfP 1997, 942, 943; OLG Frankfurt AfP 1989, 553, 554; *Ulmer*, GRUR 1972, 323, 325; *Homann*, Praxishandbuch Filmrecht, S. 175; *Schack*, Urheber- und Urhebervertragsrecht, Rn. 487; Schricker-*Schricker*, § 51, Rn. 20; Dreier/Schulze-*Dreier*, § 51, Rn. 6; Wandtke/Bullinger-*Lüft*, § 51, Rn. 7; Möhring/Nicolini-*Waldenberger*, § 51, Rn. 11, 19; Dreyer/Kotthoff/Meckel-*Dreyer*, § 51, Rn. 10; *v. Gamm*, § 51, Rn. 8; Loewenheim-*Götting*, § 31, Rn. 132. A.A. Fromm/Nordemann-*Vinck*, § 51, Rn. 3, 10, der grundsätzlich eine Werkqualität des zitierenden Werkes fordert, das sogenannte Filmzitat (unter Hinweis auf OLG München ZUM-RD 1998, 124, 126) aber auch auf Laufbilder erstrecken will. Hiergegen: Möhring/Nicolini-*Waldenberger*, § 51, Rn. 21; *Homann*, Praxishandbuch Filmrecht, S. 175.

[299] Vgl. die amtliche Begründung zum Urheberrechtsgesetz vom 9.9.1965, abgedruckt in UFITA 45 (1965), 240, 278.

[300] Schricker-*Schricker*, § 51, Rn. 20; Möhring/Nicolini-*Waldenberger*, § 51, Rn. 21; Wandtke/Bullinger-*Lüft*, § 51, Rn. 7; Fromm/Nordemann-*Vinck*, § 51, Rn. 3; Loewenheim-*Götting*, § 31, Rn. 132.

a) Anforderungen an die Wissenschaftlichkeit des zitierenden Werkes

Das Gesetz gebraucht in § 51 Nr. 1 UrhG den Begriff des wissenschaftlichen Werkes, ohne ihn zu definieren. Auch in den Materialien zum UrhG wird diese Tatbestandsvoraussetzung nicht näher erläutert[301], so dass ihr Inhalt nach der gesetzgeberischen Regelungsabsicht sowie nach dem Sinn und Zweck des Zitatrechts zu bestimmen ist.

aa) Verfassungsrechtlicher Hintergrund des Zitatrechts gemäß § 51 UrhG

Die Gesetzesbegründung beschreibt den Sinn und Zweck der Schrankenbestimmungen im sechsten Abschnitt des UrhG dahingehend, dass das Urheberrecht als sozialgebundenes Recht gegenüber den berechtigten Interessen der Allgemeinheit an einem ungehinderten Zugang zu Kulturgütern und an der Freiheit des geistigen Schaffens sachgemäß abgegrenzt werden müsse. Dementsprechend habe der Urheber insbesondere dort im Interesse der Allgemeinheit freien Zugang zu seinen Werken zu gewähren, wo dies unmittelbar der Förderung der geistigen und kulturellen Werte dient, die ihrerseits Grundlage für sein Werkschaffen sind.[302] Diesem Regelungszweck der Schrankenbestimmungen soll nach der amtlichen Begründung vor allem durch die Zitierfreiheit gemäß § 51 UrhG Rechnung getragen werden.[303] Auch nach einhelliger Ansicht in Rechtsprechung und Literatur besteht der Zweck des Zitatrechts darin, dem Interesse an freier geistiger Auseinandersetzung sowie der Förderung des allgemeinen kulturellen und wissenschaftlichen Fortschritts zu dienen.[304]

Vor diesem Hintergrund hat § 51 UrhG die Funktion, einen verfassungsgemäßen Ausgleich zwischen verschiedenen verfassungsrechtlich gewährleisteten Gütern und Interessen zu schaffen. Hierbei gilt es zunächst zu berücksichtigen, dass das Urheberrecht in seinem vermögensrechtlichen Gehalt als Eigentumsposition im Sinne des Art. 14 Abs. 1 GG geschützt ist. Danach ist die wirtschaftliche Verfügungsmöglichkeit über das Werk grundsätzlich dem Urheber zugewiesen, um

[301] Vgl. die amtliche Begründung zum Urheberrechtsgesetz vom 9.9.1965, abgedruckt in UFITA 45 (1965), 240, 283.

[302] Amtliche Begründung zum Urheberrechtsgesetz vom 9.9.1965, abgedruckt in UFITA 45 (1965), 240, 243, 278 f.

[303] Amtliche Begründung zum Urheberrechtsgesetz vom 9.9.1965, abgedruckt in UFITA 45 (1965), 240, 243, 278 f.

[304] BGH GRUR 1973, 216, 217 – Handbuch moderner Zitate; BGH GRUR 1986, 59, 60 – Geistchristentum; BGH GRUR 1994, 800, 803 – Museumskatalog; BGHZ 50, 147, 152 – Kandinsky; KG GRUR-RR 2002, 313, 315; Dreier/Schulze-*Dreier*, § 51, Rn. 1; Schricker-*Schricker*, § 51, Rn. 6; Wandtke/Bullinger-*Lüft*, § 51, Rn. 1; Fromm/Nordemann-*Vinck*, § 51, Rn. 1; Möhring/Nicolini-*Waldenberger*, § 51, Rn. 1; Dreyer/Kotthoff/Meckel-*Dreyer*, § 51, Rn. 3.

ihm den wirtschaftlichen Nutzen seiner Arbeit zu sichern.[305] Allerdings kollidiert die ausschließliche Nutzungsbefugnis des Urhebers mit Interessen Dritter bzw. der Allgemeinheit an einer freien Nutzung des Werkes, die ebenfalls Verfassungsrang genießen. Hierbei kann es sich zunächst um das durch die Grundrechte des Art. 5 Abs. 1 GG[306] geschützte Interesse an einem freien gesellschaftlichen Kommunikations-, Informations- und Meinungsbildungsprozess handeln. Daneben können die ausschließlichen Verwertungsbefugnisse des Urhebers jedoch auch mit dem Interesse an einer spezifisch wissenschaftlichen und künstlerischen Auseinandersetzung kollidieren, die unter den Schutzbereich der Wissenschafts- und der Kunstfreiheit gemäß Art. 5 Abs. 3 GG fällt. Daher ist es gemäß Art. 14 Abs. 1 S. 2 GG Aufgabe des Gesetzgebers, Inhalt und Schranken der vermögensrechtlichen Befugnisse des Urhebers zu bestimmen und einen verfassungsgemäßen Ausgleich mit gegenläufigen Interessen herzustellen. Zu den Inhalts- und Schrankenbestimmungen im Sinne von Art. 14 Abs. 1 S. 2 GG zählen u.a. die §§ 44a ff. UrhG.[307] § 51 UrhG ist demnach vor einem verfassungsrechtlichen Hintergrund zu verstehen.[308] Insofern ist Ausgangspunkt für die inhaltliche Bestimmung der Tatbestandsvoraussetzung des wissenschaftlichen Werkes gemäß § 51 Nr. 1 UrhG der Begriff der Wissenschaft in Art. 5 Abs. 3 GG.[309]

bb) Verfassungsrechtlicher Wissenschaftsbegriff

Wissenschaft im Sinne des Art. 5 Abs. 3 GG ist jede Tätigkeit, die nach Inhalt und Form als ernsthafter und planmäßiger Versuch zur Ermittlung der Wahrheit anzusehen ist, d.h. eine Tätigkeit mit dem Ziel, in methodischer, systematischer und nachprüfbarer Weise neue Erkenntnisse zu gewinnen.[310] Ausgehend von dieser Definition wird auch im Schrifttum zu § 51 Nr. 1 UrhG Wissenschaft als ernsthafte, methodisch geordnete Suche nach Erkenntnis definiert.[311] Hiernach zeichnet sich eine wissenschaftliche Geistestätigkeit durch eine systematische,

---

[305] BVerfGE 31, 229, 240 f., 243 – Kirchen- und Schulgebrauch; *Metzger*, ZUM 2000, 924, 931; *Schulz*, ZUM 1998, 221, 222.

[306] Vgl. zu den Schutzbereichen dieser Grundrechte ausführlich unter 4. Teil B II 1 a.

[307] BVerfGE 31, 229, 240 ff. – Kirchen- und Schulgebrauch; BVerfG ZUM 2000, 867, 869 – Germania 3; *Schulz*, ZUM 1998, 221, 221 f.; Schricker-*Melichar*, Vor §§ 45 ff., Rn. 7 ff.; Schricker-*Schricker*, § 51, Rn. 8; Dreyer/Kotthoff/Meckel-*Dreyer*, Vor §§ 44a ff., Rn. 14.

[308] Vgl. auch Schricker-*Schricker*, § 51, Rn. 8 f.; Schricker-*Wild*, § 97, Rn. 20 ff.

[309] Schricker-*Schricker*, § 51, Rn. 31; Dreier/Schulze-*Dreier*, § 51, Rn. 8.

[310] BVerfGE 35, 79, 113; BVerfGE 47, 327, 367; BVerfGE 90, 1, 12; Jarass/Pieroth-*Jarass*, Art. 5, Rn. 121; Schmidt-Bleibtreu/Klein-*Kannengießer*, Art. 5, Rn. 30.

[311] Schricker-*Schricker*, § 51, Rn. 31; Dreyer/Kotthoff/Meckel-*Dreyer*, § 51, Rn. 24; Wandtke/Bullinger-*Lüft*, § 51, Rn. 11; Dreier/Schulze-*Dreier*, § 51, Rn. 8; *Rehbinder*, Urheberrecht, Rn. 276.

methodische Vorgehensweise[312], eine argumentativ-inhaltliche Auseinandersetzung mit der jeweiligen Materie[313] und regelmäßig durch weiterführende (Literatur-) Hinweise aus[314]. Sie ist auf Wahrheitsfindung gerichtet[315] und erfordert daher eine genaue Quellenforschung und Beweisführung sowie nachprüfbare Aussagen und Ergebnisse[316]. Entsprechend dem „weit zu verstehenden Wissenschaftsbegriff" in Art. 5 Abs. 3 GG[317] kommt es auf die Richtigkeit der Methoden und Ergebnisse nicht an.[318] Von einem wissenschaftlichen Arbeiten kann jedoch dann nicht mehr gesprochen werden, wenn vorgefassten Meinungen oder Ergebnissen lediglich der Anschein wissenschaftlicher Gesinnung oder Nachweisbarkeit verliehen wird.[319]

cc) Bestimmung des Begriffs des wissenschaftlichen Werkes in § 51 Nr. 1 UrhG anhand der Absicht des Zitierenden

Während der Begriff der Wissenschaft im Rahmen des Art. 5 Abs. 3 GG nach Inhalt und Form der Darstellung beurteilt wird, ist nach der überwiegenden Ansicht in Rechtsprechung und Literatur für die Bestimmung des Begriffs des wissenschaftlichen Werkes in § 51 Nr. 1 UrhG zusätzlich auf die in dem Werk zu Tage tretende Absicht des Zitierenden abzustellen. In seiner „Codex aureus" – Entscheidung, in der das Zitat eines Bildes in einer Abhandlung über die romanischen Literaturen des Mittelalters zu beurteilen war, bejahte das RG den Charakter der Abhandlung als selbstständige wissenschaftliche Arbeit, da sie bezwecke, „nach Rahmen, Form und Gehalt, durch eigene in ihr dargelegte planmäßige Geistestätigkeit des Verfassers die Literaturwissenschaft zu fördern und

---

[312] *Ekrutt*, Urheberrechtliche Probleme beim Zitat von Filmen und Fernsehsendungen, S. 14; *Brauns*, Die Entlehnungsfreiheit im Urheberrechtsgesetz, S. 38; *Schulz*, ZUM 1998, 221, 224; *Oekonomidis*, UFITA 57 (1970), 179, 184; *Krause-Ablaß*, GRUR 1962, 231, 237.

[313] *Schulz*, ZUM 1998, 221, 224.

[314] *Ekrutt*, Urheberrechtliche Probleme beim Zitat von Filmen und Fernsehsendungen, S. 15; *Brauns*, Die Entlehnungsfreiheit im Urheberrechtsgesetz, S. 38; s. auch KG GRUR 1970, 617, 617 f. – Eintänzer.

[315] LG München AfP 1994, 326, 327; *Schulz*, ZUM 1998, 221, 224; zu Art. 5 Abs. 3 GG vgl. auch BVerfGE 35, 79, 113.

[316] *Ekrutt*, Urheberrechtliche Probleme beim Zitat von Filmen und Fernsehsendungen, S. 15; *Brauns*, Die Entlehnungsfreiheit im Urheberrechtsgesetz, S. 38.

[317] BVerfGE 90, 1, 13.

[318] Zu Art. 5 Abs. 3 GG: BVerfGE 90, 1, 12; Jarass/Pieroth-*Jarass*, Art. 5, Rn. 121; Dreier-*Pernice*, Art. 5 III (Wissenschaft), Rn. 29. Zu § 51 Nr. 1 UrhG: LG München AfP 1994, 326, 327; *v. Gamm*, § 51, Rn. 9; Möhring/Nicolini-*Waldenberger*, § 51, Rn. 13; Dreier/Schulze-*Dreier*, § 51, Rn. 8; *Rehbinder*, Urheberrecht, Rn. 276; *Krause-Ablaß*, GRUR 1962, 231, 237.

[319] Zu Art. 5 Abs. 3 GG: BVerfGE 90, 1, 13; Jarass/Pieroth-*Jarass*, Art. 5, Rn. 121; Dreier-*Pernice*, Art. 5 III, Rn. 29. Zu § 51 Nr. 1 UrhG: Schricker-*Schricker*, § 51, Rn. 31; LG München AfP 1994, 326, 327.

das Erarbeitete an die Leser mitzuteilen.“[320] Ähnlich heißt es in der Literatur und Rechtsprechung, dass ein Werk dann wissenschaftlich im Sinne des § 51 Nr. 1 UrhG ist, wenn es die Wissenschaft durch Vermittlung von Erkenntnis fördern will und der Belehrung des Adressaten dient.[321] Charakteristikum einer wissenschaftlichen Arbeit ist hiernach also eine Mitteilungs- und Belehrungsabsicht des Zitierenden sowie seine Absicht zur Förderung der Wissenschaft.

Im Rahmen des Art. 5 Abs. 3 GG ist streitig, ob nur solche Arbeiten unter den Schutzbereich der Wissenschaftsfreiheit fallen, die für eine Veröffentlichung und damit für eine (belehrende) Mitteilung an Dritte vorgesehen sind.[322] Insofern stellt sich die Frage, ob diese Voraussetzung jedenfalls für den Begriff des wissenschaftlichen Werkes in § 51 Nr. 1 UrhG gilt. Dies ist nach Sinn und Zweck der Bestimmung zu beurteilen. Während Art. 5 Abs. 3 GG isoliert den Schutzbereich der Wissenschaftsfreiheit beschreibt, soll das Zitatrecht des § 51 UrhG einen verfassungsgemäßen Ausgleich zwischen den Interessen des Urhebers und dem Allgemeininteresse an einer freien geistigen Auseinandersetzung mit fremden Gedanken herstellen.[323] Der Grund für die Rechtmäßigkeit einer Nutzung fremder Werksubstanz liegt demnach nicht allein in der geistigen bzw. wissenschaftlichen Tätigkeit des Zitierenden an sich, sondern gerade in der Begünstigung des allgemeinen kulturellen und wissenschaftlichen Fortschritts, d.h. in einem Zugewinn und Nutzen für die Allgemeinheit. Die Allgemeinheit profitiert von einem Zitat jedoch nur dann, wenn es gerade dem Zweck dient, ihr einen bestimmten Sachverhalt mitzuteilen. Dabei ist bedeutsam, dass das Gesetz über die Voraussetzung des Zitatzwecks eine inhaltliche Verknüpfung zwischen zitiertem und zitierendem Werk herstellt. Der Zweck des Zitates darf nach § 51 Nr. 1 UrhG ausschließlich in der Erläuterung des Inhalts des zitierenden Werkes bestehen.[324] Wenn aber ein Großzitat von vornherein nur unter der Voraussetzung in Betracht kommt, dass es bezweckt, einen im wissenschaftlichen Werk

---

[320] RGZ 130, 196, 199 – Codex aureus. Vgl. auch RGZ 144, 106, 112; KG GRUR 1970, 616, 617 – Eintänzer; *Krause-Ablaß*, GRUR 1962, 231, 237; *Ekrutt*, Urheberrechtliche Probleme beim Zitat von Filmen und Fernsehsendungen, S. 14. Allein die Form der Darstellung hält *Schulz*, ZUM 1998, 221, 224, für maßgeblich. Zusätzlich zur Form stellen auf den Inhalt ab: LG München AfP 1994, 326, 327; Dreier/Schulze-*Dreier*, § 51, Rn. 8.

[321] OLG München ZUM 1989, 529, 531; Wandtke/Bullinger-*Lüft*, § 51, Rn. 11; Fromm/Nordemann-*Vinck*, § 51, Rn. 6; Loewenheim-*Götting*, § 51, Rn. 139; *v. Gamm*, § 51, Rn. 9; *Haesner*, GRUR 1986, 854, 858; *Oekonomidis*, UFITA 57 (1970), 179, 184; *Leinveber*, GRUR 1969, 130, 130; *Brauns*, Die Entlehnungsfreiheit im Urheberrechtsgesetz, S. 38. Grundsätzlich auch LG Berlin GRUR 1962, 207, 209 – Maifeiern, das für Fernsehsendungen an das Merkmal der Wissenschaftlichkeit allerdings geringere Anforderungen stellen will. Hiergegen *Ekrutt*, Urheberrechtliche Probleme beim Zitat von Filmen und Fernsehsendungen, S. 15 f.

[322] Dafür: *Blankenagel*, AöR 125 (2000), 70, 84 f., 93 f.; Dreier-*Pernice*, Art. 5 III, Rn. 28; Jarass/Pieroth-*Jarass*, Art. 5, Rn. 121. Dagegen: *Classen*, Wissenschaftsfreiheit außerhalb der Hochschule, S. 89 f.

[323] Schricker-*Schricker*, § 51, Rn. 8 f.; Schricker-*Wild*, § 97, Rn. 20 ff.

[324] Zum Zitatzweck vgl. unten unter 3. Teil B II 1.

enthaltenen Inhalt zu erläutern, so muss zwangsläufig auch das wissenschaftliche Werk selbst einen Mitteilungszweck verfolgen. Das Erfordernis einer entsprechenden Mitteilungs- und Belehrungsabsicht folgt also unmittelbar aus dem Regelungszweck der Bestimmung.

Soweit die überwiegende Ansicht darüber hinaus fordert, dass der Zitierende mit seinem Werk eine Förderung der Wissenschaft bezweckt, ist von Bedeutung, dass durch die Übernahme vollständiger Werke in besonders gravierender Weise in die Verwertungsrechte des Urhebers eingegriffen wird. Dementsprechend sind unter dem Gesichtspunkt der Verhältnismäßigkeit an die Zulässigkeit eines Großzitats strengere Voraussetzungen zu stellen, als bei einem Kleinzitat. Neben dem Zitatzweck der Inhaltserläuterung gewährleistet die Voraussetzung der Wissenschaftlichkeit des zitierenden Werkes, dass nur ein überragendes Interesse der Allgemeinheit einen derart schwerwiegenden Eingriff rechtfertigt, nämlich das Interesse an einer Förderung der Wissenschaft.[325]

Allerdings stellt sich die Frage, anhand welcher Kriterien zu bewerten ist, ob eine entsprechende Absicht des Zitierenden zur Wissenschaftsförderung bestanden hat. Hierbei kann es nicht auf eine qualitative Bewertung des Werkinhaltes, d.h. der Thematik, der einzelnen Erkenntnisse und Ergebnisse oder des Grades an Kompliziertheit ankommen, da dies dem verfassungsrechtlichen Schutz der Wissenschaftsfreiheit – der von der Richtigkeit der Methoden und Ergebnisse, von der Stichhaltigkeit und Vollständigkeit der Argumentation und Beweisführung unabhängig ist – widersprechen würde. Ob der Zitierende mit seinem Werk eine Förderung der Wissenschaft beabsichtigt, kann vielmehr allein aus der Art und Weise der Darstellung geschlossen werden.[326] Nur wenn die inhaltliche Auseinandersetzung mit einem Thema in spezifisch wissenschaftlicher Form erfolgt, kann sie durch die Absicht getragen sein, einen Beitrag zur Wissenschaft zu leisten. So gewährleistet die wissenschaftliche Arbeitsweise, dass eine planmäßige, methodische, argumentativ-inhaltliche Auseinandersetzung mit dem Thema stattfindet. Damit ist das Zitat in wissenschaftlichen Werken besonders privilegierungswürdig und rechtfertigt im Interesse an einer freien geistigen Auseinandersetzung den mit einem Großzitat einhergehenden schwerwiegenden Eingriff in fremde Urheberrechte.[327] Im Ergebnis bedeutet dies, dass der Zitierende dann eine Förderung der Wissenschaft subjektiv beabsichtigt, wenn das Werk objektiv den Anforderungen an eine wissenschaftliche Geistestätigkeit im Sinne des Art. 5 Abs. 3 GG genügt.

---

[325] *Brauns*, Die Entlehnungsfreiheit im Urheberrechtsgesetz, S. 38.

[326] *Haesner*, GRUR 1986, 854, 858.

[327] Vgl. auch *Brauns*, Die Entlehnungsfreiheit im Urheberrechtsgesetz, S. 38 f.; *Schulz*, ZUM 1998, 221, 224; *Krause-Ablaß*, GRUR 1962, 231, 237 (Fn. 63), mit dem Hinweis, dass ohne die Voraussetzung einer Förderung der Wissenschaft auch ein planmäßige Geistestätigkeit kundgebender Roman als wissenschaftliche Arbeit einzuordnen wäre.

Weder die Voraussetzung einer Mitteilungs- bzw. Belehrungsabsicht noch das Erfordernis einer wissenschaftlichen Arbeitsweise – die auf eine Absicht zur Wissenschaftsförderung schließen lässt – darf jedoch allzu eng ausgelegt werden, da sich der mit dem Zitatrecht beabsichtigte Nutzen für die Allgemeinheit ansonsten wiederum in sein Gegenteil kehren würde. Dementsprechend ist „Belehrung" nicht im Sinne der wissenschaftlichen Lehre im universitären Bereich, sondern – entsprechend dem Ansatz des RG[328] – im Sinne einer Mitteilung wissenschaftlicher Inhalte an einen weiten Kreis der Gesellschaft zu verstehen. Da § 51 Nr. 1 UrhG eine Förderung der allgemeinen kulturellen Entwicklung bezweckt, beschränkt sich der Anwendungsbereich des § 51 Nr. 1 UrhG, ebenso wie der Schutzbereich des Art. 5 Abs. 3 GG[329], nicht auf die Tätigkeit in Hochschulen und Forschungsinstituten.[330]

Vor dem Hintergrund, dass sich wissenschaftliche Werke im Sinne des § 51 Nr. 1 UrhG an einen nicht wissenschaftlich vorgebildeten Adressatenkreis richten können, ist auch die Voraussetzung einer Förderung der Wissenschaft zu bestimmen. So sind in Übereinstimmung mit der h.M. auch populärwissenschaftliche Werke in den Anwendungsbereich des § 51 Nr. 1 UrhG einzubeziehen, d.h. Werke, die in vereinfachter, allgemeinverständlicher und häufig auch unterhaltender Form einen Überblick über wissenschaftliche Forschungsergebnisse und Lehren verschaffen, in ihrer Darstellungsmethode jedoch wissenschaftlichen Kriterien genügen.[331] Dem wird z.T. entgegengehalten, dass die Populärwissenschaft lediglich die Bildung breiterer Bevölkerungskreise fördern will und demnach nicht als Beitrag zur Wissenschaft verstanden werden kann.[332] Hiergegen spricht jedoch, dass die Zitierfreiheit im Interesse der allgemeinen kulturellen Entwicklung normiert ist[333], so dass es zweckwidrig erschiene, populärwissenschaftliche Werke aus dem Anwendungsbereich des § 51 Nr. 1 UrhG auszuschließen, obgleich es gerade deren Anliegen ist, auch Nichtwissenschaftlern die Kenntnisnahme von wissenschaftlichen Inhalten zu ermöglichen.

---

328 RGZ 130, 196, 199 – Codex aureus.

329 BVerfGE 35, 79, 112; BVerfGE 95, 193, 209; Schmidt-Bleibtreu/Klein-*Kannengießer*, Art. 5, Rn. 30; Jarass/Pieroth-*Jarass*, Art. 5, Rn. 124.

330 Schricker-*Schricker*, § 51, Rn. 31; Loewenheim-*Götting*, § 51, Rn. 139; *Brauns*, Die Entlehnungsfreiheit im Urheberrechtsgesetz, S. 39.

331 RGZ 144, 106, 111 f.; LG Berlin GRUR 1962, 207, 209 – Maifeiern; LG München AfP 1994, 326, 327; Schricker-*Schricker*, § 51, Rn. 31; Dreier/Schulze-*Dreier*, § 51, Rn. 8; Wandtke/Bullinger-*Lüft*, § 51, Rn. 11; Möhring/Nicolini-*Waldenberger*, § 51, Rn. 13; Fromm/Nordemann-*Vinck*, § 51, Rn. 6; *v. Gamm*, § 51, Rn. 9; Dreyer/Kotthoff/Meckel-*Dreyer*, § 51, Rn. 24; Loewenheim-*Götting*, § 31, Rn. 139; *Brauns*, Die Entlehnungsfreiheit im Urheberrechtsgesetz, S. 40 ff.; *Ekrutt*, Urheberrechtliche Probleme beim Zitat von Filmen und Fernsehsendungen, S. 14 f.; *v. Moltke*, Das Urheberrecht an den Werken der Wissenschaft, S. 31; *Schulz*, ZUM 1998, 221, 224; *Oekonomidis*, UFITA 57 (1970), 179, 184 f.; *Krause-Ablaß*, GRUR 1962, 231, 237.

332 *Leinveber*, GRUR 1966, 479, 480; einschränkend *Leinveber*, GRUR 1969, 130, 130.

333 Schricker-*Schricker*, § 51, Rn. 31.

Zudem birgt eine solide Wissensgrundlage in breiten Kreisen der Bevölkerung mittelbar stets auch ein Potential an Weiterentwicklung zugunsten der Wissenschaft im engen Sinne. So kann sich aus populärwissenschaftlicher Bildung und Tätigkeit ein wissenschaftliches Engagement im eng verstandenen Sinne entwickeln.[334]

Allerdings ist der Begriff der Wissenschaft im Sinne des Art. 5 Abs. 3 GG verlassen, wenn die Darstellung den Anforderungen an eine wissenschaftliche, d.h. planmäßige, methodisch-systematische Arbeitsweise nicht genügt und keine eigenständige Auseinandersetzung mit dem Stoff[335] – im Sinne einer Ermittlung und Weitergabe von Erkenntnissen – stattfindet. Eine selbstständige, wissenschaftlich-methodische Gedankenarbeit und damit auch eine Absicht zur Förderung der Wissenschaft kann demnach nicht angenommen werden, wenn das zitierende Werk nicht der Verbreitung wissenschaftlicher Erkenntnisse dient, sondern lediglich tatsächliche Ereignisse und Informationen ohne eigene gedankliche Auseinandersetzung mitteilt.[336] Hingegen schließt der Unterhaltungscharakter eines Werkes die Wissenschaftlichkeit im zuvor beschriebenen Sinne nicht per se aus.[337] Je stärker der Unterhaltungsaspekt allerdings in den Vordergrund tritt, desto weniger Raum besteht für eine wissenschaftliche, d.h. eine systematische und methodische Auseinandersetzung und Darstellungsweise. Dementsprechend wird eine Anwendung des § 51 Abs. 1 Nr. 1 UrhG bei überwiegend unterhaltendem Charakter des Werkes regelmäßig ausscheiden.[338]

---

[334] *Brauns*, Die Entlehnungsfreiheit im Urheberrechtsgesetz, S. 41.

[335] S. hierzu *Brauns*, Die Entlehnungsfreiheit im Urheberrechtsgesetz, S. 39, 42; *Schulz*, ZUM 1998, 221, 224; Dreyer/Kotthoff/Meckel-*Dreyer*, § 51, Rn. 24; *Krause-Ablaß*, GRUR 1962, 231, 237; *Leinveber*, GRUR 1969, 130, 130. Vgl. auch BGH GRUR 1994, 800, 803 – Musemskatalog.

[336] Schricker-*Schricker*, § 51, Rn. 32; Dreyer/Kotthoff/Meckel-*Dreyer*, § 51, Rn. 24; *Leinveber*, GRUR 1969, 130, 130; vgl. auch *Brauns*, Die Entlehnungsfreiheit im Urheberrechtsgesetz, S. 39, 42. Nach *v. Moltke*, Das Urheberrecht an den Werken der Wissenschaft, S. 25 ff.; Schricker-*Schricker*, § 51, Rn. 32; Fromm/Nordemann-*Vinck*, § 51, Rn. 6; Loewenheim-*Götting*, § 51, Rn. 139, richtet sich das wissenschaftliche Werk an den Intellekt und nicht überwiegend an Gefühle oder den Schönheitssinn.

[337] RGZ 144, 106, 111 f.; *Schulz*, ZUM 1998, 221, 224; *Krause-Ablaß*, GRUR 1962, 231, 237; *v. Moltke*, Das Urheberrecht an den Werken der Wissenschaft, S. 30.

[338] KG GRUR 1970, 616, 617 – Eintänzer; Schricker-*Schricker*, § 51, Rn. 32; Dreier/Schulze-*Dreier*, § 51, Rn. 8; Wandtke/Bullinger-*Lüft*, § 51, Rn. 11; *v. Gamm*, § 51, Rn. 9; Fromm/Nordemann-*Vinck*, § 51, Rn. 6; Loewenheim-*Götting*, § 31, Rn. 139; Möhring/Nicolini-*Waldenberger*, § 51, Rn. 13; *Haesner*, GRUR 1986, 854, 858; *Oekonomidis*, UFITA 57 (1970), 179, 184 f.; *Rehbinder*, Urheberrecht, Rn. 276; *Ekrutt*, Urheberrechtliche Probleme beim Zitat von Filmen und Fernsehsendungen, S. 14 f.; *Brauns*, Die Entlehnungsfreiheit im Urheberrechtsgesetz, S. 42; *Hoeren*, Die Reichweite gesetzlicher Schranken und Lizenzen, S. 95, 101.

b) Wissenschaftlicher Charakter von Film- und Fernsehwerken

Da § 51 Nr. 1 UrhG keine Beschränkung hinsichtlich der Gattung des zitierenden Werkes enthält, kommen als Zitatmedium neben Sprachwerken grundsätzlich auch Filmwerke und Fernsehsendungen mit Werkcharakter in Betracht, sofern diese als wissenschaftlich im Sinne von § 51 Nr. 1 UrhG bewertet werden können.[339]

Das Wesen dokumentarischer Darstellungen in Film und Fernsehen besteht darin, bestimmte Sachverhalte und Informationen an eine breite Öffentlichkeit mitzuteilen. Ihr Inhalt ist also zur Kenntnisnahme durch einen breiten Zuschauerkreis bestimmt, so dass sie eine Mitteilungs- und Belehrungsabsicht im zuvor beschriebenen Sinne verfolgen und einen Beitrag zur freien geistigen Auseinandersetzung in der Gesellschaft leisten. Um von einer Wissenschaftlichkeit der Darstellung ausgehen zu können, bedarf die inhaltliche Auseinandersetzung mit dem jeweiligen Thema jedoch einer Form, die den Anforderungen des verfassungsrechtlichen Wissenschaftsbegriffs gemäß Art. 5 Abs. 3 GG genügt. Hiernach ist ein Werk nur dann wissenschaftlich im Sinne des § 51 Nr. 1 UrhG, wenn eine eigenständige inhaltliche Auseinandersetzung mit dem Stoff in wissenschaftlicher Form stattfindet, d.h. in ernsthafter, methodisch geordneter, systematischer und nachprüfbarer Weise.

Ob dokumentarische Darstellungen in Film und Fernsehen diese Anforderungen erfüllen, lässt sich nur schwer verallgemeinernd beurteilen, da es sich hierbei letztendlich um eine Frage des Einzelfalles handelt. Grundsätzlich ist es durchaus denkbar, dass eine entsprechende Erläuterung über das Medium Fernsehen stattfindet, zumal ein unterhaltender Charakter der Darstellung (etwa im populärwissenschaftlichen Bereich) der Wissenschaftlichkeit nicht zwangsläufig entgegensteht. In der Regel erfolgt die Publikation eigenständig erarbeiteter Ergebnisse einer wissenschaftlichen Auseinandersetzung jedoch in Form eines Sprachwerkes.[340] Dies ist darauf zurückzuführen, dass die methodisch-systematische Darstellung von wissenschaftlichen Erkenntnissen des Mittels der Sprache bedarf, das in Sprachwerken umfassender eingesetzt werden kann als in Film- und Fernsehwerken, deren sprachlicher Anteil sich auf zeitlich limitierte Sprecher- oder Moderatorentexte beschränkt. Ob sich die Medien Film und Fernsehen für eine wissenschaftliche Auseinandersetzung eignen, wird häufig vom Thema der Darstellung abhängen. So ist im Bereich der naturwissenschaft-

339 LG Berlin GRUR 1962, 207, 209 – Maifeiern; Schricker-*Schricker*, § 51, Rn. 33; Fromm/Nordemann-*Vinck*, § 51, Rn. 6; Möhring/Nicolini-*Waldenberger*, § 51, Rn. 13; Wandtke/Bullinger-*Lüft*, § 51, Rn. 11; Dreier/Schulze-*Dreier*, § 51, Rn. 9; *v. Gamm*, § 51, Rn. 9; *Hoeren*, Die Reichweite gesetzlicher Schranken und Lizenzen, S. 95, 100; *Ekrutt*, Urheberrechtliche Probleme beim Zitat von Filmen und Fernsehsendungen, S. 13, 109.

340 *Ekrutt*, Urheberrechtliche Probleme beim Zitat von Filmen und Fernsehsendungen, S. 16 f., 110.

lichen Forschung, die sich in abstrakten (z.B. mathematischen) Formeln und Gedankengängen vollzieht, nur schwer eine filmische Darstellung und Erörterung denkbar.[341] Demgegenüber kommt der Film als Medium zur wissenschaftlichen Auseinandersetzung insbesondere dann in Betracht, wenn sich zur Verdeutlichung der wissenschaftlichen Aussagen vornehmlich visuelle Mittel anbieten, wie z.B. bei einer Schilderung der Entwicklung der Filmkunst.[342] Als mögliche Gegenstände einer populärwissenschaftlichen Fernsehsendung werden in der Literatur beispielhaft auch die physikalisch-technischen Voraussetzungen für einen Raumflug und die Bedeutung des Wiener Kongresses für die heutige politische Landkarte Europas genannt.[343] In der Rechtsprechung wurde der wissenschaftliche Charakter einer Fernsehsendung über die historische Entwicklung der Arbeiterbewegung und die Bedeutung des 1. Mai mit der Begründung bejaht, dass der Autor das Thema „in belehrender Form" und „in selbständiger Behandlung und systematisch geordneter Darstellung" erörtert hat.[344]

Aus den vorstehenden Ausführungen folgt jedoch, dass die bloße Mitteilung von Informationen ohne eigenständige Untersuchung nicht als wissenschaftliche Auseinandersetzung bewertet werden kann, da es an einer planmäßigen, inhaltlich-argumentativen Erörterung des Themas fehlt. Ein großer Teil der dokumentarischen Darstellungen wird daher aus dem Kreis der wissenschaftlichen Werke im Sinne des § 51 Nr. 1 UrhG herausfallen.[345] Dies gilt etwa für eine Fernsehsendung, die sich auf eine reine Berichterstattung über tatsächliche Ereignisse beschränkt oder für ein Wissenschaftsfernsehmagazin, das über neue Forschungsvorhaben bzw. über Ergebnisse wissenschaftlicher Tätigkeit informiert, ohne die zugrunde liegenden wissenschaftlichen Erkenntnisse näher zu beleuchten. Der Ausschluss derartiger Darstellungen aus dem Anwendungsbereich des § 51 Nr. 1 UrhG hat zur Folge, dass für sie nur ein Kleinzitat gemäß § 51 Nr. 2 UrhG in Betracht kommt. Hierdurch wird die Freiheit der geistigen Auseinandersetzung jedoch nicht in unzulässiger Weise beschränkt, da über die Rechtsfiguren des sogenannten „großen Kleinzitats" bzw. des „Bildzitats" – auf die an späterer Stelle ausführlich eingegangen wird[346] – ausnahmsweise auch im Rahmen des § 51 Nr. 2 UrhG ein Zitat vollständiger Werke möglich sein kann, wenn dies aufgrund einer umfassenden Güter- und Interessenabwägung geboten ist. Eine erweiternde Auslegung des Begriffs des wissenschaftlichen Werkes in

---

[341] *Ekrutt*, Urheberrechtliche Probleme beim Zitat von Filmen und Fernsehsendungen, S. 110, der als möglichen Gegenstand für ein wissenschaftliches Filmwerk Zeitrafferaufnahmen von Protuberanzenerscheinungen der Sonne nennt.

[342] *Ekrutt*, Urheberrechtliche Probleme beim Zitat von Filmen und Fernsehsendungen, S. 110.

[343] Fromm/Nordemann-*Vinck*, § 51, Rn. 6; vgl. für Multimediawerke auch *Hoeren*, Die Reichweite gesetzlicher Schranken und Lizenzen, S. 95, 100.

[344] LG Berlin GRUR 1962, 207, 209 – Maifeiern.

[345] Vgl. auch *Ekrutt*, Urheberrechtliche Probleme beim Zitat von Filmen und Fernsehsendungen, S. 110.

[346] Vgl. unten unter 3. Teil B III.

§ 51 Nr. 1 UrhG ist insofern nicht erforderlich, zumal dies den verfassungsrechtlichen Wissenschaftsbegriff gemäß Art. 5 Abs. 3 GG sprengen würde.

2. § 51 Nr. 2 UrhG: Zitat in einem Sprachwerk und sogenanntes Filmzitat

Gemäß § 51 Nr. 2 UrhG ist Voraussetzung für eine Zitierbefugnis, dass es sich bei dem zitierenden Werk um ein Sprachwerk handelt. Bei einer streng wortlautgetreuen Anwendung des § 51 Nr. 2 UrhG würde ein Kleinzitat in (dokumentarischen) Filmen demnach ausscheiden, da ein Film als Gesamtkunstwerk nicht als Sprachwerk definiert werden kann. Dennoch entspricht es der ganz überwiegenden Auffassung, dass § 51 Nr. 2 UrhG unter Berücksichtigung der tangierten verfassungsrechtlich geschützten Interessen auf Film- und Fernsehwerke analog anzuwenden ist (sogenanntes Filmzitat).[347]

Einer derartigen Analogie steht nicht die häufig vertretene Auffassung[348] entgegen, dass die urheberrechtlichen Schrankenbestimmungen als Ausnahmebestimmungen grundsätzlich eng auszulegen seien.[349] Denn selbst wenn die §§ 44a ff. UrhG einen entsprechenden Ausnahmecharakter hätten[350], wäre deshalb eine erweiternde Auslegung oder Analogie der Bestimmungen nicht schlechthin unzulässig. Generell muss zwar vermieden werden, dass durch eine allzu weite Auslegung oder Analogie von Ausnahmebestimmungen die Regelungsabsicht des Gesetzgebers in ihr Gegenteil verkehrt wird. Hieraus folgt jedoch nicht, dass Ausnahmebestimmungen „so eng wie möglich" auszulegen sind oder eine Analogie in jedem Fall ausgeschlossen ist. Maßgeblich ist vielmehr, aus welchem Grund der Gesetzgeber einen bestimmten Fall von der gesetzlichen Regelung ausgenommen hat.[351] Hiernach ist entscheidend, ob die Anwendung des § 51 UrhG nach Sinn und Zweck unter Berücksichtigung der tangierten verfassungs-

---

[347] BGH GRUR 1987, 362, 363 – Filmzitat; OLG München AfP 1985, 53, 53; AG Köln ZUM 2003, 77, 78 – TV Total; LG Hamburg AfP 1997, 942, 942; OLG Frankfurt AfP 1989, 553, 554; OLG Köln GRUR 1994, 47, 48 – Filmausschnitt; *Ulmer*, GRUR 1972, 323, 324 ff.; *Homann*, Praxishandbuch Filmrecht, S. 174; Schricker-*Schricker*, § 51, Rn. 41; Dreier/Schulze-*Dreier*, § 51, Rn. 23; Wandtke/Bullinger-*Lüft*, § 51, Rn. 15; Möhring/Nicolini-*Waldenberger*, § 51, Rn. 21; Dreyer/Kotthoff/Meckel-*Dreyer*, § 51, Rn. 37; Loewenheim-*Götting*, § 31, Rn. 144. Nach einer M.M. ist § 51 Nr. 2 UrhG direkt anwendbar, da Film- und Fernsehwerke auch Sprachwerke enthalten, vgl. LG München I ZUM 1984, 475, 476 f. Offengelassen von: OLG Hamburg ZUM 1993, 35, 36; *Schulz*, ZUM 1998, 221, 225 f.

[348] BGH GRUR 1973, 216, 217 f. – Handbuch moderner Zitate; OLG München NJW 1990, 2003, 2003; OLG Frankfurt ZUM 1993, 97, 99; Schricker-*Melichar*, Vor §§ 45 ff., Rn. 15 f.; Wandtke/Bullinger-*Lüft*, § 51, Rn. 1; Fromm/Nordemann-*Nordemann*, Vor § 45, Rn. 3; Möhring/Nicolini-*Nicolini*, § 45, Rn. 2; Loewenheim-*Götting*, § 31, Rn. 128.

[349] Vgl. zum Filmzitat auch *Ekrutt*, Urheberrechtliche Probleme beim Zitat von Filmen und Fernsehsendungen, S. 117 f.

[350] Dagegen: Schricker-*Wild*, § 97, Rn. 23; *Löffler*, NJW 1980, 201, 204; *Hoeren*, MMR 2000, 3, 3; Möhring/Nicolini-*Hoeren*, § 69d, Rn. 2.

[351] *Larenz/Canaris*, Methodenlehre der Rechtswissenschaft, S. 176.

rechtlich geschützten Interessen im Einzelfall geboten erscheint[352], wobei die Grundlinien des Zitatrechts nicht überschritten werden dürfen.[353] Auch wenn die §§ 44a ff. UrhG bereits auf einer eingehenden Güter- und Interessenabwägung des Gesetzgebers beruhen und daher grundsätzlich eine abschließende Regelung enthalten[354], sind insofern einzelne Korrekturen des § 51 UrhG im Wege einer erweiternden bzw. verfassungskonformen Auslegung oder einer analogen Anwendung der Bestimmung möglich. Insbesondere können Lücken des Zitatrechts auf diese Weise ausgefüllt werden.[355]

Bei der Einführung des § 51 UrhG im Jahre 1965 orientierte sich der Gesetzgeber ausweislich der Materialien zum UrhG an den vorher geltenden Vorschriften der §§ 19, 21, 23 LUG, § 19 KUG, die er im Wesentlichen beibehalten, jedoch straffer zusammenfassen wollte.[356] Soweit hierbei der Begriff der selbstständigen literarischen Arbeit durch den des selbstständigen Sprachwerks ersetzt wurde, ist jedoch übersehen worden, dass der Begriff der literarischen Arbeit in den Bestimmungen der §§ 19 Nr. 1, 21 Nr. 1 LUG – die § 51 Nr. 2 UrhG zu Grunde liegen – weiter war und traditionell auch Filmwerke umfasste.[357] Da eine Änderung dieser Rechtslage vom Gesetzgeber nicht beabsichtigt war, ist demnach von einer Gesetzeslücke auszugehen, die durch eine analoge Anwendung des § 51 Nr. 2 UrhG auf Filmwerke als Zitatobjekte auszufüllen ist.[358] Neben der Regelungsabsicht des Gesetzgebers spricht auch der Sinn und Zweck der Zitierfreiheit, die im Interesse des allgemeinen kulturellen und wissenschaftlichen Fortschritts in das Gesetz aufgenommen worden ist, gegen eine Beschränkung des Kleinzitats auf Sprachwerke.[359] Die Medien Film und Fernsehen nehmen im

---

[352] BGHZ 50, 147, 152 – Kandinsky; BGH GRUR 1987, 362, 363 – Filmzitat; KG UFITA 54 (1969), 269, 300; Schricker-*Schricker*, § 51, Rn. 8; Möhring/Nicolini-*Waldenberger*, § 51, Rn. 3; vgl. auch *Ulmer*, Urheber- und Verlagsrecht, S. 315.

[353] Dreier/Schulze-*Dreier*, § 51, Rn. 22; Schricker-*Schricker*, § 51, Rn. 9; Loewenheim-*Götting*, § 31, Rn. 128.

[354] OLG Düsseldorf GRUR 1983, 758, 759 f. – Anwaltsschriftsatz; Schricker-*Schricker*, § 51, Rn. 8; *Bornkamm*, FS Piper, S. 641, 648.

[355] BGH GRUR 1987, 362, 363 – Filmzitat; BGH GRUR 2003, 956, 957 – Gies-Adler; KG UFITA 54 (1969), 296, 299 f.; LG Berlin GRUR 1978, 108, 109, 110 f. – Terroristenbild; LG München I UFITA 77 (1976), 289, 291 f.; Dreier/Schulze-*Dreier*, § 51, Rn. 1, 22; Dreier/Schulze-*Dreier*, § 97, Rn. 15; Schricker-*Schricker*, § 51, Rn. 8; Wandtke/Bullinger-*Lüft*, § 51, Rn. 1; Fromm/Nordemann-*Vinck*, § 51, Rn. 7; Loewenheim-*Götting*, § 31, Rn. 128; Dreyer/Kotthoff/Meckel-*Dreyer*, Vor §§ 44a ff., Rn. 15; *Löffler*, NJW 1980, 201, 201 ff.; *Bornkamm*, FS Piper, S. 641, 649 ff. Hiergegen Schricker-*Melichar*, Vor §§ 45 ff., Rn. 16.

[356] Amtliche Begründung zum Urheberrechtsgesetz vom 9.9.1965, abgedruckt in UFITA 45 (1965), 240, 283.

[357] Vgl. etwa: LG Leipzig UFITA 8 (1935), 435, 435 ff.; LG Berlin GRUR 1962, 208, 209 – Maifeiern; *Ulmer*², Urheber- und Verlagsrecht, S. 134 m.w.N. Vgl. auch: BGH GRUR 1987, 362, 363 – Filmzitat; *Ulmer*, GRUR 1972, 323, 325 f.

[358] BGH GRUR 1987, 362, 363 – Filmzitat; *Ulmer*, GRUR 1972, 323, 325 f.

[359] BGH GRUR 1987, 362, 363 – Filmzitat; Wandtke/Bullinger-*Lüft*, § 51, Rn. 15; Schricker-*Schricker*, § 51, Rn. 41.

gesellschaftlichen Kommunikations- und Meinungsbildungsprozess aufgrund ihrer Breitenwirkung eine bedeutende Rolle ein. Im Hinblick auf die Förderung des kulturellen Lebens besitzt das Filmwerk demnach eine dem Sprachwerk vergleichbare Bedeutung, so dass eine Gleichbehandlung beider Werktypen beim Zitatrecht geboten ist. [360]

3. Ergebnis

Gemäß § 51 Nr. 1 und 2 UrhG kommt ein Zitat nur in einem urheberrechtlich geschützten Werk, im hier behandelten Kontext also nur in Filmwerken bzw. Fernsehsendungen mit Werkqualität in Betracht. Im Rahmen des § 51 Nr. 1 UrhG muss es sich beim zitierenden Werk darüber hinaus um ein wissenschaftliches Werk handeln. Der Begriff des wissenschaftlichen Werkes in § 51 Nr. 1 UrhG ist in Anlehnung an den verfassungsrechtlichen Wissenschaftsbegriff gemäß Art. 5 Abs. 3 GG zu bestimmen. Hiernach ist unabdingbares Wesensmerkmal eines wissenschaftlichen Werkes eine inhaltlich-argumentative Auseinandersetzung mit einem Thema, die den Anforderungen an eine wissenschaftliche, d.h. planmäßige, ernsthafte und methodisch-systematische Arbeitsweise genügt. Liegen diese Voraussetzungen vor, kommt in dem Werk die Absicht des Verfassers zum Ausdruck, einen Beitrag zur Wissenschaft zu leisten und diese zu fördern. Hierin findet der mit einem Großzitat verbundene gravierende Eingriff in die Verwertungsrechte des Urhebers des zitierten Werkes seine Legitimation. Aus dem Regelungszweck des § 51 Nr. 1 UrhG – der in der Förderung der freien geistigen Auseinandersetzung und des allgemeinen kulturellen und wissenschaftlichen Fortschritts besteht – folgt zudem, dass das wissenschaftliche Werk nebst Zitat durch die Absicht des Verfassers getragen sein muss, das Erarbeitete der Allgemeinheit mitzuteilen. Ob die hiernach bestehenden strengen Voraussetzungen an die Wissenschaftlichkeit des zitierenden Werkes durch dokumentarische Darstellungen in Film und Fernsehen erfüllt werden, ist eine Frage des Einzelfalles und hängt häufig vom Thema der Darstellung ab. Eine Anwendbarkeit des § 51 Nr. 1 UrhG ist jedenfalls dann zu verneinen, wenn der Film lediglich Informationen mitteilt, ohne dass eine wissenschaftlichen Anforderungen genügende Auseinandersetzung mit dem Thema stattfindet.

Hat ein Film keinen wissenschaftlichen Charakter kommt eine Entlehnung gleichwohl aufgrund der Bestimmung des § 51 Nr. 2 UrhG in Betracht, die sich ihrem Wortlaut nach zwar auf Zitate in Sprachwerken beschränkt, jedoch auf

---

[360] BGH GRUR 1987, 362, 363 – Filmzitat; *Ulmer*, GRUR 1972, 323, 326; *Ekrutt*, Urheberrechtliche Probleme beim Zitat von Filmen und Fernsehsendungen, S. 119 ff. Vgl. auch Schricker-*Schricker*, § 51, Rn. 41; *Schricker*, EWiR 1987, 287, 288, der darauf hinweist, dass das Grundrecht der Rundfunkfreiheit dem der Pressefreiheit in Art. 5 Abs. 1 GG gleichgestellt ist, so dass auch beim Zitatrecht zwischen beiden Verfassungsgütern nicht grundsätzlich differenziert werden dürfe.

Zitate in Film- und Fernsehwerken analog anzuwenden ist. Eine entscheidende Grenze der Zitiermöglichkeit ergibt sich allerdings aus einer weiteren Voraussetzung des § 51 UrhG: dem Vorliegen eines zulässigen Zitatzwecks.

II. Zitatzweck

Gemäß § 51 UrhG darf ein Werk nur in einem durch den Zweck des Zitats gebotenen Umfang zitiert werden. Aus der Erwähnung des Zitatzwecks in den Eingangsworten des § 51 UrhG folgt, dass alle Formen zulässigen Zitierens einen Zitatzweck voraussetzen, der als entscheidende Voraussetzung des Zitatrechts anzusehen ist[361]. Ein Großzitat ist gemäß § 51 Nr. 1 UrhG nur dann zulässig, wenn es den Zweck verfolgt, den Inhalt des zitierenden Werkes zu erläutern. Obgleich § 51 Nr. 2 UrhG für das Kleinzitat im Gegensatz zum Großzitat keinen bestimmten Zitatzweck vorgibt, kann auch hier nicht jede subjektive Zwecksetzung des Zitierenden genügen, weil dadurch einseitig dessen Belange berücksichtigt würden und die Gefahr einer Ausuferung der Zitierfreiheit bestünde.[362] Vielmehr folgt aus dem Zweckerfordernis, dass mit dem Zitat ein zitatspezifischer Zweck verfolgt werden muss, der Zitatzweck also eine bestimmte Qualität haben muss.[363] Ganz überwiegend wird hierfür – wie auch beim Großzitat – eine innere Verbindung zwischen zitiertem und zitierendem Werk gefordert.[364] Worin die für ein zulässiges Zitat erforderliche innere Verbindung zwischen eigenem und fremdem Werk besteht bzw. welche Zitatzwecke eine derartige innere Verbindung begründen, ist im Einzelnen höchst streitig.

1. Zitat zum Zweck der Inhaltserläuterung und zum Beleg eigener Ausführungen

a) Die Inhaltserläuterungsfunktion des Zitats gemäß § 51 Nr. 1 UrhG

Der Zitatzweck der Inhaltserläuterung gemäß § 51 Nr. 1 UrhG wurde vom RG dahingehend definiert, dass das zitierte Werk dazu bestimmt sein muss, den im

---

[361] BGHZ 85, 1, 10 f. – Presseberichterstattung und Kunstwerkwiedergabe; LG München I UFITA 77 (1976), 289, 291; Schricker-*Schricker*, § 51, Rn. 9, 14; Dreier/Schulze-*Dreier*, § 51, Rn. 3; Wandtke/Bullinger-*Lüft*, § 51, Rn. 2; *v. Gamm*, § 51, Rn. 4.

[362] *Brauns*, Die Entlehnungsfreiheit im Urheberrechtsgesetz, S. 110 f.; Schricker-*Schricker*, § 51, Rn. 14.

[363] Schricker-*Schricker*, § 51, Rn. 14; LG Stuttgart ZUM 2003, 156, 157.

[364] RGZ 130, 196, 200 – Codex aureus; BGHZ 28, 234, 240 – Verkehrskinderlied; BGHZ 50, 147, 155 f. – Kandinsky; BGH GRUR 1986, 59, 60 – Geistchristentum; BGH GRUR 1987, 362, 364 – Filmzitat; OLG Hamburg ZUM-RD 2003, 337, 344; LG Hamburg AfP 1997, 942, 943; Schricker-*Schricker*, § 51, Rn. 16; Dreier/Schulze-*Dreier*, § 51, Rn. 4; Loewenheim-*Götting*, § 31, Rn. 130; Dreyer/Kotthoff/Meckel-*Dreyer*, § 51, Rn. 18; *Homann*, Praxishandbuch Filmrecht, S. 174.

zitierendem Werk offenbarten Gedankeninhalt aufzuhellen, zu veranschaulichen, dem Verständnis zu erschließen. Hiernach muss die Verbindung zwischen zitiertem und zitierendem Werk eine „innerliche" sein; das zitierte Werk darf lediglich eine unterstützende Funktion haben, indem es die Gedankengänge des Zitierenden verdeutlicht und als bloße „Nebensache" zum besseren Verständnis des zitierenden Werkes als „Hauptsache" beigegeben ist.[365]

Die nach dieser Definition bestehenden Anforderungen an den Zitatzweck eines Großzitates ergeben sich nicht allein aus dem Wortsinn des Begriffs der Inhaltserläuterung; vor allem erklären sie sich durch den Regelungszweck des § 51 Nr. 1 UrhG. Bereits zuvor wurde festgestellt, dass das Großzitat seinem Sinn und Zweck nach der Förderung der Wissenschaft dienen soll.[366] Da eine wissenschaftliche Auseinandersetzung auf die gegenseitige Bezugnahme und originalgetreue Wiedergabe anderer Werke in besonderer Weise angewiesen ist, bietet § 51 Nr. 1 UrhG die Möglichkeit, fremde Werke vollständig zu übernehmen.[367] Da hiermit ein besonders schwerwiegender Eingriff in die Verwertungsrechte des Urhebers verbunden ist, dient die Beschränkung des § 51 Nr. 1 UrhG auf den Zitatzweck der Inhaltserläuterung dazu, ein Großzitat nur in Fällen zuzulassen, in denen es die wissenschaftliche Aussage des Zitierenden – und damit die Wissenschaft an sich – tatsächlich befördert. Denn indem das Zitat der Erläuterung eines wissenschaftlichen Inhaltes dienen muss, stellt das Gesetz zum einen sicher, dass eine eigenständige wissenschaftliche Aussage des Zitierenden überhaupt existiert und zum anderen, dass das Zitat in einem inneren Zusammenhang zu der eigenen gedanklichen Leistung des Zitierenden steht, indem es diese erläutert und somit – als Hilfsmittel zum besseren Verständnis der wissenschaftlichen Darstellung[368] – selbst zur Förderung der Wissenschaft beiträgt.[369]

Von einer Inhaltserläuterungsfunktion des Zitats kann demnach nur bei argumentierenden Darstellungen bzw. Darstellungen mit eigenen Gedankengängen und Aussagen gesprochen werden.[370] Wissenschaftliche Großzitate dienen der intellektuellen Auseinandersetzung, indem sie die eigenen Auffassungen und Gedankengänge stützen bzw. Gegenansichten entkräften sollen.[371] Nur in diesen Fällen ist das Zitat vollständiger Werke privilegierungswürdig, so dass eine Erweiterung des Großzitats auf andere Zitatzwecke als den der Inhaltserläuterung

---

[365] RGZ 130, 196, 199 f. – Codex aureus.

[366] Vgl. oben unter 3. Teil B I 1 a.

[367] *Schulz*, ZUM 1998, 221, 224; *Brauns*, Die Entlehnungsfreiheit im Urheberrechtsgesetz, S. 50.

[368] RGZ 130, 196, 199 f. – Codex aureus; OLG Hamburg ZUM-RD 2003, 337, 343 f.; Möhring/Nicolini-*Waldenberger*, § 51, Rn. 5; Dreyer/Kotthoff/Meckel-*Dreyer*, § 51, Rn. 20.

[369] *Brauns*, Die Entlehnungsfreiheit im Urheberrechtsgesetz, S. 51.

[370] RGZ 130, 196, 199 f. – Codex aureus; Dreyer/Kotthoff/Meckel-*Dreyer*, § 51, Rn. 30; Wandtke/Bullinger-*Lüft*, § 51, Rn. 2.

[371] *Brauns*, Die Entlehnungsfreiheit im Urheberrechtsgesetz, S. 45; vgl. auch BGHZ 50, 147, 155 – Kandinsky.

sowohl nach dem Wortlaut als auch nach Sinn und Zweck des § 51 Nr. 1 UrhG ausscheidet.

b) Die Belegfunktion des Zitats

Eine andere Umschreibung des Zitatzwecks der Inhaltserläuterung wählte der BGH in seiner „Kandinsky" – Entscheidung, in der es um die Wiedergabe von Werken *Wassily Kandinskys* in einem Buch mit dem Titel „Der blaue Reiter und die neue Künstlervereinigung München" ging. Hiernach ist ein Zitat nur zulässig, soweit es als Beleg für die eigenen Ausführungen des Zitierenden erscheint. Eine derartige Belegfunktion liegt nach Ansicht des BGH vor, wenn das Zitat die Auffassungen und Gedankengänge des Zitierenden stützen, verdeutlichen bzw. zur Beweisführung des Verfassers dienen soll.[372] Auch der tatbestandlich offene Zitatzweck des § 51 Nr. 2 UrhG wird häufig dahingehend umschrieben, dass das Kleinzitat als Beleg für eigene Ausführungen des Zitierenden dienen muss.[373] Dies sei der Fall, wenn das Zitat die Richtigkeit der eigenen Darlegungen des Zitierenden bekräftigt, insbesondere wenn es zur Bestimmung und Stütze des eigenen Standpunktes herangezogen wird[374], wobei die Bezugnahme auch zum Zwecke der kritischen Auseinandersetzung mit dem zitierten Werk erfolgen kann[375].

Die vorstehenden Definitionen des Belegbegriffs im Rahmen des § 51 Nr. 1 UrhG und im Rahmen des § 51 Nr. 2 UrhG weisen eine starke inhaltliche Ähnlichkeit auf. Über den Begriff des Beleges wird damit im Ergebnis der Zitat-

---

[372] BGHZ 50, 147, 155 – Kandinsky. Auch im Schrifttum wird der Belegbegriff zur Umschreibung des Zitatzwecks der Inhaltserläuterung gemäß § 51 Nr. 1 UrhG gebraucht, vgl. Loewenheim-*Götting*, § 51, Rn. 131; Wandtke/Bullinger-*Lüft*, § 51, Rn. 2; Dreyer/Kotthoff/ Meckel-*Dreyer*, § 51, Rn. 18; *Brauns*, Die Entlehnungsfreiheit im Urheberrechtsgesetz, S. 44 ff., 115 f. Nach a.A. ist die Belegfunktion lediglich im Rahmen der §§ 51 Nr. 2 und 3 UrhG als ausreichender Zitatzweck anzuerkennen, während der Zitatzweck der Inhaltserläuterung gemäß § 51 Nr. 1 UrhG über die bloße Belegfunktion hinausgehen soll, vgl. Fromm/ Nordemann-*Vinck*, § 51, Rn. 6; Dreier/Schulze-*Dreier*, § 51, Rn. 13.

[373] Vgl. etwa: BGH GRUR 1973, 216, 218 – Handbuch moderner Zitate; BGH GRUR 1986, 59, 60 – Geistchristentum; BGH GRUR 1987, 34, 35 – Liedtextwiedergabe I; BGH GRUR 1987, 362, 364 – Filmzitat; KG GRUR-RR 2002, 313, 315; OLG Hamburg ZUM-RD 2003, 337, 344; Schricker-*Schricker*, § 51, Rn. 16; Dreier/Schulze-*Dreier*, § 51, Rn. 4; Fromm/ Nordemann-*Vinck*, § 51, Rn. 51; Dreyer/Kotthoff/Meckel-*Dreyer*, § 51, Rn. 18; Loewenheim-*Götting*, § 31, Rn. 131; Wandtke/Bullinger-*Lüft*, § 51, Rn. 2; *Ulmer*, Urheber- und Verlagsrecht, S. 314.

[374] LG Köln UFITA 78 (1977), 270, 273; OLG Hamburg ZUM-RD 2003, 337, 344; Schricker-*Schricker*, § 51, Rn. 17; Dreier/Schulze-*Dreier*, § 51, Rn. 4.

[375] OLG Hamburg ZUM-RD 2003, 337, 344; LG Berlin GRUR 1978, 108, 110 f. – Terroristenbild; LG Hamburg AfP 1997, 942, 943; Schricker-*Schricker*, § 51, Rn. 17; Dreier/ Schulze-*Dreier*, § 51, Rn. 4; Möhring/Nicolini-*Waldenberger*, § 51, Rn. 5; Loewenheim-*Götting*, § 31, Rn. 131.

zweck des § 51 Nr. 2 UrhG in gleicher Weise umschrieben wie der Zitatzweck der Inhaltserläuterung gemäß § 51 Nr. 1 UrhG, obgleich § 51 Nr. 2 UrhG gerade keine Inhaltserläuterungsfunktion des Zitats vorgibt.[376] Dies ist jedoch unproblematisch, solange man den Zitatzweck des § 51 Nr. 2 UrhG nicht auf den Fall der Inhaltserläuterung bzw. des Beleges für eigene Ausführungen beschränkt. So folgt aus dem Gesetzeswortlaut und der Systematik des § 51 UrhG, dass der Zitatzweck des § 51 Nr. 1 UrhG nicht zugleich als ausschließlicher Zitatzweck im Rahmen des § 51 Nr. 2 UrhG anzusehen ist.[377] Vielmehr lässt die konkrete Benennung des Zitatzwecks beim Großzitat den Umkehrschluss zu, dass das Kleinzitat, dessen Zweck in § 51 Nr. 2 UrhG inhaltlich offen gelassen ist, auch zu anderen Zwecken als dem der Inhaltserläuterung bzw. des Beleges für eigene Ausführungen angeführt werden kann.[378] Dafür, dass der Zitatzweck des § 51 Nr. 2 UrhG mit dem Belegbegriff nur unvollständig beschrieben ist, spricht zudem der Umstand, dass der Begriff des Beleges nach allgemeinem Sprachgebrauch auf eine inhaltlich-argumentative Auseinandersetzung hinweist. § 51 UrhG dient jedoch ganz allgemein der Förderung der geistigen und kulturellen Werte und damit auch einer durch Art. 5 Abs. 3 GG geschützten künstlerischen Auseinandersetzung.[379] Um diese Interessen hinreichend berücksichtigen zu können, bedarf es im Rahmen des § 51 Nr. 2 UrhG daher einer über den Belegbegriff hinausgehenden Bestimmung der zulässigen Zitatzwecke.[380] Diese ist Gegenstand der folgenden Ausführungen.

2. Der Zitatzweck gemäß § 51 Nr. 2 UrhG

Mangels ausdrücklicher tatbestandlicher Vorgaben kann die Frage, ob der mit einem Kleinzitat verfolgte Zweck im Einzelfall anerkennenswert ist, letztendlich allein nach dem Sinn und Zweck der Zitierbestimmung beurteilt werden, die darauf zielt, einen verfassungsgemäßen Ausgleich zwischen den Verwertungs-

---

[376] Dies wird z.T. damit erklärt, dass der Belegbegriff zwar ein Synonym für den Zitatzweck der Inhaltserläuterung gemäß § 51 Nr. 1 UrhG ist, eine Inhaltserläuterungsfunktion des Zitats jedoch auch im Rahmen des § 51 Nr. 2 UrhG als zulässiger Zitatzweck zu bewerten ist, vgl. *Brauns*, Die Entlehnungsfreiheit im Urheberrechtsgesetz, S. 45 ff., 115 f. Andere sehen in dem Anführen von Belegstellen letztendlich eine synonyme Umschreibung für den Vorgang des Zitierens an sich, vgl. BGH GRUR 1973, 216, 218 – Handbuch moderner Zitate; OLG München NJW 1990, 2003, 2003. Zum Gebrauch des Belegbegriffes im Rahmen des Groß- und Kleinzitats s. auch: *Brauns*, Die Entlehnungsfreiheit im Urheberrechtsgesetz, S. 112 ff.; *Metzger*, ZUM 2000, 924, 926 f.

[377] BGH GRUR 1973, 216, 218 – Handbuch moderner Zitate; Schricker-*Schricker*, § 51, Rn. 17; Möhring/Nicolini-*Waldenberger*, § 51, Rn. 5; Dreier/Schulze-*Dreier*, § 51, Rn. 4, 13; Wandtke/Bullinger-*Lüft*, § 51, Rn. 2; Loewenheim-*Götting*, § 31, Rn. 145; *Brauns*, Die Entlehnungsfreiheit im Urheberrechtsgesetz, S. 115 ff.

[378] *Brauns*, Die Entlehnungsfreiheit im Urheberrechtsgesetz, S. 115 ff.

[379] Vgl. oben unter 3. Teil B I 1 a aa.

[380] *Metzger*, ZUM 2000, 924, 926 f.; *Brauns*, Die Entlehnungsfreiheit im Urheberrechtsgesetz, S. 115 f.

interessen des Urhebers (Art. 14 GG) und den durch Art. 5 Abs. 1 und 3 GG geschützten Interessen Dritter bzw. der Allgemeinheit zu schaffen.[381]

a) Abwägung unter Berücksichtigung des Art. 5 Abs. 1 GG

Bei einem Konflikt zwischen Urheberrecht und den Grundrechten aus Art. 5 Abs. 1 GG, ist das gemäß Art. 14 GG geschützte Urheberrecht als Schranke der Kommunikationsgrundrechte selbst wiederum im Lichte des Art. 5 GG auszulegen.[382] Die Grundrechte des Art. 5 Abs. 1 GG dienen dem Informations- und Meinungsaustausch und können daher im Interesse der Allgemeinheit an einer freien geistigen Auseinandersetzung gewisse Eigentumsbindungen und -beschränkungen gemäß Art. 14 Abs. 1 S. 2 GG rechtfertigen.[383] Würde man allerdings allein das Anliegen der Informationsvermittlung im Rahmen des § 51 Nr. 2 UrhG als zulässigen Zitatzweck anerkennen, hätte dies eine nahezu grenzenlose Zitierfreiheit zur Folge, wodurch die Verwertungsrechte des Urhebers unverhältnismäßig eingeschränkt würden. Hieraus folgt, dass das Zitat im Kontext des § 51 Nr. 2 UrhG einen spezifischen Informationszweck verfolgen muss. Dabei ist von Bedeutung, dass das Recht zur Veröffentlichung des Werkes grundsätzlich dem Urheber vorbehalten ist. Demnach muss das Kleinzitat also eine Funktion erfüllen, die über die Mitteilung der in den zitierten Werkstellen enthaltenen Informationen hinausgeht. Dies ist der Fall, wenn zwischen zitierendem und zitiertem Werk dahingehend eine innere Verbindung besteht, dass das Zitat bei der Vermittlung eines eigenen Gedankenganges des Zitierenden als Hilfsmittel dient.[384] Erst die eigene gedankliche Leistung des Zitierenden – und der darin enthaltene Informationswert für die Allgemeinheit – rechtfertigt es ausnahmsweise, dass der Zitierende das fremde Werk zu seinen Zwecken in Bezug nimmt. Im Gegensatz zu § 51 Nr. 1 UrhG muss diese eigenständige gedankliche Leistung jedoch keine besondere – etwa wissenschaftliche – Qualität haben; umgekehrt lässt § 51 Nr. 2 UrhG dafür aber grundsätzlich nur ein Zitat von Werkstellen zu.

---

[381] Vgl. zum Regelungszweck des § 51 UrhG bereits oben unter 3. Teil B I 1 a aa.

[382] BGH GRUR 1987, 34, 35 – Liedtextwiedergabe I; LG Berlin GRUR 1978, 108, 111 – Terroristenbild; Schricker-*Schricker*, § 51, Rn. 8; Schricker-*Wild*, § 97, Rn. 21; *Schulz*, ZUM 1998, 221, 222 f.; *Homann*, Praxishandbuch Filmrecht, S. 54.

[383] Schricker-*Schricker*, § 51, Rn. 8; Schricker-*Wild*, § 97, Rn. 20 ff.; *Schulz*, ZUM 1998, 221, 222 f.; BGH GRUR 1987, 34, 35 – Liedtextwiedergabe I; LG Berlin GRUR 1978, 108, 111 – Terroristenbild.

[384] Dementsprechend beschreibt das LG München I Schulze LGZ 182, 1, 4, den Zitatzweck allgemein dahingehend, dass eine Verarbeitung und Einreihung des Entlehnten in dem Sinne vorliegen müsse, dass das Zitat in einer inneren Verbindung mit den eigenen Gedanken steht. Vgl. auch BGH ZUM 1985, 435, 436 – Liedtextwiedergabe I; BGH GRUR 1987, 362, 364 – Filmzitat; *Schulz*, ZUM 1998, 221, 226 f.; Wandtke/Bullinger-*Lüft*, § 51, Rn. 2.

b) Abwägung unter Berücksichtigung des Art. 5 Abs. 3, 1. Alt. GG – Der „Germania 3" – Beschluss des BVerfG

Da § 51 UrhG dem Interesse der Allgemeinheit an einer Förderung der geistigen und kulturellen Werte dient[385], ist bei der Bestimmung der gemäß § 51 Nr. 2 UrhG zulässigen Zitatzwecke auch das Grundrecht der Kunstfreiheit gemäß Art. 5 Abs. 3 GG zu berücksichtigen.[386] Ob ein künstlerisches Anliegen einen Eingriff in die urheberrechtlichen Verwertungsrechte rechtfertigt, kann jedoch nicht – wie bei der Abwägung zwischen Art. 14 GG und Art. 5 Abs. 1 GG – danach beurteilt werden, welchen Informationswert das Zitat für die Allgemeinheit besitzt. Denn das Wesen künstlerischer Gestaltung ist mit dem Zweck der Informationsvermittlung nur unvollständig beschrieben.

Dementsprechend hat das BVerfG in seinem „Germania 3" – Beschluss[387] bestätigt, dass sich der Zitatzweck des § 51 Nr. 2 UrhG jedenfalls bei Werken, die unter den Schutzbereich der Kunstfreiheit fallen, nicht auf die Belegfunktion beschränkt. In dem zugrunde liegenden Verfahren hatte das BVerfG die Frage zu beantworten, ob die Übernahme von Textstellen aus zwei Werken *Bertolt Brechts* in das Theaterstück „Germania 3 Gespenster am toten Mann" von *Heiner Müller* gerechtfertigt war. Das Gericht würdigte die Technik der Verschränkung eigener und fremder Texte als ein von *Heiner Müller* gewähltes, durchgängiges, künstlerisches Stilmittel, durch das er Geschichte, Kolorit, Rezeption sowie den politischen Hintergrund der fremden Texte in sein eigenes Werk zu einem neuen Ganzen einfügt.[388] Im Ergebnis bewertete das BVerfG die „Zwischentexte", „Kommentartexte" bzw. „Intermedien"[389] in *Heiner Müllers* letztem Stück mit Hinweis auf die Kunstfreiheit gemäß Art. 5 Abs. 3 GG als zulässiges Zitat gemäß § 51 Nr. 2 UrhG.

Der Entscheidung des BVerfG gingen zwei gegensätzliche Urteile des OLG Brandenburg und des OLG München voraus. Das OLG Brandenburg versagte

---

385 Amtliche Begründung zum Urheberrechtsgesetz vom 9.9.1965, abgedruckt in UFITA 45 (1965), 240, 278; vgl. auch oben unter 3. Teil B I 1 a aa.

386 BVerfG ZUM 2000, 867, 869 – Germania 3; OLG Brandenburg NJW 1997, 1162, 1163; KG GRUR-RR 2002, 313, 315; OLG Hamburg ZUM-RD 2003, 337, 345; Schricker-*Schricker*, § 51, Rn. 17; Dreier/Schulze-*Dreier*, § 51, Rn. 4; Wandtke/Bullinger-*Lüft*, § 51, Rn. 3; Loewenheim-*Götting*, § 31, Rn. 145; *Brauns*, Die Entlehnungsfreiheit im Urheberrechtsgesetz, S. 119 ff.; *Homann*, Praxishandbuch Filmrecht, S. 175 f.; *Metzger*, ZUM 2000, 924, 924 ff.; *Schulz*, ZUM 1998, 221, 227.

387 BVerfG ZUM 2000, 867, 867 ff. – Germania 3. Der Entscheidungsname „Germania 3" stammt nicht vom BVerfG selbst. Vielmehr handelt es sich um eine der im Schrifttum anzutreffenden Urteilsbezeichnungen (vgl. etwa Wandtke/Bullinger-*Lüft*, § 51, Rn. 3; *Seifert*, FS Erdmann, S. 195, 197; als Urteilsbezeichnung auch gewählt in GRUR 2001, 149, 149), die hier übernommen wird.

388 BVerfG ZUM 2000, 867, 870 – Germania 3.

389 Vgl. zu diesen Bezeichnungen *Metzger*, ZUM 2000, 924, 924 f.

den Erben *Brechts* einen Unterlassungsanspruch mit Hinweis auf die Zitierfreiheit. Zwar setze § 51 Nr. 2 UrhG eine ausdrückliche Auseinandersetzung mit dem zitierten Werk voraus, schreibe jedoch nicht die Art der Auseinandersetzung vor. Dementsprechend müssen alle Arten anerkannter künstlerischer Auseinandersetzung mit fremdem geistigen Hervorbringen genügen, wozu auch die von *Heiner Müller* verwendete Kunstform der Collage gehöre. Die Auseinandersetzung mit dem geistigen Hervorbringen *Brechts* finde dadurch statt, dass *Müller* den Zusammenhang, in den die Zitate gestellt werden, bestimmt und sie dadurch kommentiert, gefärbt und in dem von ihm gewählten Licht habe erscheinen lassen.[390] Das OLG München verneinte hingegen ein zulässiges Zitat gemäß § 51 Nr. 2 UrhG, da die Zitate aus Werken *Bertolt Brechts* nicht als Beleg für eigene Erörterungen des Autors *Heiner Müller* dienten, sondern diese ersetzten und damit ein eigenes Darstellungsmittel seien.[391]

Die durch das OLG München vorgenommene Beschränkung der im Rahmen des Kleinzitats zulässigen Zitatzwecke auf die klassische Belegfunktion lehnt das BVerfG im Kontext der Kunstfreiheit ausdrücklich ab. Zur Begründung führt es aus, dass die durch Art. 5 Abs. 3 S. 1 GG geforderte kunstspezifische Betrachtung es verlangt, bei der Auslegung und Anwendung des § 51 Nr. 2 UrhG die innere Verbindung der zitierten Stellen mit den Gedanken und Überlegungen des Zitierenden über die bloße Belegfunktion hinaus auch als Mittel künstlerischen Ausdrucks und künstlerischer Gestaltung anzuerkennen.[392] Im Kontext einer eigenen künstlerischen Gestaltung reicht die Zitierfreiheit demnach über die Verwendung des fremden Textes als Beleg, d.h. zur Verdeutlichung übereinstimmender Meinungen, zum besseren Verständnis der eigenen Ausführungen oder zur Begründung oder Vertiefung des Dargelegten hinaus. Der Künstler darf urheberrechtlich geschützte Texte auch ohne einen solchen Bezug in sein Werk aufnehmen, soweit sie als solche Gegenstand und Gestaltungsmittel seiner eigenen künstlerischen Aussage bleiben.[393] Der Künstler muss sich nicht mit dem fremden Werk „auseinander setzen", maßgeblich ist vielmehr, ob es sich funktional in die künstlerische Gestaltung und Intention seines Kunstwerkes einfügt und damit als integraler Bestandteil einer eigenständigen künstlerischen Aussage erscheint.[394] Dies gilt allerdings nur dann, wenn es sich um einen geringfügigen Eingriff in ein fremdes Urheberrecht ohne die Gefahr merklicher wirtschaftlicher Nachteile (z.B. Absatzrückgänge) handelt.[395]

---

[390] OLG Brandenburg NJW 1997, 1162, 1163.
[391] OLG München ZUM 1998, 417, 419.
[392] BVerfG ZUM 2000, 867, 869 – Germania 3.
[393] BVerfG ZUM 2000, 867, 869 – Germania 3.
[394] BVerfG ZUM 2000, 867, 870 – Germania 3.
[395] BVerfG ZUM 2000, 867, 869 – Germania 3.

c) Zwischenergebnis

Da der Tatbestand des Kleinzitats keine konkreten Anhaltspunkte für die Bestimmung der zulässigen Zitatzwecke bietet, hat diese anhand einer Abwägung der betroffenen verfassungsrechtlichen Güter und Interessen im Einzelfall zu erfolgen. Maßgeblich ist also, ob ein Eingriff in die durch Art. 14 GG geschützten wirtschaftlichen Verwertungsinteressen des Urhebers aufgrund eines überwiegenden Informationsbedürfnisses der Gesellschaft (Art. 5 Abs. 1 GG) bzw. aufgrund des Interesses an einer freien künstlerischen Gestaltung (Art. 5 Abs. 3 GG) gerechtfertigt ist. Demnach ist die Bedeutung des jeweiligen Zitatzwecks für den öffentlichen Informations- und Meinungsbildungsprozess sowie für die Ausübung der Kunstfreiheit entscheidend. Wann eine Entlehnung im Sinne des „Germania 3" – Beschlusses des BVerfG „als solche Gegenstand und Gestaltungsmittel" einer „eigenen künstlerischen Aussage"[396] ist, kann dabei ebenso wenig in allgemeingültiger Weise beantwortet werden wie die Frage, wann ein Zitat durch berechtigte Informationsinteressen der Öffentlichkeit legitimiert ist. Auch wenn insoweit das Bedürfnis nach einer Konkretisierung besteht, lässt sich ein abschließender, abstrakter Kanon der Zitatzwecke nicht aufstellen, zumal diese je nach Art des Zitatobjekts und Zitatmediums variieren können.[397] Insofern müssen sich auch die folgenden Ausführungen darauf beschränken, einige Leitlinien für die Zulässigkeit von Zitaten in dokumentarischen Filmen zu entwickeln.

3. Dokumentation als Zitatzweck im Sinne des § 51 Nr. 2 UrhG

a) Zitatrecht und Dokumentationsfreiheit

Bei der Frage, in welchem Umfang die Entlehnung fremder Werke in dokumentarischen Darstellungen zulässig ist, stößt man zwangsläufig auf das Schlagwort der Dokumentations- und Informationsfreiheit und damit einhergehend auf die Forderung nach einer erweiterten Zitiermöglichkeit zu Dokumentationszwecken.[398] Begründet wird dieser Ansatz mit der besonderen Bedeutung, die Dokumentationen im gesellschaftlichen Meinungsbildungsprozess einnehmen, indem sie die Allgemeinheit über unterschiedliche Themen informieren und öffentliche Informationsinteressen befriedigen.

Allerdings ist es problematisch, Zitate zum Zwecke der Dokumentation pauschal für zulässig zu befinden, da das Schlagwort der Dokumentationsfreiheit allein zu unbestimmt ist, um zuverlässig die Grenzen der im Rahmen des § 51 Nr. 2 UrhG

---

[396] BVerfG ZUM 2000, 867, 869 – Germania 3.

[397] OLG Hamburg ZUM 1993, 35, 36; vgl. auch BGH GRUR 1987, 362, 364 – Filmzitat.

[398] Vgl. *Deutsch*, NJW 1967, 1393, 1393 ff.; *Löffler*, NJW 1980, 201, 201 ff.; Schricker-*Wild*, § 97, Rn. 23 ff.

anzuerkennenden Zitatzwecke aufzuzeigen. Im herkömmlichen Sinne bezeichnet der Begriff der „Dokumentation“ die Sammlung, Ordnung, Auswahl und Speicherung von Informationen aus Dokumenten aller Art, um sie zum Zwecke der gezielten Information schnell und treffsicher auffinden und nutzbar machen zu können.[399] Im Bereich Film beschreibt der Begriff der Dokumentation hingegen die filmische Darstellung von realen Geschehnissen und Personen mittels Quellen und Zeugnissen wie Texten, Bildern oder Film- und Tonausschnitten. Die Nutzung fremder Werke im Rahmen einer derartigen Filmdokumentation erfüllt dabei jedoch verschiedene Funktionen, die in ihrer Relevanz für die Befriedigung gesellschaftlicher Informationsbedürfnisse höchst unterschiedlich zu bewerten sind. Während etwa das Zitat zum Zwecke des argumentativen Belegs eigener Ausführungen einen vergleichsweise hohen Informationswert besitzt, gilt dies nicht für Zitate, deren Funktion in der bloßen Illustration und Ausschmückung des Films besteht.[400] Auch wenn im Ergebnis alle Zitate in Dokumentarfilmen der Information des Zuschauers über einen bestimmten Filminhalt dienen, sind die mit ihnen verfolgten Zwecke deshalb nicht in gleicher Weise schutzwürdig. Vielmehr muss das Zitat im Einzelfall daraufhin überprüft werden, ob es innerhalb der dokumentarischen Darstellung eine Funktion erfüllt, die bei einer Abwägung der beteiligten verfassungsrechtlichen Interessen als privilegierungswürdig erscheint. Dabei spricht das Postulat der Dokumentationsfreiheit unterschiedliche Voraussetzungen der Zitierfreiheit an: So geht es nicht nur um die Frage, zu welchem Zweck zitiert werden darf, sondern auch darum, ob in Dokumentationen über den Wortlaut des § 51 Nr. 2 UrhG hinausgehend ganze bzw. bislang unveröffentlichte Werke angeführt werden dürfen[401].

Da sich an den Begriff der „Dokumentation“ keine stichhaltigen Aussagen bezüglich der Zulässigkeit von Zitaten knüpfen lassen, besteht die Notwendigkeit, nach der jeweiligen Funktion und Bedeutung des Zitats für das dokumentarische Anliegen zu differenzieren. Daher werden in den folgenden Ausführungen einige im dokumentarischen Bereich besonders relevante Beweggründe für ein Anführen fremder Werke daraufhin untersucht, ob sie grundsätzlich als zulässige Zitatzwecke im Sinne des § 51 Nr. 2 UrhG anerkannt werden können, d.h. ob sie geeignet sind, im verfassungsrechtlichen Abwägungsprozess überwiegende Interessen des Zitierenden bzw. der Allgemeinheit an einer Entlehnung zu begründen. Sie zusammen – sowie die Auslegung der sonstigen Tatbestandsmerkmale des § 51 UrhG – beschreiben im Ergebnis den Umfang und die Grenzen der Dokumentationsfreiheit.

---

[399] *Brockhaus*-Enzyklopädie, Bd. 5, S. 586; *Meyers* Enzyklopädisches Lexikon, Bd. 7, S. 45 f.
[400] Vgl. zu diesen Zitatzwecken im Folgenden unter 3. Teil B II 3 b aa.
[401] S. hierzu unten unter 3. Teil B III und 3. Teil B V.

b) Inhaltliche Ausprägungen des Dokumentationszwecks

aa) Die Illustration des Filminhalts als Zitatzweck

Die Bedeutung, die eine Bebilderung des Filmstoffes im dokumentarischen Film und Fernsehen einnimmt, wirft die Frage auf, ob die Illustration des Filminhalts als zulässiger Zitatzweck im Sinne des § 51 UrhG angesehen werden kann. Dabei ist bedeutsam, dass im Falle der Illustration zwischen zitierendem und zitiertem Werk nur insofern ein Zusammenhang besteht, als das fremde Werk eine tatsächliche Aussage des Films visuell oder akustisch aufgreift und untermalt. Wird in einem Fernsehbeitrag z.B. über den Besuch eines Staatsoberhauptes berichtet und die betreffende Filmsequenz mit fremdem Bildmaterial unterlegt, das den Staatsmann beim Verlassen seines Flugzeuges zeigt, so stehen diese Bilder nicht in einem inneren Zusammenhang zu einem eigenen Gedankengang des Filmautors, sondern bebildern lediglich eine tatsächliche Information. Gleiches gilt, wenn über die Schenkung eines Gemäldes an eine öffentliche Sammlung berichtet und eine Abbildung des Gemäldes eingeblendet wird.[402] Wäre die Illustration von Tatsachen als zulässiger Zitatzweck anzuerkennen, so hätte dies demnach eine nahezu grenzenlose Öffnung des Zitatrechts für dokumentarische Darstellungen zur Folge. Ein bloßer Hinweis auf ein Ereignis oder eine Person würde genügen, um kostenfrei fremde Werke zur Bebilderung der Aussage anzuführen. Tatsächlich wird vereinzelt die Ansicht vertreten, dass der Zweck des Zitats auch darin liegen kann, „bei der örtlichen oder zeitlichen Schilderung der Umwelt eines Vorgangs" als bloßes „Requisit" zu dienen.[403]

Bei einer Abwägung zwischen Urheberrecht (Art. 14 GG) und den Kommunikationsgrundrechten des Art. 5 Abs. 1 GG könnte für die Zulassung einer Illustrationsfunktion als Zitatzweck sprechen, dass dokumentarische Darstellungen in besonderer Weise geeignet sind, den demokratischen Informations- und Meinungsbildungsprozess zu befördern. Gerade das Medium Fernsehen spielt aufgrund seiner Breitenwirkung eine wichtige Rolle bei der Befriedigung öffentlicher Informationsinteressen. Zugleich ist es jedoch auf die Visualisierung der behandelten Themen angewiesen, so dass die erlaubnisfreie Nutzung fremder Werke zum Zwecke der Illustration im Interesse der öffentlichen Auseinandersetzung liegen könnte. Hiergegen spricht jedoch, dass das Interesse der Gesellschaft am konkreten Filminhalt bereits durch die Aussagen des Films befriedigt wird, ohne dass der dazugehörigen Bebilderung weitergehende Informationen zu

---

[402] Vgl. hierzu BGHZ 85, 1, 11 – Presseberichterstattung und Kunstwerkwiedergabe.

[403] Vgl. *Krause-Ablaß*, GRUR 1962, 231, 231 f., wonach in einem Fernsehspiel über den Lebensweg eines Filmkünstlers das Anführen von Zitaten aus dessen Filmen nicht nur zum Beleg für eigene Aussagen, sondern auch zur Illustration des Fernsehspiels zulässig sein soll. A.A. *Schulz*, ZUM 1998, 221, 226, wonach in einem Beitrag über einen Schauspieler der bloße Hinweis auf dessen Mitwirken in einem Film es nicht rechtfertigt, kostenfrei Ausschnitte aus dem betreffenden Film zu zitieren; Fromm/Nordemann-*Vinck*, § 51, Rn. 7.

entnehmen sind. Zwar fördert die Illustration die visuelle Vermittlung der tatsächlichen Aussagen und befriedigt die „Sehbedürfnisse" des Zuschauers, sie enthält jedoch keinen hierüber hinausgehenden eigenständigen Informationswert, an dem ein berechtigtes Informationsinteresse der Allgemeinheit bestehen könnte. Da das illustrierende Werk nicht in einem unmittelbaren Zusammenhang zu einem individuellen Gedankengang des zitierenden Werkes steht, fehlt es vielmehr an der erforderlichen inneren Verbindung zwischen zitierendem und zitiertem Werk.[404] Erst recht unzulässig sind demnach Zitate, die lediglich der Auflockerung eines Beitrages[405] oder ausschließlich Schmuckzwecken[406] dienen. Verfolgt das Zitat jedoch überwiegend einen zulässigen Zitatzweck, so ist es unschädlich, wenn das Zitat zugleich auch eine Illustrations- und Schmuckfunktion erfüllt[407] bzw. als „Aufmacher" oder Blickfang genutzt wird.[408]
Auch der Gesichtspunkt der Kunstfreiheit gemäß Art. 5 Abs. 3 GG kann die Zulässigkeit von Zitaten, die ausschließlich der Illustration des zitierenden Werkes dienen, regelmäßig nicht begründen. Denn dies würde entsprechend den Ausführungen im „Germania 3" – Beschluss des BVerfG voraussetzen, dass das Zitat als solches Gegenstand und Gestaltungsmittel einer eigenständigen künstlerischen Aussage ist[409], was bei reinen Illustrationen zumeist nicht der Fall sein wird[410].

bb) Zitat zum Zwecke des Belegs eigener Ausführungen

Die sich bei einer Abwägung der Grundrechte aus Art. 14 GG und Art. 5 Abs. 1 GG ergebende Voraussetzung eines spezifischen Informationszwecks ist bei Zitaten mit einer Belegfunktion demgegenüber erfüllt. Wie zuvor ausgeführt, dient ein Zitat als Beleg, wenn es die Richtigkeit der eigenen Darlegungen bekräftigt, insbesondere wenn es zur Bestimmung und Stütze des eigenen Standpunktes

---

[404] OLG Hamburg ZUM 1993, 35, 36, 41; LG Berlin GRUR 1978, 108, 110 – Terroristenbild; *Schulz*, ZUM 1998, 221, 226 f., 229. Im Ergebnis: Dreier/Schulze-*Dreier*, § 51, Rn. 4, 11; Dreyer/Kotthoff/Meckel-*Dreyer*, § 51, Rn. 20. Nach Schricker-*Schricker*, § 51, Rn. 17, und Loewenheim-*Götting*, § 31, Rn. 131, kann das Zitat auch neutral eingesetzt werden, um eine referierende Darstellung zu belegen. Soweit hiervon auch ein bloßes Illustrieren im beschriebenen Sinne erfasst sein soll, ist diese Ansicht abzulehnen.
[405] LG München I AfP 1984, 118, 119.
[406] BGHZ 50, 147, 151 – Kandinsky; LG Stuttgart ZUM 2003, 156, 158; OLG Hamburg ZUM 1993, 35, 36; OLG Hamburg ZUM-RD 2003, 337, 345; Schricker-*Schricker*, § 51, Rn. 17; Dreier/Schulze-*Dreier*, § 51, Rn. 4; Wandtke/Bullinger-*Lüft*, § 51, Rn. 2; Fromm/Nordemann-*Vinck*, § 51, Rn. 4; Möhring/Nicolini-*Waldenberger*, § 51, Rn. 5.
[407] BGHZ 50, 147, 151 – Kandinsky; Wandtke/Bullinger-*Lüft*, § 51, Rn. 4; Schricker-*Schricker*, § 51, Rn. 17; Fromm/Nordemann-*Vinck*, § 51, Rn. 4.
[408] OLG Frankfurt AfP 1989, 553, 555; LG Frankfurt a. M. AfP 1995, 687, 688; Schricker-*Schricker*, § 51, Rn. 17; *Homann*, Praxishandbuch Filmrecht, S. 174 f.; *Schulz*, ZUM 1998, 221, 227.
[409] BVerfG ZUM 2000, 867, 869 – Germania 3; vgl. oben unter 3. Teil B II 2 b.
[410] Vgl. auch OLG Hamburg ZUM-RD 2003, 337, 345; OLG München ZUM 2003, 571, 575.

herangezogen wird, wobei die Bezugnahme auch zum Zwecke der kritischen Auseinandersetzung mit dem zitierten Werk erfolgen kann. Der selbstständige Informationswert des Belegzitates besteht darin, dass es als Hilfsmittel zum besseren Verständnis eines eigenen Gedankenganges des Zitierenden beiträgt. Hierdurch wird eine innere Verbindung zwischen dem Zitat und einer eigenständigen gedanklichen Leistung des Zitierenden hergestellt.[411]

Auch für dokumentarische Darstellungen haben Zitate zum Zwecke des Beleges eigener Ausführungen eine große Bedeutung.[412] So kann etwa eine Fernsehdokumentation über die Entwicklung des Tonfilms nur sinnvoll gestaltet werden, wenn Aussagen über die einzelnen Entwicklungsstufen durch entsprechende Filmdokumente belegt werden.[413] Wird in einem Beitrag eines Fernsehmagazins die These aufgestellt, dass die Berichterstattung einer Zeitschrift einer terroristischen Vereinigung ein Forum gegeben hat, so kann auch diese Aussage nur durch entsprechendes Bildmaterial aus der Zeitschrift dargelegt und erläutert werden.[414] Demgegenüber fehlt es beispielsweise an einer Belegfunktion des Zitats, wenn eine Videodokumentation über die Jahre 1942 bis 1952 mit musikalischen Werken unterlegt wird, die lediglich wegen ihrer assoziativen Wirkung, als schmückendes Beiwerk, zur Untermalung oder als dramaturgisches Mittel ausgewählt und eingespielt worden sind.[415] Unschädlich ist es hingegen, wenn das Zitat nicht der sachlichen Berichterstattung, sondern primär Unterhaltungszwecken dient. So kann im Rahmen einer parodistischen Sendung aufgrund des § 51 Nr. 2 UrhG die Einblendung von Ausschnitten eines Fernsehbeitrages als Beleg des Abseitigen oder Absurden dieses Beitrages zulässig sein.[416]

cc) Zitate zur Veranschaulichung bzw. als Ausgangspunkt und Erörterungsgrundlage für eigene Gedanken und sogenanntes Motto-Zitat

Neben dem Begriff des Beleges finden sich in der Rechtsprechung und im Schrifttum auch andere Ansätze zur begrifflichen Konkretisierung der zulässigen Zitatzwecke eines Kleinzitats. In seiner „Verkehrskinderlied“ – Entscheidung, in der die Übernahme einer Strophe eines Verkehrskinderliedes in einen Zeitungsbericht über eine Verkehrserziehungswoche zu beurteilen war, stellte

---

[411] Vgl. bereits oben unter 3. Teil B II 1 b.

[412] *Schulz*, ZUM 1998, 221, 226; vgl. etwa die Beispiele bei *Krause-Ablaß*, GRUR 1962, 231, 232.

[413] BGH GRUR 1987, 362, 362 ff. – Filmzitat; vgl. auch die Entscheidung des LG Berlin GRUR 1962, 207, 209 f. – Maifeiern, in der die Übernahme von Wochenschauaufnahmen in eine Fernsehsendung über die geschichtliche Entwicklung des 1. Mai als wissenschaftliches Zitat für zulässig befunden worden ist.

[414] LG Berlin GRUR 1978, 108, 110 – Terroristenbild. Vgl. weitere Beispielen in: OLG Frankfurt AfP 1989, 553, 553 ff.; LG Frankfurt a. M. AfP 1995, 687, 688.

[415] OLG Hamburg ZUM 1993, 35, 36.

[416] AG Köln ZUM 2003, 77, 78 – TV Total.

der BGH fest: „Andere sollen durch das Zitieren lediglich in die Lage versetzt werden, Entlehnungen als Hilfsmittel der eigenen Darstellung zu benutzen, sei es, dass sie das fremde Werk kritisch beleuchten, sei es, dass sie es als Ausgangspunkt und insbesondere zur Bekräftigung und Erläuterung des eigenen Gedankenganges auswerten, sei es schließlich auch, dass sie es in Gestalt von Leseproben zur Veranschaulichung eines selbständigen Berichts verwenden wollen."[417] Hiernach kann das Zitat also auch zur „Veranschaulichung“[418] oder als „Ausgangspunkt“[419] eines eigenen Gedankenganges dienen. Ähnlich heißt es in der Rechtsprechung und Literatur, dass Zitate als Hilfsmittel zum Verständnis der eigenen Darstellung[420] bzw. als „Erörterungsgrundlage“ für selbstständige bzw. eigene Ausführungen zulässig sind[421].

(1) Zitat zum Zwecke der Veranschaulichung eigener Gedanken

Ebenso wie das Belegzitat trägt auch das der Veranschaulichung eigener Gedanken dienende Zitat zur Informationsvermittlung bei, da es zu einer Verdeutlichung und damit in gewisser Weise auch zur Vertiefung des Gesagten führt. Im Unterschied zur Illustration, deren Bezug zum zitierenden Werk lediglich in einer Bebilderung oder Untermalung von Aussagen besteht, enthält das veranschaulichende Zitat gegenüber der bloßen Information ein „Mehr“ an Mitteilung. Das fremde Werk „passt“ nicht nur optisch oder akustisch, sondern es wird durch seine verständnisfördernde Funktion Hilfsmittel und Bestandteil der eigenen Aussage.[422] Wird in einer Dokumentation etwa der Redestil eines Politikers analysiert[423], so dienen entsprechende Textauszüge nicht nur dazu, bereits getroffene Aussagen zu untermalen und zu illustrieren. Vielmehr ist der Rückgriff auf charakteristische Ausschnitte aus den Reden unerlässlich, um die getroffenen Aussagen durch Anschauungsbeispiele dem Verständnis des Zuschauers zu erschließen. Insofern haben die durch Art. 14 GG geschützten urheberrechtlichen Verwertungsinteressen gegenüber dem Interesse, einen im zitierenden

[417] BGHZ 28, 234, 240 – Verkehrskinderlied.
[418] BGH GRUR 1986, 59, 60 – Geistchristentum; OLG Hamburg ZUM-RD 2003, 337, 344; Schricker-*Schricker*, § 51, Rn. 17; s. zum Großzitat auch RGZ 130, 196, 199 f. – Codex aureus.
[419] BGH GRUR 1986, 59, 60 – Geistchristentum; KG GRUR-RR 2002, 313, 315; OLG Hamburg ZUM-RD 2003, 337, 344.
[420] BGH GRUR 1994, 800, 803 – Museumskatalog; KG GRUR-RR 2002, 313, 315; OLG Hamburg ZUM-RD 2003, 337, 344; vgl. auch Schricker-*Schricker*, § 51, Rn. 17; Fromm/Nordemann-*Vinck*, § 51, Rn. 4.
[421] BGH ZUM 1985, 435, 436 – Liedtextwiedergabe I; OLG Hamburg GRUR 1993, 666, 667 – Altersfoto; OLG Köln GRUR 1994, 47, 48 – Filmausschnitt; OLG Hamburg ZUM-RD 2003, 337, 344; LG Hamburg AfP 1997, 942, 943; Schricker-*Schricker*, § 51, Rn. 16; Wandtke/Bullinger-*Lüft*, § 51, Rn. 2; Loewenheim-*Götting*, § 31, Rn. 131.
[422] OLG Hamburg ZUM 1993, 35, 36 f.
[423] Vgl. zu diesem und weiteren Beispielen *Krause-Ablaß*, GRUR 1962, 231, 232.

Werk enthaltenen Gedankeninhalt durch den Rückgriff auf das fremde Werk zu veranschaulichen, vorbehaltlich der sonstigen Voraussetzungen des § 51 Nr. 2 UrhG zurückzustehen. Dabei ist die Grenze sowohl zur Belegfunktion als auch zur Inhaltserläuterungsfunktion im Sinne des § 51 Nr. 1 UrhG, die nach dem RG darin besteht, den im zitierenden Werk „offenbarten Gedankeninhalt aufzuhellen, zu veranschaulichen, dem Verständnis zu erschließen", fließend. Möglicher Ansatzpunkt für eine Unterscheidung könnte sein, dass der Beleg die Funktion eines Beweises für die Richtigkeit eigener Ausführungen haben kann, während ein Zitat zur Veranschaulichung und Aufhellung weniger der argumentativen Stütze einer Auffassung, sondern eher der Verständnisförderung dient. Eine trennscharfe Abgrenzung ist im Rahmen des inhaltlich offenen Zitatzwecks gemäß § 51 Nr. 2 UrhG jedoch entbehrlich, denn gemeinsamer Bezugspunkt des Belegs, der Inhaltserläuterung und der Veranschaulichung ist stets eine eigene gedankliche Leistung des Zitierenden. Diese stellt jeweils eine innere Verbindung zwischen zitierendem und zitiertem Werk her.

Liegt die Funktion des Zitats in der Veranschaulichung und Aufhellung eigener Gedanken, so dient es primär der Informationsvermittlung und nicht als Mittel künstlerischer Gestaltung und künstlerischen Ausdrucks. Insofern ergeben sich keine weitergehenden Aspekte im Hinblick auf die Kunstfreiheit.

(2) Zitat als Ausgangspunkt und Erörterungsgrundlage für eigene Gedanken

Daneben werden Entlehnungen für zulässig befunden, bei denen ein fremdes Werk als Ausgangspunkt[424] bzw. Erörterungsgrundlage[425] für eigene Gedanken dient. Hiernach kann ein Zitat also auch beigezogen werden, um darauf aufbauend weiterführende Gedanken zu entwickeln.[426] Ob die Wiedergabe eines fremden Werkes zu dem Zweck, den Ausgangspunkt eigener Gedanken darzustellen, im Hinblick auf die Grundrechte des Art. 5 Abs. 1 GG als zulässig bewertet werden kann, hängt wiederum davon ab, inwieweit das Zitat der Befriedigung öffentlicher Informationsinteressen sowie der freien geistigen Auseinandersetzung dient und ob insofern eine Einschränkung der wirtschaftlichen Nutzungsbefugnisse des Urhebers gerechtfertigt erscheint. Gegen die Annahme eines berechtigten Informationsbedürfnisses könnte sprechen, dass der Zitierende in der Regel seine Gedanken darstellen kann, ohne dabei zwingend den Ausgangs-

---

[424] BGHZ 28, 234, 240 – Verkehrskinderlied; vgl. auch BGH GRUR 1986, 59, 60 – Geistchristentum; KG GRUR-RR 2002, 313, 315; OLG Hamburg GRUR 1970, 38, 39 – Heintje; OLG Hamburg ZUM-RD 2003, 337, 344.

[425] BGH ZUM 1985, 435, 436 – Liedtextwiedergabe I; dem folgend: OLG Hamburg GRUR 1993, 666, 667 – Altersfoto; OLG Köln GRUR 1994, 47, 48 – Filmausschnitt; OLG Hamburg ZUM-RD 2003, 337, 344; LG Hamburg AfP 1997, 942, 943; Schricker-*Schricker*, § 51, Rn. 16; Wandtke/Bullinger-*Lüft*, § 51, Rn. 2; Loewenheim-*Götting*, § 31, Rn. 131.

[426] OLG Hamburg GRUR 1970, 38, 39 – Heintje; Schricker-*Schricker*, § 51, Rn. 17.

punkt bzw. die Erörterungsgrundlage der eigenen Ausführungen mitteilen zu müssen. Dem ist jedoch entgegenzuhalten, dass die Erörterungsgrundlage eines Gedankenganges stets einen über den eigentlichen Gedanken hinausgehenden Informationsgehalt besitzt, an dessen Mitteilung ein berechtigtes Informationsinteresse der Öffentlichkeit bestehen kann. So wird dem Rezipienten durch die Mitteilung der Erörterungsgrundlage beispielsweise der Ursprung, Kontext und die Chronologie des Gedankengangs offenbart. Dieses zusätzliche Wissen kann für das Verständnis der Aussage des Zitierenden bzw. das vollständige Erfassen des Aussagegehalts unerlässlich sein, jedenfalls aber zur Verständnisförderung beitragen. In dem wechselseitigen Bezug von gedanklichem Ausgangspunkt und den darauf beruhenden Ausführungen besteht die für den Zitatzweck notwendige innere Verbindung zwischen zitierendem und zitiertem Werk. Zulässig sind allerdings nur Zitate, die diese innere Verbindung herstellen und ersichtlich machen.

(3) Zitat als Motto

Ebenfalls als Ausgangspunkt für eigene Erwägungen des Zitierenden kann ein sogenanntes „Motto-Zitat" dienen. Hierbei handelt es sich um ein den Ausführungen des Zitierenden vorangestelltes Zitat, das quasi als Leitspruch Inhalt und Absicht der nachfolgenden Ausführungen kennzeichnet. Auch wenn das Motto-Zitat vorwiegend bei Sprachwerken gebräuchlich ist, ist seine Verwendung im Bereich Film durchaus denkbar. In einer Dokumentation über eine bestimmte Zeitepoche könnte z.B. ein Ausschnitt aus einem zeitgenössischen Gedicht, das den Zeitraum besonders charakterisiert, als Motto eingeblendet werden. In der Literatur wird die Zulässigkeit von Motto-Zitaten unter der Voraussetzung bejaht, dass das Zitat die Nutzung des zitierten Werkes nicht in unzumutbarer Weise beeinträchtigt[427] bzw. dass der Zitierende keine missbräuchlichen Entlehnungsmotive verfolgt, wie z.B. sich eigene Arbeit zu ersparen oder sich an einen fremden Erfolg anzuhängen[428]. Im Kern kommt es wiederum darauf an, ob das Ergebnis einer Güter- und Interessenabwägung für die Zulässigkeit des Motto-Zitates spricht, insbesondere ob es der Informationsvermittlung bzw. als Mittel künstlerischer Gestaltung dient.

Entsprechend den vorstehenden Ausführungen ist ein Motto-Zitat jedenfalls dann zulässig, wenn es zu den nachfolgenden Ausführungen einen inhaltlichen Bezug aufweist, etwa indem es als Beleg oder Ausgangspunkt für eigene Ge-

---

[427] Schricker-*Schricker*, § 51, Rn. 17; *Brauns*, Die Entlehnungsfreiheit im Urheberrechtsgesetz, S. 126, 129 f.; vgl. auch Loewenheim-*Götting*, § 31, Rn. 145; Dreier/Schulze-*Dreier*, § 51, Rn. 15.

[428] *Brauns*, Die Entlehnungsfreiheit im Urheberrechtsgesetz, S. 126. Nach Möhring/Nicolini-*Waldenberger*, § 51, Rn. 14, kann auch eine Inhaltserläuterung gemäß § 51 Nr. 1 UrhG stattfinden, indem das Zitat als Motto vorangestellt wird.

danken fungiert. Dabei kann sich die innere Verbindung der zitierten Stelle zu den Gedanken des Zitierenden auch aus dem Zusammenhang erschließen, ohne ausdrücklich in Worte gefasst zu werden.[429] Soll z.B. in einer Dokumentation die politische Haltung einer Persönlichkeit anhand ihrer Äußerungen nachgewiesen werden, so kann ein als Beleg dienender Ausspruch der Person den eigenen Ausführungen als Motto vorangestellt werden.[430] Problematisch sind jedoch Motto-Zitate im eigentlichen Sinne, bei denen die eigenen Ausführungen keinen konkreten Werkbezug zum zitierten Werk aufweisen, sondern lediglich ein thematischer Bezug gegeben ist.[431] Wägt man hier die Interessen des Urhebers mit dem Informationsbedürfnis der Allgemeinheit ab, so erweist sich das Motto-Zitat als unzulässig. Für die Darstellung der Gedanken des Zitierenden und damit für die Informationsvermittlung ist das vorangestellte Motto entbehrlich. Es enthält keinerlei Informationen, die für das Verständnis des zitierenden Werkes förderlich sind, vielmehr wird das Zitat als reines Stilmittel eingesetzt.[432] Der Gebrauch derartiger Stilmittel mag zwar im Interesse des Zitierenden liegen, jedoch bestehen an ihrem Einsatz keine berechtigten Informationsinteressen der Öffentlichkeit, die einen Eingriff in fremde Urheberrechte rechtfertigen könnten.[433]

Allerdings ist bei der Auslegung und Anwendung des § 51 Nr. 2 UrhG das gemäß Art. 5 Abs. 3 GG geschützte Interesse an einer freien künstlerischen Betätigung zu berücksichtigen. Insofern kann sich eine weitergehende Zulässigkeit von Motto-Zitaten ergeben, jedenfalls dann, wenn es sich um einen geringfügigen Eingriff in ein fremdes Urheberrecht ohne die Gefahr merklicher wirtschaftlicher Nachteile (z.B. Absatzrückgänge) handelt.[434]

Grundsätzlich können auch Dokumentarfilme als Kunst im Sinne des Art. 5 Abs. 3 GG anzusehen sein, wenn sie eine subjektiv-künstlerische Prägung aufweisen. Der offene Kunstbegriff setzt insoweit voraus, dass der Film über eine rein empirische Berichterstattung und bloße Tatsachenmitteilung hinausgeht und einen für unterschiedliche Deutungen und Interpretationen offenen Sinn vermittelt.[435] Erfüllt ein Film diese Voraussetzungen, ist ein als Motto angeführtes fremdes Werk jedoch nicht automatisch als ein gemäß § 51 Nr. 2 UrhG zulässiges künstlerisches Stilzitat zu bewerten.[436] Vielmehr muss das Zitat nach der Rechtsprechung des BVerfG eine künstlerische Bedeutung haben.[437] Dabei muss

---

[429] OLG Hamburg ZUM 1993, 35, 37.
[430] Möhring/Nicolini-*Waldenberger*, § 51, Rn. 14; vgl. auch LG Frankfurt a. M. AfP 1995, 687, 688; KG GRUR-RR 2002, 313, 315.
[431] *Brauns*, Die Entlehnungsfreiheit im Urheberrechtsgesetz, S. 120.
[432] *Brauns*, Die Entlehnungsfreiheit im Urheberrechtsgesetz, S. 121.
[433] Im Ergebnis *Brauns*, Die Entlehnungsfreiheit im Urheberrechtsgesetz, S. 122.
[434] BVerfG ZUM 2000, 867, 869 – Germania 3.
[435] Vgl. oben unter 2. Teil B.
[436] Vgl. auch *Seifert*, FS Erdmann, S. 195, 204.
[437] BVerfG ZUM 2000, 867, 870 – Germania 3.

sich der Künstler nicht mit dem fremden Werk „auseinander setzen", maßgeblich ist vielmehr, dass sich das fremde Werk funktional in die künstlerische Gestaltung und Intention seines (Film-) Kunstwerkes einfügt und damit als integraler Bestandteil einer eigenständigen künstlerischen Aussage erscheint.[438] Ist das Motto-Zitat hingegen ausschließlich dem Bereich der Tatsachenmitteilung und Meinungsäußerung zuzuordnen, etwa indem sich der Filmautor mit dem Zitat auf eine Autorität beruft, die sich schlagwortartig im gleichen Sinne zu der behandelten Thematik geäußert hat, so ist das Zitat nicht durch die Kunstfreiheit privilegiert.[439] Die Zulässigkeit derartiger Zitate ist vielmehr anhand der oben beschriebenen Interessenabwägung zwischen Kommunikationsgrundrechten und Eigentumsgarantie zu bestimmen.[440]

dd) Schaffung einer bestimmten Atmosphäre oder Stimmung als Zitatzweck

Häufig dient die Nutzung fremder Werke im Film dazu, eine bestimmte Stimmung oder Atmosphäre zu schaffen, z.B. durch die Einblendung von Musik. Ferner kann von der assoziativen Wirkung eines fremden Werkes Gebrauch gemacht werden, indem der Zitierende eine bestimmte Stimmung, die der Rezipient stereotyp mit der Werkstelle verbindet, durch das Zitat in sein eigenes Werk überträgt. Durch das Zitat der „Marseillaise" etwa kann der atmosphärische Bezug des Werkes in örtlicher (Frankreich) und zeitlicher (französische Revolution) Hinsicht genutzt werden.[441] Während einige Stimmen in der Literatur Zitate zu dem Zweck, eine bestimmte Stimmung zu schaffen, pauschal für zulässig befinden[442], ist richtigerweise auch die Zulässigkeit des „Stimmungs-Zitats" anhand einer Abwägung der beteiligten verfassungsrechtlichen Interessen, namentlich Art. 5 Abs. 1 und 3 GG sowie Art. 14 GG zu beurteilen. Auf diese Weise kann den unterschiedlichen Funktionen Rechnung getragen werden,

---

[438] BVerfG ZUM 2000, 867, 869 f. – Germania 3.

[439] Vgl. auch OLG Hamburg ZUM-RD 2003, 337, 345, wonach die Grundsätze der „Germania 3" – Entscheidung des BVerfG nicht ausnahmslos für alle der Pressefreiheit unterliegenden journalistischen Erzeugnisse Geltung beanspruchen können, selbst wenn sie als Werke der Literatur nach § 2 Abs. 1 Nr. 1 UrhG geschützt sind. Vielmehr sei die Bedeutung der Entscheidung auf den Kernbereich des Art. 5 Abs. 3 S. 1 GG beschränkt. S. auch OLG München ZUM 2003, 571, 575.

[440] Vgl. OLG Hamburg ZUM 1993, 35, 41, wonach die Einspielung des Liedes „Auf Regen folgt Sonne" in einer Dokumentation über das Jahr 1951 in Deutschland als Motto geeignet sein soll, die Zulässigkeit des Zitats jedoch abzulehnen sei, da es für das Verständnis des Dargebotenen nicht erforderlich sei und daher reine Illustration bleibe. Eine weitergehende Zulässigkeit von Motto-Zitaten befürworten wohl *Brauns*, Die Entlehnungsfreiheit im Urheberrechtsgesetz, S. 120 ff., und Schricker-*Schricker*, § 51, Rn. 17.

[441] *Krause-Ablaß*, GRUR 1962, 231, 231 (Fn. 5); Möhring/Nicolini-*Waldenberger*, § 51, Rn. 5.

[442] Schricker-*Schricker*, § 51, Rn. 17; Möhring/Nicolini-*Waldenberger*, § 51, Rn. 5, 22; Dreier/Schulze-*Dreier*, § 51, Rn. 15; *Krause-Ablaß*, GRUR 1962, 231, 231 (Fn. 5).

die das Stimmungszitat im Rahmen des zitierenden Werkes einnehmen kann und zwischen denen es zu differenzieren gilt.

Unproblematisch zulässig ist das Zitat, wenn es primär einen der zuvor beschriebenen zulässigen Zitatzwecke (z.B. einen Belegzweck) verfolgt und infolge des Zitats nur als untergeordneter Nebeneffekt eine bestimmte Stimmung eintritt.[443] Weist das zitierte Werk hingegen keinerlei inhaltlichen Bezug zu dem zitierenden Werk auf, etwa wenn Musik in einem Film lediglich zur musikalischen Untermalung eingespielt wird[444], so ist der Rückgriff auf das fremde Werk zu dem Zweck, eine bestimmte Stimmung oder Atmosphäre zu schaffen, grundsätzlich unzulässig. Denn in diesem Fall enthält das zitierte Werk keinen Informationswert, an dessen Mitteilung der Betrachter ein berechtigtes, d.h. durch Art. 5 Abs. 1 GG geschütztes Informationsinteresse haben könnte.

Gleiches gilt, wenn das Zitat zwar einen thematischen Bezug zu den Gedanken des Zitierenden aufweist, indem es eine sich aus dem Gesagten ergebende Stimmung unterstreicht, jedoch keine hierüber hinausgehende, das Verständnis des Rezipienten fördernde Mitteilung enthält. Wird in einer historischen Dokumentation z.B. ein Lied eingespielt, dass als Kennzeichen bzw. Symbol für die betreffende Epoche steht, so fügt es sich in die Darstellung ein, enthält jedoch keinen weiteren Informationswert. Es „passt" eben nur, wie eine gut gewählte Illustration zu einer Erzählung.[445] Das „Stimmungs-Zitat" entspringt der Notwendigkeit einer optischen und akustischen Umsetzung des Filmstoffes, weitergehende Aussagen und Informationen sind ihm jedoch nicht zu entnehmen. Da das Interesse der Gesellschaft an einer bestimmten Information bereits vollständig ohne das Zitat befriedigt wird bzw. befriedigt werden kann, ist ein Eingriff in das fremde Urheberrecht daher ebenfalls unzulässig.

Allerdings ist ein Zitat, das darauf zielt, ohne Belegfunktion eine bestimmte Stimmung oder assoziative Wirkung zu erzeugen, nicht per se als unzulässig abzulehnen.[446] Vielmehr kann eine Abwägung mit der durch Art. 5 Abs. 3 GG garantierten Kunstfreiheit ergeben, dass die wirtschaftlichen Interessen des Urhebers zugunsten der Zitierfreiheit zurückzutreten haben, sofern das Zitat im Rahmen einer eigenständigen künstlerischen Gestaltung als Mittel künstlerischen Ausdrucks gebraucht wird.[447] Im Bereich der „Stimmungs-Zitate" ist dabei vor allem an das künstlerische Stilmittel des Kontrastes zu denken, das im

[443] Vgl. auch Wandtke/Bullinger-*Lüft*, § 51, Rn. 4.
[444] OLG Hamburg ZUM 1993, 35, 36.
[445] OLG Hamburg ZUM 1993, 35, 36.
[446] So aber wohl OLG Hamburg ZUM 1993, 35, 35 ff. Hiergegen: *Brauns*, Die Entlehnungsfreiheit im Urheberrechtsgesetz, S. 121 ff., 131; Schricker-*Wild*, § 97, Rn. 23.
[447] Vgl. oben unter 3. Teil B II 2 b.

Einzelfall Zitate zu rechtfertigen vermag[448]. So kann durch ein Zitat, das im Kontrast zum Filminhalt bzw. der Stimmung des Films steht, ein für vielfältige Interpretationen und Deutungen offener Sinn des Filmes vermittelt werden. Dementsprechend erkannte auch das OLG Hamburg[449] an, dass ein in einem Dokumentarfilm zitiertes Lied seinen Charakter als schmückendes Beiwerk und Untermalung verlieren kann, wenn es durch die Filmbilder „optisch gegen den Strich interpretiert" wird. Die Feststellung des Gerichts, dass es sich damit nicht notwendig um ein zulässiges Zitat handelt, ist insoweit zutreffend, als der Einsatz des Liedes zur Erzielung einer Kontrastwirkung ohne inhaltlichen Bezug zu den Gedanken des Zitierenden unter dem Gesichtspunkt der Kommunikationsgrundrechte nicht schutzwürdig ist. Sofern der Dokumentarfilm jedoch Kunstwerkqualität besitzt – wozu sich dem Urteil keine Ausführungen entnehmen lassen –, könnte die Einblendung des Liedes als künstlerisches Stilzitat zulässig sein, wenn es als Mittel künstlerischen Ausdrucks und künstlerischer Gestaltung eingesetzt worden ist. Die an anderer Stelle des Urteils getroffene Aussage, dass ein Zitat mangels Belegfunktion unzulässig sei, wenn es lediglich eine Wirkung erzielen soll, die sich aus dem Kontrast zum Dargestellten speist[450], ist daher zu kurz gegriffen.[451]

ee) Ersetzung eigener Ausführungen und Collage als Zitatzweck

Bei der Visualisierung von dokumentarischen Stoffen ist es häufig gerade die Ausdrucksstärke und -kraft von Originaldokumenten, durch die ein Thema fesselnd, anschaulich und eindringlich transportiert wird. Der Dokumentarfilm „Szenen einer Diktatur" von *Patricio Henríquez* beispielsweise besteht ausschließlich aus einer Aneinanderreihung von Originalfilmaufnahmen, die während der Diktatur *Pinochets* in Chile entstanden sind. Lediglich kurze Texteinblendungen informieren über Zeit, Ort und Anlass der Filmaufnahmen, weitergehende Sprecher- und Kommentartexte oder nachträglich geführte Interviews über die Thematik enthält der Film nicht. Dennoch wird ein unmittelbares, informatives und ergreifendes Bild der Unruhen im Volk und des gewaltsamen Eingreifens des Regimes gezeichnet.

Das vorstehende Beispiel zeigt, dass bei der filmischen Umsetzung eines dokumentarischen Stoffes das Bedürfnis bestehen kann, „Bilder für sich sprechen zu lassen". Hierdurch lässt sich eine Wirkung erzielen, die sich grundlegend von einer referierenden Darstellung unterscheidet. Ob dieses gestalterische Anliegen allerdings als zulässiger Zitatzweck anzuerkennen ist und einen Rückgriff auf

---

[448] Schricker-*Schricker*, § 51, Rn. 17; Dreier/Schulze-*Dreier*, § 51, Rn. 15; Loewenheim-*Götting*, § 31, Rn. 145.
[449] OLG Hamburg ZUM 1993, 35, 38.
[450] OLG Hamburg ZUM 1993, 35, 36 f.
[451] Im Ergebnis ebenso *Brauns*, Die Entlehnungsfreiheit im Urheberrechtsgesetz, S. 131.

fremde Werke rechtfertigt, erscheint problematisch. So tritt das zitierte Werk lediglich an die Stelle eigener Ausführungen des Zitierenden und weist insofern keinen unmittelbaren Bezug zu einem eigenen Gedanken des Zitierenden auf. Die in dem fremden Werk enthaltene Aussage wird quasi in den Film transportiert, so dass die eigenen Gedanken des zitierenden Werkes und die Aussage der fremden Werkstelle zunächst unabhängig nebeneinander stehen. Eine gedankliche Verknüpfung tritt erst aufgrund einer Transferleistung des Betrachters ein.[452] Die ganz überwiegende Meinung verneint aus diesem Grunde die Zulässigkeit von Zitaten, die dem Zweck dienen, eigene Ausführungen des Zitierenden zu ersetzen.[453] Allerdings gilt es auch hier zwischen den gemäß Art. 5 Abs. 1 GG geschützten Informationsinteressen der Allgemeinheit und dem Interesse des Zitierenden an einer freien künstlerischen Gestaltung (Art. 5 Abs. 3 GG) zu differenzieren.

Das gemäß Art. 5 Abs. 1 GG geschützte Interesse an einem freien gesellschaftlichen Kommunikations- und Meinungsbildungsprozess spricht für die Zulässigkeit eines Zitats, wenn es einen selbstständigen Informationsgehalt besitzt und der Befriedigung öffentlicher Informationsinteressen dient. Wird ein Zitat angeführt, um eigene Aussagen des Zitierenden zu ersetzen bzw. „Bilder für sich sprechen zu lassen", so erfüllt das Zitat zwar grundsätzlich einen Informationszweck, indem eine für den Film relevante Aussage überhaupt erst durch das zitierte Werk getroffen wird. Jedoch kann diese Zwecksetzung nicht als „zitatspezifisch" angesehen werden, da das angeführte Werk keine innere Verbindung zu den Gedanken des zitierenden Werks aufweist, sondern dieses lediglich ergänzt. Zu diesem Zweck einen Eingriff in das gemäß Art. 14 GG geschützte fremde Urheberrecht zuzulassen, verbietet jedoch der Grundsatz der Verhältnismäßigkeit. So kann der Gesichtspunkt der Kommunikationsfreiheit einen Zugriff auf fremde Werke nicht rechtfertigen, wenn die freie Meinungsäußerung und Informationsvermittlung angesichts der Vielfalt von Ausdrucksformen auf die Nutzung eigentumsrechtlich geschützter Werksubstanz gar nicht angewiesen ist.[454] Dies ist jedoch regelmäßig der Fall, wenn das fremde Werk lediglich eigene Ausführungen des Zitierenden ersetzen soll. So können beispielsweise tatsächliche Geschehnisse nachträglich durch Augen- und Zeitzeugen geschildert werden und das Interesse der Allgemeinheit an einem bestimmten Werk kann fast immer durch eine Wiedergabe der hierin enthaltenen Gedanken, Lehren und Theorien befriedigt werden. Behandelt ein Beitrag etwa einen Briefwechsel zwischen zwei Persönlichkeiten, so kann der Inhalt der Briefe – vorbehaltlich persönlich-

---

[452] OLG Hamburg ZUM 1993, 35, 37, 41.

[453] KG GRUR 1970, 616, 618 – Eintänzer; OLG Köln GRUR 1994, 47, 48 – Filmausschnitt; OLG Hamburg ZUM 1993, 35, 37; OLG München ZUM 1998, 417, 419; KG GRUR-RR 2002, 313, 316; Schricker-*Schricker*, § 51, Rn. 16; Dreier/Schulze-*Dreier*, § 51, Rn. 3; Wandtke/Bullinger-*Lüft*, § 51, Rn. 2; Möhring/Nicolini-*Waldenberger*, § 51, Rn. 5; Fromm/Nordemann-*Vinck*, § 51, Rn. 4; Dreyer/Kotthoff/Meckel-*Dreyer*, § 51, Rn. 20.

[454] *Brauns*, Die Entlehnungsfreiheit im Urheberrechtsgesetz, S. 122.

keitsrechtlicher Aspekte – sinngemäß mitgeteilt werden, ohne dass der urheberrechtlich geschützte Text veröffentlicht werden müsste.[455] Zwar mag eine Darstellung, die auf die Nutzung von Fremdmaterialien verzichtet, weniger unmittelbar und anschaulich sein. Jedoch ist diese Einschränkung eine Konsequenz des im Wege einer Güter- und Interessenabwägung zu findenden, verhältnismäßigen Ausgleichs zweier verfassungsrechtlich geschützter Rechtspositionen.

Eine andere Interessenlage ergibt sich jedoch bei einer Abwägung mit dem gemäß Art. 5 Abs. 3 GG geschützten Interesse an einer freien künstlerischen Betätigung. Hiernach kann das Anführen eines fremden Werkes auch dann zulässig sein, wenn es an die Stelle eigener Ausführungen des Zitierenden treten und für sich sprechen soll, sofern es sich „funktional in die künstlerische Gestaltung und Intention seines Werks einfügt und damit als integraler Bestandteil einer eigenständigen künstlerischen Aussage erscheint“[456]. Diese Voraussetzungen können beispielsweise bei der Verbindung eigener und fremder Werke in Form einer Collage gegeben sein.[457] So verhielt es sich etwa bei den in *Heiner Müllers* Theaterstück „Germania 3 Gespenster am toten Mann“ angeführten *Brecht*-Zitaten. Während das OLG München die Zitate für unzulässig hielt, weil sie lediglich eigene Ausführungen des Autors *Heiner Müller* ersetzen[458], bewertete das OLG Brandenburg die „verwendete Kunstform der Collage“ als eine zulässige künstlerische Auseinandersetzung mit dem fremden Werk. Da der Künstler die Zitate in einen bestimmten Zusammenhang stellt, verarbeitet er sie zugleich künstlerisch, indem er sie kommentiert, färbt oder in einem bestimmten Licht erscheinen lässt.[459] Das BVerfG schloss sich der Auffassung des OLG Brandenburg an, wies jedoch zugleich darauf hin, dass allein die formale Kategorie „Kollagetechnik“ über die künstlerische Bedeutung des Zitats nichts Wesentliches aussagt. Vielmehr muss anhand einer kunstspezifischen Betrachtung im Einzelfall festgestellt werden, ob das konkrete Zitat als Mittel künstlerischen Ausdrucks und künstlerischer Gestaltung anzuerkennen ist.[460]

Aus dem Vorstehenden folgt, dass allein die Aneinanderreihung fremder Werkstellen bzw. die Verbindung mit eigenen Werkstellen in einem Film mit

---

[455] Vgl. *Bornkamm*, FS Piper, S. 641, 648, 650; BGH GRUR 1987, 34, 35 – Liedtextwiedergabe I; KG NJW 1995, 3392, 3394; vgl. auch BGH GRUR 1997, 464, 466 – CB-infobank II, zu § 53 Abs. 2 Nr. 4a UrhG; KG GRUR-RR 2002, 313, 316. A.A. im Interesse einer Vermeidung von falschen oder missverständlichen Verkürzungen LG Berlin NJW 1995, 881, 882.

[456] BVerfG ZUM 2000, 867, 869 f. – Germania 3.

[457] OLG Brandenburg NJW 1997, 1162, 1163; *Brauns*, Die Entlehnungsfreiheit im Urheberrechtsgesetz, S. 127; Schricker-*Schricker*, § 51, Rn. 17; *Schulz*, ZUM 1998, 221, 227. Dreier/Schulze-*Dreier*, § 51, Rn. 24, nennt als weiteres Beispiel die „appropriation art“, d.h. die Kunstrichtung, deren Anliegen es ist, das Verständnis des Betrachters vom Bildoriginal und der Aura des Unikats durch die identische Übernahme vorbestehender Werke zu hinterfragen.

[458] OLG München ZUM 1998, 417, 419.

[459] OLG Brandenburg NJW 1997, 1162, 1163.

[460] BVerfG ZUM 2000, 867, 869 f. – Germania 3.

Kunstcharakter nicht automatisch als künstlerisch bedeutsames Stilzitat eingeordnet werden kann, selbst wenn sich hierdurch eine „collageartige Wirkung“ ergibt. Beschränkt sich die Funktion des Zitats vielmehr auf die reine Informationsvermittlung, so ist das Zitat als solches nicht Gegenstand und Gestaltungsmittel einer eigenständigen künstlerischen Aussage. Gerade im dokumentarischen Bereich sollen Bilder häufig für sich selbst sprechen, um den Rezipienten eine bestimmte Information näher zu bringen, nicht jedoch, um als Ausdrucksmittel einer interpretationsfähigen und bedeutungsoffenen künstlerischen Aussage zu fungieren. In der eingangs erwähnten Dokumentation über das *Pinochet*-Regime in Chile etwa sollen die aneinander gereihten Originalfilmausschnitte den Zuschauer vor allem über die Verhältnisse dieser Zeit informieren und bewegen sich daher auf der Ebene einer tatsächlichen Aussage. Ob die Filmmaterialien darüber hinaus als Gegenstand und Gestaltungsmittel einer eigenständigen künstlerischen Aussage zu bewerten sind, die über die tatsächlichen Informationen hinausgehend einen interpretationsfähigen und bedeutungsoffenen Sinn vermitteln, muss anhand einer kunstspezifischen Betrachtung im Einzelfall festgestellt werden. Sofern eine derartige Betrachtung eine künstlerische Bedeutung des Zitats ergibt, kann es aufgrund der vorstehenden Erwägungen gemäß § 51 Nr. 2 UrhG zulässig sein.[461] Dies gilt jedoch nur, sofern es sich um einen geringfügigen Eingriff in das fremde Urheberrecht ohne die Gefahr merklicher wirtschaftlicher Nachteile handelt, wie sie z.B. bei einer Ersetzung des Originals durch drohende Absatzrückgänge eintreten kann.[462]

ff) Öffentliche Kenntnisnahme vom Werk als Zitatzweck

Im Einzelfall mag es dem Zitierenden bei der Nutzung fremder Werksubstanz nicht darum gehen, eigene Ausführungen durch fremde Werkstellen zu belegen oder zu ersetzen, sondern vielmehr darum, das fremde Werk an sich der Öffentlichkeit zur Kenntnis zu bringen. Im Vordergrund steht also nicht die Mitteilung eigener Gedanken, vielmehr besteht die Motivation des Zitierenden darin, ein unmittelbares, unverfälschtes Bild von fremden Gedanken bzw. fremdem Werkschaffen zu vermitteln. Der Zitatzweck, das zitierte Werk um seiner selbst willen der Allgemeinheit zur Kenntnis zu bringen, wird von der h.M. als unzulässig

---

[461] Vgl. auch OLG Hamburg ZUM-RD 2003, 337, 345; OLG München ZUM 2003 571, 575. Nach *Homann*, Praxishandbuch Filmrecht, S. 56, 176, wird der reine Spiel- und Unterhaltungsfilm den im „Germania 3“ – Beschluss des BVerfG aufgestellten Anforderungen meist nicht genügen. Ausnahmen können sich seiner Ansicht nach bei experimentellen oder künstlerisch anspruchsvollen Filmen ergeben. Vgl. zum dokumentarischen Charakter von Experimentalfilmen *Roth*, Der Dokumentarfilm seit 1960, S. 188 ff.

[462] BVerfG ZUM 2000, 867, 869 – Germania 3; Schricker-*Schricker*, § 51, Rn. 17; *Brauns*, Die Entlehnungsfreiheit im Urheberrechtsgesetz, S. 126, 129 f.; Dreier/Schulze-*Dreier*, § 51, Rn. 4.

bewertet.[463] Hiergegen wenden sich einzelne Stimmen in der Literatur, die für eine erweiterte Dokumentationsfreiheit im Hinblick auf überwiegende Informationsinteressen der Allgemeinheit eintreten. So wird etwa die Zulässigkeit von politisch-historischen Dokumentationen gefordert, in denen Auszüge aus Schriftwerken bzw. kleinere Werke und Schriftstücke unter einem Leitgesichtspunkt zusammengestellt sind und die dem Leser die Möglichkeit bieten, sich anhand von Originaldokumenten über politische und geschichtliche Zusammenhänge selbst ein Urteil zu bilden.[464]

Bei der Abwägung zwischen den Informationsinteressen der Öffentlichkeit und den wirtschaftlichen Verwertungsinteressen des Urhebers ergibt sich eine ähnliche Interessenlage wie bei Zitaten, die eigene Ausführungen des Zitierenden ersetzen sollen, so dass die zuvor getroffenen Erwägungen[465] entsprechend gelten. Auch hier erfüllt das Zitat grundsätzlich einen Informationszweck, indem es der Öffentlichkeit bestimmte Werke präsentieren und sie zur Kenntnisnahme des Werkinhalts auffordern will. Allerdings kann der Zitierende die Öffentlichkeit über den Inhalt der Werke in aller Regel auch durch eine sinngemäße Wiedergabe der darin enthaltenen Gedanken und Aussagen in Kenntnis setzen, so dass eine Veröffentlichung urheberrechtlich geschützter Werkstellen entbehrlich ist.[466] Wenn aber die Informationsinteressen der Allgemeinheit auch ohne Eingriff in fremde Urheberrechte befriedigt werden können, gebietet es der Grundsatz der Verhältnismäßigkeit auf einen derartigen Eingriff zu verzichten. Auch das Anliegen, der Allgemeinheit eine unmittelbare Auseinandersetzung mit dem Originalwerk zu ermöglichen, bleibt bei einer derartigen Beschränkung der Zitierfreiheit nicht unberücksichtigt. Denn es bleibt dem Zitierenden unbenommen, Originalstellen des Werkes zum Beleg, zur Veranschaulichung oder als Erörterungsgrundlage seiner eigenen Ausführungen gemäß § 51 Nr. 2 UrhG anzuführen.[467] Auf diese Weise können auch verschiedene Werke unter einem Leitgesichtspunkt präsentiert und eigenständig behandelt werden – wie es für

---

[463] BGHZ 28, 234, 240 – Verkehrskinderlied; BGH GRUR 1986, 59, 60 – Geistchristentum; BGH GRUR 1987, 362, 364 – Filmzitat; KG GRUR-RR 2002, 313, 315; OLG Hamburg ZUM-RD 2003, 337, 344; LG Köln NJW-RR 1999, 118, 119; LG Berlin GRUR 1962, 207, 210 – Maifeiern; Schricker-*Schricker*, § 51, Rn. 16; Dreier/Schulze-*Dreier*, § 51, Rn. 3; Wandtke/Bullinger-*Lüft*, § 51, Rn. 4; Möhring/Nicolini-*Waldenberger*, § 51, Rn. 5; Fromm/Nordemann-*Vinck*, § 51, Rn. 4; *Krause-Ablaß*, GRUR 1962, 231, 231; *Löffler/Glaser*, GRUR 1958, 477, 477.

[464] *Deutsch*, NJW 1967, 1393, 1393; *Löffler*, NJW 1980, 201, 201; zustimmend Schricker-*Wild*, § 97, Rn. 23. Ablehnend: Fromm/Nordemann-*Nordemann*, Vor § 45, Rn. 3; Dreyer/Kotthoff/Meckel-*Dreyer*, § 51, Rn. 13.

[465] Vgl. oben unter 3. Teil B II 3 b ee.

[466] *Bornkamm*, FS Piper, S. 641, 648 f.

[467] *Krüger-Nieland*, GRUR Int. 1973, 289, 291.

politisch-historische Dokumentationen z.T. gefordert wird.[468] Auch wenn hierdurch nicht die Möglichkeit eröffnet wird, ein fremdes Werk unabhängig von eigenen Ausführungen darzustellen, so kann der Zitierende den Rezipienten durch einzelne Zitate doch zu einer eigenständigen Auseinandersetzung mit dem fremden Werk herausfordern.[469] Derjenige, der aufgrund der Ausführungen des Zitierenden ein weitergehendes Interesse am zitierten Werk erworben hat bzw. das Bedürfnis, sich ein eigenes und umfassendes Urteil zu bilden, kann das Originalwerk selbst heranziehen und sich mit ihm auseinander setzen.[470]

Liegt die Motivation des Zitierenden darin, der Allgemeinheit die Möglichkeit zu geben, unvoreingenommen vom Inhalt eines Werkes Kenntnis zu nehmen, so dient das Zitat primär der Berichterstattung und Informationsvermittlung und regelmäßig nicht als Mittel künstlerischen Ausdrucks und künstlerischer Gestaltung. Die Grundsätze des "Germania 3" – Beschlusses des BVerfG werden in diesem Zusammenhang daher nur selten zum Tragen kommen.

gg) Rechtfertigung eines mangels zulässigen Zitatzwecks rechtswidrigen Zitats unter dem Gesichtspunkt einer Güter- und Interessenabwägung?

Ist der mit dem Zitat verfolgte Zweck gemäß § 51 Nr. 2 UrhG unzulässig, so liegt in der Wiedergabe des fremden Werkes grundsätzlich eine rechtswidrige Urheberrechtsverletzung gemäß § 97 UrhG. Allerdings stellt sich die Frage, ob insoweit eine Rechtfertigungsmöglichkeit denkbar ist, die auf dem Prinzip einer verfassungsrechtlichen Güter- und Interessenabwägung beruht. Häufig wird ein derartiger Rechtfertigungsrund mit dem Rechtsinstitut eines sogenannten übergesetzlichen Notstandes begründet.[471] Hiernach ist eine Urheberrechtsverletzung gerechtfertigt, wenn sie zum Schutz eines höherwertigen Rechtsgutes erforderlich ist, was im Wege einer umfassenden Güter- und Interessenabwägung zu ermitteln ist.[472]

Das Rechtsinstitut des übergesetzlichen Notstandes betrifft Fallkonstellationen, in denen das Gesetz einen Eingriff in fremde Urheberrechte für rechtswidrig befindet, diese gesetzgeberische Entscheidung aufgrund der besonderen Umstände des Einzelfalles jedoch als unbillig anzusehen ist. Demnach kommt eine An-

[468] *Deutsch*, NJW 1967, 1393, 1393; vgl. zum Beispiel einer Schulbuchdokumentation *Löffler*, NJW 1980, 201, 201. Zu der Frage, ob hierbei ganze Werke zitiert werden dürfen, vgl. unten unter 3. Teil B III.
[469] OLG Hamburg ZUM 1993, 35, 39.
[470] Diese Möglichkeit besteht allerdings nicht, wenn das betreffende Werk zuvor noch gar nicht veröffentlicht worden ist. Zu der Problematik eines Zitats bislang unveröffentlichter Werke vgl. unten unter 3. Teil B V.
[471] Zum Rechtsinstitut des übergesetzlichen Notstandes vgl. unten unter 3. Teil B V.
[472] Schricker-*Wild*, § 97, Rn. 20; Fromm/Nordemann-*Nordemann*, § 97, Rn. 19.

wendbarkeit des übergesetzlichen Notstandes nur in Betracht, wenn ein die Urheberinteressen überwiegendes Interesse anzuerkennen ist, dieses jedoch nicht im Rahmen des gesetzlichen Tatbestandes bzw. über eine Analogie oder verfassungskonforme Auslegung der Bestimmung realisiert werden kann.[473] Von einer derartigen Konstellation kann allerdings nicht ausgegangen werden, wenn ein Kleinzitat aufgrund eines unzulässigen Zitatzwecks rechtswidrig ist. Da § 51 Nr. 2 UrhG im Hinblick auf den Inhalt des verfolgten Zitatzwecks keine ausdrücklichen Vorgaben enthält, ist dieser – wie zuvor dargestellt – anhand einer Abwägung der beteiligten verfassungsrechtlichen Interessen zu ermitteln. Folglich können sämtliche Interessen bereits auf tatbestandlicher Ebene vollständig berücksichtigt werden. Erweisen sich die wirtschaftlichen Verwertungsinteressen des Urhebers bei dieser Interessenabwägung als vorrangig gegenüber den durch Art. 5 Abs. 1 und 3 GG geschützten Interessen, so kann auch aus dem Gesichtspunkt eines übergesetzlichen Notstandes kein anderes Abwägungsergebnis folgen.

4. Ergebnis

Der Zitatzweck der Inhaltserläuterung ist nach dem Sinn und Zweck des § 51 Nr. 1 UrhG zu bestimmen. Dieser besteht darin, im Interesse des wissenschaftlichen Fortschritts einen verfassungsgemäßen Ausgleich zwischen den durch Art. 14 GG geschützten Rechten des Urhebers und dem Grundrecht der Wissenschaftsfreiheit gemäß Art. 5 Abs. 3 GG zu schaffen. Demnach kommt der mit einem Großzitat verbundene schwerwiegende Eingriff in die urheberrechtlichen Verwertungsrechte nur in Betracht, wenn das Zitat der Förderung der Wissenschaft dient. Hierfür muss zwischen dem zitierten und dem zitierenden wissenschaftlichen Werk eine innere Verbindung bestehen. Dies ist der Fall, wenn das Zitat eine eigene gedankliche Leistung des Zitierenden erläutert bzw. veranschaulicht und somit als Hilfsmittel zum besseren Verständnis der wissenschaftlichen Darstellung beiträgt.

Auch bei der Konkretisierung des inhaltlich offenen Zitatzwecks in § 51 Nr. 2 UrhG ist der Regelungszweck der Zitierfreiheit zu berücksichtigen, der auf die Wahrung freien geistigen Schaffens und die Förderung der geistigen und kulturellen Werte zielt. Insofern dient § 51 Nr. 2 UrhG zum einen der Befriedigung gesellschaftlicher Informationsinteressen, die gemäß Art. 5 Abs. 1 GG verfassungsrechtlichen Schutz genießen. Zum anderen kann die Zitierfreiheit im Interesse einer freien künstlerischen Gestaltung gemäß Art. 5 Abs. 3 GG liegen.

Im Hinblick auf die durch Art. 5 Abs. 1 GG geschützten Informationsinteressen ist ein Kleinzitat vor allem dann zulässig, wenn die in dem zitierten Werk ent-

---

[473] Wandtke/Bullinger-*v. Wolff*, § 97, Rn. 31.

haltene Teilinformation einem selbstständigen Informationszweck bei der Mitteilung der eigenen Gedanken des Zitierenden dient. Dies ist etwa der Fall, wenn das Zitat die Aussagen des Zitierenden belegt, insbesondere ihre Richtigkeit beweist, sie veranschaulicht, dem Verständnis erschließt oder den Ausgangspunkt der Gedanken des Zitierenden mitteilt.[474] Der selbstständige Informationsgehalt des zitierten Werkes fördert die eigene Aussage des Zitierenden. Ohne das Zitat wäre die Aussage weniger überzeugend, verständlich oder in sich geschlossen. Die Funktion, die das fremde Werk bei der Informationsvermittlung einnimmt, kann demnach nicht durch eine eigene Werkleistung des Zitierenden erfüllt werden, wobei es unschädlich ist, dass auch andere fremde Werke mit gleicher Wirkung hätten zitiert werden können[475]. Daher besteht ein öffentliches Informationsinteresse nicht nur am Gedankengang des Zitierenden, sondern auch am zitierten Werk.

Werden hingegen fremde Materialien ausschließlich zur Visualisierung, Illustration oder akustischen Untermalung genutzt, kann kein berechtigtes Informationsinteresse der Öffentlichkeit anerkannt werden. Durch das Zitat werden dem Zuschauer keine Informationen und Gedanken vermittelt, die der Film nicht bereits ohne die Bebilderung bzw. Untermalung – etwa durch Sprechertexte, Interviews o.Ä. – mitteilt. Die Funktion des Zitats liegt also nicht darin, einen Beitrag zur geistigen, öffentlichen Auseinandersetzung zu leisten, sondern vielmehr darin, die audiovisuellen Bedürfnisse des Zuschauers zu befriedigen. Diese Bedürfnisse können unter dem Gesichtspunkt der Kommunikationsfreiheiten gemäß Art. 5 Abs. 1 GG jedoch nicht als so hochrangig bewertet werden, dass eine Einschränkung der durch Art. 14 GG geschützten urheberrechtlichen Nutzungsbefugnisse gerechtfertigt wäre. Gleiches gilt, wenn das Zitat eigene Ausführungen des Zitierenden ersetzen soll oder das Zitat um seiner selbst willen angeführt wird. In diesen Fällen ist die Nutzung des fremden Werkes unverhältnismäßig, da die in dem fremden Werk enthaltenen Informationen auch durch eigene Ausführungen des Zitierenden mitgeteilt und gegebenenfalls mit Zitaten aus dem Werk belegt werden können.

Auch ohne spezifischen Informationszweck kann ein Kleinzitat jedoch zulässig sein, wenn es als Mittel künstlerischen Ausdrucks und künstlerischer Gestaltung eingesetzt wird und integraler Bestandteil einer eigenständigen künstlerischen Aussage ist. Allerdings darf es sich nur um einen geringfügigen Eingriff in ein fremdes Urheberrecht ohne die Gefahr merklicher wirtschaftlicher Nachteile handeln.

---

[474] Das OLG Hamburg ZUM 1993, 35, 37, umschreibt dieses Charakteristikum des Zitats damit, dass das Zitat gleichsam aus einer anderen Ebene stammen muss als die Mitteilung selbst, zu deren Stütze es herangezogen wird oder als deren Gegenstand es dient und mit der es vom Mitteilenden gedanklich verknüpft wird.

[475] *Schulz*, ZUM 1998, 221, 227; LG Frankfurt a. M. AfP 1995, 687, 688.

III. „Stellen eines Werkes“ und „großes Kleinzitat“

1. „Stellen eines Werkes“

Während § 51 Nr. 1 UrhG ein Zitat vollständiger Werke zulässt, dürfen nach dem Wortlaut des § 51 Nr. 2 UrhG nur „Stellen“ eines Werkes zitiert werden, d.h. kleine Ausschnitte des Werkes, die als solche urheberrechtlich schutzfähig sind.[476] Häufig kann der mit dem Zitat verfolgte Zweck durch eine nur teilweise Werkwiedergabe jedoch nicht erreicht werden. Bei einem Zitat von Fotografien, Werken der bildenden Kunst oder wissenschaftlichen und technischen Darstellungen etwa muss regelmäßig das ganze Bild zum Gegenstand des Zitats gemacht werden, um dem Zitatzweck gerecht zu werden. Aber auch hinsichtlich anderer Werkgattungen kann das Bedürfnis nach einer umfassenden Wiedergabe des fremden Werkes bestehen. So wird in der Literatur z.B. kritisiert, dass die Beschränkung des Kleinzitats auf Werkstellen ein Anführen vollständiger Sprachwerke ausschließe, wie z.B. eine Veröffentlichung des Gedichtes einer zeitgeschichtlichen Persönlichkeit zum Beleg ihrer früheren politischen Gesinnung.[477] Daher stellt sich die Frage, inwieweit § 51 Nr. 2 UrhG ein Zitat ganzer Werke zulässt.

2. Das „große Kleinzitat“

Nach überwiegender Auffassung können auch im Rahmen des § 51 Nr. 2 UrhG unter Umständen ganze Werke angeführt werden (sogenanntes „großes Kleinzitat“).[478] Das große Kleinzitat soll dann zulässig sein, wenn anders ein sinnvolles Zitieren nicht möglich ist[479], d.h. wenn der Zitatzweck nur durch eine vollstän-

---

[476] Schricker-*Schricker*, § 51, Rn. 43; Fromm/Nordemann-*Vinck*, § 51, Rn. 7; Dreier/Schulze-*Dreier*, § 51, Rn. 14; Wandtke/Bullinger-*Lüft*, § 51, Rn. 12; Loewenheim-*Götting*, § 31, Rn. 145.

[477] *Löffler*, NJW 1980, 201, 202; Schricker-*Wild*, § 97, Rn. 25. Vgl. zu diesem Beispiel im Kontext des wissenschaftlichen Großzitats *Neumann-Duesberg*, UFITA 48 (1966), 68, 69 f.

[478] OLG Hamburg GRUR 1990, 36, 37 – Foto-Entnahme; OLG Hamburg ZUM-RD 2003, 337, 343; LG Berlin GRUR 1978, 108, 110 f. – Terroristenbild; LG München UFITA 77 (1976), 289, 291 f.; LG Frankfurt a. M. UFITA 94 (1982), 338, 340 f. – Lachende Sonne; LG München AfP 1994, 326, 329; Schricker-*Schricker*, § 51, Rn. 45; Dreier/Schulze-*Dreier*, § 51, Rn. 24; Wandtke/Bullinger-*Lüft*, § 51, Rn. 13; Fromm/Nordemann-*Vinck*, § 51, Rn. 7; Möhring/Nicolini-*Waldenberger*, § 51, Rn. 16; Dreyer/Kotthoff/Meckel-*Dreyer*, § 51, Rn. 37, 43; Loewenheim-*Götting*, § 31, Rn. 148 f.; *Schlingloff*, AfP 1992,112, 115; *Löffler*, NJW 1980, 201, 204 f.; z.T. wird vom „kleinen Großzitat“ gesprochen, vgl. LG München I ZUM 1984, 475, 477; KG UFITA 54 (1969), 296, 300. Im älteren Schrifttum wird die Möglichkeit des „großen Kleinzitats“ z.T. abgelehnt, vgl. z.B. *v. Gamm*, § 51, Rn. 13; *Ekrutt*, Urheberrechtliche Probleme beim Zitat von Filmen und Fernsehsendungen, S. 21. Offen gelassen von BGH GRUR 2003, 956, 958 – Gies-Adler.

[479] Wandtke/Bullinger-*Lüft*, § 51, Rn. 13; Fromm/Nordemann-*Vinck*, § 51, Rn. 7; Schricker-*Schricker*, § 51, Rn. 45; Dreier/Schulze-*Dreier*, § 51, Rn. 24; Loewenheim-*Götting*, § 31,

dige Werkwiedergabe erreicht werden kann, was vor allem beim Zitat von Bildern wie z.B. Fotografien, Werken der bildenden Kunst oder wissenschaftlichen und technischen Darstellungen (sogenanntes Bildzitat[480]), aber auch bei politischen Karikaturen samt Begleittexten[481] und bei kurzen schlagwortartigen oder aphoristischen Sprachwerken (z.B. politische Verse, Wahlslogans oder politische Witze)[482] bejaht wird.

Dogmatisch begründet wird die Rechtsfigur des großen Kleinzitats häufig mit einer verfassungskonformen Auslegung des § 51 Nr. 2 UrhG.[483] An diesem Ansatz bestehen jedoch insofern Zweifel, als Grenze einer verfassungskonformen Auslegung stets der mögliche Wortsinn des Gesetzes ist.[484] Der Wortlaut des § 51 UrhG bietet mit der Beschränkung des Großzitats auf „wissenschaftliche Werke" in § 51 Nr. 1 UrhG und der umfangmäßigen Begrenzung des Kleinzitats auf „Stellen" in § 51 Nr. 2 UrhG jedoch einen nur geringen Auslegungsspielraum. So lassen sich unter den Begriff „Stellen eines Werkes" zwar auch größere Teile eines Werkes subsumieren[485], nicht hingegen das Werk in seiner Gesamtheit. Dementsprechend begründet eine andere Ansicht das große Kleinzitat mit einer Lücke des Zitatrechts, die im Wege der Analogie auszufüllen sei.[486]

Rn. 148 ff.; Möhring/Nicolini-*Waldenberger*, § 51, Rn. 16. Im Ergebnis: Dreyer/Kotthoff/Meckel-*Dreyer*, § 51, Rn. 37, 43; LG München AfP 1994, 326, 329; LG München I ZUM 1984, 475, 477; OLG Hamburg ZUM-RD 2003, 337, 343; OLG Hamburg GRUR 1993, 666, 666 – Altersfoto.

480 LG München I ZUM 1984, 475, 477; OLG Hamburg GRUR 1993, 666, 667 – Altersfoto; OLG Hamburg ZUM-RD 2003, 337, 343; LG München AfP 1994, 326, 329; Schricker-*Schricker*, § 51, Rn. 45; Dreier/Schulze-*Dreier*, § 51, Rn. 24; Wandtke/Bullinger-*Lüft*, § 51, Rn. 13; Fromm/Nordemann-*Vinck*, § 51, Rn. 7, 9; Möhring/Nicolini-*Waldenberger*, § 51, Rn. 16; Dreyer/Kotthoff/Meckel-*Dreyer*, § 51, Rn. 37; Loewenheim-*Götting*, § 31, Rn. 148.

481 Schricker-*Schricker*, § 51, Rn. 45; Möhring/Nicolini-*Waldenberger*, § 51, Rn. 16. Vgl. auch LG München I UFITA 77 (1976), 289, 291 f., und KG UFITA 54 (1969), 296, 300, die allerdings zusätzlich auf die Bedeutung des Zitats für die freie Meinungsäußerung im politischen Meinungskampf abstellen.

482 Schricker-*Schricker*, § 51, Rn. 45; vgl. auch KG UFITA 54 (1969), 296, 300.

483 Im Ergebnis: LG Berlin GRUR 1978, 108, 110 f. – Terroristenbild; KG UFITA 54 (1969), 296, 300; LG München I UFITA 77 (1976), 289, 291 f.; LG Frankfurt a. M. UFITA 94 (1982), 338, 340 f. – Lachende Sonne; *Löffler*, NJW 1980, 201, 204 f.; *Bornkamm*, FS Piper, S. 641, 649 ff.

484 *Larenz/Canaris*, Methodenlehre der Rechtswissenschaft, S. 161; BVerfGE 54, 277, 299; BVerfGE 71, 81, 105; BVerfGE 67, 382, 390.

485 BGHZ 28, 234, 242 ff. – Verkehrskinderlied; BGH GRUR 1986, 59, 60 – Geistchristentum; Schricker-*Schricker*, § 51, Rn. 45; Wandtke/Bullinger-*Lüft*, § 51, Rn. 13; Loewenheim-*Götting*, § 31, Rn. 147; Dreier/Schulze-*Dreier*, § 51, Rn. 14.

486 OLG Hamburg ZUM-RD 2003, 337, 343; LG München I ZUM 1984, 475, 477; *Brauns*, Die Entlehnungsfreiheit im Urheberrechtsgesetz, S. 138 ff., 144 ff.; Dreier/Schulze-*Dreier*, § 51, Rn. 22 ff.; Fromm/Nordemann-*Vinck*, § 51, Rn. 7, 9; Loewenheim-*Götting*, § 31, Rn. 148 f.; Schricker-*Wild*, § 97, Rn. 24, spricht von einer „Lücke" des Zitatrechts, die im Wege einer Güter- und Interessenabwägung geschlossen werden muss; ähnlich *Schack*, Urheber- und Urhebervertragsrecht, Rn. 491.

Sinn und Zweck der Zitierbestimmung sei es, die freie geistige Auseinandersetzung mit fremdem Werkschaffen zu ermöglichen. Da der Gesetzgeber es nicht bewusst bezweckt habe, solche Werke als Zitatobjekte auszuschließen, bei denen naturgemäß eine bruchteilhafte Entlehnung nicht in Betracht kommt, sei davon auszugehen, dass er die hieraus resultierende planwidrige Unvollständigkeit des Zitatrechts, wenn sie ihm bewusst geworden wäre, geschlossen hätte.[487] Daher stellt sich die Frage, ob das Gesetz eine derartige planwidrige Unvollständigkeit als Voraussetzung für eine Analogie enthält. Das Bestehen einer Regelungslücke ist dabei vom Standpunkt des Gesetzes selbst zu beurteilen, d.h. aufgrund der dem Gesetz zugrunde liegenden Regelungsabsicht, der mit ihr verfolgten Zwecke und des gesetzgeberischen Plans.[488]

Der Sinn und Zweck der Zitierbestimmung besteht nach der Gesetzesbegründung darin, der Freiheit geistigen Schaffens und der Förderung der geistigen und kulturellen Werte im Interesse der Allgemeinheit zu dienen. Demgegenüber sollen Einschränkungen des Urheberrechts vor allem dann als unzulässig anzusehen sein, wenn sie lediglich dem wirtschaftlichen Interesse einzelner Werknutzer dienen oder wenn eine an sich im Allgemeininteresse gebotene Einschränkung mittelbar zu einer nicht gerechtfertigten Förderung derartiger wirtschaftlicher Eigeninteressen führt.[489] § 51 UrhG soll demnach einen verfassungsgemäßen Ausgleich zwischen den Verwertungsrechten des Urhebers und den Nutzungsinteressen der Allgemeinheit schaffen. Vor dem Hintergrund dieses Regelungsziels ist auch die in § 51 Nr. 1 und 2 UrhG vorgenommene Abstufung des zulässigen Zitatumfangs zu verstehen. So ist die Zulässigkeit eines Zitats ganzer Werke in § 51 Nr. 1 UrhG zum einen darauf zurückzuführen, dass wissenschaftliche Werke im Interesse der Allgemeinheit besonders privilegierungswürdig sind und zum anderen, dass die wissenschaftliche Erläuterung auf eine vollständige Werkwiedergabe in besonderer Weise angewiesen sein kann.[490] Für § 51 Nr. 2 UrhG ergibt sich aus dem Einleitungssatz der Bestimmung, dass das Zitat nur in einem durch den Zitatzweck gebotenen Umfang zulässig ist, wobei das Merkmal „Stellen" in § 51 Nr. 2 UrhG als Obergrenze des Umfangs der Entlehnung dient.[491] Nach der Regelungsabsicht des Gesetzgebers ist ein Zitat vollständiger Werke in nicht-wissenschaftlichen Werken also zumindest dann unzulässig, wenn eine Wiedergabe von Werkstellen grundsätzlich möglich ist. Zugleich geht aus dem Wortlaut und der Systematik der § 51 Nr. 1 und 2 UrhG jedoch hervor, dass der Gesetzgeber die Möglichkeit eines Zitats in nicht-wissenschaftlichen Werken nicht gänzlich unterbinden, sondern im Hinblick auf die entgegenstehenden Verwertungsinteressen des Urhebers nur in ei-

---

[487] Fromm/Nordemann-*Vinck*, § 51, Rn. 7; Loewenheim-*Götting*, § 31, Rn. 148 f.
[488] Vgl. hierzu *Larenz/Canaris*, Methodenlehre der Rechtswissenschaft, S. 194.
[489] Amtliche Begründung zum Urheberrechtsgesetz vom 9.9.1965, abgedruckt in UFITA 45 (1965), 240, 278 f.
[490] *Brauns*, Die Entlehnungsfreiheit im Urheberrechtsgesetz, S. 140 f., 144 f.
[491] *Brauns*, Die Entlehnungsfreiheit im Urheberrechtsgesetz, S. 91.

nem begrenzten Umfang zulassen wollte. Insofern erscheint es zweifelhaft, ob mit der Bestimmung des § 51 Nr. 2 UrhG bewusst ein Zitat von Werken, die naturgemäß nur vollständig wiedergegeben werden können, gänzlich ausgeschlossen werden sollte.

Hiergegen spricht zunächst, dass der Gesetzgeber in der neu gefassten Regelung des § 51 UrhG – in Abweichung zu den alten Bestimmungen im LUG und KUG – auf eine Aufzählung der möglichen Zitatobjekte gerade verzichtet und in § 51 Nr. 1, 2 UrhG generell „Werke", also sämtliche Werktypen für zitierfähig erklärt hat. Insofern erschiene es problematisch davon auszugehen, dass über das Tatbestandsmerkmal „Stellen" wiederum solche Werktypen als Zitatobjekte ausgeschlossen werden sollten, bei denen eine bruchteilhafte Entlehnung nicht in Betracht kommt. Denn im Regelungsgefüge des § 51 Nr. 2 UrhG nimmt das Tatbestandsmerkmal „Stellen" unmittelbar nur die Funktion ein, den zulässigen Umfang eines Zitats zu bestimmen.[492]

Dafür, dass es dem Gesetzgeber mit dem Merkmal „Stellen" nicht um einen Ausschluss bestimmter Werkarten von der Zitierfreiheit ging, spricht auch der Sinn und Zweck der Zitierfreiheit, die im Interesse an einer freien geistigen Auseinandersetzung normiert ist. Die freie geistige Auseinandersetzung mit Themen kann es jedoch erforderlich machen, auch im nicht-wissenschaftlichen Bereich Werke zitieren zu dürfen, bei denen eine teilweise Werkwiedergabe ausscheidet, wie etwa beim Zitat von Bildern. Würde man in Fällen, in denen ein großes Kleinzitat nicht vornehmlich dem wirtschaftlichen Nutzen des Zitierenden, sondern einem überragenden Interesse der Allgemeinheit an einer freien geistigen Auseinandersetzung mit dem fremden Werk dient, eine analoge Anwendung des § 51 Nr. 2 UrhG gleichwohl verneinen, hätte dies eine gravierende Einschränkung der Zitiermöglichkeit zur Folge, die zu der erklärten Regelungsabsicht des Gesetzgebers im Widerspruch stünde. Dies gilt insbesondere für das visuelle Medium des Fernsehens, das aufgrund seiner Breitenwirkung eine bedeutende Rolle im öffentlichen Meinungsbildungsprozess spielt und bei dem das Bildzitat eine hohe Relevanz für die Informationsvermittlung besitzt.

Hinzu kommt, dass der Gesetzgeber mit § 51 Nr. 2 UrhG ein Zitat zu „literarischen Zwecken"[493] vor Augen hatte und insoweit auf die Vorschriften der § 19 Nr. 1, § 21 Nr. 1 LUG verweist. Diese Bestimmungen regelten vor Erlass des UrhG das Zitat von Schriftwerken, Reden oder Vorträgen bzw. von Werken der

---

[492] Nach *Brauns*, Die Entlehnungsfreiheit im Urheberrechtsgesetz, S. 140, ist nicht davon auszugehen, dass der Gesetzgeber bestimmte Werkformen als Gruppe von der Entlehnbarkeit nach § 51 Nr. 2 UrhG ausschließen wollte, da das Tatbestandsmerkmal „Stellen" keinen ausdrücklichen oder implizit gewollten Gruppenbezug hat. S. auch *Brauns*, Die Entlehnungsfreiheit im Urheberrechtsgesetz, S. 96.

[493] Amtliche Begründung zum Urheberrechtsgesetz vom 9.9.1965, abgedruckt in UFITA 45 (1965), 240, 283.

Tonkunst in einer selbstständigen literarischen Arbeit. Hierbei handelt es sich jedoch um Zitatobjekte, bei denen eine Wiedergabe von Stellen möglich ist, so dass sich die Problematik des großen Kleinzitats gar nicht stellte. Im Wortlaut des § 51 Nr. 2 UrhG unberücksichtigt blieb hingegen die Bestimmung des § 23 LUG, die das Zitat einzelner Abbildungen in einem Schriftwerk – auch nichtwissenschaftlichen Charakters – gestattete. Der Regelungsgehalt des § 23 LUG sollte – neben dem der §§ 19, 21 LUG, § 19 KUG – ausweislich der Materialien zum UrhG jedoch nicht aufgegeben, sondern im Wesentlichen beibehalten werden, indem § 51 UrhG die Bestimmungen lediglich straffer zusammenfasst.[494] Insofern spricht einiges dafür, dass der Gesetzgeber im Jahre 1965 den Regelungsbedarf für Fallkonstellationen, die von der Rechtsfigur des großen Kleinzitats aufgefangen werden, beim Abfassen des Wortlautes des § 51 Nr. 2 UrhG übersehen hat und das Bildzitat bzw. das große Kleinzitat demnach auch nicht bewusst von der Zitiermöglichkeit ausschließen wollte.

Ein Indiz dafür, dass das große Kleinzitat der gesetzgeberischen Regelungsabsicht nicht widerspricht, bietet zudem der Umstand, dass der Gesetzgeber sich bislang nicht gegen diese von der ganz h.M. in Rechtsprechung und Lehre befürwortete Rechtsfigur ausgesprochen bzw. § 51 Nr. 2 UrhG klarstellend geändert hat. Anlass hierzu hätte die Multimedia-Richtlinie[495] geboten, bei deren Umsetzung der Gesetzgeber die Schrankenbestimmungen der §§ 45 ff. UrhG a.F. entsprechend den Vorgaben in Art. 5 der Richtlinie anzupassen und hiermit einen richtlinienkonformen Zustand herzustellen hatte. Auch für die Ausgestaltung des Zitatrechts enthält die Multimedia-Richtlinie Vorgaben. Gemäß Art. 5 Abs. 3 d) i.V.m. Abs. 4 der Richtlinie können die Mitgliedstaaten Ausnahmen und Beschränkungen des Vervielfältigungs- und Verbreitungsrechts sowie des Rechts der öffentlichen Wiedergabe für Zitate zu Zwecken wie Kritik und Rezensionen vorsehen, „sofern sie ein Werk oder einen sonstigen Schutzgegenstand betreffen, das bzw. der der Öffentlichkeit bereits rechtmäßig zugänglich gemacht wurde, sofern – außer in Fällen, in denen sich dies als unmöglich erweist – die Quelle, einschließlich des Namens des Urhebers, angegeben wird und sofern die Nutzung den anständigen Gepflogenheiten entspricht und in ihrem Umfang durch den besonderen Zweck gerechtfertigt ist".

Nach der Multimedia-Richtlinie werden demnach weder bestimmte Werktypen von der Zitierfreiheit ausgenommen noch ist der Umfang des Zitats von vornherein auf Stellen des zitierten Werkes beschränkt. Der generalklauselartige

494 Amtliche Begründung zum Urheberrechtsgesetz vom 9.9.1965, abgedruckt in UFITA 45 (1965), 240, 283.

495 Richtlinie 2001/29/EG des Europäischen Parlaments und des Rates vom 22. Mai 2001 zur Harmonisierung bestimmter Aspekte des Urheberrechts und der verwandten Schutzrechte in der Informationsgesellschaft (im Folgenden kurz Multimedia-Richtlinie genannt), ABl. EG vom 22.6.2001, L 167/10-19, abgedruckt in GRUR Int. 2001, 745, 745 ff. Umfassende Literaturhinweise zur Multimedia-Richtlinie finden sich bei *Flechsig*, ZUM 2002, 1, 2 (Fn. 11).

Charakter der Bestimmung bietet vielmehr den Spielraum, anhand der jeweiligen Umstände des Einzelfalls über den zulässigen Zitatumfang zu entscheiden. Zwar folgt hieraus nicht, dass auch der deutsche Gesetzgeber die kasuistische Regelung des § 51 UrhG zwingend zugunsten einer generalklauselhaften Regelung hätte aufgeben müssen. Jedoch würde eine Regelung, die (im nichtwissenschaftlichen Bereich) ein Zitat von Werken, die nur vollständig wiedergegeben werden können, ausschließt, ohne dass tatbestandlich die Möglichkeit einer Abwägung der gegenläufigen Interessen im Einzelfall besteht, Art. 5 Abs. 3 d) i.V.m. Abs. 4 der Multimedia-Richtlinie widersprechen. Allein die Ergänzung des positiv-rechtlich normierten Zitatrechts um eine analoge Anwendung des § 51 UrhG in Fällen, in denen eine bruchteilhafte Entlehnung naturgemäß ausscheidet, schafft demnach einen richtlinienkonformen Zustand.

Im Rahmen der Richtlinienumsetzung wurde § 51 Nr. 2 UrhG unverändert beibehalten. In der Begründung zum Entwurf eines Gesetzes zur Regelung des Urheberrechts in der Informationsgesellschaft heißt es insoweit: „Der vorliegende Gesetzesentwurf passt soweit erforderlich die – weitestgehend bereits richtlinienkonformen – deutschen Schrankenregelungen den Vorgaben der Richtlinie an. Abstand genommen wird dabei von einer weitergehenden Umgestaltung solcher Regelungen, die – richtlinienkonform – bereits einen angemessenen und bewährten Ausgleich zwischen den widerstreitenden Interessen beinhalten."[496] Da der deutsche Gesetzgeber im Rahmen der Umsetzung von einer Änderung des Zitatrechts abgesehen hat, muss er davon ausgegangen sein, dass der Regelungsgehalt des § 51 UrhG den Vorgaben der Multimedia-Richtlinie bereits entspricht. Der Regelungsgehalt einer Norm wird jedoch nicht nur durch den Gesetzestext, sondern auch durch seine Auslegung und Anwendung durch die Rechtswissenschaft und Rechtspraxis bestimmt. Wenn der Gesetzgeber also der Auffassung gewesen wäre, dass ein großes Kleinzitat – auch im Hinblick auf die Vorgaben der Multimedia-Richtlinie – abzulehnen sei, so wäre er im Hinblick auf die entgegenstehende Auslegung und Rechtsanwendung durch die h.M. bei der Wahrnehmung seiner Aufgabe, einen richtlinienkonformen Zustand herzustellen, aufgefordert gewesen, dies – zumindest in der Gesetzesbegründung – klarzustellen. Dass dies auch geschehen wäre, kann insofern unterstellt werden, als sich die Gesetzesbegründung an zahlreichen Stellen auf die in der h.L. und Rechtsprechung vertretenen Auffassungen bezieht und sie zum Anlass einer Klarstellung bzw. Änderung des Gesetzestextes nimmt.[497] Im Ergebnis liegt es daher nahe, dass der Gesetzgeber nicht nur von einer Zulässigkeit (und Richtlinienkonformität) des großen Kleinzitats ausgegangen ist, sondern auch davon,

[496] Amtliche Begründung zum Entwurf eines Gesetzes zur Regelung des Urheberrechts in der Informationsgesellschaft, BT-Drs. 15/38, 1, 15.

[497] Vgl. die amtliche Begründung zum Entwurf eines Gesetzes zur Regelung des Urheberrechts in der Informationsgesellschaft, BT-Drs. 15/38, 1, 16 f. (zu Nr. 2, 5 und 6), 19 (zu Nr. 11), 20 (zu Nr. 15), 21 (zu Nr. 16), 21 (zu Nr. 17), 22 (zu Nr. 18), 22 f. (zu Nr. 25 und 26), 25 (zu Nr. 27), 29 (zu Nr. 38 und 42), 30 (zu Nr. 2).

dass der Gesetzgeber diese Rechtsfigur im Jahre 1965 nicht bewusst ausschließen wollte. Anderenfalls wäre er bei der Richtlinienumsetzung gezwungen gewesen, die Bestimmung des § 51 Nr. 2 UrhG entsprechend zu ändern, um einen richtlinienkonformen Zustand herzustellen.

Für eine Lückenausfüllung im Wege der Analogie bedarf es des Rückgangs auf die gesetzliche Teleologie und die in ihr enthaltenen Wertungen, d.h. die Zwecke und Grundgedanken der gesetzlichen Regelung sind zu berücksichtigen.[498] Demnach ist ein großes Kleinzitat also nur dann zulässig, wenn es nach Sinn und Zweck des Zitatrechts geboten ist. Wie bereits dargelegt, dient § 51 UrhG der freien geistigen Auseinandersetzung sowie der Förderung der geistigen und kulturellen Werte. Wann dieses Interesse gegenüber den wirtschaftlichen Verwertungsinteressen des Urhebers als vorrangig anzusehen ist, kann nur im Wege einer verfassungsrechtlichen Güter- und Interessenabwägung festgestellt werden.[499]

Dabei ist auf Seiten des Urhebers der nach einhelliger Ansicht im Rahmen des § 51 UrhG geltende Grundsatz zu berücksichtigen, dass das Zitat keine unzumutbare Beeinträchtigung der Verwertung des zitierten Werkes mit sich bringen darf, insbesondere indem von dem Werk in einem solchen Umfang Kenntnis verschafft wird, dass ein Ersatz für seinen Erwerb geboten wird.[500] Dieses auf Art. 9 Abs. 2 RBÜ zurückgehende ungeschriebene Korrektiv ist bei der Ausfüllung von Wertungsspielräumen innerhalb des Zitatrechts heranzuziehen, so insbesondere beim Begriff der „Stellen" in § 51 Nr. 2 UrhG.[501] Auf Seiten des Zitierenden ist bei der Abwägung zwischen dem durch Art. 5 Abs. 1 GG geschützten Interesse der Allgemeinheit an einer möglichst umfassenden Information einerseits und dem Interesse an einer Nutzung von Zitaten als Gegenstand einer künstlerischen Gestaltung (Art. 5 Abs. 3 GG) andererseits zu differenzieren.

---

498 *Larenz/Canaris*, Methodenlehre der Rechtswissenschaft, S. 202 ff. Ein etwaiger Charakter der §§ 44a ff. UrhG als Ausnahmevorschriften steht einer Analogie nicht von vornherein entgegen, vgl. *Larenz/Canaris*, Methodenlehre der Rechtswissenschaft, S. 175 f., und oben unter 3. Teil B I 2.

499 Im Ergebnis: LG Berlin GRUR 1978, 108, 110 f. – Terroristenbild; KG UFITA 54 (1969), 296, 300; LG München I UFITA 77 (1976), 289, 291 f.; LG Frankfurt a. M. UFITA 94 (1982), 338, 340 f. – Lachende Sonne; *Brauns*, Die Entlehnungsfreiheit im Urheberrechtsgesetz, S. 138 ff.; Schricker-*Wild*, § 97, Rn. 24; *Löffler*, NJW 1980, 201, 204 f.; *Schack*, Urheber- und Urhebervertragsrecht, Rn. 491; *Bornkamm*, FS Piper, S. 649 ff.; *Deutsch*, NJW 1967, 1393, 1393 ff.; offengelassen in OLG Hamburg GRUR 1990, 36, 37 – Foto-Entnahme.

500 BGHZ 28, 234, 243 – Verkehrskinderlied; BGHZ 50, 147, 153 – Kandinsky; BGH GRUR 1986, 59, 60, 61 – Geistchristentum; BGH GRUR 1987, 362, 364 – Filmzitat; Schricker-*Schricker*, § 51, Rn. 23; Wandtke/Bullinger-*Lüft*, § 51, Rn. 6; Möhring/Nicolini-*Waldenberger*, § 51, Rn. 7; Loewenheim-*Götting*, § 31, Rn. 135.

501 Schricker-*Schricker*, § 51, Rn. 24; Möhring/Nicolini-*Waldenberger*, § 51, Rn. 7; Loewenheim-*Götting*, § 31, Rn. 135.

a) Abwägung mit Art. 5 Abs. 1 GG

Bei einer Abwägung der Verwertungsinteressen des Urhebers mit den durch Art. 5 Abs. 1 GG geschützten Informationsinteressen der Allgemeinheit wird die Zulässigkeit eines großen Kleinzitats vor allem dann bejaht, wenn es sich um ein Zitat im politischen Meinungskampf handelt.[502] Hierfür spricht, dass die geistige Auseinandersetzung in Angelegenheiten von öffentlicher Bedeutung, d.h. in wesentlichen gesellschaftlichen oder politischen Fragen für eine freiheitliche demokratische Ordnung schlechthin konstituierend ist. Allerdings beschränken sich die berechtigten Informationsinteressen der Gesellschaft und damit auch die Möglichkeit eines großen Kleinzitats nicht auf den politischen Meinungsbildungsprozess.[503] So sind die Grundrechte der Meinungs- und Rundfunkfreiheit unabhängig von Inhalt und Niveau der getroffenen Aussage gewährleistet[504], so dass auch Beiträge außerhalb der politischen Auseinandersetzung bzw. mit unterhaltendem Charakter verfassungsrechtlichen Schutz genießen[505]. Da auch in unterhaltenden Beiträgen Meinungsbildung stattfindet, können diese durch die Anregung von Diskussionsprozessen eine wichtige gesellschaftliche Funktion erfüllen.[506]

Da der Anwendungsbereich des großen Kleinzitats demnach nicht auf den Bereich der gesellschaftspolitisch wünschenswerten Auseinandersetzung und den politischen Meinungskampf beschränkt ist[507], kommt es auch nicht darauf an, ob mit dem Zitat ein ernsthaftes Informationsbedürfnis der Allgemeinheit befriedigt wird[508]. Eine derartige qualitative Bewertung des Inhalts des zitierenden Werkes wäre dem Regelungssystem des § 51 UrhG fremd.[509] So ist das Großzitat gemäß § 51 Nr. 1 UrhG ebenfalls nicht von Inhalt und Qualität bzw. der Richtigkeit der wissenschaftlichen Gedankenleistung abhängig.[510] Auch die Bestimmung des

---

[502] KG UFITA 54 (1969), 296, 300; LG Berlin GRUR 1978, 108, 111 – Terroristenbild; LG München I UFITA 77 (1976), 289, 292; LG Frankfurt a. M. UFITA 94 (1982), 338, 340 – Lachende Sonne; vgl. auch Fromm/Nordemann-*Vinck*, § 51, Rn. 9.

[503] *Schulz*, ZUM 1998, 221, 225; *Brauns*, Die Entlehnungsfreiheit im Urheberrechtsgesetz, S. 145, privilegiert neben der politischen Auseinandersetzung auch den kritischen Aufklärungsjournalismus.

[504] Zur Meinungsfreiheit: BVerfGE 30, 336, 347; BVerfGE 90, 241, 247; BVerfGE 93, 266, 289. Zur Rundfunkfreiheit: BVerfGE 35, 202, 222 f. – Lebach; BVerfGE 59, 231, 258; Jarass/Pieroth-*Jarass*, Art. 5, Rn. 3, 4, 37; *Pieroth/Schlink*, Grundrechte, Rn. 550, 574.

[505] Zur Pressefreiheit: BVerfG NJW 2000, 1021, 1024 – Caroline von Monaco. Zur Rundfunkfreiheit: BVerfGE 59, 231, 258; BVerfG NJW 2000, 1859, 1861; BVerfGE 35, 202, 222 f. – Lebach.

[506] BVerfG NJW 2000, 1021, 1024 – Caroline von Monaco.

[507] Schricker-*Schricker*, § 51, Rn. 45; Fromm/Nordemann-*Vinck*, § 51, Rn. 7, 9; Dreier/Schulze-*Dreier*, § 51, Rn. 24; Möhring/Nicolini-*Waldenberger*, § 51, Rn. 16.

[508] A.A.: *Schack*, Urheber- und Urhebervertragsrecht, Rn. 491; *Schulz*, ZUM 1998, 221, 225; *Brauns*, Die Entlehnungsfreiheit im Urheberrechtsgesetz, S. 145.

[509] Fromm/Nordemann-*Vinck*, § 51, Rn. 7.

[510] Vgl. oben unter 3. Teil B I 1 a bb.

§ 23 LUG machte ein Zitat einzelner Abbildungen lediglich davon abhängig, dass dieses zum ausschließlichen Zweck der Inhaltserläuterung angeführt wird und setzte insofern zwar einen spezifischen Informationszweck, nicht jedoch einen besonderen Informationswert des Zitats voraus.

Allerdings findet das große Kleinzitat seine Grenzen in dem Erfordernis eines zulässigen Zitatzwecks. Demnach muss auch ein großes Kleinzitat einen spezifischen Informationszweck im zuvor beschriebenen Sinne[511] verfolgen und scheidet etwa dann aus, wenn es der reinen Illustration oder Ausschmückung eines Beitrages dient.[512] Bei der Güter- und Interessenabwägung gilt es darüber hinaus stets den Grundsatz der Verhältnismäßigkeit zu berücksichtigen, d.h. in das fremde Urheberrecht darf nur in dem für den Zitatzweck erforderlichen Umfang eingegriffen werden. Hiernach ist ein großes Kleinzitat nur zulässig, soweit der mit dem Zitat verfolgte Zweck nur durch eine vollständige Werkwiedergabe erreicht werden kann.[513] Dies wird eher bei einem Bildzitat als bei einem Zitat von Sprachwerken der Fall sein. Soll etwa in einem Dokumentarfilm entsprechend dem eingangs geschilderten Beispiel ein vollständiges Gedicht einer Person der Zeitgeschichte zum Nachweis ihrer politischen Gesinnung wiedergegeben werden, so wäre Voraussetzung hierfür zunächst ein zulässiger Zitatzweck. Als zulässiger Zitatzweck kann es jedoch nicht angesehen werden, wenn ein Werk um seiner selbst willen zitiert wird, etwa zu dem Zweck, der Allgemeinheit Kenntnis von dem Werk zu verschaffen. Zulässig wäre hingegen der Zitatzweck eines Belegs für bestimmte Aussagen – hier die Behauptung politischer Tendenzen. Allerdings wird für eine derartige Belegfunktion bei einem Zitat von Gedichten – im Gegensatz zu Bildern oder kurzen Aphorismen – nur selten eine Wiedergabe des gesamten Textes nötig sein. Vielmehr wird es häufig reichen, Stellen des Werkes, die gegebenenfalls auch einen größeren Umfang haben können[514], anzuführen. Erfordert es der Belegzweck des Zitats jedoch ausnahmsweise, dass das gesamte Werk zitiert wird, etwa wegen der Kürze des Werkes, so bietet die Rechtsfigur des großen Kleinzitats grundsätzlich die Möglichkeit hierzu.

b) Abwägung mit Art. 5 Abs. 3, 1. Alt GG

Die Frage, inwieweit ein gemäß Art. 5 Abs. 3 GG geschütztes künstlerisches Anliegen ein Zitat vollständiger Werke rechtfertigen kann, hängt zunächst davon ab, ob das Grundrecht der Kunstfreiheit überhaupt im Grundsatz geeignet ist, ein

---

[511] Vgl. oben unter 3. Teil B II.

[512] Dreier/Schulze-*Dreier*, § 51, Rn. 24.

[513] Schricker-*Schricker*, § 51, Rn. 45; Möhring/Nicolini-*Waldenberger*, § 51, Rn. 16; Dreier/Schulze-*Dreier*, § 51, Rn. 24; Fromm/Nordemann-*Vinck*, § 51, Rn. 9.

[514] BGHZ 28, 234, 242 ff. – Verkehrskinderlied; BGH GRUR 1986, 59, 60 – Geistchristentum; Schricker-*Schricker*, § 51, Rn. 45; Wandtke/Bullinger-*Lüft*, § 51, Rn. 13; Loewenheim-*Götting*, § 31, Rn. 147; Dreier/Schulze-*Dreier*, § 51, Rn. 14.

die urheberrechtlichen Verwertungsinteressen überwiegendes Interesse an einer vollständigen Werkwiedergabe zu begründen. Hiergegen wird z.T. eingewandt, dass das Interesse an einer künstlerischen Verarbeitung fremder Werke gegenüber dem Individualrecht des Urhebers gleichrangig sei und insofern kein das Urheberrecht überragendes Interesse darstelle. Aus der gesetzlichen Beschränkung des Zitats ganzer Werke auf das wissenschaftliche Großzitat gemäß § 51 Nr. 1 UrhG ergebe sich jedoch, dass eine vollständige Wiedergabe fremder Werke stets ein überragendes Interesse der Allgemeinheit an der Entlehnung voraussetze. Liege dieses nicht vor, sei nur ein Anführen von Stellen des fremden Werkes erlaubt.[515]

Gegen diese Auffassung spricht jedoch, dass das Zitatrecht gemäß § 51 UrhG nach der Gesetzesbegründung im Interesse der Freiheit geistigen Schaffens normiert ist und der Urheber insbesondere dort im Interesse der Allgemeinheit freien Zugang zu seinen Werken gewähren muss, wo dies unmittelbar der Förderung der geistigen und kulturellen Werte dient.[516] Eine derartige Förderung ist jedoch auch bei einer spezifisch künstlerischen Auseinandersetzung mit Themen bzw. fremden Werken anzunehmen. Durch das Zitat tritt der Künstler in einen Schaffensprozess und künstlerischen Dialog zu vorhandenen Werken und dient damit dem Allgemeininteresse an geistiger Kommunikation. Dementsprechend ist das Zitat als Mittel künstlerischen Ausdrucks und künstlerischer Gestaltung anerkannt.[517] Insofern wäre es widersprüchlich, einem künstlerischen Anliegen von vornherein jede Bedeutung bei der Interessenabwägung abzuerkennen und im Hinblick auf die Zulässigkeit eines Zitats vollständiger Werke unberücksichtigt zu lassen. Dies gilt um so mehr, als die Kunstfreiheit nicht nur eine rein individualrechtliche Dimension besitzt, sondern auch eine wichtige Funktion im gesellschaftlichen Raum einnimmt. So kann sich Kunst mit meinungsgeprägten Inhalten wie politischen oder sozialkritischen Themen auseinander setzen („engagierte Kunst") und auf diese Weise gesellschaftliche Diskussionsprozesse in Gang setzen. Dies gilt vor allem dann, wenn das Kunstwerk seinem Wesen nach auf eine Kenntnisnahme durch einen sehr breiten Adressatenkreis ausgerichtet ist, wie es bei einer Verbreitung durch die Medien Film und Fernsehen der Fall ist. Diese „gesellschaftliche Einbindung der Kunst"[518] macht sie zum mitbe-

---

[515] *Brauns*, Die Entlehnungsfreiheit im Urheberrechtsgesetz, S. 140 f.

[516] Amtliche Begründung zum Urheberrechtsgesetz vom 9.9.1965, abgedruckt in UFITA 45 (1965), 240, 278; vgl. auch BGH GRUR 1994, 800, 803 – Museumskatalog; BGH GRUR 1986, 59, 60 – Geistchristentum; BGHZ 50, 147, 152 – Kandinsky; Wandtke/Bullinger-*Lüft*, § 51, Rn. 1; Schricker-*Schricker*, § 51, Rn. 6; Möhring/Nicolini-*Waldenberger*, § 51, Rn. 1; Fromm/Nordemann-*Vinck*, § 51, Rn. 1.

[517] BVerfG ZUM 2000, 867, 869 – Germania 3; OLG Brandenburg NJW 1997, 1162, 1163; KG GRUR-RR 2002, 313, 315; OLG Hamburg ZUM-RD 2003, 337, 345; Schricker-*Schricker*, § 51, Rn. 17; Dreier/Schulze-*Dreier*, § 51, Rn. 4; Wandtke/Bullinger-*Lüft*, § 51, Rn. 3; *Schulz*, ZUM 1998, 221, 227; *Brauns*, Die Entlehnungsfreiheit im Urheberrechtsgesetz, S. 119 ff.

[518] BVerfG ZUM 2000, 867, 869 – Germania 3.

stimmenden Faktor für die Allgemeinheit. Sofern man entsprechend der hier vertretenen Auffassung ein Zitat vollständiger Werke jenseits der Regelung in § 51 Nr. 1 UrhG aufgrund einer verfassungsrechtlichen Güter- und Interessenabwägung zulässt, ist deshalb grundsätzlich auch das Interesse an der Nutzung vollständiger Werkstellen zum Zwecke künstlerischen Ausdrucks und künstlerischer Gestaltung anzuerkennen.[519]

Allerdings stellt sich die Frage, unter welchen Voraussetzungen der Gesichtspunkt der Kunstfreiheit ein Zitat ganzer Werke rechtfertigen kann. Wie zuvor ausgeführt, ist bei der Abwägung zwischen Urheberrecht und den durch Art. 5 Abs. 1 GG geschützten Interessen ein großes Kleinzitat nur unter der Voraussetzung zuzulassen, dass der Zitatzweck ohne eine vollständige Wiedergabe des Werkes sinnvollerweise nicht erreicht werden kann. Im Rahmen der Kunstfreiheit erweist sich dieses Kriterium indes als untauglich. „Zitatzweck"[520] ist hier die Nutzung des Werkes als Mittel künstlerischer Gestaltung und künstlerischen Ausdrucks. Würde man im Kontext der Kunstfreiheit die Frage stellen, ob ein sinnvolles Zitieren nicht ohne eine vollständige Wiedergabe des Werkes möglich ist, liefe dies auf die Frage hinaus, ob die künstlerische Aussage nicht auch durch eine nur teilweise Wiedergabe des fremden Werkes hätte getroffen werden können. Die Individualität künstlerischen Ausdrucks verbietet eine derartige Fragestellung bereits im Ansatz.

Da bei der Interessenabwägung demnach nicht auf die „sachliche Notwendigkeit" der vollständigen Werkwiedergabe für die künstlerische Gestaltung abgestellt werden kann, sind in Realisierung des Grundsatzes der Verhältnismäßigkeit vielmehr die Auswirkungen einer vollständigen Werkwiedergabe für den Urheber des fremden Werkes in den Blick zu nehmen. Wie bereits oben erwähnt, hat sich die Auslegung des Begriffs „Stellen" in § 51 Nr. 2 UrhG an dem in Art. 9 Abs. 2 RBÜ normierten Grundsatz zu orientieren, dass das Zitat die normale Auswertung nicht unzumutbar beeinträchtigen darf. Dementsprechend ist das Zitat eines vollständigen Werkes im Rahmen eines Kunstwerkes nur dann als verfassungskonform anzusehen, wenn das Zitat keine unzumutbare Beeinträchtigung der Verwertung des zitierten Werkes mit sich bringt, insbesondere keine Absatzrückgänge für den Urheber zu befürchten sind.[521] Eine ernsthafte wirtschaftliche Beeinträchtigung der Verwertung ist vor allem in Fällen einer direkten Substitutionskonkurrenz anzunehmen, d.h. wenn das Zitat einer eta-

---

[519] Im Ergebnis: Dreier/Schulze-*Dreier*, § 51, Rn. 24, der als Beispiel die sogenannte „appropriation art" nennt; Möhring/Nicolini-*Waldenberger*, § 51, Rn. 16; *Schlingloff*, AfP 1992, 112, 115, der im Lichte der Kunstfreiheit gemäß Art. 5 Abs. 3 GG das Zitat von (ganzen) Bildern in anderen Bildern für möglich hält.

[520] Kritisch zu diesem Begriff im Kontext künstlerischer Gestaltung *v. Becker*, ZUM 2000, 864, 866.

[521] Dreier/Schulze-*Dreier*, § 51, Rn. 24; im Ergebnis *Brauns*, Die Entlehnungsfreiheit im Urheberrechtsgesetz, S. 141 ff.

blierten Verwertungsform des fremden Werkes entspricht, dieses also durch das Zitat ersetzt wird.[522] Bei den Medien Film und Fernsehen spielt insoweit eine Rolle, dass die Wiedergabe des fremden Werkes im Rahmen eines künstlerischen Films in einer mehr oder weniger flüchtigen Form erfolgt.[523] Die Einblendung eines Werkes der bildenden Kunst in einem Film ersetzt demnach nicht den Erwerb eines Bildbandes, einer Postkarte, eines Posterdruckes von dem Werk oder gar den Erwerb des Werkes selbst. Wird in einem Roman hingegen als Mittel künstlerischen Ausdrucks ein vollständiges Gedicht eines anderen Autors wiedergegeben, so kann dies einen Interessenten davon abhalten, das Original heranzuziehen, so dass unter Umständen nicht von einem geringfügigen Eingriff in die Urheberrechte ohne die Gefahr merklicher wirtschaftlicher Nachteile gesprochen werden kann.[524]

Grenzen der Zitierfreiheit ergeben sich ferner aus dem Umstand, dass auch bei einem Zitat zu künstlerischen Zwecken die übrigen Voraussetzungen des § 51 Nr. 2 UrhG erfüllt sein müssen, insbesondere ein zulässiger Zitatzweck vorliegen muss. Unter dem Gesichtspunkt der Kunstfreiheit ist die Wiedergabe eines vollständigen Werkes demnach nur dann statthaft, wenn eine kunstspezifische Betrachtung ergibt, dass das fremde Werk als ein Mittel künstlerischen Ausdrucks und künstlerischer Gestaltung genutzt worden ist.[525] Das fremde Werk muss sich funktional in die künstlerische Gestaltung und Intention des Kunstwerkes einfügen und damit integraler Bestandteil einer eigenständigen künstlerischen Aussage sein.[526] Wie zuvor ausgeführt, werden diese Voraussetzungen im Bereich des dokumentarischen Films und Fernsehens nur selten gegeben sein, da Zitate hier überwiegend zur Informationsvermittlung eingesetzt werden. Insofern ist die Zulässigkeit einer vollständigen Werkwiedergabe unter dem Gesichtspunkt der Kunstfreiheit zwar theoretisch denkbar, wird jedoch nur in wenigen Fällen anzunehmen sein.

---

[522] Schricker-*Schricker*, § 51, Rn. 23; Dreier/Schulze-*Dreier*, § 51, Rn. 24; *Brauns*, Die Entlehnungsfreiheit im Urheberrechtsgesetz, S. 141 ff.

[523] *Brauns*, Die Entlehnungsfreiheit im Urheberrechtsgesetz, S. 143 (Fn. 513); LG Berlin GRUR 1962, 207, 209 – Maifeiern.

[524] Vgl. BVerfG ZUM 2000, 867, 869 – Germania 3, zur Verwertung von Textstellen aus Werken *Bertolt Brechts* in einem Theaterstück von *Heiner Müller*: „Steht - wie vorliegend - ein geringfügiger Eingriff in die Urheberrechte ohne die Gefahr merklicher wirtschaftlicher Nachteile (z.B. Absatzrückgänge, vgl. hierzu BGH GRUR 1959, 197, 200) der künstlerischen Entfaltungsfreiheit gegenüber, so haben die Verwertungsinteressen der Urheberrechtsinhaber im Vergleich zu den Nutzungsinteressen für eine künstlerische Auseinandersetzung zurückzutreten."

[525] Vgl. oben unter 3. Teil B II 2 b.

[526] BVerfG ZUM 2000, 867, 870 – Germania 3.

3. Ergebnis

Im Wege einer Analogie des Zitatrechts gemäß § 51 Nr. 2 UrhG dürfen ausnahmsweise auch ganze Werke zitiert werden („großes Kleinzitat"). Dies setzt bei einer Abwägung der urheberrechtlichen Verwertungsinteressen mit den Kommunikationsgrundrechten des Art. 5 Abs. 1 GG voraus, dass der Zitatzweck nicht anders erreicht werden kann als durch eine vollständige Werkwiedergabe. Im Bereich des dokumentarischen Films und Fernsehens wird diese Voraussetzung insbesondere in Fällen des Bildzitats gegeben sein. Bei der Abwägung mit dem durch Art. 5 Abs. 3 GG geschützten Interesse an einer freien künstlerischen Gestaltung ist hingegen maßgeblich darauf abzustellen, ob das als Mittel künstlerischen Ausdrucks und künstlerischer Gestaltung eingesetzte Zitat die Verwertungsinteressen des Urhebers unzumutbar beeinträchtigt, insbesondere die Gefahr von Absatzrückgängen in sich birgt. Wenn ein Zitat in einem dokumentarischen Film als künstlerisches Stilmittel eingesetzt wird – was eher selten der Fall sein wird – ist das Anführen eines ganzen Werkes demnach als unzulässig anzusehen, wenn hierdurch ein ernsthafter Ersatz für den Erwerb des fremden Werkes geboten wird. Insgesamt ergibt sich, dass eine Analogie des § 51 UrhG bzw. die nach anderer Ansicht geforderte verfassungskonforme Auslegung des Tatbestandsmerkmals „Stellen" in § 51 Nr. 2 UrhG eine hinreichende Grundlage dafür bietet, die für und gegen ein großes Kleinzitat sprechenden Interessen in einen verhältnismäßigen Ausgleich zu bringen. Da eine umfassende Güter- und Interessenabwägung also bereits auf tatbestandlicher Ebene stattfindet, kommt ein Rückgriff auf einen etwaigen Rechtfertigungsgrund eines übergesetzlichen Notstandes[527] jedenfalls insoweit nicht in Betracht, als die Rechtswidrigkeit des Zitats auf eine vollständige Werkwiedergabe zurückzuführen ist.[528]

IV. Selbstständiges Werk

Nach dem Wortlaut der § 51 Nr. 1 und 2 UrhG darf ein Zitat nur in einem selbstständigen Werk angeführt werden. Dieses Tatbestandsmerkmal wird im Sinne einer urheberrechtlichen Unabhängigkeit des zitierenden Werkes vom zitierten Werk ausgelegt, d.h. der Schwerpunkt des zitierenden Werkes muss auf

---

[527] Vgl. hierzu ausführlich unten unter 3. Teil B V.

[528] Dementsprechend bedarf es auch für die Wiedergabe eines vollständigen Gedichts einer Person der Zeitgeschichte zum Beleg ihrer früheren politischen Gesinnung keines Rückgriffs auf einen etwaigen Rechtfertigungsgrund der politisch-historischen Dokumentationsfreiheit (so Schricker-*Wild*, § 97, Rn. 25). Denn wenn die Abwägung der widerstreitenden Interessen im Rahmen einer Analogie bzw. einer verfassungskonformen Auslegung des Tatbestandsmerkmals „Stellen" in § 51 Nr. 2 UrhG ergibt, dass eine vollständige Werkwiedergabe nicht geboten ist, so würde auch eine Interessenabwägung auf der Ebene der Rechtfertigung des Eingriffs zu keinem abweichenden Ergebnis führen.

einer eigenen geistigen Leistung des Zitierenden liegen.[529] Danach ist entscheidend, ob eine eigenständige individuelle Schöpfung bestehen bleibt, wenn man sich sämtliche[530] übernommenen Werke wegdenkt.[531] Grundsätzlich nicht als selbstständiges Werk im Sinne von § 51 UrhG ist daher die bloße Auswahl und Anordnung von Zitaten bzw. Aneinanderreihung fremder Werke mit oder ohne kurze verbindende Texte anzusehen, selbst wenn die Voraussetzungen des § 4 UrhG vorliegen.[532]

Allerdings ergibt sich aus den vorstehenden Ausführungen zum Zitatzweck, dass im Hinblick auf die durch Art. 5 Abs. 3 GG geschützte Kunstfreiheit durchaus ein berechtigtes Interesse bestehen kann, fremde Werke für sich sprechen zu lassen, sie aneinander zu reihen bzw. mit eigenen Werkstellen zu verbinden, wie etwa bei der oben beispielhaft angeführten Kunstform der Collage.[533] Bei einem engen Verständnis des Begriffs der Selbstständigkeit im Sinne einer urheberrechtlichen Unabhängigkeit wäre eine Anwendbarkeit des § 51 UrhG indes fraglich. Auch im Hinblick auf die Kommunikationsgrundrechte (Art. 5 Abs. 1 GG) wird die aus dem Erfordernis einer Selbstständigkeit des zitierenden Werkes resultierende Beschränkung der Zitierfreiheit z.T. kritisiert. So soll ein unabweisbares gesellschaftliches Bedürfnis danach bestehen, zu politischen und historischen Zwecken Werke sammeln und unter einem bestimmten Gesichtspunkt zusammenstellen zu dürfen. Mittels einer derartigen Dokumentationsfreiheit ließen sich geschichtliche und politische Zusammenhänge beweisen und der Rezipient einer solchen Dokumentation könnte sich ein direktes und unbeeinflusstes Urteil von den Originalquellen bilden.[534] Insofern stellt sich die Frage, ob auch der Begriff der Selbstständigkeit in § 51 UrhG im Wege einer verfassungskonformen Auslegung zu erweitern ist.

Im Rahmen des § 51 Nr. 1 UrhG steht einer derartigen erweiternden Auslegung indes der Wortlaut, die Systematik sowie der Sinn und Zweck der Bestimmung

---

[529] Schricker-*Schricker*, § 51, Rn. 22; Dreier/Schulze-*Dreier*, § 51, Rn. 7; Dreyer/Kotthoff/Meckel-*Dreyer*, § 51, Rn. 11; Loewenheim-*Götting*, § 31, Rn. 133 f.; enger Fromm/Nordemann-*Vinck*, § 51, Rn. 3.

[530] Schricker-*Schricker*, § 51, Rn. 22.

[531] BGH GRUR 1992, 382, 384 – Leitsätze; BGH GRUR 1994, 800, 802 f. – Museumskatalog; Schricker-*Schricker*, § 51, Rn. 22; Fromm/Nordemann-*Vinck*, § 51, Rn. 3; Wandtke/Bullinger-*Lüft*, § 51, Rn. 7; Dreyer/Kotthoff/Meckel-*Dreyer*, § 51, Rn. 11; Loewenheim-*Götting*, § 31, Rn. 134.

[532] BGH GRUR 1973, 216, 217 – Handbuch moderner Zitate; BGH GRUR 1994, 800, 802 f. – Museumskatalog; OLG München ZUM 1990, 252, 253; Schricker-*Schricker*, § 51, Rn. 22; Dreier/Schulze-*Dreier*, § 51, Rn. 7; Wandtke/Bullinger-*Lüft*, § 51, Rn. 7; Fromm/Nordemann-*Vinck*, § 51, Rn. 3; Dreyer/Kotthoff/Meckel-*Dreyer*, § 51, Rn. 13; Loewenheim-*Götting*, § 31, Rn. 133.

[533] Vgl. oben unter 3. Teil B II 3 b ee.

[534] *Deutsch*, NJW 1967, 1393, 1393; *Löffler*, NJW 1980, 201, 201, zum Beispiel einer Schulbuchdokumentation; zustimmend Schricker-*Wild*, § 97, Rn. 23. Ablehnend: Dreyer/Kotthoff/Meckel-*Dreyer*, § 51, Rn. 13; Fromm/Nordemann-*Nordemann*, Vor § 45, Rn. 3.

entgegen. So darf ein Großzitat gemäß § 51 Nr. 1 UrhG ausschließlich zu dem Zweck angeführt werden, den Inhalt des zitierenden Werkes zu erläutern. Diese Tatbestandsvoraussetzung ist entsprechend der zuvor getroffenen Ausführungen[535] dahingehend auszulegen, dass das Zitat lediglich als Hilfsmittel zum besseren Verständnis eines eigenen Gedankenganges des Zitierenden dienen darf. Die eigenständigen wissenschaftlichen Erkenntnisse des Zitierenden legitimieren – im Interesse einer Wissenschaftsförderung (Art. 5 Abs. 3 GG) – den Eingriff in die urheberrechtlichen Verwertungsbefugnisse. Ein Verzicht auf das Kriterium der Selbstständigkeit stünde insofern zu der Tatbestandsvoraussetzung der Inhaltserläuterung und zu dem hiermit verfolgten Regelungsziel in Widerspruch.[536]

Demgegenüber enthält § 51 Nr. 2 UrhG keinen ausdrücklich normierten Zitatzweck, der einen Anhaltspunkt für die Auslegung des Tatbestandsmerkmals der Selbstständigkeit bieten könnte. Dessen Regelungsinhalt ist insofern nach Sinn und Zweck der Bestimmung zu ermitteln. Dieser besteht im Ergebnis darin, einen verfassungskonformen Ausgleich zwischen den Rechten des Urhebers (Art. 14 GG) und den durch Art. 5 Abs. 1 GG und die Kunstfreiheit gemäß Art. 5 Abs. 3 GG geschützten Interessen zu schaffen.

Bereits oben wurde ausgeführt, dass ein Eingriff in die wirtschaftlichen Verwertungsbefugnisse des Urhebers im Hinblick auf die durch Art. 5 Abs. 1 GG geschützten Informationsinteressen der Gesellschaft nur dann gerechtfertigt ist, wenn das Zitat im Hinblick auf einen eigenständigen Gedankengang des Zitierenden einen selbstständigen Informationszweck verfolgt. Demgegenüber ist ein Eingriff in die wirtschaftlichen Verwertungsbefugnisse des Urhebers unverhältnismäßig, wenn das Zitat ausschließlich zu dem Zweck angeführt wird, das fremde Werk um seiner selbst willen der Allgemeinheit zur Kenntnis zu bringen. So können die betreffenden Informationen auch durch eine Wiedergabe des Inhalts des fremden Werkes vermittelt werden und es besteht zudem die Möglichkeit, die eigenen Ausführungen mit Belegstellen zu ergänzen. Insofern ist die Aneinanderreihung fremder Werke ohne selbstständige eigene Werkleistung bereits unter dem Gesichtspunkt des Zitatzwecks als unzulässig anzusehen, so dass auch ein Verzicht auf das Kriterium der Selbstständigkeit im Hinblick auf gesellschaftliche Informationsinteressen nicht geboten ist. Denn bei einer verfassungskonformen Auslegung einzelner Tatbestandsvoraussetzungen des Zitatrechts darf der zulässige Zitatzweck als entscheidende Voraussetzung des § 51 UrhG nicht überschritten werden.[537]

---

[535] Vgl. oben unter 3. Teil B II 1.

[536] *Bornkamm*, FS Piper, S. 641, 652.

[537] Schricker-*Schricker*, § 51, Rn. 9; Loewenheim-*Götting*, § 31, Rn. 128; Dreier/Schulze-*Dreier*, § 51, Rn. 22; im Ergebnis *Bornkamm*, FS Piper, S. 641, 651 f. Ein anderes Ergebnis kann sich auch nicht unter dem Gesichtspunkt eines sogenannten übergesetzlichen Notstandes (s. hierzu unten unter 3. Teil B V) ergeben, da eine hiernach bestehende etwaige Rechtferti-

Bei der Abwägung zwischen Urheberrecht (Art. 14 GG) und Kunstfreiheit (Art. 5 Abs. 3 GG) ergibt sich hingegen eine andere Situation: Im Kontext einer künstlerischen Gestaltung kann die Aneinanderreihung und Verbindung fremder Werke Gegenstand und Gestaltungsmittel einer künstlerischen Aussage sein, wie etwa im Falle des künstlerischen Stilmittels der Collage. Bereits zuvor wurde ausgeführt, dass die Nutzung fremder Werke zum Zwecke bzw. als Mittel künstlerischen Ausdrucks und künstlerischer Gestaltung grundsätzlich als zulässig zu bewerten ist.[538] Damit stellt sich die Frage, ob das Tatbestandsmerkmal der Selbstständigkeit in § 51 Nr. 2 UrhG einer derartigen Verbindung fremder Werke entgegensteht oder ob im Wege der verfassungskonformen Auslegung insoweit eine Erweiterung der Zitierfreiheit zuzulassen ist.

In seinem „Germania 3“ – Beschluss, der die Zulässigkeit von Zitaten aus Werken *Bertolt Brechts* in einem Theaterstück von *Heiner Müller* zum Gegenstand hatte, bewertete das BVerfG den Umstand, dass die Szenen ohne die streitigen Zitate in sich zusammenfallen würden und nicht mehr existenzfähig wären, für unbeachtlich, da man anderenfalls der künstlerischen Bedeutung des Theaterstückes nicht gerecht würde.[539] Aus diesem Ansatz folgt, dass die Auslegung des Tatbestandsmerkmals der Selbstständigkeit im Sinne einer urheberrechtlichen Unabhängigkeit für künstlerische Werke keine Geltung beanspruchen kann. In urheberrechtlicher Hinsicht ist es möglich, dass das zitierende vom zitierten Werk unabhängig und damit selbstständig ist, da auch ohne Zitat noch eine individuelle schöpferische Leistung mit Werkcharakter verbleiben kann. In künstlerischer Hinsicht ist eine derartige Unabhängigkeit jedoch von vornherein undenkbar, gleich welchen Umfang das Zitat im Rahmen des zitierenden Werkes einnimmt. Denn wenn der Künstler ein fremdes Werk funktional in die künstlerische Gestaltung und Intention seines Werkes einfügt und damit zum integralen Bestandteil einer eigenständigen künstlerischen Aussage macht, so fällt diese künstlerische Aussage stets in sich zusammen, wenn man sich das Zitat als integralen Bestandteil und Gestaltungsmittel des Kunstwerks wegdenkt. Bei einer kunstspezifischen Betrachtung wäre das Merkmal der Selbstständigkeit im oben beschriebenen Sinne mithin nie erfüllt.

Dieser Besonderheit von Kunst ist im Wege einer verfassungskonformen Auslegung des Tatbestandsmerkmals der Selbstständigkeit Rechnung zu tragen. Wenn das zitierende Werk unter den Schutzbereich des Art. 5 Abs. 3 GG fällt und das

---

gung des Urheberrechtseingriffs ebenfalls aufgrund einer umfassenden Güter- und Interessenabwägung festzustellen ist. Aus den vorstehenden Ausführungen folgt jedoch, dass sämtliche betroffenen Interessen bereits vollständig bei der Auslegung und Anwendung des § 51 Nr. 2 UrhG berücksichtigt werden können. Insofern wird das Ergebnis der Interessenabwägung auf der Rechtfertigungsebene zwangsläufig mit den Wertungen übereinstimmen, die sich bei einer Auslegung der Tatbestandsmerkmale des Zitatzwecks und der Selbstständigkeit ergeben.

[538] Vgl. oben unter 3. Teil B II 2 b.

[539] BVerfG ZUM 2000, 867, 870 – Germania 3.

Zitat als Mittel künstlerischen Ausdrucks und künstlerischer Gestaltung eingesetzt wird, ist die Selbstständigkeit des zitierenden Werkes bei der gebotenen kunstspezifischen Betrachtung demnach auch dann anzunehmen, wenn das zitierende Werk nicht urheberrechtlich unabhängig vom zitierten Werk ist.[540] Für eine derartige Auslegung spricht Sinn und Zweck des Zitatrechts, der in der Förderung geistigen Schaffens und freier geistiger Auseinandersetzung mit fremden Werken besteht. Das Merkmal der Selbstständigkeit erfüllt dabei eine regulierende Funktion, indem nur demjenigen eine Zitiermöglichkeit zu gewähren ist, der selbst eine entsprechende Leistung erbringt.[541] Die erforderliche Selbstständigkeit setzt voraus, dass der Schwerpunkt auf einer eigenen geistigen Leistung des Zitierenden liegt, die auch künstlerischer Natur sein kann. Vor diesem Hintergrund beschränkt sich der mögliche Wortsinn des Begriffs der „Selbstständigkeit" jedoch nicht auf eine urheberrechtliche Unabhängigkeit des zitierenden vom zitierten Werk. Handelt es sich beim zitierenden Werk vielmehr um eine durch Art. 5 Abs. 3 GG zu schützende künstlerische Auseinandersetzung ist das Merkmal der Selbstständigkeit verfassungskonform im Sinne einer künstlerischen Eigenständigkeit auszulegen. Maßgeblich ist also, dass die Werkwiedergabe im Rahmen einer eigenständigen künstlerischen Leistung erfolgt. Diese Auslegung korrespondiert mit der Feststellung des BVerfG, dass die gemäß Art. 5 Abs. 3 GG geforderte kunstspezifische Betrachtung dem Künstler über die Belegfunktion hinausgehende Zitiermöglichkeiten eröffnet, soweit das fremde Werk „als integraler Bestandteil einer eigenständigen künstlerischen Aussage erscheint"[542].

Wie zuvor bei der Auslegung des Tatbestandsmerkmals „Stellen" beschrieben, ist Grenze einer derartigen verfassungskonformen Auslegung jedoch der in Art. 9 Abs. 2 RBÜ normierte und bei der Bestimmung des Umfangs des zulässigen Zitats heranzuziehende Grundsatz, dass das Zitat die normale Auswertung des zitierten Werkes nicht unzumutbar beeinträchtigen darf. Insoweit kann auf die zuvor getroffenen Ausführungen verwiesen werden.[543] Wie bereits festgestellt, wird ein Zitat im Rahmen eines dokumentarischen Filmes jedoch nur selten als Mittel künstlerischen Ausdrucks eingesetzt, so dass auf die Voraussetzung einer selbstständigen Werkleistung, wie sie bei einer Abwägung mit Art. 5 Abs. 1 GG zu fordern ist, regelmäßig nicht verzichtet werden kann.

---

[540] *v. Becker*, ZUM 2000, 864, 865.

[541] Vgl. auch BGH GRUR 1986, 59, 59 – Geistchristentum: An der erforderlichen Selbstständigkeit fehlt es nur dann, wenn fremdes Geistesgut ohne wesentliche eigene Leistung wiedergegeben wird. Nach *Ulmer*, Urheber- und Verlagsrecht, S. 312, betrifft das Erfordernis der Selbstständigkeit das Verhältnis zwischen Zitat und zitierendem Werk: Der Schwerpunkt muss demnach auf der eigenen geistigen Schöpfung liegen, in die das Zitat eingegliedert ist.

[542] BVerfG ZUM 2000, 867, 870 – Germania 3.

[543] Vgl. oben unter 3. Teil B III 2.

V. Veröffentlichtes Werk

1. Kein Zitat unveröffentlichter Werke gemäß § 51 Nr. 2 UrhG

Nach dem Wortlaut des § 51 Nr. 2 UrhG dürfen nur solche Werkstellen zitiert werden, die bereits im Sinne des § 6 Abs. 1 UrhG veröffentlicht wurden, d.h. mit Zustimmung des Berechtigten der Öffentlichkeit zugänglich gemacht worden sind. Die Tatbestandsvoraussetzung der Veröffentlichung des zitierten Werkes ist im Interesse des Persönlichkeitsschutzes normiert[544] und steht im unmittelbaren Zusammenhang zu der urheberpersönlichkeitsrechtlichen Regelung des § 12 Abs. 1 UrhG[545]. Hiernach hat der Urheber das Recht, selbst darüber zu entscheiden, ob, wann, wo und in welcher Form sein Werk erstmals veröffentlicht wird.[546] Hintergrund dieser Bestimmungsbefugnis sind nicht nur die rechtlichen und materiellen, sondern vor allem die ideellen Konsequenzen einer Veröffentlichung.[547] So entlässt der Urheber mit der Erstveröffentlichung das Werk aus seiner Geheimsphäre und legt seine geistigen, ästhetischen, künstlerischen, wissenschaftlichen, religiösen, politischen und sonstigen Anschauungen, Vorstellungen und Fähigkeiten offen. Damit gibt er seine innerste Gedanken- und Gefühlswelt preis und entscheidet darüber, ob der Schaffensprozess abgeschlossen ist und das Werk qualitativ seinen Vorstellungen entspricht. Durch die Veröffentlichung setzt der Urheber sein Werk und damit zugleich sich selbst der öffentlichen Kenntnis- und Stellungnahme und einer damit möglicherweise verbundenen negativen Kritik aus.[548] Insofern gehört die Befugnis, selbst über die Veröffentlichungsreife seines Werkes zu bestimmen, zu den wichtigsten Rechten des Urhebers. Das Erstveröffentlichungsrecht gemäß § 12 UrhG stellt eine Grundnorm des Urheberschutzes dar.[549]

Dementsprechend lässt sich eine Publikation bislang unveröffentlichter fremder Werke mit dem Zitatrecht des § 51 Nr. 2 UrhG nicht dogmatisch begründen.[550] Neben einer direkten Anwendung der Bestimmung kommt insbesondere eine erweiternde bzw. verfassungskonforme Auslegung des § 51 Nr. 2 UrhG nicht in Betracht.[551] So darf sich auch eine verfassungskonforme Auslegung anerkann-

---

[544] Schricker-*Schricker*, § 51, Rn. 9; *Bornkamm*, FS Piper, S. 641, 651 ff.
[545] Schricker-*Dietz*, § 12, Rn. 1.
[546] Dreier/Schulze-*Schulze*, § 12, Rn. 1; Schricker-*Dietz*, § 12, Rn. 11; *Rehbinder*, Urheberrecht, Rn. 237.
[547] Dreier/Schulze-*Schulze*, § 12, Rn. 1, 5.
[548] Dreier/Schulze-*Schulze*, § 12, Rn. 1; Schricker-*Dietz*, § 12, Rn. 1; *v. Gamm*, § 12, Rn. 2.
[549] Schricker-*Dietz*, § 12, Rn. 1; *Heidmeier*, Das Urheberpersönlichkeitsrecht und der Film, S. 56.
[550] Vgl. etwa LG Hamburg AfP 1999, 379, 380; LG Berlin NJW 1995, 881, 882; KG NJW 1995, 3392, 3394.
[551] Schricker-*Schricker*, § 51, Rn. 9; Dreier/Schulze-*Dreier*, § 51, Rn. 22; *Bornkamm*, FS Piper, S. 641, 651 ff. Im Ergebnis auch: LG Hamburg AfP 1999, 379, 380; LG Berlin

termaßen nicht über die Grenzen hinwegsetzen, die sich aus dem möglichen Wortsinn, dem Bedeutungszusammenhang und dem Zweck des Gesetzes ergeben. Sie darf das gesetzgeberische Ziel nicht in einem wesentlichen Punkt verfehlen oder verfälschen bzw. die normative Zielsetzung in ihr Gegenteil verkehren.[552] Sinn und Zweck des § 51 Nr. 2 UrhG ist es, dem Urheber im Interesse einer freien geistigen Auseinandersetzung die Bezugnahme auf fremde Werke zu ermöglichen. Da die eigene schöpferische Leistung häufig von bereits veröffentlichten Werken abhängig ist, soll der Urheber bei seinem Schaffen auf den kulturellen Leistungen seiner Vorgänger aufbauen können.[553] Ein berechtigtes Bedürfnis, auf fremde Werke zugreifen zu können, kann demnach vor allem bezüglich veröffentlichter Werke angenommen werden. Denn erst mit der Publikation tritt das Werk in den gesellschaftlichen Raum und kann bestimmend für das Werkschaffen anderer Urheber werden.[554]

Auch eine Analogie des § 51 Nr. 2 UrhG auf unveröffentlichte Werke scheidet mangels Bestehens einer Regelungslücke, also einer planwidrigen Unvollständigkeit des Gesetzes[555] aus. Insbesondere kann nicht davon ausgegangen werden, dass das UrhG – gemessen an seiner eigenen Regelungsabsicht – für unveröffentlichte Werke eine die Regelung des § 51 Nr. 2 UrhG ergänzende „Schranke der allgemeinen Güter- und Interessenabwägung" enthalten sollte. Hiergegen spricht, dass der Gesetzgeber im Rahmen der Schrankenregelungen der §§ 44a ff. UrhG und den dort normierten Tatbestandsvoraussetzungen bereits eine abstrakte Abwägung der Interessen der Öffentlichkeit mit denen des Urhebers vorgenommen und hierbei auch die Frage, wann ein bislang unveröffentlichtes Werk ohne Zustimmung des Urhebers verwertet werden darf, berücksichtigt hat.[556] Danach soll eine Verwertung bislang unveröffentlichter Werke nur in besonders geregelten Ausnahmefällen zulässig sein. Gemäß § 45 Abs. 2 und 3 UrhG etwa ist Gerichten und Behörden die Vervielfältigung, Verbreitung und öffentliche Wiedergabe unveröffentlichter Werke aus Gründen der Rechtspflege

---

NJW 1995, 881, 882; KG NJW 1995, 3392, 3394; OLG Düsseldorf GRUR 1983 758, 759 f. – Anwaltsschriftsatz; Dreyer/Kotthoff/Meckel-*Dreyer*, § 51, Rn. 5.

[552] BVerfGE 8, 28, 34; BVerfGE 54, 277, 299; *Larenz/Canaris*, Methodenlehre der Rechtswissenschaft, S. 161.

[553] Wandtke/Bullinger-*Lüft*, § 51, Rn. 1; Möhring/Nicolini-*Waldenberger*, § 51, Rn. 1; Loewenheim-*Götting*, § 31, Rn. 124.

[554] Auch das BVerfG begründete die Zulässigkeit eines Zitats zu künstlerischen Zwecken mit der Erwägung, dass ein Werk mit der Veröffentlichung nicht mehr allein seinem Inhaber zur Verfügung stehe. Mit der Veröffentlichung trete es vielmehr bestimmungsgemäß in den gesellschaftlichen Raum und könne damit zu einem eigenständigen, das kulturelle und geistige Bild der Zeit mitbestimmenden Faktor werden, vgl. BVerfG ZUM 2000, 867, 869 – Germania 3.

[555] Vgl. hierzu *Larenz/Canaris*, Methodenlehre der Rechtswissenschaft, S. 194.

[556] *v. Gamm*, § 45, Rn. 3; *Bornkamm*, FS Piper, S. 641, 648; Dreier/Schulze-*Schulze*, § 12, Rn. 16.

sowie der öffentlichen Sicherheit gestattet.[557] Eine darüber hinausgehende Ausnahmebestimmung, wonach der Urheber im Einzelfall seine Einwilligung zur Publikation eines bislang unveröffentlichten Werkes nach Treu und Glauben nicht versagen darf, enthält das Gesetz nicht. Dass es sich hierbei nicht um eine planwidrige Unvollständigkeit handelt, folgt bereits daraus, dass § 62 Abs. 1 S. 2 UrhG i.V.m. § 39 Abs. 2 UrhG für die Änderungsbefugnis, die ebenfalls urheberpersönlichkeitsrechtlicher Natur ist[558], eine entsprechende Regelung enthält. In den §§ 44a ff. UrhG setzt sich insofern der Schutz der urheberpersönlichkeitsrechtlichen Erstveröffentlichungsbefugnis fort, deren Reichweite – anders als die des allgemeinen Persönlichkeitsrechts – gemäß der Regelung in § 12 UrhG grundsätzlich nicht von einer allgemeinen Interessenabwägung im Einzelfall abhängig sein soll.[559] Auch an anderer Stelle des Gesetzes hat der Gesetzgeber die ausschließliche Erstveröffentlichungsbefugnis für nicht sachgerecht befunden und deshalb eine Einschränkung aufgrund des Prinzips der Güter- und Interessenabwägung vorgenommen. So darf ein Miturheber gegenüber den anderen Miturhebern seine Zustimmung zur Veröffentlichung gemäß § 8 Abs. 2 S. 2 UrhG nicht wider Treu und Glauben verweigern. Ob ein Verstoß gegen Treu und Glauben vorliegt, ist dabei im Wege der Interessenabwägung zu bestimmen.[560] Demnach hat der Gesetzgeber das Prinzip der einzelfallbezogenen Interessenabwägung also keinesfalls „übersehen", so dass davon auszugehen ist, dass er, wenn er eine weitergehende Berücksichtigung der widerstreitenden Interessen im Einzelfall auf der Tatbestandsebene der §§ 44a ff. UrhG gewollt hätte, dies auch normiert hätte. Eine „ungeschriebene Schranke des Urheberrechts" mit dem Inhalt einer allgemeinen Güter- und Interessenabwägung ist mithin abzulehnen.[561]

2. Rechtfertigung einer Publikation bislang unveröffentlichter Werke

a) Rechtfertigung aufgrund des allgemeinen Prinzips der Güter- und Interessenabwägung

Die Beschränkung der Zitiermöglichkeit auf veröffentlichte Werke hat zur Folge, dass selbst solche unveröffentlichten Werke nicht angeführt werden dürfen, an deren Inhalt ein besonders großes Informationsinteresse der Allgemeinheit

---

557 Vgl. Dreier/Schulze-*Dreier*, § 45, Rn. 8; Wandtke/Bullinger-*Lüft*, § 45, Rn. 10; OLG Frankfurt NJW-RR 2000, 119, 120 ff.

558 Schricker-*Dietz*, § 39, Rn. 1, Vor §§ 12 ff., Rn. 9.

559 OLG Düsseldorf GRUR 1983, 758, 759 f. – Anwaltsschriftsatz; vgl. auch *Müsse*, Das Urheberpersönlichkeitsrecht, S. 59, 45 ff., wonach beim Urheberpersönlichkeitsrecht im Gegensatz zum allgemeinen Persönlichkeitsrecht eine Interessenabwägung auf Tatbestandsebene nur dann stattfindet, wenn eine Verletzung der urheberrechtlichen Treuepflicht, die in bestimmten Vorschriften des UrhG ihren Ausdruck gefunden hat, zu prüfen ist.

560 Schicker-*Loewenheim*, § 8, Rn. 14.

561 *Bornkamm*, FS Piper, S. 641, 647.

besteht. Der „Zitierende" kann in den Grenzen des § 12 Abs. 2 UrhG allenfalls den Inhalt des fremden Werkes wiedergeben, nicht jedoch Stellen zum Beleg, zur Veranschaulichung oder als Ausgangspunkt und Erörterungsgrundlage eigener Ausführungen anführen. Diese Situation wird sowohl in der Rechtsprechung als auch in der Literatur als unbefriedigend empfunden. Deshalb soll in Fällen, in denen eine Kenntnisnahme vom Werk in besonderer Weise im Interesse einer informierten Gesellschaft liegt und von hoher Bedeutung für die öffentliche Meinungsbildung ist, die durch eine unberechtigte Veröffentlichung eintretende Urheberrechtsverletzung ausnahmsweise gerechtfertigt sein.[562]

Aufgrund eines erheblichen Informationsinteresses der Öffentlichkeit erachtete beispielsweise das LG Berlin die Publikation eines unveröffentlichten Briefwechsels zwischen *Botho Strauß* und dem Theatermagazin „Theater Heute" in der betreffenden Zeitschrift gegen den ausdrücklichen Willen des Autors für zulässig. In den Briefen hatte *Botho Strauß* zu der Aufnahme seines Essays „Anschwellender Bockgesang" in einen Sammelband Stellung genommen. Das LG Berlin ging von einem erheblichen Interesse der beteiligten Fachkreise sowie von einem „ungewöhnlich dringenden Informationsbedürfnis der Öffentlichkeit" an der Stellungnahme aus, da die Veröffentlichung eine außergewöhnliche Beachtung in der Öffentlichkeit gefunden habe und die literarische Betätigung *Strauß'* bewusst und gewollt in einer breiten Öffentlichkeit stattfinde.[563] Das Kammergericht stimmte dem Landgericht in dem Ansatz zu, dass ein Zitat unveröffentlichter Werke aufgrund einer Interessen- und Güterabwägung grundsätzlich gerechtfertigt sein könne, lehnte ein ungewöhnlich dringendes Informationsbedürfnis der Öffentlichkeit im konkreten Fall jedoch ab.[564] Von der Rechtmäßigkeit der Veröffentlichung eines bislang unveröffentlichten Anwaltsschriftsatzes wegen eines erheblichen öffentlichen Interesses ging ferner das LG Hamburg[565] sowie in der Berufungsinstanz das OLG Hamburg[566] aus. Bei dem betreffenden Schriftsatz handelte es sich um eine Berufungsschrift, die *Gregor Gysi* in der DDR als Strafverteidiger in einem Verfahren gegen den Regime-Kritiker *Robert Havemann* verfasst hatte, und die in einem vom Bundesbeauftragten für die Unterlagen des Staatssicherheitsdienstes der ehemaligen DDR herausgegebenen Buch mit dem Titel „Der Fall Havemann – Ein Lehrstück politischer Justiz" vollständig veröffentlicht werden sollte.

---

[562] Zu den insoweit vertretenen unterschiedlichen dogmatischen Ansätzen vgl. m.w.N. sogleich unter 3. Teil B V 2 a. Allgemein für die weitergehende Möglichkeit einer Interessenabwägung bei der Ausübung des Urheberpersönlichkeitsrechts: *Dietz*, ZUM 1993, 309, 309 ff.; zustimmend *Lucas-Schloetter*, GRUR Int. 2002, 2, 2 ff. *Hoeren*, MMR 2000, 3, 5, befürwortet eine „Megaschranke" für einzelfallbezogene Ergebnisse.

[563] LG Berlin NJW 1995, 881, 882 f.

[564] KG NJW 1995, 3392, 3394.

[565] LG Hamburg AfP 1999, 379, 380 f. Kritisch zu der Entscheidung: *Seifert*, FS Erdmann, S. 195, 209; *Rehbinder*, Urheberrecht, Rn. 237.

[566] OLG Hamburg NJW 1999, 3343, 3344 f.

Das allgemeine Prinzip der Güter- und Interessenabwägung hat in diversen gesetzlich geregelten Rechtfertigungsgründen seinen Niederschlag gefunden, wie etwa in dem vom Reichsgericht entwickelten Rechtfertigungsgrund des rechtfertigenden übergesetzlichen Notstandes[567], der mittlerweile in § 34 StGB positiv normiert ist.[568] Ebenfalls eine Güter- und Interessenabwägung zum Gegenstand haben die zivilrechtlichen Notstandsregelungen in §§ 228, 904 BGB. Ob auch im Urheberrecht ein auf dem Prinzip der Güter- und Interessenabwägung beruhender Rechtfertigungsgrund anzuerkennen ist, ist streitig.

Teilweise wird dies mit der Begründung abgelehnt, dass die Schrankenbestimmungen bereits auf einer eingehenden Güter- und Interessenabwägung durch den Gesetzgeber beruhen und in den §§ 44a ff. UrhG gerade keine einzelfallbezogene Interessenabwägung zwischen Erstveröffentlichungsbefugnis und gesellschaftlichen Informationsinteressen vorgesehen ist. Dementsprechend sei es unzulässig, aufgrund einer allgemeinen Güter- und Interessenabwägung bestimmte Nutzungshandlungen zu rechtfertigen, die der Gesetzgeber aufgrund der von ihm vorgenommenen abstrakten Interessenabwägung gerade nicht zulassen wollte.[569] Gegen diese Auffassung spricht jedoch, dass der Gesetzgeber den absoluten Vorrang der urheberrechtlichen Erstveröffentlichungsbefugnis allein für den Tatbestand einer Urheberrechtsverletzung festgeschrieben hat. Dafür, dass die in den §§ 44 a ff. UrhG zum Ausdruck kommenden Abwägungsergebnisse auch Auswirkungen auf die dogmatische Ebene der Rechtfertigung haben sollte, bestehen jedoch keine Anhaltspunkte. Vielmehr sieht der gesetzgeberische Plan mit der Regelung des § 97 UrhG gerade die Möglichkeit einer Rechtfertigung von Urheberrechtseingriffen vor, die nicht bereits aufgrund der Schrankenbestimmungen gestattet sind. § 97 UrhG enthält indes keine abschließende Aufzählung der zulässigen Rechtfertigungsgründe, sondern verweist mit dem Begriff der Widerrechtlichkeit auf das deutsche Recht[570] und damit auf ein dynamisches Regelungssystem. Viele der hiernach bestehenden Rechtfertigungsmöglichkeiten beinhalten jedoch gerade eine Güter- und Interessenabwägung. Mit dem Hinweis auf die abschließende Regelung der §§ 44a ff. UrhG lässt sich die Rechtfertigung einer Publikation bislang unveröffentlichter Werke demnach nicht ablehnen.

---

[567] Vgl. RGSt 61, 242, 254 f.

[568] Darüber hinaus wird im Strafrecht der neben die Regelung des § 35 StGB tretende Entschuldigungsgrund eines übergesetzlichen entschuldigenden Notstandes diskutiert, vgl. LK-*Hirsch*, Vor § 32, Rn. 212 ff., § 35, Rn. 81; *Tröndle/Fischer*, Vor § 32, Rn. 15.

[569] OLG Düsseldorf GRUR 1983, 758, 759 f. – Anwaltsschriftsatz; *Schack*, Urheber- und Urhebervertragsrecht, Rn. 492, 680; *v. Gamm*, § 45, Rn. 3.

[570] Schricker-*Wild*, § 97, Rn. 19.

aa) Dogmatische Ansätze in Literatur und Rechtsprechung

Zutreffend bejaht die überwiegende Meinung in Literatur und Rechtsprechung vielmehr eine auf dem Prinzip der Güter- und Interessenabwägung beruhende Rechtfertigungsmöglichkeit von Urheberrechtsverletzungen, wobei die dogmatische Begründung bzw. terminologische Bezeichnung für einen derartigen Rechtfertigungsgrund höchst uneinheitlich ist.

Teilweise wird hierfür pauschal auf das allgemeine Prinzip der Güter- und Interessenabwägung Bezug genommen.[571] Demgegenüber greift eine verbreitete Ansicht auf den Rechtfertigungsgrund eines sogenannten „übergesetzlichen Notstandes“ zurück. Hiernach ist die Rechtsverletzung gerechtfertigt, wenn sie zum Schutz eines höherwertigen anderen Rechtsgutes, insbesondere eines ungewöhnlich dringenden bzw. erheblichen Informationsbedürfnisses der Öffentlichkeit erforderlich ist, was im Wege einer umfassenden Abwägung der betroffenen Grundrechte festzustellen ist.[572] Hinter der Terminologie des übergesetzlichen Notstandes verbirgt sich im Kern also eine verfassungsrechtliche Güter- und Interessenabwägung.

Schließlich wird zur Rechtfertigung von Urheberrechtsverletzungen eine Anwendung der Notstandsregelung des § 904 BGB befürwortet, die ebenfalls auf dem Prinzip der Güterabwägung beruht.[573] Dieser Auffassung ist auch der BGH in seiner „Gies-Adler“ – Entscheidung gefolgt.[574] In dem Verfahren ging es um die Zulässigkeit einer parodistischen, verfremdeten Darstellung des sogenannten Gies-Adlers, der weiten Kreisen der Bevölkerung von Veröffentlichungen aus dem früheren Plenarsaal des Bundestags in Bonn bekannt ist. Der BGH bejahte die Zulässigkeit der Darstellung als eine freie Benutzung des Werkes im Sinne des § 24 Abs. 1 UrhG. Zugleich nahm der BGH die Entscheidung zum Anlass, sich zu der Problematik einer außerhalb der Schrankenbestimmungen gemäß §§ 44a ff. UrhG angesiedelten Interessenabwägung zu äußern. Hierbei stellte der BGH fest, dass das UrhG grundsätzlich eine abschließende Regelung der aus dem Urheberrecht fließenden Befugnisse enthalte, die das Ergebnis einer vom Gesetzgeber bereits vorgenommenen Interessenabwägung zwischen Urheberin-

---

[571] LG Berlin NJW 1995, 881, 882; OLG Hamburg NJW 1999, 3343, 3344; vgl. auch OLG Köln AfP 2000, 583, 586.

[572] Schricker-*Wild*, § 97, Rn. 20 ff., 24; Wandtke/Bullinger-*v. Wolff*, § 97, Rn. 31; Fromm/Nordemann-*Nordemann*, Vor § 45, Rn. 6; Fromm/Nordemann-*Nordemann*, § 97, Rn. 19; KG NJW 1995, 3392, 3394; LG Hamburg AfP 1999, 379, 380; LG Berlin GRUR 1962, 207, 210 – Maifeiern. Nach Dreier/Schulze-*Dreier*, § 97, Rn. 15, sind die Fälle des übergesetzlichen Notstandes vornehmlich über eine Abwägung der verfassungsrechtlichen Interessen im Rahmen der Schrankenbestimmung zu lösen.

[573] *Bornkamm*, FS Piper, S. 641, 647; Schricker-*Melichar*, Vor §§ 45 ff., Rn. 14; Fromm/Nordemann-*Nordemann*, Vor § 45, Rn. 6, befürwortet eine analoge Anwendung des § 904 BGB.

[574] BGH GRUR 2003, 956, 957 – Gies-Adler.

teressen und Interessen der Allgemeinheit sei. Für eine außerhalb der urheberrechtlichen Verwertungsinteressen sowie der Schrankenbestimmungen angesiedelte Güter- und Interessenabwägung bzw. für einen Rückgriff auf das Institut des übergesetzlichen Notstandes sei hingegen kein Raum. Allerdings sollen für das Eigentum und für eigentumsähnliche Rechte die Rechtfertigungsgründe der §§ 228, 904 BGB als Spezialregelungen zu § 34 StGB eingreifen. Auch in der „Gies-Adler" – Entscheidung wäre nach Ansicht des BGH eine Anwendung der Bestimmung des § 904 BGB grundsätzlich in Betracht gekommen, deren engen Voraussetzungen im konkreten Fall jedoch nicht vorgelegen haben.[575] Eine Anwendung des § 904 BGB auf Konfliktsituationen zwischen Urheberinteressen und Informationsinteressen der Öffentlichkeit wird vom BGH demnach im Grundsatz befürwortet.

Gegen einen Rechtfertigungsgrund des übergesetzlichen Notstandes wird vom BGH indes vorgebracht, dass dieses Institut im offenen Widerspruch zum gesetzgeberischen Willen steht und insofern eine den urheberrechtlichen Regelungen und der Notstandsregelung des § 904 BGB nachgeschaltete allgemeine Güter- und Interessenabwägung die Kompetenz der Zivilgerichte überschreite. Soweit das Gesetz den gegenläufigen Interessen nicht hinreichend Rechnung trägt und eine Lösung durch eine verfassungskonforme Auslegung des Gesetzes nicht möglich ist, dürfe der Zivilrichter den Konflikt nicht durch eine Nichtanwendung der seines Erachtens verfassungswidrigen Bestimmung lösen. Vielmehr habe er eine Entscheidung des BVerfG nach Art. 100 Abs. 1 GG einzuholen.[576]

bb) Behebungsbedürftige Unvollständigkeit der Rechtfertigungsgründe im Urheberrecht?

Der vorstehende Einwand des BGH gegen das Rechtsinstitut eines übergesetzlichen Notstandes im Urheberrecht würde jedoch relativiert, wenn man dieses nicht als Rechtsfortbildung der §§ 44a ff. UrhG, insbesondere des Zitatrechts begreift, sondern als eine gesetzesübersteigende Rechtsfortbildung der positiv normierten Rechtfertigungsgründe, die über den Wortlaut und die dem Gesetz immanente Teleologie hinausgeht, sich aber noch innerhalb des Rahmens und der leitenden Prinzipien der Gesamtrechtsordnung hält.[577] Eine derartige Rechtsfortbildung zeichnet sich dadurch aus, dass sie vom Plan des Gesetzes nicht gefordert wird, sie dem Gesetz aber auch nicht widersprechen darf, da es sich an-

---

[575] BGH GRUR 2003, 956, 957 – Gies-Adler.
[576] BGH GRUR 2003, 956, 957 – Gies-Adler.
[577] Vgl. zu Voraussetzungen und Grenzen einer gesetzesübersteigenden Rechtsfortbildung: *Larenz/Canaris*, Methodenlehre der Rechtswissenschaft, S. 187 f.; 232 ff.; *Canaris*, Die Feststellung von Lücken im Gesetz, S. 35 ff.; *Bydlinski*, Juristische Methodenlehre und Rechtsbegriff, S. 472 ff.; *Koller*, Theorie des Rechts, S. 221 ff.

sonsten um ein contra-legem-Judizieren[578] handeln würde.[579] Insoweit wurde bereits zuvor festgestellt, dass zwar die Schrankenbestimmungen der §§ 44a ff. UrhG eine abschließende Regelung darstellen und insofern nicht um eine einzelfallbezogene Güter- und Interessenabwägung als ungeschriebene Schranke ergänzt werden dürfen, dass die Möglichkeit einer Rechtfertigung von Urheberrechtseingriffen hiervon jedoch isoliert zu betrachten ist.[580] So verweist der Gesetzgeber in § 97 UrhG auf die Rechtfertigungsgründe des deutschen Rechts, die häufig auf dem Prinzip der Güter- und Interessenabwägung beruhen, so dass eine Berücksichtigung dieses Prinzips bei der Rechtfertigung von Urheberrechtsverletzungen der gesetzgeberischen Regelungsabsicht nicht per se widerspricht. Dies bringt letztendlich auch der BGH mit der von ihm befürworten Anwendung des § 904 BGB zum Ausdruck. Insofern beruht ein etwaiger Rechtfertigungsgrund des übergesetzlichen Notstandes letztendlich auf denselben Erwägungen, die für eine Anwendung des § 904 BGB zur Lösung von Konfliktsituationen zwischen Urheberinteressen und Informationsbedürfnissen der Allgemeinheit sprechen würde. Es ist nicht einsichtig, weshalb der eine Weg als ein den gesetzgeberischen Absichten widersprechendes contra-legem-Judizieren zu qualifizieren sein soll, während der andere sich im Einklang mit dem Gesetzgeberwillen befinden soll. Dies gilt zumindest dann, wenn man die Anforderungen an einen übergesetzlichen Notstand so hoch veranschlagt, dass sie den strengen Tatbestandsvoraussetzungen des § 904 BGB letztendlich entsprechen.[581]

Die Ergänzung der positiv geregelten Rechtfertigungsgründe um einen ungeschriebenen Rechtfertigungsgrund mit dem Inhalt einer allgemeinen Güter- und Interessenabwägung würde voraussetzen, dass die Rechtsordnung insoweit eine Lücke im weiten Sinne[582] aufweist, die im Wege der Rechtsfortbildung zu schließen ist. Eine derartige Lücke liegt vor, wenn das Fehlen einer rechtlichen Regelung zwar nicht schon gemessen am Plan des Gesetzes selbst, wohl aber gemessen an den Erfordernissen der Gesamtrechtsordnung als behebungsbedürftige Unvollständigkeit erscheint.

Prämisse für die Annahme einer derartigen Lücke des UrhG wäre zunächst die Nichteinschlägigkeit eines ausdrücklich normierten Rechtfertigungsgrundes, insbesondere des § 904 BGB. Gegen eine Anwendbarkeit des § 904 BGB auf Urheberrechtsverletzung wird insoweit vorgebracht, dass die aus dem Sachei-

---

578 Vgl. zum contra-legem-Judizieren: *Larenz/Canaris*, Methodenlehre der Rechtswissenschaft, S. 250 ff.; *Neuner*, Die Rechtsfindung contra legem, S. 1 ff.; *Canaris*, Die Feststellung von Lücken im Gesetz, S. 33; *Schmalz*, Methodenlehre, Rn. 447 ff.; *Bydlinski*, Juristische Methodenlehre und Rechtsbegriff, S. 496 ff.

579 *Larenz/Canaris*, Methodenlehre der Rechtswissenschaft, S. 246; *Canaris*, Die Feststellung von Lücken im Gesetz, S. 111, 113.

580 Vgl. bereits oben unter 3. Teil B V 1 und 3. Teil B V 2 a.

581 Vgl. hierzu unten unter 3. Teil B V 2 b.

582 Vgl. zu dieser Terminologie *Larenz/Canaris*, Methodenlehre der Rechtswissenschaft, S. 246 ff.

gentum und dem geistigen Eigentum resultierenden Rechtspositionen wesensmäßig verschieden seien. So habe die soziale Bindung von Sacheigentum und geistigem Eigentum eine unterschiedliche Qualität, da urheberrechtlich geschützte Werke eine geistige Auseinandersetzung provozieren.[583] Ferner gilt es zu berücksichtigen, dass das Urheberrecht nicht nur materielle Verwertungsinteressen schützt, sondern vielmehr auch die aus dem Urheberpersönlichkeitsrecht resultierenden ideellen Interessen des Urhebers, die höchstpersönlichen Charakter haben[584]. Auch wenn § 904 BGB nicht nur für das Eigentumsrecht, sondern entsprechend auch für sonstige absolute Vermögensrechte gelten soll, wird eine Anwendung der Bestimmung auf höchstpersönliche Rechtsgüter jedoch abgelehnt.[585] Sofern man eine Anwendung des § 904 BGB dennoch bejaht, so würde dies jedenfalls voraussetzen, dass bei der Güter- und Interessenabwägung nicht nur etwaige Vermögensschäden des Urhebers, sondern auch Beeinträchtigungen ideeller Urheberinteressen hinreichend berücksichtigt würden. Die Verhältnismäßigkeitsprüfung anhand der „Testfrage" vorzunehmen, ob das Informationsinteresse so groß ist, dass es auch einen Eingriff in das Sacheigentum rechtfertigen würde[586], würde dem Wesen der zu beurteilenden Interessenkollision demnach nicht gerecht.[587]

Allerdings kann das Vorhandensein einer Gesetzeslücke als Voraussetzung für eine gesetzesübersteigende Rechtsfortbildung nicht schon allein aus der Feststellung geschlossen werden, dass die gewünschte Regelung dem positiven Recht nicht widerspricht. Vielmehr muss darüber hinausgehend festgestellt werden können, dass die gewünschte Regelung von der Gesamtrechtsordnung gefordert wird, da nur dann eine planwidrige Unvollständigkeit des Gesetzes vorliegt.[588] Die Rechtsfortbildung muss durch spezifische rechtliche – wenn auch nicht zwingend gesetzliche – Kriterien, insbesondere durch allgemeine Rechtsprinzipien oder Rechtswerte legitimiert sein.[589] Die innere Rechtfertigung einer gesetzesübersteigenden Rechtsfortbildung könnte sich hier vor allem aus dem Güterabwägungsprinzip ergeben. Die Allgemeingültigkeit dieses Prinzips folgt aus dem Gedanken, dass es Wesen und Aufgabe des Rechts ist, bestimmte Güter zu schützen. Für den Fall einer Kollision dieser Güter muss die Rechts-

---

583 Schricker-*Wild*, § 97, Rn. 24. Vgl. hierzu auch die amtliche Begründung zum Urheberrechtsgesetz vom 9.9.1965, abgedruckt in UFITA 45 (1965), 240, 279.

584 Wandtke/Bullinger-*Bullinger*, Vor §§ 12 ff., Rn. 5; Fromm/Nordemann-*Hertin*, Vor § 12, Rn. 6.

585 MüKo-*Säcker*, § 904, Rn. 2; Erman-*Lorenz*, § 904, Rn. 1; vgl. auch Staudinger-*Seiler*, § 904, Rn. 46.

586 *Bornkamm*, FS Piper, S. 641, 647 f., 653 (Fn. 47).

587 Schricker-*Wild*, § 97, Rn. 24.

588 *Canaris*, Die Feststellung von Lücken im Gesetz, S. 37, 51.

589 *Larenz/Canaris*, Methodenlehre der Rechtswissenschaft, S. 246; *Canaris*, Die Feststellung von Lücken im Gesetz, S. 35 ff., 93 ff.; *Koller*, Theorie des Rechts, S. 221 ff., 227 ff.; *Bydlinski*, Juristische Methodenlehre und Rechtsbegriff, S. 473; BVerfGE 34, 269, 287 – Soraya; BVerfGE 49, 304, 321.

ordnung daher notwendigerweise eine Rangordnung aufstellen, auf deren Grundlage ein Gut auf Kosten des anderen höherwertigen Guts zu realisieren ist[590], wobei es auch die fehlende Abwägungsfähigkeit von Rechtsgütern, namentlich die Unantastbarkeit der Menschenwürde gemäß Art. 1 Abs. 1 GG zu berücksichtigen gilt. Eben dieser Gedanke hat im Strafrecht zur Anerkennung des Rechtfertigungsgrundes eines übergesetzlichen Notstands – der mittlerweile in § 34 StGB positiv normiert ist – bzw. zur Anerkennung des ungeschriebenen Rechtfertigungsgrundes einer sogenannten rechtfertigenden Pflichtenkollision[591] geführt. In beiden Fällen zeigte sich, dass die bestehenden gesetzlichen Regelungen nicht den notwendigen Rahmen zur Verfügung stellten, der zur Lösung der Konfliktsituation zwischen zwei verfassungsrechtlich geschützten Gütern erforderlich war. Das nach deutschem Recht bestehende System der Rechtfertigungsgründe wurde als unvollständig erkannt und die hieraus resultierende Lücke durch das allgemeine Rechtsprinzip der Güter- und Interessenabwägung ausgefüllt.[592]

Im hier behandelten Kontext würde die Notwendigkeit eines Rechtfertigungsgrundes mit dem Inhalt einer Güter- und Interessenabwägung allerdings dann nicht bestehen, wenn dem Interesse des Urhebers an einer Untersagung der Nutzung eines bislang unveröffentlichten Werkes ein absoluter Vorrang gebührt, dieser Vorrang also stets – d.h. auch im Hinblick auf entgegenstehende öffentliche Informationsbedürfnisse – als verfassungsgemäßer Ausgleich der widerstreitenden Interessen angesehen werden kann.

Im Hinblick auf die wirtschaftlichen Verwertungsinteressen des Urhebers kann ein derartiger absoluter Vorrang nicht anerkannt werden. Vielmehr gilt es bei der Güter- und Interessenabwägung mit den durch Art. 5 Abs. 1 GG geschützten Informationsbedürfnissen der Öffentlichkeit zu berücksichtigen, dass die Urheberinteressen durch eine Nutzung des Werkes zum Zwecke der Information der Öffentlichkeit unterschiedlich stark betroffen sein können. Das Ausmaß der wirtschaftlichen Beeinträchtigung kann u.a. vom Umfang der Entlehnung, aber auch von der Art des Werkes und dessen genereller Verwertbarkeit abhängen. Dementsprechend bewertete das BVerfG in seinem Beschluss über die Publikation der (bislang unveröffentlichten) Berufungsschrift im Fall Havemann das öffentliche Informationsinteresse als vorrangig vor den Verwertungsinteressen des Urhebers, da die Veröffentlichung die weitere wirtschaftliche Auswertbarkeit des Schriftsatzes durch den Urheber selbst nicht nennenswert beeinträchtigen könne.[593] Zudem ist in Betracht zu ziehen, dass der Eingriff in materielle Urheberinteressen durch Zahlung einer angemessenen Vergütung ausgeglichen

590 *Canaris*, Die Feststellung von Lücken im Gesetz, S. 110.
591 Vgl. hierzu *Tröndle/Fischer*, Vor § 32, Rn. 11 ff., m.w.N.
592 *Canaris*, Die Feststellung von Lücken im Gesetz, S. 109 ff.
593 BVerfG ZUM 2000, 316, 318; vgl. zu diesem Fall bereits oben unter 3. Teil B V 2 a.

werden kann.[594] Jedenfalls im Hinblick auf die materiellen Urheberinteressen erweist sich die strikte Untersagung einer Publikation unveröffentlichter bzw. noch nicht erschienener Werke damit als unverhältnismäßig, da überwiegende gesellschaftliche Informationsinteressen nicht hinreichend berücksichtigt werden können.

Neben den materiellen Verwertungsinteressen ist bei der Abwägung jedoch auch die ideelle, urheberpersönlichkeitsrechtliche Befugnis gemäß § 12 UrhG zu berücksichtigen. Die hiernach jedem Menschen zustehende Befugnis, grundsätzlich selbst darüber zu entscheiden, wie er sich und sein Werkschaffen in der Öffentlichkeit darstellen will, welche Informationen er über sein Denken und Wirken preisgeben bzw. ob er sich einer öffentlichen Auseinandersetzung überhaupt stellen will, stellt einen Grundpfeiler freien Werkschaffens dar.

Allerdings ist der Stellenwert der urheberpersönlichkeitsrechtlichen Erstveröffentlichungsbefugnis bei einer Güter- und Interessenabwägung nicht derart hoch zu veranschlagen, dass die Möglichkeit einer Rechtfertigung wegen eines überwiegenden dringenden Informationsbedürfnisses der Gesellschaft an dem unveröffentlichten Werk schlechthin ausscheidet. So kann das Persönlichkeitsrecht des Urhebers durch eine derartige Veröffentlichung unterschiedlich stark betroffen sein. Neben der urheberpersönlichkeitsrechtlichen Befugnis des § 12 UrhG kann vor allem der aus dem allgemeinen bzw. den besonderen Persönlichkeitsrechten resultierende Schutz der Privat- und Intimsphäre sowie des Selbstbestimmungsrechts in eigenen Angelegenheiten einer Veröffentlichung des fremden Werkes entgegenstehen. Die insoweit bestehenden persönlichkeitsrechtlichen Grenzen der Darstellungs- und Veröffentlichungsfreiheit werden an späterer Stelle ausführlich erörtert.[595] Eine Erstveröffentlichung des Werkes ohne Zustimmung des Verfassers kommt hiernach insbesondere dann nicht in Betracht, wenn diese den unantastbaren Bereich seiner Intimsphäre und seiner Menschenwürde tangieren würde, etwa wenn es um die Publikation persönlicher Aufzeichnungen eines Häftlings in einem diktatorischen Regime geht, in denen dieser die Qualen seiner Folterung und die damit verbundene Erniedrigung und Entwürdigung seiner Person beschreibt. Umgekehrt kann der Inhalt des Werkes jedoch auch keinerlei Bezug zur Persönlichkeit des Urhebers haben, abgesehen von dem Umstand, dass er es persönlich geschaffen hat. Insofern erscheint es zwar legitim, einen Eingriff in die Erstveröffentlichungsbefugnis stets als Urheberrechtsverletzung zu qualifizieren. Darüber hinausgehend auch eine Möglichkeit zur Rechtfertigung dieser Verletzung zu verneinen, erscheint angesichts der unterschiedlichen persönlichkeitsrechtlichen Betroffenheit, die mit einem derartigen Eingriff einhergehen kann, jedoch unverhältnismäßig.[596] So sind Extremsituationen denkbar, in denen das Werk für die öffentliche Meinungsbildung von

---

[594] Vgl. *Deutsch*, NJW 1967, 1393, 1396, 1398; Schricker-*Wild*, § 97, Rn. 25.
[595] Vgl. unten unter 4. Teil.
[596] Vgl. auch BVerfG ZUM 2000, 316, 317 f.

derart erheblicher Bedeutung ist, dass die Auswirkungen einer Nichtunterrichtung der Öffentlichkeit über dessen Inhalt in einem demokratischen Rechtsstaat untragbar erschienen. Hierbei handelt es sich namentlich um Fälle, in denen das öffentliche Informationsinteresse an dem Werk durch dessen gesamtgesellschaftliche Relevanz getragen wird, was vor allem bei politischen Fragen anzunehmen sein wird.[597] Dementsprechend erkennen mitunter auch diejenigen, die einen Rechtfertigungsgrund des übergesetzlichen Notstandes im Urheberrecht ablehnen, im Grundsatz gleichwohl an, dass bei einer verfassungsrechtlichen Güter- und Interessenabwägung dem Urheber-(persönlichkeits-)recht keineswegs immer ein absoluter Vorrang vor öffentlichen Informationsinteressen an dem Werk gebühren muss.[598]

Soweit man also eine Anwendbarkeit des § 904 BGB im Urheberrecht verneint, gebietet die Gesamtrechtsordnung, jedenfalls im Wege einer gesetzesübersteigenden Rechtsfortbildung einen Rechtfertigungsgrund mit dem Inhalt einer Güter- und Interessenabwägung anzuerkennen, auf dessen Grundlage die Publikation eines bislang unveröffentlichten Werkes ausnahmsweise für zulässig befunden und zwingenden Informationsbedürfnissen der Gesellschaft auch jenseits der ausdrücklich normierten Bestimmungen Geltung verschafft werden kann.

cc) Zwischenergebnis

Da die Schrankenbestimmungen der §§ 44a ff. UrhG eine abschließende Regelung darstellen, kommt eine ungeschriebene Schranke des Urheberrechts mit dem Inhalt einer allgemeinen Güter- und Interessenabwägung nicht in Betracht. Allerdings wird von der überwiegenden Meinung in Literatur und Rechtsprechung die Möglichkeit einer Rechtfertigung von Urheberrechtsverletzungen unter Berücksichtigung des Prinzips der Güter- und Interessenabwägung befürwortet. Wie ein derartiger Rechtfertigungsgrund dogmatisch zu begründen ist kann hier im Ergebnis offen bleiben, da jedenfalls die an ihn zu stellenden Voraussetzungen – wie die nachstehenden Ausführungen zeigen werden – identisch sind.

---

[597] Als mögliches Beispiel eines schutzwürdigen Informationsinteresses führt das Kammergericht den Fall an, dass eine wichtige politische Partei einen grundlegenden Kurswechsel vornehmen möchte, vgl. KG NJW 1995, 3392, 3394 f.

[598] Vgl. *Bornkamm*, FS Piper, S. 641, 647 f., 653 (Fn. 47), der den Rechtfertigungsgrund eines übergesetzlichen Notstandes ablehnt, anstelle dessen aber eine Rechtfertigungsmöglichkeit über die Bestimmung des § 904 BGB befürwortet, die ebenfalls auf dem Gedanken der Güterabwägung beruht. Ebenso BGH GRUR 2003, 956, 957 – Gies-Adler; Schricker-*Melichar*, Vor §§ 45 ff., Rn. 14, 16. Für eine analoge Anwendung des § 904 BGB: Fromm/Nordemann-*Nordemann*, Vor § 45, Rn. 6.

b) Voraussetzungen einer Rechtfertigung

Es stellt sich die Frage, unter welchen Voraussetzungen die Publikation eines bislang unveröffentlichten Werkes ausnahmsweise gerechtfertigt ist. Soweit man eine Anwendung des § 904 BGB befürwortet, ergeben sich die Anforderungen aus dem Gesetz. Unklar ist hingegen, welche Voraussetzungen an den Rechtfertigungsgrund einer Güter- und Interessenabwägung bzw. eines übergesetzlichen Notstandes zu stellen wären. Einen Anhaltspunkt bieten insoweit jedoch die gesetzlich normierten Notstandsrechte, insbesondere die §§ 228, 904 BGB sowie § 34 StGB.[599] Da davon auszugehen ist, dass die Voraussetzungen eines etwaigen übergesetzlichen Notstandes nicht hinter den allgemeinen Anforderungen zurückbleiben dürfen, die die gesetzlichen Notstandsrechte im Hinblick auf Notstandslage und -handlung normieren, lassen sich einige gemeinsame Notstandsmerkmale abstrahieren: Die Notstandslage ist dadurch gekennzeichnet, dass eine gegenwärtige Gefahr für ein Rechtsgut vorliegt, die nicht anders als durch einen Eingriff abgewendet werden kann. Dementsprechend muss der Eingriff in zeitlicher Hinsicht dringlich sowie in sachlicher Hinsicht erforderlich sein, d.h. es darf kein milderes Mittel zur Gefahrenabwehr existieren. Ferner ist die Notstandshandlung nur dann gerechtfertigt, wenn sie angemessen bzw. verhältnismäßig ist.

Unterschiede zwischen den gesetzlich normierten Notstandsrechten ergeben sich allerdings im Hinblick auf den Maßstab für die Verhältnismäßigkeitsprüfung, der im Rahmen der § 904 BGB, § 34 StGB strenger ist als in § 228 BGB. Für die Frage, welche Anforderungen an die Verhältnismäßigkeitsprüfung im Rahmen eines übergesetzlichen Notstandes zu stellen wären, ist der Grund für die unterschiedlichen Prüfungsmaßstäbe von Bedeutung. So sind die niedrigeren Anforderungen an eine Rechtfertigung nach § 228 BGB darauf zurückzuführen, dass bei der dort geregelten Notstandssituation die Gefahr von der beschädigten oder zerstörten Sache selbst ausgeht. § 904 BGB betrifft hingegen zur Gefahrenabwehr vorgenommene Eingriffe in Rechtsgüter unbeteiligter Dritter, aus deren Sphäre die abzuwendende Gefahr nicht stammt. Diese Differenzierung nach dem Ursprung der Gefahrenquelle ist nach überwiegender Ansicht auch im Rahmen des § 34 StGB bei der Interessenabwägung zu berücksichtigen.[600] Insofern sind – soweit ein Aggressivnotstand in Rede steht – § 904 BGB und § 34 StGB Ausfluss desselben überpositiven Notstandsgedankens, dass für Unbeteiligte eine allgemeine Pflicht zur Mindestsolidarität besteht. Bei der Voraussetzung eines unverhältnismäßig großen Schadens nach § 904 BGB und eines wesentlichen Überwiegens des geschützten Interesses in § 34 StGB handelt es sich daher im Ergebnis um denselben Abwägungsmaßstab, so dass § 904 BGB an das Überwiegen des geschützten Interesses keine strengeren Anforderung stellt

[599] Vgl. auch *Canaris*, Die Feststellung von Lücken im Gesetz, S. 161 ff.
[600] MüKo/StGB-*Erb*, § 34, Rn. 17; Schönke/Schröder-*Lenckner/Perron*, § 34, Rn. 30.

als § 34 StGB.[601] Eine dem Aggressivnotstand vergleichbare Interessenlage besteht jedoch auch in Fällen, in denen es um die Publikation eines bislang unveröffentlichten Werkes geht. Hier geht die Gefahr für das öffentliche Informationsinteresse nicht vom Werk selbst aus, vielmehr soll die Gefahr, die durch eine Nichtunterrichtung der Gesellschaft droht, durch die Veröffentlichung des Werkes behoben werden. Insoweit erscheint es interessengerecht, die Prüfungsmaßstäbe der § 904 BGB, § 34 StGB auch für einen etwaigen übergesetzlichen Notstand im Urheberrecht heranzuziehen.[602]

Grundvoraussetzung einer Notstandslage ist hiernach zunächst, dass die unberechtigte Veröffentlichung des fremden Werkes zur Abwendung der Gefahr, die eine Nichtunterrichtung der Öffentlichkeit über den Inhalt des Werkes mit sich bringen würde, geeignet ist.[603] Dies impliziert, dass die Veröffentlichung auch tatsächlich zur Befriedigung eines ungewöhnlich dringenden Informationsbedürfnisses der Öffentlichkeit erfolgen muss. Erfüllt das wiedergegebene Werk gar keinen Informationszweck, sondern dient es etwa nur der Ausschmückung oder Illustration, so ist die Veröffentlichung unzulässig, selbst wenn das wiedergebende Werk im Übrigen von hohem Interesse für die Öffentlichkeit ist. Darüber hinaus muss die unberechtigte Publikation des unveröffentlichten Werkes erforderlich sein.[604] Kann eine These beispielsweise mit bereits veröffentlichtem Material belegt werden, so wäre es unverhältnismäßig, auf unveröffentlichtes Material zurückzugreifen. Zudem ist als milderes Mittel stets in Betracht zu ziehen, ob das Informationsbedürfnis an dem Werk nicht auch durch eine inhaltliche Wiedergabe ohne Übernahme der geschützten Form befriedigt werden kann, oder ob gerade ein dringendes Bedürfnis an einer Wiedergabe des Originalwerks

---

601 MüKo/StGB-*Erb*, § 34, Rn. 13 f.; vgl. auch Schönke/Schröder-*Lenckner/Perron*, § 34, Rn. 26; *Bornkamm*, FS Piper, S. 641, 647.

602 Auch nach *Bornkamm*, FS Piper, S. 641, 647 f., 653 (Fn. 47), kann ein rechtfertigender Notstand im Urheberrecht nur unter den strengen Anforderungen des § 904 BGB angenommen werden, so dass der Eingriff in das Recht zur Abwendung einer gegenwärtigen Gefahr notwendig sein und das geschützte Interesse das beeinträchtigte wesentlich überwiegen muss. Insofern unterscheide sich § 904 BGB nicht von § 34 StGB. Nach Fromm/Nordemann-*Nordemann*, Vor § 45, Rn. 6, ist § 904 BGB analog anzuwenden.

603 Vgl. zur Voraussetzung der Geeignetheit im Rahmen des § 904 BGB: Staudinger-*Seiler*, § 904, Rn. 25; Erman-*Lorenz*, § 904, Rn. 5.

604 Vgl. KG NJW 1995, 3392, 3394, das die Zulässigkeit einer Veröffentlichung von Briefen des Autors *Botho Strauß* in dem Theatermagazin „Theater Heute" unter anderem mit der Begründung ablehnte, dass sich der Kommentar gar nicht mit dem wiedergegebenen Text der Briefe befasse, so dass es – um die Kommentierung vornehmen zu können – nicht des vollständigen Abdrucks der Briefe bedurfte. Vgl. zur Voraussetzung der Erforderlichkeit auch: Schricker-*Wild*, § 97, Rn. 20; Wandtke/Bullinger-*v. Wolff*, § 97, Rn. 31; Fromm/Nordemann-*Nordemann*, § 97, Rn. 19; Nach Fromm/Nordemann-*Nordemann*, Vor § 45, Rn. 6 (unter Hinweis auf LG Berlin GRUR 1962, 207, 207 ff. – Maifeiern), ist von einer Erforderlichkeit beispielsweise dann auszugehen, wenn die Zustimmung nur unter unzumutbaren (politischen) Bedingungen eingeholt werden kann. Zur Voraussetzung der Notwendigkeit der Einwirkung im Rahmen des § 904 BGB: MüKo-*Säcker*, § 904, Rn. 9; Staudinger-*Seiler*, § 904, Rn. 25 f.

besteht.[605] Dementsprechend hat auch der BGH die Möglichkeit einer über die ausdrücklichen gesetzlichen Einschränkungen hinausgehenden Beschränkung der urheberrechtlichen Befugnisse in Ausnahmefällen wegen eines ungewöhnlich dringenden Informationsbedürfnisses erwogen, im konkreten Fall jedoch abgelehnt, da ein dringendes Bedürfnis an einer wörtlichen Wiedergabe des Werkes nicht festgestellt werden konnte.[606] Darüber hinaus muss im Hinblick auf das Informationsinteresse eine gesteigerte Dringlichkeit vorliegen, d.h. in zeitlicher Hinsicht müsste ein Abwarten des Erlöschens der urheberrechtlichen Schutzfrist gemäß §§ 64 ff. UrhG unzumutbar sein. Voraussetzung für eine Rechtfertigung wird daher in aller Regel die Aktualität des Ereignisses bzw. Themas sein.[607]

Gemäß § 904 BGB ist für eine Rechtfertigung darüber hinaus zu fordern, dass der drohende Schaden für das gesellschaftliche Informationsbedürfnis gegenüber dem aus dem Eingriff in das Urheberrecht resultierenden Schaden unverhältnismäßig groß ist. Wie zuvor ausgeführt[608], würde auch der ungeschriebene Rechtfertigungsgrund eines übergesetzlichen Notstandes in Anlehnung an die § 904 BGB, § 34 StGB voraussetzen, dass das geschützte Rechtsgut – hier die Informationsinteressen der Allgemeinheit – die beeinträchtigten Urheberinteressen wesentlich überwiegt. In der Rechtsprechung heißt es insoweit, dass ein Vorrang der öffentlichen Informationsinteressen nur in „extremen Ausnahmefällen“[609] anzuerkennen sein soll, bei einem ungewöhnlich dringenden[610], erheblichen[611] bzw. überragenden[612] Informationsbedürfnis. Von einer Rechtfertigung des Eingriffs kann demnach nur dann ausgegangen werden, wenn im Falle einer Nichtunterrichtung der Gesellschaft über das Werk bzw. dessen Inhalt erhebliche Beeinträchtigungen eines wichtigen Rechtsguts der Allgemeinheit zu befürchten wären und die Beeinträchtigung des Urheberrechts in Relation hierzu als geringfügig zu bewerten wäre. Wie bereits gezeigt, ist dabei zwischen den materiellen und ideellen Urheberinteressen zu differenzieren: Was die materiellen Verwertungsinteressen des Urhebers angeht, so werden diese gegenüber erheblichen öffentlichen Informationsinteressen dann nicht überwiegen und einer Publikation entgegenstehen, wenn durch die Veröffentlichung nur geringe wirtschaftliche Einbußen für den Urheber zu befürchten sind[613], etwa weil keine

---

[605] KG NJW 1995, 3392, 3394; BGH GRUR 1987, 34, 35 – Liedtextwiedergabe I.

[606] BGH GRUR 1987, 34, 35 – Liedtextwiedergabe I.

[607] Vgl. auch zur Auslegung des Zitatrechts unter Berücksichtigung des Art. 10 EMRK, TGI Paris GRUR Int. 2001, 252, 252, mit Anmerkung *Geiger*, GRUR Int. 2001, 253, 254, und GRUR Int. 2002, 330, 330 ff.

[608] Vgl. oben unter 3. Teil B V 2 b.

[609] KG NJW 1995, 3392, 3394; vgl. auch Schricker-*Wild*, § 97, Rn. 20 ff., 24 f. Sehr weitgehend hingegen LG Berlin NJW 1995, 881, 882.

[610] KG NJW 1995, 3392, 3394.

[611] LG Hamburg AfP 1999, 379, 381.

[612] OLG Hamburg NJW 1999, 3343, 3344.

[613] LG Hamburg AfP 1999, 379, 380 f.; BVerfG ZUM 2000, 316, 318.

Konkurrenz mit der normalen Verwertung des Werkes eintritt[614], bzw. wenn der Eingriff in materielle Urheberrechtsinteressen durch Zahlung einer angemessenen Vergütung ausgeglichen wird.[615] Im Hinblick auf die Abwägung mit den ideellen, urheberpersönlichkeitsrechtlichen Interessen des Berechtigten käme entsprechend den zuvor getroffenen Ausführungen eine Rechtfertigung allenfalls in extremen Ausnahmefällen bei einem ungewöhnlich dringenden Informationsbedürfnis der Allgemeinheit in Betracht. Zudem dürften der Veröffentlichung keine anderen rechtlichen – etwa aus dem allgemeinen Persönlichkeitsrecht resultierenden – Grenzen entgegenstehen. Im Ergebnis wäre eine Notstandslage, die die übergesetzliche Rechtfertigung einer Publikation unveröffentlichter Werke erfordert, daher am ehesten im Kontext gesamtgesellschaftlicher sowie politischer Fragen anzunehmen.[616] Im Rahmen der Verhältnismäßigkeitsprüfung spielen schließlich Erwägungen zum Umfang der Veröffentlichung eine Rolle. So mag dem Informationsbedürfnis der Öffentlichkeit im Einzelfall bereits dadurch Genüge getan sein, dass nur Ausschnitte aus dem bislang unveröffentlichten Werk publiziert werden.[617]

3. Ergebnis

Gemäß §§ 51 Nr. 2, 12 UrhG ist ein Zitat bislang unveröffentlichter Werke nicht gestattet. Ein Verstoß gegen diese Bestimmungen durch die Publikation eines unveröffentlichten Werkes begründet eine Urheberrechtsverletzung, die jedoch unter engen Voraussetzungen gerechtfertigt sein kann, wenn sich aufgrund einer Güter- und Interessenabwägung ein überwiegendes Informationsinteresse der Öffentlichkeit an dem Werk ergibt. Dabei ist streitig, welcher Rechtfertigungsgrund einschlägig ist. Während eine Auffassung eine Anwendung des § 904 BGB befürwortet, greift eine andere Ansicht auf das Rechtsinstitut eines übergesetzlichen Notstandes als ungeschriebenen Rechtfertigungsgrund zurück. Im Ergebnis ist eine Rechtfertigung unabhängig von der dogmatischen Begründung jedoch unter identischen Voraussetzungen anzunehmen. Denn ein etwaiger

---

[614] Vgl. auch zur Auslegung des Zitatrechts unter Berücksichtigung des Art. 10 EMRK: TGI Paris GRUR Int. 2001, 252, 252 mit Anmerkung *Geiger*, GRUR Int. 2001, 253, 254, und GRUR Int. 2002, 330, 332; österreichischer OGH GRUR Int. 2002, 341, 343 – Medienprofessor.

[615] Vgl. *Deutsch*, NJW 1967, 1393, 1396, 1398; Schricker-*Wild*, § 97, Rn. 25.

[616] Nach dem Landgericht und Oberlandesgericht Hamburg besteht an der kritischen Auseinandersetzung mit der Geschichte der ehemaligen DDR und deren politischen und historischen Aufarbeitung sowie an der Stärkung des Bewusstseins für die Gefahren der Diktatur und Gefährdung der Demokratie ein erhebliches öffentliches Interesse, vgl. LG Hamburg AfP 1999, 379, 381, und OLG Hamburg NJW 1999, 3343, 3344 f.

[617] Insofern erscheint es zweifelhaft, ob die Veröffentlichung vollständiger Tagebücher ohne Zustimmung des Urhebers tatsächlich aufgrund überwiegender Informationsinteressen der Öffentlichkeit gerechtfertigt sein kann, vgl. Schricker-*Wild*, § 97, Rn. 25; abgelehnt für eine Veröffentlichung der Memoiren eines US-Präsidenten vom Supreme Court ZUM 1985, 500, 501 f.

übergesetzlicher Notstand hätte sich an den Anforderungen zu orientieren, die gemäß § 904 BGB an Notstandslage, Notstandshandlung sowie an die Verhältnismäßigkeitsprüfung gestellt werden.

Hiernach kommt eine Rechtfertigung nur dann in Betracht, wenn bei einer einzelfallbezogenen Güter- und Interessenabwägung die durch Art. 5 Abs. 1 GG geschützten Informationsbedürfnisse der Öffentlichkeit die verfassungsrechtlich geschützten Interessen des Urhebers wesentlich überwiegen und der drohende Schaden gegenüber dem aus der Einwirkung resultierenden Schaden unverhältnismäßig groß ist. Dies ist allenfalls in extremen Ausnahmefällen bei einem ungewöhnlich dringenden Informationsbedürfnis anzunehmen. Aufgrund der strengen Anforderungen, die an eine derartige Ausnahmesituation zu stellen sind, werden die Voraussetzungen für eine Rechtfertigung faktisch nur sehr selten gegeben sein.[618] Auch für die Praxis des dokumentarischen Films und Fernsehens besitzt die auf extreme Ausnahmesituationen beschränkte Möglichkeit der Rechtfertigung einer Publikation bislang unveröffentlichter Werke daher eine nur sehr eingeschränkte Relevanz.

VI. Änderungsverbot und Pflicht zur Quellenangabe

Ebenfalls zum Schutz urheberpersönlichkeitsrechtlicher Interessen sehen die §§ 62, 63 UrhG schließlich ein grundsätzliches Änderungsverbot bezüglich des zitierten Werkes sowie eine Pflicht zur Quellenangabe vor.

Während die Quelle nach § 63 Abs. 2 UrhG a.F. bei einer öffentlichen Wiedergabe nur angegeben zu werden brauchte, wenn und soweit die Verkehrssitte dies erforderte, enthält die in Umsetzung des Art. 5 Abs. 3 a), d) und f) der Multimedia-Richtlinie[619] neu eingefügte Bestimmung des § 63 Abs. 2 S. 2 UrhG strengere Vorgaben an die Quellenangabe bei einer öffentlichen Wiedergabe nach § 51 UrhG. Hiernach ist die Quelle einschließlich des Namens des Urhebers stets anzugeben, es sei denn, dass dies nicht möglich ist. Technische Gründe für eine Unmöglichkeit dürften weitgehend ausscheiden, da Fundstellen – gerade bei den auf digitalem Weg produzierten öffentlichen Wiedergaben – ohne weiteres eingeblendet werden können.[620] Eine Quellenangabe ist vielmehr als unmöglich anzusehen, wenn die Quelle anonym bzw. dem Nutzer nicht bekannt ist

[618] Ähnlich zur Relevanz einer Rechtfertigung gemäß § 904 BGB Schricker-*Melichar*, Vor §§ 45 ff., Rn. 14.
[619] Richtlinie 2001/29/EG des Europäischen Parlaments und des Rates vom 22. Mai 2001 zur Harmonisierung bestimmter Aspekte des Urheberrechts und der verwandten Schutzrechte in der Informationsgesellschaft, ABl. EG vom 22.6.2001, L 167/10-19, abgedruckt in GRUR Int. 2001, 745, 745 ff.
[620] Dreier/Schulze-*Schulze*, § 63, Rn. 25.

und er die fehlenden Daten nicht durch angemessene Nachforschungen hat ermitteln können.[621]

Für die Art und Weise der Quellenangabe ist ein sachgerechter Ausgleich der Interessen zu finden. Sie hat so deutlich zu erfolgen, dass ihrem Zweck Genüge getan wird, d.h. der Zuschauer muss die notwendigen Angaben wie Titel, Urheber und Fundstelle ohne besondere Mühe aufnehmen, das Zitat als solches identifizieren und eine eindeutige Zuordnung vornehmen können.[622] Die Quellenangabe muss eine Überprüfung der Entlehnung auf ihre Richtigkeit hin ermöglichen.[623] Hiernach wird es bei einem Zitat in Filmen bzw. Fernsehsendungen regelmäßig nicht genügen, die Rechtsinhaber der zitierten Werke gleichrangig mit anderen Personen im Abspann aufzuführen, da diese vom Zuschauer häufig nicht wahrgenommen werden und gegebenenfalls auch keine klare Zuordnung mehr zum zitierten Werk geleistet werden kann.[624] Vielmehr wird bei Fernsehbeiträgen ein deutliches Insert von mindestens 10 Sekunden während des Zitats gefordert.[625] Sofern hierdurch bei künstlerischen Filmwerken die künstlerische Gestaltung bzw. der künstlerische Ausdruck gestört würde, ist ein Interessenausgleich dahingehend zu suchen, dass die Quellenangabe an herausgehobener Stelle im Vor- oder Abspann erfolgt.[626]

C. Unwesentliches Beiwerk, § 57 UrhG

Nach § 57 UrhG ist die Nutzung von urheberrechtlich geschützten Werken gleich welcher Art zulässig, wenn sie nur als unwesentliches Beiwerk neben dem eigentlichen Gegenstand der Verwertung, der selbst nicht urheberrechtlich geschützt sein muss[627], anzusehen sind.[628] Die Vorschrift will ihrem Sinn und

---

[621] Wandtke/Bullinger-*Grützmacher*, Ergänzungsband, § 63, Rn. 2; Wandtke/Bullinger-*Bullinger*, § 63, Rn. 23; Dreier/Schulze-*Schulze*, § 63, Rn. 25 f.

[622] Wandtke/Bullinger-*Bullinger*, § 63, Rn. 15; Dreier/Schulze-*Schulze*, § 63, Rn. 12; *Schulz*, ZUM 1998, 221, 230; Fromm/Nordemann-*Vinck*, § 63, Rn. 4. Das LG Stuttgart (ZUM 2003, 156, 157) befand den Hinweis „Tagesschau, 23.1.2002“ als Quellenangabe für die Wiedergabe eines Interviewausschnitts aus einer ARD-Nachrichtensendung in der Magazinsendung „Spiegel TV-Magazin“ für ausreichend. Hiergegen Dreier/Schulze-*Schulze*, § 63, Rn. 29.

[623] Fromm/Nordemann-*Vinck*, § 63, Rn. 4.

[624] *Schulz*, ZUM 1998, 221, 230; *Homann*, Praxishandbuch Filmrecht, S. 175.

[625] *Schulz*, ZUM 1998, 221, 230; *Homann*, Praxishandbuch Filmrecht, S. 175.

[626] *Schulz*, ZUM 1998, 221, 230; *Homann*, Praxishandbuch Filmrecht, S. 175; vgl. auch Wandtke/Bullinger-*Bullinger*, § 63, Rn. 15.

[627] Dreier/Schulze-*Dreier*, § 57, Rn. 1.

[628] § 57 UrhG hält sich innerhalb des in Art. 5 Abs. 3 i) i.V.m. Abs. 4 der Richtlinie 2001/29/EG des Europäischen Parlaments und des Rates vom 22. Mai 2001 zur Harmonisierung bestimmter Aspekte des Urheberrechts und der verwandten Schutzrechte in der Infor-

Zweck nach verhindern, dass die Zustimmung des Urhebers in Fällen eingeholt werden muss, in denen sein Werk mehr oder weniger zufällig oder beiläufig und ohne Bezug zum eigentlichen Gegenstand der Verwertung genutzt wird und er deshalb weder in vermögens- noch persönlichkeitsrechtlichen Interessen berührt wird.[629]

Für den dokumentarischen Film ist § 57 UrhG insofern von Relevanz, als dass die Dreharbeiten häufig außerhalb des Studios in der Öffentlichkeit stattfinden. Während im Rahmen einer Spielfilmproduktion Drehorte, Requisiten, Geräusche, Musik und Ähnliches bewusst ausgewählt und in die filmische Gestaltung einbezogen werden, wodurch die Stimmung und Atmosphäre des Filmes wesentlich geprägt wird[630], lassen sich die Motive und zu filmenden Ereignisse im dokumentarischen Bereich nur bedingt im Vorhinein bestimmen. Häufig werden sie vielmehr spontan erfasst, so dass sich nicht immer vermeiden lässt, dass fremde geschützte Werke zufällig in das Bild geraten oder vom Ton mit eingefangen werden. § 57 UrhG ermöglicht hier gleichwohl eine Auswertung der Bild- und Tonaufnahmen, wenn die Werkwiedergabe aufgrund ihrer Zufälligkeit, Nebensächlichkeit und Beliebigkeit den Urheber nicht unzumutbar beeinträchtigt.

Begrifflich kann von unwesentlichem Beiwerk nur gesprochen werden, wenn mindestens zwei Objekte der Verwertung vorhanden sind, d.h. wenn neben dem unwesentlichen Beiwerk ein Hauptwerk existiert, das als eigentlicher Gegenstand der Verwertung anzusehen ist.[631] Unwesentliches Beiwerk ist ein fremdes Werk dann, wenn es mehr oder weniger zufällig in den Blick oder in die Hörweite des eigentlichen Gegenstandes der Verwertung geraten ist und dabei so nebensächlich ist, dass es wegen der fehlenden Beziehung zum eigentlichen Verwertungsgegenstand vom flüchtigen Betrachter bzw. Zuhörer nicht wahrgenommen wird und beliebig ausgetauscht oder ganz weggelassen werden könnte, ohne die Gesamtwirkung des Hauptwerkes zu beeinträchtigen.[632] Ob das einbe-

---

mationsgesellschaft (ABl. EG vom 22.6.2001, L 167/10-19, abgedruckt in GRUR Int. 2001, 745, 745 ff.) vorgesehenen Rahmens. Hiernach besteht die Möglichkeit, das Vervielfältigungs- und Verbreitungsrecht sowie das Recht zur öffentlichen Wiedergabe für die beiläufige Einbeziehung eines Werkes oder sonstigen Schutzgegenstandes in anderes Material einzuschränken.

[629] Amtliche Begründung zum Urheberrechtsgesetz vom 9.9.1965, abgedruckt in UFITA 45 (1965), 240, 292; Schricker-*Vogel*, § 57, Rn. 2; *v. Gamm*, § 57, Rn. 1.

[630] *Homann*, Praxishandbuch Filmrecht, S. 177.

[631] Wandtke/Bullinger-*Lüft*, § 57, Rn. 2; Möhring/Nicolini-*Gass*, § 57, Rn. 7.

[632] Schricker-*Vogel*, § 57, Rn. 1, 6 ff.; Wandtke/Bullinger-*Lüft*, § 57, Rn. 2; Dreier/Schulze-*Dreier*, § 57, Rn. 1 f.; Möhring/Nicolini-*Gass*, § 57, Rn. 8. Strenger: Fromm/Nordemann-*Nordemann*, § 57, Rn. 2, und Loewenheim-*Götting*, § 31, Rn. 192, die zusätzlich fordern, dass das Erscheinen des Beiwerks im Hauptwerk unvermeidlich und ungewollt ist und dass das Beiwerk weggelassen werden könnte, „ohne die Wirkung des Werkes auch nur im Geringsten zu verändern".

zogene fremde Werk im Einzelfall als unwesentliches Beiwerk im Sinne des § 57 UrhG anzusehen ist, entscheidet sich nach einem objektiven Maßstab aus der Sicht des Betrachters.[633] Gleiches gilt für die Frage, ob das fremde Werk absichtlich einbezogen worden ist, was als Indiz für die Wesentlichkeit des Beiwerks anzusehen ist.[634]

Demnach kann nicht mehr von einem unwesentlichen Beiwerk gesprochen werden, sobald ein Werk erkennbar in das Bild- oder Spielgeschehen eines Filmes einbezogen wird und ein Austausch bzw. Wegfall des Werkes dem Betrachter auffallen oder die Wirkung des Filmes verändern würde.[635] Hierbei sind die Umstände des Einzelfalles maßgeblich. Erklingt beispielsweise in einer Straßenszene eines Dokumentarfilmes zufällig urheberrechtlich geschützte Musik im Hintergrund, so kann der Tatbestand des § 57 UrhG grundsätzlich erfüllt sein. Allerdings ist Zwischenakt- und Hintergrundmusik in Dokumentarfilmen nicht generell als unwesentliches Beiwerk im Sinne des § 57 UrhG zu qualifizieren.[636] Eine andere rechtliche Bewertung kann vielmehr geboten sein, wenn die Musik nachträglich „aufgefrischt" oder neu „hinzugemischt" wird, da die Musik hierdurch in die Gesamtkonzeption des Films einbezogen wird und insofern dessen Gesamtwirkung prägen kann.[637]

Eine über die vorstehend beschriebenen Grenzen hinausgehende Auslegung und Anwendung des § 57 UrhG ist unzulässig.[638] Insofern kann auch das Anliegen der Dokumentationsfreiheit keine Erweiterung des § 57 UrhG rechtfertigen, etwa auf den Fall, dass ein fremdes Werk zwar bewusst und erkennbar in den Film einbezogen wurde, der Umfang der Werkwiedergabe im Verhältnis zum gesamten Film jedoch geringfügig erscheint. So bestünde im Falle einer erweiternden Auslegung die Gefahr einer Ausuferung der Bestimmung, die als Voraussetzung für eine Nutzung fremder Werke allein den unbestimmten und nur schwer zu konturierenden Begriff des „unwesentlichen Beiwerks" enthält. Im

---

633 Schricker-*Vogel*, § 57, Rn. 10; Dreier/Schulze-*Dreier*, § 57, Rn. 3; Wandtke/Bullinger-*Lüft*, § 57, Rn. 2; Möhring/Nicolini-*Gass*, § 57, Rn. 6, 9.

634 Schricker-*Vogel*, § 57, Rn. 10; Wandtke/Bullinger-*Lüft*, § 57, Rn. 2; Möhring/Nicolini-*Gass*, § 57, Rn. 10. Enger Fromm/Nordemann-*Nordemann*, § 57, Rn. 2, wonach in der Regel nur eine ungewollte Benutzung den Tatbestand des § 57 UrhG erfüllt, was bei einer absichtlichen Einbeziehung des fremden Werks nicht der Fall sei; vgl. auch Loewenheim-*Götting*, § 31, Rn. 192 f.

635 Schricker-*Vogel*, § 57, Rn. 8; Dreier/Schulze-*Dreier*, § 57, Rn. 2; Wandtke/Bullinger-*Lüft*, § 57, Rn. 2; Möhring/Nicolini-*Gass*, § 57, Rn. 1, 8.

636 Schricker-*Vogel*, § 57, Rn. 8; Fromm/Nordemann-*Nordemann*, § 57, Rn. 2; vgl. auch *Brack*, UFITA 50 (1967), 544, 553.

637 LG Frankfurt a. M. Schulze LGZ 106, 1, 3; Dreier/Schulze-*Dreier*, § 57, Rn. 2; Schricker-*Vogel*, § 57, Rn. 8.

638 Schricker-*Vogel*, § 57, Rn. 5; Loewenheim-*Götting*, § 31, Rn. 192; Wandtke/Bullinger-*Lüft*, § 57, Rn. 1; Fromm/Nordemann-*Nordemann*, § 57, Rn. 2; Möhring/Nicolini-*Gass*, § 57, Rn. 3; Dreier/Schulze-*Dreier*, § 57, Rn. 2.

Ergebnis könnten zahlreiche Urheberrechtsverletzungen auf § 57 UrhG gestützt werden, die nach den Voraussetzungen der übrigen Schrankenbestimmungen – etwa denen des Zitatrechts gemäß § 51 UrhG – gerade nicht gestattet sein sollen.[639]

D. Werke an öffentlichen Plätzen, § 59 UrhG

Gemäß § 59 Abs. 1 S. 1 UrhG dürfen Werke, die sich bleibend an öffentlichen Wegen, Straßen und Plätzen befinden, vervielfältigt, verbreitet und öffentlich wiedergegeben werden.[640] Die Bestimmung gestattet ausdrücklich eine Verwertung dieser Werke durch das Medium Film, wozu sowohl Filmwerke als auch Laufbilder im Sinne des § 95 UrhG zählen.[641] Ohne die Schrankenbestimmung des § 59 UrhG wäre das Filmen im öffentlichen Raum in hohem Maße eingeschränkt. Werke der Baukunst oder Werke der bildenden Künste wie Denkmäler, Brunnen, Skulpturen und Reliefs könnten nur mit Zustimmung des Urhebers im Film wiedergegeben werden, sofern keine andere Schrankenbestimmung (z.B. §§ 50, 57 UrhG) einschlägig wäre.[642]

Zu den tatbestandlichen Voraussetzungen, die § 59 UrhG an die Zulässigkeit von Filmaufnahmen im öffentlichen Raum knüpft, zählt u.a. die Beschränkung auf Werke, die sich an „öffentlichen Wegen, Straßen oder Plätzen befinden".[643] Diese Orte zeichnen sich dadurch aus, dass sie der Allgemeinheit frei zugänglich sind und im Gemeingebrauch stehen. Zum öffentlichen Raum zählen daher z.B. dem öffentlichen Verkehr freigegebene Privatgrundstücke und -wege, öffentlich zugängliche Hausdurchgänge, Passagen, Galerien oder Atrien, nicht jedoch vor

---

[639] Vgl. auch Fromm/Nordemann-*Nordemann*, § 57, Rn. 2; Dreier/Schulze-*Dreier*, § 57, Rn. 2; Loewenheim-*Götting*, § 31, Rn. 192.

[640] Eine Änderung von § 59 UrhG im Zuge der Umsetzung der Richtlinie 2001/29/EG des Europäischen Parlaments und des Rates vom 22. Mai 2001 zur Harmonisierung bestimmter Aspekte des Urheberrechts und der verwandten Schutzrechte in der Informationsgesellschaft (ABl. EG vom 22.6.2001, L 167/10-19, abgedruckt in GRUR Int. 2001, 745, 745 ff.) war nicht erforderlich. So gestattet Art. 5 Abs. 3 h) i.V.m. Abs. 4 der Multimedia-Richtlinie eine Einschränkung des Vervielfältigungs- und Verbreitungsrecht sowie des Rechts zur öffentlichen Wiedergabe für die Nutzung von Werken wie Werken der Baukunst oder Plastiken, die dazu angefertigt wurden, sich bleibend an öffentlichen Orten zu befinden.

[641] Schricker-*Vogel*, § 59, Rn. 15; Dreier/Schulze-*Dreier*, § 59, Rn. 7; Wandtke/Bullinger-*Lüft*, § 59, Rn. 6; Möhring/Nicolini-*Gass*, § 59, Rn. 20.

[642] Dreier/Schulze-*Dreier*, § 59, Rn. 1; Wandtke/Bullinger-*Lüft*, § 59, Rn. 3; Möhring/Nicolini-*Gass*, § 59, Rn. 7.

[643] Vgl. zu den Voraussetzungen des § 59 UrhG im Einzelnen: Schricker-*Vogel*, § 59, Rn. 6 ff.; Loewenheim-*Götting*, § 31, Rn. 201 ff.; Dreier/Schulze-*Dreier*, § 59, Rn. 2 ff.; Fromm/Nordemann-*Nordemann*, § 59, Rn. 1 ff.; Möhring/Nicolini-*Gass*, § 59, Rn. 1 ff.; Wandtke/Bullinger-*Lüft*, § 59, Rn. 3 ff.

unbefugtem Zutritt geschütztes Privatgelände.[644] Ferner müssen sich die Werke „an" öffentlichen Wegen, Straßen und Plätzen befinden, d.h. von den genannten Orten aus sichtbar sein, ohne dass es der Verwendung von Hilfsmitteln (z.B. Leitern[645] oder Kamerakränen[646]) oder der Überwindung von Hindernissen (z.B. das Beiseitedrücken einer Hecke oder das Überwinden eines Zauns)[647] bedarf. Nicht „an" öffentlichen Wegen befinden sich Blicke und Perspektiven auf das Werk, die erst von Balkonen, Dächern oder aus der Luft sichtbar werden. Im Ergebnis ist § 59 UrhG daher auf Filmaufnahmen beschränkt, die von öffentlichen Orten aus vorgenommen werden können.[648]

Da die Nutzung öffentlicher Wege, Straßen und Plätze für Dreharbeiten eine über den Gemeingebrauch hinausgehende Sondernutzung darstellt, ist unabhängig von § 59 UrhG hierfür regelmäßig eine Drehgenehmigung erforderlich.[649] Ferner ist neben dem Urheberrecht die aus dem Eigentumsrecht an dem Werk resultierende Sachherrschaft zu beachten, d.h. die Befugnis, über die Sache rechtlich zu verfügen und diese tatsächlich zu besitzen und zu benutzen.[650] Insofern stellt sich die Frage, ob bereits das Filmen fremden Eigentums wie etwa eines Hauses eine Eigentumsverletzung darstellt, die der Eigentümer aufgrund seines absoluten Rechts untersagen kann. Zutreffend wird dies von der h.M. zumindest dann verneint, wenn der betreffende Gegenstand von einer allgemein zugänglichen Stelle im Sinne des § 59 UrhG aus aufgenommen wird.[651] Ande-

---

[644] Schricker-*Vogel*, § 59, Rn. 9; Dreier/Schulze-*Dreier*, § 59, Rn. 3; Fromm/Nordemann-*Nordemann*, § 59, Rn. 2; Möhring/Nicolini-*Gass*, § 59, Rn. 14 f.; Wandtke/Bullinger-*Lüft*, § 59, Rn. 3. Bahnhofshallen sollen nach überwiegender Ansicht nicht von § 59 UrhG erfasst sein, da sie regelmäßig nicht im Gemeingebrauch stehen, sondern nur dem Bahnhofsverkehr gewidmet sind, vgl. Schricker-*Vogel*, § 59, Rn. 9; Dreier/Schulze-*Dreier*, § 59, Rn. 3; Fromm/ Nordemann-*Nordemann*, § 59, Rn. 2; Möhring/Nicolini-*Gass*, § 59, Rn. 14; a.A. Wandtke/ Bullinger-*Lüft*, § 59, Rn. 3.

[645] Schricker-*Vogel*, § 59, Rn. 10; Wandtke/Bullinger-*Lüft*, § 59, Rn. 3; Dreier/Schulze-*Dreier*, § 59, Rn. 4; Fromm/Nordemann-*Nordemann*, § 59, Rn. 2; Möhring/Nicolini-*Gass*, § 59, Rn. 15; Loewenheim-*Götting*, § 31, Rn. 202.

[646] *Homann*, Praxishandbuch Filmrecht, S. 180. Streitig ist, ob die Verwendung von Teleobjektiven zulässig ist: dafür Dreier/Schulze-*Dreier*, § 59, Rn. 4; dagegen: Fromm/Nordemann-*Nordemann*, § 59, Rn. 2; Möhring/Nicolini-*Gass*, § 59, Rn. 15.

[647] OLG München ZUM 2001, 76, 78; Dreier/Schulze-*Dreier*, § 59, Rn. 4; Wandtke/ Bullinger-*Lüft*, § 59, Rn. 3; Fromm/Nordemann-*Nordemann*, § 59, Rn. 2; Möhring/Nicolini-*Gass*, § 59, Rn. 15.

[648] BGH ZUM 2003, 955, 957 – Hundertwasser-Haus; Schricker-*Vogel*, § 59, Rn. 10; Wandtke/Bullinger-*Lüft*, § 59, Rn. 3; Fromm/Nordemann-*Nordemann*, § 59, Rn. 2; Dreier/ Schulze-*Dreier*, § 59, Rn. 4; Möhring/Nicolini-*Gass*, § 59, Rn. 15; Loewenheim-*Götting*, § 31, Rn. 202; *Homann*, Praxishandbuch Filmrecht, S. 180; a.A. OLG München ZUM 2001, 76, 78 f.

[649] *Homann*, Praxishandbuch Filmrecht, S. 183.

[650] BGH NJW 1989, 2251, 2252 – Friesenhaus.

[651] BGH NJW 1989, 2251, 2252 f. – Friesenhaus; OLG Bremen NJW 1987, 1420, 1420; OLG Brandenburg NJW 1999, 3339, 3340; LG Freiburg GRUR 1985, 544, 544 f. – Fachwerkhaus; VG Karlsruhe NJW 2000, 2222, 2223. Im Ergebnis: Wandtke/Bullinger-*Lüft*, § 59, Rn. 1;

renfalls würde die gesetzgeberische Wertung in § 59 UrhG weitgehend ins Leere laufen. Hiernach sind die sich im öffentlichen Raum befindenden Werke, die von jedermann ungehindert betrachtet werden können, der Allgemeinheit gewidmet und daher im gewissen Sinne Gemeingut.[652] Im Übrigen, etwa beim Betreten befriedeter Besitztümer, ist jedoch das Eigentums- und Hausrecht des Eigentümers bzw. Hausrechtinhabers zu beachten.[653]

Loewenheim-*Götting*, § 31, Rn. 201; Schricker-*Vogel*, § 59, Rn. 3; *Homann*, Praxishandbuch Filmrecht, S. 180 f.

[652] Amtliche Begründung zum Urheberrechtsgesetz vom 9.9.1965, abgedruckt in UFITA 45 (1965), 240, 292; vgl. auch Loewenheim-*Götting*, § 31, Rn. 201; Dreier/Schulze-*Dreier*, § 59, Rn. 1; Schricker-*Vogel*, § 59, Rn. 2; Möhring/Nicolini-*Gass*, § 59, Rn. 2.

[653] *Homann*, Praxishandbuch Filmrecht, S. 180 f.

4. Teil
Persönlichkeitsrechtliche Grenzen der Dokumentationsfreiheit – Insbesondere: Persönlichkeitsrechtliche Aspekte von Lebens- und Charakterbildverfilmungen

A. Einführung

I. Gegenstand der Darstellung

Die freie Verfügbarkeit von Informationen – und damit auch die Dokumentationsfreiheit – findet eine bedeutende Grenze in den Persönlichkeitsrechten derjenigen, mit denen sich die jeweilige Veröffentlichung auseinander setzt. Dabei können Persönlichkeitsinteressen durch dokumentarische Darstellungen auf unterschiedliche Art und Weise verletzt werden, etwa durch die Abbildung bzw. die namentliche Erwähnung des Rechtsinhabers oder durch die Veröffentlichung einzelner persönlichkeitsrelevanter Daten und Informationen über die betreffende Person. Im Folgenden wird der gegenüber dokumentarischen Darstellungen bestehende Schutz der Persönlichkeit durch das allgemeine Persönlichkeitsrecht (§ 823 Abs. 1 BGB) und die besonderen Persönlichkeitsrechte, namentlich das Recht am eigenen Bild (§§ 22 ff. KUG) und das Namensrecht (§ 12 BGB) erörtert und im Hinblick auf die Zulässigkeit von Lebens- und Charakterbildverfilmungen konkretisiert. Im Anschluss hieran werden die rechtlichen Rahmenbedingungen einer persönlichkeitsrechtlichen Einwilligung im Allgemeinen sowie der Gestattungsvertrag über die Verfilmung eines Lebens- und Charakterbildes im Besonderen behandelt. Als Grundlage hierfür sollen vorab zunächst einige Aspekte des rechtlichen Schutzes von Lebens- und Charakterbildern erörtert werden.

II. Der rechtliche Schutz des Lebens- und Charakterbildes

Häufig haben Mediendarstellungen nicht nur einzelne Ereignisse aus dem Leben eines Menschen zum Gegenstand, sondern setzen sich mit dem Leben und dem Charakter einer Person in seiner Gesamtheit auseinander. Um die persönlichkeitsrechtlichen Grenzen derartiger Lebens- und Charakterbilddarstellungen beurteilen zu können, gilt es zunächst zu klären, was unter dem Begriff des Lebens- und Charakterbildes zu verstehen ist, welche Erscheinungsformen von Lebens- und Charakterbilddarstellungen existieren und auf welcher rechtlicher Grundlage Schutz vor einer unzulässigen Darstellung zu gewähren ist.

1. Begriff des Lebens- und Charakterbildes

Den Begriff des Lebens- und Charakterbildes zu definieren, erweist sich als ebenso problematisch wie eine Definition des Begriffs der Persönlichkeit an sich. Der Versuch, eine Begriffsbestimmung durch die Auflistung aller das Leben und den Charakter eines Menschen prägenden Aspekte zu leisten, ist von vornherein zum Scheitern verurteilt. Dies folgt nicht zuletzt daraus, dass das Lebens- und Charakterbild kein statisches Persönlichkeitsgut ist wie etwa der Name einer Person. Es entwickelt sich mit jedem gelebten Tag und verändert sich in den Augen des jeweiligen Betrachters.[654] Selbstwahrnehmung und Fremdeinschätzung des Lebens und Charakters einer Person können mitunter weit auseinander klaffen, was die Darstellung von Lebensbildern im Hinblick auf persönlichkeitsrechtliche Aspekte besonders sensibel macht.

Entsprechend allgemein fallen die in der Literatur anzutreffenden Definitionen des Lebens- und Charakterbildes aus: Mit dem Begriff des Lebensbildes wird die Gesamtheit oder wesentliche Abschnitte des Lebenslaufs einer Person bezeichnet. Es ist das Vorstellungsbild, das der Einzelne aufgrund seines Lebensschicksals, seiner Erlebnisse, Gedanken, Handlungen und Unterlassungen der Umwelt vermittelt.[655] Es umfasst inhaltlich das Werden, Wirken und Wesen des Menschen, wie es sich in seinen Handlungen, in der durch ihn gestalteten Umgebung, in seinen Worten, Gedanken und Werten und in den äußeren Ereignissen und Zufällen des Lebens widerspiegelt.[656] Das *Charakterbild* zeigt hingegen die innere Persönlichkeit, d.h. die psychischen und charakterlichen Anlagen und deren Ausformung.[657] Beide Elemente sind häufig miteinander verwoben, da bereits die Darstellung des äußeren Lebensbildes Rückschlüsse auf die innere Ausprägung und Haltung der Persönlichkeit zulässt bzw. der Charakter eines Menschen sein Tun beeinflusst.[658] Da ein abgerundetes Bild der beschriebenen

---

[654] Canaris weist darauf hin, dass es „das" Bild einer Person überhaupt nicht gibt, sondern dass je nach Lebenszusammenhang und sozialer Rolle vielmehr unterschiedliche Persönlichkeitsbilder der Person existieren, vgl. *Larenz/Canaris*, Schuldrecht Bd. II/2, § 80 II 5a.

[655] *Hubmann*, Das Persönlichkeitsrecht, S. 303 f.; *Huth*, AfP 1977, 212, 212; *Baston-Vogt*, Der sachliche Schutzbereich des zivilrechtlichen allgemeinen Persönlichkeitsrechts, S. 373; *Unland*, Die Verfilmung tatsächlicher Ereignisse, S. 20; *Hubmann*, UFITA 26 (1958), 19, 23 f.; *Nipperdey*, FS Molitor, S. 17, 31; vgl. auch Staudinger-*Hager*, § 823, Rn. C 229; MüKo³-*Schwerdtner*, § 12, Rn. 181.

[656] Vgl. auch *Ramelow*, Der Lebensbildschutz im Rahmen des allgemeinen Persönlichkeitsrechts, S. 33; *Unland*, Die Verfilmung tatsächlicher Ereignisse, S. 130; *Baston-Vogt*, Der sachliche Schutzbereich des zivilrechtlichen allgemeinen Persönlichkeitsrechts, S. 373; *Hubmann*, UFITA 26 (1958), 19, 23 f.; *Engau*, Straftäter und Tatverdächtige als Personen der Zeitgeschichte, S. 518.

[657] *Unland*, Die Verfilmung tatsächlicher Ereignisse, S. 20; MüKo³-*Schwerdtner*, § 12, Rn. 181; Staudinger-*Hager*, § 823, Rn. C 229; *Huth*, AfP 1977, 212, 212 f.

[658] *Hubmann*, Das Persönlichkeitsrecht, S. 306; *Hubmann*, UFITA 26 (1958), 19, 25; *Engau*, Straftäter und Tatverdächtige als Personen der Zeitgeschichte, S. 518 f.; *Bormann*, FuR 1974, 630, 630.

Person vermittelt werden soll, wird eine Lebensbilddarstellung daher in aller Regel auch zugleich eine Charakterbilddarstellung sein. Eine Trennung beider Aspekte ist demnach nicht geboten, zumal die rechtliche Beurteilung anhand derselben Normen zu erfolgen hat.[659]

Aus dem Begriff des Lebens- und Charakter*bildes* folgt, dass die Darstellung den gesamten Lebensablauf oder zumindest einen wesentlichen Ausschnitt aus dem Leben und Charakter einer Person erfassen muss, sie sich also auf wesentliche, das Lebensbild prägende Sachverhalte bezieht.[660] Singuläre Aspekte, Episoden und Ereignisse eines Lebens sind vom Begriff des Lebens- und Charakterbildes demnach nicht erfasst. Die Abgrenzung, wann es sich lediglich um eine Schilderung von Einzelvorfällen aus dem Leben einer Person handelt und wann die Darstellung von Lebensabschnitten einen Umfang erreicht, der es erlaubt, von einer Lebensbilddarstellung zu sprechen, kann mitunter schwierig sein.[661] Da die Persönlichkeit umfassend sowohl vor einem Zugriff auf das Lebens- und Charakterbild als auch auf einzelne Vorgänge aus dem Leben geschützt ist[662], ist eine trennscharfe Abgrenzung für die rechtliche Beurteilung jedoch im Grundsatz entbehrlich.

Dennoch erscheint eine gesonderte Behandlung von Darstellungen sinnvoll, die das gesamte Lebens- und Charakterbild einer Person betreffen. Dies ergibt sich nicht nur aus dem Umstand, dass mit dem Schlagwort der „Lebens- und Charakterbildverfilmung“ eine besondere Kategorie von (dokumentarischen) Filmen bezeichnet werden kann.[663] Vielmehr liegt in der umfassenden Verfilmung eines Lebens- und Charakterbildes ein besonders gravierender Persönlichkeitsrechtseingriff, was sich einschränkend auf die Zulässigkeit der Darstellung auswirken kann. In praktischer Hinsicht geht hiermit ein erhöhtes wirtschaftliches Risiko für den Filmhersteller einher. Greift ein Film nur partiell auf persönlichkeitsrelevante Informationen zu, können entsprechende Persönlichkeitsrechtsverletzungen häufig beseitigt werden, ohne dass die Auswertung des gesamten Filmes gefährdet ist. Kommt es auf die Erkennbarkeit der betreffenden Person nicht an, kann z.B. deren Gesicht unkenntlich gemacht bzw. der Name oder die Stimme verfremdet werden. Ferner können gegebenenfalls einzelne persönlichkeitsrechtsverletzende Szenen aus dem Film herausgeschnitten werden. Diese Mög-

---

[659] *Engau*, Straftäter und Tatverdächtige als Personen der Zeitgeschichte, S. 519.

[660] *Hubmann*, Das Persönlichkeitsrecht, S. 303; *Baston-Vogt*, Der sachliche Schutzbereich des zivilrechtlichen allgemeinen Persönlichkeitsrechts, S. 373 f.; *Ramelow*, Der Lebensbildschutz im Rahmen des allgemeinen Persönlichkeitsrechts, S. 31 f.; *Engau*, Straftäter und Tatverdächtige als Personen der Zeitgeschichte, S. 518; MüKo³-*Schwerdtner*, § 12, Rn. 181.

[661] Vgl. hierzu *Ramelow*, Der Lebensbildschutz im Rahmen des allgemeinen Persönlichkeitsrechts, S. 31 f. Nach *Prantl*, Die journalistische Information zwischen Ausschlußrecht und Gemeinfreiheit, S. 128, kann man je nach Ausschnittsgröße auch vom „kleinen Lebensbild“ reden.

[662] BVerfGE 35, 202, 220 – Lebach.

[663] S. hierzu unten unter 4. Teil A II 2.

lichkeiten bestehen bei einer Lebensbildverfilmung regelmäßig nicht. Dem hieraus resultierenden Bedürfnis nach rechtlicher Klarheit und Absicherung kann in der Praxis durch den Abschluss von Gestattungsverträgen entsprochen werden, auf die an anderer Stelle gesondert einzugehen sein wird.[664]

2. Erscheinungsformen der Lebens- und Charakterbildverfilmung

Lebens- und Charakterbilddarstellung existieren in den unterschiedlichsten Formen. Im Bereich der Literatur sind sie vor allem als (Auto-) Biografien bekannt, ein Genre, das sich gerade in jüngerer Zeit großer Popularität erfreut hat.[665] Daneben werden Lebens- und Charakterbilder in Romanen über real existente Personen, aber auch in sogenannten "Schlüsselromanen" verarbeitet, die eine reale Figur zum Vorbild einer fiktiven Geschichte nehmen. Diese unterschiedlichen Formen von Lebens- und Charakterbilddarstellung sind durch ein unterschiedliches Maß an Verfremdung gekennzeichnet und finden sich auch im Bereich Film wieder.

Zunächst ist das Leben und der Charakter einer Person Gegenstand vieler dokumentarischer Darstellungen, wobei vor allem der Dokumentarfilm bzw. die Dokumentation den erforderlichen Rahmen dafür bietet, ein umfassendes Lebens- und Charakterbild einer Person zu zeichnen. Reportagen und Magazine hingegen werden sich aufgrund ihrer spezifischen Genreeigenheiten mit dem Leben einer Person eher ausschnitthaft auseinander setzen. Neben Einzeldarstellungen finden sich im Bereich des Fernsehens auch biografische Doku-Serienformate.[666]

Daneben existieren Formate, die nicht mit dokumentarischen Mitteln wie Originalmaterial und Interviews arbeiten, sondern das Leben einer Person mittels Schauspielern im Rahmen einer Spielhandlung darstellen. Hierzu zählen Dokumentarspiele bzw. Doku-Dramen. Auch diese Darstellungsformen lehnen sich stark an der Realität an und erheben den Anspruch, die „wahre Geschichte" zu erzählen.[667] Dieser Ansatz zeigt sich besonders deutlich bei Doku-Dramen, die mit einer Mischung aus Spielszenen und Originalmaterial arbeiten, wie etwa in

---

[664] Vgl. hierzu unten unter 5. Teil.

[665] Seit der im Oktober 2002 veröffentlichten Biografie „Nichts als die Wahrheit" von *Dieter Bohlen* (Koautorin: *Katja Kessler*) hat eine wahre Welle von Prominenten-Biografien den Markt überschwemmt. Ein Jahr später standen die Lebensgeschichten von *Susanne Juhnke*, *Daniel Küblböck*, *Hannelore Schmidt*, *Hillary Rodham Clinton*, *Nadja Abd El Farrag* und *Herbert Grönemeier* zugleich auf der Spiegel-Bestsellerliste, vgl. Der Spiegel v. 6.10.2003 (Nr. 41/03), 173. Zum Teil wird die Klatschbiografie gar für das Genre der Zeit gehalten, vgl. *Rühle*, Süddeutsche Zeitung v. 11./12.10.2003 (Nr. 234), 13, 13.

[666] Vgl. z.B. die Doku-Reihen „Legenden" (MDR), „Deutsche Lebensläufe" (ARD), „Idole" (ZDF) und „Die großen Romanzen" (WDR).

[667] Vgl. *Schertz*, ZUM 1998, 757, 758.

dem dreiteiligen Doku-Drama „Die Manns – Ein Jahrhundertroman".[668] Daneben beschäftigt sich auch der Inhalt klassischer Spielfilme häufig mit dem Leben und Charakter real existenter Personen.[669] Durch die Filmindustrie Hollywoods wurde für Spielfilme, die das Leben berühmter Persönlichkeiten nacherzählen, der Begriff „Biopicture" (kurz auch „Biopic") geprägt.[670] Anders als Dokumentarfilme und Dokumentarspiele lassen sich derartige Spielfilme nicht dem Bereich der „Verfilmung tatsächlicher Ereignisse" zuordnen. Ihr Ausgangspunkt ist nicht das Nachstellen von Ereignissen mit einem dokumentarischen Verständnis, sondern eher – quasi als filmisches Pendant zum biografischen Roman – das Nacherzählen einer Lebensgeschichte. Obgleich derartige Spielfilme daher nicht dem dokumentarischen Film und Fernsehen zuzurechnen sind, stellen sich bei ihnen häufig parallele persönlichkeitsrechtliche Fragen, so dass die folgenden Ausführungen für sie im Grundsatz entsprechend herangezogen werden können.

Schließlich gibt es Filme, die ein Lebens- und Charakterbild lediglich zum Ausgangspunkt nehmen, eine eigene fiktive Spielhandlung zu entwickeln. In Anlehnung an den Begriff des „Schlüsselromans" werden diese Verfilmungen z.T. als „Schlüsselfilme"[671] bezeichnet. Charakteristisch für sie ist, dass sie keinen dokumentarischen Ansatz in dem Sinne verfolgen, das Leben, Wesen und den Charakter einer realen Persönlichkeit wirklichkeitsgetreu darzustellen. Damit handelt es sich nicht um eine Lebens- und Charakterbildverfilmung im engen Sinne, sondern vielmehr um einen fiktiven Spiel- bzw. Fernsehfilm, der lediglich von der Realität inspiriert worden ist und die realen Geschehnisse mit fiktiven Elementen ausschmückt.[672] Der „Schlüsselfilm" soll daher in den folgenden Ausführungen weitgehend ausgeklammert werden.

---

[668] ARD; Buch/Regie: *Heinrich Breloer* und *Horst Königstein*.

[669] Dargestellt wird vor allem das Leben berühmter Persönlichkeiten wie Künstler (z.B. „Vincent van Gogh – Ein Leben in Leidenschaft", „Amadeus"), historischer Figuren (z.B. „Der letzte Kaiser", „JFK – Tatort Dallas") oder Mythen und Idole (z.B. „Marlene"; „The Doors"). Aus jüngerer Zeit mag als Beispiel der ARD-Fernsehzweiteiler „Der Verleger" dienen, dem die Lebensgeschichte *Axel Springers* zugrunde liegt und der auf der Biografie „Der Fall Axel Springer" von *Michael Jürgs* beruht (vgl. *Mohr*, Der Spiegel v. 8.10.2001 (Nr. 41/01), 66, 66 ff.). Der Kinospielfilm „Nirgendwo in Afrika" basiert auf dem gleichnamigen autobiografischen Bestseller von *Stefanie Zweig*. Die Hollywood-Spielfilmproduktion „Frida" erzählt das Leben *Frida Kahlos*.

[670] S. zum Biopicture *Weinsheimer*, Biopicture, in: Reclams Sachlexikon des Films, S. 76 ff.

[671] *Unland*, Die Verfilmung tatsächlicher Ereignisse, S. 11.

[672] Als ein dem Bereich der Lebens- und Charakterbildverfilmung zuzuordnender „Schlüsselfilm" kann z.B. der Film „Die Stille nach dem Schuss" angesehen werden, deren Hauptfigur auf wesentlichen Aspekten aus der Biografie des ehemaligen RAF-Mitglieds *Inge Viett*, aber zusätzlich auch auf Schicksalen anderer RAF-Terroristinnen beruht, vgl. *Weingarten*, Der Spiegel v. 14.2.2000 (Nr. 7/00), 222, 222 f. Weitere Beispiele für „Schlüsselfilme" sind der Kinofilm „Peanuts – Die Bank zahlt alles" über die Geschichte des Bauunternehmers *Jürgen Schneider* sowie der Film „Schtonk", der sich satirisch mit den Geschehnissen um die im „Stern" veröffentlichten angeblichen Tagebücher *Adolf Hitlers* auseinander setzt. Vgl. zu

3. Rechtsgrundlage für den Schutz des Lebens- und Charakterbildes

Zwar kann die rechtliche Qualität des Lebens- und Charakterbildes als ein eigenständiges Persönlichkeitsgut insofern in Frage gestellt werden, als das Schlagwort des „Lebensbildschutzes" letztendlich eine terminologische Zusammenfassung zahlreicher geschützter Persönlichkeitsdaten und -informationen darstellt, die zusammengesetzt ein mehr oder weniger fragmentarisches Bild vom Leben und Charakter einer Person vermitteln. Einigkeit besteht jedoch darüber, dass die mit dem Begriff des Lebens- und Charakterbildes zusammengefassten Merkmale persönlichkeitsrechtlichen Schutz genießen, sei es als einzelne Aspekte[673] oder in ihrer Gesamtheit als ein mit dem Dasein der Person verbundenes und sie individualisierendes Persönlichkeitsgut[674]. Die dogmatische Grundlage für diesen Schutz ist allerdings höchst streitig. Die Auseinandersetzung hierüber entstand lange Zeit vor Anerkennung des allgemeinen Persönlichkeitsrechts und steht im engen Zusammenhang mit einer parallel gelagerten Problematik, nämlich der Darstellung von realen Persönlichkeiten auf der Bühne bzw. in Film und Fernsehen.

Ausgangspunkt war hierbei die maskenmäßige Imitation des äußeren Erscheinungsbildes einer Person, d.h. Fälle, in denen ein Film- oder Theaterschauspieler eine prominente Persönlichkeit in ihrem Aussehen täuschend ähnlich kopierte. Das KG wendete hier die §§ 22 ff. KUG – die sich ihrem Wortlaut nach allein auf die bildliche Darstellung von Personen beziehen – mit der Begründung an, dass es sich um ein „lebendes Bild" der Person handele, auf das die Bestimmungen des KUG ihrem Sinn und Zweck nach ebenfalls zugeschnitten seien.[675] Dieser Auffassung sind viele Stimmen in Literatur und Rechtsprechung gefolgt[676],

---

diesen Beispielen: *Eickmeier/Eickmeier*, ZUM 1998, 1, 1; *Schertz*, ZUM 1998, 757, 759; *Unland*, Die Verfilmung tatsächlicher Ereignisse, S. 11 f.

[673] *Larenz/Canaris*, Schuldrecht Bd. II/2, § 80 II 5b, und *Baston-Vogt*, Der sachliche Schutzbereich des zivilrechtlichen allgemeinen Persönlichkeitsrechts, S. 373, lehnen die Annahme eines eigenständigen Persönlichkeitsgutes ab. Bei dem Schutz des Lebensbildes gehe es letztendlich um den Schutz des Selbstbestimmungsinteresses. Nach Erman-*Ehmann*, Anh. § 12, Rn. 104, 175, ist der Begriff des Lebens- und Charakterbildes zu einer Konkretisierung des allgemeinen Persönlichkeitsrechts im Wege der Fallgruppenbildung bzw. zur Schaffung eines besonderen Persönlichkeitsrechts nicht geeignet.

[674] *Ramelow*, Der Lebensbildschutz im Rahmen des allgemeinen Persönlichkeitsrechts, S. 28, 43; *Hubmann*, Das Persönlichkeitsrecht, S. 303.

[675] KG JW 1928, 363, 364 – Piscator.

[676] BGHZ 26, 52, 67 – Sherlock Holmes; vgl. auch OLG Kiel UFITA 2 (1929), 559, 562 f.; v. Hartlieb/Schwarz-*Reber*, Kap. 24, Rn. 3; *Engau*, Straftäter und Tatverdächtige als Personen der Zeitgeschichte, S. 523 f.; *Unland*, Die Verfilmung tatsächlicher Ereignisse, S. 19; Dreier/ Schulze-*Dreier*, § 22 KUG, Rn. 2; Schricker-*Gerstenberg/Götting*, § 60/§ 22 KUG, Rn. 10; Wandtke/Bullinger-*Fricke*, § 22 KUG, Rn. 7; Möhring/Nicolini-*Gass*, § 60 Anh. § 22 KUG, Rn. 13; *v. Gamm*, Einf. 104; *Reinhardt*, FS Schwinge, S. 127, 129. Einschränkend *Beuthien/ Hieke*, AfP 2001, 353, 356. A.A.: *Helle*, Besondere Persönlichkeitsrechte im Privatrecht,

was im Ergebnis auch vertretbar erscheint. So ist entscheidendes Kriterium für ein Bildnis im Sinne von § 22 KUG die Erkennbarkeit des Abgebildeten, d.h. dass die äußere Erscheinung einer Person in einer für Dritte erkennbaren Weise wiedergegeben wird.[677] Dementsprechend schützen die §§ 22 ff. KUG auch gegen die Nachahmung äußerer Erscheinungsmerkmale durch Plastiken und Puppen[678], so dass es widersprüchlich wäre, eine maskenmäßige Imitation durch Schauspieler oder Doppelgänger anders zu behandeln.[679] Auf welchen Merkmalen des äußeren Erscheinungsbildes die Erkennbarkeit beruht, ist dabei nicht von Bedeutung. Diese muss sich nicht aus den Gesichtszügen, sondern kann sich auch aus anderen, die betreffende Person kennzeichnenden Einzelheiten ergeben.[680] Dementsprechend hat der BGH in seiner Entscheidung „Der blaue Engel" ein Bildnis im Sinne von § 22 KUG auch für den Fall angenommen, dass der Eindruck von Personenidentität mit *Marlene Dietrich* durch das Nachstellen einer berühmten Szene aus dem betreffenden Film entsteht.[681]

Auf dieser Grundlage entwickelte sich im Verlauf der Zeit die Ansicht, dass die §§ 22 ff. KUG auf jede Darstellung einer Person durch einen Schauspieler auf der Bühne oder in Film und Fernsehen anwendbar seien, ohne dass es auf die Nachahmung äußerer Erscheinungsmerkmale der betreffenden Person ankäme.[682] Von dieser Position war es nur noch ein kleiner Schritt zu der Auffassung, dass jede Lebens- und Charakterbilddarstellung, also auch die schriftlich niedergelegte bzw. verfilmte, durch die Bestimmungen der §§ 22 ff. KUG geschützt sei.[683] Diese Annahme begegnet jedoch durchgreifenden Bedenken. Zu-

---

S. 98 ff., 100; Staudinger-*Hager*, § 823, Rn. C 154; *Pietzko*, AfP 1988, 209, 214 f.; *Freitag*, GRUR 1994, 345, 346.

677 BGH NJW 1965, 2148, 2149 – Spielgefährtin; BGH NJW 2000, 2201, 2202 – Der blaue Engel; *Schertz*, ZUM 1998, 757, 760; vgl. auch Schricker-*Gerstenberg/Götting*, § 60/§ 22 KUG, Rn. 5 f.

678 Schricker-*Gerstenberg/Götting*, § 60/§ 22 KUG, Rn. 4; Möhring/Nicolini-*Gass*, § 60 Anh. § 22 KUG, Rn. 13; Wenzel-*von Strobl-Albeg*, Rn. 7.20; *Helle*, Besondere Persönlichkeitsrechte im Privatrecht, S. 98.

679 *Unland*, Die Verfilmung tatsächlicher Ereignisse, S. 19, hält es für inkonsequent beide Fälle unterschiedlich zu behandeln.

680 BGH GRUR 1979, 732, 733 – Fußballtor; BGH NJW 2000, 2201, 2202 – Der blaue Engel; OLG Karlsruhe ZUM 2001, 883, 887; LG München I AfP 1997, 554, 555; Schricker-*Gerstenberg/Götting*, § 60/§ 22 KUG, Rn. 5; Dreier/Schulze-*Dreier*, § 22 KUG, Rn. 3.

681 BGH NJW 2000, 2201, 2202 – Der blaue Engel; kritisch hierzu Wandtke/Bullinger-*Fricke*, § 22 KUG, Rn. 7.

682 BGHZ 26, 52, 67 – Sherlock Holmes; OLG Hamburg NJW 1975, 649, 650 – Aus nichtigem Anlass; OLG Saarbrücken NJW-RR 1998, 745, 745; vgl. auch BVerfGE 35, 202, 224 – Lebach; Schricker-*Gerstenberg/Götting*, § 60/§ 22 KUG, Rn. 10; Möhring/Nicolini-*Gass*, § 60 Anh. § 22 KUG, Rn. 13; Wandtke/Bullinger-*Fricke*, § 22 KUG, Rn. 7; *v. Gamm*, Einf. 104; *Reinhardt*, FS Schwinge, S. 127, 129.

683 OLG Koblenz AfP 1998, 328, 328; *Adler*, JW 1930, 78, 79; *Hubmann*, JZ 1975, 639, 640; *Meyer-Cording*, JZ 1976, 737, 742; *Wandrey*, UFITA 5 (1932), 359, 366 ff.; *Reinhardt*, FS Schwinge, S. 127, 129 ff., 137; *Lukes*, zitiert nach Zöllner, AcP 160, 538, 542, 544 f.;

nächst liegt der Schwerpunkt einer Lebens- und Charakterbilddarstellung – unabhängig davon, ob sie schriftlich oder in Form einer schauspielerischen Darstellung erfolgt – in der Vermittlung eines bestimmten Lebensweges und eines geistigen Eindrucks von einer Person, so dass Bezugspunkt der Darstellung nicht das äußere Erscheinungsbild der betreffenden Person ist.[684] Damit stünde eine Anwendung der §§ 22 ff. KUG jedoch im Widerspruch zum Willen des Gesetzgebers. So heißt es in der amtlichen Begründung zum Gesetzesentwurf: „Ausdrücklich hervorzuheben ist in diesem Zusammenhang, daß die Vorschrift des § 22 nur die Bildnisse im eigentlichen Sinne des Wortes im Auge hat, d.h. die Darstellung der Person in ihrer wirklichen, dem Leben entsprechenden Erscheinung."[685] Zudem würde hierdurch der Wortsinn des Begriffs des Bildnisses gesprengt, der auf äußere Erscheinungsmerkmale einer Person Bezug nimmt, während der Begriff „Bild" in der Bezeichnung Lebens- und Charakterbild im übertragenen Sinne zu verstehen ist.[686] Dies zeigt auch der systematische Zusammenhang des § 22 KUG zu den Bestimmungen der §§ 23 Abs. 1 Nr. 2 und 3, 24 KUG, die im Bereich der rein inhaltlichen Darstellung des Lebens und des Charakters einer Person keinen Anwendungsbereich hätten. Schließlich ist kein Grund dafür ersichtlich, dass die Darstellung einzelner Eigenschaften, Erfahrungen, Handlungen, Ereignisse und sonstiger Aspekte des Lebens oder Charakters einer Person für sich isoliert betrachtet unstreitig nach § 823 Abs. 1 BGB zu beurteilen ist, dies aber nicht für eine umfassende Darstellung in Form eines zusammenfassenden Lebens- und Charakterbildes gelten soll. Vielmehr wurden mit der Anerkennung des allgemeinen Persönlichkeitsrechts zuvor bestehende Schutzlücken geschlossen, so dass ein Rückgriff auf die §§ 22 ff. KUG nicht mehr erforderlich ist.[687] Mit der h.M. ist das Lebens- und Charakterbild deshalb

---

Moosmann, Exklusivstories, S. 57 ff.; *Eickmeier/Eickmeier*, ZUM 1998, 1, 3; *Schertz*, ZUM 1998, 757, 760.

[684] *Engau*, Straftäter und Tatverdächtige als Personen der Zeitgeschichte, S. 524.

[685] Vgl. die amtliche Begründung zum Entwurf eines Gesetzes betreffend das Urheberrecht an Werken der bildenden Künste und der Photographie, in: Stenographische Berichte über die Verhandlungen des Reichstages, 11. Legislaturperiode, II. Session, erster Sessionsabschnitt 1905/1906, zweiter Anlagenband, Nr. 30, S. 1526, 1541. S. auch *Götting*, Persönlichkeitsrechte als Vermögensrechte, S. 26 (Fn. 75); *Helle*, AfP 1986, 25, 29; *Unland*, Die Verfilmung tatsächlicher Ereignisse, S. 21.

[686] *Götting*, Persönlichkeitsrechte als Vermögensrechte, S. 26 (Fn. 75); *Unland*, Die Verfilmung tatsächlicher Ereignisse, S. 21.

[687] *Götting*, Persönlichkeitsrechte als Vermögensrechte, S. 26, (Fn. 75); *Osiander*, Das Recht am eigenen Bild im allgemeinen Persönlichkeitsrecht, S. 114; *Helle*, Besondere Persönlichkeitsrechte im Privatrecht, S. 53; *Helle*, AfP 1986, 25, 29. Mangels einer Regelungslücke kommt daher auch eine analoge Anwendung der §§ 22 ff. KUG nicht in Betracht, die aufgrund der Strafvorschrift des § 33 KUG und des damit einschlägigen Analogieverbots gemäß § 1 StGB ohnehin Bedenken begegnet, vgl. *Helle*, AfP 1986, 25, 29; *Unland*, Die Verfilmung tatsächlicher Ereignisse, S. 22.

als Bestandteil des allgemeinen Persönlichkeitsrechts und demnach als durch § 823 Abs. 1 BGB geschützt anzusehen.[688]

B. Das allgemeine Persönlichkeitsrecht, § 823 Abs. 1 BGB

I. Gegenstand und Zielrichtungen des Persönlichkeitsschutzes

Das allgemeine Persönlichkeitsrecht ist als ein durch Art. 1 Abs. 1 und Art. 2 Abs. 1 GG verfassungsmäßig garantiertes Grundrecht[689] und zugleich als zivilrechtlich nach § 823 Abs. 1 BGB geschütztes „sonstiges Recht" anerkannt. Es gewährleistet gegenüber Jedermann das Recht auf Achtung seiner Menschenwürde und auf freie Entfaltung der Persönlichkeit.[690] Die Frage, welche rechtlichen Grenzen das allgemeine Persönlichkeitsrecht dokumentarischen (Lebens- und Charakterbild-) Darstellungen setzt, kann nur schwer abstrakt beantwortet werden. Aufgrund der Vielschichtigkeit und Dynamik der Persönlichkeit lässt sich der Tatbestand einer Persönlichkeitsrechtsverletzung nicht abschließend regeln. Vielmehr ist das allgemeine Persönlichkeitsrecht nach h.M. ein Rahmenrecht, bei dem das Vorliegen eines rechtswidrigen Eingriffs im Wege einer umfassenden Güter- und Interessenabwägung zwischen den schutzwürdigen Interessen der betroffenen Persönlichkeit und den hiermit kollidierenden Belangen des Eingreifenden festzustellen ist.[691]

Bemühungen, die umfangreiche Kasuistik zum allgemeinen Persönlichkeitsrecht zu systematisieren, haben allerdings zur Ausprägung von Fallgruppen geführt, in

---

[688] BGHZ 50 133, 143 ff. – Mephisto; KG UFITA 54 (1969), 291, 294; LG Köln AfP 1983, 414, 415; LG München I UFITA 26 (1958), 366, 369; LG München UFITA 20 (1955) 230, 233 f.; *Ramelow*, Der Lebensbildschutz im Rahmen des allgemeinen Persönlichkeitsrechts, S. 42 ff.; Dreier/Schulze-*Dreier*, Vor §§ 22 ff. KUG, Rn. 3; Wenzel-*Burkhardt*, Rn. 5.23 ff.; Staudinger-*Hager*, § 823, Rn. C 154; *Helle*, AfP 1986, 25, 29; *Osiander*, Das Recht am eigenen Bild im allgemeinen Persönlichkeitsrecht, S. 113 ff.; *Helle*, Besondere Persönlichkeitsrechte im Privatrecht, S. 53; *Unland*, Die Verfilmung tatsächlicher Ereignisse, S. 21; *Götting*, Persönlichkeitsrechte als Vermögensrechte, S. 26 (Fn. 75); *Hubmann*, Das Persönlichkeitsrecht, S. 303; v. Hartlieb/Schwarz-*Reber*, Kap. 24, Rn. 14; *Rehbinder*, Urheberrecht, Rn. 435; *Wasserburg*, Der Schutz der Persönlichkeit im Recht der Medien, S. 74 f.; *Baston-Vogt*, Der sachliche Schutzbereich des zivilrechtlichen allgemeinen Persönlichkeitsrechts, S. 372 ff.; *Koebel*, NJW 1955, 1337, 1338 f.; *Nipperdey*, UFITA 30 (1960), 1, 19.

[689] Zum Inhalt des gemäß Art. 2 Abs. 1 GG i.V.m. Art. 1 Abs. 1 GG geschützten allgemeinen Persönlichkeitsrechts vgl. etwa *Pieroth/Schlink*, Grundrechte, Rn. 373 ff.

[690] Vgl. BGH NJW 2000, 2195, 2197 – Marlene Dietrich; ständige Rechtsprechung seit BGH NJW 1954, 1404, 1404 f. – Leserbriefe.

[691] BGHZ 50, 133, 143 ff. – Mephisto; BGH NJW 1981, 1366, 1366.

denen eine Persönlichkeitsrechtsverletzung regelmäßig angenommen werden kann.[692] Ein Ausgangspunkt der bisher entwickelten Systematisierungsansätze besteht darin, die Gegenstände des Persönlichkeitsschutzes, d.h. einzelne Persönlichkeitsgüter (im Folgenden auch als Persönlichkeitsbestandteile, -merkmale oder -details bezeichnet) zu konkretisieren. Da eine abschließende Erfassung und Benennung sämtlicher geschützter Persönlichkeitsgüter entsprechend dem Unendlichkeitscharakter der Persönlichkeit praktisch jedoch nicht möglich ist[693], ist zusätzlich eine Strukturierung des Persönlichkeitsrechts in Form von einzelnen Zielrichtungen des Persönlichkeitsschutzes und geschützten Persönlichkeitsinteressen vorzunehmen.[694] Auch die folgenden Ausführungen orientieren sich an den verschiedenen, durch das allgemeine Persönlichkeitsrecht geschützten Persönlichkeitsinteressen, die durch eine Veröffentlichung in den Medien, insbesondere durch dokumentarische Darstellungen typischerweise berührt sein können.[695] Dabei kann im Wesentlichen zwischen vier Persönlichkeitsinteressen unterschieden werden:

Zunächst dient das Persönlichkeitsrecht dem **Schutz des Selbstbestimmungsrechts in eigenen Angelegenheiten**. Dieser Schutz richtet sich gegen Fremdbestimmung, d.h. dagegen, dass andere in Bereichen des Betroffenen tätig werden, die mit seiner Person so eng verbunden sind, dass sich das Tätigwerden unmittelbar auf ihn und seine Persönlichkeitsentfaltung auswirkt. Der Einzelne soll vor Eingriffen in Bereiche geschützt werden, die seiner Bestimmungsbefugnis unterliegen und in denen ein fremdes Tätigwerden seiner Kontrolle untersteht.[696] Beim Bild, dem Namen, aber auch dem Lebens- und Charakterbild handelt es sich um Persönlichkeitsmerkmale, die direkter Ausdruck der individuellen Persönlichkeit des Rechtsträgers sind und unmittelbare Rückschlüsse auf sie zulassen. Daher sind sie als eigene Angelegenheiten des Rechtsinhabers Gegenstand seiner persönlichkeitsrechtlichen Bestimmungsbefugnis und insofern der Dispo-

---

[692] Vgl. etwa *Hubmann*, Das Persönlichkeitsrecht, S. 1 ff.; *Baston-Vogt*, Der sachliche Schutzbereich des zivilrechtlichen allgemeinen Persönlichkeitsrechts, S. 203 ff.; Wenzel-*Burkhardt*, Rn. 5.20 ff.; *Unland*, Die Verfilmung tatsächlicher Ereignisse, S. 122 ff.; *Koebel*, MDR 1972, 8, 8 ff.; *Herrmann*, ZUM 1990, 541, 542.

[693] *Hubmann*, Das Persönlichkeitsrecht, S. 221.

[694] Vgl. etwa die Strukturierung bei MüKo-*Rixecker*, § 12 Anh., Rn. 30 ff.; Erman-*Ehmann*, Anh. § 12, Rn. 4 ff.; *Baston-Vogt*, Der sachliche Schutzbereich des zivilrechtlichen allgemeinen Persönlichkeitsrechts, S. 207 ff.; Wenzel-*Burkhardt*, Rn. 5.20 ff.; *Unland*, Die Verfilmung tatsächlicher Ereignisse, S. 122 ff.; *Koebel*, MDR 1972, 8, 8 ff.; BVerfG NJW 1980, 2070, 2071 – Eppler, mit weiteren Nachweisen aus der Rechtsprechung des BVerfG.

[695] Verletzt der Eingriff in das Persönlichkeitsrecht den Betroffenen dabei in mehreren Persönlichkeitsinteressen zugleich, ist hierin ein Indiz für eine gesteigerte Eingriffsintensität zu sehen, vgl. *Baston-Vogt*, Der sachliche Schutzbereich des zivilrechtlichen allgemeinen Persönlichkeitsrechts, S. 204, 425 f.

[696] BVerfG NJW 1980, 2070, 2071 – Eppler; *Baston-Vogt*, Der sachliche Schutzbereich des zivilrechtlichen allgemeinen Persönlichkeitsrechts, S. 214 ff., 402 f.; *Herrmann*, ZUM 1990, 541, 542; Wenzel-*Burkhardt*, Rn. 5.20 ff.; *Unland*, Die Verfilmung tatsächlicher Ereignisse, S. 129 ff.

sition Dritter entzogen.[697] Im Hinblick auf Mediendarstellungen schützt das Selbstbestimmungsrecht vor allem die Entscheidung darüber, ob, wann und in welchem Umfang jemand eigene Angelegenheiten der Öffentlichkeit offenbaren will.[698]

Daneben genießt der Einzelne **Schutz vor Indiskretion in persönlichen Angelegenheiten**. Im Gegensatz zum Selbstbestimmungsrecht geht es hier nicht um die Wahrung von Kompetenzen, sondern um das Recht, in Ruhe gelassen zu werden und sich nach außen abzuschirmen. Der Zugriff anderer auf Persönlichkeitsmerkmale soll nicht gesteuert und kontrolliert, sondern vielmehr ausgeschlossen werden.[699] Während das Selbstbestimmungsrecht die Entscheidung darüber schützt, ob, wann und in welchem Umfang jemand eigene Angelegenheiten der Öffentlichkeit offenbart, betrifft der Diskretionsschutz das Interesse des Rechtsträgers an der Achtung seines Geheimhaltungswillens.[700] Der Diskretionsschutz bezieht sich daher auf Lebensbereiche, die einer Kenntnisnahme durch die Öffentlichkeit grundsätzlich entzogen sind. Das Diskretionsinteresse ist demnach vor allem dann betroffen, wenn in den Medien Informationen aus der Privat- oder Intimsphäre einer Person veröffentlicht werden. Das Selbstbestimmungsrecht erfasst hingegen auch Lebenssachverhalte, zu denen das soziale Umfeld durchaus einen Zugang haben kann.[701]

Der Persönlichkeitsschutz zielt ferner auf den **Schutz vor Unwahrheiten** über die eigene Person, d.h. auf die Wahrung ihrer Identität.[702] Das Identitätsinteresse ist betroffen, wenn von einer Person ein Bild geschaffen wird, das mit ihrem wahren Selbst nicht übereinstimmt. Dies kann etwa geschehen, indem unwahre Behauptungen über eine Person verbreitet werden bzw. wenn die Person durch die Unterdrückung oder Verfälschung von Informationen unwahr dargestellt wird.

---

[697] *Baston-Vogt*, Der sachliche Schutzbereich des zivilrechtlichen allgemeinen Persönlichkeitsrechts, S. 221 ff.

[698] BVerfGE 35, 202, 220 – Lebach, zur Darstellung des Lebensbildes.

[699] *Baston-Vogt*, Der sachliche Schutzbereich des zivilrechtlichen allgemeinen Persönlichkeitsrechts, S. 402 f.; Wenzel-*Burkhardt*, Rn. 5.35 ff.; *Unland*, Die Verfilmung tatsächlicher Ereignisse, S. 135 ff.; BVerfGE 90, 255, 260.

[700] *Baston-Vogt*, Der sachliche Schutzbereich des zivilrechtlichen allgemeinen Persönlichkeitsrechts, S. 400; *Unland*, Die Verfilmung tatsächlicher Ereignisse, S. 136.

[701] *Baston-Vogt*, Der sachliche Schutzbereich des zivilrechtlichen allgemeinen Persönlichkeitsrechts, S. 374 f.

[702] *Baston-Vogt*, Der sachliche Schutzbereich des zivilrechtlichen allgemeinen Persönlichkeitsrechts, S. 423 ff.; MüKo-*Rixecker*, § 12 Anh., Rn. 73 ff.; *Ulrich*, Das Recht auf Identität im zivilrechtlichen Persönlichkeitsschutz, S. 53 ff.; *Herrmann*, ZUM 1990, 541, 542; *Koebel*, MDR 1972, 8, 10 ff.; Wenzel-*Burkhardt*, Rn. 5.74 ff.; *Larenz/Canaris*, Schuldrecht Bd. II/2, § 80 II 1; *Unland*, Die Verfilmung tatsächlicher Ereignisse, S. 123 ff.

Schließlich dienen die Persönlichkeitsrechte dem **Schutz der persönlichen Ehre.**[703] Der Einzelne hat einen Anspruch auf Achtung seiner Ehre, die durch die Veröffentlichung ehrenrühriger Behauptungen tatsächlicher Art oder diffamierende Meinungsäußerungen verletzt werden kann.

II. Persönlichkeitsschutz und Interessenabwägung

Ob eine Darstellung den Rechtsinhaber in persönlichkeitsrechtlichen Interessen verletzt, hängt von einer Abwägung mit den widerstreitenden Interessen Dritter an einer derartigen Veröffentlichung ab. Im Falle von Mediendarstellungen kollidiert der Persönlichkeitsschutz vor allem mit dem durch Art. 5 Abs. 1 GG geschützten Interesse an einer freien Berichterstattung und Informationsvermittlung sowie mit der gemäß Art. 5 Abs. 3 GG gewährleisteten Kunstfreiheit. Daher soll zunächst ein Überblick über den Schutzbereich der Grundrechte des Art. 5 GG – soweit er für den Bereich des dokumentarischen Films und Fernsehens relevant ist – verschafft werden, bevor auf den Ausgleich der widerstreitenden Interessen eingegangen wird, der auf der Grundlage des § 823 Abs. 1 BGB bzw. der §§ 22 ff. KUG, § 12 BGB zu finden ist.

1. Mit dem Persönlichkeitsschutz kollidierende verfassungsrechtliche Belange gemäß Art. 5 GG

a) Grundrechte des Art. 5 Abs. 1 GG

Die Grundrechte des Art. 5 Abs. 1 GG werden oft zusammenfassend als Kommunikationsgrundrechte bezeichnet. Im Einzelnen handelt es sich um die Gewährleistung von Meinungs-, Informations-, Presse-, Rundfunk- und Filmfreiheit. Sie sind für eine Demokratie schlechthin konstituierend[704] und Grundlage des gesellschaftlichen Kommunikationsprozesses. In dieser Funktion spielen auch filmische Darstellungen, die insbesondere über das Medium Fernsehen von einer Vielzahl von Menschen wahrgenommen werden, eine bedeutende Rolle. Sie prägen die Gedanken- und Gefühlswelt, vermitteln Wissen, begünstigen die Bildung von Meinungen zu bestimmten Themen und beeinflussen damit quasi als vierte Gewalt wiederum das gesellschaftliche Leben.[705]

---

[703] Vgl. jeweils mit zahlreichen Nachweisen aus der Rechtsprechung: *Baston-Vogt*, Der sachliche Schutzbereich des zivilrechtlichen allgemeinen Persönlichkeitsrechts, S. 411 ff.; MüKo-*Rixecker*, § 12 Anh., Rn. 60 ff.; Wenzel-*Burkhardt*, Rn. 5.94 ff.; *Larenz/Canaris*, Schuldrecht Bd. II/2, § 80 II 2.

[704] Vgl. etwa BVerfGE 35, 202, 221 – Lebach; BVerfGE 20, 56, 97.

[705] *Reupert*, NVwZ 1994, 1155, 1155.

Für die hier interessierende Fragestellung, inwieweit die Kommunikationsgrundrechte zugunsten einer Dokumentationsfreiheit – im Sinne einer freien Herstellung und Verbreitung dokumentarischer Filme – wirken, sind die Grundrechte der Informations- und Pressefreiheit von untergeordneter Bedeutung. So bezieht sich die Pressefreiheit ausschließlich auf Druckerzeugnisse und berechtigt nur die im Pressewesen tätigen Personen und Unternehmen.[706] Die Informationsfreiheit gewährleistet das Recht, sich aus allgemein zugänglichen Quellen zu unterrichten[707] und nicht das Recht, Informationen ungehindert zu verbreiten, das vielmehr durch die anderen Kommunikationsgrundrechte geschützt sein kann. Dementsprechend ist das Grundrecht auf Informationsfreiheit in Bezug auf die Herstellung und Verbreitung von Filmen nur unter zwei Aspekten relevant[708]: Es kann zum einen betroffen sein, wenn durch die öffentliche Gewalt Informationen vorenthalten werden, die der Filmhersteller zur Herstellung des Filmes benötigt. Hier geht es also um das Recht des Filmherstellers, sich zu informieren, und nicht um eine Einschränkung der Veröffentlichung eines Films. Zum anderen ist der fertige Film selbst eine allgemeine Informationsquelle, deren Zugänglichkeit durch staatliche Stellen nicht ohne weiteres behindert werden darf. Allerdings ist Grundrechtsträger hier der einzelne Bürger, der sich anhand des Filmes informieren will, und nicht etwa der Filmhersteller, der in seiner Möglichkeit zur Informationsvermittlung beschränkt wird.

aa) Meinungsfreiheit, Art. 5 Abs. 1 S. 1, 1. Halbsatz GG

Die Meinungsfreiheit schützt das Äußern und Verbreiten von Meinungen in jeder Form der Kundgabe unabhängig davon, auf welchen Gegenstand sie sich beziehen oder welchen Inhalt sie haben.[709] Eine Meinungsäußerung ist in erster Linie ein Werturteil, das durch „das Element der Stellungnahme, des Dafürhaltens, des Meinens in einer geistigen Auseinandersetzung geprägt“[710] ist. Aller-

---

706 Allerdings werden in den Landespressegesetzen als Druckwerk mittlerweile auch Ton- und Bildträger wie Schallplatten, Ton- und Videokassetten definiert, vgl. z.B. § 7 Abs. 1 nwPresseG. Hierdurch wird dem gesellschaftlichen und technischen Wandel im Bereich des Pressewesens Rechnung getragen (vgl. *Pieroth/Schlink*, Grundrechte, Rn. 567; Isensee/Kirchhof-*Bullinger*, Handbuch des Staatsrechts VI, § 142, Rn. 2; Dreier-*Schulze-Fielitz*, Art. 5 I, II, Rn. 90. Nach Dolzer/Vogel/Graßhof-*Degenhart*, BK, Art. 5 Abs. 1 und 2, Rn. 400 f., kann hieraus jedoch keine verbindliche Definition des Pressebegriffs des Grundgesetzes hergeleitet werden, für den weiterhin auf das Kriterium des „gedruckten Wortes“ abgestellt werden solle. Relevant wäre eine Erweiterung des Pressebegriffs nur für im Pressewesen tätige Personen und Unternehmen. Im hier behandelten Kontext geht es hingegen um die Grundrechtsberechtigung von Rundfunkunternehmen und Filmherstellern.

707 *Pieroth/Schlink*, Grundrechte, Rn. 566.

708 Vgl. *Reupert*, NVwZ 1994, 1155, 1164.

709 Maunz/Dürig-*Herzog*, Art. 5 Abs. I, II, Rn. 55e; *Pieroth/Schlink*, Grundrechte, Rn. 550, 556.

710 BVerfGE 61, 1, 8.

dings fallen auch Tatsachenbehauptungen unter den Schutzbereich der Meinungsfreiheit, soweit sich die Meinungsäußerung mit Tatsachenmitteilungen oder -behauptungen verbindet oder vermischt bzw. Tatsachenbehauptungen Voraussetzung für die Bildung einer Meinung sind.[711] Diese Ausweitung des Schutzbereiches ist erforderlich, da letztendlich fast jede Meinungsäußerung neben wertenden Aussagen auch Tatsachenmitteilungen enthält bzw. nahezu jede Tatsachenmitteilung durch die Art und Weise ihrer Äußerung eine Wertung beinhalten kann.[712] Auch im Bereich des dokumentarischen Films ist das Grundrecht der Meinungsfreiheit daher in aller Regel einschlägig, da in ihm meist Elemente der Stellungnahme enthalten sind. Selbst wenn die Darstellung auf einer sachlichen Ebene bleibt und sich in weitem Umfang auf Tatsachenmitteilungen beschränkt, ist sie aufgrund der subjektiv geprägten Auswahl, Anordnung und Darstellung des Inhalts nicht frei von wertenden Elementen.[713] Hinzu kommt, dass viele Dokumentationen für die Bildung von Meinungen über ein bestimmtes Thema relevant sind und in dieser Funktion eine gesellschaftlich wichtige Bedeutung einnehmen, die es gebietet, sie dem Schutz der Meinungsfreiheit zu unterstellen.

bb) Rundfunkfreiheit, Art. 5 Abs. 1 S. 2, 2. Alt. GG

Neben der Meinungsfreiheit schützt das Grundgesetz auch die Presse- und Rundfunkfreiheit, da die Tätigkeit dieser Medien für den gesellschaftlichen Meinungsbildungsprozess von entscheidender Bedeutung ist. Aufgabe des Rundfunks ist es, „in möglichster Breite und Vollständigkeit zu informieren; er gibt dem Einzelnen und den gesellschaftlichen Gruppen Gelegenheit zu meinungsbildendem Wirken und ist selbst an dem Prozess der Meinungsbildung beteiligt."[714]

Unter Rundfunk ist jede an eine unbestimmte Vielzahl von Personen gerichtete Übermittlung von Gedankeninhalten durch physikalische Wellen zu verstehen,

---

711 BVerfGE 61, 1, 9; BVerfGE 85, 1, 15.

712 Maunz/Dürig-*Herzog*, Art. 5 Abs. I, II, Rn. 51; Dreier-*Schulze-Fielitz*, Art. 5 I, II, Rn. 63; v. Münch/Kunig-*Wendt*, Art. 5, Rn. 9. Als Tatsachenbehauptung, die weder mit einem Werturteil verbunden noch für die Bildung von Meinungen relevant ist, kommen beispielsweise Angaben in statistischen Erhebungen in Betracht, BVerfGE 65, 1, 41; *Pieroth/Schlink*, Grundrechte, Rn. 554.

713 *Unland*, Die Verfilmung tatsächlicher Ereignisse, S. 146 f.; enger *Reupert*, NVwZ 1994, 1155, 1157, wonach die Meinungsfreiheit nur einschlägig sein soll, wenn der tatsächliche Gehalt der Äußerung gegenüber der subjektiven Wertung in den Hintergrund tritt, weshalb Dokumentarfilme und Nachrichtensendungen grundsätzlich nicht unter den Schutzbereich der Meinungsfreiheit fallen sollen.

714 BVerfGE 59, 231, 257 f.

wobei es auf die technischen Modalitäten nicht ankommt.[715] Der Schutzbereich der Rundfunkfreiheit umfasst unbestritten das Fernsehen[716] und richtet sich sowohl an öffentlich-rechtliche als auch an private Betreiber[717]. Die Rundfunkfreiheit schützt alle wesensmäßig mit der Veranstaltung von Rundfunk zusammenhängenden Tätigkeiten, von der Beschaffung der Information und der Produktion der Sendung bis hin zu ihrer Verbreitung.[718] Insofern ist die Rundfunkfreiheit im Kern Programmfreiheit.[719] Da ein Großteil der dokumentarischen Filme im Fernsehen ausgestrahlt werden, ist die Gewährleistung der Rundfunkfreiheit auch in diesem Bereich von besonderer Relevanz. Entgegen dem engen Wortlaut „Berichterstattung" beschränkt sich die Rundfunkfreiheit nicht auf Tatsachenmeldungen, sondern umfasst auch Meinungsäußerungen und Sendungen jeglichen Inhalts wie z.B. Doku-Dramen[720], aber auch Fernsehspiele und Unterhaltungsprogramme[721].

Streitig ist das Verhältnis zwischen Rundfunk- und Meinungsfreiheit. Überwiegend wird hierzu auf die Rechtsprechung des BVerfG zur parallel gelagerten Problematik des Verhältnisses von Meinungs- und Pressefreiheit zurückgegriffen.[722] Hiernach geht es beim Schutzbereich der Pressefreiheit „um die im Pressewesen tätigen Personen in Ausübung ihrer Funktion, um ein Presseerzeugnis selbst, um seine institutionell-organisatorischen Voraussetzungen und Rahmenbedingungen sowie um die Institution einer freien Presse überhaupt"[723]. Demnach bleibt es für die Bewertung von Äußerungen in der Presse bzw. im Rundfunk bei der Maßgabe des Grundrechts auf Meinungsfreiheit. Dagegen ist die Rundfunkfreiheit vorrangig anwendbar, wenn die medienspezifische Vermittlungstätigkeit, d.h. eine die einzelne Meinungsäußerung übersteigende Bedeutung des Rundfunks für die freie, individuelle und öffentliche Meinungsbildung betroffen ist.[724] Angesichts derselben Schranken von Meinungs- und

---

[715] Maunz/Dürig-*Herzog*, Art. 5 Abs. I, II, Rn. 195; Jarass/Pieroth-*Jarass*, Art. 5, Rn. 36; *Pieroth/Schlink*, Grundrechte, Rn. 573. Insbesondere ist es unerheblich, ob es sich um eine an eine Leitung gebundene oder um eine drahtlose Nachrichten- und Meinungsübertragung handelt.

[716] Maunz/Dürig-*Herzog*, Art. 5 Abs. I, II, Rn. 197; Jarass/Pieroth-*Jarass*, Art. 5, Rn. 36.

[717] Jarass/Pieroth-*Jarass*, Rn. 41; *Pieroth/Schlink*, Grundrechte, Rn. 575 ff.

[718] BVerfGE 77, 65, 74; BVerfGE 91, 125, 135.

[719] BVerfGE 95, 220, 234; BVerfG NJW 2000, 1859, 1861.

[720] BVerfGE 35, 202, 222 – Lebach.

[721] BVerfGE 35, 202, 222 f. – Lebach; BVerfG NJW 2000, 1859, 1861; BVerfGE 59, 231, 258; Jarass/Pieroth-*Jarass*, Art. 5, Rn. 37.

[722] Jarass/Pieroth-*Jarass*, Art. 5, Rn. 35a, 24; Dolzer/Vogel/Graßhof-*Degenhart*, BK, Art. 5 Abs. 1 und 2, Rn. 932; *Pieroth/Schlink*, Grundrechte, Rn. 574, 571. A.A. Maunz/Dürig-*Herzog*, Art. 5 Abs. I, II, Rn. 204, 154 f., der die Rundfunkfreiheit als lex specialis gegenüber der Meinungsfreiheit ansieht.

[723] BVerfGE 85, 1, 12 f.; BVerfGE 86, 122, 128.

[724] Jarass/Pieroth-*Jarass*, Art. 5, Rn. 35a, 24.

Rundfunkfreiheit (Art. 5 Abs. 2 GG) ist das Verhältnis beider Grundrechte im Ergebnis ohne praktische Relevanz[725] und soll daher hier nicht vertieft werden.

cc) Filmfreiheit, Art. 5 Abs. 1 S. 2, 3. Alt. GG

Film wird definiert als eine Übermittlung von Gedankeninhalten durch Bildfolgen, die durch Projektion sichtbar zu machen und zur Vorführung in der Öffentlichkeit bestimmt sind[726] oder jedenfalls an die Allgemeinheit verbreitet werden[727]. Die Filmfreiheit schützt nicht nur die Vorführung des Films, sondern dessen gesamte Herstellung, beginnend bei der Informationsbeschaffung bis hin zur Verbreitung.[728] Ebenso wie die Rundfunkfreiheit beschränkt sich die Filmfreiheit entgegen dem Wortlaut des Art. 5 Abs. 1 S. 2 GG nicht auf berichterstattende Filme, sondern umfasst Filme jeglichen Inhalts, also etwa auch Spielfilme.[729] Für die Frage, ob ein Film veröffentlicht werden darf, hat die Filmfreiheit allerdings nur geringe Relevanz, da in den meisten Fällen andere Kommunikationsgrundrechte vorrangig anzuwenden sind. Wird ein Film über den Rundfunk verbreitet, was bei dokumentarischen Filmen ganz überwiegend der Fall ist, ist das Grundrecht der Rundfunkfreiheit einschlägig.[730] Richtet sich das Veröffentlichungsverbot gegen Meinungsäußerungen oder meinungsbezogene Tatsachenmitteilungen im Film, kommt nach der überwiegenden Ansicht vorrangig die Meinungsfreiheit zur Anwendung.[731] Sofern ein Film schließlich als Kunst angesehen werden kann, wird Art. 5 Abs. 1 GG von Art. 5 Abs. 3 GG verdrängt, da die Kunstfreiheit unter Umständen einen weiterreichenden Schutz bieten kann als die den Schranken des Art. 5 Abs. 2 GG unterliegenden Kommunikationsgrundrechte.[732]

---

[725] S. auch Maunz/Dürig-*Herzog*, Art. 5 Abs. I, II, Rn. 154a, 204.

[726] Maunz/Dürig-*Herzog*, Art. 5 Abs. I, II, Rn. 198; *Pieroth/Schlink*, Grundrechte, Rn. 589.

[727] Jarass/Pieroth-*Jarass*, Art. 5, Rn. 50; Dolzer/Vogel/Graßhof-*Degenhart*, BK, Art. 5 Abs. 1 und 2, Rn. 904; Dreier-*Schulze-Fielitz*, Art. 5 I, II, Rn. 112. Hiermit ist die Verbreitung von Filmen auf Videokassetten und ähnlichen Medien erfasst.

[728] Dolzer/Vogel/Graßhof-*Degenhart*, BK, Art. 5 Abs. 1 und 2, Rn. 908; Jarass/Pieroth-*Jarass*, Art. 5, Rn. 51.

[729] Dolzer/Vogel/Graßhof-*Degenhart*, BK, Art. 5 Abs. 1 und 2, Rn. 901; *Pieroth/Schlink*, Grundrechte, Rn. 580; im Ergebnis Jarass/Pieroth-*Jarass*, Art. 5, Rn. 51; a.A. *Reupert*, NVwZ 1994, 1155, 1155 f.

[730] Dolzer/Vogel/Graßhof-*Degenhart*, BK, Art. 5 Abs. 1 und 2, Rn. 901; Jarass/Pieroth-*Jarass*, Art. 5, Rn. 50, der darauf hinweist, dass die Filmfreiheit in Abgrenzung zur Rundfunkfreiheit daher nur dann einschlägig ist, wenn der Film am Ort des Abspielens des Bild-Ton-Trägers vorgeführt wird.

[731] Dolzer/Vogel/Graßhof-*Degenhart*, BK, Art. 5 Abs. 1 und 2, Rn. 34 f.; *Sachs*, Verfassungsrecht II, Grundrechte, B5, Rn. 51; *Unland*, Die Verfilmung tatsächlicher Ereignisse, S. 150.

[732] Jarass/Pieroth-*Jarass*, Art. 5, Rn. 49. S. auch im Folgenden unter 4. Teil B II 2.

dd) Gemeinsame Schutzbereichsmerkmale

Sowohl für die Meinungsäußerungs-[733] als auch für die Rundfunk-[734] und Filmfreiheit[735] gilt, dass kein Schutz für bewusst oder erwiesen unwahre Tatsachenbehauptungen besteht, da ihre Verbreitung der verfassungsrechtlich vorausgesetzten Aufgabe zutreffender Meinungsbildung nicht dienen kann.

Allerdings sind die Kommunikationsgrundrechte nach Auffassung des BVerfG unabhängig von Inhalt und Niveau der getroffenen Aussage gewährleistet[736], so dass auch Beiträge mit unterhaltendem Charakter verfassungsrechtlichen Schutz nach Art. 5 Abs. 1 GG genießen[737]. Diese Auffassung wird der in den Medien zu beobachtenden Entwicklung gerecht, dass Informationen zunehmend in unterhaltender Form verbreitet werden („Infotainment") und Information und Unterhaltung daher immer schwerer voneinander abgrenzbar sind.[738] Dementsprechend stellte das BVerfG zum Aspekt des Infotainments fest, dass eine freie individuelle und öffentliche Meinungsbildung nur unter der Bedingung einer freien Berichterstattung gelingen kann, der bestimmte Gegenstände oder Darbietungsweisen weder vorgegeben noch entzogen sind. Meinungsbildung und Unterhaltung stellen keine Gegensätze dar, da auch in unterhaltenden Beiträgen Meinungsbildung stattfindet. Insofern kann Unterhaltung durch die Anregung von Diskussionsprozessen eine wichtige gesellschaftliche Funktion erfüllen.[739]

Teilweise wird die Auffassung vertreten, dass die prinzipielle Ablehnung einer Unterscheidung zwischen Information und Unterhaltung durch das BVerfG mit den Aussagen des EGMR im „Caroline" – Urteil vom 24.6.2004[740] nicht verein-

---

733 BVerfGE 99, 185, 197; BVerfGE 90, 241, 247, 254; BVerfG NJW 1989, 1789, 1789; BVerfG NJW 1993, 1845, 1845; BVerfG NJW 1999, 1322, 1324; BGHZ 139, 95, 101; Palandt-*Sprau*, § 823, Rn. 101; Jarass/Pieroth-*Jarass*, Art. 5, Rn. 5; Dolzer/Vogel/Graßhof-*Degenhart*, BK, Art. 5 Abs. 1 und 2, Rn. 103 f.

734 Maunz/Dürig-*Herzog*, Art. 5 Abs. I, II, Rn. 203, 146 ff.; Jarass/Pieroth-*Jarass*, Art. 5, Rn. 5, 37.

735 Maunz/Dürig-*Herzog*, Art. 5 Abs. I, II, Rn. 203, 146 ff.

736 Zur Meinungsfreiheit: BVerfGE 30, 336, 347; BVerfGE 90, 241, 247; BVerfGE 93, 266, 289; Jarass/Pieroth-*Jarass*, Art. 5, Rn. 4. Zur Rundfunkfreiheit: BVerfGE 35, 202, 222 f. – Lebach; BVerfGE 59, 231, 258; *Pieroth/Schlink*, Grundrechte, Rn. 574. Zur Filmfreiheit: v. Mangoldt/Klein/Starck-*Starck*, Art. 5 Abs. 1, 2, Rn. 152; Jarass/Pieroth-*Jarass*, Art. 5, Rn. 51.

737 Zur Pressefreiheit: BVerfGE 34, 269, 283 – Soraya; BVerfG NJW 2000, 1021, 1024 – Caroline von Monaco; BVerfG NJW 2001, 1921, 1923 – Prinz Ernst August von Hannover; BGH NJW 1999, 2893, 2894. Zur Rundfunkfreiheit: BVerfGE 59, 231, 258; BVerfG NJW 2000, 1859, 1861; BVerfGE 35, 202, 222 f. – Lebach.

738 *Engels/Schulz*, AfP 1998, 574, 581; *Unland*, Die Verfilmung tatsächlicher Ereignisse, S. 52.

739 BVerfG NJW 2000, 1021, 1024 – Caroline von Monaco; s. auch Wandtke/Bullinger-*Fricke*, § 23 KUG, Rn. 4; *Engels/Schulz*, AfP 1998, 574, 581.

740 EGMR ZUM 2004, 651, 651 ff.; s. zu diesem Urteil ausführlich unter 4. Teil C II 1 b.

bar ist.[741] In dieser Entscheidung fordert der EGMR im Hinblick auf die Zulässigkeit von Veröffentlichungen über die Privatsphäre von Prominenten eine Unterscheidung zwischen einer Berichterstattung über Fakten, die geeignet sind, zu einer Debatte in einer demokratischen Gesellschaft beizutragen, wenn sie sich auf Politiker beispielsweise in Ausübung ihrer Ämter bezieht, und einer Berichterstattung über Einzelheiten aus dem Privatleben einer Person, die überdies solche offiziellen Funktionen nicht ausübt. Während die Presse im ersten Fall ihre wesentliche Rolle als „Wachhund" in einer demokratischen Gesellschaft spiele und dazu beitrage, Ideen und Informationen zu Fragen von öffentlichem Interesse weiterzugeben, so treffe dies auf den zweiten Fall nicht zu.[742] Die hiermit beschriebene Grenze zwischen einer berechtigten und einer unzulässigen Berichterstattung verläuft jedoch nicht zwangsläufig zwischen Darstellungen mit Unterhaltungscharakter und Beiträgen, denen keinerlei Unterhaltungselemente innewohnen. Denn zum einen zeichnen sich beispielsweise satirische und kabarettistische Darstellungen, die sich häufig mit politischen Verhältnissen bzw. politischen Persönlichkeiten auseinander setzen, gerade durch ihren Unterhaltungswert aus, ohne dass hierdurch ihr Informationswert oder ihre Funktion im Rahmen der öffentlichen Meinungsbildung geschmälert wird. Vielmehr beinhaltet die journalistische Freiheit auch nach Auffassung des EGMR den Rückgriff auf einen gewissen Grad an Übertreibung und Provokation.[743] Zum anderen haben Mediendarstellungen mit Unterhaltungscharakter nicht zwangsläufig immer die Privatsphäre von Personen zum Gegenstand.

Dementsprechend nimmt auch das „Caroline" – Urteil des EGMR Unterhaltungsinteressen nicht ausdrücklich von den berechtigten Informationsinteressen der Öffentlichkeit aus, sondern untersagt lediglich Darstellungen, die nur dem Zweck dienen, „die Neugier eines bestimmten Publikums im Hinblick auf Einzelheiten aus dem Privatleben" einer Person zu befriedigen.[744] Mit dieser Aussage bewegt sich der EGMR im Ergebnis jedoch im Einklang mit der bisherigen Rechtsprechung des BVerfG und der h.M., wonach der Informationswert des jeweiligen Beitrages im Rahmen der Interessenabwägung mit kollidierenden Belangen Dritter zu berücksichtigen ist. Demnach spielt es bei der Abwägung eine Rolle, ob im konkreten Fall eine Angelegenheit von öffentlichem Interesse ernsthaft und sachbezogen erörtert wurde, oder ob lediglich private Angelegenheiten, die nur das Bedürfnis nach oberflächlicher Unterhaltung oder reine Neugier und Sensationslust befriedigen, ausgebreitet werden.[745] Insofern genießen

[741] *Heldrich*, NJW 2004, 2634, 2635.
[742] EGMR ZUM 2004, 651, 661.
[743] EGMR ZUM 2004, 651, 661.
[744] EGMR ZUM 2004, 651, 661.
[745] Zur Pressefreiheit: BVerfGE 34, 269, 283 – Soraya; BVerfG NJW 2000, 2190, 2190; BGH NJW 1999, 2893, 2894; OLG Hamburg AfP 1992, 376, 377; BVerfG NJW 2000, 1021, 1024 – Caroline von Monaco; BGH NJW 1996, 1128, 1130. Zur Rundfunkfreiheit BVerfG NJW 2000, 1859, 1861. Zum Teil werden Abbildungen, die allein der Neugier, Sensationslust oder

berichterstattende Filme bei der Abwägung mit Persönlichkeitsinteressen in ihrer meinungsbildenden Wirkung einen intensiveren Schutz als solche, die der reinen Unterhaltung zuzuordnen sind.[746]

Im Ergebnis sind demnach unterhaltende Beiträge – auch unter Berücksichtigung der Grundsätze des „Caroline" – Urteils des EGMR – nicht von vornherein aus dem Schutzbereich der Kommunikationsgrundrechte auszunehmen.[747] Dies gilt auch für die verschiedenen Formen des dokumentarischen Films und Fernsehens, bei denen Elemente der Sachinformation gegenüber Unterhaltungselementen verschieden stark ausgeprägt sind. Dementsprechend sind nicht nur klassische Dokumentationen, sondern z.B. auch die durch inszenierte Spielszenen gekennzeichneten Doku-Dramen durch Art. 5 Abs. 1 GG geschützt.[748]

b) Kunstfreiheit, Art. 5 Abs. 3 GG

Bereits oben wurde festgestellt, dass Filme – auch solche dokumentarischen Charakters – Kunst im Sinne von Art. 5 Abs. 3 GG sein können.[749] Dabei schützt die Kunstfreiheit gemäß Art. 5 Abs. 3 GG sowohl die künstlerische Tätigkeit („Werkbereich") als auch die Vermittlung des Kunstwerkes („Wirkbereich")[750], folglich den gesamten Filmherstellungsprozess sowie die sich anschließende Auswertung des Films[751]. Dementsprechend sind als Grundrechtsberechtigte nicht nur die zum Kunstwerkcharakter des Films beitragenden Schöpfer (z.B. Regisseur, Kameramann, Cutter) anzusehen, sondern auch Personen, die bei der Vervielfältigung, Verbreitung und Veröffentlichung des Films eine unentbehrliche Mittlerfunktion zwischen Künstler und Publikum ausüben (z.B. Filmproduzent, Sendeanstalt, Kinoinhaber, Verleih).[752] Da die Kunstfreiheit auch die Freiheit der Wahl des Gegenstandes gewährleistet und damit auch bei meinungsgeprägten Inhalten wie politischen oder sozialkritischen Themen anwendbar ist („engagierte Kunst"), kann sowohl der Schutzbereich der Kom-

---

voyeuristischen Interessen dienen mangels Informationszweck von vornherein vom Anwendungsbereich des § 23 Abs. 1 Nr. 1 KUG ausgenommen, vgl. BGH NJW 1965, 2148, 2149 – Spielgefährtin; OLG Frankfurt a. M. NJW 2000, 594, 595 – Katharina Witt; s. auch Schricker-*Gerstenberg/Götting*, § 60/§ 23 KUG, Rn. 7.

[746] Jarass/Pieroth-*Jarass*, Art. 5, Rn. 51; *Unland*, Die Verfilmung tatsächlicher Ereignisse, S. 151; a.A. *Moosmann*, Exklusivstories, S. 65 ff., der sich gegen das Abwägungskriterium der „Gewichtigkeit des Öffentlichkeitsinteresses" ausspricht.

[747] KG ZUM 2005, 73, 75.

[748] BVerfGE 35, 202, 222 ff. – Lebach.

[749] S. hierzu im Einzelnen oben unter 2. Teil B.

[750] BVerfGE 30, 173, 189 – Mephisto; v. Mangoldt/Klein/Starck-*Starck*, Art. 5 Abs. 3, Rn. 282 ff.; Jarass/Pieroth-*Jarass*, Art. 5, Rn. 86.

[751] *Reupert*, NVwZ 1994, 1155, 1159; *Unland*, Die Verfilmung tatsächlicher Ereignisse, S. 160.

[752] *Unland*, Die Verfilmung tatsächlicher Ereignisse, S. 161.

munikationsgrundrechte als auch derjenige der Kunstfreiheit betroffen sein. Nach h.M. geht in diesem Fall die Kunstfreiheit als lex specialis vor.[753]

2. Interessenabwägung

Weder die Kommunikationsgrundrechte des Art. 5 Abs. 1 GG noch die Kunstfreiheit gemäß Art. 5 Abs. 3 GG sind schrankenlos gewährleistet. Gemäß Art. 5 Abs. 2 GG sind die Grundrechte des Art. 5 Abs. 1 GG durch die Vorschriften der allgemeinen Gesetze, die Bestimmungen zum Schutz der Jugend und dem Recht der persönlichen Ehre beschränkt. Zu den Schranken im Sinne des Art. 5 Abs. 2 GG zählen sowohl die Bestimmungen zum Schutz der Persönlichkeit in den §§ 22 ff. KUG[754] und § 12 BGB[755] als auch das allgemeine Persönlichkeitsrecht als sonstiges Recht im Sinne des § 823 Abs. 1 BGB[756]. Das Grundrecht der Kunstfreiheit enthält zwar keinen ausdrücklichen Gesetzesvorbehalt, unterliegt jedoch verfassungsimmanenten Schranken[757], zu denen auch das durch Art. 1 Abs. 1, Art. 2 Abs. 1 GG geschützte allgemeine Persönlichkeitsrecht zählt[758]. Über die Reichweite des Persönlichkeitsschutzes im konkreten Einzelfall entscheidet die im Rahmen der §§ 22 ff. KUG, § 823 Abs. 1 BGB vorzunehmende Abwägung der widerstreitenden Interessen. Hierbei muss das die Grundrechte aus Art. 5 Abs. 1 GG einschränkende Gesetz in seiner das Grundrecht begrenzenden Wirkung selbst wieder eingeschränkt werden[759] bzw. das als Schranke der Kunstfreiheit in Betracht kommende allgemeine Persönlichkeitsrecht seiner-

---

[753] BVerfG ZUM 2000, 867, 868 – Germania 3; BVerfGE 30, 173, 200 – Mephisto; BVerfGE 75, 369, 377 – Strauß-Karikaturen; BVerfG NJW 1984, 1293, 1294 f.; Jarass/Pieroth-*Jarass*, Art. 5, Rn. 84; v. Mangoldt/Klein/Starck-*Starck*, Art. 5 Abs. 3, Rn. 267; Maunz/Dürig-*Scholz*, Art. 5 Abs. III, Rn. 13; offen gelassen in BVerfGE 35, 202, 244 – Lebach; a.A. *Reupert*, NVwZ 1994, 1155, 1164.

[754] Die §§ 22 ff. KUG sind allgemeine Gesetze im Sinne des Art. 5 Abs. 2 GG, vgl. BVerfGE 35, 202, 224 – Lebach; Dreier-*Schulze-Fielitz*, Art. 5 I, II, Rn. 145; *Reupert*, NVwZ 1994, 1155, 1156.

[755] § 12 BGB wird häufig als ein Gesetz zum Schutz der persönlichen Ehre qualifiziert, das allerdings zugleich ein allgemeines Gesetz im Sinne des Art. 5 Abs. 2 GG darstellt, vgl. Dolzer/Vogel/Graßhof-*Degenhart*, BK, Art. 5 Abs. 1 und 2, Rn. 176, 186; Dreier-*Schulze-Fielitz*, Art. 5 I, II, Rn. 150 f.

[756] Nach BVerfGE 34, 269, 282 – Soraya, ist das allgemeine Persönlichkeitsrecht ein allgemeines Gesetz. Nach a.A. handelt es sich beim allgemeinen Persönlichkeitsrecht um eine Schranke, die dem Recht der persönlichen Ehre zuzuordnen ist (vgl. Dreier-*Schulze-Fielitz*, Art. 5 I, II, Rn. 150; nach Sachs-*Bethge*, Art. 5, Rn. 162, stellen die Bestimmungen des Ehren- und Persönlichkeitsrechtsschutzes in der Regel zugleich allgemeine Gesetze dar), was im Ergebnis jedoch keine unterschiedlichen Auswirkungen hat, vgl. *Unland*, Die Verfilmung tatsächlicher Ereignisse, S. 152.

[757] BVerfGE 30, 173, 193 – Mephisto; BVerfGE 77, 240, 253; BVerfGE 83, 130, 139; Maunz/Dürig-*Scholz*, Art. 5 Abs. III, Rn. 57.

[758] BVerfGE 30, 173, 193 ff. – Mephisto; BVerfGE 83, 130, 139 f.; *Pieroth/Schlink*, Grundrechte, Rn. 631; *Isensee*, AfP 1993, 619, 619 ff.

[759] Sogenannte Wechselwirkungslehre, vgl. BVerfGE 7, 198, 208 f.; BVerfGE 71, 206, 214.

seits im Lichte des Art. 5 Abs. 3 GG ausgelegt werden.[760] Auch wenn das Ergebnis der Interessenabwägung von den Umständen des jeweiligen Einzelfalles abhängt, lassen sich doch einige allgemeine Abwägungsleitlinien aufstellen, die in den folgenden Ausführungen im Hinblick auf die Zulässigkeit von Lebens- und Charakterbilddarstellungen entwickelt und konkretisiert werden sollen.

a) Diskretionsschutz und Schutz des Selbstbestimmungsrechts in eigenen Angelegenheiten – Das „Ob" und der Umfang der Darstellung

Im Hinblick auf die Zulässigkeit von Lebens- und Charakterbildverfilmungen stellt sich zunächst die Frage, ob das Leben und der Charakter einer bestimmten Person ohne deren Einwilligung überhaupt dargestellt werden darf und in welchem Umfang eine derartige Darstellung statthaft ist. Hiermit ist das Interesse des Einzelnen an einer Selbstbestimmung in eigenen Angelegenheiten und der Wahrung persönlichkeitsrechtlicher Diskretionsinteressen angesprochen. Dabei kommt einer Verletzung von Persönlichkeitsinteressen nur dann in Betracht, wenn die dargestellte Person für Dritte erkennbar ist.[761] Hierfür ist eine ausdrückliche Namensnennung nicht erforderlich, vielmehr genügt die Angabe von Umständen, die den interessierten Kreisen eine Feststellung der Identität ermöglichen.[762] Ob Diskretions- bzw. Selbstbestimmungsinteressen einer Verfilmung entgegenstehen, ist anhand einer Güter- und Interessenabwägung mit den kollidierenden verfassungsrechtlich geschützten Interessen, insbesondere den Kommunikationsgrundrechten des Art. 5 Abs. 1 GG und der Kunstfreiheit gemäß Art. 5 Abs. 3 GG festzustellen.

---

[760] BVerfGE 30, 173, 193 – Mephisto.

[761] BVerfGE 30, 173, 198 – Mephisto; BGHZ 50, 133, 141 – Mephisto; BVerfG NJW 2000, 1859, 1860; LG München I UFITA 26 (1958), 366, 369; OLG Hamburg NJW 1975, 649, 650 – Aus nichtigem Anlass; OLG Hamburg Schulze OLGZ 64, 1, 20; OLG Saarbrücken NJW-RR 1998, 745, 746; KG AfP 2004, 371, 372; vgl. auch BGH NJW 1962, 1004, 1004 f.; *Hubmann*, Das Persönlichkeitsrecht, S. 304; *Ramelow*, Der Lebensbildschutz im Rahmen des allgemeinen Persönlichkeitsrechts, S. 63 ff.; Wenzel-*Burkhardt*, Rn. 5.25; v. Hartlieb/Schwarz-*Reber*, Kap. 28, Rn. 4. A.A.: *Unland*, Die Verfilmung tatsächlicher Ereignisse, S. 131 f.; *Geiser*, Die Persönlichkeitsverletzung insbesondere durch Kunstwerke, S. 47 ff. Als weitere Voraussetzung für den Lebensbildschutz wird z.T. gefordert, dass sich die Darstellung an eine breitere Öffentlichkeit richtet, vgl. *Baston-Vogt*, Der sachliche Schutzbereich des zivilrechtlichen allgemeinen Persönlichkeitsrechts, S. 374; *Hubmann*, UFITA 26 (1958), 19, 24. Diese Voraussetzung ist bei Lebens- und Charakterbilddarstellungen in Film und Fernsehen stets gegeben.

[762] BGHZ 50, 133, 146 f. – Mephisto; OLG Hamburg NJW 1975, 649, 650 – Aus nichtigem Anlass. Auf eine Erkennbarkeit für den „Durchschnittsleser" bzw. -zuschauer kommt es nicht an, vgl. BVerfG NJW 2004, 3619, 3620. Das Kriterium der Erkennbarkeit erwies sich auch in zwei Entscheidungen des BVerfG zu Dokumentarspielen als maßgeblich, die beide den Soldatenmord von Lebach zum Gegenstand hatten, vgl. BVerfGE 35, 202, 202 ff. – Lebach; BVerfG NJW 2000, 1859, 1860 f.

aa) Abwägung zwischen Persönlichkeitsschutz und den Grundrechten aus Art. 5 Abs. 1 GG

(1) Diskretionsschutz und Sphärentheorie

Das Recht auf Diskretion in persönlichen Angelegenheiten schützt den Einzelnen vor einer unbefugten Preisgabe persönlicher Lebenssachverhalte an die Öffentlichkeit und steht damit im Konflikt zu dem Interesse der Medien, die Allgemeinheit über sie interessierende Belange zu unterrichten. Die Abwägung zwischen persönlichkeitsrechtlichen Diskretionsinteressen und entgegenstehenden Freiheitsrechten aus Art. 5 Abs. 1 GG wird überwiegend anhand einer Differenzierung nach unterschiedlich stark geschützten Persönlichkeitssphären vorgenommen. Die sogenannte Sphärentheorie beruht auf dem gedanklichen Ansatz, dass der persönlichkeitsrechtlich geschützte Eigenbereich in verschiedene Sphären eingeteilt werden kann, die jeweils durch eine unterschiedliche Schutzintensität gekennzeichnet sind. Demzufolge richtet sich der Umfang des Persönlichkeitsschutzes danach, ob eine mehr oder weniger private oder intime Persönlichkeitssphäre betroffen ist.[763] Überwiegend wird – mit unterschiedlichen terminologischen Bezeichnungen – zwischen drei verschiedenen Persönlichkeitssphären unterschieden: der Sozialsphäre, der Privatsphäre und der Intimsphäre.[764] Während die Intimsphäre absoluten Schutz vor Eingriffen genießt[765], werden Eingriffe in die Sozial- und Privatsphäre ausnahmsweise für zulässig gehalten, wenn eine alle Umstände des konkreten Falles berücksichtigende Güter- und Interessenabwägung ergibt, dass das Informationsinteresse der Öffentlichkeit gegenüber den Persönlichkeitsinteressen des Betroffenen überwiegt.[766] Die Sozialsphäre genießt dabei grundsätzlich keinen so weitgehenden Schutz wie die Privatsphäre.[767] Da die Grenzen der einzelnen Sphären fließend

---

[763] Vgl. z.B.: BVerfG NJW 1991, 2339, 2340; BGH NJW 1987, 2667, 2667 f.; BGH NJW 1991, 1532, 1533; Wenzel-*Burkhardt*, Rn. 5.39 ff.; Palandt-*Sprau*, § 823, Rn. 87, 96; Staudinger-*Hager*, § 823, Rn. C 187 ff.; Wandtke/Bullinger-*Fricke*, § 23 KUG, Rn. 31 ff.; Möhring/Nicolini-*Gass*, § 60 Anh. § 23 KUG, Rn. 35 ff.

[764] Vgl. z.B. die Unterscheidung der einzelnen Sphären bei: Palandt-*Sprau*, § 823, Rn. 87, 96; Staudinger-*Hager*, § 823, Rn. C 187 ff.; Wenzel-*Burkhardt*, Rn. 5.40 ff.; BVerfG NJW 1980, 2070, 2071 – Eppler; BGH NJW 1987, 2667, 2667 f.; BGH NJW 1991, 1532, 1533; OLG Hamburg NJW 1967, 2314, 2316; vgl. auch *Baston-Vogt*, Der sachliche Schutzbereich des zivilrechtlichenallgemeinen Persönlichkeitsrechts, S. 193, m.w.N.

[765] BVerfGE 32, 373, 379; BGHZ 73, 120, 124; BGH NJW 1999, 2893, 2894; BGH NJW 1988, 1984, 1985; BGH NJW 1981, 1366, 1366; BGH NJW 1979, 647, 648; OLG Hamburg AfP 1991, 533, 533; OLG Hamburg NJW 1967, 2314, 2316; Soergel-*Zeuner*, § 823, Rn. 73; Palandt-*Sprau*, § 823, Rn. 87, 96.

[766] BVerfGE 35, 202, 220 f. – Lebach; BGHZ 73, 120, 124; BGH NJW 1981, 1366, 1366 f.; BGH NJW 1996, 1128, 1129; LG München I UFITA 37 (1962), 123, 125; OLG Hamburg AfP 1983, 466, 468; Palandt-*Sprau*, § 823, Rn. 96.

[767] Palandt-*Sprau*, § 823, Rn. 96; BGH NJW 1981, 1366, 1367.

sind, sind sie in ihrem Schutzumfang z.T. nur schwer voneinander abzugrenzen.[768]

Der Schutzbereich der einzelnen Sphären wird häufig dahingehend beschrieben, dass die Intimsphäre den Bereich der inneren Gedanken- und Gefühlswelt sowie Vorgänge, die hiermit im Zusammenhang stehen schützt, wie z.B. den Gesundheitszustand einer Person oder deren Sexualleben. Klare Kategorisierungen lassen sich allerdings nicht treffen, da nach den jeweiligen Umständen des Einzelfalles der Gesundheitszustand einer Person, Vorgänge aus ihrem Sexualleben oder Tagebuchaufzeichnungen auch der Privatsphäre zuzuordnen sein können.[769] Die Sozialsphäre betrifft den Menschen in seiner nach außen in Erscheinung tretenden Beziehung zur Umwelt wie etwa im Berufsleben, während der Privatsphärenschutz vor allem den häuslichen und familiären bzw. partnerschaftlichen Bereich umfasst.[770]

Im Ergebnis erlaubt die Sphärentheorie bezüglich der Zulässigkeit von Lebens- und Charakterbilddarstellungen zunächst daher nur den Schluss, dass die Veröffentlichung von Informationen aus dem Bereich der absolut geschützten Intimsphäre ohne Einwilligung des Betroffenen schlechthin unzulässig ist. Unklar bleibt hingegen die Beurteilung von Eingriffen in die Sozial- und Privatsphäre. Die Aussage der Sphärentheorie, dass um so strengere Anforderungen an eine Veröffentlichung zu stellen sind, je privater und intimer der Inhalt der Darstellung ist, bietet zwar eine Leitlinie für die Gewichtung der Interessen des Persönlichkeitsrechtsinhabers. Für die Frage, ob bzw. in welchem Umfang eine Darstellung im konkreten Einzelfall zulässig ist bedarf es jedoch des Rückgriffs auf ein weiteres Abwägungskriterium auf Seiten des Eingreifenden: das Informationsinteresse der Öffentlichkeit.

[768] Kritisch zur „Sphärentheorie": *Baston-Vogt*, Der sachliche Schutzbereich des zivilrechtlichen allgemeinen Persönlichkeitsrechts, S. 191 ff.; *Unland*, Die Verfilmung tatsächlicher Ereignisse, S. 225 ff.; *Götting*, Persönlichkeitsrechte als Vermögensrechte, S. 28.

[769] Zum Gesundheitszustand BVerfGE 32, 373, 379. Zu Tagebuchaufzeichnungen BVerfGE 80, 367, 374 f. Zu Vorgängen aus dem Ehe- und Sexualleben: BGH NJW 1999, 2893, 2894; BVerfG NJW 1970, 555, 555; OLG Hamburg AfP 1991, 533, 533.

[770] Zu den einzelnen Sphären vgl.: Palandt-*Sprau*, § 823, Rn. 87, 96; Wenzel-*Burkhardt*, Rn. 5.40 ff.; Wandtke/Bullinger-*Fricke*, § 23 KUG, Rn. 30 ff.; Staudinger-*Hager*, § 823, Rn. C 187 ff.; BVerfG NJW 1980, 2070, 2071 – Eppler; BGH NJW 1987, 2667, 2667 f.; BGH NJW 1991, 1532, 1533; OLG Hamburg NJW 1967, 2314, 2316. Zur Privatsphäre vgl. insbesondere: BVerfG NJW 2000, 1021, 1022 ff. – Caroline von Monaco; BGH NJW 1996, 1128, 1129; Wandtke/Bullinger-*Fricke*, § 23 KUG, Rn. 31 f.; Dreier/Schulze-*Dreier*, § 23 KUG, Rn. 27 ff.; vgl. auch *Baston-Vogt*, Der sachliche Schutzbereich des zivilrechtlichen allgemeinen Persönlichkeitsrechts, S. 193, m.w.N.

(2) Diskretionsschutz und Informationsinteressen der Öffentlichkeit

Von einem berechtigten Interesse der Öffentlichkeit an einer Unterrichtung über das Leben und den Charakter einer Person kann um so eher ausgegangen werden, je stärker der Betroffene auf das Gemeinschaftswesen eingewirkt und damit ein entsprechendes Interesse der Öffentlichkeit an seiner Person begründet hat.[771] Eine derartige Einwirkung kann z.B. aus der besonderen Popularität des Dargestellten bzw. aus seiner Beziehung zu einem zeitgeschichtlichen Ereignis resultieren, aber auch dadurch eintreten, dass der Betroffene von sich aus Veröffentlichungen über seine Person gestattet und insofern schutzwürdige Interessen der Öffentlichkeit an einer weiteren Erörterung der veröffentlichten Informationen begründet hat.

Auch wenn die §§ 22 ff. KUG auf Lebensbilddarstellungen nicht unmittelbar anwendbar sind, wird die Feststellung des berechtigten Informationsinteresses an der dargestellten Person überwiegend in Anlehnung an den Kreis der Personen vorgenommen, die im Rahmen des § 23 Abs. 1 Nr. 1 KUG als absolute und relative Personen der Zeitgeschichte umschrieben werden.[772] Im Kern beruht die Unterteilung in absolute und relative Personen der Zeitgeschichte auf dem übergreifenden Gedanken, dass hinsichtlich der Zulässigkeit von Bildnisveröffentlichungen nach dem Grad des allgemeinen Informationsinteresses der Öffentlichkeit an der betreffenden Person differenziert werden kann. Absolute Personen der Zeitgeschichte finden dabei unabhängig von einem bestimmten Ereignis allgemein öffentliche Aufmerksamkeit, wohingegen relative Personen der Zeitgeschichte nur im Zusammenhang mit einem bestimmten zeitgeschichtlichen Ereignis vorübergehend aus der Anonymität und in das Blickfeld der Öffentlichkeit treten.[773] Dementsprechend sollen absolute Personen der Zeitgeschichte grundsätzlich an für jedermann zugänglichen Orten in allen Lebenssituationen dargestellt werden dürfen, während sich die Abbildungsfreiheit bei relativen Personen der Zeitgeschichte auf Veröffentlichungen beschränkt, die im zeitlichen und thematischen Zusammenhang mit dem zeitgeschichtlichen Ereignis stehen.[774] Allerdings entbindet die im Rahmen des § 23 Abs. 1 Nr. 1 KUG übli-

---

[771] OLG Hamburg AfP 1985, 209, 209; Wenzel-*Burkhardt*, Rn. 5.26; *Hubmann*, UFITA 26 (1958), 19, 24.

[772] BGHZ 50, 133, 143 f. – Mephisto; LG Berlin UFITA 86 (1980), 313, 320 – Der eiserne Gustav; KG UFITA 30 (1960), 105, 106; OLG Hamburg AfP 1994, 232, 233; OLG München AfP 1993, 762, 763; LG Berlin AfP 1998, 418, 419; Wenzel-*Burkhardt*, Rn. 5.26; *Löffler/Ricker*, Handbuch des Presserechts, Kap. 42, Rn. 8 f.; Staudinger-*Hager*, § 823, Rn. C 231.

[773] Vgl. zu den sogenannten absoluten und relativen Personen der Zeitgeschichte ausführlich unten unter 4. Teil C II 1 a.

[774] Vgl. hierzu unten unter 4. Teil C II 1 a; Wandtke/Bullinger-*Fricke*, § 23 KUG, Rn. 11, 17; Schricker-*Gerstenberg/Götting*, § 60/§ 23 KUG, Rn. 12; Möhring/Nicolini-*Gass*, § 60 Anh. § 23 KUG, Rn. 6, 11, jeweils m.w.N.

che Klassifizierung in absolute und relative Personen der Zeitgeschichte nicht von einer Interessenabwägung im Einzelfall.[775]

Für die Beurteilung der Zulässigkeit von Lebens- und Charakterbilddarstellungen ist von Bedeutung, dass § 23 Abs. 1 Nr. 1 KUG sowie die im Rahmen dieser Bestimmung entwickelten Abwägungsleitlinien keinesfalls den Grundsatz einer Darstellungsfreiheit von Personen der Zeitgeschichte enthalten.[776] Vielmehr ist auch die Privatsphäre von Personen der Zeitgeschichte grundsätzlich geschützt, so dass nur ausnahmsweise ein überwiegendes öffentliches Interesse an privaten Informationen anerkannt werden kann.[777] Dies ist der Fall, wenn die betreffenden Informationen die Persönlichkeit und den Charakter der Person der Zeitgeschichte erhellen bzw. für ihr öffentliches Wirken von Bedeutung sind.[778] Als Beispiel hierfür wird häufig der Fall genannt, dass bestimmte Informationen aus dem Privatleben des Inhabers eines öffentlichen Amtes für die Beurteilung seiner Eignung für das innegehaltene Amt bzw. für seine Ehrlichkeit, Zuverlässigkeit oder Charakterfestigkeit von Bedeutung sind.[779] Auch nach den im „Caroline" – Urteil des EGMR enthaltenen Maßstäben, auf die an späterer Stelle ausführlich eingegangen wird, ist für eine Berichterstattung aus der Privatsphäre im Ergebnis eine innere Verbindung der veröffentlichten Informationen mit dem zeitgeschichtlichen Wirkungskreis des Dargestellten erforderlich. Hiernach kommen Schilderungen aus dem Privatleben von Personen des öffentlichen Lebens, insbesondere von Politikern nur insoweit in Betracht, als sie einen Beitrag zu einer Debatte in einer demokratischen Gesellschaft, d.h. zu Fragen von allgemeinem gesellschaftlichen Interesse leisten.[780]

Eine Lebens- und Charakterbilddarstellung im umfassenden Sinne, die das Werden, Wirken und Wesen eines Menschen in seiner Gesamtheit zum Gegenstand hat, erstreckt sich jedoch nicht nur auf Informationen aus der Privatsphäre des Dargestellten, die in einem engen inneren Zusammenhang zu seiner zeitgeschichtlichen Rolle stehen, sondern auch auf den Bereich seines Privatlebens jenseits der Öffentlichkeitssphäre. Das Informationsinteresse der Öffentlichkeit

---

[775] Vgl. auch BVerfG NJW 2000, 1021, 1025 – Caroline von Monaco.

[776] *Engau*, Straftäter und Tatverdächtige als Personen der Zeitgeschichte, S. 527 f.; Wandtke/ Bullinger-*Fricke*, § 23 KUG, Rn. 29 ff.

[777] BVerfG NJW 2000, 1021, 1025 – Caroline von Monaco; BGH GRUR 1957, 494, 497 – Spätheimkehrer; BGH NJW 1996, 1128, 1129; LG Hamburg ZUM 1998, 579, 581; Dreier/ Schulze-*Dreier*, § 23 KUG, Rn. 28; Möhring/Nicolini-*Gass*, § 60 Anh. § 23 KUG, Rn. 42.

[778] Dreier/Schulze-*Dreier*, § 23 KUG, Rn. 28; v. Hartlieb/Schwarz-*Reber*, Kap. 24, Rn. 12; *Engau*, Straftäter und Tatverdächtige als Personen der Zeitgeschichte, S. 527.

[779] *Engau*, Straftäter und Tatverdächtige als Personen der Zeitgeschichte, S. 161 m.w.N.; v. Hartlieb/Schwarz-*Reber*, Kap. 24, Rn. 12; vgl. auch BGHSt 18, 182, 186.

[780] EGMR ZUM 2004, 651, 661. Nach dem EGMR gelten die Grundsätze des „Caroline" – Urteils sowohl für die Bild- als auch für die Wortberichterstattung, EGMR ZUM 2004, 651, 661, 662 („Fotos und Artikel"). Vgl. zu dieser Entscheidung, insbesondere zu deren Bindungswirkung für deutsche Gerichte unten unter 4. Teil C II 1 b.

ist jedoch keineswegs so hoch zu veranschlagen, dass es in diesem weiten – für eine umfassende Lebens- und Charakterbildschilderung erforderlichen – Umfang Eingriffe in den Privatbereich einer Person der Zeitgeschichte ermöglichen kann.[781] Wie zuvor ausgeführt, lässt sich auch der Bestimmung des § 23 Abs. 1 Nr. 1 KUG nicht die Annahme einer grundsätzlichen Zulässigkeit von Darstellungen aus der Privatsphäre zeitgeschichtlicher Personen entnehmen. Die insbesondere in der älteren Rechtsprechung und Literatur vertretene gegenteilige Auffassung, wonach Personen der Zeitgeschichte Darstellungen ihres Lebens- und Charakterbildes unter Einschluss ihrer Privatsphäre hinzunehmen haben, solange sie hierdurch nicht in persönlichkeitsrechtlichen Identitäts- und Ehrinteressen verletzt werden[782], trägt dem Privatsphärenschutz demnach nicht hinreichend Rechnung.

Aus dem Vorstehenden folgt, dass auch Personen der Zeitgeschichte im Regelfall Schilderungen aus ihrem Privatleben in einem Film nicht dulden müssen.[783] Nur im Ausnahmefall ist die Schilderung privater Lebenssachverhalte gestattet, wenn an ihnen ein berechtigtes Informationsinteresse der Allgemeinheit besteht, was regelmäßig nur bezüglich sogenannter Personen der Zeitgeschichte angenommen werden kann und wenn die Informationen aus der Privatsphäre im oben beschriebenen Sinne mit der öffentlichen bzw. zeitgeschichtlichen Rolle des Dargestellten zusammenhängen.[784] So hat das LG Stuttgart es etwa für zulässig erkannt, wenn in einem Dokumentarfilm über die Kinderlosigkeit eines Herrscherpaares berichtet wird, da die Tatsache des Scheiterns der Ehe an dieser Kinderlosigkeit zum Bereich der politischen Geschichte gehöre und für die Öffentlichkeit von erheblicher Bedeutung sei.[785] Bei den sogenannten relativen Personen der Zeitgeschichte ergeben sich weitere Einschränkungen der Darstellungsfreiheit, da ein berechtigtes Informationsinteresse nur bezüglich solcher Informationen anerkannt werden kann, die in einem zeitlichen und thematischen Zusammenhang zu den entsprechenden zeitgeschichtlichen Vorgänge stehen. Bei der in der Praxis häufigen Darstellung von Straftätern etwa darf nach der Rechtsprechung des BVerfG die aktuelle Berichterstattung das persönliche Leben des Straftäters nur insoweit einschließen, als es in unmittelbarer Beziehung zur Tat steht, Aufschlüsse über die Motive oder andere Tatvoraussetzungen gibt und für die Bewertung der Schuld des Täters aus der Sicht des modernen Straf-

---

[781] *Engau*, Straftäter und Tatverdächtige als Personen der Zeitgeschichte, S. 527 f.; OLG Stuttgart GRUR 1956, 519, 521; Staudinger-*Hager*, § 823, Rn. C231; strenger MüKo³-*Schwerdtner*, § 12, Rn. 180 ff.; vgl. auch *Schwerdtner*, Das Persönlichkeitsrecht, S. 218 ff., 224.

[782] BGHZ 26, 52, 67 – Sherlock Holmes; BGHZ 50, 133, 143 f. – Mephisto; KG UFITA 30 (1960), 105, 108; LG Berlin UFITA 30 (1960), 92, 98 f.; *Leinveber*, AfP 1967/70, 803, 804.

[783] *Schertz*, ZUM 1998, 757, 763; *Engau*, Straftäter und Tatverdächtige als Personen der Zeitgeschichte, S. 528 f.; OLG Hamburg NJW 1975, 649, 650 f. – Aus nichtigem Anlass; vgl. auch LG Köln AfP 1983, 414, 415.

[784] *v. Hartlieb*, UFITA 27 (1959), 145, 160 f.

[785] LG Stuttgart UFITA 40 (1963), 226, 230.

rechts als wesentlich erscheint.[786] Im Ergebnis kommen ohne Einwilligung des Betroffenen daher vor allem dokumentarische Lebens- und Charakterbilddarstellungen in Betracht, da sich diese häufig auf den zeitgeschichtlich bedeutsamen Wirkungskreis des Betroffenen beschränken.[787]

(3) Schutz des Selbstbestimmungsrechts in eigenen Angelegenheiten und Informationsinteressen der Öffentlichkeit

Auch das Selbstbestimmungsrecht in eigenen Angelegenheiten – d.h. die freie Entscheidung des Einzelnen darüber, ob und inwieweit Dritte in Bereichen tätig werden dürfen, die seiner persönlichkeitsrechtlichen Dispositionsbefugnis unterliegen[788] – kann bei einer Abwägung mit öffentlichen Informationsinteressen die Darstellungsfreiheit beschränken. In seinem ersten „Lebach" – Urteil, das ein Dokumentarspiel über den Soldatenmord von Lebach zum Gegenstand hatte, stellte das BVerfG hierzu fest, dass grundsätzlich jeder selbst darüber bestimmen darf, ob und inwieweit andere sein Lebensbild im Ganzen oder bestimmte Vorgänge aus seinem Leben öffentlich darstellen dürfen.[789]

Die Abwägung zwischen Selbstbestimmungsrecht und den durch die Kommunikationsgrundrechte des Art. 5 Abs. 1 GG geschützten Informationsinteressen der Öffentlichkeit kann allerdings nicht anhand der Sphärentheorie vorgenommen werden. So werden mit dem Sphärengedanken verschiedene Rückzugsbereiche beschrieben, in denen der Einzelne seine Persönlichkeit geschützt vor der Öffentlichkeit entfalten kann. Der Anwendungsbereich der Sphärentheorie beschränkt sich damit auf Fälle, die das Diskretionsinteresse der Persönlichkeit betreffen, d.h. das Interesse des Rechtsträgers an der Achtung von Lebensbereichen, die einer Kenntnisnahme durch die Öffentlichkeit entzogen sein sollen. Demgegenüber schützt das Selbstbestimmungsinteresse die Kompetenz, selbst

---

[786] BVerfGE 35, 202, 233 – Lebach; kritisch *Schwerdtner*, Das Persönlichkeitsrecht, S. 218 ff. Zur Darstellung von Straftaten vgl. unten unter 4. Teil E.

[787] Dies kann jedoch auch bei Spielfilmen der Fall sein. So verneinte beispielsweise das LG München (GRUR 1956, 231, 233) eine Persönlichkeitsrechtsverletzung durch den Spielfilm „Der 20. Juli", da sich dieser zutreffend nur mir der Berichterstattung über das Wirken des Dargestellten im öffentlichen Leben befasst und keine Verfälschung bzw. Mißachtung seiner Gesamtpersönlichkeit enthält.

[788] Wenzel-*Burkhardt*, Rn. 5.20 ff., 5.23; *Baston-Vogt*, Der sachliche Schutzbereich des zivilrechtlichen allgemeinen Persönlichkeitsrechts, S. 372 ff.; *Unland*, Die Verfilmung tatsächlicher Ereignisse, S. 130 ff.

[789] BVerfGE 35, 202, 220 – Lebach; vgl. auch BVerfG NJW 1980, 2070, 2071 – Eppler, wonach der dem Schutz des allgemeinen Persönlichkeitsrechts zugrunde liegende Gedanke der Selbstbestimmung beinhaltet, dass der Einzelne ohne Beschränkungen auf seine Privatsphäre grundsätzlich selbst entscheiden können soll, wie er sich Dritten oder der Öffentlichkeit gegenüber darstellen will und ob und inwieweit von Dritten über seine Persönlichkeit verfügt werden kann.

darüber zu entscheiden, ob und inwieweit von Dritten über die eigene Persönlichkeit verfügt werden darf. Da diese Selbstbestimmungsbefugnis überall dort verletzt werden kann, wo Menschen *in* der Gesellschaft aufeinander treffen und demnach ohne Beschränkung auf die Privatsphäre gewährleistet ist, kann ihr Schutz nicht auf bestimmte Rückzugsbereiche *vor* der Gesellschaft beschränkt sein.[790]

Für die Feststellung eines berechtigten Informationsinteresses der Öffentlichkeit ist vielmehr entscheidend, inwieweit der Betroffene auf das Gemeinschaftswesen eingewirkt und – z.B. durch seine Popularität, soziale Stellung oder sein Verhalten in der Öffentlichkeit – ein entsprechendes Interesse der Allgemeinheit an seiner Person begründet hat.[791] Soweit eine Abwägung zwischen Informationsinteressen der Öffentlichkeit und persönlichkeitsrechtlichem Diskretionsschutz ergibt, dass eine Information – etwa aus Gründen des Privatsphärenschutzes – von der Veröffentlichungsfreiheit ausgenommen ist, so wird auch eine Abwägung zwischen Selbstbestimmungsinteresse und den Informationsinteressen der Öffentlichkeit ergeben, dass eine Veröffentlichung der betreffenden Informationen unzulässig ist. Eigenständige Bedeutung hat die persönlichkeitsrechtliche Selbstbestimmungsbefugnis daher vor allem dann, wenn der Schutz der Privatsphäre einer Veröffentlichung nicht entgegensteht. So kann der Schutz des Selbstbestimmungs-, nicht jedoch des Diskretionsinteresses etwa hinsichtlich solcher Informationen einschlägig sein, die der Betroffene selbst durch die Gestattung einer (Exklusiv-) Veröffentlichung zur Kenntnisnahme durch die Allgemeinheit freigegeben hat. Die hiermit angesprochene Frage, wie sich Vorveröffentlichungen auf den Umfang des Persönlichkeitsschutzes auswirken, ist Gegenstand der folgenden Ausführungen

(4) Einfluss von Vorveröffentlichungen

Im Rahmen von dokumentarischen Darstellungen wird häufig auf bereits bestehende Veröffentlichungen über die jeweils behandelte Thematik bzw. Persönlichkeit zurückgegriffen, so dass sich die Frage stellt, ob die erneute Veröffentlichung der betreffenden Information den Rechtsinhaber in seinen Persönlichkeitsrechten verletzen kann. Hierbei gilt es zwischen gestatteten und nicht gestatteten Vorveröffentlichungen zu differenzieren.

Soweit die – vom Rechtsinhaber nicht gestattete – Erstveröffentlichung rechtswidrig war, vermag die Vorveröffentlichung eine erneute Publikation nicht ohne

---

[790] BVerfG NJW 1980, 2070, 2071 – Eppler; BVerfG NJW 1988, 3009, 3009; *Baston-Vogt*, Der sachliche Schutzbereich des zivilrechtlichen allgemeinen Persönlichkeitsrechts, S. 184 ff.; *Unland*, Die Verfilmung tatsächlicher Ereignisse, S. 224 (Fn. 1179).

[791] OLG Hamburg AfP 1985, 209, 209; Wenzel-*Burkhardt*, Rn. 5.26; *Hubmann*, UFITA 26 (1958), 19, 24.

weiteres zu rechtfertigen. Denn auch wenn durch sie das Interesse der Allgemeinheit an einer weiteren Berichterstattung geweckt worden ist, kann die einmalige Missachtung von Persönlichkeitsrechten nicht zur Folge haben, dass sich auch künftige Veröffentlichungen über berechtigte Persönlichkeitsinteressen hinwegsetzen dürfen.[792] Aber selbst wenn die vorab erfolgte Publikation rechtmäßig war, gilt dies nicht automatisch auch für nachfolgende Veröffentlichungen. Vielmehr ist im Wege einer Interessenabwägung anhand der zuvor geschilderten Leitlinien im Einzelfall festzustellen, ob an einer weiteren Veröffentlichung ein berechtigtes Informationsinteresse der Öffentlichkeit besteht, das je nach Form und Zeitpunkt der Darstellung unterschiedlich stark ausgeprägt sein kann. Bei der öffentlichen Erörterung von Straftaten spielt insoweit z.B. eine Rolle, ob die Darstellung dem Bereich der aktuellen Berichterstattung zuzuordnen ist oder ob es sich um eine umfassende Verfilmung der Ereignisse bzw. der Lebensgeschichte des Täters handelt, die nicht mehr im unmittelbaren zeitlichen Zusammenhang zu der Tat steht.[793]

Etwas anderes gilt, wenn der Rechtsinhaber die Publikation bestimmter persönlichkeitsrelevanter Daten und Informationen gestattet hat. Bezüglich der Wirkung derartiger Vorveröffentlichungen auf den Persönlichkeitsschutz ist zwischen dem Diskretionsschutz und dem Schutz des Selbstbestimmungsrechts in eigenen Angelegenheiten zu differenzieren. Der dem persönlichkeitsrechtlichen Diskretionsinteresse dienende Schutz der Intim- bzw. Privatsphäre wird grundsätzlich dadurch reduziert, dass der Rechtsinhaber gewöhnlich als privat geltende Angelegenheiten von sich aus öffentlich macht, etwa indem er Exklusivverträge über die Berichterstattung aus seiner Privatsphäre abschließt.[794] In diesem Fall kann er sich grundsätzlich nicht mehr auf seinen verfassungsrechtlichen Intim- und Privatsphärenschutz berufen[795], da er mit der einmal erteilten Gestattung zum Ausdruck gebracht hat, dass er eine entsprechende Veröffentlichung gar nicht als eine Verletzung seiner Privat- und Intimsphäre empfindet. Dies gilt

---

[792] Wenzel-*Burkhardt*, Rn. 5.43.

[793] In seiner „Lebach" – Entscheidung hat das BVerfG die Ausstrahlung eines Dokumentarspiels über die Hintergründe einer Straftat, die bereits zuvor Gegenstand einer umfangreichen Auseinandersetzung in den Medien war, als unvereinbar mit dem Selbstbestimmungsinteresse des dargestellten Täters angesehen, s. BVerfGE 35, 202, 202 ff. – Lebach.

[794] Zu Exklusivverträgen im Filmbereich s. unten unter 5. Teil.

[795] BVerfG NJW 2000, 1021, 1023 – Caroline von Monaco; BGH GRUR 2005, 76, 78; OLG Frankfurt a. M. NJW 2000, 594, 595 – Katharina Witt; OLG Hamburg AfP 1992, 159, 160; OLG Köln AfP 1982, 181, 182 f.; LG Berlin ZUM 2005, 330, 331; *Helle*, Besondere Persönlichkeitsrechte im Privatrecht, S. 184 f.; *Bartnik*, AfP 2004, 489, 495; *Soehring*, AfP 2000, 230, 234; *Koppehele*, AfP 1981, 337, 339; Wenzel-*Burkhardt*, Rn. 5.64; Wandtke/Bullinger-*Fricke*, § 23 KUG, Rn. 34; Dreier/Schulze-*Dreier*, § 23 KUG, Rn. 31; Möhring/Nicolini-*Gass*, § 60 Anh. § 23 KUG, Rn. 35, 41. Allerdings darf ein Foto, das die abgebildete Person in einer privaten Situation zeigt und dessen Veröffentlichung zunächst rechtswidrig war, nicht schon deshalb ohne Einwilligung des Abgebildeten erneut veröffentlicht werden, weil dieser inzwischen Informationen über sein Privatleben teilweise der Öffentlichkeit zugänglich gemacht hat, vgl. BGH GRUR 2005, 76, 78.

nicht nur gegenüber dem Vertragspartner, vielmehr wird der Privat- und Intimsphärenschutz, soweit er Vertragsgegenstand ist, auch gegenüber Dritten aufgehoben.[796]

Allerdings bleibt das Selbstbestimmungsrecht in eigenen Angelegenheiten, das auch die wirtschaftliche Selbstbestimmungsbefugnis umfasst[797] und unabhängig von bestimmten Persönlichkeitssphären gewährleistet ist, unberührt von der zuvor beschriebenen Öffnung der Privat- und Intimsphäre durch Vorveröffentlichungen. Demnach hat der Berechtigte grundsätzlich ein fortbestehendes berechtigtes Interesse daran, selbst darüber zu entscheiden, in welchem Umfang und auf welche Art (z.B. im Hinblick auf Zeitpunkt, Häufigkeit, Medium und Darstellungsform) eine weitere Veröffentlichung erfolgen soll.[798] Jedoch spielt der Umstand, dass der Berechtigte bereits zuvor eine Veröffentlichung bestimmter Informationen gestattet hat, bei der Güter- und Interessenabwägung insofern eine Rolle, als er hierdurch auf die Öffentlichkeit eingewirkt und damit erst ein entsprechendes Interesse der Allgemeinheit an den veröffentlichten Informationen über seine Person begründet hat. Sein Bestimmungsrecht endet daher dort, wo das schutzwürdige Interesse der Öffentlichkeit an einer Erörterung der veröffentlichten Informationen beginnt.[799] Bei der Interessenabwägung ist allerdings der Grundsatz der Verhältnismäßigkeit zu wahren, d.h. das Selbstbestimmungsrecht tritt nicht hinter jeder beliebigen Form der Darstellung zurück.[800] Auch im Hinblick auf die Erörterung von (gegebenenfalls bereits veröf-

[796] *Soehring*, AfP 2000, 230, 234; Wandtke/Bullinger-*Fricke*, § 23 KUG, Rn. 34. Dementsprechend können im Bereich des Rechts am eigenen Bild z.B. Nacktaufnahmen, deren Veröffentlichung mit Einwilligung des Abgebildeten erfolgt ist, unter Umständen später zu Belegzwecken in anderen Medien veröffentlicht werden, ohne dass hierin eine Verletzung von Diskretionsinteressen liegt. Vgl.: OLG Saarbrücken NJW-RR 2000, 1571, 1572; OLG Frankfurt a.M. NJW 2000, 594, 595 – Katharina Witt; OLG Hamburg AfP 1992, 159, 160; Dreier/Schulze-*Dreier*, § 23 KUG, Rn. 27; Möhring/Nicolini-*Gass*, § 60 Anh. § 23 KUG, Rn. 35; Wandtke/Bullinger-*Fricke*, § 23 KUG, Rn. 34, § 22 KUG, Rn. 22.

[797] Vgl. zum Schutz des wirtschaftlichen Selbstbestimmungsrechts durch das allgemeine Persönlichkeitsrecht BGHZ 20, 345 350 f. – Paul Dahlke; BGHZ 81, 75, 78 f. – Carrera; BGH GRUR 1987, 128, 128 – NENA; BGH NJW 1992, 2084, 2084 f.; BGH NJW 2000, 2195, 2197 – Marlene Dietrich; OLG Köln NJW 1992, 2641, 2641.

[798] *Brandl*, AfP 1981, 347, 350, nach dem die Einwilligung zur Lebensbilddarstellung in der Literatur eines bestimmten Niveaus (z.B. Biografie) noch nicht zur Veröffentlichung des Lebensbildes in einem „Groschenheft" o.Ä. berechtigt. Vgl. auch *Prantl*, Die journalistische Information zwischen Ausschlußrecht und Gemeinfreiheit, S. 154, der zudem darauf hinweist, dass Persönlichkeitsmerkmale auch noch nach der Erstveröffentlichung einen nutzbaren Vermögenswert besitzen, das allgemeine Persönlichkeitsrecht in wirtschaftlicher Hinsicht also keine „Ein-Weg-Ware" sei. A.A. *Moosmann*, Exklusivstories, S. 117, 206 f.

[799] BGH NJW 1981, 1366, 1366; OLG Hamburg AfP 1990, 128, 129; OLG Hamburg AfP 1985, 209, 209 f.; OLG Hamburg NJW 1996, 1151, 1152 f. – Schauspielerin; Wenzel-*Burkhardt*, Rn. 5.26; *Tessmer*, Der privatrechtliche Persönlichkeitsschutz von Prominenten, S. 46.

[800] Im Falle einer Gestattung zur Veröffentlichung von Nacktaufnahmen etwa besteht an einer weiteren Veröffentlichung der Aufnahmen dann kein berechtigtes Informationsinteresse der

fentlichten) Informationen über das Leben und den Charakter einer Person, können sich – im Folgenden darzustellende – Einschränkungen aus dem Grundsatz der Verhältnismäßigkeit ergeben.

(5) Grundsatz der Verhältnismäßigkeit

Bei der Abwägung zwischen persönlichkeitsrechtlichen Diskretions- und Selbstbestimmungsinteressen und den Grundrechten des Art. 5 Abs. 1 GG ist der Grundsatz der Verhältnismäßigkeit zu beachten. Es muss ein vertretbares Verhältnis zwischen dem erstrebten Zweck, namentlich der Befriedigung eines öffentlichen Informationsbedürfnisses sowie Form, Art und Ausmaß des Eingriffs in das Persönlichkeitsrecht bestehen.[801] Wie bereits oben ausgeführt, ist dabei zunächst der Inhalt und Informationswert einer Veröffentlichung von Bedeutung. So kann der Eingriff in das Persönlichkeitsrecht unverhältnismäßig sein, wenn im konkreten Fall lediglich private Angelegenheiten, die nur das Bedürfnis nach oberflächlicher Unterhaltung oder die Neugier und Sensationslust befriedigen, ausgebreitet werden.[802] Darüber hinaus kann im Einzelfall zwar eine Wortberichterstattung, nicht hingegen eine bildliche Darstellung des Betroffenen verhältnismäßig sein, da es einen starken Eingriff in die persönliche Sphäre bedeutet, wenn jemand das Erscheinungsbild einer Person fotografisch oder in einem Film fixiert und es der Allgemeinheit vorführt.[803] Ferner ist unter strikter Beachtung des Verhältnismäßigkeitsgrundsatzes zu ermitteln, welche Form der Darstellung aufgrund eines berechtigten Informationsbedürfnisses der Öffentlichkeit geboten ist, wobei es auf die Art der Sendung, das mit der konkreten Sendung verfolgte Interesse, die Art und Weise der Gestaltung und die erzielte oder voraussehbare Wirkung ankommt.[804] Dabei besteht ein besonderes Schutzbedürfnis gegenüber Persönlichkeitsrechtsverletzungen durch Fernsehsendungen, die der Zuschauer aufgrund der Kombination von bewegtem Bild und Ton besonders intensiv wahrnimmt und die gegenüber anderen Medien wie

---

Öffentlichkeit, wenn hierdurch allein voyeuristische Sensationsinteressen befriedigt oder der Betroffene lediglich zur Schau gestellt werden soll. Vgl.: OLG Hamburg NJW 1996, 1151, 1153 – Schauspielerin; OLG Saarbrücken NJW-RR 2000, 1571, 1572; OLG Frankfurt a.M. NJW 2000, 594, 595 – Katharina Witt. Vgl. auch: OLG Hamburg AfP 1982, 41, 42; KG ZUM-RD 1998, 554, 555; BGH NJW 1985, 1617, 1618 f.; *Helle*, Besondere Persönlichkeitsrechte im Privatrecht, S. 184 f.

[801] BVerfGE 35, 202, 221 – Lebach; Palandt-*Sprau*, § 823, Rn. 95.

[802] Vgl. oben unter 4. Teil B II 1 a dd.

[803] BGH NJW 1966, 2353, 2354 – Vor unserer eigenen Tür; *Helle*, Besondere Persönlichkeitsrechte im Privatrecht, S. 47; Schricker-*Gerstenberg/Götting*, § 60/§ 22 KUG, Rn. 3. Umgekehrt kann allerdings auch von einem Text eine stärkere Eingriffsintensität ausgehen als von einem Bild, vgl. BVerfG NJW 2000, 2194, 2195; Wandtke/Bullinger-*Fricke*, § 22 KUG, Rn. 23.

[804] BVerfGE 35, 202, 223, 227, 232 – Lebach.

etwa dem Film eine ungleich größere Reichweite besitzt.[805] Dementsprechend hat das BVerfG in seiner „Lebach" – Entscheidung die Berichterstattung über eine Straftat in der Form eines Dokumentarspiels u.a. wegen der Breitenwirkung dieses Genres und dem damit einhergehenden besonders schwerwiegenden Eingriff in das Persönlichkeitsrecht des Dargestellten für unzulässig erklärt.[806]

Darstellungen, die sich mit dem Leben und Charakter einer Persönlichkeit umfassend auseinander setzen, erfordern unter Verhältnismäßigkeitsgesichtspunkten zudem ein höheres Informationsbedürfnis als die partielle Berichterstattung über einzelne Vorgänge aus dem Leben der Person, da sie aufgrund ihrer Breite intensiver in persönlichkeitsrechtliche Interessen eingreifen. Nach einer z.T. vertretenen Auffassung soll insoweit bei der Güter- und Interessenabwägung zu berücksichtigen sein, dass der Meinungsbildungsprozess in der Öffentlichkeit durch Lebens- und Charakterbilddarstellungen nur unwesentlich gefördert werde.[807] Im Hinblick darauf, dass derartige Darstellungen aufgrund ihrer Popularität ein breites Publikum erreichen, erscheint diese Aussage in ihrer Pauschalität allerdings ebenso problematisch, wie die generelle Annahme eines privilegierungswürdigen Informationswertes von Lebens- und Charakterbilddarstellungen. Vielmehr kommt es auch hier auf die Umstände des Einzelfalles an.

bb) Abwägung zwischen Persönlichkeitsschutz und Kunstfreiheit (Art. 5 Abs. 3 GG)

Kann ein berechtigtes Informationsinteresse der Öffentlichkeit an der Lebensbilddarstellung nicht festgestellt werden, stellt sich die Frage, ob eine entsprechende Veröffentlichung unter dem Gesichtspunkt der verfassungsrechtlich geschützten Kunstfreiheit dennoch gerechtfertigt ist. Hierfür könnte zunächst sprechen, dass die Kunstfreiheit gemäß Art. 5 Abs. 3 GG im Gegensatz zu den Kommunikationsgrundrechten nicht dem Gesetzesvorbehalt des Art. 5 Abs. 2 GG, sondern allein verfassungsimmanenten Schranken unterliegt.[808] Allerdings folgt hieraus kein genereller Vorrang der Kunstfreiheit gegenüber betroffenen Persönlichkeitsrechten.[809] Vielmehr sind die kollidierenden Interessen im Wege

---

[805] BVerfGE 35, 202, 226 f. – Lebach; hiergegen *Moosmann*, Exklusivstories, S. 93 ff.

[806] BVerfGE 35, 202, 202 ff. – Lebach. Vgl. auch: OLG Saarbrücken NJW-RR 1998, 745, 746; BVerfG NJW 1980, 2070, 2071 – Eppler. Weitergehend *Schwerdtner*, Das Persönlichkeitsrecht, S. 218 ff., der die Veröffentlichung von Bildern von Straftätern und Lebensbilddarstellungen einschließlich der Namensnennung generell nur mit Einwilligung des Betroffenen für zulässig hält. Auch der BGH vertritt die Auffassung, dass bei der Abwägung zwischen Art. 5 Abs. 1 GG und dem allgemeinen Persönlichkeitsrecht die Breitenwirkung und der Authentizitätsanspruch des Fernsehens zu berücksichtigen ist, vgl. BGH NJW 1982, 635, 636.

[807] MüKo^3-*Schwerdtner*, § 12, Rn. 182.

[808] BVerfGE 30, 173, 193 – Mephisto; BVerfGE 67, 213, 228 – Anachronistischer Zug.

[809] BVerfGE 30, 173, 195 – Mephisto; BVerfGE 35, 202, 244 – Lebach; a.A. *Eickmeier/ Eickmeier*, ZUM 1998, 1, 5 f.

einer einzelfallbezogenen Güter- und Interessenabwägung in einen verfassungsgemäßen Ausgleich zu bringen.[810] Ob die Kunstfreiheit hierbei weitergehende Eingriffe in Persönlichkeitsrechte zulässt, als sie bei einer Abwägung mit den Kommunikationsgrundrechten möglich wären, hängt davon ab, welche Aspekte des Schutzbereiches der Kunstfreiheit bzw. des allgemeinen Persönlichkeitsrechts betroffen sind.[811] Ausgangspunkt der Erwägungen ist, dass sich die Schutzbereiche der Kunstfreiheit und der Kommunikationsgrundrechte teilweise überschneiden, da auch die Kunstfreiheit das Interesse schützt, bestimmte Meinungen und Informationen, etwa über das Leben einer Person, durch das Kunstwerk öffentlich mitzuteilen. Das Spezifikum der Kunstfreiheit gegenüber dem Schutzbereich der Kommunikationsgrundrechte besteht hingegen im Akt der künstlerischen Gestaltung und Interpretation, d.h. in der Art und Weise der Verarbeitung und Darstellung der betreffenden Informationen.[812]

Hieraus ergibt sich, dass im Hinblick auf die Frage, ob überhaupt bzw. welche persönlichkeitsrelevanten Daten verwertet und veröffentlicht werden dürfen, der Interessenkonflikt zwischen Persönlichkeitsrecht und Kunstfreiheit mit dem zwischen Persönlichkeitsschutz und Kommunikationsgrundrechten vergleichbar ist. Während auf Seiten der dargestellten Persönlichkeit vor allem Selbstbestimmungs- und Diskretionsinteressen betroffen sind, steht auf Seiten desjenigen, der diese Daten nutzen will, das Interesse im Vordergrund, auf bestimmte Persönlichkeitsdaten zugreifen und sie zum Gegenstand seiner Darstellung machen zu dürfen. Dieses Interesse an Zugriff und Mitteilung ist bei künstlerischen und nichtkünstlerischen Darstellungen insofern vergleichbar, als es nicht die Frage betrifft, auf welche Art und Weise und in welcher – gegebenenfalls künstlerischer – Form die Informationen gestaltet, interpretiert, verarbeitet und dargestellt werden dürfen. Dies rechtfertigt zwar nicht den Schluss, lediglich die Formgestaltung eines Kunstwerkes der Kunstfreiheit gemäß Art. 5 Abs. 3 GG zu unterstellen und dessen Inhalt als bloße Meinungs- bzw. Tatsachenäußerung durch Art. 5 Abs. 1 GG zu schützen.[813] Gleichwohl ist aufgrund der gleichartigen Interessenlage im Regelfall nicht einzusehen, warum die künstlerische Darstellung in größerem Maße persönlichkeitsrechtliche Informationen mitteilen können sollte als eine nichtkünstlerische, etwa journalistische Darstellung. Insofern erscheint es gerechtfertigt, bei der Interessenabwägung im Grundsatz auf die Maßstäbe zurückzugreifen, die für den Ausgleich von Persönlichkeitsschutz und widerstreitenden Kommunikationsgrundrechten entwickelt wurden.[814] Im Kern kommt es bei der Interessenabwägung demnach darauf an, inwieweit der

[810] BVerfGE 30, 173, 195 – Mephisto.
[811] Vgl. hierzu *Unland*, Die Verfilmung tatsächlicher Ereignisse, S. 167 f.
[812] *Unland*, Die Verfilmung tatsächlicher Ereignisse, S. 168.
[813] Vgl. hierzu bereits oben unter 2. Teil B.
[814] *Unland*, Die Verfilmung tatsächlicher Ereignisse, S. 168; *Engau*, Straftäter und Tatverdächtige als Personen der Zeitgeschichte, S. 541; im Ergebnis auch *Hubmann*, UFITA 26 (1958), 19, 28 f.; *Jacobs*, GRUR 1982, 629, 630; *Reupert*, NVwZ 1994, 1155, 1164.

Dargestellte durch sein Verhalten bzw. seine Stellung ein schutzwürdiges gesellschaftliches Interesse an seinem öffentlichen und privaten Leben begründet und insofern auch eine künstlerische Auseinandersetzung mit seiner Person herausgefordert hat.

Geht es hingegen um die Art und Weise der Darstellung persönlichkeitsrelevanter Informationen, so ist der Schutzbereich der Kunstfreiheit gegenüber dem der Kommunikationsgrundrechte in spezifischer Weise angesprochen, so dass mangels einer vergleichbaren Interessenlage andere Abwägungsleitlinien gelten müssen, die Gegenstand der folgenden Ausführungen sind. Hierbei handelt es sich namentlich um Fälle, in denen sich der Betroffene durch die künstlerische Darstellung in persönlichkeitsrechtlichen Identitäts- und Ehrinteressen verletzt fühlt, etwa weil sein Lebens- und Charakterbild verfremdet wurde.[815] Im Hinblick auf die hier erörterte Frage, ob der Künstler überhaupt das Lebens- und Charakterbild einer Person darstellen und hiermit einhergehend auch Eingriff in die Privatsphäre vornehmen darf, gilt im Ergebnis jedoch der Grundsatz, dass die Kunstfreiheit gegenüber den Selbstbestimmungs- und Diskretionsinteressen des Dargestellten keinen weitergehenden Schutz genießt, als ihn die Kommunikationsfreiheiten gewähren. Ergibt also eine Abwägung zwischen Selbstbestimmungs- bzw. Diskretionsinteresse und den Kommunikationsgrundrechten, dass eine Veröffentlichung unzulässig ist, insbesondere weil kein berechtigtes Informationsinteresse der Öffentlichkeit an der Person des Dargestellten und seinem (Privat-) Leben besteht, so wird eine Veröffentlichung in der Regel auch nicht aufgrund einer Abwägung mit der Kunstfreiheit zulässig sein. Dementsprechend hat auch das BVerfG in seiner „Lebach“ – Entscheidung offen gelassen, ob das in Rede stehende Dokumentarspiel Kunstwerkqualität aufwies, da sich bei einer Abwägung mit dem persönlichkeitsrechtlichen Selbstbestimmungsinteresse des Betroffenen jedenfalls keine weitergehende Veröffentlichungsmöglichkeit ergeben hätte als im Hinblick auf die Kommunikationsgrundrechte.[816]

b) Identitäts- und Ehrschutz – Das „Wie“ der Darstellung

Die Zulässigkeit einer Lebens- und Charakterbildverfilmung hängt nicht nur von der Frage ab, ob überhaupt das Leben und der Charakter einer Person verfilmt werden und in welchem Umfang hierzu auf Persönlichkeitsdaten zugegriffen werden darf, vielmehr spielt auch die Art und Weise der Umsetzung eine maßgebliche Rolle. Neben den durch Art. 5 Abs. 1 GG geschützten Interessen ist hiermit vor allem das Interesse an freier künstlerischer Gestaltung und Interpretation gemäß Art. 5 Abs. 3 GG angesprochen, das häufig mit dem Interesse des Einzelnen an der Wahrung seiner Identität und Ehre kollidiert.

---

[815] *Unland*, Die Verfilmung tatsächlicher Ereignisse, S. 168 f.

[816] BVerfGE 35, 202, 244 – Lebach. Vgl. auch OLG Hamburg NJW 1975, 649, 650 f. – Aus nichtigem Anlass.

aa) Schutz vor Unwahrheit und Verfälschung der eigenen Persönlichkeit (Identitätsschutz)

Werden über eine Person Unwahrheiten verbreitet, so beeinträchtigt dies die Persönlichkeit in besonders gravierender Weise, da hierdurch ihr Interesse an der Wahrung der eigenen Identität verletzt wird.[817] Bereits im ersten Urteil, in dem der BGH das allgemeine Persönlichkeitsrecht als sonstiges Recht im Sinne des § 823 Abs. 1 BGB anerkannte, wurde eine Persönlichkeitsrechtsverletzung in der Vermittlung eines falschen Persönlichkeitsbildes gesehen.[818] Auch in nachfolgenden Urteilen spielte der Aspekt einer Verfälschung der Persönlichkeit – insbesondere durch Veröffentlichungen in den Massenmedien – immer wieder eine Rolle, sei es durch unwahre Tatsachenbehauptungen[819], die Unvollständigkeit einer Berichterstattung[820], das Unterschieben tatsächlich nicht getätigter Äußerungen oder Handlungen[821] oder die entstellende Wiedergabe von Äußerungen durch falsche Zitate[822].

Durch eine Lebens- und Charakterbilddarstellung ist das persönlichkeitsrechtliche Identitätsinteresse immer dann betroffen, wenn die Darstellung vom realen Vorbild abweicht.[823] Die Ursache für eine derartige Realitätsabweichung kann vor allem in der Behauptung inhaltlich unwahrer Tatsachen liegen, aber z.B. auch durch dramaturgische Ausschmückungen der Lebensgeschichte eintreten. Damit sind insbesondere Dokumentarspiele, aber auch biografische Spielfilme für den Vorwurf einer Verletzung von Identitätsinteressen besonders anfällig, da sie aufgrund der Notwendigkeit einer in sich geschlossenen, dramaturgisch aufbereiteten Handlung nicht ohne dichterisches Beiwerk und Verfremdungen aus-

---

[817] S. zum Identitätsschutz mit zahlreichen Rechtsprechungsnachweisen: *Baston-Vogt*, Der sachliche Schutzbereich des zivilrechtlichen allgemeinen Persönlichkeitsrechts, S. 423 ff.; *Ulrich*, Das Recht auf Identität im zivilrechtlichen Persönlichkeitsschutz, S. 53 ff.; Wenzel-*Burkhardt*, Rn. 5.74 ff.; *Unland*, Die Verfilmung tatsächlicher Ereignisse, S. 123 ff.; Erman-*Ehmann*, Anh. § 12, Rn. 4, 104 ff.; *Larenz/Canaris*, Schuldrecht Bd. II/2, § 80 II 1; Palandt-*Sprau*, § 823, Rn. 118.

[818] BGH NJW 1954, 1404, 1405 – Leserbriefe.

[819] BVerfG NJW 1999, 1322, 1324; BGHZ 139, 95, 101 ff.

[820] BGH NJW 2000, 656, 657.

[821] BVerfGE 34, 269, 277, 283 – Soraya; BVerfG NJW 1980, 2070, 2071 – Eppler; BVerfG NJW 1993, 2925, 2925 f.; BGH NJW 1995, 861, 862 – Caroline von Monaco; BGH GRUR 1980, 259, 259 – Wahlkampfillustrierte; BGH NJW 1998, 1391, 1392; OLG Köln NJW 1987, 1415, 1416; OLG Hamburg NJW 1987, 1416, 1416 f.

[822] BVerfGE 82, 236, 269; BVerfG NJW 1980, 2072, 2072; BGH NJW 1982, 635, 636; OLG München AfP 1981, 297, 298; OLG Bremen AfP 1994, 145, 147.

[823] Die Verletzung des Identitätsinteresses durch Verfilmungen war u.a. Gegenstand folgender Urteile: LG Berlin UFITA 30 (1960), 92, 95 ff.; KG UFITA 30 (1960), 105, 107 ff.; KG UFITA 54 (1969), 291, 295; OLG Hamburg UFITA 26 (1958), 109, 109 ff.

kommen.[824] Den realen Geschehnissen muss die Struktur einer Erzählung gegeben werden, die dem Leben an sich nicht innewohnt. Dialoge und Abläufe müssen nachgestellt und gerade bei umfassenden Lebens- und Charakterbilddarstellungen muss mit Handlungs- und Zeitraffern gearbeitet werden. Insofern stellt streng genommen bereits die Kürzung eines Lebensbildes auf die wesentlichen Stationen eines Lebensweges eine Verfremdung dar. Dennoch ist kein Anspruch des Betroffenen auf eine vollständige Darstellung seines Lebensbildes anzuerkennen.[825] Bestünde ein solcher Anspruch, wäre die Möglichkeit einer Berichterstattung über das Leben bestimmter Personen in Literatur, Presse, Film und Fernsehen von vornherein ausgeschlossen, wodurch das gesellschaftliche Interesse an einer Unterrichtung über sie interessierende Persönlichkeiten in bedenklicher Weise eingeschränkt würde. Wann die Schwelle zu einer unzulässigen Identitätsbeeinträchtigung überschritten ist, ist anhand einer umfassenden Güter- und Interessenabwägung festzustellen, wobei zwischen den durch Art. 5 Abs. 1 GG und die Kunstfreiheit (Art. 5 Abs. 3 GG) geschützten Interesse an einer solchen Verfremdung zu differenzieren ist.

Im Bereich der Meinungsfreiheit gilt es zwischen Meinungsäußerungen und Tatsachenbehauptungen zu unterscheiden: Ist Gegenstand der beanstandeten Äußerung eine Meinung oder ein Werturteil, so greifen die Kategorien „wahr" oder „unwahr" nicht, so dass eine Persönlichkeitsrechtsverletzung nicht unter dem Gesichtspunkt des Identitätsschutzes, sondern allenfalls im Hinblick auf eine etwaige Ehrverletzung in Betracht kommt.[826] Demgegenüber können persönlichkeitsrechtliche Identitätsinteressen einer Veröffentlichung entgegenstehen, wenn es um die Äußerung unwahrer Tatsachenbehauptungen geht. Zwar dürfen die Anforderungen an die Wahrheitspflicht nach Auffassung der Rechtsprechung nicht so übersteigert werden, dass dies wegen der zu befürchtenden Sanktionen eine Lähmung der Medientätigkeit und damit eine Beeinträchtigung der Funktion der Meinungsfreiheit für die geistige und politische Auseinandersetzung in einer Demokratie zur Folge haben könnte.[827] Jedenfalls bei bewusst

---

[824] BVerfGE 35, 202, 229 – Lebach; KG UFITA 54 (1969), 291, 295 f.; *Unland*, Die Verfilmung tatsächlicher Ereignisse, S. 7 f., 127 ff., 175 ff.; zum Verhältnis zwischen Realität und Fiktion im dokumentarischen Film s. bereits oben unter 1. Teil A IV 2 und 2. Teil A II 1 a bb.

[825] LG München UFITA 20 (1955), 230, 234 f.; LG Berlin Schulze LGZ 74, 1, 8; *Engau*, Straftäter und Tatverdächtige als Personen der Zeitgeschichte, S. 530 f.; Wenzel-*Burkhardt*, Rn. 5.83. Vgl. zur Presseberichterstattung aber auch BGH NJW 1979, 1041, 1041, wonach die Presse in Kernpunkten, in denen das persönliche Ansehen auf dem Spiel steht, genau zu sein hat. Lässt sich eine solche Genauigkeit wegen der beschränkten Darstellungsmöglichkeiten nicht erzielen, muss von einer Berichterstattung gegebenenfalls ganz abgesehen werden.

[826] Palandt-*Sprau*, § 823, Rn. 102; Wenzel-*Burkhardt*, Rn. 5.82; BVerfG NJW 1999, 1322, 1324.

[827] BVerfGE 85, 1, 15; BVerfGE 90, 241, 248; BVerfG NJW 1980, 2072, 2073; BGH NJW 1998, 3047, 3049; OLG München VersR 1994, 1478, 1479. Kritisch: Wenzel-*Burkhardt*, Rn. 5.79; *Wenzel*, AfP 1980, 195, 197.

bzw. erwiesen unwahren Tatsachenbehauptung genießt der Persönlichkeitsschutz gegenüber der Meinungsäußerungsfreiheit jedoch Vorrang[828], da die Verbreitung derartiger Behauptungen der verfassungsrechtlich vorausgesetzten Aufgabe zutreffender Meinungsbildung nicht dienen kann.[829] Hieraus folgt, dass das durch Art. 5 Abs. 1 GG geschützte Informationsinteresse der Öffentlichkeit an einer Person eine verfremdete Darstellung ihres Lebens- und Charakterbildes in aller Regel nicht rechtfertigen kann.

Allerdings können Verfremdungen gemäß Art. 5 Abs. 3 GG gerechtfertigt sein, da die Kunstfreiheit nicht nur das Interesse des Künstlers an einer Mitteilung von Informationen über das Leben und den Charakter einer Person, sondern vor allem das Interesse an einer freien künstlerischen Gestaltung schützt.[830] Bei der Abwägung geht es um die Grenzfrage, ob und inwieweit das Recht zur freien künstlerischen Betätigung es erlaubt, in der Darstellung vom realen Vorbild abzuweichen bzw. ab wann ein schutzwürdiges Interesse des Betroffenen an einer wirklichkeitsgetreuen Darstellung seiner Person besteht. Wie zuvor ausgeführt kann sich dieser Konflikt insbesondere bei Dokumentarspielen bzw. Doku-Dramen ergeben, bei denen der Einsatz dramaturgischer Mittel zwangsläufig fiktionalisierend wirkt. Es ist gerade die attraktive Mischung aus Inszenierung und Realität, die „Illusion des Authentischen", die beim Zuschauer eine faszinierende Wirkung und damit ein gesteigertes verstandes- und gefühlsmäßiges Bewusstsein hervorruft.[831] Diese Wirkung macht sich das Dokumentarspiel zu Nutze, provoziert damit jedoch zugleich das Spannungsverhältnis zwischen dem Einsatz verfremdender szenisch-künstlerischer Mittel einerseits und dem Interesse an einer wahrheitsgetreuen „Eins-zu-Eins"-Darstellung der Ereignisse andererseits.

Teilweise wird aus dem Umstand, dass die Kunstfreiheit gemäß Art. 5 Abs. 3 GG nicht den Schranken des Art. 5 Abs. 2 GG, sondern „nur" verfassungsimmanenten Schranken unterliegt, ein grundsätzlicher Vorrang der Kunstfreiheit gegenüber dem persönlichkeitsrechtlichen Identitätsschutz geschlossen. Filmwerke, die als Kunstwerke qualifiziert werden könnten, seien einer „Richtigkeitskontrolle" deshalb weitgehend entzogen. Zwar dürfe sich der Künstler nicht rücksichtslos über Persönlichkeitsrechte hinwegsetzen, so dass bei der Darstellung von Lebens- und Charakterbildern das von ihm skizzierte Lebensbild zumindest „in groben Zügen" der Wahrheit entsprechen müsse. Halte der Autor diese grobe Richtlinie ein, besitze er bei der Umsetzung jedoch einen künstleri-

---

828 BVerfGE 85, 1, 15; BVerfGE 90, 201, 247; BVerfG NJW 1989, 1789, 1789; BVerfG NJW 1993, 1845, 1845; BVerfG NJW 1999, 1322, 1324; BGHZ 139, 95, 101; Palandt-*Sprau*, § 823, Rn. 101.

829 BVerfG NJW 1980, 2072, 2073; BVerfG NJW 1983, 1415, 1415.

830 Vgl. bereits oben unter 2. Teil B.

831 BVerfGE 35, 202, 228 f. – Lebach.

schen Freiraum.[832] Die Problematik dieser Auffassung entsteht bereits mit ihrem Ausgangspunkt, dass die Kunstfreiheit mangels ausdrücklichem Gesetzesvorbehalt als vorrangig gegenüber dem Persönlichkeitsschutz anzusehen ist. Denn auch wenn das allgemeine Persönlichkeitsrecht den Schranken aus Art. 2 Abs. 1 GG unterliegt, kann es sich im Einzelfall durchaus als das stärkere Recht erweisen.[833] Welches Interesse überwiegt, kann nicht pauschal, sondern allein anhand einer einzelfallbezogenen Güter- und Interessenabwägung beurteilt werden.

Für die Beurteilung, welchem Verfassungsgut im Einzelfall der Vorrang einzuräumen ist, haben sich in Rechtsprechung und Literatur zwei ineinandergreifende Kriterien herausgebildet: der Wahrheitsanspruch des Films und das Maß des hierdurch beim Zuschauer erweckten Eindrucks wahrheitsgemäßer Darstellung.[834] Je stärker „das entworfene Persönlichkeitsbild beansprucht, sich mit der sozialen Wirklichkeit des Dargestellten zu identifizieren, desto schutzwürdiger ist dessen Interesse an „wirklichkeitsgetreuer“ Darstellung seiner Person“.[835] Hintergrund dieser Abwägungsleitlinie ist, dass die Persönlichkeitsinteressen um so gravierender beeinträchtigt sein können, je stärker ein Film dem Zuschauer suggeriert, dass sein Inhalt reale Ereignisse wirklichkeitsgetreu darstellt. Denn mit zunehmenden Wahrheitsanspruch des Films, bringt der Zuschauer den Dargestellten stärker in Zusammenhang mit den unwahren Tatsachen. Dass die Persönlichkeit vor derartigen entstellenden Assoziationen – gegebenenfalls auf Kosten der Kunstfreiheit – geschützt werden muss, stellte der BGH bereits in seinem „Mephisto“ – Urteil fest: Die Grenze freier künstlerischer Betätigung „ist überschritten, wenn das Lebensbild einer bestimmten Person, die derart deutlich erkennbar als Vorbild gedient hat wie im vorliegenden Falle, durch frei erfundene Zutaten grundlegend negativ entstellt wird, ohne dass dies als satirische oder sonstige Übertreibung erkennbar ist. Nimmt der Künstler im Falle der Charakterisierung einer Person bewusst derartige Veränderungen des wirklichen Geschehens vor, dann kann und muss von ihm erwartet werden, dass er im Interesse des verfassungsrechtlich garantierten Persönlichkeitsrechts die Anknüpfung an das Vorbild unerkennbar macht.“[836]

---

[832] *Eickmeier/Eickmeier*, ZUM 1998, 1, 5 f.

[833] *Unland*, Die Verfilmung tatsächlicher Ereignisse, S. 170; nach BVerfGE 30, 173, 195 – Mephisto, ist weder die Kunstfreiheit dem allgemeinen Persönlichkeitsrecht übergeordnet noch umgekehrt.

[834] BGHZ 50, 133, 146 f. – Mephisto; BGH NJW 1983, 1194, 1194; BGHZ 26, 52, 67 f. – Sherlock Holmes; *Unland*, Die Verfilmung tatsächlicher Ereignisse, S. 171 ff.; *Schertz*, ZUM 1998, 757, 762 f.; Wenzel-*Burkhardt*, Rn. 3.14 ff.; im Ergebnis *Jacobs*, FS Kreile, S. 307, 314; *Wasserburg*, Der Schutz der Persönlichkeit im Recht der Medien, S. 162; kritisch *Engau*, Straftäter und Tatverdächtige als Personen der Zeitgeschichte, S. 530 ff.

[835] BGH NJW 1983, 1194, 1194.

[836] BGHZ 50, 133, 146 f. – Mephisto. Vgl. auch LG Münster GRUR-RR 2003, 164, 165; KG AfP 2004, 371, 373.

Aus dem Vorstehenden folgt, dass eine Verletzung von Identitätsinteressen dann nicht zu befürchten ist, wenn es sich um die Darstellung einer erkennbar fiktiven Figur handelt. Problematischer wird die Beurteilung, wenn ein an sich fiktiver Roman- oder Filminhalt an reale Begebenheiten und Persönlichkeiten anknüpft, was namentlich bei Schlüsselromanen[837] bzw. bei den oben als „Schlüsselfilmen" bezeichneten Kunstwerken der Fall ist. Hier kann die Kunstfreiheit in mehr oder weniger weitem Umfang Verfremdungen rechtfertigen, insbesondere wenn es sich um eine romanhafte Darstellung handelt, die erkennbar nicht den Anspruch erhebt, die historischen Begebenheiten wirklichkeitsgetreu widerzuspiegeln.[838] Geht es hingegen um eine möglichst wirklichkeitsgetreue Darstellung der betroffenen Person, wie bei den hier behandelten dokumentarischen Darstellungen, so hat das Interesse an künstlerischer Gestaltung hinter dem Identitätsschutz in der Regel zurückzutreten. Dies gilt insbesondere im Falle einer klassischen Dokumentation, da der Eindruck wahrheitsgemäßer Darstellung hier besonders hoch ist.[839] Bei Dokumentarspielen hingegen kann bereits eher davon ausgegangen werden, dass der Zuschauer aufgrund der inszenierten Handlung nicht vollumfänglich auf die Realitätstreue des Filminhalts vertraut. Entscheidend ist, dass sich durch den Film ein zutreffendes Gesamtbild der Person ergibt, während einzelne Veränderungen persönlichkeitsrelevanter Details zugunsten der Kunstfreiheit gegebenenfalls hingenommen werden müssen.[840] So muss beispielsweise ein im Film nachgestellter Dialog nicht wörtlich dem ursprünglich geführten Gespräch entsprechen. Jedoch muss dessen Inhalt sinngemäß richtig dargestellt sein, d.h. es dürfen dem Dargestellten keine Äußerungen untergeschoben werden, die ein verfälschtes Bild seiner Person zeichnen.[841] Demgegenüber ist die Grenze einer zulässigen Verfremdung z.B. überschritten,

---

[837] Als berühmtes Beispiel aus dem Bereich der Literatur kann der Roman „Mephisto" von *Klaus Mann* dienen. Die gerichtliche Auseinandersetzung um dieses Buch kreiste im Kern gerade um die Frage, ob der Schauspieler *Gustav Gründgens*, an den sich die Romanfigur Henrik Höfgens erkennbar anlehnt, durch Verfremdungen seines Lebensbildes in seinen Persönlichkeitsrechten tangiert ist bzw. inwieweit derartige Verfremdungen unter dem Gesichtspunkt der Kunstfreiheit zulässig sind. Der BGH bejahte im konkreten Fall eine Persönlichkeitsrechtsverletzung (vgl. BGHZ 50, 133, 141 ff. – Mephisto). Das BVerfG entschied aufgrund einer Stimmengleichheit im Senat, dass das angefochtene Urteil nicht gegen das Grundgesetz verstößt (vgl. BVerfGE 30, 173, 196 – Mephisto), was zu einem Verbot der geplanten Neuauflage des Romans führte.

[838] BGHZ 50, 133, 146 – Mephisto; vgl. auch LG Münster GRUR-RR 2003, 164, 165 ff.

[839] *Unland*, Die Verfilmung tatsächlicher Ereignisse, S. 173 ff.; vgl. auch *Engau*, Straftäter und Tatverdächtige als Personen der Zeitgeschichte, S. 530 f.

[840] *Unland*, Die Verfilmung tatsächlicher Ereignisse, S. 175 ff.; *Schertz*, ZUM 1998, 757, 762 f.; *Moosmann*, Exklusivstories, S. 103 f.; KG Berlin UFITA 30 (1960), 105, 108.

[841] *Schertz*, ZUM 1998, 757, 763; *Moosmann*, Exklusivstories, S. 103 f. Einen noch weitergehenden Schutz genießt die Kunstfreiheit gegenüber satirischen Darstellungen (z.B. Dokumentarsatiren), die aufgrund ihrer Überzeichnungen keinen Anspruch auf eine wirklichkeitsgetreue Darstellung erheben. Hier kommt eine Persönlichkeitsrechtsverletzung möglicherweise unter dem Gesichtspunkt des Ehrschutzes in Betracht, vgl. *Unland*, Die Verfilmung tatsächlicher Ereignisse, S. 182 ff.; *Schertz*, ZUM 1998, 757, 763.

wenn in einem Film über das Leben eines in Untersuchungshaft verstorbenen Tatverdächtigen diesem ein Mord zugeschrieben wird, den er unstreitig nicht begangen hat, selbst wenn er für zahlreiche andere Morde ein Geständnis abgelegt hat. Die gegenteilige Auffassung des OLG Hamburg, wonach der Tatverdächtige in seinem Charakter nicht verzeichnet worden sei, da der im Film dargestellte Mord an die Stelle zahlreicher anderer trete[842], ist mit dem persönlichkeitsrechtlichen Identitätsinteresse nicht vereinbar und läuft auf eine unzulässige quantitative Bewertung verschiedener Todesfälle hinaus.

bb) Schutz der persönlichen Ehre

Der Schutzbereich des allgemeinen Persönlichkeitsrechts erstreckt sich ferner auf die Ehre und das Ansehen des Einzelnen, so dass diese nicht mehr nur nach § 823 Abs. 2 BGB i.V.m. §§ 185 ff. StGB, sondern umfassend nach § 823 Abs. 1 BGB geschützt sind.[843] Die Art und Weise einer Lebens- und Charakterbilddarstellung verletzt das Interesse des Einzelnen auf Achtung seiner Ehre, wenn durch die Darstellung unwahre ansehensschädigende Tatsachenbehauptungen aufgestellt und verbreitet oder herabsetzende Werturteile geäußert werden.[844] Vor allem in Fällen der Schmähkritik, bei der die Äußerung auf eine vorsätzliche Ehrenkränkung hinausläuft und die Diffamierung der Person im Vordergrund steht, kommt eine Verletzung des allgemeinen Persönlichkeitsrechts in Betracht.[845] Hier genießt der Schutz der Persönlichkeit Vorrang, wenn die persönliche Kränkung und Herabsetzung das sachliche Anliegen völlig in den Hintergrund drängt und es demnach nicht mehr um die Auseinandersetzung in der Sache, sondern um die Diffamierung des Betroffenen geht, dieser also jenseits auch polemischer und überspitzter Kritik gleichsam an den Pranger gestellt

---

[842] OLG Hamburg UFITA 26 (1958), 109, 118.

[843] BGHZ 31, 308, 311 f.; BGHZ 39, 124, 130 – Fernsehansagerin; BGHZ 99, 133, 135 f.; *Baston-Vogt*, Der sachliche Schutzbereich des zivilrechtlichen allgemeinen Persönlichkeitsrechts, S. 411 ff.; Wenzel-*Burkhardt*, Rn. 5.94 ff.; Erman-*Ehmann*, Anh. § 12, Rn. 18; *Larenz/Canaris*, Schuldrecht Bd. II/2, § 80 II 2; MüKo-*Rixecker*, § 12 Anh., Rn. 60; Soergel-*Zeuner*, § 823, Rn. 90; Staudinger-*Hager*, § 823, Rn. C 64.

[844] Soergel-*Zeuner*, § 823, Rn. 92 f. Zu unwahren Tatsachenbehauptungen: BGH NJW 1963, 904, 904; BVerfG NJW 1999, 1322, 1324 – Fall Helnwein. Zu Werturteilen: BVerfG NJW 1993, 1462, 1462; BVerfG NJW 1995, 3303, 3304; BGH NJW 2002, 1192, 1193. Die Verbreitung wahrer Tatsachen kann nach h.M. keine Ehrverletzung darstellen, vgl. hierzu *Baston-Vogt*, Der sachliche Schutzbereich des zivilrechtlichen allgemeinen Persönlichkeitsrechts, S. 415 f. Allerdings kann hierin im Einzelfall eine Verletzung von Diskretionsinteressen liegen, vgl. BVerfG NJW 1999, 1322, 1324 – Fall Helnwein; BVerfG NJW 2000, 2413, 2414 f.

[845] Wenzel-*Burkhardt*, Rn. 5.97 ff.; BVerfG NJW 1993, 1462, 1462; BGH NJW 1977, 626, 627; BVerfG NJW 1991, 1475, 1477; OLG Hamburg AfP 1990, 135, 136.

wird.[846] Außerhalb des Bereichs der Schmähkritik kommt es auf eine Interessenabwägung im Einzelfall an.[847] Dabei hat der Persönlichkeitsschutz hinter dem Grundrecht auf Meinungsfreiheit zurückzutreten, wenn die Äußerung Bestandteil der ständigen geistigen Auseinandersetzung in Angelegenheiten von öffentlicher Bedeutung ist, die für eine freiheitliche demokratische Ordnung schlechthin konstituierend ist. Dies gilt insbesondere, wenn es sich um eine die Öffentlichkeit wesentlich berührende gesellschaftliche oder politische Frage handelt.[848]

cc) Die rechtliche Relevanz von Vor- und Abspanntexten im Hinblick auf eine Ausräumung von Persönlichkeitsrechtsverletzungen

Wie zuvor ausgeführt, ist eine Verletzung von Identitäts- und Ehrinteressen vor allem dann zu befürchten, wenn die Verfilmung sich erkennbar mit einem real existierenden Lebens- und Charakterbild auseinander setzt, dieses jedoch in wesentlichen Punkten verfremdet. Dies kommt vor allem bei den zuvor als Schlüsselfilmen bezeichneten Filmen sowie bei Filmsatiren vor, die zwar keinen dokumentarischen Blick auf die Realität verschaffen wollen, deren Komik sich aber gerade aus der Überzeichnung eines allgemein bekannten realen Sachverhaltes bezieht. Derartige Verfilmungen sind zwar nicht dem hier behandelten dokumentarischen Bereich zuzuordnen. Wegen der thematischen Nähe soll jedoch im Folgenden auf das Phänomen von Vor- und Nachspanntexten eingegangen werden, mit denen die Praxis versucht, dem Vorwurf einer Persönlichkeitsrechtsverletzung aus dem Weg zu gehen.

Die persönlichkeitsrechtliche Problematik von Filmen, die auf reale Lebens- und Charakterbilder Bezug nehmen, diese jedoch dichterisch ausschmücken, folgt aus zwei Aspekten: Zum einen ist die Verfremdung nicht stark genug, um den Bezug zum real existierenden Vorbild zu beseitigen, welches vielmehr in der Spielhandlung „durchschimmert" und dadurch für den Zuschauer erkennbar bleibt. Zum anderen bergen die Verfremdungen in der Spielhandlung die Gefahr, dass der Zuschauer den Dargestellten mit fiktiven Sachverhalten in Verbindung bringt und es insoweit zu einer Verfälschung des „Originallebensbildes" kommt. Dem Filmhersteller kann quasi einerseits der Vorwurf gemacht werden, er habe zu wenig verfremdet, da die betreffende Person noch erkennbar ist, andererseits er habe zuviel verfremdet, nämlich das Lebens- und Charakter-

---

[846] BVerfG NJW 1993, 1462, 1462; BVerfG NJW 1991, 1475, 1477; BVerfG NJW 1995, 3303, 3304; BGH NJW 2000, 1036, 1038; BGH NJW 2002, 1192, 1193; BGH NJW 1994, 124, 126; OLG Karlsruhe ZUM-RD 2003, 27, 30; Palandt-*Sprau*, § 823, Rn. 102.

[847] BVerfG NJW 1995, 3303, 3304; BVerfG AfP 1993, 563, 564; BGH NJW 1978, 1797, 1798 ff.; LG Köln ZUM-RD 2003, 104, 105; Wenzel-*Burkhardt*, Rn. 5.101.

[848] BVerfG NJW 1983, 1415, 1415; BVerfG NJW 1999, 2262, 2263; BGHZ 139, 95, 107; BGH NJW 1994, 124, 126.

bild mit verfälschten Details ausgestattet.[849] Dieser persönlichkeitsrechtlichen Problematik versuchen Filmhersteller häufig mit Vor- bzw. Abspanntexten zu begegnen, in denen auf die Fiktion oder die freie Erfindung der Personen und Namen bzw. auf eine nur zufällige Übereinstimmung mit lebenden Personen hingewiesen wird.

Vor- und Abspanntexte haben jedenfalls nicht die Wirkung eines Haftungsausschlusses, da sich der Filmhersteller seiner Verantwortung gemäß § 823 BGB gegenüber dem Persönlichkeitsrechtsinhaber nicht durch eine einseitige Erklärung entledigen kann. Im Hinblick auf eine Ausräumung von Persönlichkeitsrechtsverletzungen des Dargestellten können mit derartigen Texten vielmehr zwei verschiedene Wirkungen verfolgt werden: Einerseits mögen sie bezwecken, die Erkennbarkeit des realen Vorbildes auszuschließen, andererseits können die Texte zum Ziel haben, eine Identitätsfälschung auszuräumen, indem sie den Rezipienten darauf hinweisen, dass das dargestellte Lebens- und Charakterbild nicht dem des realen Vorbildes entspricht. Soweit der Zuschauer nämlich die Filmfigur bzw. -handlung aufgrund der Texte nicht mit dem Rechtsinhaber identifiziert, ist dieser auch nicht in seinen Persönlichkeitsrechten verletzt.

Im Einzelfall mag ein Vorspanntext den Filmbesucher bzw. Fernsehzuschauer darauf einstimmen, es mit Phantasiefiguren zu tun zu haben.[850] Im Zweifel wird er den Text jedoch als das wahrnehmen, was er in der Regel ist – ein juristischer Versuch, das Risiko eventueller Ansprüche des Dargestellten wegen Persönlichkeitsrechtsverletzungen zu minimieren. Hierdurch wird der Zuschauer jedoch gerade für mögliche Übereinstimmungen des Films mit realen Ereignissen sensibilisiert.[851] Insofern wird die rechtliche Wirkung eines Vor- bzw. Abspanns selten darin bestehen, die Erkennbarkeit des realen Vorbildes auszuschließen. Von rechtlicher Relevanz sind Vor- und Abspanntexte vielmehr vor allem im Hinblick auf den Identitätsschutz, d.h. dem Recht des Dargestellten, nicht mit einem verfälschten Lebens- und Charakterbild in Zusammenhang gebracht zu werden. So wird der Zuschauer darauf hingewiesen, dass die filmische Auseinandersetzung nicht mit einem dokumentarischen Verständnis erfolgt ist und dass er mit Fiktionalisierungen, Übertreibungen oder Verzeichnungen rechnen muss, die dem realen Vorbild nicht entsprechen. Allerdings kann ein Vor- bzw. Abspann im Hinblick auf den hohen Stellenwert von Persönlichkeitsrechten nicht pauschal vom Vorwurf einer Identitätsfälschung befreien, vielmehr bedarf es

---

[849] Kritisch hierzu *Rupp-v. Brünneck*, NJW 1971, 1652, 1653.

[850] v. Hartlieb/Schwarz-*Reber*, Kap. 28, Rn. 10. Die Möglichkeit einer Identifizierung aufgrund eines Vorspanns schließt das LG Berlin UFITA 86 (1980), 313, 317, 319 – Der eiserne Gustav, aus; s. auch LG Münster GRUR-RR 2003, 164, 166.

[851] *Unland*, Die Verfilmung tatsächlicher Ereignisse, S. 185; *Jacobs*, FS Kreile, S. 307, 315.

einer umfassenden Interessenabwägung im Einzelfall.[852] Hierbei gilt es zu berücksichtigen, dass Vor- und Abspanntexte vom Zuschauer häufig nicht mit der Aufmerksamkeit wahrgenommen werden wie der eigentliche Film. Dies gilt vor allem für das Medium Fernsehen, bei dem zudem die Möglichkeit besteht, dass der Zuschauer den Film erst nach dem Vorspann einschaltet bzw. während des Abspanns – wenn er überhaupt vollständig gezeigt wird – vorzeitig umschaltet.[853] Hieraus folgt, dass Vor- und Abspanntexte im Hinblick auf etwaige Persönlichkeitsrechtsverletzungen des Dargestellten allenfalls entlastende Wirkung haben, diese jedoch nicht komplett ausschließen können.[854]

c) Ergebnis

Aus den vorstehenden Ausführungen ergibt sich, dass die Frage, ob und in welchem Umfang Lebens- und Charakterbildverfilmungen ohne Einwilligung des Betroffenen zulässig sind, maßgeblich davon abhängt, inwieweit die Öffentlichkeit ein berechtigtes Informationsinteresse an der dargestellten Person hat. Ein derartiges Interesse kann regelmäßig nur im Hinblick auf Personen angenommen werden, die im Rahmen der §§ 22 ff. KUG zum Kreis der sogenannten absoluten und relativen Personen der Zeitgeschichte zählen. Eine entscheidende Einschränkung der Darstellungsfreiheit ergibt sich jedoch auch bei zeitgeschichtlichen Persönlichkeiten aus dem persönlichkeitsrechtlichen Schutz der Privat- und Intimsphäre.

Hinsichtlich der Art und Weise der Darstellung sind die Identitäts- und Ehrinteressen des Betroffenen zu wahren. Im dokumentarischen Bereich bedeutet dies, dass Verfremdungen der Lebensgeschichte in aller Regel unzulässig sind. Unter dem Gesichtspunkt der Kunstfreiheit sind hiervon Verfremdungen ausgenommen, die sich zwangsläufig aus der Notwendigkeit einer gestrafften und gegebenenfalls dramaturgisch aufbereiteten Darstellungsweise ergeben, sofern sie das Lebens- und Charakterbild des Dargestellten nicht in wesentlichen Zügen verändern.

Im Ergebnis ist eine umfassende Lebens- und Charakterbildverfilmung, die auch private Details aus dem Leben des Betroffenen erfasst, in aller Regel nicht ohne dessen Einwilligung möglich. Ob eine Darstellung sich in einem rechtlich zulässigen Rahmen bewegt und ausnahmsweise auch ohne Einwilligung des Dargestellten statthaft ist, hängt maßgeblich von einer einzelfallbezogenen Interessenabwägung unter Berücksichtigung des Grundsatzes der Verhältnismäßigkeit ab.

---

[852] Das LG München I UFITA 26 (1958), 366, 372, lehnt eine entlastende Wirkung des Vorspanns bzw. Vorwortes im Ergebnis ab; s. auch BVerfGE 30, 173, 177 f., 199 f. – Mephisto. A.A. *Ulrich*, Das Recht auf Identität im zivilrechtlichen Persönlichkeitsschutz, S. 131 f.

[853] *Jacobs*, FS Kreile, S. 307, 315; *Unland*, Die Verfilmung tatsächlicher Ereignisse, S. 185.

[854] v. Hartlieb/Schwarz-*Reber*, Kap. 28, Rn. 10; *Jacobs*, FS Kreile, S. 307, 315.

Insofern lässt sich eine Prognose, ob ein Gericht im Streitfall die Verfilmung für zulässig befinden wird, zumindest in Grenzfällen nur sehr schwer treffen. Eine gewisse rechtliche Sicherheit für den Filmhersteller bietet eine persönlichkeitsrechtliche Einwilligung des Rechtsinhabers, insbesondere in Form eines Gestattungsvertrages, auf den an späterer Stelle näher eingegangen wird.[855]

C. Das Recht am eigenen Bild, §§ 22 ff. KUG

Das Recht am eigenen Bild ist als eine besondere Erscheinungsform des allgemeinen Persönlichkeitsrechts in den §§ 22 ff. KUG spezialgesetzlich geregelt. Hiernach hat jeder in den durch bestimmte Ausnahmen vorgesehenen Grenzen das Recht, selbst darüber zu entscheiden, ob und in welchem Umfang sein Bildnis veröffentlicht und verbreitet wird.[856] Veröffentlicht jemand ein Bildnis, ohne durch eine Einwilligung des Abgebildeten (§ 22 KUG) oder eine gesetzlich bestimmte Ausnahme (§§ 23, 24 KUG) dazu ermächtigt zu sein, liegt hierin eine Verletzung des Rechts am eigenen Bild, gegen die sich der Betroffene wehren kann.[857] Damit stellen die §§ 22 ff. KUG eine wesentliche Grenze für dokumentarische Filme dar, die zur Visualisierung auf eine bildliche Wiedergabe realer Vorgänge angewiesen sind und damit einhergehend auch auf die Abbildung von Personen, die bei diesen Vorgängen – sei es auch nur durch ihre Anwesenheit – eine Rolle spielen. Jedes dokumentarische Format, vom Nachrichtenbeitrag bis hin zum Dokumentarfilm, lebt von der bildlichen Darstellung der Personen, über die berichtet wird.[858] Im Folgenden sollen daher die sich aus den §§ 22 ff. KUG ergebenden Grenzen der Dokumentationsfreiheit dargestellt werden.

---

[855] Vgl. unten unter 5. Teil.

[856] Demgegenüber kann das allgemeine Persönlichkeitsrecht bereits im Falle einer unerlaubten Anfertigung von Aufnahmen verletzt sein. Nach einer a.A. stellt jede Bildnisherstellung grundsätzlich einen rechtswidrigen Eingriff in das allgemeine Persönlichkeitsrecht dar, der nur ausnahmsweise beim Vorliegen besonderer Rechtfertigungsgründe zulässig ist, vgl. Schricker-*Gerstenberg/Götting*, § 60/§ 22 KUG, Rn. 11; *Götting*, Persönlichkeitsrechte als Vermögensrechte, S. 25 f. Nach a.A. ist auch hier eine Interessenabwägung im Einzelfall erforderlich, da ansonsten berechtigte Interessen an der Herstellung der Aufnahme unberücksichtigt blieben, vgl. Wenzel-*von Strobl-Albeg*, Rn. 7.22; Wandtke/Bullinger-*Fricke*, § 22 KUG, Rn. 9; BGH JZ 1995, 1115, 1116; OLG Frankfurt NJW 1995, 878, 880 – Universelles Leben II. Offen gelassen in BGH GRUR 1957, 494, 497 – Spätheimkehrer. Die Ausnahme des § 24 KUG gilt für das allgemeine Persönlichkeitsrecht entsprechend, vgl. BGH NJW 1975, 2075, 2076; Schricker-*Gerstenberg/Götting*, § 60/§ 24 KUG, Rn. 9.

[857] Zu den Ansprüchen im Falle einer unbefugten Abbildung vgl. etwa Schricker-*Gerstenberg/Götting*, § 60/§§ 33-50 KUG, Rn. 1 ff.; Wandtke/Bullinger-*Fricke*, § 22 KUG, Rn. 24 ff.

[858] Vgl. auch v. Hartlieb/Schwarz-*Reber*, Kap. 24, Rn. 5.

I. Einwilligungserfordernis, § 22 KUG

Gemäß § 22 KUG dürfen Bildnisse grundsätzlich nur mit Einwilligung des Abgebildeten veröffentlicht oder verbreitet werden, wobei die Regelung ihrem Schutzzweck entsprechend auch auf die Abbildungen von Personen in Film und Fernsehen anzuwenden ist.[859] Eine Einwilligung in die Bildnisveröffentlichung ist nur dann erforderlich, wenn der Abgebildete erkennbar ist. Hierfür genügt es, wenn der Betroffene begründeten Anlass für die Annahme hat, innerhalb eines mehr oder minder großen Bekanntenkreises erkannt zu werden.[860] Jedes zur Erkennbarkeit führende Merkmal ist zu berücksichtigen, wozu auch außerhalb des Bildes liegende Umstände zählen, die einen Rückschluss auf die Identität des Abgebildeten zulassen, wie z.B. Hinweise im (Sprecher-) Text oder Namensangaben.[861]

Die Einwilligung kann einseitig oder in Vertragsform sowie ausdrücklich und stillschweigend erklärt werden.[862] Gerade im dokumentarischen Bereich spielt die stillschweigende Einwilligung keine unmaßgebliche Rolle, da hier häufig Menschen gefilmt werden, ohne dass zuvor ihre ausdrückliche Einwilligung eingeholt worden ist. Allerdings kann nur dann von einem Einverständnis des Abgebildeten ausgegangen werden, wenn dessen Schweigen sowie sein übriges Verhalten unter Berücksichtigung aller Umstände des Einzelfalles als Einwilligung in die Filmaufnahmen gedeutet werden kann, was anhand der §§ 133, 157 BGB zu beurteilen ist.[863] Wer ausdrücklich seine Einwilligung in ein Fernsehinterview erklärt, willigt demnach auch stillschweigend in die Ausstrahlung ein.[864] Keine allgemein gültigen Aussagen können hingegen für den Fall getroffen werden, dass ein Betroffener zwar wahrnimmt, dass er gefilmt wird, hierge-

---

[859] v. Hartlieb/Schwarz-*Reber*, Kap. 24, Rn. 2; Dreier/Schulze-*Dreier*, § 22 KUG, Rn. 1; Schricker-*Gerstenberg/Götting*, § 60/§ 22 KUG, Rn. 4; Wandtke/Bullinger-*Fricke*, § 22 KUG, Rn. 5.

[860] BGH GRUR 1962, 211, 211 – Hochzeitsbild; BGH NJW 1971, 698, 699 f.; BGH GRUR 1979, 732, 733 – Fußballtor; OLG Hamburg AfP 1993, 590, 591; OLG Hamburg NJW-RR 1992, 536, 536; Dreier/Schulze-*Dreier*, § 22 KUG, Rn. 4; Schricker-*Gerstenberg/Götting*, § 60/§ 22 KUG, Rn. 5, 6; Wandtke/Bullinger-*Fricke*, § 22 KUG, Rn. 6; Möhring/Nicolini-*Gass*, § 60 Anh. § 22 KUG, Rn. 18; *v. Gamm*, Einf., Rn. 104.

[861] BGH GRUR 1966, 102, 102 – Spielgefährtin; OLG Hamburg AfP 1983, 466, 467; OLG Frankfurt GRUR 1987, 195, 195 f. – Foto der Freundin; Dreier/Schulze-*Dreier*, § 22 KUG, Rn. 3; Schricker-*Gerstenberg/Götting*, § 60/§ 23 KUG, Rn. 5, 6; Möhring/Nicolini-*Gass*, § 60 Anh. § 22 KUG, Rn. 14 f. Nach a.A. ist in diesem Fall das allgemeine Persönlichkeitsrecht einschlägig: Wandtke/Bullinger-*Fricke*, § 22 KUG, Rn. 6; *Hochrathner*, ZUM 2001, 669, 672.

[862] Dreier/Schulze-*Dreier*, § 22 KUG, Rn. 18; Möhring/Nicolini-*Gass*, § 60 Anh. § 22 KUG, Rn. 23; Wandtke/Bullinger-*Fricke*, § 22 KUG, Rn. 14.

[863] Möhring/Nicolini-*Gass*, § 60 Anh. § 22 KUG, Rn. 24; Wandtke/Bullinger-*Fricke*, § 22 KUG, Rn. 15.

[864] LG Köln AfP 1989, 766, 766; Wandtke/Bullinger-*Fricke*, § 22 KUG, Rn. 15.

gen jedoch nicht einschreitet.[865] Auch wenn sich eine Person bereitwillig auf das Gespräch mit einem ungefragt erschienenen Fernsehreporter einlässt, kommt es auf die Umstände des Einzelfalles an. Regelmäßig wird jedoch die Bereitschaft, vor laufender Kamera ein Gespräch zu führen, als Einwilligung zu verstehen sein.[866] Erhält der Betroffene für die Abbildung ein Entgelt, gilt die Einwilligung gemäß § 22 S. 2 KUG im Zweifel als erteilt.

Die Einwilligung kann räumlich, zeitlich und inhaltlich beschränkt erteilt werden.[867] Ihre Reichweite ist durch Auslegung nach den Umständen des Einzelfalles zu ermitteln, wobei die urheberrechtliche Zweckübertragungsregel (§ 31 Abs. 5 UrhG) entsprechend angewendet werden kann.[868] Hiernach ist im Zweifel davon auszugehen, dass der Abgebildete die Einwilligung nur insoweit erteilt hat, wie dies zur Erfüllung des Vertrags- bzw. Veröffentlichungszwecks erforderlich ist.[869]

II. Ausnahmen vom Einwilligungserfordernis, § 23 KUG

Sinn und Zweck der §§ 22, 23 KUG ist es, im Wege einer Güter- und Interessenabwägung einen verfassungsgemäßen Ausgleich zwischen den Persönlichkeitsrechten des Abgebildeten und den durch Art. 5 Abs. 1, 3 GG geschützten Rechtspositionen zu schaffen.[870] Gemäß § 23 Abs. 1 KUG ist die Veröffentli-

---

[865] Für eine stillschweigende Einwilligung OLG Köln NJW-RR 1994, 865, 865 f.; a.A. OLG Hamburg AfP 1991, 626, 627.

[866] Wandtke/Bullinger-*Fricke*, § 22 KUG, Rn. 15. Ablehnend OLG Frankfurt a. M. GRUR 1991, 49, 49 – Steuerberater, für den Fall, dass der Abgebildete über Ziel und Zweck der Aufnahmen bewusst im Unklaren gelassen wird. Vgl. hierzu auch *Prinz/Peters*, Medienrecht, Rn. 834; LG Köln ZUM-RD 2003, 50, 52.

[867] BGH GRUR 1992, 557, 557 – Talkmaster-Foto; Dreier/Schulze-*Dreier*, § 22 KUG, Rn. 21; Wandtke/Bullinger-*Fricke*, § 22 KUG, Rn. 14; Schricker-*Gerstenberg/Götting*, § 60/§ 22 KUG, Rn. 15; Möhring/Nicolini-*Gass*, § 60 Anh. § 22 KUG, Rn. 23; Wenzel-*von Strobl-Albeg*, Rn. 7.80.

[868] OLG Hamburg ZUM 1996, 789, 790; OLG Köln AfP 1999, 377, 377; Dreier/Schulze-*Dreier*, § 22 KUG, Rn. 21; Schricker-*Gerstenberg/Götting*, § 60/§ 22 KUG, Rn. 16; Wandtke/Bullinger-*Fricke*, § 22 KUG, Rn. 16; Möhring/Nicolini-*Gass*, § 60 Anh. § 22 KUG, Rn. 24; im Ergebnis Dreyer/Kotthoff/Meckel-*Dreyer*, Anh. § 60/Vor §§ 22 ff. KUG, Rn. 14; zum allgemeinen Persönlichkeitsrecht OLG München ZUM-RD 2003, 84, 88.

[869] Bezüglich weiterer Einzelheiten zur persönlichkeitsrechtlichen Einwilligung kann ergänzend verwiesen werden auf die Ausführungen unter 4. Teil G.

[870] Teilweise wird diese Abwägung auf § 23 Abs. 2 KUG beschränkt, vgl. BGH AfP 1996, 140, 141 ff. – Paparazzi-Fotos; OLG Hamburg GRUR 1996, 123, 124; OLG Hamburg AfP 1987, 518, 519; BGH NJW 1996, 1128, 1129; *Unland*, Die Verfilmung tatsächlicher Ereignisse, S. 45 f. Nach a.A. soll die Interessenabwägung bereits bei der Prüfung der auslegungsbedürftigen Tatbestandsmerkmale berücksichtigt werden, insbesondere bei der Auslegung des Begriffs der Zeitgeschichte in § 23 Abs. 1 Nr. 1 KUG, vgl. BVerfG NJW 2000, 1021, 1025 – Caroline von Monaco; BVerfG AfP 2001, 212, 213 f.; BGH GRUR 2005, 76, 77; BGHZ 20,

chung von Bildnissen daher in bestimmten Ausnahmefällen auch ohne Einwilligung des Abgebildeten zulässig, sofern nicht gemäß § 23 Abs. 2 KUG gegenläufige berechtigte Interessen des Abgebildeten anzuerkennen sind.

1. Bildnisse aus dem Bereich der Zeitgeschichte, § 23 Abs. 1 Nr. 1 KUG

Als in der Praxis wichtigste Ausnahme vom Einwilligungserfordernis nach § 22 KUG bestimmt § 23 Abs. 1 Nr. 1 KUG, dass Bildnisse aus dem Bereich der Zeitgeschichte ohne Einwilligung des Abgebildeten veröffentlicht und verbreitet werden dürfen. Im Zusammenspiel mit der nach § 23 Abs. 2 KUG vorzunehmenden Interessenabwägung bestimmt sich insbesondere die Frage, inwieweit Abbildungen aus der Privatsphäre zeitgeschichtlicher Persönlichkeiten veröffentlicht werden dürfen. Zu dieser Frage hat der EGMR in seinem „Caroline" – Urteil vom 24.6.2004 Abwägungsleitlinien aufgestellt, die von der bisherigen Auslegung der §§ 23 Abs. 1 Nr. 1, Abs. 2 KUG durch die h.M. abweichen und die von den deutschen Gerichten künftig zu berücksichtigen sind.

a) Bisherige Auslegung durch die h.M.

Der Begriff der Zeitgeschichte in § 23 Abs. 1 Nr. 1 KUG wird herkömmlicherweise sehr weit ausgelegt. Zum Bereich der Zeitgeschichte gehört alles, woran ein gegenwärtiges Interesse der Öffentlichkeit besteht und was bei ihr Aufmerksamkeit findet, also das gesamte politische, soziale, wirtschaftliche, gesellschaftliche und kulturelle Geschehen. Unter einem Bildnis aus dem Bereich der Zeitgeschichte verstand die h.M. bislang die Abbildung oder Darstellung einer Person, die – ständig oder vorübergehend – im Blickfeld mindestens eines Teils der Öffentlichkeit steht und somit der Zeitgeschichte angehört (sogenannte „Personen der Zeitgeschichte").[871] Bei der Prüfung, inwieweit die Abbildung einer Person der Zeitgeschichte gemäß § 23 Abs. 1 Nr. 1 KUG zulässig ist, wird dabei überwiegend zwischen absoluten und relativen Personen der Zeitgeschichte unterschieden.[872] Diese Differenzierung ist vom BVerfG für zulässig erachtet worden, solange die einzelfallbezogene Abwägung zwischen dem Informationsin-

---

345, 349 f. – Paul Dahlke; BGH AfP 1997, 475, 476 – Schallplattenhülle. Offen gelassen von BGH GRUR 1979, 425, 426 – Fußballspieler.

[871] BGH GRUR 1979, 425, 426 – Fußballspieler; Möhring/Nicolini-*Gass*, § 60 Anh. § 23 KUG, Rn. 3 f.; Schricker-*Gerstenberg/Götting*, § 60/§ 23 KUG, Rn. 6; Dreier/Schulze-*Dreier*, § 23 KUG, Rn. 3 f.; Wandtke/Bullinger-*Fricke*, § 23 KUG, Rn. 3 ff.

[872] BGH NJW 1996, 1128, 1129 f.; BGH GRUR 1996, 195, 196 f. – Abschiedsmedaille; BGH AfP 1997, 475, 476 – Schallplattenhülle; OLG Hamburg ZUM 1995, 494, 495; *Neumann-Duesberg*, JZ 1960, 114, 114 ff.; Dreier/Schulze-*Dreier*, § 22 KUG, Rn. 4; Schricker-*Gerstenberg/Götting*, § 60/§ 23 KUG, Rn. 9 ff.; Wenzel-*von Strobl-Albeg*, Rn. 8.8 ff.; v. Hartlieb/Schwarz-*Reber*, Kap. 24, Rn. 8; *Helle*, Besondere Persönlichkeitsrechte im Privatrecht, S. 138, 145 ff.

teresse der Öffentlichkeit und den berechtigten Interessen des Abgebildeten nicht unterbleibt.[873]

Zu den absoluten Personen der Zeitgeschichte zählen Personen, die durch ihre Stellung, ihre Leistungen oder ihr Verhalten aus dem Kreis der Mitmenschen herausragen und deshalb im Blickfeld der Öffentlichkeit stehen wie etwa bekannte Politiker, Staatsoberhäupter, Personen aus der Wirtschaft, Angehörige regierender Fürstenhäuser, berühmte Künstler wie z.B. Schriftsteller, Schauspieler oder Sänger, bekannte Forscher und Wissenschaftler oder Sportler und Trainer.[874] Absolute Personen der Zeitgeschichte finden unabhängig von einem bestimmten Ereignis allgemeine öffentliche Aufmerksamkeit; ihr Bildnis beachtet die Öffentlichkeit um der dargestellten Person willen.[875] Aufgrund ihrer exponierten Stellung hat die Allgemeinheit ein Informationsinteresse am gesamten Wirken dieser Personen, so dass sie nach bislang h.M. grundsätzlich an jedermann zugänglichen Orten in allen Lebenssituationen erfasst und abgebildet werden durften, wenn hierdurch nicht ein berechtigtes Interesse gemäß § 23 Abs. 2 KUG verletzt wurde.[876] Eine rechtliche Grenze fand die Darstellungsfreiheit allerdings seit jeher in der schützenswerten Privatsphäre des Abgebildeten, die auch Personen der Zeitgeschichte grundsätzlich zusteht, so dass nur ausnahmsweise ein überwiegendes öffentliches Interesse an privaten Informationen anerkannt werden kann.[877] Als problematisch hat sich dabei die Beurteilung von Fällen erwiesen, in denen sich das Alltags- und Privatleben von Personen der Zeitgeschichte in der Öffentlichkeit abspielt. Hier soll der Privatsphärenschutz nach der bisherigen Rechtsprechung des BGH und des BVerfG nicht nur für den häuslichen Bereich anzuerkennen sein, sondern auch sonstige Orte in der Öffentlichkeit erfassen, wenn sich die Person in eine örtliche Abgeschiedenheit zurückgezogen hat und für Dritte objektiv erkennbar ist, dass sie allein sein will und sich im Vertrauen auf die Abgeschiedenheit so verhält, wie sie es unter den Blicken der breiten Öffentlichkeit nicht tun würde.[878]

Als relative Personen der Zeitgeschichte sind Personen anzusehen, die nur vorübergehend aus der Anonymität in den Bereich der Zeitgeschichte und damit in

---

[873] BVerfG NJW 2000, 1021, 1025 – Caroline von Monaco; BVerfG AfP 2001, 212, 214 f.
[874] v. Hartlieb/Schwarz-*Reber*, Kap. 24, Rn. 8; Dreier/Schulze-*Dreier*, § 23 KUG, Rn. 6; Schricker-*Gerstenberg/Götting*, § 60/§ 23 KUG, Rn. 11; Wandtke/Bullinger-*Fricke*, § 23 KUG, Rn. 9 f.; Möhring/Nicolini-*Gass*, § 60 Anh. § 23 KUG, Rn. 6 ff.
[875] BVerfG AfP 2001, 212, 214; Wandtke/Bullinger-*Fricke*, § 23 KUG, Rn. 8.
[876] BGH NJW 1996, 1128, 1129 ff.; LG Hamburg ZUM 1998, 579, 581; *Helle*, Besondere Persönlichkeitsrechte im Privatrecht, S. 145 f.; v. Hartlieb/Schwarz-*Reber*, Kap. 24, Rn. 8; Wandtke/Bullinger-*Fricke*, § 23 KUG, Rn. 11.
[877] BVerfG NJW 2000, 1021, 1025 – Caroline von Monaco; BGH GRUR 1957, 494, 497 – Spätheimkehrer; BGH NJW 1996, 1128, 1129; LG Hamburg ZUM 1998, 579, 581; Dreier/ Schulze-*Dreier*, § 23 KUG, Rn. 28; Möhring/Nicolini-*Gass*, § 60 Anh. § 23 KUG, Rn. 42.
[878] BVerfG NJW 2000, 1021, 1022 ff., 1025 – Caroline von Monaco; BGH NJW 1996, 1128, 1129.

das Blickfeld der Öffentlichkeit treten. Dies ist der Fall, wenn die betreffende Person mit einem zeitgeschichtlichen Ereignis absichtlich oder zufällig in Verbindung gerät. Relative Personen der Zeitgeschichte können daher z.B. Beteiligte an spektakulären, nicht alltäglichen Prozessen sein, d.h. insbesondere Straftäter, sofern die Tat allgemeines Aufsehen erregt.[879] Unter Umständen kommen auch das Opfer einer Straftat oder eines Unfalls als relative Person der Zeitgeschichte in Betracht.[880] Zu den relativen Personen der Zeitgeschichte können ferner Familienangehörige und andere „vertraute Begleiter" von absoluten Personen der Zeitgeschichte (z.B. Ehepartner, Kinder oder Lebensgefährten) zählen, sofern sie als solche in der Öffentlichkeit aufgetreten sind.[881] Bei relativen Personen der Zeitgeschichte durfte bislang eine Bildnisveröffentlichung nur erfolgen, soweit diese im zeitlichen und thematischen Zusammenhang mit dem zeitgeschichtlichen Ereignis stand.[882] Personen, die ihre Stellung als relative Person der Zeitgeschichte aufgrund ihrer Verbindung zu einer absoluten Person der Zeitgeschichte ableiten, durften auch ohne die absolute Person der Zeitgeschichte abgebildet werden, sofern sie gemeinsam mit ihr bzw. an ihrer Stelle in der Öffentlichkeit auftreten.[883] Hierbei konnten auch bei anderer Gelegenheit als dem zeitgeschichtlichen Ereignis entstandene Bilder verwendet werden, soweit diese „kontextneutral" waren und die Verwendung in dem neuen Zusammenhang keine zusätzliche Beeinträchtigung von Persönlichkeitsrechten bedeutete.[884] Die Abbildungsfreiheit bestand allerdings nur so lange, wie das öffentliche Informationsinteresse an dem zeitgeschichtlichen Vorgang bzw. an der familiären oder eng vertrauten Bindung zu einer absoluten Person der Zeitgeschichte

---

[879] OLG Frankfurt a. M. GRUR 1991, 49, 50 – Steuerberater; OLG München AfP 1981, 360, 360; OLG Hamburg ZUM 1995, 336, 337 f.; OLG Hamburg AfP 1994, 232, 233; OLG Celle NJW-RR 2001, 335, 336; v. Hartlieb/Schwarz-*Reber*, Kap. 24, Rn. 8, Kap. 28, Rn. 8; Dreier/Schulze-*Dreier*, § 23 KUG, Rn. 9; Wandtke/Bullinger-*Fricke*, § 23 KUG, Rn. 12; Möhring/Nicolini-*Gass*, § 60 Anh. § 23 KUG, Rn. 17; a.A. *Schwerdtner*, Das Persönlichkeitsrecht, S. 218 ff., 224.

[880] Dreier/Schulze-*Dreier*, § 23 KUG, Rn. 9; Schricker-*Gerstenberg/Götting*, § 60/§ 23 KUG, Rn. 12 ff.; Wandtke/Bullinger-*Fricke*, § 23 KUG, Rn. 13; Möhring/Nicolini-*Gass*, § 60 Anh. § 23 KUG, Rn. 11 ff., 19.

[881] LG Köln AfP 1994, 165, 165 f.; Dreier/Schulze-*Dreier*, § 23 KUG, Rn. 10; Schricker-*Gerstenberg/Götting*, § 60/§ 23 KUG, Rn. 16; Wandtke/Bullinger-*Fricke*, § 23 KUG, Rn. 15 f.; Möhring/Nicolini-*Gass*, § 60 Anh. § 23 KUG, Rn. 15 f.

[882] BGH NJW 1965, 2148, 2149 – Spielgefährtin; Wandtke/Bullinger-*Fricke*, § 23 KUG, Rn. 12; Schricker-*Gerstenberg/Götting*, § 60/§ 23 KUG, Rn. 12; Möhring/Nicolini-*Gass*, § 60 Anh. § 23 KUG, Rn. 11; v. Hartlieb/Schwarz-*Reber*, Kap. 24, Rn. 8, Kap. 28, Rn. 8; *Neumann-Duesberg*, JZ 1960, 114, 115.

[883] BVerfG AfP 2001, 212, 214 ff.; Dreier/Schulze-*Dreier*, § 23 KUG, Rn. 10; Wandtke/Bullinger-*Fricke*, § 23 KUG, Rn. 15; *Soehring*, Presserecht, Rn. 21.7 b; OLG Hamburg GRUR 1990, 35, 35 – Begleiterin.

[884] BVerfG AfP 2001, 212, 215 f.; BGH GRUR 2005, 76, 78; LG Hamburg ZUM-RD 2003, 98, 99 f.; LG Hamburg AfP 1999, 523, 524; Dreier/Schulze-*Dreier*, § 23 KUG, Rn. 10; Wandtke/Bullinger-*Fricke*, § 23 KUG, Rn. 18; Möhring/Nicolini-*Gass*, § 60 Anh. § 23 KUG, Rn. 11; *Engels/Schulz*, AfP 1998, 574, 582; *Frömming/Peters*, NJW 1996, 958, 961; *Neumann-Duesberg*, JZ 1960, 114, 115.

andauerte, und konnte daher mit der Zeit abnehmen.[885] Ferner galten nach der bisher h.M. Besonderheiten für die Abbildung von Straftätern, auf die an anderer Stelle gesondert eingegangen wird.[886]

b) Das „Caroline" – Urteil des EGMR vom 24.6.2004[887]

aa) Grundsätze für die Abwägung zwischen Privatsphärenschutz und freier Meinungsäußerung

In seinem „Caroline" – Urteil stellte der EGMR fest, dass die von den deutschen Gerichten entwickelten Kriterien für eine Abwägung zwischen Persönlichkeitsschutz und Meinungsäußerungsfreiheit bzw. Informationsinteressen der Öffentlichkeit den Anforderungen des Art. 8 EMRK an den Schutz des Privatlebens bekannter Persönlichkeiten nicht genügen. In dem zur Entscheidung stehenden Fall ging es um die Veröffentlichung von Fotos der *Caroline von Hannover*, auf denen die Prinzessin in privaten und alltäglichen Lebenssituationen wie z.B. beim Ausreiten, Fahrradfahren, Einkaufen, Tennisspielen, beim Verlassen ihrer Wohnung sowie im Beach-Club von Monte Carlo abgebildet war. Die deutschen Gerichte hatten eine Verletzung der Privatsphäre mit der Begründung verneint, dass *Caroline von Hannover* eine absolute Person der Zeitgeschichte sei, die auch Aufnahmen aus ihrem Privatleben zu dulden habe, sofern diese an öffentlichen Orten aufgenommen seien. Eine Ausnahme gelte nur dann, wenn die abgebildete Person sich in eine örtliche Abgeschiedenheit zurückgezogen habe und für alle objektiv erkennbar sei, dass sie allein sein wolle und in der sie sich im Vertrauen auf die Abgeschiedenheit so verhalte, wie sie es in der breiten Öffentlichkeit nicht tun würde. Dies könne im Hinblick auf die streitgegenständlichen Fotos jedoch nicht angenommen werden.[888]

Der EGMR kritisiert im „Caroline" – Urteil sowohl das Abwägungskriterium der „absoluten" bzw. „relativen Personen der Zeitgeschichte" als auch das Kriterium der „örtlichen Abgeschiedenheit". Zur Begründung führt der EGMR an, dass an den Begriff der absoluten Person der Zeitgeschichte nach der Rechtsprechung der deutschen Gerichte ein sehr begrenzter Schutz des Privatlebens und des Rechts am eigenen Bild geknüpft sei, der allenfalls für Persönlichkeiten aus dem Bereich der Politik, die öffentliche Ämter bekleiden, rechtmäßige Abwägungsergebnisse hervorbringen könne. Werden hingegen andere bekannte Per-

---

[885] Dreier/Schulze-*Dreier*, § 23 KUG, Rn. 12; Schricker-*Gerstenberg/Götting*, § 60/§ 23 KUG, Rn. 12, 16; Wandtke/Bullinger-*Fricke*, § 23 KUG, Rn. 20; Möhring/Nicolini-*Gass*, § 60 Anh. § 23 KUG, Rn. 12; *Helle*, Besondere Persönlichkeitsrechte im Privatrecht, S. 147 f.
[886] Vgl. unten unter 4. Teil E.
[887] EGMR ZUM 2004, 651, 651 ff.
[888] BVerfG NJW 2000, 1021, 1025 f. – Caroline von Monaco. Vgl. zum Verfahren vor den deutschen Gerichten EGMR ZUM 2004, 651, 652 ff.

sönlichkeiten, die wie *Caroline von Hannover* keine derartige offizielle Funktion ausüben, unter den Begriff der absoluten Person der Zeitgeschichte subsumiert, habe dies eine Begrenzung des Privatsphärenschutzes zur Folge, die nicht mehr als gerechtfertigt angesehen werden kann.[889] Im Hinblick auf das Kriterium der örtlichen Abgeschiedenheit bemängelte der EGMR, dass dieses in der Theorie zwar eindeutig erscheinen mag, in der Praxis jedoch zu vage sein und schwerlich im Voraus für die betroffene Person zu bestimmen sein dürfte.[890] Zudem diene der Schutz des Privatlebens gemäß Art. 8 EMRK hauptsächlich dazu, die Entwicklung der Persönlichkeit jedes Einzelnen im Rahmen der Beziehungen zu anderen Menschen unter Ausschluss äußerer Eingriffe zu gewährleisten. Demnach gebe es zwischen dem Einzelnen und Dritten eine interaktive Zone, die auch in einem öffentlichen Zusammenhang dem Privatleben zugerechnet werden kann.[891] Aufgrund dieser sozialen Komponente könne der Privatsphärenschutz einer bekannten Persönlichkeit gegenüber dem öffentlichen Interesse an Informationen darüber, wo die Persönlichkeit sich aufhält und wie sie sich allgemein in ihrem Privatleben verhält, selbst dann überwiegen, wenn sie sich an Orte begibt, die nicht als abgeschieden bezeichnet werden können.[892] Schutzwürdig kann demnach auch das (Alltags-) Leben des Einzelnen in der Öffentlichkeit sowie die soziale und gesellschaftliche Interaktion mit Dritten sein, soweit sie dem Privatleben zuzuordnen ist.

Nach Auffassung des EGMR hat bei der Gewichtung des Schutzes der Privatsphäre (Art. 8 EMRK) und der Freiheit der Meinungsäußerung (Art. 10 EMRK) als bestimmender Faktor der Beitrag zu gelten, den die veröffentlichten Fotos und Artikel zu einer Debatte mit Allgemeininteresse erbringen.[893] Insofern sei eine Unterscheidung erforderlich zwischen einer Berichterstattung über Fakten, die geeignet sind, zu einer Debatte in einer demokratischen Gesellschaft beizutragen, wenn sie sich auf Politiker beispielsweise in Ausübung ihrer Ämter bezieht, und einer Berichterstattung über Einzelheiten aus dem Privatleben einer Person, die überdies solche offiziellen Funktionen nicht ausübt. Denn nur im ersten Fall erfülle die Presse ihre wesentliche Wächterfunktion in einer demokratischen Gesellschaft und trage dazu bei, Ideen und Informationen zu Fragen von öffentlichem Interesse weiterzugeben.[894] Nur unter bestimmten Umständen könne sich das Informationsrecht der Öffentlichkeit nach Auffassung des EGMR auch auf Aspekte des Privatlebens von Personen des öffentlichen Lebens erstrecken. Dies sei allerdings dann nicht der Fall, wenn die Sache außerhalb jeglicher politischen und öffentlichen Debatte angesiedelt ist, wie in dem der Entscheidung zugrunde liegenden Sachverhalt, der ausschließlich die Veröffent-

[889] EGMR ZUM 2004, 651, 662.
[890] EGMR ZUM 2004, 651, 662.
[891] EGMR ZUM 2004, 651, 659 f.
[892] EGMR ZUM 2004, 651, 662.
[893] EGMR ZUM 2004, 651, 662.
[894] EGMR ZUM 2004, 651, 661.

lichung von Details aus dem Privatleben der Beschwerdeführerin betraf. Denn eine Veröffentlichung, die nur dem Zweck diene, die Neugier eines bestimmten Publikums im Hinblick auf Einzelheiten aus dem Privatleben einer Person zu befriedigen, könne trotz des Bekanntheitsgrades dieser Person nicht als Beitrag zu einer Debatte von allgemeinem gesellschaftlichen Interesse angesehen werden.[895]

Im Ergebnis operiert der EGMR bei der Abwägung zwischen Diskretionsschutz und öffentlichen Informationsinteressen also mit zwei unterschiedlichen Kriterien, nämlich zum einen mit einer personalen Komponente, nach der sich bestimmt, hinsichtlich welcher Personen eine Berichterstattung aus der Privatsphäre in Betracht kommt, sowie zum anderen mit einer sachlichen Komponente des Privatsphärenschutzes, und zwar der Voraussetzung, dass die Veröffentlichung einen Beitrag zu einer Debatte von allgemeinem Interesse leistet.[896]

(1) Zulässigkeit einer Berichterstattung aus der Privatsphäre nur bei Personen mit offiziellen Funktionen?

Zunächst stellt sich die Frage, hinsichtlich welcher Personen die vom EGMR aufgestellten Voraussetzungen für eine Veröffentlichung von Informationen aus der Privatsphäre grundsätzlich erfüllt sein können. Hierbei ist von Bedeutung, dass der EGMR die Zulässigkeit der Veröffentlichung im konkreten Fall u.a. mit der Begründung ablehnte, dass *Caroline von Hannover* keine offiziellen Funktionen, d.h. keine Funktion innerhalb oder im Auftrag des monegassischen Staates oder seiner Einrichtungen ausübe.[897] Damit ist zunächst fraglich, wie weit der Begriff der „offiziellen Funktionen" zu verstehen ist, welche Funktionsträger hierunter also subsumiert werden können. Darüber hinaus stellt sich die Frage, ob das Kriterium der „offiziellen Funktion" als Voraussetzung für eine Veröffentlichung aus der Privatsphäre zu verstehen ist, so dass hinsichtlich bekannter Persönlichkeiten ohne offizielle Funktion eine derartige Veröffentlichung von vornherein ausscheidet.

Der Begriff der offiziellen Funktion wird vom EGMR in der „Caroline" – Entscheidung in einem sehr engen Sinne verstanden. So erfüllt *Caroline von Hannover* nach Auffassung des Gerichtshofs keine derartige Funktion, obgleich diese den Vorsitz bei einigen Stiftungen mit humanitärer und kultureller Prägung ausübt und Repräsentationsaufgaben bei Veranstaltungen wie dem Ball des Roten Kreuzes oder der Eröffnung des Internationalen Zirkusfestivals wahrnimmt. Entscheidend ist nach dem EGMR, dass es sich hierbei nicht um Funktionen innerhalb oder im Auftrag des monegassischen Staates oder seiner Einrichtungen

[895] EGMR ZUM 2004, 651, 661.
[896] *Grabenwarter*, AfP 2004, 309, 309 ff.
[897] EGMR ZUM 2004, 651, 661 f.

handelt.[898] Folgt man dieser engen Auslegung, so kommen als Träger offizieller Funktionen innerhalb oder im Auftrag des Staats oder seiner Einrichtungen vor allem Politiker in Betracht. Beschränkt man die Möglichkeit einer Veröffentlichung von Informationen aus dem Privatleben allerdings auf derartige Funktionsträger, so würde hinsichtlich zahlreicher bekannter Persönlichkeiten eine Berichterstattung aus der Privatsphäre ohne weiteres ausscheiden, d.h. ohne dass es noch auf eine Prüfung ankäme, welchen Beitrag die konkrete Veröffentlichung zu einer Debatte von allgemeinem Interesse leistet.

Hiergegen spricht, dass der EGMR Politiker nur als ein mögliches Beispiel für Personen nennt, bei denen ein Eingriff in die Privatsphäre durch Veröffentlichungen gerechtfertigt sein kann. So zieht der Gerichtshof in den Entscheidungsgründen in Erwägung, dass „es ein Informationsrecht der Öffentlichkeit gibt, das in einer demokratischen Gesellschaft als wesentlich gilt und sich unter bestimmten Umständen auch auf Aspekte des Privatlebens von *Personen des öffentlichen Lebens* erstrecken kann, *insbesondere* im Fall von Politikern (...)". Dies lehnt der EGMR für den zur Entscheidung stehenden Sachverhalt gerade mit der Begründung ab, dass dieser „außerhalb jeglicher politischen und öffentlichen Debatte angesiedelt" ist und nicht etwa (ausschließlich) mit dem Argument, dass *Caroline von Hannover* keine offiziellen Funktionen ausübt.[899] Zudem ist die vom EGMR gebrauchte Begrifflichkeit „Personen des öffentlichen Lebens" inhaltlich nicht identisch mit der Eigenschaft einer Person als „Träger offizieller Funktionen". So sind gemäß Nr. 7 der Entschließung 1165 (1998) der Parlamentarischen Versammlung des Europarates über das Recht auf Achtung des Privatlebens, auf die der EGMR in seinem „Caroline" – Urteil ausdrücklich Bezug nimmt[900], Personen des öffentlichen Interesses generell all diejenigen, die eine Rolle im öffentlichen Leben spielen, sei es in der Politik, der Wirtschaft, der Kunst, im Sozialbereich, im Sport oder in anderen Bereichen. In Nr. 9 der Entschließung heißt es, dass bestimmte Fakten in Bezug auf das Privatleben von Personen des öffentlichen Interesses, *insbesondere* von Politikern, in der Tat für die Bürger von Interesse sein können, und es daher für Leser, die ebenfalls Wähler sind, ein berechtigtes Interesse sein kann, über diese Fakten informiert zu werden.[901] Schließlich spricht die Formulierung unter Nr. 63 des „Caroline" – Urteils gegen die Annahme, dass der EGMR eine offizielle Funktion des Betroffenen als zwingende Voraussetzung für eine Veröffentlichung aus dessen Pri-

[898] EGMR ZUM 2004, 651, 651, 661.
[899] EGMR ZUM 2004, 651, 661; Hervorhebungen von Verfasserin.
[900] EGMR ZUM 2004, 651, 661 f. In seinem Zitat ersetzt der EGMR die in der Entschließung verwendete Terminologie „Personen des öffentlichen Interesses" durch den Begriff „Personen des öffentlichen Lebens". Es ist daher davon auszugehen, dass der EGMR beide Begriffe synonym verwendet.
[901] Entschließung 1165 (1998) der Parlamentarischen Versammlung des Europarates über das Recht auf Achtung des Privatlebens, abgedruckt in der Entscheidung EGMR ZUM 2004, 651, 657 f.; Hervorhebung von Verfasserin.

vatsphäre konstituieren wollte. Dort heißt es, dass ein grundsätzlicher Unterschied zwischen einer Berichterstattung über Fakten und einer Berichterstattung über Einzelheiten aus dem Privatleben einer Person gemacht werden müsse, die *„überdies“* solche Funktionen nicht ausübt.[902]

Die Entscheidungsgründe des „Caroline“ – Urteils sind daher dahingehend zu interpretieren, dass die sachliche Voraussetzung für eine Veröffentlichung von Informationen aus dem Privatleben einer Persönlichkeit – nämlich ein Beitrag zu einer Debatte von allgemeinem Interesse – *vor allem* dann anzunehmen ist, wenn die betreffende Person offizielle Funktionen innerhalb oder im Auftrag des Staates oder seiner Einrichtungen ausübt, was *insbesondere* bei Politikern der Fall ist.[903] Bei einer derartigen Interpretation bleibt es grundsätzlich denkbar, dass auch bei sonstigen Personen des öffentlichen Lebens (ohne offizielle Funktion) eine Veröffentlichung von Informationen aus der Privatsphäre zulässig sein kann, wenn diese eine Frage von allgemeinem Interesse betrifft. Zu den Personen des öffentlichen Lebens gehören daher insbesondere auch solche Persönlichkeiten, die von der deutschen Rechtsprechung und Rechtslehre bisher als „Personen der Zeitgeschichte“ bezeichnet wurden.

(2) Beitrag zu einer Debatte von allgemeinem Interesse

Für die Abwägung zwischen Persönlichkeitsschutz und den Informationsinteressen der Öffentlichkeit kommt es nach Auffassung des EGMR maßgeblich auf den Beitrag an, den die veröffentlichten Fotos und Artikel zu einer Debatte von allgemeinem Interesse erbringen.[904] Im Hinblick auf die Frage, wann dies der Fall ist, stellt der EGMR zwei Extreme gegenüber[905]: So sei eine Berichterstattung, die sich auf Politiker in Ausübung ihres Amtes bezieht, grundsätzlich geeignet, zu einer Debatte in einer demokratischen Gesellschaft beizutragen, eine Berichterstattung über Einzelheiten aus dem Privatleben einer Person ohne offizielle Funktion hingegen nicht. Nur unter bestimmten Umständen könne sich das Informationsrecht der Öffentlichkeit nach Auffassung des EGMR auch auf Aspekte des Privatlebens von Personen des öffentlichen Lebens – insbesondere von Politikern – erstrecken. Dies sei allerdings dann nicht der Fall, wenn die Sache außerhalb jeglicher politischen oder öffentlichen Debatte angesiedelt ist, wie in dem der Entscheidung zugrunde liegenden Sachverhalt, der ausschließlich die Veröffentlichung von Details aus dem Privatleben der Beschwerdeführerin be-

---

[902] EGMR ZUM 2004, 651, 661; Hervorhebung von Verfasserin.
[903] KG ZUM 2005, 73, 75; *Mann*, NJW 2004, 3220, 3221 f.; *Bartnik*, AfP 2004, 489, 493; vgl. auch BGH GRUR 2005, 76, 77; *Herrmann*, ZUM 2004, 665, 665. A.A.: *Kaboth*, ZUM 2004, 818, 824; *Grabenwarter*, AfP 2004, 309, 310.
[904] EGMR ZUM 2004, 651, 661 f.
[905] Vgl. auch *Ohly*, GRUR Int. 2004, 902, 910 f.

traf.[906] In welchem Maße Bilder oder Artikel aus der Privatsphäre einer Person zu einer öffentlichen Debatte beitragen, hängt damit letztendlich von einer Abwägung sämtlicher Umstände des Einzelfalles ab.

bb) Konsequenzen des „Caroline" – Urteils

(1) Bindungswirkung des Urteils

Gemäß Art. 46 Abs. 1 EMRK ist die Bundesrepublik Deutschland verpflichtet, endgültige Urteile des EGMR zu befolgen. Es stellt sich die Frage, welche Bindungswirkung danach Entscheidungen des EGMR für die deutsche Rechtsprechung haben, zumal Entscheidungen des BVerfG gemäß § 31 BVerfGG die ordentlichen Gerichte ebenfalls binden. Hierzu hat das BVerfG in einer jüngeren Entscheidung Stellung bezogen, in der auf das „Caroline" – Urteil des EGMR ausdrücklich Bezug genommen wird.[907]

In seinem Beschluss führt das BVerfG aus, dass die deutschen Gerichte gemäß Art. 46 EMRK die materielle Rechtskraft endgültiger Feststellungsurteile des EGMR zu beachten haben, dass diese Rechtskraft allerdings durch die personellen, sachlichen und zeitlichen Grenzen des Streitgegenstandes begrenzt ist.[908] Darüber hinaus seien die deutschen Gerichte im Rahmen ihrer Bindung an Gesetz und Recht (Art. 20 Abs. 3 GG) verpflichtet, die Gewährleistungen der EMRK und der Entscheidungen des Gerichtshofs „im Rahmen methodisch vertretbarer Gesetzesauslegung" zu berücksichtigen.[909] Die EMRK, die lediglich im Rang eines Bundesgesetzes steht, sei zwar kein unmittelbarer verfassungsrechtlicher Prüfungsmaßstab, allerdings diene der Inhalt der Konvention sowie die Rechtsprechung des EGMR als Auslegungshilfe für die Bestimmung von Inhalt

---

[906] EGMR ZUM 2004, 651, 661.

[907] BVerfG NJW 2004, 3407, 3411 (= BVerfGE 111, 307, 327).

[908] BVerfG NJW 2004, 3407, 3409 (= BVerfGE 111, 307, 320); vgl. auch BVerfG NJW 1986, 1425, 1427; *Geiger*, Grundgesetz und Völkerrecht, S. 406. Nach *Stöcker*, NJW 1982, 1905, 1908, besteht diese Verpflichtung über den konkreten Fall und die hieran beteiligten Parteien hinaus. Zweifelnd *Heldrich*, NJW 2004, 2634, 2636, nach dessen Auffassung die Bundesrepublik Deutschland bei einer Nichtbeachtung des intensiveren Schutzes der Privatsphäre nach der neuen Auslegung von Art. 8 EMRK durch die deutschen Gerichte allerdings vertragsvölkerrechtlich dazu verpflichtet wäre, durch Gesetzgebungsmaßnahmen einen den Anforderungen der EMRK entsprechenden Rechtszustand zu schaffen. Vgl. auch Frowein/ Peukert-*Frowein*, Art. 53, Rn. 7, nach dessen Auffassung es dem Sinn der Konventionsgewährleistung und dem eingeführten Rechtsschutz kaum entsprechen könne, wenn der Staat nicht auch als verpflichtet angesehen werden müsste, eine Verletzung der Konvention für Parallelfälle auszuschalten.

[909] BVerfG NJW 2004, 3407, 3408, 3410 (= BVerfGE 111, 307, 317, 323).

und Reichweite von Grundrechten.[910] Dabei verzichte das Grundgesetz aber nicht auf die in dem letzten Wort der deutschen Verfassung liegende Souveränität. Insofern widerspreche es nicht dem Ziel der Völkerrechtsfreundlichkeit, wenn der Gesetzgeber ausnahmsweise Völkervertragsrecht nicht beachtet, sofern nur auf diese Weise ein Verstoß gegen tragende Grundsätze der Verfassung abzuwenden ist.[911]

Nach dem BVerfG erfordert eine Berücksichtigung der EMRK und der Entscheidungen des EGMR zumindest, dass die entsprechenden Texte und Judikate zur Kenntnis genommen werden und in die Willensbildung des zur Entscheidung berufenen Gerichts einfließen. Sind für die Beurteilung eines Sachverhaltes Entscheidungen des Gerichtshofes einschlägig, so sind grundsätzlich die vom EGMR in seiner Abwägung berücksichtigten Aspekte auch in die verfassungsrechtliche Würdigung, namentlich die Verhältnismäßigkeitsprüfung einzubeziehen, und es hat eine Auseinandersetzung mit den vom EGMR gefundenen Abwägungsergebnissen stattzufinden.[912] Die Gerichte müssen sich mit der Entscheidung erkennbar auseinander setzen und gegebenenfalls nachvollziehbar begründen, warum sie der völkerrechtlichen Rechtsauffassung gleichwohl nicht folgen. Dabei gelte es zu berücksichtigen, dass gerade in Fällen, in denen staatliche Gerichte wie im Privatrecht mehrpolige Grundrechtsverhältnisse auszugestalten haben, es regelmäßig auf sensible Abwägungen zwischen verschiedenen subjektiven Rechtspositionen ankomme, die bei einer Änderung der Subjekte des Rechtsstreits oder durch eine Änderung der tatsächlichen Verhältnisse im Ergebnis anders ausfallen können. Insofern könne sowohl die fehlende Auseinandersetzung mit einer Entscheidung des EGMR als auch deren gegen vorrangiges Recht verstoßende schematische „Vollstreckung" gegen Grundrechte in Verbindung mit dem Rechtsstaatsprinzip verstoßen.[913]

Darüber hinaus haben die staatlichen Organe bei der Berücksichtigung der Entscheidungen des EGMR die Auswirkungen auf die nationale Rechtsordnung in ihre Rechtsanwendung einzubeziehen. Dies gelte insbesondere dann, wenn es sich – wie beim Recht zum Schutz der Persönlichkeit – um ein in seinen Rechtsfolgen ausbalanciertes Teilsystem des innerstaatlichen Rechts handelt, das verschiedene Grundrechtspositionen miteinander zum Ausgleich bringen will. Dementsprechend sei es Aufgabe der nationalen Gerichte, eine Entscheidung des EGMR in den betroffenen Teilrechtsbereich der nationalen Rechtsordnung einzupassen, weil es weder der völkervertraglichen Grundlage noch dem Willen des Gerichtshofs entsprechen kann, mit seinen Entscheidungen gegebenenfalls

---

[910] BVerfG NJW 2004, 3407, 3408 (= BVerfGE 111, 307, 317). Vgl. auch BVerfGE 74, 358, 370; BVerfGE 82, 106, 115; BVerfG NJW 1991, 1043, 1044; BVerfG NJW 1997, 2811, 2812.
[911] BVerfG NJW 2004, 3407, 3408 (= BVerfGE 111, 307, 319).
[912] BVerfG NJW 2004, 3407, 3410 (= BVerfGE 111, 307, 324).
[913] BVerfG NJW 2004, 3407, 3410 (= BVerfGE 111, 307, 323 f.).

notwendige Anpassungen innerhalb einer nationalen Teilrechtsordnung unmittelbar selbst vorzunehmen. Dabei könne auch dem Umstand Rechnung getragen werden, dass das Individualbeschwerdeverfahren die beteiligten Rechtspositionen und Interessen möglicherweise nicht vollständig abbildet.[914]

Zusammenfassend stellt das BVerfG fest, dass die deutschen Gerichte die Pflicht treffe, der konventionsgemäßen Auslegung den Vorrang zu geben, solange hierfür im Rahmen geltender methodischer Standards Auslegungs- und Abwägungsspielräume eröffnet sind. Etwas anderes gelte nur dann, wenn die Beachtung einer Entscheidung des EGMR gegen eindeutig entgegenstehendes Gesetzesrecht oder deutsche Verfassungsbestimmungen, namentlich auch gegen Grundrechte Dritter verstößt. Bei einem zwischenzeitlich veränderten oder bei einem anderen Sachverhalt werden die Gerichte ermitteln müssen, worin der spezifische Konventionsverstoß nach Auffassung des EGMR gelegen hat und warum eine geänderte Tatsachenbasis eine Anwendung auf den Fall nicht erlaubt.[915]

(2) Berücksichtigung der Leitgedanken der „Caroline" – Entscheidung des EGMR bei der Anwendung und Auslegung der §§ 23 Abs. 1 Nr. 1, Abs. 2 KUG

Aus dem Vorstehenden folgt, dass die Grundsätze der „Caroline" – Entscheidung des EGMR zumindest insoweit zu berücksichtigen und in das deutsche Recht zum Schutz der Persönlichkeit einzupassen sind, als hierdurch nicht gegen tragende Grundsätze der deutschen Verfassung verstoßen wird. Hierbei ist zunächst festzuhalten, dass die Tatbestände des einfachen Rechts, namentlich die §§ 22 ff. KUG und das allgemeine Persönlichkeitsrecht gemäß § 823 Abs. 1 BGB in methodischer Hinsicht den notwendigen Auslegungs- und Abwägungsspielraum bieten, um den Umfang des Privatsphärenschutzes an die im „Caroline" – Urteil des EGMR enthaltenen Maßstäbe anzugleichen. Insbesondere ist in § 23 Abs. 1 Nr. 1 KUG nicht von „Personen der Zeitgeschichte", sondern von „Bildnissen aus dem Bereich der Zeitgeschichte" die Rede. Es liegt jedoch innerhalb des Wortsinns dieses Tatbestandsmerkmals, wenn man hierunter Bildnisse versteht, die einen Beitrag zu einer Debatte von allgemeinem gesellschaftlichen Interesse leisten.[916]

Indem die Zulässigkeit einer Veröffentlichung von Informationen aus der Privatsphäre einer Person nach dem EGMR davon abhängt, welchen Beitrag die konkrete Veröffentlichung zu einer Debatte von allgemeinem gesellschaftlichen Interesse leistet, stellt sich die Frage, ob die bisher vorgenommene Differenzierung zwischen absoluten und relativen Personen der Zeitgeschichte für die Inter-

---

[914] BVerfG NJW 2004, 3407, 3411 (= BVerfGE 111, 307, 327 f.).
[915] BVerfG NJW 2004, 3407, 3411 (= BVerfGE 111, 307, 329).
[916] *Herrmann*, ZUM 2004, 665, 665.

essenabwägung noch bedeutsam ist. Hinter der Unterscheidung zwischen absoluten und relativen Personen der Zeitgeschichte steht letztendlich der Gedanke, dass von einem berechtigten Interesse der Öffentlichkeit an einzelnen Informationen über die zeitgeschichtliche Persönlichkeit um so eher ausgegangen werden kann, je stärker die Person generell im Blickfeld der Öffentlichkeit steht. Nach der Auffassung des EGMR trägt dieser Gedanke jedoch nur bei Persönlichkeiten aus dem Bereich der Politik, die öffentliche Ämter bekleiden. In früheren Entscheidungen stellte der EGMR insoweit fest, dass sich Politiker „unvermeidlich und wissentlich der eingehenden Kontrolle aller ihrer Worte und Taten durch die Presse und die allgemeine Öffentlichkeit" aussetzen.[917] Hinsichtlich anderer bekannter Persönlichkeiten soll es bei der Interessenabwägung jedoch gerade nicht auf den allgemeinen Grad des öffentlichen Informationsinteresses an der jeweiligen Person ankommen – der bei *Caroline von Hannover* sehr hoch ist –, sondern vielmehr auf den Informationswert des jeweiligen Beitrages für die öffentliche Diskussion und Meinungsbildung über eine Frage von allgemeinem gesellschaftlichen Interesse.

Dennoch zwingt das „Caroline" – Urteil nicht dazu, den Begriff der Person der Zeitgeschichte gänzlich fallen zu lassen.[918] Der Einwand des EGMR, dass allein die Einordnung einer Persönlichkeit als absolute Person der Zeitgeschichte nicht dazu ausreiche, einen Eingriff in deren Privatsphäre zu rechtfertigen[919], bildet die bisherige deutsche Rechtslage nur unvollständig ab. So hat das BVerfG den Begriff der absoluten Person der Zeitgeschichte nur unter der Maßgabe für verfassungsrechtlich unbedenklich gehalten, dass er nicht formelhaft benutzt wird und eine Abwägung der betroffenen verfassungsrechtlich geschützten Interessen im Einzelfall stattfindet.[920] Da die Eigenschaft einer Persönlichkeit als absolute bzw. relative Person der Zeitgeschichte aber durchaus ein Indiz dafür sein kann, dass ein Foto von ihr bzw. ein Artikel über sie einen Beitrag zur einer Debatte von allgemeinem Interesse leistet, erscheint dieses Begriffspaar „als erstes Grobraster und Auftakt zur entscheidenden Abwägung durchaus als geeignet."[921]

Das von den deutschen Gerichten zur räumlichen Bestimmung des Privatsphärenschutzes bislang verwendete Kriterium der örtlichen Abgeschiedenheit kann

---

[917] EGMR NJW 1987, 2143, 2144; EGMR NJW 1992, 613, 616.

[918] So aber: *Herrmann*, ZUM 2004, 665, 665; *Kaboth*, ZUM 2004, 818, 823. Nach *Heldrich*, NJW 2004, 2634, 2636, bedarf die Unterscheidung zwischen absoluten und relativen Personen der Zeitgeschichte nach der vom EGMR geäußerten Kritik zumindest erneuten Durchdenkens.

[919] EGMR ZUM 2004, 651, 662.

[920] BVerfG NJW 2000, 1021, 1025 – Caroline von Monaco. Vgl. *Ohly*, GRUR Int. 2004, 902, 905, 911, der darauf hinweist, dass der EGMR die deutsche Rechtslage insoweit missverstanden habe; *Mann*, NJW 2004, 3220, 3222; *Grabenwarter*, AfP 2004, 310, 312.

[921] *Ohly*, GRUR Int. 2004, 902, 911. Vgl. auch: BGH GRUR 2005, 76, 77; KG ZUM 2005, 73, 75; *Mann*, NJW 2004, 3220, 3222; *Bartnik*, AfP 2004, 489, 492.

im Hinblick auf die Grundsätze des „Caroline" – Urteils des EGMR hingegen nicht aufrechterhalten werden.[922] So stellte der EGMR fest, dass der Schutz des Privatlebens auch eine soziale Komponente beinhaltet, d.h. eine „interaktive Zone" zwischen dem Einzelnen und Dritten, die auch in einem öffentlichen Zusammenhang dem Privatleben zugerechnet werden kann. Der Schutz der Privatsphäre kann sich demnach auch auf Orte erstrecken, die nicht als abgeschieden bezeichnet werden können.[923] Die hierin zum Ausdruck kommende Wertung, dass das Alltags- und Privatleben Prominenter im Einzelfall auch Schutz genießen kann, soweit es in der Öffentlichkeit – d.h. an nicht abgeschiedenen Orten – stattfindet, ist nicht als Verstoß gegen tragende Grundsätze der deutschen Verfassung anzusehen.[924] Dabei ist bedeutsam, dass es sich bei derartigen Sachverhaltskonstellationen auch unter Zugrundelegung der Abwägungsmaßstäbe des BGH bzw. des BVerfG häufig um Grenzfälle handelt[925], so dass sich dem Grundgesetz keine eindeutigen Vorgaben für die Gewichtung der gegenläufigen Interessen entnehmen lassen. Insofern kann das Abwägungsergebnis des EGMR als dem Gewicht der Menschenwürde (Art. 1 Abs. 1 GG) und des Rechts auf freie Entfaltung der Persönlichkeit (Art. 2 Abs. 1 GG) entsprechend angesehen werden.[926] Die hiermit einhergehende Einschränkung der Grundrechte des Art. 5 Abs. 1 GG ist insofern als verfassungskonform zu bewerten, als über das vom EGMR aufgestellte Abwägungskriterium – wonach eine Veröffentlichung dann zulässig ist, wenn sie einen Beitrag zu einer Debatte von allgemeinem Interesse leistet – entgegenstehenden Informationsinteressen der Öffentlichkeit hinreichend Rechnung getragen werden kann.[927] Dies gilt jedenfalls dann, wenn man die Urteilsbegründung des EGMR dahingehend auslegt, dass die Berichterstattungsfreiheit nicht auf Personen mit offiziellen Funktionen beschränkt ist.[928]

Ob sich an Aspekte des Privatlebens einer bekannten Persönlichkeit eine Debatte über ein Thema von allgemeinem gesellschaftlichen Interesse knüpft, oder ob diese „berechtigte Hoffnung"[929] auf Schutz und Achtung ihrer Privatsphäre haben darf, ist letztendlich eine Wertungsfrage und macht eine Abwägung sämtlicher Umstände des Einzelfalles erforderlich[930]. Entsprechend den Ausführungen des BVerfG zur Bindungswirkung von Entscheidungen des EGMR werden sich die deutschen Gerichte in parallel gelagerten Sachverhalten zu fragen haben, ob der vom EGMR festgestellte spezifische Konventionsverstoß, nämlich

[922] KG ZUM 2005, 73, 75; *Ohly*, GRUR Int. 2004, 902, 912.
[923] EGMR ZUM 2004, 651, 660, 662.
[924] Nach *Meyer-Ladewig/Petzold*, NJW 2005, 15, 16, 19, 20, ist der Fall, dass eine Entscheidung des EGMR gegen tragende Grundsätze der deutschen Verfassung verstößt, nur schwer vorstellbar.
[925] *Ohly*, GRUR Int. 2004, 902, 910.
[926] KG ZUM 2005, 73, 75.
[927] KG ZUM 2005, 73, 75.
[928] Vgl. oben unter 4. Teil C II 1 b aa (1).
[929] EGMR ZUM 2004, 651, 662.
[930] *Ohly*, GRUR Int. 2004, 902, 911 f.; *Mann*, NJW 2004, 3220, 3222.

dass die konkreten Veröffentlichungen keinen Beitrag zu einer Debatte von allgemeinem gesellschaftlichen Interesse geleistet haben auch für den Parallelfall anzunehmen ist bzw. ob und warum eine geänderte Tatsachenbasis eine Anwendung der vom EGMR aufgestellten Leitlinien auf den Fall nicht erlaubt. In einem anderen Sachverhalt mit geänderter Tatsachengrundlage mögen Informationen über das Privatleben einer Persönlichkeit für die öffentliche Diskussion und Meinungsbildung bedeutsamer sein.[931] Hier mag auch der Gedanke des BVerfG einzustellen sein, dass ein berechtigtes Interesse der Öffentlichkeit daran bestehen kann zu erfahren, ob solche Personen, die als Idol und Vorbild gelten, funktionales und persönliches Verhalten überzeugend in Übereinstimmung bringen.[932] In seiner „Caroline von Monaco“ – Entscheidung führte das BVerfG insoweit aus, dass Prominente für bestimmte Wertvorstellungen und Lebenshaltungen stehen und deshalb vielen Menschen Orientierung bei eigenen Lebensentwürfen bieten. Sie werden zu Kristallisationspunkten für Zustimmung oder Ablehnung und erfüllen Leitbild- und Kontrastfunktion. Darin habe das öffentliche Interesse an den verschiedensten Lebensbezügen solcher Personen seinen Grund.[933] Diesen Abwägungsgesichtspunkt hat der EGMR in seiner „Caroline“ – Entscheidung weder explizit abgelehnt noch in sonstiger Weise berücksichtigt.[934]

Ferner ist nach dem EGMR bei der Interessenabwägung dem Aspekt Bedeutung beizumessen, ob eine Veröffentlichung nur dem Zweck dient, „die Neugier eines bestimmten Publikums im Hinblick auf Einzelheiten aus dem Privatleben“ einer Person zu befriedigen, da derartige Veröffentlichungen trotz des Bekanntheitsgrades dieser Person nicht als Beitrag zu einer Debatte von allgemeinem gesellschaftlichen Interesse angesehen werden können.[935] Allerdings galt dieser Abwägungsgesichtspunkt bereits nach der bisherigen Rechtsprechung des BVerfG, wonach es bei der Abwägung mit kollidierenden Persönlichkeitsrechten darauf ankommen soll, „ob Fragen, die die Öffentlichkeit wesentlich angehen, ernsthaft und sachbezogen erörtert oder lediglich private Angelegenheiten, die nur die Neugier befriedigen, ausgebreitet werden“.[936] Schließlich ist entsprechend den Gründen des „Caroline“ – Urteils bei der Interessenabwägung nicht gänzlich außer Acht zu lassen, unter welchen Umständen Fotografien hergestellt werden, insbesondere ob dies heimlich geschieht.[937] Auch insoweit tritt jedoch kein direkter Widerspruch zu der Rechtsprechung des BVerfG ein, nach dessen Auffassung es verfassungsrechtlich nicht zu beanstanden ist, bei der Abwägung der Methode der Informationsgewinnung Bedeutung beizumessen. Dementspre-

---

[931] Vgl. auch *Kaboth*, ZUM 2004, 818, 824.
[932] BVerfG NJW 2000, 1021, 1025 – Caroline von Monaco.
[933] BVerfG NJW 2000, 1021, 1024 – Caroline von Monaco.
[934] Kritisch hierzu *Grabenwarter*, AfP 2004, 309, 311 f.
[935] EGMR ZUM 2004, 651, 661.
[936] BVerfG NJW 2000, 1021, 1024 – Caroline von Monaco.
[937] EGMR ZUM 2004, 651, 661 f.; s. auch KG ZUM 2005, 73, 75.

chend lehnte das BVerfG eine Verletzung der außerhäuslichen Privatsphäre nur für den Fall ab, dass der Einwand gegen die Fotografien allein in dem Umstand einer heimlichen oder überrumpelnden Aufnahme liegt.[938]

Fest steht, dass sich die deutschen Gerichte bei der Abwägung zwischen Informationsinteressen der Öffentlichkeit und Privatsphärenschutz mit den Ausführungen des EGMR auseinander setzen und in dem vom BVerfG vorgegebenen Umfang berücksichtigen müssen. Wie der insoweit eingeräumte Beurteilungsspielraum in der Entscheidungspraxis der deutschen Gerichte künftig ausgefüllt werden wird, bleibt abzuwarten.

2. Personen als Beiwerk neben einer Landschaft oder sonstigen Örtlichkeit, § 23 Abs. 1 Nr. 2 KUG

Da sich die Dreharbeiten für dokumentarische Filme nicht auf abgeschirmte und damit „kontrollierbare" Studioaufnahmen beschränken, sondern häufig im öffentlichen Raum stattfinden, kann es vorkommen, dass Personen hierbei zufällig im Bild erscheinen. Für diesen Fall bestimmt § 23 Abs. 1 Nr. 2 KUG, dass Bilder auch ohne die Einwilligung der abgebildeten Personen veröffentlicht werden dürfen, wenn diese nur als Beiwerk einer Landschaft oder sonstigen Örtlichkeit erscheinen. Hiervon kann ausgegangen werden, wenn der Gesamteindruck des Bildes durch die abgebildete Landschaft oder Umwelt wie z.B. eine Straße oder ein Gebäude bestimmt wird und die daneben abgebildete Person eine derart untergeordnete Rolle spielt, dass sie jederzeit weggelassen werden kann, ohne dass sich hierdurch der Gegenstand und Charakter des Bildes ändern würde. Dabei entscheidet nicht die Absicht des Bildherstellers darüber, ob die abgebildete Person Beiwerk ist oder nicht, sondern der objektive Gesamteindruck des Bildes.[939] Hierfür spielen diverse Gesichtspunkte eine Rolle wie z.B. die Abbildungsgröße der Person und ihre Position im Raum sowie der Einfluss der Person auf das Thema des Bildes.[940] Auch wenn die abgebildete Person nur relativ klein im Bild ist, kann sie doch durch den Bildaufbau gleich ins Auge springen.[941] Weisen grafische Hervorhebungen oder Begleittexte[942], beim Film etwa Sprechertexte, auf eine bestimmte Person auf der Abbildung hin, so ist diese nicht mehr

---

[938] BVerfG NJW 2000, 1021, 1025 f. – Caroline von Monaco.

[939] BGH GRUR 1979, 732, 734 – Fußballtor; *Helle*, Besondere Persönlichkeitsrechte im Privatrecht, S. 164; Möhring/Nicolini-*Gass*, § 60 Anh. § 23 KUG, Rn. 22; *Unland*, Die Verfilmung tatsächlicher Ereignisse, S. 60.

[940] OLG Oldenburg NJW-RR 1988, 951, 952; OLG München NJW 1988, 915, 916; OLG Karlsruhe GRUR 1989, 823, 824; OLG Frankfurt GRUR 1986, 614, 615; *Helle*, Besondere Persönlichkeitsrechte im Privatrecht, S. 164 f.; Wandtke/Bullinger-*Fricke*, § 23 KUG, Rn. 23; Schricker-*Gerstenberg/Götting*, § 60/§ 23 KUG, Rn. 18; Möhring/Nicolini-*Gass*, § 60 Anh. § 23 KUG, Rn. 22.

[941] Möhring/Nicolini-*Gass*, § 60 Anh. § 23 KUG, Rn. 23.

[942] Möhring/Nicolini-*Gass*, § 60 Anh. § 23 KUG, Rn. 23.

als Beiwerk aufzufassen. Gleiches gilt, wenn die Abbildung aus dem Bild herausgeschnitten oder vergrößert wird[943], etwa durch einen Kamerazoom auf die entsprechende Stelle des Bildes.

3. Bilder von Versammlungen, Aufzügen und ähnliche Vorgängen, an denen die dargestellten Personen teilgenommen haben, § 23 Abs. 1 Nr. 3 KUG

Gemäß § 23 Abs. 1 Nr. 3 KUG dürfen Bilder von Versammlungen, Aufzügen und ähnlichen Vorgängen, an denen die dargestellten Personen teilgenommen haben, ohne deren Einwilligung verbreitet und zur Schau gestellt werden. Sinn der Bestimmung ist es, die bildliche Darstellung von öffentlichen Versammlungen wie z.B. Demonstrationen, Umzügen, Wahlkampf- und Sportveranstaltungen oder Kongressen[944] zu ermöglichen, auch wenn dies mit einer Abbildung von teilnehmenden Personen einhergeht.[945] Die Ausnahmebestimmung rechtfertigt sich dadurch, dass bei den genannten Veranstaltungen die Abbildung des Geschehens bzw. der Menschenansammlung im Vordergrund steht und nicht der einzelne Teilnehmer.[946] Hieraus folgt, dass einzelne Personen nicht profiliert in Erscheinung treten dürfen.[947] Daher kann zwar die Abbildung eines repräsentativen Teilausschnitts des Gesamtgeschehens von § 23 Abs. 1 Nr. 3 KUG gedeckt sein[948], nicht jedoch Einzelbilder bzw. Portraits von Veranstaltungsteilnehmern.[949]

---

[943] Dreier/Schulze-*Dreier*, § 23 KUG, Rn. 15; Wandtke/Bullinger-*Fricke*, § 23 KUG, Rn. 24; Schricker-*Gerstenberg/Götting*, § 60/§ 23 KUG, Rn. 19; Möhring/Nicolini-*Gass*, § 60 Anh. § 23 KUG, Rn. 22.

[944] Dreier/Schulze-*Dreier*, § 23 KUG, Rn. 18; Wandtke/Bullinger-*Fricke*, § 23 KUG, Rn. 25; Schricker-*Gerstenberg/Götting*, § 60/§ 23 KUG, Rn. 21; Möhring/Nicolini-*Gass*, § 60 Anh. § 23 KUG, Rn. 24.

[945] *Unland*, Die Verfilmung tatsächlicher Ereignisse, S. 60; Erman-*Ehmann*, Anh. § 12, Rn. 185.

[946] Möhring/Nicolini-*Gass*, § 60 Anh. § 23 KUG, Rn. 26.

[947] v. Hartlieb/Schwarz-*Reber*, Kap. 24, Rn. 9, 13; *Unland*, Die Verfilmung tatsächlicher Ereignisse, S. 61; *Osiander*, Das Recht am eigenen Bild im allgemeinen Persönlichkeitsrecht, S. 55.

[948] Dreier/Schulze-*Dreier*, § 23 KUG, Rn. 19; *Helle*, Besondere Persönlichkeitsrechte im Privatrecht, S. 168; *Unland*, Die Verfilmung tatsächlicher Ereignisse, S. 61; LG Stuttgart AfP 1989, 765, 766; OLG Celle NJW 1979, 57, 58; Möhring/Nicolini-*Gass*, § 60 Anh. § 23 KUG, Rn. 25.

[949] Möhring/Nicolini-*Gass*, § 60 Anh. § 23 KUG, Rn. 26; *Unland*, Die Verfilmung tatsächlicher Ereignisse, S. 61; Schricker-*Gerstenberg/Götting*, § 60/§ 23 KUG, Rn. 22; *Helle*, Besondere Persönlichkeitsrechte im Privatrecht, S. 168; OLG München NJW 1988, 915, 916; OLG Celle NJW 1979, 57, 59.

4. Nicht auf Bestellung angefertigte Bildnisse, deren Verbreitung einem höheren Interesse der Kunst dient, § 23 Abs. 1 Nr. 4 KUG

Gemäß § 23 Abs. 1 Nr. 4 KUG dürfen Bildnisse, die nicht auf Bestellung angefertigt sind, ohne Einwilligung des Abgebildeten verbreitet und zur Schau gestellt werden, sofern dies einem höheren Interesse der Kunst dient. Nach den Gesetzesmaterialien soll durch die Bestimmung „namentlich die Veröffentlichung künstlerischer Bildnisstudien ermöglicht werden, bei welchen eine Verhandlung wegen Erteilung der Einwilligung des Abgebildeten der Sache nach ausgeschlossen zu sein pflegt."[950] Damit stellt sich die Frage, ob und unter welchen Voraussetzungen § 23 Abs. 1 Nr. 4 KUG eine Veröffentlichung von Filmaufnahmen ohne Einwilligung des Abgebildeten rechtfertigen kann.

a) Anwendbarkeit der Bestimmung auf Filmaufnahmen

Gegen eine Anwendung des § 23 Abs. 1 Nr. 4 KUG auf filmische Personenaufnahmen könnte sprechen, dass die Gesetzesmaterialien fotografische Bildnisse von der Vorschrift ausdrücklich ausnehmen.[951] Allerdings ist § 23 Abs. 1 Nr. 4 KUG entgegen der Regelungsabsicht des historischen Gesetzgebers nach einhelliger Ansicht auch auf Fotografien anzuwenden, da die Möglichkeit künstlerischer Fotografien – wie die zeitlich jüngere Bestimmung des § 2 Abs. 1 Nr. 5 UrhG zeigt – mittlerweile anerkannt ist, so dass diese grundsätzlich auch „höheren Interessen der Kunst" dienen können.[952] Hieraus folgt jedoch, dass § 23 Abs. 1 Nr. 4 KUG auch auf Personenabbildungen in Filmen zu erstrecken ist, da diese ebenfalls künstlerische Qualität aufweisen können und insofern kein Grund für eine Differenzierung zwischen Fotografie und Film ersichtlich ist.[953] Zudem wird auf diese Weise eine sachliche Übereinstimmung zwischen § 23 Abs. 1 Nr. 4 KUG und dem Bildnisbegriff in den §§ 22, 23 Abs. 1 Nr. 1 KUG erzielt, der unstreitig auch die Abbildung von Personen in Film und Fern-

---

[950] Amtliche Begründung zum Entwurf eines Gesetzes betreffend das Urheberrecht an Werken der bildenden Künste und der Photographie, in: Stenographische Berichte über die Verhandlungen des Reichstages, 11. Legislaturperiode, II. Session, erster Sessionsabschnitt 1905/1906, zweiter Anlagenband, Nr. 30, S. 1526, 1541.

[951] Amtliche Begründung zum Entwurf eines Gesetzes betreffend das Urheberrecht an Werken der bildenden Künste und der Photographie, in: Stenographische Berichte über die Verhandlungen des Reichstages, 11. Legislaturperiode, II. Session, erster Sessionsabschnitt 1905/1906, zweiter Anlagenband, Nr. 30, S. 1526, 1541.

[952] OLG München ZUM 1997, 388, 391; Dreier/Schulze-*Dreier*, § 23 KUG, Rn. 22; Schricker-*Gerstenberg/Götting*, § 60/§ 23 KUG, Rn. 28; Möhring/Nicolini-*Gass*, § 60 Anh. § 23 KUG, Rn. 31; *v. Gamm*, Einf., Rn. 123; Wenzel-*von Strobl-Albeg*, Rn. 8.54.

[953] *Unland*, Die Verfilmung tatsächlicher Ereignisse, S. 61 f. Zum Kunstcharakter von Filmen vgl. oben unter 2. Teil B.

sehen erfasst[954]. Eine Anwendung der Bestimmung scheidet ihrem Wortlaut nach jedoch dann aus, wenn das Bildnis auf Bestellung des Abgebildeten angefertigt wurde, da der Abgebildete in diesem Fall in ein besonderes Vertrauensverhältnis zum Künstler tritt, das eine weitergehende Berücksichtigung seiner Interessen erfordert.[955] Im Bereich des dokumentarischen Films und Fernsehens wird eine derartige Bestellung, d.h. ein ausdrücklicher Auftrag des Abgebildeten zur Herstellung der Filmaufnahmen[956], allerdings nur selten gegeben sein.

b) Höheren Interessen der Kunst dienende Verbreitung

§ 23 Abs. 1 Nr. 4 KUG setzt voraus, dass die Verbreitung oder Schaustellung des Bildnisses einem höheren Interesse der Kunst dient. Damit stellt sich die Frage, welche Anforderungen hiermit an die Verbreitung von Bildnissen im Allgemeinen sowie speziell bei Filmaufnahmen gestellt werden.

aa) Regelungsinhalt

Das Merkmal der „höheren Interessen der Kunst" in § 23 Abs. 1 Nr. 4 KUG wird in der Rechtslehre unterschiedlich ausgelegt. Teilweise wird die Auffassung vertreten, dass die Bestimmung nur auf Bildnisse anzuwenden ist, die Werkqualität im Sinne des § 2 Abs. 2 UrhG aufweisen.[957] Hiergegen spricht jedoch der Wortlaut der Bestimmung, der ausdrücklich den Begriff der „Kunst" gebraucht. Urheberrechtlicher Werkbegriff und Kunstbegriff sind jedoch nicht identisch.[958] Jedenfalls kann die urheberrechtliche Werkqualität nicht ausschließliche Voraussetzung für eine Anwendbarkeit des § 23 Abs. 1 Nr. 4 KUG sein. So folgt aus der Regelungssystematik der §§ 22, 23 KUG, dass die persönlichkeitsrechtlichen Interessen des Abgebildeten nur ausnahmsweise zurückzutreten haben, wenn einer der in § 23 Abs. 1 KUG abschließend normierten Fälle vorliegt. Dieses Regel-Ausnahme-Verhältnis würde in sein Gegenteil verkehrt,

---

954 v. Hartlieb/Schwarz-*Reber*, Kap. 24, Rn. 2; Schricker-*Gerstenberg/Götting*, § 60/§ 22 KUG, Rn. 4; Wandtke/Bullinger-*Fricke*, § 22 KUG, Rn. 5.

955 Amtliche Begründung zum Entwurf eines Gesetzes betreffend das Urheberrecht an Werken der bildenden Künste und der Photographie, in: Stenographische Berichte über die Verhandlungen des Reichstages, 11. Legislaturperiode, II. Session, erster Sessionsabschnitt 1905/1906, zweiter Anlagenband, Nr. 30, S. 1526, 1541. Schricker-*Gerstenberg/Götting*, § 60/§ 23 KUG, Rn. 30.

956 Dreier/Schulze-*Dreier*, § 23 KUG, Rn. 22.

957 Staudinger-*Hager*, § 823, Rn. C 209; Möhring/Nicolini-*Gass*, § 60 Anh. § 23 KUG, Rn. 32. A.A.: Wandtke/Bullinger-*Fricke*, § 23 KUG, Rn. 28; *v. Gamm*, Einf., Rn. 123; Dreyer/Kotthoff/Meckel-*Dreyer*, Anh. § 60/§ 23 KUG, Rn. 42; v. Hartlieb/Schwarz-*Reber*, Kap. 24, Rn. 10; *Unland*, Die Verfilmung tatsächlicher Ereignisse, S. 65 f.; s. auch Schricker-*Gerstenberg/Götting*, § 60/§ 23 KUG, Rn. 32.

958 Vgl. oben unter 2. Teil B.

wenn eine Abbildungsfreiheit nach § 23 Abs. 1 Nr. 4 KUG immer schon dann eintreten würde, wenn es sich bei der Abbildung um ein urheberrechtlich geschütztes Werk handelt. Denn im Hinblick auf den urheberrechtlichen Schutz der sogenannten „kleinen Münze“[959] kann von einer entsprechenden Werkhöhe bereits bei einem Mindestmaß an gestalterischer Leistung ausgegangen werden.[960]

In Anknüpfung an den Wortlaut der Bestimmung ist der Kunstbegriff in § 23 Abs. 1 Nr. 4 KUG vielmehr vor dem Hintergrund der verfassungsrechtlich gewährleisteten Kunstfreiheit gemäß Art. 5 Abs. 3 GG auszulegen.[961] Während die § 23 Abs. 1 Nr. 1 bis 3 KUG im Wesentlichen dem Ausgleich von Persönlichkeitsschutz und öffentlichen Informationsinteressen (Art. 5 Abs. 1 GG) dienen, ist § 23 Abs. 1 Nr. 4 KUG demnach im Kontext eines bei der Bildnisveröffentlichung auftretenden Konfliktes zwischen Kunstfreiheit und Persönlichkeitsrecht zu verstehen, der im Ergebnis durch eine Interessenabwägung nach § 23 Abs. 2 KUG zu lösen ist.[962]

Damit stellt sich die Frage, wann die Veröffentlichung eines Bildnisses höheren Interessen der Kunst im Sinne von Art. 5 Abs. 3 GG dient. Eine historische und am Sinn und Zweck der Bestimmung orientierte Auslegung lässt darauf schließen, dass hierfür jedenfalls das Bildnis selbst künstlerische Qualität im Sinne des Art. 5 Abs. 3 GG aufweisen muss.[963] So soll nach der Gesetzesbegründung durch die Bestimmung des § 23 Abs. 1 Nr. 4 KUG „namentlich die Veröffentlichung künstlerischer Bildnisstudien ermöglicht werden“.[964] Zudem erscheint im Hinblick auf den Verfassungsrang des Rechts am eigenen Bildes eine entsprechende Einschränkung des Persönlichkeitsrechts nur dann gerechtfertigt, wenn das Personenbildnis als Kunst im Sinne des Art. 5 Abs. 3 GG qualifiziert werden kann. Schließlich sind nur schwer Fälle denkbar, in denen die Veröffentlichung eines Bildnisses höheren Interessen der Kunst dient, ohne dass es selbst künstlerischen Wert besitzt.

---

[959] Vgl. oben unter 2. Teil A I 1.

[960] *Unland*, Die Verfilmung tatsächlicher Ereignisse, S. 65 f.

[961] Dreyer/Kotthoff/Meckel-*Dreyer*, Anh. § 60/§ 23 KUG, Rn. 42; Dreier/Schulze-*Dreier*, § 23 KUG, Rn. 22; *Unland*, Die Verfilmung tatsächlicher Ereignisse, S. 66 ff.; *Hoeren*, GRUR 1992, 145, 149; v. Hartlieb/Schwarz-*Reber*, Kap. 24, Rn. 10; offen OLG München ZUM 1997 388, 391.

[962] *Hubmann*, UFITA 70 (1974), 75, 81; *Keller*, UFITA 79 (1977), 89, 92; Dreyer/Kotthoff/Meckel-*Dreyer*, Anh. § 60/§ 23 KUG, Rn. 42; Dreier/Schulze-*Dreier*, § 23 KUG, Rn. 22.

[963] Dreyer/Kotthoff/Meckel-*Dreyer*, Anh. § 60/§ 23 KUG, Rn. 42; Dreier/Schulze-*Dreier*, § 23 KUG, Rn. 22 f.; v. Hartlieb/Schwarz-*Reber*, Kap. 24, Rn. 10; *Unland*, Die Verfilmung tatsächlicher Ereignisse, S. 67 ff.

[964] Amtliche Begründung zum Entwurf eines Gesetzes betreffend das Urheberrecht an Werken der bildenden Künste und der Photographie, in: Stenographische Berichte über die Verhandlungen des Reichstages, 11. Legislaturperiode, II. Session, erster Sessionsabschnitt 1905/1906, zweiter Anlagenband, Nr. 30, S. 1526, 1541.

Der Wortlaut des § 23 Abs. 1 Nr. 4 KUG fordert zudem, dass die Verbreitung und Zurschaustellung einem höheren Interesse der Kunst dient. Demnach muss also auch die Veröffentlichung des künstlerischen Bildnisses zu Zwecken der Kunst erfolgen.[965] Hierzu heißt es in den Gesetzesmaterialien, dass die „Verwertung des Bildnisses zu anderen als künstlerischen Zwecken, namentlich eine Verwertung für gewerbliche Zwecke, z.B. in Plakaten oder als Warenausstattung" nicht unter die Vorschrift fällt.[966] Demnach besteht an der Veröffentlichung eines künstlerischen Bildnisses zu rein wirtschaftlichen Zwecken kein höheres Interesse der Kunst; erforderlich ist vielmehr, dass es „in kunstgemäßer Weise verbreitet wird".[967] Allerdings schadet es nicht, dass eine Verbreitung gleichzeitig, wenn auch nicht überwiegend, gewerbliche Zwecke verfolgt, da die Zurschaustellung künstlerischer Bildnisse in aller Regel auch mit wirtschaftlichen Interessen verknüpft ist.[968]

bb) Regelungsinhalt in Bezug auf Filmaufnahmen

Aufgrund der vorstehenden Ausführungen erscheint eine Anwendung des § 23 Abs. 1 Nr. 4 KUG auf Personenaufnahmen im Film zumindest denkbar. So können auch (dokumentarische) Filme Kunstqualität aufweisen. Sie werden in kunstgemäßer Weise verbreitet, wenn sie einem Publikum im Kino vorgeführt bzw. im Fernsehen gesendet werden. Dass diese Verbreitung auch mit einer wirtschaftlichen Einnahmeerzielung verbunden ist, muss als unbeachtlich angesehen werden, da die Kalkulation von Einnahmen schon aufgrund der hohen Herstellungskosten zu den Grundbedingungen der Filmherstellung gehört. Dieser Umstand darf daher weder im Rahmen von Art. 5 Abs. 3 GG noch bei § 23 Abs. 1 Nr. 4 KUG schutzmindernd berücksichtigt werden.

Gegen eine Anwendung des § 23 Abs. 1 Nr. 4 KUG auf Filmaufnahmen könnte allerdings sprechen, dass sich diese – im Gegensatz zu (Portrait-) Fotografien, Zeichnungen etc. – nicht auf die statische Abbildung einer Person beschränken, sondern aus einer dynamischen Bildfolge bestehen, in der gegebenenfalls nur partiell Personenbildnisse enthalten sind. Während die Personenaufnahme in einem Film also nur einzelne Sequenzen bzw. Filmeinzelbilder betrifft, ist die

---

965 Dreyer/Kotthoff/Meckel-*Dreyer*, Anh. § 60/§ 23 KUG, Rn. 42; Dreier/Schulze-*Dreier*, § 23 KUG, Rn. 23; Wandtke/Bullinger-*Fricke*, § 23 KUG, Rn. 28.

966 Amtliche Begründung zum Entwurf eines Gesetzes betreffend das Urheberrecht an Werken der bildenden Künste und der Photographie, in: Stenographische Berichte über die Verhandlungen des Reichstages, 11. Legislaturperiode, II. Session, erster Sessionsabschnitt 1905/1906, zweiter Anlagenband, Nr. 30, S. 1526, 1541.

967 OLG München ZUM 1997, 388, 391; Wenzel-*von Strobl-Albeg*, Rn. 8.54.

968 OLG München ZUM 1997, 388, 391; Dreier/Schulze-*Dreier*, § 23 KUG, Rn. 23; Wenzel-*von Strobl-Albeg*, Rn. 8.54; *Unland*, Die Verfilmung tatsächlicher Ereignisse, S. 63; Schricker-*Gerstenberg/Götting*, § 60/§ 23 KUG, Rn. 31; Möhring/Nicolini-*Gass*, § 60 Anh. § 23 KUG, Rn. 31.

Abbildung einer Person in einem Gemälde oder einer Fotografie stets untrennbarer Gegenstand des gesamten Kunstwerkes, so dass auch die Veröffentlichung des gesamten Kunstwerkes mit der Anwendung des § 23 Abs. 1 Nr. 4 KUG steht und fällt. Insofern stellt sich bei Personenabbildungen in einem Film die Frage, ob es für die Veröffentlichungsbefugnis gemäß § 23 Abs. 1 Nr. 4 KUG auf die künstlerische Qualität des Films als Ganzes ankommt, oder vielmehr auf die Kunsteigenschaft der Sequenzen und Filmeinzelbilder, auf denen der Betroffene abgebildet ist. Im letztgenannten Fall wäre eine Veröffentlichung des Films als Ganzes gemäß § 23 Abs. 1 Nr. 4 KUG nur dann zulässig, wenn die jeweiligen Filmeinzelbilder bzw. Filmsequenzen mit dem Abgebildeten Kunstqualität aufweisen. Anderenfalls müssten die Sequenzen aus dem Film herausgeschnitten werden.

Mit einer derartigen Auslegung des § 23 Abs. 1 Nr. 4 KUG würde man allerdings dem Wesen des Films als Gesamtkunstwerk nicht gerecht. Ein Film bezieht seine Kunstqualität gerade aus dem Zusammenspiel und der Gesamtwirkung seiner einzelnen Gestaltungselemente wie z.B. Kamerabewegungen, Schnitt, Inszenierung bzw. Sammlung, Anordnung und Auswahl des Filmstoffs.[969] Die individuelle künstlerische Leistung entfaltet und offenbart sich daher erst bei einer Gesamtbetrachtung des Films in seiner vollständigen Filmlänge, in der Regel jedoch nicht in einzelnen Sequenzen oder Filmeinzelbildern. Dementsprechend könnte man erwägen, ob die Besonderheiten der Kunstgattung Film es gebieten, diese aus dem Anwendungsbereich des § 23 Abs. 1 Nr. 4 KUG gänzlich herauszunehmen. Wenn man jedoch § 23 Abs. 1 Nr. 4 KUG vor einem verfassungsrechtlichen Hintergrund als übergeordnetes Kunstprivileg versteht, das – im Zusammenspiel mit der Interessenabwägung nach § 23 Abs. 2 KUG – einen verhältnismäßigen Ausgleich zwischen Persönlichkeitsschutz und Kunstfreiheit schaffen will, erscheint eine solche Benachteiligung des Films gegenüber anderen Kunstgattungen nicht gerechtfertigt. Im Ergebnis können deshalb gemäß § 23 Abs. 1 Nr. 4 KUG Filmaufnahmen grundsätzlich auch ohne Einwilligung des Abgebildeten veröffentlicht werden, wenn der Film in seiner Gesamtheit als Kunst im Sinne von Art. 5 Abs. 3 GG qualifiziert werden kann[970] und der Film in kunstgemäßer Weise verbreitet wird, d.h. nicht ausschließlich gewerblichen Zwecken dient. Eine entscheidende Grenze der Darstellungsfreiheit ergibt sich dabei jedoch aus entgegenstehenden persönlichkeitsrechtlichen Belangen des Abgebildeten, die im Rahmen der gemäß § 23 Abs. 2 KUG vorzunehmenden Güter- und Interessenabwägung hinreichend berücksichtigt werden können.

---

[969] Vgl. hierzu oben unter 2. Teil B.

[970] *Unland*, Die Verfilmung tatsächlicher Ereignisse, S. 66 ff.; *Hoeren*, GRUR 1992, 145, 149.

5. Interessenabwägung, § 23 Abs. 2 KUG

Gemäß § 23 Abs. 2 KUG ist die Verbreitung und Zurschaustellung von Bildnissen auch in den Fällen des § 23 Abs. 1 KUG unzulässig, wenn im Einzelfall berechtigte Interessen des Abgebildeten einer Veröffentlichung entgegenstehen. Im Rahmen des § 23 Abs. 2 KUG hat eine umfassende Abwägung zwischen den Persönlichkeitsinteressen des Betroffenen und den durch Art. 5 Abs. 1 und Abs. 3 GG geschützten Interessen stattzufinden.[971] Zur Konkretisierung und Typisierung der berechtigten Interessen gemäß § 23 Abs. 2 KUG greift die überwiegende Meinung auf die im Bereich des allgemeinen Persönlichkeitsrechts entwickelten und bereits zuvor dargestellten Abwägungsleitlinien zurück[972], auf die hier verwiesen werden kann. Hierdurch haben sich mit der Zeit in der Rechtsprechung und Lehre bestimmte Fallgruppen gebildet, in denen vorrangige Interessen des Abgebildeten regelmäßig zu bejahen sind.[973] Im Anwendungsbereich des KUG betreffen sie vor allem Veröffentlichungen von Bildnissen aus dem Bereich der Zeitgeschichte gemäß § 23 Abs. 1 Nr. 1 KUG.

Im Bereich des Diskretionsschutzes kann sich eine Verletzung persönlichkeitsrechtlicher Interessen hiernach vor allem aus der Veröffentlichung von Abbildungen aus der Privat- oder Intimsphäre ergeben, wobei die deutschen Gerichte im Rahmen der Interessenabwägung künftig die zuvor behandelten Grundsätze des „Caroline" – Urteils des EGMR zu berücksichtigen haben.[974] Wie bereits ausgeführt kann der Schutz der Privatsphäre allerdings dadurch reduziert sein, dass der Abgebildete gewöhnlich als privat geltende Angelegenheiten selbst öffentlich gemacht bzw. entsprechende Veröffentlichungen gestattet hat.[975]

Ferner kann die Bildnisveröffentlichung deshalb unzulässig sein, weil die Abbildung – etwa infolge von Manipulationen – einen wahrheitswidrigen Eindruck hervorruft, wodurch der Betroffene in seinem Identitätsinteresse verletzt wird.[976] Daneben darf die Ehre des Abgebildeten nicht unzulässig beeinträchtigt werden,

---

[971] BGH NJW 1985, 1617, 1618; Dreier/Schulze-*Dreier*, § 23 KUG, Rn. 25; Möhring/Nicolini-*Gass*, § 60 Anh. § 23 KUG, Rn. 34.

[972] BGH NJW 1994, 124, 125; *Osiander*, Das Recht am eigenen Bild im allgemeinen Persönlichkeitsrecht, S. 60; *Soehring*, Presserecht, Rn. 21.28; *Unland*, Die Verfilmung tatsächlicher Ereignisse, S. 83 f.; im Ergebnis Wenzel-*von Strobl-Albeg*, Rn. 8.55 ff.; a.A. *Helle*, JZ 1994, 416, 418 f. Vgl. die Ausführungen zum allgemeinen Persönlichkeitsrecht unter 4. Teil B.

[973] S. zu den einzelnen Fallgruppen die zahlreichen Rechtsprechungsnachweise bei Dreier/Schulze-*Dreier*, § 23 KUG, Rn. 26 ff.; Schricker-*Gerstenberg/Götting*, § 60/§ 23 KUG, Rn. 34 ff.; Wandtke/Bullinger-*Fricke*, § 23 KUG, Rn. 30 ff.; Möhring/Nicolini-*Gass*, § 60 Anh. § 23 KUG, Rn. 35 ff.

[974] Vgl. hierzu oben unter 4. Teil C II 1 b.

[975] Vgl. oben unter 4. Teil B II 2 a aa (4).

[976] Dreier/Schulze-*Dreier*, § 23 KUG, Rn. 32; Wandtke/Bullinger-*Fricke*, § 23 KUG, Rn. 36; OLG Karlsruhe GRUR 1989, 823, 824; im konkreten Fall eine Identitätsverletzung trotz Fotomontage ablehnend LG Hamburg ZUM 1998, 579, 583.

etwa durch diffamierende oder bloßstellende Abbildungen oder durch Abbildungen, die eine schwere soziale Anprangerung des Betroffenen bedeuten.[977] Bei Darstellungen mit negativer Tendenz muss jedoch der Freiraum für kritische oder satirische Meinungsäußerungen beachtet werden.[978] Als unzulässig ist es auch zu bewerten, wenn zwar das Bildnis als solches für den Abgebildeten unverfänglich ist, aber im Begleittext - bzw. beim Film im Sprechertext oder in eingeblendeten Bildunterschriften - wahrheitswidrige oder ehrverletzende Behauptungen aufgestellt werden bzw. die Abbildung in einem Kontext gezeigt wird, mit dem der Abgebildete gar nichts zu tun hat.[979] Schließlich spielen in der Praxis Fälle einer unberechtigten Nutzung von Abbildungen zu kommerziellen Zwecken, insbesondere zu Werbezwecken eine Rolle.[980]

III. Ausnahmen vom Einwilligungserfordernis im öffentlichen Interesse, § 24 KUG

Im Gegensatz zu den Ausnahmebestimmungen des § 23 KUG dient § 24 KUG nicht dem Informationsinteresse der Öffentlichkeit und der Freiheit der Berichterstattung, sondern vielmehr öffentlich-rechtlichen Interessen. Gemäß § 24 KUG dürfen von Behörden Bildnisse für Zwecke der Rechtspflege und der öffentlichen Sicherheit ohne Einwilligung des Abgebildeten vervielfältigt, veröffentlicht und zur Schau gestellt werden. Hierbei kann es sich z.B. um Steckbriefe von Straftätern, aber auch um Vermisstenanzeigen gesuchter Personen handeln.[981] Durch die Ausnahmebestimmung des § 24 KUG werden ausschließlich Behörden privilegiert, nicht jedoch Privatpersonen, selbst wenn diese zum Zwecke der Rechtspflege Bildnisse angefertigt haben. Dennoch kann § 24 KUG für die Tätigkeit der Medien eine Rolle spielen. So nehmen Strafverfolgungsbe-

---

[977] *Helle*, Besondere Persönlichkeitsrechte im Privatrecht, S. 183; Möhring/Nicolini-*Gass*, § 60 Anh. § 23 KUG, Rn. 35; Wandtke/Bullinger-*Fricke*, § 23 KUG, Rn. 37; Schricker-*Gerstenberg/Götting*, § 60/§ 23 KUG, Rn. 37.

[978] Dreier/Schulze-*Dreier*, § 23 KUG, Rn. 33; Wandtke/Bullinger-*Fricke*, § 23 KUG, Rn. 36 f.

[979] Während diese Umstände nach e.A. im Rahmen der Interessenabwägung nach § 23 Abs. 2 KUG zu berücksichtigen sind (vgl. Dreier/Schulze-*Dreier*, § 23 KUG, Rn. 32; Schricker-*Gerstenberg/Götting*, § 60/§ 23 KUG, Rn. 37; Möhring/Nicolini-*Gass*, § 60 Anh. § 23 KUG, Rn. 39; *Helle*, Besondere Persönlichkeitsrechte im Privatrecht, S. 177; BGH NJW 1962, 1004, 1005; BGH NJW 1965, 1374, 1374 f.; LG Oldenburg GRUR 1986, 464, 465; *Ulrich*, Das Recht auf Identität im zivilrechtlichen Persönlichkeitsschutz, S. 58 f.), sehen andere hierin eine nach § 823 Abs. 1 BGB zu beurteilende Verletzung des allgemeinen Persönlichkeitsrechts (vgl. BGH GRUR 1980, 259, 259 – Wahlkampfillustrierte; OLG Hamburg NJW-RR 1988, 736, 736; LG Stuttgart AfP 1983, 294, 295; Wandtke/Bullinger-*Fricke*, § 23 KUG, Rn. 36.).

[980] Dreier/Schulze-*Dreier*, § 23 KUG, Rn. 35; Wandtke/Bullinger-*Fricke*, § 23 KUG, Rn. 38 ff.

[981] Schricker-*Gerstenberg/Götting*, § 60/§ 24 KUG, Rn. 1 ff.

hörden das Fernsehen aufgrund seiner großen Reichweite mitunter zu Fahndungszwecken in Anspruch, wie etwa in der Fernsehsendung „Aktenzeichen XY ... ungelöst“ (ZDF).[982] Nach h.M. ist eine derartige „Fernsehfahndung“ unter Abbildung des Gesuchten jedoch nur dann zulässig, wenn die Behörde die Medien ausdrücklich um Fahndungshilfe gebeten und hierfür entsprechende Aufnahmen zur Verfügung gestellt hat.[983]

D. Das Namensrecht, § 12 BGB

§ 12 S. 1, 2. Alt. BGB[984] schützt vor Namensanmaßungen, d.h. davor, dass der Name eines Namensinhabers in einer seine Interessen verletzenden Weise unbefugt gebraucht wird. Die Bestimmung steht dabei im Dienste des Identitätsschutzes, d.h. es sollen Personenverwechslungen und Zuordnungsverwirrungen zu bestimmten Einrichtungen, Gütern und Erzeugnissen ausgeschlossen werden.[985] Nicht von § 12 S. 1, 2. Alt. BGB erfasst sind hingegen Fälle, in denen eine Person mit ihrem zutreffenden Namen bezeichnet wird, auch wenn dies im Zusammenhang mit unrichtigen Sachaussagen erfolgt. Denn die bloße Namensnennung läuft nicht auf eine Verwechslung, sondern gerade auf eine Identifizierung des Namensträgers hinaus. Hierin kann jedoch gegebenenfalls eine Verletzung des allgemeinen Persönlichkeitsrechts gemäß § 823 Abs. 1 BGB liegen.[986]

Im Hinblick auf Darstellungen in Film und Fernsehen ist § 12 BGB demnach allenfalls dann einschlägig, wenn eine fiktive Filmfigur ohne Zustimmung des

---

[982] Gemäß § 40 Abs. 2 RiStBV haben die Strafverfolgungsbehörden bei der Fahndung die als Anlage B den RiStBV zugeordneten „Richtlinien über die Inanspruchnahme von Publikationsorganen zur Fahndung nach Personen bei der Strafverfolgung“ zu beachten.

[983] Schricker-*Gerstenberg/Götting*, § 60/§ 24 KUG, Rn. 5, 11; *Lampe*, NJW 1973, 217, 218; Wandtke/Bullinger-*Fricke*, § 24 KUG, Rn. 3; *Helle*, Besondere Persönlichkeitsrechte im Privatrecht, S. 205 ff.; *Damm/Kuner*, Widerruf, Unterlassung und Schadensersatz in Presse und Rundfunk, Rn. 93; OLG München NJW 1970, 1745, 1745; *Prinz/Peters*, Medienrecht, Rn. 883; vgl. auch OLG Frankfurt NJW 1971, 47, 48.

[984] § 12 S. 1, 1. Alt BGB schützt den Namensinhaber davor, dass sein Recht zum Gebrauch des Namens bestritten wird. Diese Regelung wird im Zusammenhang mit der Filmherstellung in aller Regel nicht einschlägig sein.

[985] MüKo-*Schwerdtner*, § 12, Rn. 2, 176 ff., 183 ff., 237; Staudinger-*Weick/Habermann*, § 12, Rn. 38, 255, 324; Palandt-*Heinrichs*, § 12, Rn. 19 f.; Erman-*Westermann*, § 12, Rn. 19; v. Hartlieb/Schwarz-*Reber*, Kap. 23, Rn. 1, 20.

[986] BVerfGE 97, 391, 399; OLG Nürnberg NJW 1993, 796, 796; LG Düsseldorf AfP 1998, 238, 239; MüKo-*Schwerdtner*, § 12, Rn. 2; Staudinger-*Weick/Habermann*, § 12, Rn. 255 f.; *Unland*, Die Verfilmung tatsächlicher Ereignisse, S. 87, 135; v. Hartlieb/Schwarz-*Reber*, Kap. 23, Rn. 3, Kap. 28, Rn. 3; Wenzel-*Burkhardt*, Rn. 10.51 ff.; *Koebel*, JZ 1966, 389, 390. Vgl. auch: OLG Stuttgart NJW-RR 1993, 1265, 1265; OLG Köln NJW 1992, 2641, 2641 f.; Staudinger-*Hager*, § 823, Rn. C 159; Wandtke/Bullinger-*Fricke*, § 22 KUG, Rn. 23.

Namensinhabers[987] mit dessen Namen bezeichnet wird.[988] Dabei ist Voraussetzung für eine Verletzung des Namensrechts, dass der Namensträger durch die Namensanmaßung in seinen Interessen verletzt wird. Hiervon kann nur dann ausgegangen werden, wenn die Benutzung des Namens eindeutig erkennbar auf den reellen Namensträger hinweist, wozu die bloße Namensübereinstimmung in der Regel nicht genügt. Erforderlich sind vielmehr weitere Umstände, die bei einem beachtlichen Publikumskreis die Auffassung hervorrufen, dass Filmfigur und reale Person identisch sind. Dies kann z.B. aufgrund eines ähnlichen Aussehens der Fall sein.[989] Für den Bereich des dokumentarischen Films und Fernsehens ergibt sich aus dem Vorstehenden, dass eine Namensanmaßung gemäß § 12 S. 1, 2. Alt BGB eher selten vorliegen wird. Denn hier werden reale Personen regelmäßig mit ihrem zutreffenden Namen bezeichnet, so dass Zuordnungsverwirrungen ausscheiden.[990] Dementsprechend sind Namensnennungen im dokumentarischen Bereich überwiegend nicht der Bestimmung des § 12 BGB, sondern vielmehr dem Schutzbereich des allgemeinen Persönlichkeitsrechts zuzuordnen.

E. Besonderheiten bei der Darstellung von Straftaten

Häufig sind es tatsächlich begangene Straftaten, die den Gegenstand von Veröffentlichungen in den Medien bilden. Kriminalität steht in besonderer Weise im Blickfeld des öffentlichen Interesses, das von dem Wunsch, seriös über gesellschaftlich relevante Vorgänge unterrichtet zu werden bis hin zu dem Bedürfnis nach Unterhaltung durch die Spannung eines „echten Krimis“ reicht. Diese besondere Publikumswirksamkeit wird nicht nur von der Presse[991], sondern auch

---

[987] Die Einwilligung zur Nutzung eines Namens kann Gegenstand eines schuldrechtlichen Gestattungsvertrages sein, vgl. Palandt-*Heinrichs*, § 12, Rn. 17; v. Hartlieb/Schwarz-*Reber*, Kap. 23, Rn. 10. Zum persönlichkeitsrechtlichen Gestattungsvertrag s. unten unter 5. Teil.

[988] Staudinger-*Weick/Habermann*, § 12, Rn. 265; Erman-*Westermann*, § 12, Rn. 19; v. Hartlieb/Schwarz-*Reber*, Kap. 23, Rn. 3; *Unland*, Die Verfilmung tatsächlicher Ereignisse, S. 87 ff.; OLG München NJW 1960, 869, 869; OLG Kiel JW 1930, 78, 79; KG OLGE 30, 312, 312 f.; OLG Nürnberg UFITA 3 (1930), 207, 212; OLG München UFITA 20 (1955), 218, 222; *Wolpert*, FuR 1968, 126, 129. Nach a.A. ist nicht § 12 BGB, sondern vielmehr das allgemeine Persönlichkeitsrecht einschlägig, da eine fiktive (Film-) Figur nicht am Rechtsverkehr teilnimmt und insofern eine Identitätsverwechslung ausscheidet, MüKo-*Schwerdtner*, § 12, Rn. 195 f.; vgl. auch Palandt-*Heinrichs*, § 12, Rn. 23; Soergel-*Heinrich*, § 12, Rn. 177.

[989] LG Mannheim UFITA 26 (1958), 363, 364; *v. Metzler*, UFITA 20 (1955), 38, 41 f.; *Wolpert*, FuR 1968, 126, 129 f.

[990] *Eickmeier/Eickmeier*, ZUM 1998, 1, 3.

[991] Vgl. zur Darstellung und Vermarktung von Straftaten in der Presse etwa *Tillmanns*, UFITA 168 (1999), S. 227 ff.; *Prantl*, Die journalistische Information zwischen Ausschlußrecht und Gemeinfreiheit, S. 118 ff.

vom Film und Fernsehen[992] genutzt: Verbrechen sind Gegenstand von Dokumentarfilmen[993] und ganzen Dokumentarreihen[994]; die Fahndungssendung „Aktenzeichen XY ... ungelöst" (ZDF) war Vorläufer einer Vielzahl von Reality-TV-Sendungen mit Bezug zu Verbrechen[995] und auch Doku-Dramen beschäftigen sich häufig mit der Darstellung von Straftaten[996]. Im Bereich der medialen Darstellung und Berichterstattung über Straftaten stellen sich grundsätzlich die bereits geschilderten persönlichkeitsrechtlichen Probleme. Dennoch ergeben sich bei der Interessenabwägung einige Besonderheiten, die vor allem aus dem Anspruch von Täter und Opfer auf einen verantwortungsbewussten und sensiblen Umgang mit den Geschehnissen in den Medien resultieren.

I. Besonderheiten im Rahmen der Interessenabwägung

Solange gegen eine Person lediglich ein Tatverdacht besteht, birgt die Berichterstattung in den Medien die Gefahr, dass die Öffentlichkeit die Eröffnung des Ermittlungsverfahrens mit dem Nachweis der zur Last gelegten Tat gleichsetzt.[997] Dies widerspricht der Unschuldsvermutung gemäß Art. 6 Abs. 2 EMRK, wonach ein noch nicht rechtskräftig verurteilter Tatverdächtiger vor einer Vorverurteilung zu schützen ist. Dieser Grundsatz ist von den Medien als Maßstab für die Berichterstattung zu beachten.[998] Auch die publizistischen

---

[992] *Unland*, Die Verfilmung tatsächlicher Ereignisse, S. 186; *Jacobs*, FS Kreile, S. 307, 307 ff.; *Eickmeier/Eickmeier*, ZUM 1998, 1, 1, 6; *Schertz*, ZUM 1998, 757, 757. Vgl. auch BVerfGE 35, 202, 202 ff. – Lebach; BVerfG NJW 2000, 1859, 1859 ff.; OLG München NJW 1970, 1745, 1745 f.

[993] Vgl. z.B. den Dokumentarfilm „Black Box BRD" von *Andres Veiel*, der sich mit den Hintergründen des RAF-Attentats auf *Alfred Herrhausen* im November 1989 auseinander setzt.

[994] Z.B. „Die großen Kriminalfälle" (ZDF); „Der Fall" (ZDF); „Ungeklärte Morde – Dem Täter auf der Spur" (RTL II). Sat.1 produzierte in den neunziger Jahren eine neunteilige Sendereihe über „Verbrechen, die Geschichte machten", u.a. auch eine Folge über den Soldatenmord von Lebach. Der Fall Lebach war bereits Gegenstand eines Dokumentarspiels des ZDF, das aufgrund eines vom BVerfG ausgesprochenen Sendeverbotes jedoch nicht gesendet worden ist. Vgl. zu den Hintergründen beider Fernsehsendungen *Lilienthal*, Sendefertig abgesetzt, S. 1 ff.

[995] Vgl. bereits oben unter 1. Teil A IV 2.

[996] Das zweiteilige ARD-Doku-Drama „Todesspiel" von *Heinrich Breloer* etwa setzte sich mit den Geschehnissen des „Deutschen Herbsts", d.h. der Entführung von *Hanns-Martin Schleyer* durch Mitglieder der RAF im September 1977 und der Entführung der Lufthansa-Maschine Landshut im Oktober 1977, auseinander.

[997] BGHZ 143, 199, 203; OLG Braunschweig NJW 1975, 651, 652. Abzulehnen ist insofern die Ansicht des OLG Hamburg UFITA 26 (1958), 109, 118, dass jemand, der die Begehung zahlreicher Morde gestanden hat, in einem Film als Mörder oder Massenmörder bezeichnet werden darf, auch wenn es zu einer Verurteilung nicht mehr gekommen ist und ihm sogar ein Mord zugeschrieben werden darf, den er unstreitig nicht begangen hat.

[998] BVerfGE 35, 202, 232 – Lebach; OLG Hamburg AfP 1983, 466, 467; *Schertz*, ZUM 1998, 757, 763; *Marxen*, GA 1980, 365, 373 f.; *Lampe*, NJW 1973, 217, 217; *Unland*, Die Verfilmung tatsächlicher Ereignisse, S. 192; *Meyer-Goßner*, Strafprozessordnung, Art. 6

Grundsätze des Deutschen Presserates sehen in Richtlinie 13.1 vor, dass von vorverurteilenden Darstellungen und Behauptungen abzusehen und dass zwischen Verdacht und erwiesener Schuld in der Sprache der Berichterstattung deutlich zu unterscheiden ist.[999] Eine Verdachtsberichterstattung unterliegt daher engen, aus dem Persönlichkeitsrecht des Tatverdächtigen und dem Verhältnismäßigkeitsgrundsatz folgenden Einschränkungen.[1000] Hierbei muss die Darstellung für den Eindruck eines unbefangenen Durchschnittszuschauers insbesondere deutlich machen, dass bisher nur ein bloßer Tatverdacht vorliegt.[1001]

Im Falle einer rechtskräftigen Verurteilung des Täters ist im Rahmen der Interessenabwägung zwischen der aktuellen Berichterstattung über die Straftat und späteren Darstellungen zu differenzieren, bei denen das aktuelle Informationsbedürfnis der Öffentlichkeit bereits befriedigt worden ist.

Bei der aktuellen Berichterstattung überwiegt in der Regel das durch die Tat erregte öffentliche Informationsinteresse gegenüber dem Persönlichkeitsrecht des Betroffenen, vorausgesetzt, es handelt sich um eine sachbezogene und seriöse Berichterstattung und nicht um eine bewusst einseitige oder verfälschende Darstellung.[1002] Dabei müssen die für den Täter entstehenden Nachteile in einem angemessenen Verhältnis zur Schwere der Tat und ihrer Bedeutung in der Öffentlichkeit stehen. Dementsprechend ist eine Berichterstattung, die eine Identifizierung des Täters zulässt, nicht immer zulässig, wie z.B. in Fällen von Klein- und Jugendkriminalität.[1003] Ferner folgt aus dem Verhältnismäßigkeitsprinzip, dass der Einbruch in die persönliche Sphäre nicht weiter gehen darf, als es eine angemessene Befriedigung des Informationsinteresses erfordert. Die von der überwiegenden Auffassung befürwortete Qualifizierung von Straftätern als relative Personen der Zeitgeschichte[1004] hat insoweit zur Folge, dass im Ergebnis eine weitergehende Berichterstattung als bei Privatpersonen möglich ist. Hiernach soll im Rahmen der Interessenabwägung der Gedanke einzustellen sein, dass ein Straftäter nachhaltig auf das Gemeinschaftsleben einwirkt und insofern

---

MRK, Rn 13. Zu den Persönlichkeitsbeeinträchtigungen, die eine identifizierende Berichterstattung über einen Tatverdächtigen mit sich bringen kann vgl. *Unland*, Die Verfilmung tatsächlicher Ereignisse, S. 195 ff., m.w.N.

[999] Abgedruckt bei *Wenzel*, Das Recht der Wort- und Bildberichterstattung, Anhang, S. 1021, 1030.

[1000] S. hierzu im Einzelnen: BGHZ 143, 199, 203 ff.; OLG München NJW-RR 1996, 1487, 1488 f. – Sex-Papst; OLG Frankfurt NJW 1971, 47, 48 f.; OLG Braunschweig NJW 1975, 651, 652; Wenzel-*Burkhardt*, Rn. 10.154 ff.; Palandt-*Sprau*, § 823, Rn. 103.

[1001] OLG München NJW-RR 1996, 1487, 1488 – Sex-Papst; Wenzel-*Burkhardt*, Rn. 10.161; *Unland*, Die Verfilmung tatsächlicher Ereignisse, S. 193.

[1002] BVerfGE 35, 202, 231 f. – Lebach; OLG Hamburg AfP 1991, 537, 538; Palandt-*Sprau*, § 823, Rn. 103; *Eickmeier/Eickmeier*, ZUM 1998, 1, 6; kritisch *Schwerdtner*, Das Persönlichkeitsrecht, S. 218 ff.

[1003] BVerfGE 35, 202, 232 – Lebach; *Jacobs*, FS Kreile, S. 307, 308.

[1004] S. hierzu oben unter 4. Teil C II 1 a.

ein berechtigtes Informationsinteresse an einer Berichterstattung über seine Person begründet.[1005] Dieses Interesse soll sich nach Auffassung des BVerfG grundsätzlich auch auf das persönliche Leben eines Straftäters erstrecken, allerdings nur „(...) soweit es in unmittelbarer Beziehung zur Tat steht, Aufschlüsse über die Motive oder andere Tatvoraussetzungen gibt und für die Bewertung der Schuld des Täters aus der Sicht des modernen Strafrechts wesentlich erscheint."[1006] Nach der „Caroline" – Entscheidung des EGMR ist demgegenüber eine Veröffentlichung von Informationen, die das Privatleben des Dargestellten betreffen, nur dann zulässig, wenn sie einen Beitrag zu einer Debatte von allgemeinem öffentlichen Interesse leistet, was insbesondere bei Personen der Fall sein könne, die offizielle Funktionen ausüben.[1007] Entsprechend den oben getroffenen Ausführungen kann ein berechtigtes öffentliches Informationsinteresse an Details aus der Privatsphäre jedoch ausnahmsweise auch bei Personen ohne offizielle Funktionen gegeben sein, wenn diese in sonstiger Weise im öffentlichen Interesse stehen. Ob hierunter auch Straftäter fallen, lässt sich dem „Caroline" – Urteil nicht entnehmen. Jedenfalls werden die veröffentlichten Informationen nur dann einen Beitrag zu einer Debatte von allgemeinem gesellschaftlichen Interesse leisten, wenn die Straftat selbst Gegenstand einer breiten gesellschaftlichen Debatte ist und die Publikation insoweit bedeutsame Informationen beisteuert. Dies wird insbesondere bei Straftaten angenommen werden können, die durch eine gesamtgesellschaftliche Relevanz geprägt sind, wie es etwa bei politisch motivierten Straftaten der Fall ist.[1008]

Nach der Befriedigung des aktuellen Informationsinteresses gewinnt das Recht des Straftäters darauf, „allein gelassen zu werden", zunehmend an Bedeutung[1009], auch wenn kein Anspruch darauf erwächst, in der Öffentlichkeit überhaupt nicht mehr mit der Tat konfrontiert zu werden.[1010] Jedoch ist das Informationsinteresse der Öffentlichkeit zeitlich begrenzt und nimmt mit zunehmenden Abstand von der Tat ab.[1011] Das BVerfG führte hierzu in seiner „Lebach" – Entscheidung aus, dass sich fortgesetzte und wiederholte Eingriffe in das Persönlichkeitsrecht des Täters in der Regel nicht rechtfertigen lassen, wenn die Tat mit der Strafverfolgung und -verurteilung die im Interesse des öffentlichen

---

[1005] BVerfGE 35, 202, 231 f. – Lebach.
[1006] BVerfGE 35, 202, 233 – Lebach.
[1007] Vgl. zur „Caroline" – Entscheidung des EGMR oben unter 4. Teil C II 1 b.
[1008] Vgl. auch *Bartnik*, AfP 2004, 489, 495, nach dessen Auffassung eine Veröffentlichung im Hinblick auf die Grundsätze des „Caroline" – Urteils des EGMR schon deshalb legitim sein könne, weil die Tat einen Funktionsbezug aufweist, also mit einem öffentlichen Amt oder Mandat des Betroffenen zusammenhängt; so beispielsweise, wenn ein Klinikarzt wegen Kokainhandels zu einer mehrjährigen Freiheitsstrafe verurteilt werde.
[1009] BVerfGE 35, 202, 233 – Lebach.
[1010] BVerfG NJW 2000, 1859, 1860.
[1011] BVerfGE 35, 202, 233 – Lebach; OLG Hamburg NJW-RR 1994, 1439, 1441; OLG Hamburg NJW-RR 1991, 990, 991; *Schertz*, ZUM 1998, 757, 761; Wandtke/Bullinger-*Fricke*, § 23 KUG, Rn. 21.

Wohls gebotene gerechte Reaktion der Gemeinschaft erfahren habe und die Öffentlichkeit hierüber hinreichend informiert worden sei. Wird die Straftat z.B. zum Gegenstand eines Dokumentarspiels gemacht, kann dies aufgrund der Popularität und Reichweite einer solchen Darstellung im Ergebnis auf eine erneute Sanktion hinauslaufen.[1012] Als zeitlicher Orientierungspunkt dafür, wann die Berichterstattung eine unzulässige neue Beeinträchtigung des Persönlichkeitsrechts darstellt, ist das Resozialisierungsinteresse des Täters heranzuziehen. Maßgeblich ist, inwieweit die erneute Darstellung der Tat das Interesse des Täters an einer Wiedereingliederung in die Gesellschaft gefährdet.[1013] Dies ist namentlich dann der Fall, wenn der Täter durch die Darstellung identifizierbar ist und die Veröffentlichung in zeitlicher Nähe zur bevorstehenden Entlassung aus der Haft oder nach der Entlassung erfolgen soll.[1014]

Darüber hinaus ist bei der Verfilmung von Straftaten dem Opferschutz Rechnung zu tragen. Auch wenn das Opfer der Tat ungewollt zum Subjekt des öffentlichen Informationsinteresses geworden ist, kann im Einzelfall aufgrund einer Interessenabwägung eine Berichterstattung über das Opfer geboten sein.[1015] Allerdings nimmt auch hier das Informationsbedürfnis mit zunehmendem zeitlichen Abstand von der Tat ab.[1016] Ferner ist zu beachten, dass sich das Informationsinteresse der Öffentlichkeit häufig ausschließlich auf die Tat und nicht auf die Person des Opfers bezieht. In diesem Fall ist die Darstellung so zu gestalten, dass das Opfer nicht identifizierbar ist.[1017]

II. Aufnahmeverbot während gerichtlicher Verhandlungen, § 169 S. 2 GVG

Bei der filmischen Darstellung von Straftaten ist auch das Strafverfahren an sich von Interesse. Allerdings finden entsprechende Fernsehfunk- bzw. Filmaufnah-

---

[1012] BVerfGE 35, 202, 233 f. – Lebach.

[1013] BVerfGE 35, 202, 234 ff. – Lebach; OLG Saarbrücken NJW-RR 1998, 745, 746 – Lebach-Mord; vgl. auch Richtlinie 8.3 der publizistischen Grundsätze des Deutschen Presserates, abgedruckt bei *Wenzel*, Das Recht der Wort- und Bildberichterstattung, Anhang, S. 1021, 1027. Kritisch *Moosmann*, Exklusivstories, S. 95 ff.

[1014] BVerfGE 35, 202, 238 – Lebach; BVerfG NJW 2000, 1859, 1860 f.; OLG Saarbrücken NJW-RR 1998, 745, 746 – Lebach-Mord; *Unland*, Die Verfilmung tatsächlicher Ereignisse, S. 214 ff.; weitergehend OLG Koblenz AfP 1998, 328, 330.

[1015] *Eickmeier/Eickmeier*, ZUM 1998, 1, 7; OLG Hamburg NJW 1975, 649, 650 f. – Aus nichtigem Anlass; a.A. *Moosmann*, Exklusivstories, S. 80 ff.

[1016] OLG Hamburg NJW 1975, 649, 651 – Aus nichtigem Anlass.

[1017] *Eickmeier/Eickmeier*, ZUM 1998, 1, 7; OLG Hamburg NJW 1975, 649, 651 – Aus nichtigem Anlass.

men eine weitere persönlichkeitsrechtliche Grenze in § 169 S. 2 GVG.[1018] Nach dieser, vom BVerfG[1019] für verfassungsgemäß erklärten Bestimmung sind Aufnahmen zum Zwecke der öffentlichen Vorführung oder Veröffentlichung ihres Inhalts während einer Gerichtsverhandlung unzulässig. Etwas anderes gilt jedoch für Aufnahmen im Umfeld der Verhandlung, etwa vor deren Beginn, in den Verhandlungspausen oder nach deren Ende. Hier greift § 176 GVG ein, wonach die Sitzungspolizei – also das Gericht bzw. der Vorsitzende[1020] – nach pflichtgemäßem Ermessen aufgrund einer Interessenabwägung im Einzelfall darüber entscheidet, ob Beschränkungen des Informationszuganges der Medien im Interesse des Persönlichkeitsrechts der am Verfahren Beteiligten vorzunehmen sind.[1021]

F. Persönlichkeitsschutz Verstorbener

Rechtliche Besonderheiten für den Persönlichkeitsschutz ergeben sich, wenn die Person, die zum Gegenstand einer Darstellung in den Medien bzw. im Film und Fernsehen gemacht werden soll, bereits verstorben ist. Bezüglich des Schutzes der Persönlichkeit eines Verstorbenen ist nach überwiegender Ansicht in Rechtsprechung und Literatur zwischen dem Schutz der ideellen und der vermögenswerten Bestandteile des Persönlichkeitsrechts zu unterscheiden.[1022]

I. Ideelle Persönlichkeitsinteressen des Verstorbenen

Soweit das allgemeine Persönlichkeitsrecht und seine besonderen Erscheinungsformen dem Schutz ideeller Interessen, insbesondere dem Schutz des Wert- und Achtungsanspruches der Persönlichkeit dienen, sind die Persönlichkeitsrechte unauflöslich an die Person ihres Trägers gebunden und als höchstpersönliche Rechte nicht übertragbar und nicht vererblich. Niemand kann sich seines Rechts am eigenen Bild, seines Namensrechts oder eines sonstigen Persönlichkeitsrechtes vollständig und abschließend entäußern, da dies im Widerspruch zur Menschenwürdegarantie (Art. 1 Abs. 1 GG) und zum Recht auf Selbstbestim-

---

[1018] Neben Belangen des Persönlichkeitsschutzes dient § 169 S. 2 GVG den Erfordernissen eines fairen Verfahrens und der Wahrheits- und Rechtsfindung, vgl. BVerfG NJW 2001, 1633, 1636.

[1019] BVerfG NJW 2001, 1633, 1633 ff.

[1020] Vgl. Baumbach/Lauterbach/Albers/Hartmann-*Albers*, Übers. § 169 GVG, Rn. 3, § 176 GVG, Rn. 2.

[1021] Baumbach/Lauterbach/Albers/Hartmann-*Albers*, § 169 GVG, Rn. 3; BVerfG NJW 2001, 1633, 1635; BVerfG NJW 1995, 184, 185.

[1022] BGH NJW 2000, 2195, 2197 ff. – Marlene Dietrich.

mung (Art. 2 GG) stehen würde.[1023] Allerdings ist das Persönlichkeitsrecht nach dem Tod des Berechtigten durch die Grundsätze des postmortalen Persönlichkeitsschutzes sowie die Spezialregelung des § 22 S. 3 KUG geschützt.

1. Postmortaler Schutz des Rechts am eigenen Bild, § 22 S. 3 KUG

Die Bestimmung des § 22 S. 3 KUG betrifft die durch das Recht am eigenen Bild geschützten ideellen Persönlichkeitsinteressen. Nach dieser Vorschrift bedarf die Verbreitung und Veröffentlichung von Bildnissen des Verstorbenen bis zum Ablauf von zehn Jahren nach dem Tod des Abgebildeten der Einwilligung seiner Angehörigen. Als Angehörige gelten nach § 22 S. 4 KUG der überlebende Ehegatte und die Kinder des Verstorbenen bzw., sofern diese nicht vorhanden sind, dessen Eltern. Gemäß § 11 Abs. 1 LPartG ist ein Lebenspartner im Sinne des § 1 Abs. 1 S. 1 LPartG als Familienangehöriger des anderen Lebenspartners anzusehen, so dass der Kreis der gemäß § 22 S. 4 KUG Berechtigten entsprechend zu erweitern ist.[1024] Mit Ablauf von zehn Jahren nach dem Tod des Abgebildeten ist der Filmhersteller demnach an einer Bildnisnutzung nicht mehr durch die §§ 22 ff. KUG gehindert. Allerdings kann die Veröffentlichung von Abbildungen des Verstorbenen im Hinblick auf den postmortalen Schutzes des allgemeinen Persönlichkeitsrechts unzulässig sein.

2. Postmortaler Schutz des allgemeinen Persönlichkeitsrechts

Das fortwirkende Lebensbild der Persönlichkeit ist auch nach dem Tod aufgrund der Menschenwürdegarantie gemäß Art. 1 Abs. 1 GG vor einer Beeinträchtigung durch grob ehrverletzende oder schwerwiegende Entstellungen geschützt.[1025] Durch diesen postmortalen Persönlichkeitsschutz werden jedoch nur Abwehransprüche gegen entsprechende Eingriffe in ideelle Persönlichkeitsinteressen, nicht hingegen Schadensersatzansprüche begründet, da Verstorbene keinen durch eine Geldzahlung auszugleichenden Schaden erleiden können.[1026] Die Befugnis zur Geltendmachung der Abwehransprüche steht den zur Wahrnehmung berechtigten Personen zu, d.h. in erster Linie Personen, die der Verstorbene zu Lebzeiten hierzu berufen hat. Fehlt eine derartige Bestimmung durch den Verstorbenen,

[1023] BGH NJW 2000, 2195, 2197 – Marlene Dietrich.
[1024] Dreier/Schulze-*Dreier*, § 22 KUG, Rn. 28.
[1025] BVerfGE 30, 173, 195 ff. – Mephisto; BVerfG NJW 2001, 2957, 2958 f. – Wilhelm Kaisen; BGHZ 107, 384, 391 – Emil Nolde; BGH GRUR 1984, 907, 908 – Frischzellenkosmetik; OLG Hamburg AfP 1983, 466, 468; OLG Düsseldorf NJW-RR 2000, 321, 321 – Galinski; LG Düsseldorf ZUM 2002, 390, 391. Ein Fortwirken auch von Art. 2 Abs. 1 GG nach dem Tod des Persönlichkeitsrechtsinhabers nimmt der BGH in BGHZ 50, 133, 137 f., 139 f. – Mephisto, an; offen gelassen in BGH NJW 2000, 2195, 2198 – Marlene Dietrich.
[1026] BGH NJW 1974, 1371, 1371; BGH NJW 2000, 2195, 2198 – Marlene Dietrich.

kommen dessen Angehörige als Wahrnehmungsberechtigte in Betracht.[1027] Der postmortale Schutz des allgemeinen Persönlichkeitsrechts ist zeitlich begrenzt und lässt in dem Verhältnis nach, in dem das Bild des Verstorbenen verblasst und die Erinnerung an ihn abnimmt.[1028] Für die Dauer des Schutzes kommt es auf eine Abwägung der widerstreitenden Interessen an, wobei die Intensität des Eingriffs sowie die Bekanntheit und Bedeutung des Persönlichkeitsbildes eine Rolle spielt.[1029] Danach hat der BGH einen postmortalen Persönlichkeitsschutz noch 30 Jahre nach dem Tod *Emil Noldes* für möglich gehalten.[1030]

II. Materielle Persönlichkeitsinteressen des Verstorbenen

Nach überwiegender Ansicht schützt das Persönlichkeitsrecht nicht nur ideelle, sondern auch materielle Interessen des Rechtsinhabers. Diese unterschiedliche Schutzrichtung ist für die hier behandelte Frage, inwieweit die Persönlichkeit eines Verstorbenen, insbesondere dessen Leben und Charakter zum Gegenstand einer Darstellung in Film und Fernsehen gemacht werden darf, durchaus von Relevanz. Während nämlich der Schutz der ideellen Persönlichkeitsinteressen des Verstorbenen von den Angehörigen (§ 22 S. 3, 4 KUG) bzw. im Bereich des postmortalen Schutzes des allgemeinen Persönlichkeitsrechts von einem hierzu berufenen Wahrnehmungsberechtigten geltend zu machen ist, sollen als Träger der vermögenswerten Befugnisse allein die Erben anzusehen sein.[1031] Aus die-

---

[1027] BGHZ 50, 133, 140 – Mephisto; BGHZ 107, 384, 389 – Emil Nolde; Staudinger-*Hager*, § 823, Rn. C 40. In einer Erbeinsetzung kann gegebenenfalls auch die Berechtigung zur Wahrnehmung des postmortalen Persönlichkeitsschutzes gesehen werden, vgl. *Larenz/ Canaris*, Schuldrecht Bd. II/2, § 80 VI 2a.

[1028] BGHZ 50, 133, 140 – Mephisto; BVerfGE 30, 173, 196 – Mephisto; BGHZ 107, 384, 392 – Emil Nolde.

[1029] BVerfGE 30, 173, 196 – Mephisto; BGHZ 197, 384, 392 – Emil Nolde; BGHZ 50, 133, 141 – Mephisto.

[1030] BGHZ 197, 384, 391 ff. – Emil Nolde. Teilweise wird eine Maximalfrist von 30 Jahren für den postmortalen Persönlichkeitsschutz befürwortet, vgl. Wenzel-*Burkhardt*, Rn. 5.124; *v. Hartlieb*, Handbuch des Film-, Fernseh- und Videorechts, Kap. 28, Rn. 10; einschränkend v. Hartlieb/Schwarz-*Reber*, Kap. 28, Rn. 11; Wandtke/Bullinger-*Fricke*, § 22 KUG, Rn. 11. Daneben wird in der Literatur eine Schutzfrist von 20 Jahren (*Bender*, VersR 2001, 815, 824; *Rüthers/Berghaus*, JZ 1987, 1093, 1095, sprechen sich für eine Schutzfrist von mindestens 25 bis 30 Jahren aus) bzw. eine absolute Obergrenze von 70 bis 80 Jahren vorgeschlagen (*Strothmann*, GRUR 1996, 693, 696; Wandtke/Bullinger-*Fricke*, § 22 KUG, Rn. 11; *Schack*, GRUR 1985, 352, 359, hält eine Schutzfrist von 70 Jahren für angemessen). Das LG Hamburg hält die Frist von 30 Jahren für angemessen, vgl. LG Hamburg AfP 1993, 595, 596. Demgegenüber hat das OLG Bremen noch 67 Jahre nach dem Tod *Friedrich Eberts* einen postmortalen Persönlichkeitsschutz angenommen, vgl. OLG Bremen NJW-RR 1993, 726, 727. Vgl. auch OLG Bremen AfP 1994, 145, 146: Schutz noch 15 Jahre nach dem Tod von *Wilhelm Kaisen*; OLG München NJW-RR 1994, 925, 926 – Schreckliches Mädchen: Schutz noch 29 Jahre nach dem Tod eines Arztes.

[1031] BGH NJW 2000, 2195, 2199 – Marlene Dietrich.

sem Dualismus ergibt sich, dass gegebenenfalls die Zustimmung unterschiedlicher Rechtsinhaber kumulativ einzuholen ist, die sich in ihren Interessen an einer filmischen Darstellung demnach auch gegenseitig blockieren können.[1032] In den folgenden Ausführungen wird daher der Frage nachgegangen, ob eine unberechtigte Nutzung von Persönlichkeitsdetails, namentlich des Lebens- und Charakterbildes einer Person, neben ideellen Persönlichkeitsinteressen auch vermögenswerte Belange des Betroffenen verletzt und welche rechtlichen Konsequenzen sich hieraus für die Darstellungsfreiheit ergeben. Im engen Zusammenhang hierzu steht die Frage, welche Rechtsfolgen sich an die Verletzung vermögenswerter Persönlichkeitsinteressen knüpfen, insbesondere ob und unter welchen Voraussetzungen materielle Ausgleichsansprüche des Rechtsinhabers bzw. seiner Erben bestehen.

1. Der Schutz vermögenswerter Interessen durch das Persönlichkeitsrecht

a) Vom Schutz ideeller Interessen zur Anerkennung vermögenswerter Bestandteile des Persönlichkeitsrechts – Entwicklung in der Rechtsprechung des BGH

aa) Schutz ideeller Persönlichkeitsinteressen

Seinem ursprünglichen Verständnis nach diente der Persönlichkeitsschutz ausschließlich der Wahrung höchstpersönlicher, also immaterieller Interessen des Rechtsinhabers.[1033] Da ein vermögensrechtlicher Gehalt des Persönlichkeitsrechts zunächst nicht anerkannt war, wurde auch ein Eingriff in das Persönlichkeitsrecht nicht als Schmälerung wirtschaftlicher Interessen des Berechtigten begriffen, so dass ein materieller Schadensersatzanspruch oder ein Bereicherungsanspruch wegen einer kommerziellen Nutzung von Persönlichkeitsdetails nicht in Betracht kam. Im Falle einer Verletzung ideeller Interessen des Betroffenen konnten diesem insbesondere Unterlassungs-, Gegendarstellungs- und Widerrufsansprüche zustehen.

Daneben erkannte der VI. Senat des BGH die Möglichkeit eines Ersatzes von immateriellen Schäden an, wenn das Persönlichkeitsrecht in schwerer Weise schuldhaft verletzt worden ist und sich die erlittene Beeinträchtigung nicht in anderer Weise befriedigend ausgleichen lässt. Diesen Anspruch stützte das Gericht zunächst auf eine analoge Anwendung des § 847 Abs. 1 BGB a.F.[1034], später auf einen Rechtsbehelf, der unmittelbar auf den Schutzauftrag der Art. 1 Abs. 1, Art. 2 Abs. 1 GG zurückgehen soll[1035]. In seiner weiteren Rechtspre-

[1032] *Taupitz*, Rufausbeutung nach dem Tode, S. 1, 34; Wenzel-*Burkhardt*, Rn. 5.120.
[1033] S. hierzu ausführlich *Götting*, Persönlichkeitsrechte als Vermögensrechte, S. 4 ff.
[1034] BGHZ 26, 349, 354 ff. – Herrenreiter.
[1035] BGHZ 35, 363, 366 ff. – Ginseng; BGH GRUR 1972, 97, 98 – Liebestropfen; BVerfGE 34, 269, 282, 292 – Soraya.

chung konkretisierte der BGH den Anspruch auf Geldentschädigung wegen Persönlichkeitsverletzung dahingehend, dass es sich um kein Schmerzensgeld „im eigentlichen Sinne“, sondern um einen besonderen Rechtsbehelf handele, bei dem eine Genugtuungsfunktion und die Vorbeugung von Persönlichkeitsrechtsverletzungen im Vordergrund stehe. Der vom Verletzer erzielte Gewinn stelle dabei einen Bemessungsfaktor bei der Entscheidung über die Höhe des Anspruchs dar.[1036]

bb) Recht am eigenen Bild und am eigenen Namen als vermögenswertes Ausschließlichkeitsrecht

Die einseitige Ausrichtung des Persönlichkeitsrechts auf den Schutz ideeller Interessen stand im zunehmenden Widerspruch zu einer faktisch einsetzenden Kommerzialisierung von Persönlichkeitsdetails im Wirtschaftsleben. So wurde insbesondere der Einsatz von Prominenten zu Werbezwecken entdeckt, die aus der Nachfrage des Marktes Kapital schlugen und in Form von lukrativen Werbe- und Merchandisingverträgen in klingende Münze zu verwandeln wussten.[1037] Dementsprechend sahen sich Prominente im Falle einer unberechtigten Nutzung ihres Bildes oder Namens zu kommerziellen (Werbe-) Zwecken weniger in ideellen Interessen, sondern vor allem in materiellen Interessen verletzt.[1038]

Auf diese Entwicklung reagierte der I. Senat des BGH erstmalig in seiner „Paul Dahlke“ – Entscheidung aus dem Jahr 1956. In dieser Entscheidung erkannte das Gericht für die unberechtigte Nutzung der Abbildung eines Schauspielers zu Werbezwecken einen vermögensrechtlichen Charakter des Rechts am eigenen Bild an und bezeichnete dieses als „vermögenswertes Ausschließlichkeitsrecht“.[1039] Dies hatte zur Folge, dass der Rechtsinhaber für die unbefugte Verwendung seines Bildnisses zu Werbezwecken nach den Grundsätzen der Lizenzanalogie materiellen Schadensersatz oder als Bereicherungsausgleich unter dem Gesichtspunkt einer verschuldensunabhängigen Eingriffskondiktion eine angemessene Lizenzgebühr verlangen konnte.[1040] In nachfolgenden Urteilen, welche die unberechtigte Nutzung von Personenabbildungen und Namen zu Werbezwecken betrafen, bestätigte der BGH die Möglichkeit eines vermögens-

---

[1036] BGH NJW 1995, 861, 864 f. – Caroline von Monaco; BGH NJW 1996, 984, 985 – Caroline von Monaco.

[1037] *Götting*, Persönlichkeitsrechte als Vermögensrechte, S. 41 ff.; Schricker-*Gerstenberg/Götting*, § 60/§ 22 KUG, Rn. 2.

[1038] *Schlechtriem*, FS Hefermehl, S. 445, 465; *Götting*, Persönlichkeitsrechte als Vermögensrechte, S. 47; *Tessmer*, Der privatrechtliche Persönlichkeitsschutz von Prominenten, S. 47 f.

[1039] BGHZ 20, 345, 353 – Paul Dahlke.

[1040] BGHZ 20, 345, 353 ff. – Paul Dahlke.

rechtlichen Ausgleichs bei einer Verletzung des Rechts am eigenen Bild sowie des Rechts am eigenen Namen.[1041]

cc) Die „Marlene Dietrich" – Entscheidung des BGH

In seiner „Marlene Dietrich" – Entscheidung konkretisiert der I. Senat des BGH den vermögensrechtlichen Charakter des Persönlichkeitsrechts. Hiernach soll das Persönlichkeitsrecht zwar in erster Linie dem Schutz ideeller Interessen dienen, daneben können jedoch sowohl das allgemeine Persönlichkeitsrecht als auch seine besonderen Erscheinungsformen wie das Recht am eigenen Bild oder das Namensrecht vermögenswerte Bestandteile aufweisen. Hierunter sind Bestandteile des Persönlichkeitsrechts zu verstehen, die wirtschaftlich verwertbar sind, indem sie – insbesondere zu Werbezecken – kommerziell genutzt werden können.[1042] In Erweiterung seiner bisherigen Rechtsprechung stellt der BGH in der „Marlene Dietrich" – Entscheidung ausdrücklich fest, dass nicht nur die Abbildung und der Name einer Person, sondern auch sonstige kennzeichnenden Persönlichkeitsmerkmale einer kommerziellen Nutzung zugänglich sind und insofern einen beträchtlichen wirtschaftlichen Wert aufweisen können.[1043]

Nach Auffassung des BGH sind die vermögenswerten Bestandteile des Persönlichkeitsrechts vererblich, so dass die rechtlichen Befugnisse der Erben in Bezug auf Persönlichkeitsrechtsverletzungen denjenigen entsprechen, die der Berechtigte zu Lebzeiten hatte. Demzufolge können sich die Erben gegen eine unbefugte Nutzung der vermögenswerten Bestandteile des Persönlichkeitsrechtes nicht nur mit Abwehransprüchen, sondern auch mit Ersatzansprüchen zur Wehr setzen.[1044] Daneben steht den Erben im Hinblick auf die vermögenswerten Bestandteile des Persönlichkeitsrechts ein positives Benutzungsrecht zu, d.h. sie können die kommerzielle Nutzung von Persönlichkeitsmerkmalen gestatten. Hierbei gilt allerdings die Einschränkung, dass die positive Benutzungsbefugnis nicht gegen die ausdrücklichen oder mutmaßlichen Interessen des Verstorbenen eingesetzt werden darf.[1045] Der Schutz der vermögenswerten Persönlichkeitsinteressen soll zeitlich jedenfalls nicht länger andauern als der Schutz der ideellen

---

[1041] BGHZ 81, 75, 81 f. – Carrera; BGH GRUR 1979, 732, 733 f. – Fußballtor; BGH GRUR 1987, 128, 129 – NENA; BGH GRUR 1992, 557, 558 – Talkmaster-Foto; s. auch BGH NJW 2000, 2195, 2197 – Marlene Dietrich. Im Ergebnis wurden vermögensrechtliche Ausgleichsansprüche abgelehnt in: BGHZ 26, 349, 352 ff. – Herrenreiter; BGHZ 30, 7, 15 ff. – Caterina Valente; BGHZ 35, 363, 366 – Ginseng.

[1042] BGH NJW 2000, 2195, 2197 ff. – Marlene Dietrich.

[1043] BGH NJW 2000, 2195, 2197, 2198 – Marlene Dietrich; vgl. auch LG München I ZUM-RD 2003, 601, 603 f.

[1044] BGH NJW 2000, 2195, 2197 ff. – Marlene Dietrich.

[1045] BGH NJW 2000, 2195, 2199 – Marlene Dietrich. Vgl. zu dieser Einschränkung: *Götting*, NJW 2001, 585, 586; *Götting*, GRUR 2004, 801, 807; *Taupitz*, Rufausbeutung nach dem Tode, S. 1, 35.

Bestandteile des Persönlichkeitsrechts. Insofern sieht der BGH einen Anhaltspunkt in der 10-Jahresfrist des § 22 S. 2 KUG, wobei er offen ließ, ob sich im Einzelfall – je nach Schutzdauer der ideellen Interessen – eine längere Schutzfrist ergeben kann.[1046]

b) Anerkennung eines vermögensrechtlichen Gehalts von Persönlichkeitsrechten durch die h.L.

Die h.L. befürwortet den in der Rechtsprechung des BGH eingeschlagenen Weg zur Anerkennung vermögenswerter Bestandteile des Persönlichkeitsrechts zumindest dem Grunde nach. Allerdings wird im Schrifttum zugleich auch die Befürchtung geäußert, dass mit der „Marlene Dietrich" – Entscheidung eine Entwicklung eingeläutet sei, die der Kommerzialisierung der Persönlichkeit nur noch mehr Vorschub leisten werde.[1047] Gegen diese Bedenken wird jedoch zu Recht vorgebracht, dass der oftmals respektlose Zugriff der Medien auf höchstpersönliche Informationen zwar eine bedenkliche gesellschaftliche Entwicklung darstellt, die Aberkennung eines vermögenswerten Gehalts an kommerzialisierbaren Persönlichkeitsgütern diese im Ergebnis jedoch nicht aufhalten kann. Denn Persönlichkeitsmerkmale eignen sich zur Vermarktung und zwar unabhängig davon, ob ein vermögenswerter Gehalt von der Rechtsordnung anerkannt wird oder nicht. Die Kommerzialisierung von Persönlichkeitsdetails geschieht durch den Markt und ist „mit der Etablierung dieses Marktes ein Faktum, dessen juristische Verarbeitung nicht allein durch seine Missbilligung geleistet werden kann."[1048] Würde man vermögensrechtliche Ansprüche unter Berufung auf eine missbilligenswerte Kommerzialisierung der Persönlichkeit ablehnen, so würde man hiermit letztendlich nicht deren Schutz, sondern allein den Interessen des Verletzers dienen.[1049] Zudem erschiene es widersprüchlich, wenn die Rechtsordnung es dem Betroffenen einerseits gestattet, durch die Erteilung entgeltlicher Gestattungen aus seinen Persönlichkeitsdetails einen wirtschaftlichen Nutzen zu ziehen, ihm jedoch andererseits im Falle einer unberechtigten Nutzung durch

[1046] BGH NJW 2000, 2195, 2199 – Marlene Dietrich. Zustimmend: *Taupitz*, Rufausbeutung nach dem Tode, S. 1, 48; *Ullmann*, WRP 2000, 1049, 1053; *Magold*, Personenmerchandising, S. 573 f. A. A.: *Götting*, Persönlichkeitsrechte als Vermögensrechte, S. 281; *Götting*, NJW 2001, 585, 586; *Götting*, GRUR 2004, 801, 806; *Wagner*, GRUR 2000, 717, 719, die sich in Anlehnung an das Urheberrecht für eine 70-jährige Schutzfrist aussprechen.

[1047] *Schack*, JZ 2000, 1060, 1060 ff.; gegen die Möglichkeit einer dinglichen Verfügbarkeit von persönlichkeitsrechtlichen Befugnissen vgl. auch *Schack*, Urheber- und Urhebervertragsrecht, Rn. 51 f.; *Schack*, AcP 195 (1995), S. 594, 594 ff.; *Krneta*, GRUR Int., 298, 305 f.; *Peifer*, Individualität im Zivilrecht, S. 291 ff.; *Peifer*, JR 1996, 420, 421 f. Vgl. zu dieser Problematik unten unter 5. Teil A III 2.

[1048] *Schlechtriem*, FS Hefermehl, S. 445, 457.

[1049] *Erlanger*, Die Gewinnabschöpfung bei Verletzung des allgemeinen Persönlichkeitsrechts, S. 75; *Taupitz*, AcP 191, 201, 224; *Taupitz*, Rufausbeutung nach dem Tode, S. 1, 33.

einen Dritten ein materieller Ausgleich verwehrt würde.[1050] In Übereinstimmung mit der h.L. schrieb der BGH in seiner „Marlene Dietrich" – Entscheidung dem Recht insoweit „auch eine dienende Funktion zu, indem es einen Ordnungsrahmen auch für neue Formen der Vermarktung bieten muss, die im Interesse sowohl des Vermarkters als auch desjenigen liegen, der eine solche Vermarktung seiner Person gestatten möchte."[1051]

c) Die „Caroline von Monaco" – Entscheidung des BVerfG

Im Zusammenhang mit der Frage, ob Persönlichkeitsrechte auch kommerzielle Persönlichkeitsinteressen schützen und Grundlage für vermögensrechtliche Ansprüche sein können, lässt die „Caroline von Monaco" – Entscheidung des BVerfG[1052] aufhorchen. Dort heißt es in einem Leitsatz: „Das allgemeine Persönlichkeitsrecht ist nicht im Interesse einer Kommerzialisierung der eigenen Person gewährleistet. Der Schutz der Privatsphäre vor Abbildungen tritt zurück, soweit sich jemand selbst damit einverstanden zeigt, dass bestimmte, gewöhnlich als privat angesehene Angelegenheiten öffentlich gemacht werden."[1053] In den Entscheidungsgründen heißt es sodann einschränkend: „Der verfassungsrechtliche Privatsphärenschutz aus Art. 2 I i.V. mit Art. 1 I GG ist nicht im Interesse einer Kommerzialisierung der eigenen Person gewährleistet. Zwar ist niemand an einer solchen Öffnung privater Bereich gehindert. Er kann sich dann aber nicht gleichzeitig auf den öffentlichkeitsabgewandten Privatsphärenschutz berufen."[1054]

Teilweise wird diesem Urteil die Einschätzung entnommen, dass Bestrebungen, Persönlichkeitsrechte zu kommerzialisieren und zum eigenständigen Gegenstand des Rechtsverkehrs zu machen, damit keine realistische Chance mehr haben.[1055] Allerdings steht das der Entscheidung entnommene Zitat in einem relativ begrenzten Kontext, nämlich der Relativierung des Privatsphärenschutzes durch den Abschluss von Exklusivverträgen über eine Berichterstattung aus der Privatsphäre. In diesem Zusammenhang stellt das BVerfG fest, dass der Schutz der Intim- bzw. Privatsphäre grundsätzlich dadurch reduziert wird, dass sich jemand selbst damit einverstanden zeigt, dass bestimmte, gewöhnlich als privat geltende Angelegenheiten öffentlich gemacht werden. Soweit der Betroffene also erst einmal Einblick in eine Persönlichkeitssphäre gewährt und diese damit zum Ge-

---

[1050] *Dasch*, Die Einwilligung zum Eingriff in das Recht am eigenen Bild, S. 23; vgl. auch *Götting*, Persönlichkeitsrechte als Vermögensrechte, S. 54.
[1051] BGH NJW 2000, 2195, 2199 – Marlene Dietrich.
[1052] BVerfG NJW 2000, 1021, 1021 ff. – Caroline von Monaco.
[1053] BVerfG NJW 2000, 1021, 1021 – Caroline von Monaco.
[1054] BVerfG NJW 2000, 1021, 1023 – Caroline von Monaco.
[1055] *Soehring*, AfP 2000, 230, 234; *Soehring/Seelmann-Eggebert*, NJW 2000, 2466, 2474; a.A. *Forkel*, LM § 823 (Ah) BGB Nr. 132.

genstand der öffentlichen Erörterung und Wahrnehmung gemacht hat, wird auch bei einer künftigen Veröffentlichung in der Regel das Informationsinteresse der Öffentlichkeit als vorrangig gegenüber den ideellen Diskretionsinteressen des Betroffenen bewertet werden müssen.[1056] Mit der hieran anknüpfenden Aussage, dass der Privatsphärenschutz nicht im Interesse einer Kommerzialisierung der eigenen Person gewährleistet ist, bringt das BVerfG zunächst nur zum Ausdruck, dass auch etwaige entgegenstehende kommerzielle Interessen des Betroffenen an dieser grundsätzlichen Öffnung der Privatsphäre für eine weitere Berichterstattung nichts ändern.

In seiner „Marlene Dietrich" – Entscheidung stützt der BGH den rechtlichen Schutz der materiellen Persönlichkeitsinteressen jedoch nicht auf den Privatsphärenschutz, sondern auf das wirtschaftliche Selbstbestimmungsrecht des Betroffenen, indem er darauf abstellt, dass die Persönlichkeitsrechte die freie Entscheidung darüber schützen, ob und unter welchen Voraussetzungen jemand seine Persönlichkeitsgüter den Geschäftsinteressen Dritter dienstbar machen will.[1057] Das Urteil steht damit nicht im Widerspruch zur „Caroline von Monaco" – Entscheidung des BVerfG, sofern man dessen Aussage auf den Privatsphärenschutz beschränkt.[1058] Dass der Schutz persönlichkeitsrechtlicher Diskretionsinteressen und der Schutz des Selbstbestimmungsrechts grundsätzlich getrennt voneinander zu bewerten sind und unterschiedlichen Maßstäben folgen können, wurde bereits oben ausgeführt.[1059] Hiernach kann der Berechtigte – auch wenn der Privatsphärenschutz aufgrund einer zuvor gestatteten Exklusivveröffentlichung nicht mehr einschlägig ist – aufgrund seines Selbstbestimmungsrechts dennoch ein fortbestehendes berechtigtes Interesse haben, selbst darüber zu entscheiden, in welchem Umfang und in welcher Form eine weitere Veröffentlichung erfolgen soll.

Ob das BVerfG seine „Caroline von Monaco" – Entscheidung auch auf das Recht auf (wirtschaftliche) Selbstbestimmung erstreckt wissen will, ob also auch das Selbstbestimmungsrecht nicht im Interesse einer Kommerzialisierung der eigenen Person gewährleistet sein soll, ist unklar. Der Leitsatz der Entscheidung könnte hierfür sprechen, der Kontext der Entscheidung und die Entscheidungsgründe sprechen dagegen. Hinzu kommt, dass das verfassungsrechtliche allge-

---

[1056] Diese Aussagen des BVerfG in der „Caroline von Monaco" – Entscheidung werden durch den Inhalt des „Caroline" – Urteils des EGMR (ZUM 2004, 651, 651) nicht berührt, vgl. auch *Bartnik*, AfP 2004, 489, 494 f.

[1057] BGH NJW 2000, 2195, 2197 – Marlene Dietrich. Vgl. zum Schutz des wirtschaftlichen Selbstbestimmungsrechts durch das allgemeine Persönlichkeitsrecht auch: BGHZ 20, 345, 350 f. – Paul Dahlke; BGHZ 81, 75, 78 f. – Carrera; BGH GRUR 1987, 231, 231 – NENA; BGH NJW 1992, 2084, 2084 f.; BGH NJW 2000, 2195, 2197 – Marlene Dietrich; OLG Köln NJW 1992, 2641, 2641.

[1058] *Taupitz*, Rufausbeutung nach dem Tode, S. 1, 7 (Fn. 18); vgl. auch *Forkel*, LM § 823 (Ah) BGB Nr. 132.

[1059] Vgl. oben unter 4. Teil B II 2 a.

meine Persönlichkeitsrecht gemäß Art. 1 Abs. 1 i.V.m. Art. 2 Abs. 1 GG, auf das sich die Entscheidung des BVerfG bezieht, mit dem zivilrechtlichen allgemeinen Persönlichkeitsrecht nicht identisch ist, so dass der Umfang des Schutzes von verfassungsrechtlichem und zivilrechtlichem Selbstbestimmungsrecht nicht zwangsläufig deckungsgleich sein muss.[1060] Die Tragweite der Entscheidung lässt sich damit noch nicht abschließend bewerten, so dass eine Anwendung ihrer Grundsätze auf Fälle, die nicht die Öffnung der Privatsphäre durch vorab gestattete Veröffentlichungen betreffen, mit Zurückhaltung zu betrachten ist.[1061]

d) Zwischenergebnis

Der I. Senat des BGH und die h.L. gehen aus den zuvor genannten Gründen zutreffend davon aus, dass Persönlichkeitsrechte nicht nur dem Schutz ideeller, sondern auch vermögenswerter Persönlichkeitsinteressen dienen. Ob auch das Lebens- und Charakterbild einen entsprechenden Vermögenswert aufweist, ist Gegenstand der folgenden Ausführungen.

2. Die Verletzung vermögenswerter Persönlichkeitsinteressen durch eine unbefugte Darstellung von Lebens- und Charakterbildern in den Medien

Die zum vermögensrechtlichen Charakter von Persönlichkeitsrechten bisher ergangene Rechtsprechung betrifft im Wesentlichen die kommerzielle Nutzung von Bild und Namen einer Persönlichkeit zu Merchandising- und Werbezwecken, so dass sich gegenüber der hier zu beurteilenden Darstellung von Lebens- und Charakterbildern in den Medien insofern eine Abweichung ergibt, als die Nutzung des Persönlichkeitsmerkmals zum Zwecke der Informationsvermittlung erfolgt. Damit stellt sich die Frage, ob sich das Lebens- und Charakterbild seiner persönlichkeitsrechtlichen Struktur und der Art seiner Verwendung in den Medien nach überhaupt als Anknüpfungspunkt für vermögenswerte Persönlichkeitsinteressen eignet, deren Verletzung neben Abwehransprüchen möglicherweise auch materielle Ausgleichsansprüche auslösen kann.

a) Vermögensrechtliche Qualität des Lebens- und Charakterbildes

Für die Frage, ob das Lebens- und Charakterbild eine vermögensrechtliche Qualität besitzt, stellt der Umstand, dass durch die unbefugte Nutzung des Per-

---

[1060] *Kläver*, ZUM 2002, 205, 206, 208 f.; *Seitz*, NJW 2000, 2167, 2168. Vgl. auch *Jarass*, NJW 1989, 857, 858.

[1061] Wandtke/Bullinger-*Fricke*, § 22 KUG, Rn. 4; *Müller*, VersR 2000, 797, 804; vgl. auch Dreier/Schulze-*Dreier*, §§ 33 ff. KUG, Rn. 14.

sönlichkeitsmerkmals faktisch ein Gewinn erzielt worden ist, keinen tauglichen Beurteilungsmaßstab dar. Denn letztendlich geht es bei jeder Darstellung in Presse, Film oder Fernsehen auch um Auflagen, Einschaltquoten und Besucherzahlen, so dass der Zugriff auf Persönlichkeitsdetails den kommerziellen Interessen des Verwerters dient. Hiermit muss jedoch nicht zwingend der Verlust eines vermögenswerten Vorteils auf Seiten des Rechtsinhabers einhergehen, den es vermögensrechtlich auszugleichen gilt. So ist es denkbar, dass eine Berichterstattung den Dargestellten ausschließlich in ideellen Persönlichkeitsinteressen betrifft, wie z.B. bei der Verbreitung ehrverletzender Behauptungen.[1062]

Entscheidend ist vielmehr, welche Voraussetzungen das Schadens- bzw. Bereicherungsrecht an die Rechtsposition stellt, für deren Verletzung es einen Ausgleich gewährt. Der Tatbestand einer Eingriffskondiktion setzt nach der herrschenden Theorie vom Zuweisungsgehalt voraus, dass der Bereicherungsgegenstand durch einen Eingriff in eine Rechtsposition erlangt worden ist, die einen vermögensrechtlichen Zuweisungsgehalt besitzt. Ein derartiger Zuweisungsgehalt ist anzunehmen, wenn dem Inhaber des betroffenen Rechts exklusiv die Möglichkeit offen gestanden hat, über Substanz und Nutzung entgeltlich zu verfügen, insbesondere die Nutzung des Rechtsguts gegen Entgelt zu gestatten. Ist dies der Fall, ist die Rechtsposition vermögenswert und ihre kommerzielle Nutzung grundsätzlich dem Rechtsinhaber ausschließlich zuzuweisen.[1063] Demnach kommt es für einen kondiktionsfähigen vermögenswerten Gehalt von Persönlichkeitsrechten darauf an, ob bezüglich des betreffenden Persönlichkeitsgutes eine kommerzielle Verwertungsmöglichkeit besteht. Auch im Rahmen von Schadensersatzansprüchen kann von einem entgangenen Gewinn im Sinne des § 252 BGB nur dann gesprochen werden, wenn der Rechtsinhaber faktisch die Möglichkeit hatte, das betreffende Persönlichkeitsmerkmal gegen Entgelt zu vermarkten. Erst aufgrund der Feststellung einer solchen kommerziellen Verwertungsmöglichkeit hat der BGH dem Recht am eigenen Bild und Namen den Charakter eines „vermögenswerten Ausschließlichkeitsrechts" beigemessen und so die Anwendung der für Immaterialgüterrechte entwickelten Schadensberechnungsmethode (sowie die Anwendbarkeit der Eingriffskondiktion) begründen können.[1064]

[1062] *Hoppe*, Persönlichkeitsschutz durch Haftungsrecht, S. 66; Dreier/Schulze-*Dreier*, §§ 33 ff. KUG, Rn. 14.

[1063] *Erlanger*, Die Gewinnabschöpfung bei Verletzung des allgemeinen Persönlichkeitsrechts, S. 67 ff., 71 ff.; *Kläver*, Bereicherungsrechtliche Ansprüche bei einer Verletzung des allgemeinen Persönlichkeitsrechts, S. 60 ff.; *Canaris*, FS Deutsch, S. 85, 88; *Esser/Weyers*, Schuldrecht Bd. II/2, S. 74 ff.; MüKo-*Lieb*, § 812, Rn. 249 f., 262 f.; *Reuter/Martinek*, Ungerechtfertigte Bereicherung, S. 256 ff., 267; *Loewenheim/Winckler*, JuS 1984, 116, 119 f.; *Hüffer*, JuS 1981, 263, 265.

[1064] BGHZ 20, 345, 353 ff. – Paul Dahlke; s. auch *Hoppe*, Persönlichkeitsschutz durch Haftungsrecht, S. 56 f., 68 ff.; *Taupitz*, Rufausbeutung nach dem Tode, S. 1, 38.

aa) Kommerzielle Verwertungsmöglichkeit

Nur wenn ein Persönlichkeitsgut wirtschaftlich nutzbar ist, kann der Eingreifende Vermögensvorteile erzielen, die eigentlich dem Rechtsinhaber gebühren und im Wege des Schadensersatz- bzw. Bereicherungsrechts auszugleichen sind. Voraussetzung für eine kommerzielle Verwertungsmöglichkeit ist also, dass die persönlichkeitsrechtliche Befugnis marktfähig ist, d.h. es muss ein durch Angebot und Nachfrage gekennzeichneter Markt für die Nutzung des Persönlichkeitsmerkmals bestehen, auf dem sich der Verletzer die Einwilligung des Betroffenen erkaufen muss. Demnach sind Lebens- und Charakterbilder kommerziell verwertbar, wenn der Betroffene seine Einwilligung für die Nutzung aufgrund der Marktverhältnisse von einer Entgeltzahlung abhängig machen kann.[1065]

Von einem derartigen Markt kann im Hinblick auf Lebens- und Charakterbilddarstellungen ohne Zweifel ausgegangen werden. Darstellungen, die sich mit dem Leben und Schicksal von Menschen auseinander setzen, genießen beim Publikum eine große Popularität. Im Bereich der Literatur zeigt nicht zuletzt der Erfolg zahlreicher Prominentenbiografien das Ausmaß des Publikumsinteresses an Lebens- und Charakterbildern bekannter Persönlichkeiten.[1066] Aber auch das Medium Fernsehen entspricht mit seiner zunehmend lebensweltlichen Orientierung dem wachsenden Bedürfnis des Zuschauers, in fremde höchstpersönliche Lebenswelten einzutauchen und sich mit den dargestellten Personen zu identifizieren.[1067] Das Publikum ist bereit, für Medienerzeugnisse, die ihr Interesse an privaten und intimen Informationen über das Leben und den Charakter von Persönlichkeiten befriedigen, ein Entgelt zu entrichten. Aufgrund dieser Nachfrage des Konsumenten können Medienunternehmen mit einer persönlichkeitsorientierten Berichterstattung Gewinne erwirtschaften. Dadurch werden die Medien wiederum zum Nachfrager des hierfür erforderlichen „Rohstoffes“ – nämlich

---

[1065] *Klein*, Der zivilrechtliche Schutz des einzelnen vor Persönlichkeitsrechtsverletzungen, S. 152 ff., 161 ff.; *Hoppe*, Persönlichkeitsschutz durch Haftungsrecht, S. 68 ff. Nach ganz h.M. ist für die Annahme eines vermögensrechtlichen Zuweisungsgehaltes darüber hinaus erforderlich, dass die Rechtsordnung die kommerzielle Verwertung der Rechtsposition anerkennt, vgl. MüKo-*Lieb*, § 812, Rn. 263; *Reuter/Martinek*, Ungerechtfertigte Bereicherung, S. 261 f., 267; *Klein*, Der zivilrechtliche Schutz des einzelnen vor Persönlichkeitsrechtsverletzungen, S. 152 ff., 161 ff.; *Hoppe*, Persönlichkeitsschutz durch Haftungsrecht, S. 56 f.; *Beuthien/Schmölz*, Persönlichkeitsschutz durch Persönlichkeitsgüterrechte, S. 18, 28; *Schlechtriem*, FS Hefermehl, S. 445, 453, 464; *Taupitz*, Rufausbeutung nach dem Tode, S. 1, 38; ähnlich: *Götting*, Persönlichkeitsrechte als Vermögensrechte, S. 54; *Dasch*, Die Einwilligung zum Eingriff in das Recht am eigenen Bild, S. 22 f.

[1066] Die im Oktober 2002 veröffentlichte *Dieter Bohlen*-Biografie „Nichts als die Wahrheit“ hielt sich bis April 2003 auf der Spiegel-Bestsellerliste und war nach dieser Liste Jahresbestseller 2002, vgl. Der Spiegel v. 30.12.2002 (Nr. 1/03), 137.

[1067] Vgl. oben unter 1. Teil A IV.

Daten mit Persönlichkeitsbezug –, für den sie mitunter beträchtliche Summen zahlen.[1068]

Dies gilt zunächst für die Presseberichterstattung. Insbesondere im Bereich der Sensationspresse wird die Einwilligung in eine Veröffentlichung von Fotos oder sonstigen Informationen aus der Privat- oder Intimsphäre grundsätzlich nur gegen Entgelt gewährt.[1069] Gerade Prominente haben an einer entsprechenden Vermarktung ihrer Persönlichkeit ein nicht unerhebliches Interesse. Neben dem Bestreben, die öffentliche Aufmerksamkeit an der eigenen Person aufrechtzuerhalten, ergeben sich hieraus nämlich beträchtliche finanzielle Gewinne. Vor allem Exklusivverträge sind im Pressebereich weit verbreitet. Da hier die betreffenden Informationen für die Leserschaft nur über ein einziges Publikationsorgan zu erhalten sind, verschafft sich dieses einen enormen, auflagensteigernden Wettbewerbsvorsprung. Diesen Vorsprung lassen sich Verlage durchaus etwas kosten, so dass Prominente für Exklusivveröffentlichungen nicht selten sechsstellige Summen aushandeln können.[1070] Im Falle des Grubenunglücks von Lengede im Jahr 1963 etwa schloß der Verlag Gruner & Jahr eine Vereinbarung, in der er sich gegen eine Vergütung von 250.000 DM die „Weltrechte" an den Erlebnisberichten der elf geretteten Bergleute exklusiv übertragen ließ.[1071] Für ein Exklusivinterview mit *Monika Böttcher*, geschiedene *Weimar*, in dem Frau *Böttcher* über das strafrechtliche Wiederaufnahmeverfahren, „ihr Leben und ihre Zukunftspläne" berichten sollte, verpflichtete sich die STERN-Redaktion zur Zahlung eines Honorars von 50.000 DM sowie weiteren 30.000 DM im Falle der Veröffentlichung des Exklusivinterviews.[1072] Für „Auftritte von Monika Böttcher bei RTL" sowie „für die Mitwirkung von Frau Böttcher an Produktionen des Informationsbereichs" bot ihr der Sender RTL 250.000 DM, für eine Exklusivreportage von ca. 45 Minuten Länge offerierte RTL II ein Honorar in Höhe von 200.000 DM.[1073] Aber auch Lebensschicksale von Nichtprominenten werden „gekauft" und konsumiert, was sich z.B. an Zeitschriften wie „Mein Leben", „Meine Geschichte" oder „Mein Schicksal" zeigt, die sich mit dem Schicksal unbekannter Personen auseinander setzen.[1074]

[1068] *Beuthien/Schmölz*, Persönlichkeitsschutz durch Persönlichkeitsgüterrechte, S. 17 f.

[1069] *Klein*, Der zivilrechtliche Schutz des einzelnen vor Persönlichkeitsrechtsverletzungen, S. 161; *Hoppe*, Persönlichkeitsschutz durch Haftungsrecht, S. 32 ff., mit vielen Beispielen.

[1070] Vgl. die Beispiele bei: *Hoppe*, Persönlichkeitsschutz durch Haftungsrecht, S. 33 f.; *Prinz*, NJW 1996, 953, 956.

[1071] GRUR 1968, 209, 209 ff. – Lengede. Weitere Beispiele für Exklusivverträge finden sich bei *Tillmanns*, UFITA 168 (1999), S. 227, 229 ff.; *Prantl*, Die journalistische Information zwischen Ausschlußrecht und Gemeinfreiheit, S. 118 f.; *Moosmann*, Exklusivstories, S. 17 ff.

[1072] Vgl. OLG Hamburg ZUM-RD 1998, 116, 116 f.; OLG Frankfurt a. M. ZUM-RD 1998, 277, 278.

[1073] OLG Frankfurt ZUM-RD 1998, 277, 278, 283.

[1074] Vgl. auch den der Entscheidung des OLG Düsseldorf GRUR 1970, 194, 194, zugrunde liegenden Sachverhalt, wonach Leser einer Serie über „Gastarbeiter und deutsche Frauen" zur Einsendung eigener Schicksalsberichte „gegen gutes Honorar" aufgefordert wurden. S. auch

Auch in den Medien Film und Fernsehen spielt die Darstellung des Lebens und Charakters von Menschen bzw. einzelner Aspekte hieraus eine große Rolle.[1075] Wie im Bereich der Presse beschränkt sich das Medieninteresse nicht auf das Schicksal Prominenter, vielmehr kann ein Medieninteresse auch an der Lebensgeschichte von Personen, die aufgrund eines bestimmten Ereignisses in das Blickfeld der Öffentlichkeit geraten sind[1076] bzw. von völlig unbekannten Personen bestehen[1077]. Für die Einwilligung in Lebens- und Charakterbildverfilmungen werden Honorare in nicht unbeachtlicher Höhe gezahlt[1078], weshalb in der Filmvertragspraxis entgeltliche Gestattungsverträge über die Nutzung persönlicher Daten in einem Filmwerk (sogenannter „Depiction Release") eine erhebliche Bedeutung haben.[1079] Der Verkaufswert einer Geschichte hängt dabei von unterschiedlichen Faktoren ab, etwa ob die Geschichte einen Sensations- und Unterhaltungswert besitzt, von einem emotionalen, historischen oder gesellschaftspolitischen Interesse oder aus sonstigen Gründen wert ist, einem breiten Publikum erzählt zu werden.

Aus den vorstehenden Erwägungen ergibt sich, dass ein Rechtsinhaber für die Einwilligung in eine Darstellung seines Lebens- und Charakterbildes, sei es in

---

Hoppe, Persönlichkeitsschutz durch Haftungsrecht, S. 93; BGH GRUR 1965, 256, 256 ff. – Gretna Green.

1075 Die Relevanz von Lebens- und Charakterbildern zieht sich durch alle filmischen Genres. Als Beispiele jüngeren Datums seien hier im Bereich des Dokumentarfilms die Kinoproduktion „Black Box BRD" von *Andres Veiel*, die sich mit den Biografien von *Wolfgang Grams* und *Alfred Herrhausen* auseinander setzt sowie im Bereich Doku-Drama die dreiteiligen ARD-Fernsehproduktionen „Die Manns – Ein Jahrhundertroman" und „Speer und Er" (Buch/Regie jeweils: *Heinrich Breloer* und *Horst Königstein*) genannt. Auch Spielfilme – sogenannte Biopics – erzählen häufig die Lebensgeschichte realer Personen nach, vgl. bereits oben unter 4. Teil A II 2.

1076 Vgl. etwa die durch das ZDF und den Privatsender Sat.1 produzierten Filme über den Soldatenmord von Lebach, die Gegenstand mehrerer Urteile waren, BVerfGE 35, 202, 202 ff. – Lebach; BVerfG NJW 2000, 1859, 1859 ff.; OLG Saarbrücken NJW-RR 1998, 745, 745 ff. – Lebach-Mord; OLG Koblenz AfP 1998, 328, 328 ff. Das Grubenunglück von Lengede sowie das Schicksal der betroffenen Bergleute und ihrer Angehörigen war Gegenstand eines im November 2003 ausgestrahlten zweiteiligen Sat.1-Fernsehfilms.

1077 So war beispielsweise die Lebensgeschichte des krebskranken Mädchens *Olivia*, deren Eltern eine schulmedizinische Behandlung ablehnten und die Behandlung ihrer Tochter durch einen „Wunderheiler" vornehmen ließen, Gegenstand von gleich zwei Verfilmungen. Während bei der RTL-Produktion mit *Olivia* und ihren Eltern eine vertragliche Vereinbarung zur „Abgeltung" der Persönlichkeitsrechte getroffen wurde, erfolgte die Sat.1-Produktion ohne eine derartige Vereinbarung, vgl. *Eickmeier/Eickmeier*, ZUM 1998, 1, 1; *Schertz*, ZUM 1998, 757, 758.

1078 Es handelt sich häufig um Beträge in fünfstelliger Höhe, vgl. *Eickmeier/Eickmeier*, ZUM 1998, 1, 7; *Unland*, Die Verfilmung tatsächlicher Ereignisse, S. 2; *Schertz*, ZUM 1998, 757, 764. Zum Gestattungsvertrag s. im Einzelnen unten unter 5. Teil.

1079 *Homann*, Praxishandbuch Filmrecht, S. 139 ff.; *Eickmeier/Eickmeier*, ZUM 1998, 1, 7; *Schertz*, ZUM 1998, 757, 764. Vgl. die Vertragsformulare für den amerikanischen Raum bei *Litwalk*, Contracts for the Film & Television Industry, S. 25 ff.

Presse, Film oder Fernsehen, aufgrund eines bestehenden Marktinteresses ein Entgelt verlangen kann, das durch Medienunternehmen in aller Regel auch gezahlt wird.[1080] Aufgrund dieser kommerziellen Verwertungsmöglichkeit besitzt das durch das allgemeine Persönlichkeitsrecht geschützte Lebens- und Charakterbild einen Vermögenswert, so dass die wirtschaftliche Nutzungsbefugnis ausschließlich dem Rechtsinhaber zuzuweisen ist.[1081]

In der Literatur wird ein vermögensrechtlicher Zuweisungsgehalt des allgemeinen Persönlichkeitsrechts zum Teil wegen der generalklauselartigen Weite seines Schutzbereichs und der damit verbundenen Rechtsunsicherheit abgelehnt. Da eine Verletzung des allgemeinen Persönlichkeitsrechts erst im Wege einer umfassenden Güter- und Interessenabwägung festgestellt werden kann und dessen Grenzen – im Gegensatz zu den gesetzlich geregelten Persönlichkeitsrechten – damit fließend sind, bestünde kein für eine ausschließliche vermögenswerte Zuweisung hinreichend konkretisierter Tatbestand.[1082] Dem ist jedoch entgegenzuhalten, dass im Verlauf der Zeit aufgrund einer umfangreichen Kasuistik Fallgruppen von Persönlichkeitsrechtsverletzungen entstanden sind, die die Herausarbeitung von einzelnen Schutzbereichen des allgemeinen Persönlichkeitsrechts erlauben.[1083] Ferner haben sich einzelne Persönlichkeitsdetails aufgrund einer faktischen kommerziellen Verwertung so konkretisiert und verselbstständigt, dass es gerechtfertigt erscheint, ebenso wie beim Recht am eigenen Bild und am eigenen Namen eine ausschließliche vermögensrechtliche Zuweisung an den Rechtsinhaber anzunehmen.[1084] Es ist kein sachlicher Grund ersichtlich, Persönlichkeitsmerkmale von einer wirtschaftlichen Zuweisung auszunehmen, die im

---

1080 Auch der Gesetzgeber hat mittlerweile auf den mit Lebensgeschichten betriebenen Markt reagiert. So soll durch das Gesetz zur Sicherung der zivilrechtlichen Ansprüche der Opfer von Straftaten (Opferanspruchssicherungsgesetz – OASG) vom 8.5.1998, BGBl. I 1998, S. 905, verhindert werden, dass Straftäter ihre Tat in den Medien auf Kosten der Opfer gewinnbringend vermarkten. Zum OASG vgl. unten unter 5. Teil F.

1081 Vgl. auch *Erlanger*, Die Gewinnabschöpfung bei Verletzung des allgemeinen Persönlichkeitsrechts, S. 75 f.; *Beuthien/Schmölz*, Persönlichkeitsschutz durch Persönlichkeitsgüterrechte, S. 14, 22, 40; *Schlechtriem*, FS Hefermehl, S. 445, 454 ff.; *Brehmer/Voegeli*, JA 1978, 374, 382 f.; *Moosmann*, Exklusivstories, S. 203 f. Einen Vermögenswert von privaten Briefen und Aufzeichnungen wie z.B. Tagebüchern nehmen an: *Reuter/Martinek*, Ungerechtfertigte Bereicherung, S. 268; MüKo-*Lieb*, § 812, Rn. 262; *Esser/Weyers*, Schuldrecht Bd. II/2; S. 77. A.A. *Soehring/Seelmann-Eggebert*, NJW 2000, 2466, 2474, im Hinblick auf die „Caroline von Monaco" – Entscheidung des BVerfG. Zu den Beschränkungen aufgrund berechtigter Informationsinteressen der Öffentlichkeit an den dargestellten Informationen, vgl. sogleich unter 4. Teil F II 2 a bb.

1082 *Hubmann*, Das Persönlichkeitsrecht, S. 134, 363.

1083 *Canaris*, FS Deutsch, S. 85, 88; *Hoppe*, Persönlichkeitsschutz durch Haftungsrecht, S. 78 ff. Zu den Fallgruppen vgl. oben unter 4. Teil B I.

1084 *Erlanger*, Die Gewinnabschöpfung bei Verletzung des allgemeinen Persönlichkeitsrechts, S. 72 ff.; *v. Caemmerer*, FS v. Hippel, S. 27, 39 f.; *Reuter/Martinek*, Ungerechtfertigte Bereicherung, S. 268; *Canaris*, FS Deutsch, S. 85, 88; im Ergebnis *Schlechtriem*, FS Hefermehl, S. 445, 457 f.

gleichen Maße wie die besonderen Persönlichkeitsrechte marktfähig und Gegenstand einer faktischen Kommerzialisierung sind[1085] wie etwa das Lebens- und Charakterbild. Dementsprechend hat mittlerweile auch der BGH entschieden, dass grundsätzlich nicht nur besondere Erscheinungsformen des Persönlichkeitsrechts wie das Recht am eigenen Bild und am Namen vermögenswerte Bestandteile aufweisen können, sondern auch sonstige durch das allgemeine Persönlichkeitsrecht geschützte „kennzeichnende Persönlichkeitsmerkmale", „die ein Wiedererkennen ermöglichen".[1086] Insofern kann davon ausgegangen werden, dass auch das Lebens- und Charakterbild dem Rechtsinhaber vermögensrechtlich ausschließlich zugewiesen ist und eine unberechtigte Nutzung daher seine materiellen Interessen verletzen kann.[1087]

bb) Beschränkung durch berechtigte Informationsinteressen der Öffentlichkeit

Allerdings finden nicht nur die ideellen, sondern auch die mit dem Persönlichkeitsrecht verknüpften vermögensrechtlichen Interessen ihre Grenze im Informationsinteresse der Öffentlichkeit. Soweit an der Darstellung der Lebensgeschichte ein berechtigtes Informationsinteresse der Öffentlichkeit anzuerkennen ist, genießt das durch Art. 5 Abs. 1 GG verfassungsrechtlich verbürgte Recht der Allgemeinheit auf ungehinderte und umfassende Information über sie interessierende Belange Vorrang vor den wirtschaftlichen Interessen des Abgebildeten, so dass auch etwaige Schadensersatz- oder Bereicherungsansprüche ausscheiden.[1088] Während an der Nutzung von Persönlichkeitsmerkmalen zu Werbe-

---

[1085] *Brehmer/Voegeli*, JA 1978, 374, 382 f.

[1086] BGH NJW 2000, 2195, 2197 f. – Marlene Dietrich; s. auch MüKo-*Lieb*, § 812, Rn. 263.

[1087] *Erlanger*, Die Gewinnabschöpfung bei Verletzung des allgemeinen Persönlichkeitsrechts, S. 75 f.; *Beuthien/Schmölz*, Persönlichkeitsschutz durch Persönlichkeitsgüterrechte, S. 14, 22, 40; *Schlechtriem*, FS Hefermehl, S. 445, 454 ff.; *Brehmer/Voegeli*, JA 1978, 374, 382 f.; *Moosmann*, Exklusivstories, S. 203 f. Zu privaten Briefen und Aufzeichnungen wie z.B. Tagebüchern vgl. auch *Reuter/Martinek*, Ungerechtfertigte Bereicherung, S. 268, und MüKo-*Lieb*, § 812, Rn. 262.

[1088] BGH GRUR 1979, 425, 426 ff. – Fußballspieler; *Götting*, Persönlichkeitsrechte als Vermögensrechte, S. 58 ff.; *Ullmann*, WRP 2000, 1049, 1053. Nach e.A. hat dies zur Folge, dass die Rechtsposition im bereicherungsrechtlichen Sinne nicht zugewiesen ist (vgl. *Klein*, Der zivilrechtliche Schutz des einzelnen vor Persönlichkeitsrechtsverletzungen, S. 151, 158 ff.; *Schlechtriem*, FS Hefermehl, S. 445, 461 f.; *Kläver*, Bereicherungsrechtliche Ansprüche bei einer Verletzung des allgemeinen Persönlichkeitsrechts, S. 73, die in diesem Fall eine ausschließliche Nutzungsbefugnis des Betroffenen ablehnen, bzw. *Hoppe*, Persönlichkeitsschutz durch Haftungsrecht, S. 66 ff., der im Falle eines überwiegenden Informationsinteresses die Marktfähigkeit des Persönlichkeitsrechts ablehnt). Nach a.A. wird das öffentliche Informationsinteresse als rechtfertigender Tatbestand behandelt, was eine deliktische Rechtfertigung und im Bereicherungsrecht die Annahme eines „rechtlichen Grundes" zur Folge habe, vgl. *Beuthien/Schmölz*, Persönlichkeitsschutz durch Persönlichkeitsgüterrechte, S. 40; *Tessmer*, Der privatrechtliche Persönlichkeitsschutz von Prominenten, S. 75 f.

zwecken nie ein Informationsinteresse der Öffentlichkeit besteht[1089], ist die Beschränkung vermögensrechtlicher Ausgleichsansprüche durch öffentliche Informationsinteressen für die Tätigkeit der Medien, insbesondere auch für den Bereich des dokumentarischen Films und Fernsehens von erheblicher Bedeutung. Durch sie ist gewährleistet, dass sich etwaige vermögensrechtliche Interessen des Rechtsinhabers nur dann durchsetzen, wenn eine umfassende Güter- und Interessenabwägung ergibt, dass kein überwiegendes Informationsinteresse der Öffentlichkeit an der Darstellung existiert. Insofern ist nicht zu befürchten, dass mit der grundsätzlichen Anerkennung eines vermögensrechtlichen Ausgleichs von Persönlichkeitsrechtsverletzungen eine übermäßige Einschränkung der Medienfreiheit einhergeht.[1090]

cc) Zwischenergebnis

Informationen über das Leben und den Charakter einer Persönlichkeit eignen sich zu einer kommerziellen Vermarktung in den Medien. Aufgrund dieser kommerziellen Verwertungsmöglichkeit besitzen Lebens- und Charakterbilder einen ausschließlich dem Rechtsinhaber zugewiesenen Vermögenswert, wenn nicht aufgrund überwiegender Informationsinteressen der Öffentlichkeit von einer Darstellungsfreiheit auszugehen ist.

Soweit eine Darstellung vermögenswerte Persönlichkeitsinteressen eines Verstorbenen verletzt, stehen den Erben Abwehransprüche zu, so dass ihre Einwilligung für eine Mediendarstellung erforderlich sein kann. Derartige Abwehransprüche erweisen sich indessen als nutzlos, wenn die Rechtsverletzung – wie es im Bereich der Medienberichterstattung häufig der Fall ist – bereits beendet ist, bevor der Anspruchsberechtigte davon Kenntnis erlangt. Insofern stellt sich die – in der Rechtsprechung und im Schrifttum sehr streitige – Frage, unter welchen Voraussetzungen dem Rechtsinhaber bzw. seinen Erben im Falle einer Verletzung vermögenswerter Persönlichkeitsinteressen Schadensersatz- und Bereicherungsansprüche zustehen.

[1089] Vgl. statt vieler BGHZ 20, 345, 352 – Paul Dahlke; BGH NJW 2000, 2195, 2200 – Marlene Dietrich.

[1090] So *Steffen*, NJW 1997, 10, 12, 13, zum Anspruch auf Geldentschädigung; *Gounalakis*, AfP 1998, 10, 11 ff., 19; hiergegen *Schlechtriem*, FS Hefermehl, S. 445, 461 ff.; s. auch *Beuthien/Schmölz*, Persönlichkeitsschutz durch Persönlichkeitsgüterrechte, S. 36 f.

b) Voraussetzungen eines vermögensrechtlichen Ausgleichs für die unbefugte Darstellung von Lebens- und Charakterbildern in den Medien

aa) Voraussetzungen für die Zuerkennung von Bereicherungs- und Schadensersatzansprüchen nach der Rechtsprechung des BGH

Nach der Rechtsprechung des I. und VI. Senats des BGH setzt die Zuerkennung vermögensrechtlicher Ansprüche zunächst voraus, dass das betreffende Persönlichkeitsdetail durch den Rechtsinhaber objektiv vermarktbar ist, d.h. die Gestattung des Eingriffs darf nach den Gepflogenheiten des täglichen Lebens und bei der Art des verletzten Rechts zumeist nur gegen Zahlung einer (nicht unerheblichen) Vergütung erfolgen.[1091] Hiernach ist entscheidend, dass der Abgebildete selbst oder zumindest Personen in vergleichbarer gesellschaftlicher oder beruflicher Stellung die wirtschaftliche Verwertung ihres Bildnisses oder Namens üblicherweise nur gegen Zahlung eines Entgelt gestatten. Allein die Tatsache, dass ein Dritter das fremde Persönlichkeitsrecht für eigene wirtschaftliche Zwecke ausnutzt und ihm damit einen wirtschaftlichen Wert zuerkennt, reicht zur Annahme einer objektiv bestehenden Kommerzialisierbarkeit nach Auffassung des BGH nicht aus. Vielmehr muss eine kommerzielle Verwertung des Persönlichkeitsdetails für den Rechtsinhaber „üblich" sein, d.h. es muss für ihn bereits vor dem Eingriff – unabhängig von der Nachfrage des Verletzers – die Möglichkeit bestanden haben, das Persönlichkeitsdetail gegen Entgelt zu vermarkten.[1092] Nur dann habe der Verletzer durch die Nutzung die Gegenleistung für einen Marktwert erspart, den der Berechtigte normalerweise hätte erzielen können, so dass die unberechtigte Verwertung einen Eingriff in einen Vermögenswert darstellt.[1093] Diese Einschränkung führt im Ergebnis dazu, dass die Zuerkennung materieller Ausgleichsansprüche wegen einer Verletzung vermögenswerter Persönlichkeitsinteressen – insbesondere durch die unberechtigte Verwertung von Personenabbildungen oder Namen zu Werbe- und Merchandisingzwecken – auf Prominente und professionelle Darsteller wie Modelle oder in Werbefilmen tätige Schauspieler beschränkt bleibt.[1094] Denn nur für diese Personengruppe besteht üblicherweise die Möglichkeit einer entgeltlichen Vermarktung ihrer Persönlichkeit zu Werbezwecken.

1091 BGHZ 20, 345, 353 ff. – Paul Dahlke; BGHZ 26, 349, 352 – Herrenreiter; BGHZ 81, 75, 82 – Carrera; s. auch BGHZ 44, 372, 374 f. – Meßmer Tee II.

1092 Vgl. *Götting*, Persönlichkeitsrechte als Vermögensrechte, S. 51; *Tessmer*, Der privatrechtliche Persönlichkeitsschutz von Prominenten, S. 66; Dreier/Schulze-*Dreier*, §§ 33 ff. KUG, Rn. 19.

1093 BGHZ 20, 345, 353 ff. – Paul Dahlke.

1094 *Tessmer*, Der privatrechtliche Persönlichkeitsschutz von Prominenten, S. 66; *Götting*, Persönlichkeitsrechte als Vermögensrechte, S. 51; *Dasch*, Die Einwilligung zum Eingriff in das Recht am eigenen Bild, S. 20; Dreier/Schulze-*Dreier*, §§ 33 ff. KUG, Rn. 19; Schricker-*Gerstenberg/Götting*, § 60 / §§ 33-50 KUG, Rn. 5.

Dementsprechend kommen auch bei der unberechtigten Darstellung des Lebens- und Charakterbildes einer bestimmten Person materielle Ausgleichsansprüche nur dann in Betracht, wenn dieses bereits vor der konkreten Darstellung durch den Betroffenen vermarktbar gewesen wäre. Ähnlich wie im Fall der Werbung kann hiervon nur dann ausgegangen werden, wenn an der dargestellten Person bereits vor der Verfilmung ein Interesse der Öffentlichkeit bestand. Ein derartiges Interesse kann dabei vor allem für Personen angenommen werden, die aufgrund ihrer Prominenz bzw. eines hohen Bekanntheitsgrades die öffentliche Aufmerksamkeit erregen. Im Einzelfall kann darüber hinaus auch ein Informationsinteresse am Leben und Charakter solcher Personen bestehen, die wegen eines bestimmten Ereignisses in das Blickfeld der Öffentlichkeit getreten sind oder in einer engen (z.B. familiären oder partnerschaftlichen) Beziehung zu einer bekannten Persönlichkeit stehen. Damit ergibt sich, dass der Kreis derjenigen, die ihr Schicksal in Form einer Lebens- und Charakterbildverfilmung selbsttätig vermarkten können, letztendlich dem Personenkreis entspricht, der im Rahmen der §§ 22 ff. KUG mit dem Begriff der absoluten und relativen Personen der Zeitgeschichte umschrieben wird. Keine verkehrsübliche Vermarktbarkeit besteht demgegenüber im Hinblick auf Lebensgeschichten von Personen, die unbekannt und im Bewusstsein der Öffentlichkeit noch nicht hervorgetreten sind. Zwar können auch unbekannte Personen aufgrund der bestehenden Marktverhältnisse ihre Einwilligung in eine Lebens- und Charakterbildverfilmung in aller Regel von einer Entgeltzahlung abhängig machen, eine derartige Kommerzialisierung kann im Sinne der BGH-Rechtsprechung jedoch nicht als für sie üblich angesehen werden. Im Falle einer unberechtigten Verfilmung des Schicksals einer unbekannten Person scheiden Schadensersatz- und Bereicherungsansprüche wegen einer Verletzung vermögenswerter Interessen daher aus.

Darüber hinaus forderte der VI. Senat des BGH in subjektiver Hinsicht, dass der Berechtigte im konkreten Einzelfall bereit gewesen wäre, gegen Zahlung eines angemessenen Entgeltes in die geplante Nutzung des Persönlichkeitsmerkmals – etwa die Nutzung von Bild und Namen zu Werbezwecken – einzuwilligen. Hiervon könne nicht ausgegangen werden, wenn der Berechtigte den Einsatz seiner Person unter keinen Umständen in Erwägung zieht[1095], oder wenn die Nutzung mit einer schwerwiegenden Beeinträchtigungen des Persönlichkeitsrechts einhergehen würde, deren Gestattung den Verletzten in eine unwürdige Lage bringen würde, was vor allem bei einer erheblichen Verletzung ideeller Interessen der Fall ist.[1096] Besteht keine subjektive Vermarktungsbereitschaft, fehlt es nach Auffassung des BGH an einem Vermögensschaden als Voraussetzung für die Lizenzanalogie bzw. an einer Vermögensverschiebung als Voraussetzung für die Eingriffskondiktion, so dass in diesen Fällen lediglich ein im-

---

[1095] BGHZ 30, 7, 16 – Caterina Valente; BGHZ 35, 363, 366 – Ginseng.
[1096] BGHZ 26, 349, 352 f. – Herrenreiter; s. auch BGHZ 44, 372, 374 f. – Meßmer Tee II.

materieller Schadensersatz in Betracht kommt, der jedoch nur bei schwerwiegenden Eingriffen gewährt wird.[1097]

bb) Kritik der h.L. an den Kriterien des BGH für die Zuerkennung von Bereicherungs- und Schadensersatzansprüchen

Auch wenn der Ansatz eines vermögensrechtlichen Charakters von Persönlichkeitsrechten in der Literatur überwiegend geteilt wird, werden die vom BGH aufgestellten Voraussetzungen einer objektiven Möglichkeit zur Vermarktung und einer subjektiven Vermarktungsbereitschaft des Rechtsinhabers bezüglich der Ansprüche aus Eingriffskondiktion von der h.L. abgelehnt. Lediglich im Hinblick auf Schadensersatzansprüche gemäß § 823 Abs. 1 BGB wird die Anwendbarkeit der Kriterien in der Literatur z.T. damit begründet, dass schwerlich von einem Schaden in Form eines entgangenen Gewinns (§ 252 BGB) gesprochen werden kann, wenn der Betroffene objektiv vor dem Eingriff gar keine Vermarktungsmöglichkeit hatte und subjektiv zu einer Vermarktung gar nicht bereit war. Denn in diesem Fall hat die Fremdnutzung eine eigene Verwertung und damit auch eine Gewinnerzielung nicht verhindert.[1098] Da der Schadensersatzanspruch das Vermögen des Geschädigten restituieren, nicht jedoch den ungerechtfertigten materiellen Zuwachs des Eingreifenden als Bereicherung ausgleichen soll, kann auf die Feststellung eines Schadens dem Grunde nach nicht verzichtet werden.[1099]

Im Hinblick auf bereicherungsrechtliche Ansprüche lehnt die h.L. die vom BGH entwickelten Voraussetzungen jedoch mit der Begründung ab, dass sie sich nicht in Übereinstimmung mit den an eine Eingriffskondiktion gemäß § 812 Abs.1 S. 1, 2. Alt. BGB zu stellenden Voraussetzungen befinden. Diese setzt nach h.M. voraus, dass jemand ohne rechtlichen Grund einen Vorteil durch einen Eingriff in eine ausschließlich einem anderen zugewiesene Rechtsposition er-

---

[1097] BGHZ 26, 349, 352 ff. – Herrenreiter; BGHZ 30, 7, 17 f. – Caterina Valente; BGHZ 35, 363, 366 – Ginseng.

[1098] *Canaris*, FS Deutsch, S. 85, 89; *Beuthien/Schmölz*, Persönlichkeitsschutz durch Persönlichkeitsgüterrechte, S. 4, 39, 43; *Klein*, Der zivilrechtliche Schutz des einzelnen vor Persönlichkeitsrechtsverletzungen, S. 162; MüKo-*Rixecker*, § 12 Anh., Rn. 207; *Bungart*, Dingliche Lizenzen an Persönlichkeitsrechten, S. 92. A.A.: Schricker-*Gerstenberg/Götting*, § 60/ §§ 33-55 KUG, Rn. 5; *Bötticher*, AcP 158, 385, 404 ff.; *Schwerdtner*, JuS 1978, 289, 294; vgl. auch OLG München ZUM 1996, 160, 162 – Telefonsex-Foto.

[1099] MüKo-*Rixecker*, § 12 Anh., Rn. 207. Auch nach Auffassung des BGH ist Voraussetzung für eine Schadensberechnung im Wege der Lizenzanalogie – die lediglich den schwierigen Nachweis der Höhe des Schadens erleichtern soll –, dass ein Vermögensschaden überhaupt eingetreten ist, BGHZ 26, 349, 353 – Herrenreiter; BGHZ 30, 7, 17 – Caterina Valente; BGH GRUR 1995, 349, 351 – Objektive Schadensberechnung; vgl. auch *Teplitzky*, Wettbewerbsrechtliche Ansprüche und Verfahren, Kap. 34, Rn. 27; Möhring/Nicolini-*Lütje*, § 97, Rn. 155.

langt.[1100] Ist dies der Fall, ist es Aufgabe des Bereicherungsrechts, diese Bereicherung abzuschöpfen, nicht jedoch, eine etwaige Entreicherung auszugleichen. Es handelt sich um Bereicherungsrecht und nicht um Entreicherungsrecht.[1101] Dementsprechend soll die Eingriffskondiktion – wie auch der BGH[1102] in seiner Rechtsprechung zur Kommerzialisierung von Persönlichkeitsdetails wiederholt festgestellt hat – nicht eine Vermögensminderung im Vermögen des Rechtsinhabers, sondern eine Vermögensmehrung im Vermögen des Rechtsverletzers ausgleichen. Anders als im Schadensrecht, kommt es auf eine Vermögenseinbuße des Betroffenen im Bereicherungsrecht nicht an.[1103]

Zu diesem bereicherungsrechtlichen Grundprinzip steht es nach Auffassung der h.L. im Widerspruch, dass der BGH die Möglichkeit von Bereicherungsansprüchen auf Personen beschränkt, die die wirtschaftliche Verwertung des betreffenden Persönlichkeitsdetails „üblicherweise" nur gegen Zahlung eines Entgeltes gestatten. Indem der Verwerter ein Recht unbefugt ausnutzt, zeigt er, dass er diesem einen wirtschaftlichen Wert beimisst und kommerzialisiert es. Die unbefugte Nutzung des fremden Persönlichkeitsrechts schlägt sich bei ihm in einem wirtschaftlichen Gewinn, einer rechtsgrundlos erlangten Bereicherung nieder, und zwar unabhängig davon, ob der Betroffene bereits zuvor die Möglichkeit einer Vermarktung hatte. Hieran muss sich der Verletzer festhalten lassen und Wertersatz leisten.[1104] Auf die objektive Möglichkeit einer Vermarktung bzw. die Bekanntheit des Betroffenen kommt es daher erst bei der Bemessung der Höhe der Lizenzgebühr an, nicht jedoch bereits für die Begründung von Bereicherungsansprüchen.[1105] Auch das Kriterium einer subjektiven Vermarktungsbereitschaft ist nach der h.L. abzulehnen. So stellt die durch die unbefugte Nutzung beim Verletzer eingetretene Bereicherung ein Faktum dar und tritt unabhängig von der Bereitschaft des Betroffenen zur Vermarktung ein. Soll das Bereicherungsrecht der Abschöpfung von unberechtigten Vermögensvorteilen die-

---

[1100] Zu den Voraussetzungen im Einzelnen s. *Klein*, Der zivilrechtliche Schutz des einzelnen vor Persönlichkeitsrechtsverletzungen, S. 129 ff.; *Erlanger*, Die Gewinnabschöpfung bei Verletzung des allgemeinen Persönlichkeitsrechts, S. 65 ff.

[1101] *Esser/Weyers*, Schuldrecht Bd. II/2, S. 79; *Reuter/Martinek*, Ungerechtfertigte Bereicherung, S. 239.

[1102] BGHZ 20, 345, 355 – Paul Dahlke; BGHZ 81, 75, 82 – Carrera.

[1103] *Götting*, Persönlichkeitsrechte als Vermögensrechte, S. 55; *Beuthien/Schmölz*, Persönlichkeitsschutz durch Persönlichkeitsgüterrechte, S. 41; *Reuter/Martinek*, Ungerechtfertigte Bereicherung, S. 239 f.; Dreier/Schulze-*Dreier*, §§ 33 ff. KUG, Rn. 13; Schricker-*Gerstenberg/Götting*, § 60/ §§ 33-50 KUG, Rn. 6; *Canaris*, FS Deutsch, S. 85, 89; *Taupitz*, Rufausbeutung nach dem Tode, S. 1, 37 f.; Wenzel-*Burkhardt*, Rn. 14.10.

[1104] *Götting*, Persönlichkeitsrechte als Vermögensrechte, S. 55; *Tessmer*, Der privatrechtliche Persönlichkeitsschutz von Prominenten, S. 69; Schricker-*Gerstenberg/Götting*, § 60/ §§ 33-50 KUG, Rn. 6; *Dasch*, Die Einwilligung zum Eingriff in das Recht am eigenen Bild, S. 23; *Taupitz*, Rufausbeutung nach dem Tode, S. 1, 37 f.

[1105] *Götting*, Persönlichkeitsrechte als Vermögensrechte, S. 57; *Dasch*, Die Einwilligung zum Eingriff in das Recht am eigenen Bild, S. 23; *Tessmer*, Der privatrechtliche Persönlichkeitsschutz von Prominenten, S. 69.

nen, kann es daher keine Rolle spielen, ob der Betroffene hypothetisch zu einer wirtschaftlichen Nutzung gewillt gewesen wäre. Aufgrund der gegenteiligen Auffassung des BGH wird der Betroffene quasi dazu gezwungen, die unbefugte Fremdnutzung im Nachhinein zu genehmigen und einen fiktiven Lizenzvertrag einzugehen, wenn er bereicherungsrechtlichen Wertersatz fordern will.[1106] Damit entfallen Kondiktionsansprüche gerade bei besonders schweren Verletzungen, bei denen eine Zustimmungserteilung regelmäßig ausscheidet bzw. bei Personen, die eine Kommerzialisierung ihrer Persönlichkeit generell ablehnen und auf Persönlichkeitsschutz besonderen Wert legen. Gerade in diesen Fällen wäre es jedoch unbillig, den Verletzer von Bereicherungsansprüchen freizustellen.[1107] Im Ergebnis würde sich der Verwerter eines venire contra factum proprium schuldig machen, wenn er das Persönlichkeitsgut selbst wirtschaftlich gewinnbringend verwertet, sich andererseits aber darauf berufen könnte, dass der Betroffene hierdurch nicht in vermögensrechtlichen, sondern allenfalls in ideellen Interessen betroffen sei, da er nicht in der Lage oder bereit gewesen wäre, das Recht wirtschaftlich zu verwerten.[1108]

Im Ergebnis sind nach der h.L. also jedenfalls Ansprüche aus Eingriffskondiktion unabhängig davon zu gewähren, ob der Betroffene bereits zuvor die Möglichkeit einer Vermarktung hatte und ob er hierzu bereit war. Dies soll insbesondere auch für unberechtigte Lebens- und Charakterbilddarstellungen in den Medien gelten.[1109] Auch in der Rechtsprechung zeichnet sich die Tendenz einer Abkehr vom Erfordernis einer verkehrsüblichen Vermarktbarkeit und einem subjektiven Vermarktungswillen ab. So sprach das OLG Karlsruhe einer nicht-

---

1106 *Götting*, Persönlichkeitsrechte als Vermögensrechte, S. 55 f.; *Götting*, GRUR 2004, 801, 802 f.; *Tessmer*, Der privatrechtliche Persönlichkeitsschutz von Prominenten, S. 69 f.; *Beuthien/Schmölz*, Persönlichkeitsschutz durch Persönlichkeitsgüterrechte, S. 42 f.; *Pietzko*, AfP 1988, 209, 220. Ablehnend zur subjektiven Vermarktungsbereitschaft auch: OLG München ZUM 1996, 160, 162 – Telefonsex-Foto; LG München I ZUM-RD 2003, 601, 605; *Klein*, Der zivilrechtliche Schutz des einzelnen vor Persönlichkeitsrechtsverletzungen, S. 162; *Hoppe*, Persönlichkeitsschutz durch Haftungsrecht, S. 58 ff.; *Dasch*, Die Einwilligung zum Eingriff in das Recht am eigenen Bild, S. 23; *Taupitz*, Rufausbeutung nach dem Tode, S. 1, 37 f.; *Ullmann*, AfP 1999, 209, 213; *Ullmann*, WRP 2000, 1049, 1053; Erman-*Westermann*, § 812, Rn. 69; *Ladeur*, ZUM 2000, 879, 886; *Wagner*, VersR 2000, 1305, 1309; *Wagner*, ZeuP 2000, 200, 224. A.A. *Gounalakis*, AfP 1998, 10, 19.

1107 *Götting*, Persönlichkeitsrechte als Vermögensrechte, S. 55 f.; *Götting*, GRUR 2004, 801, 802 f.; *Tessmer*, Der privatrechtliche Persönlichkeitsschutz von Prominenten, S. 69 f.; *Beuthien/Schmölz*, Persönlichkeitsschutz durch Persönlichkeitsgüterrechte, S. 42; *Pietzko*, AfP 1988, 209, 220.

1108 *Götting*, Persönlichkeitsrechte als Vermögensrechte, S. 53; Dreier/Schulze-*Dreier*, §§ 33 ff. KUG, Rn. 14.

1109 *Schlechtriem*, FS Hefermehl, S. 445, 454 ff.; *Erlanger*, Die Gewinnabschöpfung bei Verletzung des allgemeinen Persönlichkeitsrechts, S. 76. Im Ergebnis auch: *Beuthien/Schmölz*, Persönlichkeitsschutz durch Persönlichkeitsgüterrechte, S. 22, 40; *Brehmer/Voegeli*, JA 1978, 374, 382 f.; *Moosmann*, Exklusivstories, S. 201 ff.

professionellen Darstellerin eine Lizenzgebühr zu[1110], und das OLG München nahm einen Bereicherungsanspruch unabhängig von der Bereitschaft des Rechtsinhabers zu einer wirtschaftlichen Nutzung des Persönlichkeitsdetails an[1111].

cc) Die Bemessung des vermögensrechtlichen Ausgleichsanspruchs

Rechtsfolge eines Schadensersatzanspruches gemäß § 823 Abs. 1 BGB bzw. eines Bereicherungsanspruches gemäß § 812 Abs. 1 S. 1, 2. Alt. BGB ist die Zahlung einer angemessenen Vergütung für die Verwertung des Persönlichkeitsrechtes an den Rechtsinhaber bzw. seine Erben. Für den Schadensersatzanspruch ergibt sich dies aus der Möglichkeit einer Schadensberechnung im Wege der Lizenzanalogie, wonach die Höhe des entstandenen Vermögensschadens nach der angemessenen Vergütung, die im Falle eines zu üblichen Bedingungen zustande gekommenen Vertragsabschlusses zu zahlen wäre, berechnet werden kann.[1112] Im Rahmen einer Eingriffskondiktion hat der Verletzer, da eine Herausgabe der Nutzung des fremden Persönlichkeitsrechts in natura nicht möglich ist, gemäß § 818 Abs. 2 BGB Wertersatz zu leisten. Hiernach kann der Bereicherungsgläubiger den objektiven Verkehrswert, d.h. diejenige Vergütung verlangen, die er im Fall einer einverständlichen Überlassung der Nutzungsmöglichkeit auf vertraglicher Basis erzielt hätte (verkehrsübliche Lizenzgebühr), jedenfalls aber eine angemessene Lizenzgebühr.[1113] Eine Herausgabe des vom Verletzer durch den Eingriff erzielten Gewinns kommt nach h.M. auf Grundlage des § 818 Abs. 2 BGB wegen des von ihr vertretenen objektiven Wertbegriffs nicht in Betracht.[1114] Allerdings findet der vom Verletzer erzielte Gewinn im

---

1110 OLG Karlsruhe GRUR 1989, 73, 74.

1111 OLG München ZUM 1996, 160, 162 – Telefonsex-Foto; vgl. auch LG München I ZUM-RD, 601, 605; einschränkend OLG Hamburg AfP 1983, 282, 283.

1112 BGHZ 20, 345, 353 – Paul Dahlke; vgl. auch OLG München GRUR-RR 2003, 194, 195 – Blauer Engel in Anschluss an BGH NJW 2000, 2201, 2202 – Blauer Engel.

1113 BGHZ 81, 75, 81 f. – Carrera; BGH GRUR 1992, 557, 558 – Talkmaster-Foto; OLG München ZUM 1996, 160, 162 – Telefonsex-Foto; OLG München I ZUM 2002, 238, 240 f.; *Erlanger*, Die Gewinnabschöpfung bei Verletzung des allgemeinen Persönlichkeitsrechts, S. 78 f.; *Götting*, Persönlichkeitsrechte als Vermögensrechte, S. 282; *Beuthien/Schmölz*, Persönlichkeitsschutz durch Persönlichkeitsgüterrechte, S. 45 ff.; *Kläver*, Bereicherungsrechtliche Ansprüche bei einer Verletzung des allgemeinen Persönlichkeitsrechts, S. 178 ff.; Dreier/Schulze-*Dreier*, §§ 33 ff. KUG, Rn. 14; Staudinger-*Lorenz*, § 818, Rn. 29. Zum objektiven und subjektiven Wertbegriff s. auch *Klein*, Der zivilrechtliche Schutz des einzelnen vor Persönlichkeitsrechtsverletzungen, S. 169 ff.

1114 BGHZ 82, 299, 307 f. – Kunststoffhohlprofil; BGHZ 99, 244, 248 – Chanel Nr. 5; Staudinger-*Lorenz*, § 818, Rn. 29; MüKo-*Lieb*, § 818, Rn. 45; *Schlechtriem*, FS Hefermehl, S. 445, 458 f.; *Beuthien/Schmölz*, Persönlichkeitsschutz durch Persönlichkeitsgüterrechte, S. 45 ff. In der Literatur wird ein Anspruch auf Gewinnherausgabe gemäß §§ 687 Abs. 2, 681 S. 2, 667 BGB diskutiert, vgl. hierzu etwa *Klein*, Der zivilrechtliche Schutz des einzelnen vor Persönlichkeitsrechtsverletzungen, S. 191 ff.; *Beuthien/Schmölz*, Persönlichkeitsschutz durch

Rahmen der Bestimmung der Höhe des zu leistenden Wertersatzes Berücksichtigung. Denn eine wesentliche Rolle für die Höhe der verkehrsüblichen bzw. angemessenen Lizenzgebühr spielt letztendlich der Umfang des zu erwartenden Verletzergewinns. Je höher dieser zu erwartende Gewinn ist, desto mehr hätte der Verletzer an den Rechtsinhaber für die Einwilligung in die Veröffentlichung zahlen müssen und desto höher ist dementsprechend der herauszugebende Wertersatz.[1115]

Die konkrete Berechnung der angemessenen Vergütung für eine unberechtigte kommerzielle Nutzung von Persönlichkeitsdetails – wie etwa in Form einer Lebens- und Charakterbildverfilmung – kann aufgrund des Fehlens gesicherter Grundlagen und Bewertungsmaßstäbe oder jedenfalls aufgrund der mangelnden Publizität in den für Juristen zugänglichen Quellen Schwierigkeiten bereiten.[1116] Diese Schwierigkeiten auf der Rechtsfolgenseite dürfen jedoch nicht dazu führen, dass ein dem Grunde nach bestehender Anspruch abgelehnt wird. Vielmehr hat im Streitfall das Gericht nach freier Überzeugung gemäß § 287 Abs. 2 ZPO über die Höhe der üblichen bzw. angemessenen Vergütung für die Verwertung persönlichkeitsrechtlicher Details zu entscheiden[1117], wobei es sich eines Sachverständigen bedienen kann.[1118] Die Höhe des Verwertungsentgeltes richtet sich in erster Linie nach den für die betreffende Nutzung verkehrsüblichen Honoraren[1119] bzw., sofern solche nicht bekannt sind, nach den in ähnlichen Fällen üblicherweise gezahlten Vergütungen.[1120] Bei der Bemessung der Anspruchshöhe

---

Persönlichkeitsgüterrechte, S. 50 ff.; *Hoppe*, Persönlichkeitsschutz durch Haftungsrecht, S. 90 f.; *Taupitz*, Rufausbeutung nach dem Tode, S. 1, 45; *Beuthien*, NJW 2003, 1220, 1221 f. *Canaris*, FS Deutsch, S. 85 ff., geht im Falle einer wissentlich rechtsgrundlosen Nutzung fremder Persönlichkeitsrechte von einer Gewinnherausgabepflicht gemäß §§ 819 Abs. 1, 818 Abs. 4 i.V.m. § 281 BGB aus.

[1115] *Klein*, Der zivilrechtliche Schutz des einzelnen vor Persönlichkeitsrechtsverletzungen, S. 184 f.; *Larenz/Canaris*, Schuldrecht Bd. II/2, § 72 III 3; *Siemens*, AfP 1997, 542, 543; *Beuthien/Schmölz*, Persönlichkeitsschutz durch Persönlichkeitsgüterrechte, S. 50; *Erlanger*, Die Gewinnabschöpfung bei Verletzung des allgemeinen Persönlichkeitsrechts, S. 86 f.

[1116] *Schlechtriem*, FS Hefermehl, S. 445, 460.

[1117] BGHZ 20, 345, 354 – Paul Dahlke; BGH GRUR 1992, 557, 558 – Talkmaster-Foto; OLG München GRUR-RR 2003, 194, 195 – Blauer Engel; LG Berlin NJW 1996, 1142, 1143; OLG Koblenz NJW-RR 1995, 1112, 1113; vgl. auch OLG Karlsruhe AfP 1998, 326, 327, zur Ermittlung des Werbewertes eines Prominenten unter Anwendung von § 287 ZPO; *Beuthien/Schmölz*, Persönlichkeitsschutz durch Persönlichkeitsgüterrechte, S. 49; *Kläver*, Bereicherungsrechtliche Ansprüche bei einer Verletzung des allgemeinen Persönlichkeitsrechts, S. 180; *Dasch*, Die Einwilligung zum Eingriff in das Recht am eigenen Bild, S. 23; *Canaris*, FS Deutsch, S. 85, 96; Schricker-*Gerstenberg/Götting*, § 60/§§ 33-50 KUG, Rn. 7; Dreier/Schulze-*Dreier*, §§ 33 ff. KUG, Rn. 18.

[1118] Vgl. etwa OLG München GRUR-RR 2003, 194, 195 – Blauer Engel; OLG Karlsruhe AfP 1998, 326, 327.

[1119] *Kläver*, Bereicherungsrechtliche Ansprüche bei einer Verletzung des allgemeinen Persönlichkeitsrechts, S. 182; *Beuthien/Schmölz*, Persönlichkeitsschutz durch Persönlichkeitsgüterrechte, S. 49.

[1120] *Beuthien/Schmölz*, Persönlichkeitsschutz durch Persönlichkeitsgüterrechte, S. 50.

sind sämtliche Umstände des Einzelfalls zu berücksichtigen. Entscheidende Kriterien können etwa die Popularität des Verletzten[1121], Exklusivität und Sensationswert der Veröffentlichung[1122], aber auch Schwere und Umfang der Beeinträchtigung des Persönlichkeitsrechts sein. Je stärker durch die Darstellung in die Privat- und Intimsphäre des Betroffenen eingedrungen wird, desto höher mag im Einzelfall das hierfür zu entrichtende Entgelt ausfallen.[1123] Ferner macht es im Hinblick auf den Wert der Nutzung einen Unterschied, ob nur eine einzelne Episode aus dem Leben einer Person in einem Pressebericht verwendet oder ob das ganze Leben einer Person zum Gegenstand einer Verfilmung gemacht wird. Wie bereits erwähnt, spielt bei der Bemessung einer angemessenen Vergütung auch der zu erwartende Verletzergewinn eine Rolle.[1124] Ferner ist es wertmindernd zu berücksichtigen, wenn die Darstellung des Lebens und des Charakters einer Person erst aufgrund einer erheblichen Leistung und Aufbereitung der Informationen durch den Eingreifer selbst stattfinden konnte.[1125] Hätte sich der Verletzer im Vorfeld um eine Einwilligung bemüht, wäre die von ihm noch zu erbringende Eigenleistung (wie z.B. das Verfassen eines Drehbuches bzw. das hierfür zu entrichtende Honorar) mindernd bei der Vergütung für das „persönlichkeitsrechtliche Rohmaterial" berücksichtigt worden. Dies muss daher auch im Nachhinein bei der Bemessung der Höhe einer angemessenen Lizenzgebühr gelten. Der Mangel an Bewertungsmaßstäben in Fällen einer Zwangskommerzialisierung von Persönlichkeitsdetails zu anderen als zu Werbezwecken mag darauf zurückzuführen sein, dass es auf sie in der bisherigen Spruchpraxis der Gerichte nicht ankam. Setzen sich Schadensersatz- bzw. Bereicherungsansprüche erst durch, werden sich mit der Zeit jedoch feste Bewertungsmaßstäbe und Anhaltspunkte zur Bestimmung der üblichen bzw. angemessenen Vergütung für Persönlichkeitsrechtsverletzungen finden, an denen sich das Gericht im Streitfall orientieren kann.[1126]

[1121] Dreier/Schulze-*Dreier*, §§ 33 ff. KUG, Rn. 18; OLG München GRUR-RR 2003, 194, 195 – Blauer Engel; LG Berlin NJW 1996, 1142, 1143.

[1122] *Hoppe*, Persönlichkeitsschutz durch Haftungsrecht, S. 92.

[1123] *Kläver*, Bereicherungsrechtliche Ansprüche bei einer Verletzung des allgemeinen Persönlichkeitsrechts, S. 181 f.; *Hoppe*, Persönlichkeitsschutz durch Haftungsrecht, S. 92.

[1124] *Klein*, Der zivilrechtliche Schutz des einzelnen vor Persönlichkeitsrechtsverletzungen, S. 184 f.; *Siemens*, AfP 1997, 542, 543; *Beuthien/Schmölz*, Persönlichkeitsschutz durch Persönlichkeitsgüterrechte, S. 50; *Erlanger*, Die Gewinnabschöpfung bei Verletzung des allgemeinen Persönlichkeitsrechts, S. 86 f. Die Berechnung dieses Gewinns ist ebenfalls mit Schwierigkeiten verbunden, jedoch gibt es auch hier in der Literatur Berechnungsvorschläge, die bei einer richterlichen Schätzung gemäß § 287 Abs. 2 ZPO zugrunde gelegt werden könnten. Vgl. *Beuthien/Schmölz*, Persönlichkeitsschutz durch Persönlichkeitsgüterrechte, S. 53 ff.; *Hoppe*, Persönlichkeitsschutz durch Haftungsrecht, S. 93 ff.; *Erlanger*, Die Gewinnabschöpfung bei Verletzung des allgemeinen Persönlichkeitsrechts, S. 142.

[1125] *Kläver*, Bereicherungsrechtliche Ansprüche bei einer Verletzung des allgemeinen Persönlichkeitsrechts, S. 181; *Schlechtriem*, FS Hefermehl, S. 445, 460.

[1126] *Schlechtriem*, FS Hefermehl, S. 445, 460 (Fn. 82); *Kläver*, Bereicherungsrechtliche Ansprüche bei einer Verletzung des allgemeinen Persönlichkeitsrechts, S. 182; *Hoppe*, Persönlichkeitsschutz durch Haftungsrecht, S. 92.

3. Ergebnis

Durch die Verfilmung eines Lebens- und Charakterbildes können nicht nur ideelle, sondern auch vermögenswerte Persönlichkeitsinteressen des Rechtsinhabers betroffen sein. Diese sind vererblich und können im Falle ihrer Verletzung materielle Schadensersatz- bzw. Bereicherungsansprüche auslösen, sofern nicht eine Einwilligung des Dargestellten bzw. seiner Erben vorliegt. Eine derartige Einwilligung ist allerdings entbehrlich, wenn die Verfilmung lediglich Informationen zum Gegenstand hat, an denen ein berechtigtes Interesse der Öffentlichkeit besteht, was gerade bei dokumentarischen Darstellungen häufig der Fall sein wird. Im Gegenschluss folgt hieraus, dass vermögenswerte Interessen dann relevant werden, wenn die Verfilmung Informationen betrifft, deren Verbreitung nicht durch eine Einwilligung des Berechtigten oder ein Informationsinteresse der Öffentlichkeit legitimiert ist, was vor allem bei Darstellungen der Privat- und Intimsphäre des Betroffenen anzunehmen ist.

Auch wenn der Rechtsinhaber selbst die für eine Darstellung erforderlichen intimen und privaten Informationen nicht liefert, bieten sich insoweit zahlreiche andere Informationsquellen, wie etwa Vertraute, Freunde, Bekannte, Verwandte, Lebenspartner und andere Weggefährten des Dargestellten an, die über dessen Leben und Charakter zu berichten wissen. Derartige Bezugspersonen gewinnen als „Wissensträger" vor allem nach dem Tod des Betroffenen an Bedeutung, da eine Mitwirkung des Verstorbenen an der Darstellung naturgemäß ausscheidet. Gerade nach dem Tod des Berechtigten erweist sich die Handhabung vermögenswerter Aspekte des allgemeinen Persönlichkeitsrechts allerdings als problematisch: Zu Lebzeiten des Berechtigten vereinen sich ideelle und vermögensrechtliche Interessen in der Hand eines Rechtsträgers. Erteilt der Berechtigte für die Verfilmung seines Lebensbildes eine Einwilligung, deckt diese in der Regel beide Aspekte des Persönlichkeitsschutzes ab. Komplizierter wird die Rechtslage nach dem Tod des Berechtigten. Während für die Wahrnehmung ideeller Interessen des Verstorbenen die hierzu berufenen Wahrnehmungsberechtigten zuständig sind, gehen die vermögenswerten Bestandteile des Persönlichkeitsrechts auf die Erben über. Demnach kann im Einzelfall die Einwilligung verschiedener Rechtsträger erforderlich sein, was beim Abschluss von Gestattungsverträgen zu berücksichtigen ist.[1127] Denn durch das Erfordernis einer kumulativen Zustimmung können sich Erben und Angehörige in ihren Verwertungsinteressen gegenseitig blockieren.[1128] Ein mit nur einer Seite abgeschlossener, in der Regel kostspieliger Gestattungsvertrag kann sich damit im Ergebnis als wertlos erweisen.

[1127] S. hierzu näher unten unter 5. Teil E. Vgl. auch BGH NJW 2000, 2195, 2199 – Marlene Dietrich.

[1128] *Taupitz*, Rufausbeutung nach dem Tode, S. 1, 34; *Schack*, Urheber- und Urhebervertragsrecht, Rn. 51a; *Schack*, JZ 2000, 1060, 1061; Wenzel-*Burkhardt*, Rn. 5.120.

G. Die Einwilligung in eine Lebens- und Charakterbildverfilmung

I. Die Einwilligung und ihre Rechtswirkungen

Um etwaigen Ansprüchen wegen Persönlichkeitsrechtsverletzungen aus dem Weg zu gehen und somit ein Auswertungsrisiko zu vermeiden, liegt es im Interesse des Herstellers einer Lebens- und Charakterbildverfilmung, sich bereits im Vorfeld gegen etwaige persönlichkeitsrechtliche Einwendungen des Betroffenen abzusichern. Umgekehrt kann auch der Rechtsinhaber – insbesondere aus finanziellen Gründen – ein Interesse daran haben, von seiner Selbstbestimmungsbefugnis positiv Gebrauch zu machen und dem Filmhersteller die Nutzung der betreffenden Persönlichkeitsmerkmale zu gestatten. Die Einwilligung, die in § 22 S. 1 KUG ausdrücklich erwähnt wird, stellt das rechtliche Instrumentarium dar, diesen Interessen Geltung zu verschaffen. Sie kann einseitig oder im Rahmen eines zweiseitigen Gestattungsvertrages erklärt werden[1129] und ist Ausdruck des Prinzips der Privatautonomie, wonach es dem Einzelnen grundsätzlich freisteht, über die ihn betreffenden Rechtsgüter zu disponieren.[1130]

Über die Rechtswirkungen der Einwilligung besteht im Ergebnis Einigkeit: Der Erklärungsempfänger erlangt durch die Einwilligung eine schuldrechtliche Rechtsposition, aufgrund der er keinen Ansprüchen des Rechtsinhabers ausgesetzt ist. Das, was ohne Einwilligung normalerweise eine unerlaubte Handlung darstellen würde, ist ausnahmsweise – untechnisch gesprochen – erlaubt.[1131] Wie dieses Ergebnis konstruktiv zu begründen ist, ist jedoch streitig. Die h.M. sieht in der Einwilligung eine schuldrechtliche Verpflichtung, auf die Geltendmachung der aus dem Eingriff in das Persönlichkeitsrecht resultierenden Ansprüche zu verzichten, diese also zu dulden (pactum de non petendo).[1132] Andere

---

[1129] Geht es um die Vermarktung von Persönlichkeitsmerkmalen gegen Entgelt, erfolgt die Einwilligungserteilung regelmäßig im Wege eines Gestattungsvertrages, vgl. *Götting*, Persönlichkeitsrechte als Vermögensrechte, S. 145; *Frömming/Peters*, NJW 1996, 958, 958.

[1130] *Götting*, Persönlichkeitsrechte als Vermögensrechte, S. 142 f.

[1131] *Dasch*, Die Einwilligung zum Eingriff in das Recht am eigenen Bild, S. 27; *Götting*, Persönlichkeitsrechte als Vermögensrechte, S. 143, 145.

[1132] Zu den §§ 22 ff. KUG: OLG München ZUM 1985, 448, 450; OLG München AfP 1983, 276, 277; *Homann*, Praxishandbuch Filmrecht, S. 139 f.; Erman-*Ehmann*, Anh. § 12, Rn. 253, spricht von einem „Rechtsschutzverzicht". Zum allgemeinen Persönlichkeitsrecht: *Prantl*, Die journalistische Information zwischen Ausschlußrecht und Gemeinfreiheit, S. 144 f.; *Prantl*, AfP 1984, 17, 19; *Homann*, Praxishandbuch Filmrecht, S. 139 f.; Erman-*Ehmann*, Anh. § 12, Rn. 253. Im Bereich des Namens- und Zeichenrechts: BGH GRUR 1985, 567, 568 – Hydair; BGH GRUR 1970, 528, 531 – Migrol; BGH GRUR 1966, 375, 376 – Meßmer-Tee II; MüKo-*Schwerdtner*, § 12, Rn. 134; Erman-*Ehmann*, Anh. § 12, Rn. 253; Staudinger-*Weick/Habermann*, § 12, Rn. 46; *Homann*, Praxishandbuch Filmrecht, S. 139 f. Zum Lebensbildverfilmungsvertrag: *Homann*, Praxishandbuch Filmrecht, S. 139 ff.; *Eickmeier/Eickmeier*, ZUM 1998, 1, 8; *Schertz*, ZUM 1998, 757, 764.

ordnen die Einwilligung als einen Verzicht auf künftige Ansprüche wegen Persönlichkeitsrechtsverletzung ein, der zur Folge haben soll, dass derartige Ansprüche erst gar nicht entstehen.[1133] Wie ein solcher verfügender Vertrag dogmatisch zu begründen ist, ist wiederum streitig. Während die überwiegende Meinung einen antizipierten Erlass (§ 397 BGB) annimmt[1134], ist nach anderer Ansicht der Erlass einer künftigen Forderung ausgeschlossen, da er zumindest für eine juristische Sekunde die Existenz einer Forderung voraussetzte. Durch den antizipierten Verzicht soll sich die Rechtslage vielmehr derart ändern, dass ein Anspruch von vornherein nicht entstehe.[1135]

Die vorstehenden Ansätze haben gemein, dass die Einwilligung als Vertrag konstruiert wird und dass trotz erteilter Einwilligung tatbestandlich ein rechtswidriger Eingriff in das betroffene Persönlichkeitsrecht vorliegt. Dies ist in der Literatur mit beachtlichen Gründen kritisiert worden. So wird darauf hingewiesen, dass der Begriff der Einwilligung die rechtliche Möglichkeit einer einseitigen Erklärung voraussetze.[1136] Zudem gehe der Wille der Parteien in der Regel dahin, dass der Erklärungsempfänger aufgrund der Einwilligung rechtmäßig handelt. Läge trotz Einwilligung ein rechtswidriger Eingriff in das Persönlichkeitsrecht vor, stünde dies auch im Widerspruch zu § 276 Abs. 3 BGB, wonach eine Haftung für vorsätzliche Verletzungshandlungen gerade nicht im Voraus erlassen werden kann. Darüber hinaus wäre gemäß § 227 BGB Notwehr bzw. Nothilfe gegen die an sich gestattete Nutzung möglich.[1137] Deswegen soll sich die Einwilligung bereits auf der Ebene des Gesamttatbestandes auswirken, indem die Tatbestandsmäßigkeit bzw. die Rechtswidrigkeit des Eingriffs entfällt.[1138] In

---

[1133] LG Nürnberg-Fürth BB 1971, 284, 284; BGB-RGRK-*Krüger-Nieland*, § 12, Rn. 72; Soergel-*Heinrich*, § 12, Rn. 197; nach *v. Gamm*, Einf., Rn. 109, ist im Wege der Auslegung zu entscheiden, ob ein Verzicht auf künftige Ansprüche oder ein pactum de non petendo vorliegt.

[1134] BGHZ 40, 326, 330; Soergel-*Zeiss*, § 397, Rn. 5; MüKo-*Schlüter*, § 397, Rn. 7; *Larenz*, Schuldrecht Bd. I, § 19 I a; *Esser/Schmidt*, Schuldrecht Bd. I/1, S. 332.

[1135] BGH BB 1956, 1086, 1086; Palandt-*Heinrichs*, § 397, Rn. 2; vgl. auch *Dasch*, Die Einwilligung zum Eingriff in das Recht am eigenen Bild, S. 29.

[1136] *Helle*, AfP 1985, 93, 94; *Dasch*, Die Einwilligung zum Eingriff in das Recht am eigenen Bild, S. 29. Nach dieser Auffassung ist dementsprechend auch die Lehre vom Gestattungsvertrag (vgl. *v. Gamm*, Einf., Rn. 109) abzulehnen, wonach die Einwilligung stets in Form eines zweiseitigen Vertrages erteilt wird.

[1137] *Götting*, Persönlichkeitsrechte als Vermögensrechte, S. 146; *Dasch*, Die Einwilligung zum Eingriff in das Recht am eigenen Bild, S. 30 f.; *Zitelmann*, AcP 99, 1, 53 f.; *Helle*, AfP 1985, 93, 94.

[1138] Zu §§ 22 ff. KUG: Nach e.A. schließt die Einwilligung bereits den Tatbestand des § 22 KUG aus, vgl. *Götting*, Persönlichkeitsrechte als Vermögensrechte, S. 146; *Helle*, AfP 1985, 93, 96; Wenzel-*von Strobl-Albeg*, Rn. 7.60; Dreier/Schulze-*Dreier*, § 22 KUG, Rn. 17; *Moosmann*, Exklusivstories, S. 120; vgl. auch *Ohly*, Die Einwilligung im Privatrecht, S. 140, 197 ff. Nach a.A. wirkt die Einwilligung als Rechtfertigungsgrund, vgl. OLG Koblenz GRUR 1995, 771, 771 – Werbefoto; OLG Hamburg AfP 1981, 356, 357; OLG Karlsruhe FamRZ 1983, 742, 743 f.; *Dasch*, Die Einwilligung zum Eingriff in das Recht am eigenen Bild, S. 35.

der Mehrzahl der Fälle wird der Streit ohne praktische Relevanz bleiben, da der Filmhersteller nach allen Ansichten jedenfalls im Ergebnis vor durchsetzbaren Unterlassungs- und Schadensersatzansprüchen geschützt ist. Eine vertiefte Auseinandersetzung mit dem Streitstand soll daher hier ausgeklammert werden. Für die folgenden Ausführungen, insbesondere zur Vertragsgestaltung können die Rechtswirkungen der Einwilligung dahingehend beschrieben werden, dass diese unstreitig eine ausschließlich zwischen den Parteien wirkende Befugnis zur (kommerziellen) Nutzung eines bestimmten Persönlichkeitsrechts verleiht.

II. Rechtsnatur der Einwilligung

Die Einwilligung in eine Lebens- und Charakterbildverfilmung kann unterschiedliche Persönlichkeitsrechte und -merkmale betreffen. So ist die Einwilligung zunächst bei Eingriffen in das allgemeine Persönlichkeitsrecht (§ 823 Abs. 1 BGB) bedeutsam, das vor einer unbefugten Darstellung des Lebens- und Charakterbildes einschließlich einer unbefugten namentlichen Benennung des Betroffenen schützt. Ferner kann die Einwilligung im Hinblick auf das Recht am eigenen Bild gemäß § 22 S. 1 KUG relevant werden, sofern der Betroffene im Film bildlich in Erscheinung tritt, etwa im Rahmen eines Interviews oder durch die Verwendung von Fotografien und Filmausschnitten. Die Voraussetzungen und Rechtsfolgen einer derartigen Einwilligung hängen davon ab, welche Rechtsnatur die Einwilligung im Rahmen der vorgenannten Vorschriften einnimmt.

1. Anwendbarkeit der §§ 104 ff. BGB

Die Rechtsnatur der Einwilligung ist Gegenstand zahlreicher Auseinandersetzungen, wobei die Einwilligung teils als rechtsgeschäftliche Willenserklärung[1139], teils als geschäftsähnliche Handlung[1140] eingeordnet wird.[1141]

Im Deliktsrecht legt die h.M. der Einwilligung rechtfertigende Wirkung bei: *Larenz/Canaris*, Schuldrecht Bd. II/2, § 75 II 2c; *Esser/Schmidt*, Schuldrecht Bd. I/2, S. 70 ff.; MüKo-*Wagner*, § 823, Rn. 309, 665; Soergel-*Zeuner*, § 823, Rn. 225; Palandt-*Sprau*, § 823, Rn. 38; Wenzel-*Burkhardt*, Rn. 6.92 ff.

[1139] Zu §§ 22 ff. KUG: OLG München NJW-RR 1990, 999, 1000; OLG Hamburg Schulze OLGZ 122, 1, 5; OLG Hamburg AfP 1981, 356, 357; OLG Stuttgart AfP 1983, 396, 397; OLG München AfP 1983, 276, 277; *Helle*, AfP 1985, 93, 97; *Frömming/Peters*, NJW 1996, 958, 958. Im Grundsatz auch: *Dasch*, Die Einwilligung zum Eingriff in das Recht am eigenen Bild, S. 38 ff., 57; *Unland*, Die Verfilmung tatsächlicher Ereignisse, S. 28 f.; Dreier/Schulze-*Dreier*, § 22 KUG, Rn. 17; Wandtke/Bullinger-*Fricke*, § 22 KUG, Rn. 14; Möhring/Nicolini-*Gass*, § 60 Anh. § 22 KUG, Rn. 20; BGB-RGRK-*Dunz*, § 823 Anh. I, Rn. 28; offen gelassen von Wenzel-*von Strobl-Albeg*, Rn. 7.59 ff. Zu § 823 Abs. 1 BGB: BGHZ 7, 198, 207; BGHZ 90, 96, 101 f.; OLG München NJW-RR 1990, 999, 1000; RG JW 1907, 505, 505; RG JW 1911, 748, 748; RGZ 141, 262, 265; *Dasch*, Die Einwilligung zum Eingriff in das Recht am

Formal steht die Einwilligung im Einklang mit der Definition der Willenserklärung.[1142] Denn sie ist eine auf eine bestimmte Rechtsfolge final gerichtete Willensäußerung, bei der der gewollte Rechtserfolg – die Befugnis zum Eingriff in das Persönlichkeitsrecht – eintritt, weil es vom Erklärenden so gewollt ist.[1143] Geschäftsähnliche Handlungen sind hingegen auf einen tatsächlichen Erfolg gerichtete Erklärungen, denen Rechtswirkungen unabhängig vom Willen des Erklärenden kraft Gesetzes beigelegt werden.[1144] Auch faktisch erfüllt die Einwilligung zur Nutzung von Persönlichkeitsmerkmalen die Funktion einer Willenserklärung. Sie dient dazu, in Ausübung der Selbstbestimmungsbefugnis die rechtlichen Beziehungen zu anderen in Bezug auf das betroffene Persönlichkeitsrecht zu gestalten.[1145] Die Einwilligung ist damit Bestandteil der Privatautonomie.[1146] Als rechtstechnisches Mittel zur Ausübung von Privatautonomie durch finale, gestaltende Entscheidungen hat die Rechtsordnung jedoch gerade das Instrument der rechtsgeschäftlichen Willenserklärungen zur Verfügung gestellt.[1147] Gegen eine Qualifikation der Einwilligung als geschäftsähnliche Handlung spricht schließlich auch eine ergebnisorientierte Betrachtung. So dient die Gestattung einer Nutzung von Persönlichkeitsmerkmalen häufig der Kom-

---

eigenen Bild, S. 57. Im Ergebnis: *Unland*, Die Verfilmung tatsächlicher Ereignisse, S. 106; MüKo-*Schmitt*, § 105, Rn. 22 f.; Wenzel-*Burkhardt*, Rn. 6.92 ff.; *Prantl*, Die journalistische Information zwischen Ausschlußrecht und Gemeinfreiheit, S. 144 (Fn. 131), der eine andere rechtliche Beurteilung nur bei Eingriffen in die körperliche Integrität für möglich hält; *Frömming/Peters*, NJW 1996, 958, 958.

1140 Zu §§ 22 ff. KUG: OLG Karlsruhe FamRZ 1983, 742, 743; Palandt-*Heinrichs*, Überbl. v. § 104, Rn. 6, 8; Dreyer/Kotthoff/Meckel-*Dreyer*, Anh. § 60/Vor §§ 22 ff. KUG, Rn. 13; *Neumann-Duesberg*, Schulze OLGZ 90, 5, 7. Zu § 823 Abs. 1 BGB: BGHZ 29, 33, 36; BGH NJW 1988, 2946, 2947; OLG Karlsruhe FamRZ 1983, 742, 743; MüKo-*Wagner*, § 823, Rn. 309, 665 ff.; BGB-RGRK-*Krüger-Nieland*, § 106, Rn. 11; Palandt-*Heinrichs*, Überbl. v. § 104, Rn. 8; Palandt-*Sprau*, § 823, Rn. 38.

1141 Nur vereinzelt wird die Ansicht vertreten, dass es sich bei der Einwilligung um einen Realakt handelt, vgl. Staudinger[12]-*Dilcher*, Einl. zu §§ 104-185, Rn. 18. Gegen diese Ansicht spricht, dass der gewollte Rechtserfolg der Einwilligung nicht aufgrund einer tatsächlichen Handlung des Abgebildeten unabhängig von dessen Willen kraft Gesetz eintritt, wie es für einen Realakt typisch wäre. Vielmehr liegt dem Rechtserfolg – der Gestattung des Eingriffs – gerade ein final gerichteter Wille zugrunde, so dass die Einwilligung der Ausübung von Privatautonomie dient, vgl. *Dasch*, Die Einwilligung zum Eingriff in das Recht am eigenen Bild, S. 45; *Helle*, AfP 1985, 93, 96 f.; *Götting*, Persönlichkeitsrechte als Vermögensrechte, S. 147 (Fn. 32).

1142 S. zum Begriff der Willenserklärung *Larenz/Wolf*, BGB AT, § 22 II 1.

1143 *Frömming/Peters*, NJW 1996, 958, 958; *Helle*, AfP 1985, 93, 97.

1144 Palandt-*Heinrichs*, Überbl. v. § 104, Rn. 6; Soergel-*Hefermehl*, Vor § 116, Rn. 22 ff.

1145 Schricker-*Gerstenberg/Götting*, § 60/§ 22 KUG, Rn. 14; *Götting*, Persönlichkeitsrechte als Vermögensrechte, S. 147; *Kohte*, AcP 185, 105, 110.

1146 *Helle*, Besondere Persönlichkeitsrechte im Privatrecht, S. 103; Dreier/Schulze-*Dreier*, § 22 KUG, Rn. 17.

1147 Palandt-*Heinrichs*, Überbl. v. § 104, Rn. 2; vgl. auch *Helle*, AfP 1985, 93, 97; *Dasch*, Die Einwilligung zum Eingriff in das Recht am eigenen Bild, S. 38 f.; *Unland*, Die Verfilmung tatsächlicher Ereignisse, S. 28.

merzialisierung des betreffenden Persönlichkeitsdetails, wie etwa bei der Vermarktung des Rechts am eigenen Bild zu Werbezwecken. Indem der Berechtigte die Erteilung seiner Einwilligung von einem Entgelt abhängig macht, wird das betreffende Persönlichkeitsrecht zum Gegenstand einer wirtschaftlichen Interaktion. Hierdurch entsteht ein Bedürfnis nach Sicherheit und Leichtigkeit des Rechtsverkehrs, dem am effektivsten durch die Anwendung der Vorschriften über rechtsgeschäftliche Willenserklärungen entsprochen wird.[1148]

Während die Einwilligung gemäß § 22 S. 1 KUG von der h.L. und Teilen der Rechtsprechung daher als Willenserklärung eingeordnet wird, soll die Einwilligung in eine unerlaubte Handlung gemäß § 823 BGB Abs. 1 BGB nach überwiegender Ansicht als geschäftsähnliche Handlung anzusehen sein.[1149] Allerdings wäre eine uneinheitliche rechtliche Qualifizierung der Einwilligung in Persönlichkeitsrechtsverletzungen durch Mediendarstellungen widersprüchlich, da die vorstehenden Erwägungen im Hinblick auf das allgemeine Persönlichkeitsrecht gleichermaßen zutreffen.[1150] Hinzu kommt, dass die Einwilligung in eine unerlaubte Handlung gemäß § 823 Abs. 1 BGB vor allem im Zusammenhang mit Eingriffen in die körperliche Integrität, insbesondere bei ärztlichen Heileingriffen diskutiert wird.[1151] Die bei ärztlichen Heileingriffen bestehende Interessenlage ist jedoch mit derjenigen bei einer persönlichkeitsrelevanten Darstellung in den Medien – insbesondere soweit es sich um eine kommerzielle Nutzung von Persönlichkeitsrechten handelt – nicht identisch und damit nicht übertragbar.[1152] Während das persönlichkeitsrechtliche Selbstbestimmungsrecht bei Eingriffen in die Rechtsgüter Leben und Gesundheit wegen des Bezugs zur körperlichen Integrität in besonders sensibler Weise betroffen ist, sind im Falle einer kommerziellen Nutzung von Persönlichkeitsmerkmalen neben ideellen vor allem wirtschaftliche Selbstbestimmungsinteressen angesprochen. Ziel der Einwilligung ist es demnach nicht nur, dem konkreten Eingriff die rechtliche Missbilligung zu nehmen, sie dient vielmehr als rechtliches Instrument dazu, Persönlichkeitsdetails zum verkehrsfähigen Wirtschaftsgut zu machen. Insofern sind unmittelbar vermögensrechtliche Interessen angesprochen, auf deren Wahrung der Schutzzweck der §§ 104 ff. BGB zugeschnitten ist.[1153] Deshalb ist die Einwilligung zum Eingriff in das durch § 823 Abs. 1 BGB geschützte allgemeine

[1148] Wenzel-*Burkhardt*, Rn. 6.93; Wenzel-*von Strobl-Albeg*, Rn. 7.62; *Unland*, Die Verfilmung tatsächlicher Ereignisse, S. 28 f.

[1149] Vgl. die Nachweise zuvor unter 4. Teil G II 1.

[1150] Im Ergebnis: *Dasch*, Die Einwilligung zum Eingriff in das Recht am eigenen Bild, S. 57; *Unland*, Die Verfilmung tatsächlicher Ereignisse, S. 106; *Prantl*, Die journalistische Information zwischen Ausschlußrecht und Gemeinfreiheit, S. 144 (Fn. 131).

[1151] *Dasch*, Die Einwilligung zum Eingriff in das Recht am eigenen Bild, S. 43; vgl. etwa die Darstellung bei Palandt-*Heinrichs*, § 823, Rn. 151 ff.

[1152] OLG Düsseldorf AfP 1984, 229, 230; *Götting*, Persönlichkeitsrechte als Vermögensrechte, S. 150 (Fn. 48).

[1153] *Götting*, Persönlichkeitsrechte als Vermögensrechte, S. 155; *Dasch*, Die Einwilligung zum Eingriff in das Recht am eigenen Bild, S. 100 f.

Persönlichkeitsrecht ebenso wie die Einwilligung gemäß § 22 S. 1 KUG als Willenserklärung anzusehen.[1154]

2. Modifikationen der §§ 104 ff. BGB

Auch wenn im Grundsatz von der Rechtsnatur der Einwilligung als Willenserklärung auszugehen ist, wird diese formale Einordnung dem Wesen des Persönlichkeitsrechts nicht immer gerecht. So sind die Vorschriften über Rechtsgeschäfte vornehmlich auf einen reibungslosen Güter- und Warenaustausch zugeschnitten, wohingegen selbst bei einer stark kommerziell geprägten Nutzung von Persönlichkeitsrechten die ideellen Interessen des Rechtsinhabers nie vollständig zurücktreten. Diese besondere Interessenlage findet bei einer Einordnung der persönlichkeitsrechtlichen Einwilligung in das Regelungssystem der §§ 104 ff. BGB nur unzureichend Berücksichtigung. So sehen diese Bestimmungen im Hinblick auf die Sicherheit und Leichtigkeit des Rechtsverkehrs beispielsweise eine grundsätzliche Bindung an rechtsgeschäftliche Erklärungen vor, während die Verfassung das allgemeine Persönlichkeitsrecht gerade in seiner permanenten Fortentwicklung, Formung und Reifung schützt. Dieser Entwicklungsprozess kann zur Folge haben, dass sich der Einwilligende mit einer früheren Entscheidung irgendwann nicht mehr identifizieren kann und eine strenge Bindung an die Einwilligung im Einzelfall zu einer Verletzung seines Persönlichkeitsrechts führt. Ferner stellt sich bei Minderjährigen die Frage, ob eine alleinige Entscheidungsbefugnis des gesetzlichen Vertreters über die Erteilung der Einwilligung gemäß §§ 107 ff. BGB mit der höchstpersönlichen Natur von Persönlichkeitsrechten vereinbar ist.

Auch wenn die Einwilligung grundsätzlich als Willenserklärung anzusehen ist, wird in der Rechtsprechung und Literatur daher zu Recht zunehmend davon ausgegangen, dass die rechtsgeschäftlichen Regeln der §§ 104 ff. BGB im Einzelfall zu modifizieren sind, sofern eine statische Anwendung der Bestimmungen dem Wesen des Persönlichkeitsrechts entgegensteht.[1155] Die Frage nach einer Modifikation der §§ 104 ff. BGB stellt sich vor allem im Hinblick auf die

---

[1154] S. die Nachweise zuvor unter 4. Teil G II 1.

[1155] *Dasch*, Die Einwilligung zum Eingriff in das Recht am eigenen Bild, S. 57, 84 ff., 99 ff.; Wenzel-*Burkhardt*, Rn. 6.94; Wenzel-*von Strobl-Albeg*, Rn. 6.68 ff., 6.84 ff.; *Ohly*, Die Einwilligung im Privatrecht, S. 214, 293 ff.; *Unland*, Die Verfilmung tatsächlicher Ereignisse, S. 28 ff.; Dreier/Schulze-*Dreier*, § 22 KUG, Rn. 17, 26, 35; Wandtke/Bullinger-*Fricke*, § 22 KUG, Rn. 12, 14, 19; Möhring/Nicolini-*Gass*, § 60 Anh. § 22 KUG, Rn. 20 ff.; BGB-RGRK-*Dunz*, § 823 Anh. I, Rn. 28. Im Ergebnis: *Götting*, Persönlichkeitsrechte als Vermögensrechte, S. 148 ff.; Schricker-*Gerstenberg/Götting*, § 60/ § 22 KUG, Rn. 14. Im Ergebnis bzgl. Widerruflichkeit der Einwilligung: OLG München NJW-RR 1990, 999, 1000; LG Oldenburg GRUR 1988, 694, 695 – Grillfest; *Frömming/Peters*, NJW 1996, 958, 959.

Möglichkeit eines Widerrufs der Einwilligung sowie im Falle der Einwilligung eines beschränkt geschäftsfähigen Minderjährigen.[1156]

III. Einwilligung beschränkt Geschäftsfähiger

Betrifft die Lebens- und Charakterbildverfilmung bzw. sonstige Veröffentlichung persönlichkeitsrelevanter Daten einen beschränkt Geschäftsfähigen, stellt sich die Frage, ob der Minderjährige eigenständig in die Nutzung seiner Persönlichkeitsmerkmale einwilligen kann. Dies ist jedenfalls insoweit der Fall, als der gesetzliche Vertreter den Minderjährigen gemäß § 113 BGB ermächtigt hat, in Dienst oder Arbeit zu treten, etwa eine Tätigkeit als Schauspieler[1157] oder Fotomodell[1158] auszuüben. Denn dies hat nach § 113 Abs. 1 S. 1 BGB zur Folge, dass der Minderjährige die unbeschränkte Geschäftsfähigkeit für solche Rechtsgeschäfte erlangt, welche die Eingehung, Aufhebung oder Erfüllung des Dienst- oder Arbeitsverhältnisses betreffen. Dementsprechend kann der Minderjährige auch die Einwilligung zu Eingriffen in seine Persönlichkeitsrechte erteilen[1159], sofern es sich im konkreten Fall nicht um eine außergewöhnliche Vereinbarung handelt, sondern um eine Abrede, die regelmäßig und üblicherweise mit Vertragsverhältnissen der gestatteten Art verbunden ist[1160]. Außerhalb des Anwendungsbereiches des § 113 BGB hängt die Frage, ob bei der Einwilligungserteilung eine Mitwirkung des gesetzlichen Vertreters erforderlich ist, wiederum davon ab, welche Rechtsnatur man der Einwilligung beilegt.

Für diejenigen, die die Einwilligung als Willenserklärung einordnen und eine uneingeschränkte Anwendung der rechtsgeschäftlichen Vorschriften befürworten, liegt die Antwort auf der Hand: Die von einem Minderjährigen erklärte Einwilligung bedarf zu ihrer Wirksamkeit der Zustimmung des gesetzlichen Vertreters gemäß §§ 107 ff. BGB.[1161] Andere sehen in der Einwilligung eine geschäftsähnliche Handlung[1162], so dass die §§ 107 ff. BGB nur insoweit analog anzuwenden sind, als dies der Schutz des Minderjährigen erfordert. Besitzt der

---

[1156] S. hierzu z.B. *Götting*, Persönlichkeitsrechte als Vermögensrechte, S. 148 f., 149 ff.

[1157] Erman-*Palm*, § 113, Rn. 5; MüKo-*Schmitt*, § 113, Rn. 6.

[1158] *Götting*, Persönlichkeitsrechte als Vermögensrechte, S. 153; *Dasch*, Die Einwilligung zum Eingriff in das Recht am eigenen Bild, S. 100.

[1159] OLG Hamburg Schulze OLGZ 122, 1, 5 f.; *Götting*, Persönlichkeitsrechte als Vermögensrechte, S. 153; *Dasch*, Die Einwilligung zum Eingriff in das Recht am eigenen Bild, S. 100.

[1160] OLG Hamburg Schulze OLGZ 122, 1, 5 f.; Erman-*Palm*, § 113, Rn. 7; MüKo-*Schmitt*, § 113, Rn. 19; vgl. auch BGH GRUR 1975, 561, 563 – Nacktaufnahmen.

[1161] OLG Hamburg Schulze OLGZ 122, 1, 5; OLG Stuttgart AfP 1983, 396, 397; OLG München AfP 1983, 276, 277; Möhring/Nicolini-*Gass*, § 60 Anh. § 22 KUG, Rn. 20, 22; Erman-*Ehmann*, Anh. § 12, Rn. 253 f.; *Helle*, AfP 1985, 93, 97; *Frömming/Peters*, NJW 1996, 958, 958; ohne ausdrückliche Qualifizierung der Einwilligung als Willenserklärung im Ergebnis OLG Düsseldorf AfP 1984, 229, 230.

[1162] Vgl. die Nachweise oben unter 4. Teil G II 1.

beschränkt Geschäftsfähige die hinreichende Einsichtsfähigkeit, um die Tragweite seiner Entscheidung überblicken zu können, soll er unter dem Gesichtspunkt der Grundrechtsmündigkeit ohne Mitwirkung seines gesetzlichen Vertreters einwilligen können.[1163] Allerdings wird dieser Ansatz vor allem im Zusammenhang mit Einwilligungen in ärztliche Heileingriffe vertreten. Wie bereits zuvor erwähnt, ergibt sich bei einer Einwilligung in die Nutzung von Persönlichkeitsrechten wie dem Recht am eigenen Lebens- und Charakterbild eine unterschiedliche Interessenlage, da im Gegensatz zu medizinischen Eingriffen mit der Verwertung einer Lebensgeschichte häufig unmittelbar vermögensrechtliche Interessen des Berechtigten angesprochen sind, auf deren Wahrung der Schutzzweck der §§ 107 ff. BGB zugeschnitten ist.[1164]

Nach dem hier vertretenen vermittelnden Ansatz ist daher grundsätzlich von einer direkten Anwendbarkeit der §§ 107 ff. BGB auszugehen, so dass die von einem beschränkt Geschäftsfähigen erteilte Einwilligung der Zustimmung seines gesetzlichen Vertreters bedarf. Im Hinblick auf die Höchstpersönlichkeit der betroffenen Rechtsinteressen bereitet die alleinige Entscheidungsbefugnis des gesetzlichen Vertreters über die Einwilligung allerdings Unbehagen, wenn der beschränkt Geschäftsfähige die volle Einsichtsfähigkeit besitzt und dem Eingriff in seine Persönlichkeitsrechte widerspricht. Die persönlichkeitsrechtlichen Interessen des Minderjährigen gebieten es daher, die §§ 107 ff. BGB zu modifizieren und dem beschränkt Geschäftsfähigen ein Mitspracherecht einzuräumen, sofern er die hinreichende Einsichtsfähigkeit besitzt sowie Tragweite und Bedeutung der von seinen gesetzlichen Vertretern erteilten Einwilligung einzuschätzen weiß. Damit wird eine Doppelzuständigkeit in der Form begründet, dass der einsichtsfähige beschränkt Geschäftsfähige zwar nicht ohne Zustimmung seiner gesetzlichen Vertreter einwilligen kann, diese wiederum aber auch nicht gegen dessen Willen handeln können.[1165] Mit diesem Ergebnis, das der BGH in einer Entscheidung für „durchaus erwägenswert" hielt[1166] und dem sich z.T. auch Vertreter der Auffassung von der Einwilligung als geschäftsähnliche

[1163] BGHZ 29, 33, 36; BayOLG BayOLGZ 85, 53, 56; OLG Hamm NJW 1983, 2095, 2095; OLG Karlsruhe FamRZ 1983, 742, 743; BGB-RGRK-*Krüger-Nieland* § 106, Rn. 11. Teilweise wird abweichend hiervon grundsätzlich zusätzlich die Zustimmung des gesetzlichen Vertreters gefordert: Palandt-*Heinrichs*, Überbl. v. § 104, Rn. 8; Palandt-*Sprau*, § 823, Rn. 38; Dreyer/Kotthoff/Meckel-*Dreyer*, Anh. § 60/Vor §§ 22 ff. KUG, Rn. 13; vgl. auch Soergel-*Hefermehl*, § 107, Rn. 19.

[1164] Vgl. oben unter 4. Teil F II 2; Dreier/Schulze-*Dreier*, § 22 KUG, Rn. 26.

[1165] Wandtke/Bullinger-*Fricke*, § 22 KUG, Rn. 12; Dreier/Schulze-*Dreier*, § 22 KUG, Rn. 26; Möhring/Nicolini-*Gass*, § 60 Anh. § 22 KUG, Rn. 22; *Dasch*, Die Einwilligung zum Eingriff in das Recht am eigenen Bild, S. 99 ff.; *Unland*, Die Verfilmung tatsächlicher Ereignisse, S. 29, 36 ff.; Wenzel-*Burkhardt*, Rn. 6.94. Im Ergebnis: *Götting*, Persönlichkeitsrechte als Vermögensrechte, S. 154 ff.; Schricker-*Gerstenberg/Götting*, § 60/§ 22 KUG, Rn. 14.

[1166] BGH NJW 1974, 1947, 1950.

Handlung annähern[1167], bewegt man sich im Einklang mit der Aussage des BVerfG, dass die Befugnisse aus dem Elternrecht mit zunehmender Selbstbestimmungsfähigkeit des Kindes zurückzutreten haben.[1168] Zwar birgt die Anwendung eines unbestimmten Rechtsbegriffs wie dem der „Einsichtsfähigkeit" ein gewisses Maß an Rechtsunsicherheit.[1169] Allerdings lässt sich einer Reihe von gesetzlichen Bestimmungen[1170] eine Regelvermutung dahingehend entnehmen, dass ab Vollendung des 14. Lebensjahres ein Minderjähriger in der Regel als einsichtsfähig anzusehen ist. Diese normative Wertung kann als Leitlinie dienen und verringert damit die für den Rechtsverkehr bestehende Rechtsunsicherheit.[1171]

Für den Hersteller einer Lebens- und Charakterbildverfilmung hat die hier vertretene Auffassung zur Konsequenz, dass er sich der Einwilligung sowohl des einsichtsfähigen Minderjährigen als auch dessen gesetzlichen Vertreters versichern muss. Denn zum einen wird es dem Filmhersteller in der Regel nicht möglich sein, die Einsichtsfähigkeit des beschränkt Geschäftsfähigen zu beurteilen, zumal nicht sicher ist, ob ein Gericht diese im Streitfall gleichermaßen einschätzen würde. Die Regelvermutung, dass ein Minderjähriger ab dem 14. Lebensjahr die erforderliche Einsichtsfähigkeit besitzt, bietet insofern nur einen Anhaltspunkt. Zum anderen ist ungewiss, ob das Gericht die Rechtsnatur der Einwilligung als Willenserklärung oder – wie die h.M. zu § 823 BGB – als geschäftsähnliche Handlung einstuft, mit der Folge, dass der einsichtsfähige Minderjährige allein einwilligungsbefugt wäre. Um jegliches Risiko – das im Hinblick auf die finanziellen Investitionen bei der Filmherstellung nicht unerheblich ist – auszuschließen, sollte in der Praxis daher stets die Einwilligung von gesetzlichem Vertreter und Minderjährigem eingeholt werden.[1172] Eindeutig ist die Rechtslage lediglich dann, wenn der Rechtsinhaber geschäftsunfähig ist. Hier ist nach allen Ansichten eine Einwilligung nur durch den gesetzlichen Ver-

---

1167 Dreyer/Kotthoff/Meckel-*Dreyer*, Anh. § 60/Vor §§ 22 ff. KUG, Rn. 13; Palandt-*Heinrichs*, Überbl. v. § 104, Rn. 8; Palandt-*Sprau*, § 823, Rn. 38; differenzierend *Ohly*, Die Einwilligung im Privatrecht, S. 318 ff. Vgl. auch: Soergel-*Hefermehl*, § 107, Rn. 19; Wenzel-*von Strobl-Albeg*, Rn. 7.69, der die Einwilligung als Willenserklärung, „mindestens aber als rechtsgeschäftsähnliche Handlung" (Rn. 7.62) ansieht.

1168 BVerfGE 59, 360, 387 f.; vgl. auch BGH NJW 1974, 1947, 1949 f.

1169 *Helle*, AfP 1985, 93, 98; *Helle*, Besondere Persönlichkeitsrechte im Privatrecht, S. 104 f.

1170 S. etwa §§ 5 S. 1, 6 RKEG; §§ 1617c Abs. 1 S. 2, 1618 S. 6 BGB.

1171 *Dasch*, Die Einwilligung zum Eingriff in das Recht am eigenen Bild, S. 105; *Unland*, Die Verfilmung tatsächlicher Ereignisse, S. 37 f.; *Götting*, Persönlichkeitsrechte als Vermögensrechte, S. 156; Dreier/Schulze-*Dreier*, § 22 KUG, Rn. 26.

1172 Vgl. auch: MüKo-*Wagner*, § 823, Rn. 309, 669; BGB-RGRK-*Steffen*, § 823, Rn. 378. Für eine RTL-Verfilmung der Lebensgeschichte eines krebskranken Mädchens, deren Eltern eine schulmedizinische Behandlung ablehnten und die Behandlung ihrer Tochter durch einen „Wunderheiler" vornehmen ließen, traf die Sendeanstalt mit dem Mädchen und deren Eltern eine vertragliche Vereinbarung zur „Abgeltung" der Persönlichkeitsrechte, vgl. *Eickmeier/Eickmeier*, ZUM 1998, 1, 1; *Schertz*, ZUM 1998, 757, 759.

treter möglich, da dem Geschäftsunfähigen sowohl die Geschäftsfähigkeit als auch die Einsichtsfähigkeit für eine solche Erklärung fehlt.[1173]

IV. Widerruf der Einwilligung

Von großer Bedeutung für den Einwilligungsempfänger ist des Weiteren die Frage, ob der Einwilligende seine Erklärung widerrufen kann. Ein Widerruf ist jedenfalls dann möglich, wenn der Rechtsinhaber sich bei der Einwilligungserteilung einen Widerruf der Einwilligung vorbehalten hat.[1174] Inwieweit die Einwilligung im Übrigen widerruflich ist, ist höchst streitig. Das Spektrum der Auffassungen reicht dabei von einer freien Widerruflichkeit der Einwilligung bis hin zu ihrer Unwiderruflichkeit. Zunehmend wird im Hinblick auf die Kommerzialisierung von Persönlichkeitsrechten davon ausgegangen, dass die Einwilligung jedenfalls im Grundsatz unwiderruflich ist.[1175]

Ordnet man die Einwilligung als Willenserklärung ein, folgt ihre Unwiderruflichkeit aus der Bestimmung des § 130 Abs. 1 BGB.[1176] Allerdings widerspricht die hiernach bestehende strenge Bindungswirkung, die vornehmlich einem reibungslosen Warenverkehr dienen soll[1177], dem dynamischen Wesen der Persönlichkeit. So kann die permanente Formung und Reifung der Persönlichkeit im Verlauf der Zeit dazu führen, dass sich die innere Haltung zur erteilten Einwilligung gravierend verändert, wozu auch die Veränderung äußerer Umstände beitragen mag. Hielte man den Einwilligenden gleichwohl an seiner Erklärung fest, kann dies im Einzelfall zu einer Verletzung des gerade in seiner Entwicklung und Wandlung geschützten Persönlichkeitsrechts führen. Daher wird von zahlreichen Stimmen in Rechtsprechung und Literatur zu Recht die Auffassung vertreten, dass das für Willenserklärungen geltende Bindungsprinzip zu modifizie-

---

[1173] *Dasch*, Die Einwilligung zum Eingriff in das Recht am eigenen Bild, S. 99 f.; Dreier/Schulze-*Dreier*, § 22 KUG, Rn. 25. Zur Einwilligung eines Volltrunkenen: OLG Frankfurt NJW 1987, 1087, 1087; *Frömming/Peters*, NJW 1996, 958, 958.

[1174] *Helle*, Besondere Persönlichkeitsrechte im Privatrecht, S. 117; *Unland*, Die Verfilmung tatsächlicher Ereignisse, S. 33. Zur Möglichkeit einer beschränkten Einwilligungserteilung vgl. BGH GRUR 1992, 557, 557 – Talkmaster-Foto; Wandtke/Bullinger-*Fricke*, § 22 KUG, Rn. 14.

[1175] S. zum Streitstand mit weiteren Nachweisen: *Dasch*, Die Einwilligung zum Eingriff in das Recht am eigenen Bild, S. 82 ff.; *Götting*, Persönlichkeitsrechte als Vermögensrechte, S. 149 ff.; *Helle*, AfP 1985, 93, 99 f.

[1176] *Dasch*, Die Einwilligung zum Eingriff in das Recht am eigenen Bild, S. 84; *Helle*, AfP 1985, 93, 100; Wandtke/Bullinger-*Fricke*, § 22 KUG, Rn. 14; *Unland*, Die Verfilmung tatsächlicher Ereignisse, S. 34; im Ergebnis *Götting*, Persönlichkeitsrechte als Vermögensrechte, S. 150.

[1177] *Dasch*, Die Einwilligung zum Eingriff in das Recht am eigenen Bild, S. 85.

ren ist, soweit dies für einen wirksamen Persönlichkeitsschutz erforderlich ist.[1178]

Bei einer derartigen Modifikation darf das Vertrauen des Erklärungsempfängers auf den Bestand der Einwilligung allerdings nicht gänzlich unberücksichtigt bleiben, da diese im rechtsgeschäftlichen Verkehr ansonsten wertlos wäre. Zudem spricht gegen eine freie Widerruflichkeit, dass der Einwilligende das betreffende Persönlichkeitsmerkmal häufig durch die Entgegennahme eines Entgeltes kommerzialisiert.[1179] Ein Widerruf ist deshalb nur dann zuzulassen, wenn der Schutz des Persönlichkeitsrechts dies unbedingt erfordert. Ob das der Fall ist, ist im Wege einer Interessenabwägung zwischen dem Persönlichkeitsrecht des Einwilligenden und den Interessen des Erklärungsempfängers unter Berücksichtigung aller Umstände des Einzelfalles festzustellen.[1180] Im Rahmen dieser Interessenabwägung kommt es entscheidend darauf an, inwieweit der Erklärungsempfänger auf den Bestand der Einwilligung vertrauen durfte. Als vertrauensbegründender Umstand ist es vor allem zu werten, wenn die Einwilligung im Rahmen eines Vertrages erteilt worden ist bzw. wenn für die Einwilligung ein Entgelt geleistet wurde.[1181] In diesen Fällen hat der Einwilligende sein Persönlichkeitsrecht zum Gegenstand einer geschäftlichen Transaktion gemacht und es damit kommerzialisiert. Der Empfänger der „erkauften" Einwilligung hat nach dem Prinzip „pacta sunt servanda" ein schutzwürdiges Interesse, auf den Bestand der Einwilligung vertrauen zu können, zumal wenn diese Gegenstand weiterer Investitionen sein soll.[1182]

[1178] LG Oldenburg GRUR 1988, 694, 695 – Grillfest; LG Köln AfP 1996, 186, 187; LG Köln AfP 1989, 766, 767; AG Charlottenburg GRUR-RR 2002, 187, 188; OLG München NJW-RR 1990, 999, 1000; Schricker-*Gerstenberg/Götting*, § 60/§ 22 KUG, Rn. 14; Dreier/Schulze-*Dreier*, § 22 KUG, Rn. 35; Möhring/Nicolini-*Gass*, § 60 Anh. § 22 KUG, Rn. 20; Erman-*Ehmann*, Anh. § 12, Rn. 253; *Unland*, Die Verfilmung tatsächlicher Ereignisse, S. 34 f.; *Helle*, Besondere Persönlichkeitsrechte im Privatrecht, S. 118 ff.; *Helle*, AfP 1985, 93, 100; *Dasch*, Die Einwilligung zum Eingriff in das Recht am eigenen Bild, S. 84 f.; *Götting*, Persönlichkeitsrechte als Vermögensrechte, S. 150 f., 280; *Ohly*, Die Einwilligung im Privatrecht, S. 353 ff.; Wenzel-*von Strobl-Albeg*, Rn. 7.84 f.; *Frömming/Peters*, NJW 1996, 958, 959; Staudinger-*Hager*, § 823, Rn. C 184.

[1179] *Dasch*, Die Einwilligung zum Eingriff in das Recht am eigenen Bild, S. 85 f.; *Unland*, Die Verfilmung tatsächlicher Ereignisse, S. 35; *Götting*, Persönlichkeitsrechte als Vermögensrechte, S. 150.

[1180] OLG München NJW-RR 1990, 999, 1000; LG Oldenburg GRUR 1988, 694, 695 – Grillfest; *Unland*, Die Verfilmung tatsächlicher Ereignisse, S. 35; *Dasch*, Die Einwilligung zum Eingriff in das Recht am eigenen Bild, S. 85; *Helle*, Besondere Persönlichkeitsrechte im Privatrecht, S. 120; *Helle*, AfP 1985, 93, 100; Erman-*Ehmann*, Anh. § 12, Rn. 253; Dreier/Schulze-*Dreier*, § 22 KUG, Rn. 35.

[1181] *Götting*, Persönlichkeitsrechte als Vermögensrechte, S. 150 f.; *Dasch*, Die Einwilligung zum Eingriff in das Recht am eigenen Bild, S. 85 ff.; *Unland*, Die Verfilmung tatsächlicher Ereignisse, S. 35 f.; *Helle*, Besondere Persönlichkeitsrechte im Privatrecht, S. 120; Erman-*Ehmann*, Anh. § 12, Rn. 253.

[1182] *Götting*, Persönlichkeitsrechte als Vermögensrechte, S. 150.

Ist das Vertrauen des Erklärungsempfängers wegen besonderer vertrauensbegründender Umstände schutzwürdig, kommt ein Widerruf nur bei Vorliegen eines wichtigen Grundes in Betracht. Der Begriff des wichtigen Grundes ist durch eine Heranziehung des in § 42 UrhG enthaltenen Rechtsgedankens auszufüllen.[1183] Dieser Norm lässt sich die übertragbare Aussage entnehmen, dass die Lossagung von einer eingegangenen vertraglichen Verpflichtung nur bei einem grundlegenden Überzeugungswandel möglich ist. Entscheidend ist, dass sich hinsichtlich fundamentaler Überzeugungen eine gravierende innere Änderung vollzogen hat, so dass das Selbstbestimmungsrecht des Einwilligenden einen Widerruf der Einwilligung, mit der er sich nicht mehr identifizieren kann, gebietet.[1184] Aufgrund dieser hohen Anforderungen an den wichtigen Grund wird ein Widerruf nur sehr selten möglich sein, so dass im Ergebnis eine dem § 130 BGB nahe kommende Bindung des Einwilligenden eintritt.[1185] Sofern der Einwilligende ausnahmsweise zum Widerruf berechtigt ist, ist das Vertrauen des Einwilligungsempfängers in den Bestand der Einwilligung jedoch dahingehend zu berücksichtigen, dass ihm in analoger Anwendung des § 122 BGB ein Anspruch auf Ersatz des Vertrauensschadens zu gewähren ist.[1186]

Fehlt es im Hinblick auf den Bestand der Einwilligung an vertrauensbegründenden Umständen, ist an das Vorliegen des Widerrufsgrundes ein weniger strenger

---

[1183] *Dasch*, Die Einwilligung zum Eingriff in das Recht am eigenen Bild, S. 86; *Götting*, Persönlichkeitsrechte als Vermögensrechte, S. 150; *Ohly*, Die Einwilligung im Privatrecht, S. 353; Schricker-*Gerstenberg/Götting*, § 60/§ 22 KUG, Rn. 14; Dreier/Schulze-*Dreier*, § 22 KUG, Rn. 35; Möhring/Nicolini-*Gass*, § 60 Anh. § 22 KUG, Rn. 20; Erman-*Ehmann*, Anh. § 12, Rn. 253. Teilweise wird zusätzlich auf § 35 VerlG zurückgegriffen, vgl. OLG München NJW-RR 1990, 999, 1000; LG Köln AfP 1996, 186, 187; *Unland*, Die Verfilmung tatsächlicher Ereignisse, S. 35; ähnlich Wenzel-*von Strobl-Albeg*, Rn. 7.44.

[1184] *Dasch*, Die Einwilligung zum Eingriff in das Recht am eigenen Bild, S. 86; *Götting*, Persönlichkeitsrechte als Vermögensrechte, S. 150 f.; Schricker-*Gerstenberg/Götting*, § 60/§ 22 KUG, Rn. 14; Möhring/Nicolini-*Gass*, § 60 Anh. § 22 KUG, Rn. 20. Im Ergebnis: Dreyer/Kotthoff/Meckel-*Dreyer*, Anh. § 60/Vor §§ 22 ff. KUG, Rn. 15; vgl. OLG München NJW-RR 1990, 999, 1000; LG Köln AfP 1996, 186, 187; *Helle*, Besondere Persönlichkeitsrechte im Privatrecht, S. 118; *Unland*, Die Verfilmung tatsächlicher Ereignisse, S. 35.

[1185] *Dasch*, Die Einwilligung zum Eingriff in das Recht am eigenen Bild, S. 87.

[1186] *Dasch*, Die Einwilligung zum Eingriff in das Recht am eigenen Bild, S. 87; *Götting*, Persönlichkeitsrechte als Vermögensrechte, S. 150; *Ohly*, Die Einwilligung im Privatrecht, S. 354; *Helle*, AfP 1985, 93, 101; *Unland*, Die Verfilmung tatsächlicher Ereignisse, S. 36; *Moosmann*, Exklusivstories, S. 130; Dreier/Schulze-*Dreier*, § 22 KUG, Rn. 35. Nach a.A. folgt die Ersatzpflicht aus § 42 Abs. 3 UrhG, vgl. Staudinger-*Hager*, § 823, Rn. C 184; *Frömming/Peters*, NJW 1996, 958, 959; Wenzel-*von Strobl-Albeg*, Rn. 7.85. Hiergegen wendet sich das AG Charlottenburg GRUR-RR 2002, 187, 188, mit der Begründung, dass die Ausübung des Selbstbestimmungsrechts nicht durch die Verpflichtung zur Zahlung einer Entschädigung gemäß § 42 Abs. 3 UrhG erschwert werden darf. Auch *Ohly*, Die Einwilligung im Privatrecht, S. 354, weist darauf hin, dass die Entschädigungspflicht gemäß § 42 Abs. 3 UrhG dazu geführt habe, dass das Rückrufsrecht gemäß § 42 UrhG praktisch leer läuft. Mit der Anwendung des § 122 BGB sei die Hürde für den Widerruf niedriger, während gleichzeitig Vermögenseinbußen für den Verwerter vermieden würden.

Maßstab anzulegen. Eine einzelfallbezogene Interessenabwägung wird daher regelmäßig ergeben, dass dem Schutz des allgemeinen Persönlichkeitsrechts vor den Interessen des Erklärungsempfängers der Vorrang einzuräumen ist. Ein Widerruf wird demnach in der Regel möglich sein.[1187] Streitig ist, ob auch in diesem Fall eine Pflicht des Einwilligenden zum Ersatz des Vertrauensschadens besteht. Dies wird z.T. mit dem Argument abgelehnt, dass in diesem Fall gerade keine vertrauensbegründenden Umstände vorliegen, die eine Entschädigung wegen des entgegengebrachten Vertrauens rechtfertigen könnten.[1188] Andere rechtfertigen eine Analogie zu § 122 BGB mit der Erwägung, dass die zum Widerruf berechtigenden Umstände in der Sphäre des Einwilligenden begründet sind.[1189] Jedoch tritt auch nach dieser Ansicht eine Ersatzpflicht nicht in jedem Fall, sondern nur aufgrund einer sorgfältigen Prüfung der Umstände des Einzelfalles ein. Unter Zugrundelegung des Rechtsgedankens aus § 122 Abs. 2 BGB ist der Ersatz des Vertrauensschadens in Fällen ausgeschlossen, in denen das Vertrauen des Adressaten auf den Bestand der Willenserklärung nicht schutzwürdig ist, etwa weil ein Wandel der Einstellung voraussehbar war.[1190] Ferner ist zu prüfen, welche Aufwendungen das Vertrauen vernünftigerweise hätte rechtfertigen können (§§ 254, 242 BGB).[1191]

Auch wenn sich zu der Frage der Widerruflichkeit der Einwilligung noch keine vorherrschende Meinung gebildet hat, wird ganz überwiegend – wenn auch mit unterschiedlicher dogmatischer Begründung – jedenfalls eine strenge Unwiderruflichkeit der Einwilligung aus persönlichkeitsrechtlichen Erwägungen abgelehnt. Für den Hersteller einer Lebensbildverfilmung besteht damit im Ergebnis stets ein Widerrufsrisiko. Nach dem hier vertretenen Ansatz hat er jedoch die Möglichkeit, dieses Risiko durch Umstände zu minimieren, die sein Vertrauen auf den Bestand der Einwilligung schutzwürdig machen. Als vertrauensbegründender Umstand kommt vor allem der Abschluss eines entgeltlichen Gestat-

---

[1187] OLG Oldenburg GRUR 1988, 694, 695 – Grillfest; *Dasch*, Die Einwilligung zum Eingriff in das Recht am eigenen Bild, S. 87 f.; im Ergebnis *Götting*, Persönlichkeitsrechte als Vermögensrechte, S. 151, der beim Fehlen vertrauensbegründender Umstände stets – also unabhängig von einer Interessenabwägung – von einer freien Widerruflichkeit ausgeht. Hiergegen *Unland*, Die Verfilmung tatsächlicher Ereignisse, S. 35 (Fn. 189). Nach OLG München NJW-RR 1990, 999, 1000, ist ein Widerruf stets nur bei Vorliegen eines wichtigen Grundes zulässig. Als solchen erkennt es allerdings nicht nur einen grundlegenden Überzeugungswandel entsprechend dem Rechtsgedanken des § 42 UrhG an. Vielmehr soll ein Widerrufsgrund auch bei einer Abwägung zwischen Persönlichkeitsrecht und Interessen des Einwilligungsempfängers – und damit unterhalb der Schwelle des § 42 UrhG analog – möglich sein; vgl. auch LG Köln AfP 1996, 186, 187.

[1188] *Götting*, Persönlichkeitsrechte als Vermögensrechte, S. 152 (Fn. 54).

[1189] *Dasch*, Die Einwilligung zum Eingriff in das Recht am eigenen Bild, S. 86 f.; *Helle*, AfP 1985, 93, 101.

[1190] *Dasch*, Die Einwilligung zum Eingriff in das Recht am eigenen Bild, S. 88; *Helle*, AfP 1985, 93, 101.

[1191] *Dasch*, Die Einwilligung zum Eingriff in das Recht am eigenen Bild, S. 88.

tungsvertrages in Betracht, dessen Inhalt im Folgenden näher dargestellt werden soll.

5. Teil
Der Vertrag über die Gestattung einer Lebens- und Charakterbildverfilmung

A. Einführung

I. Gegenstand und Zweckmäßigkeit einer vertraglichen Regelung

Die Einwilligung des Berechtigten zur Darstellung seines Lebens und Charakters kann nicht nur als einseitige Willenserklärung, sondern auch im Rahmen eines zweiseitigen Gestattungsvertrages erklärt werden. Der Gestattungsvertrag, durch den der Betroffene dem Filminhaber sein Einverständnis zur Nutzung bestimmter persönlicher Daten aus seinem Leben für ein Filmwerk erteilt, wird auch als Depiction Release bezeichnet.[1192] Neben der Nutzungsgestattung durch den Rechtsinhaber beinhaltet ein Depiction Release regelmäßig Mitwirkungspflichten des Betroffenen, etwa die Pflicht zur Erteilung von Informationen, zur Herausgabe von Materialien (z.B. Fotografien) oder auch Beratungspflichten.[1193] Daneben ist es üblich, in den Vertrag eine Exklusivklausel aufzunehmen, d.h. die Verpflichtung des Rechtsinhabers, die Verfilmung seiner Lebensgeschichte ausschließlich dem Filmhersteller zu gestatten und nur diesem die entsprechenden Informationen zur Verfügung zu stellen.[1194] Als Gegenleistung enthält der Vertrag in aller Regel eine Vergütungspflicht des Filmherstellers.[1195]

Der Vertrag über eine Lebens- und Charakterbildverfilmung liegt in erster Linie im Interesse des Filmherstellers. Er sucht wegen seiner hohen finanziellen Aufwendungen bei der Filmherstellung die höchstmögliche rechtliche Absicherung dafür, dass das Risiko persönlichkeitsrechtlicher Einwendungen weitgehend ausgeschlossen wird. Gegenüber der isolierten Einwilligung bietet der Abschluss eines Gestattungsvertrages den Vorteil, dass die Rahmenbedingungen der Einwilligung geregelt werden können. Häufig mag ein schriftlicher Vertrag,

---

1192 *Homann*, Praxishandbuch Filmrecht, S. 139; *Eickmeier/Eickmeier*, ZUM 1998, 1, 7; *Litwalk*, Contracts for the Film & Television Industry, S. 25 ff.

1193 *Homann*, Praxishandbuch Filmrecht, S. 139, 141; *Eickmeier/Eickmeier*, ZUM 1998, 1, 7; *Schertz*, ZUM 1998, 757, 764; *Litwalk*, Contracts for the Film & Television Industry, S. 28; zum journalistischen Exklusivvertrag *Prantl*, Die journalistische Information zwischen Ausschlußrecht und Gemeinfreiheit, S. 141 ff.

1194 *Homann*, Praxishandbuch Filmrecht, S. 141; *Eickmeier/Eickmeier*, ZUM 1998, 1, 8; *Schertz*, ZUM 1998, 757, 764; *Litwalk*, Contracts for the Film & Television Industry, S. 27; *Prantl*, Die journalistische Information zwischen Ausschlußrecht und Gemeinfreiheit, S. 146 f.

1195 *Schertz*, ZUM 1998, 757, 764.

der den Umfang der Einwilligung genau beschreibt und dem Filmhersteller ausdrückliche Restriktionen bei der Darstellung auferlegt, die Verfilmung überhaupt erst ermöglichen. So kann der Rechtsinhaber mit dem Filmhersteller im Einzelnen aushandeln, welche Aspekte seines Lebens verfilmt werden dürfen. Bedenken des Betroffenen, die sich möglicherweise nur auf bestimmte Aspekte der Lebensgeschichte beziehen, können also ausgeräumt werden, indem sie von der Einwilligung vertraglich ausgenommen werden. Ferner können vertragliche Mitwirkungsrechte des Betroffenen wie z.B. eine Beratungsfunktion, das Recht zur Abnahme von Exposé und Treatment oder ein Mitspracherecht bei der Auswahl des Drehbuchautors vereinbart werden.[1196] Die ausführliche schriftliche Niederlegung des Umfangs der Einwilligung in der Vertragsurkunde vermeidet zudem Beweisschwierigkeiten. Für den Filmhersteller ergibt sich darüber hinaus der Vorteil, dass der Abschluss eines entgeltlichen Vertrages vertrauensbegründend im Hinblick auf den Bestand der Einwilligung wirkt, so dass sich das Widerrufsrisiko für ihn verringert.[1197]

Da der Gestattungsvertrag für den Filmhersteller in der Regel mit erheblichen Kosten verbunden ist[1198], sollte jedoch stets geprüft werden, ob ein Vertragsschluss im konkreten Fall überhaupt notwendig bzw. zweckdienlich ist. Gerade im dokumentarischen Bereich wird häufig das Lebens- und Charakterbild von Personen des öffentlichen Interesses portraitiert, so dass entsprechend den oben dargestellten Grundsätzen eine Einwilligung aufgrund überwiegender Informationsinteressen der Öffentlichkeit gegebenenfalls entbehrlich sein kann.[1199] Auch die Darstellung des Lebensbildes eines Verstorbenen kann ohne weiteres zulässig sein, wenn die für den Persönlichkeitsschutz des Verstorbenen anzuerkennende Schutzdauer bereits erloschen ist.[1200] Ferner besteht die Notwendigkeit einer Einwilligung nur dann, wenn der Dargestellte überhaupt erkennbar ist. Aus diesem Grunde sollte stets an die Möglichkeit von Verfremdungen des Filmstoffs gedacht werden.[1201] Zwar kommt diese Möglichkeit bei dokumentarischen Formaten im eigentlichen Sinne naturgemäß nicht in Betracht. Im Bereich des Dokumentarspiels bzw. Doku-Dramas kann jedoch die Fiktionalisierung von Nebencharakteren erwogen werden, deren Einwilligung damit entbehrlich wird.

Bevor ein Lebens- und Charakterbildverfilmungsvertrag abgeschlossen wird, gilt es zu berücksichtigen, dass das Lebensschicksal einer Person untrennbar mit dem anderer Personen verbunden ist. Insofern wird die isolierte Darstellung des

---

1196 *Litwalk*, Contracts for the Film & Television Industry, S. 27.

1197 Vgl. hierzu unten unter 5. Teil C I.

1198 *Schertz*, ZUM 1998, 757, 764. Es handelt sich häufig um Beträge in fünfstelliger Höhe, vgl. *Eickmeier/Eickmeier*, ZUM 1998, 1, 7; *Unland*, Die Verfilmung tatsächlicher Ereignisse, S. 2.

1199 S. oben unter 4. Teil B II 2 und 4. Teil F II 2 a bb.

1200 Vgl. oben unter 4. Teil F.

1201 *Litwalk*, Contracts for the Film & Television Industry, S. 26.

Lebens nur einer Person kaum möglich sein. Dementsprechend sollte der Filmhersteller den Kreis der notwendig darzustellenden Personen herausfiltern und prüfen, ob von diesen ebenfalls eine Gestattung zur Nutzung ihrer persönlichen Daten erlangt werden kann. Hierbei kann sich ergeben, dass sich einzelne Betroffene gegen eine Darstellung sperren oder dass der Umfang der Einwilligungen bzw. die hiermit verbundenen Kosten das Budget sprengen. Grundsätzlich gilt: Eine fehlende Einwilligung macht alle Übrigen für den Filmhersteller wertlos, da sich die Filmproduktion der Gefahr einer einstweiligen Unterlassungsverfügung ausgesetzt sieht.[1202]

II. Das Verhältnis von Einwilligung und Vertrag

Die Auffassungen über das Verhältnis von Einwilligung und schuldrechtlichem Gestattungsvertrag lassen sich in zwei dogmatische Positionen unterteilen: Einerseits wird die Ansicht vertreten, dass Einwilligung und Vertrag im Falle ihres Zusammentreffens eine gedanklich nicht mehr trennbare Einheit bilden, die Einwilligung in dem Vertrag aufgehe und mit dessen Wirksamkeit stehe und falle.[1203] Andererseits wird für das Verhältnis von Einwilligung und Vertrag die Anwendung des Trennungsprinzips befürwortet, so dass beide Akte als rechtlich voneinander selbstständig zu behandeln sind. Die Einwilligung wird quasi in Erfüllung der vertraglichen Verpflichtung erteilt.[1204] Eine umfassende Auseinandersetzung mit dem Einheits- und Trennungsprinzip soll vorliegend unterbleiben. Praktische Auswirkungen kann der Streit insbesondere im Hinblick auf das Mitspracherecht des hinreichend einsichtsfähigen Minderjährigen haben. Nach dem Einheitsprinzip besteht das Mitspracherecht des beschränkt Geschäftsfähigen hinsichtlich des gesamten Vertrages. Folgt man jedoch der Trennungstheorie, ist streitig, ob das Mitspracherecht nur die Einwilligung selbst oder auch die sonstigen Vertragsbestandteile (z.B. Vergütungsregelungen) des isoliert zu betrachtenden Gestattungsvertrages betrifft.[1205] Für die Praxis kann dem Filmher-

---

[1202] *Homann*, Praxishandbuch Filmrecht, S. 142; *Litwalk*, Contracts for the Film & Television Industry, S. 26.

[1203] *Larenz*, Schuldrecht Bd. II, § 71 I c 1; *Osterrieth/Marwitz*, KUG, § 22, Anm. V 3b.

[1204] *Götting*, Persönlichkeitsrechte als Vermögensrechte, S. 158 f.; *Dasch*, Die Einwilligung zum Eingriff in das Recht am eigenen Bild, S. 58 ff.; *Moosmann*, Exklusivstories, S. 120. An die Befürwortung des Trennungsprinzips schließt sich die Frage an, ob im Verhältnis Einwilligung und Vertrag das Abstraktionsprinzip gilt, ob also Einwilligung und Vertrag in ihrer Wirksamkeit voneinander unabhängig sind. Vgl. hierzu *Götting*, Persönlichkeitsrechte als Vermögensrechte, S. 158 ff., der das Abstraktionsprinzip ablehnt; *Dasch*, Die Einwilligung zum Eingriff in das Recht am eigenen Bild, S. 58 ff., der die Anwendbarkeit des Abstraktionsprinzips offen lässt, aber von einer Verknüpfung der rechtlichen Schicksale von Vertrag und Einwilligung über § 139 BGB ausgeht. Vgl. zum Abstraktionsprinzip auch unten unter 5. Teil A III 2 a aa (2).

[1205] S. hierzu einerseits *Götting*, Persönlichkeitsrechte als Vermögensrechte, S. 157, und andererseits *Dasch*, Die Einwilligung zum Eingriff in das Recht am eigenen Bild, S. 106. Zu den

steller wiederum nur empfohlen werden, sich neben der Zustimmung des gesetzlichen Vertreters auch der des beschränkt Geschäftsfähigen hinsichtlich sämtlicher Vertragsinhalte zu vergewissern.[1206]

III. Rechtsnatur des Gestattungsvertrages

1. Der Gestattungsvertrag als urheberrechtlicher Filmvertrag?

Das rechtliche Ziel des Exklusivvertrages ist mit dem urheberrechtlicher Filmverträge zunächst kongruent: Der Filmhersteller möchte eine ausschließliche Rechtsstellung erlangen, die es ihm erlaubt, die Filmproduktion herzustellen und umfassend auszuwerten. Dennoch lässt sich der Lebensbildverfilmungsvertrag nicht in das urheberrechtliche Vertragssystem einordnen.[1207] Mit den betroffenen Persönlichkeitsdetails liegt dem Vertrag kein urheberechtlich geschütztes Werk zugrunde, sondern ungestaltete Informationen. Solange diese Informationen keine Form angenommen haben, die sie als persönlich geistige Schöpfung urheberrechtsfähig macht, handelt es sich um frei benutzbares Material, das beliebig verfilmt werden kann, sofern dadurch nicht persönlichkeitsrechtliche Interessen tangiert werden.[1208] Für den Gedanken eines „Urheberrechts am gelebten Leben"[1209] bietet das geltende Urheberrecht, das in § 2 Abs. 2 UrhG verlangt, dass die Werkschöpfung eine Form und damit eine von der Person des Werkschöpfers unabhängige Existenz angenommen hat, keinen Raum.[1210] Sofern das Lebens- und Charakterbild allerdings im Rahmen eines Werkes wie z.B. einer (Auto-) Biografie verarbeitet worden ist und dieses Werk Grundlage bzw. Bestandteil der Verfilmung werden soll, müssen die entsprechenden urheberrechtlichen Nutzungsrechte vom jeweiligen Rechtsinhaber erworben werden. Gleiches gilt für sonstige urheberrechtlich geschützte Materialien, die im Rahmen des Filmes verwendet werden wie z.B. Fotografien. Der notwendige Erwerb dieser Rechte ist jedoch rechtlich isoliert von der vertraglichen Vereinbarung über die Nutzung von Persönlichkeitsdetails zu betrachten und daher nicht Gegenstand der folgenden Ausführungen.

Folgen einer Qualifikation der Einwilligung als geschäftsähnliche Handlung s. *Helle*, Besondere Persönlichkeitsrechte im Privatrecht, S. 103 f.

[1206] Vgl. auch MüKo-*Wagner*, § 823, Rn. 309, 669; BGB-RGRK-*Steffen*, § 823, Rn. 378.

[1207] So aber *Schmidt-Osten*, AfP 1973, 416, 416 f., für den journalistischen Presse-Exklusivvertrag.

[1208] Fromm/Nordemann-*Vinck*, § 24, Rn. 1; s. bereits oben unter 3. Teil A I.

[1209] Staudinger[11]-*Riedel*, Vorbem. vor § 631, Rn. 21.

[1210] *Prantl*, Die journalistische Information zwischen Ausschlußrecht und Gemeinfreiheit, S. 137; Fromm/Nordemann-*Vinck*, § 24, Rn. 1; *Homann*, Praxishandbuch Filmrecht, S. 139; im Ergebnis *Hubmann*, Das Persönlichkeitsrecht, S. 304 (Fn. 8); *Troller*, Immaterialgüterrecht Bd. I, S. 95.

2. Dingliche Verfügung über persönlichkeitsrechtliche Befugnisse oder ausschließlich schuldrechtlich wirkende Gestattung?

Bei dem Vertrag über die Gestattung einer Lebens- und Charakterbildverfilmung handelt es sich um einen Vertrag sui generis, der sich nicht einem bestimmten Vertragstyp zuordnen lässt.[1211] Ihm wird herkömmlicherweise eine rein schuldrechtliche Wirkung zuerkannt, die dem Vertragspartner des Rechtsinhabers die Befugnis zur (kommerziellen) Nutzung bestimmter Persönlichkeitsrechte verleiht.[1212] Die Zulässigkeit derartiger schuldrechtlicher Gestattungsverträge ist in Rechtsprechung und Literatur einhellig anerkannt.[1213] Streitig ist jedoch die Frage, ob über die obligatorische Wirkung der Gestattung hinausgehend die Möglichkeit besteht, dem Vertragspartner eine absolut wirkende Rechtsposition an den vertragsgegenständlichen Persönlichkeitsmerkmalen einzuräumen. Dies wurde entsprechend dem ursprünglichen Verständnis von Persönlichkeitsrechten als höchstpersönliche Rechte von der überwiegenden Auffassung in Literatur und Rechtsprechung lange Zeit abgelehnt.[1214] Eine kommerzielle Auswertung von Persönlichkeitsrechten konnte demnach allein im Wege der Einwilligung bzw. durch Abschluss eines Gestattungsvertrages erfolgen, durch den die exklusive Nutzung des Persönlichkeitsrechts zumindest schuldrechtlich gesichert wurde. Im Hinblick auf die zunehmende Kommerzialisierung

---

[1211] *Moosmann*, Exklusivstories, S. 118. Für den journalistischen Presse-Exklusivvertrag: *Prantl*, Die journalistische Information zwischen Ausschlußrecht und Gemeinfreiheit, S. 140; *Prantl*, AfP 1984, 17, 19. *Brandl*, AfP 1981, 349, 350, geht von einem gemischttypischen Vertrag aus Kauf-, Pacht-, Dienst-, Werk- oder auch Gesellschaftsvertrags-Elementen aus; vgl. auch *Wente*, Das Recht der journalistischen Recherche, S. 189.

[1212] *Homann*, Praxishandbuch Filmrecht, S. 139 f.; *Götting*, Persönlichkeitsrechte als Vermögensrechte, S. 143 ff.; vgl. auch oben unter 4. Teil G I.

[1213] Vgl. zur Zulässigkeit einer Gestattung von Lebens- und Charakterbilddarstellung in den Medien: OLG Hamburg ZUM-RD 1998, 116, 118; OLG Frankfurt a. M. ZUM-RD 1998, 277, 280; LG Hamburg AfP 1975, 37, 38; OLG Hamburg Schulze OLGZ 163, 1, 5 f.; OLG Köln AfP 1975, 37, 37; OLG München AfP 1981, 347, 347 ff.; *Krone*, AfP 1982, 196, 200; *Homann*, Praxishandbuch Filmrecht, S. 139 ff.; *Schertz*, ZUM 1998, 757, 764. Zum namensrechtlichen Gestattungsvertrag Palandt-*Heinrichs*, § 12, Rn. 17. Zum journalistischen Exklusivvertrag: BGH GRUR 1968, 209, 209 ff. – Lengede; *Prantl*, Die journalistische Information zwischen Ausschlußrecht und Gemeinfreiheit, S. 126 ff.; *Prantl*, AfP 1984, 17, 17 ff.; *Brandl*, AfP 1981, 349, 349 ff.; *Wente*, Das Recht der journalistischen Recherche, S. 190 f.; *Soehring*, Presserecht, Rn. 7.54; Wenzel-*Burkhardt*, Rn. 2.62; *Schmidt-Osten*, AfP 1973, 416, 416.

[1214] KG AfP 1997, 926, 928; *v. Gamm*, Einf., Rn. 96, 109; *v. Hartlieb*, Handbuch des Film-, Fernseh- und Videorechts, Kap. 28, Rn. 10; *Homann*, Praxishandbuch Filmrecht, S. 139 f.; *Prantl*, Die journalistische Information zwischen Ausschlußrecht und Gemeinfreiheit, S. 138; *Helle*, Besondere Persönlichkeitsrechte im Privatrecht, S. 51 f., 111 ff.; *Helle*, AfP 1985, 93, 99; *Unland*, Die Verfilmung tatsächlicher Ereignisse, S. 39; Staudinger-*Habermann/Weick*, Vorbem. zu § 1, Rn. 29; *Baston-Vogt*, Der sachliche Schutzbereich des zivilrechtlichen allgemeinen Persönlichkeitsrechts S. 251 f.; *Kläver*, Bereicherungsrechtliche Ansprüche bei einer Verletzung des allgemeinen Persönlichkeitsrechts, S. 85 ff. Zum Namensrecht: BGHZ 119, 237, 240 f. – Universitätsemblem; Palandt-*Heinrichs*, § 12, Rn. 17. Offen gelassen von: BGH GRUR 1987, 128, 128 – NENA; BGH NJW 2000, 2195, 2198 – Marlene Dietrich.

von Persönlichkeitsrechten mehren sich jedoch die Stimmen, die neben der schuldrechtlichen Gestattung auch die Möglichkeit einer dinglichen Verfügung über persönlichkeitsrechtliche Befugnisse fordern.[1215]

a) Auffassungen in Literatur und Rechtsprechung

aa) Dingliche Übertragung persönlichkeitsrechtlicher Befugnisse

Ein großer Teil des Schrifttums befürwortet die Möglichkeit einer dinglichen Verfügung über Persönlichkeitsmerkmale, wobei die dogmatische Begründung und Umsetzung dieses Ergebnisses streitig ist. Teilweise werden die vermögenswerten Persönlichkeitsbestandteile als Gegenstände mit nahem Persönlichkeitsbezug und damit als von der Persönlichkeit gänzlich zu trennende Wirtschaftsgüter begriffen, die als persönlichkeitsbezogene Immaterialgüterrechte auszugestalten seien.[1216] Diese Immaterialgüterrechte sollen „übertragbar"[1217] sein, d.h. vollständig vom Rechtsinhaber abgespalten werden und translativ auf ein anderes Rechtssubjekt übergehen können. Nach überwiegender Auffassung erfolgt die dingliche Verfügung über Persönlichkeitsrechte jedoch in Form einer konstitutiven Rechtsübertragung, d.h. dem Erwerber können die vermögenswerten persönlichkeitsrechtlichen Befugnisse als Teilrechte eingeräumt werden, die vom Persönlichkeitsrecht als Stammrecht abgeleitet werden und mit diesem verbunden bleiben. Hiernach kann der Rechtsinhaber – ähnlich dem Urheberrecht – einem Dritten mit (quasi-) dinglicher Wirkung Nutzungsrechte einräumen und als Teilrechte des bei ihm verbleibenden Vollrechts konstitutiv in die Rechtszuständigkeit des Dritten überführen.[1218] Die rechtsdogmatische Konzep-

---

[1215] *Forkel*, GRUR 1988, 491, 495 ff.; *Forkel*, FS Schnorr von Carolsfeld, S. 105, 114 f. 122; *Forkel*, LM § 823 (Ah) BGB Nr. 132; *Magold*, Personenmerchandising, S. 497 ff., 506, 511 ff.; *Freitag*, Die Kommerzialisierung, S. 165; *Schertz*, Merchandising, Rn. 376 ff., 380; *Götting*, Persönlichkeitsrechte als Vermögensrechte, S. 60 ff., 65; *Rehbinder*, Urheberrecht, Rn. 433; *Hubmann*, Das Persönlichkeitsrecht, S. 132 f.; Wenzel-*von Strobel-Albeg*, Rn. 7.61; Wandtke/Bullinger-*Wandtke/Grunert*, Vor §§ 31 ff., Rn. 37; Dreier/Schulze-*Dreier*, § 22 KUG, Rn. 36; Erman-*Ehmann*, Anh. § 12, Rn. 265 f.; *Peukert*, ZUM 2000, 710, 719 ff.; *Beuthien/Schmölz*, Persönlichkeitsschutz durch Persönlichkeitsgüterrechte, S. 1 ff., 32 ff.; *Ullmann*, AfP 1999, 209, 209 ff.; Fromm/Nordemann-*Hertin*, vor § 12, Rn. 10; *Hahn*, NJW 1997, 1348, 1350; *Lausen*, ZUM 1997, 86, 92 f.; in Betracht gezogen von *Brandl*, AfP 1981, 349, 351. Zum Namensrecht: *Forkel*, NJW 1993, 3181, 3182 f.; *Klippel*, Der zivilrechtliche Schutz des Namens, S. 523 ff.

[1216] *Ullmann*, AfP 1999, 209, 209 f., 214; Erman-*Ehmann*, Anh. § 12, Rn. 242; *Beuthien/Schmölz*, Persönlichkeitsschutz durch Persönlichkeitsgüterrechte, S. 26 ff. Hiergegen *Peukert*, ZUM 2000, 710, 713 f.

[1217] *Ullmann*, AfP 1999, 209, 212, 214; *Ullmann*, WRP 2000, 1049, 1052; *Beuthien/Schmölz*, Persönlichkeitsschutz durch Persönlichkeitsgüterrechte, S. 34.

[1218] *Götting*, Persönlichkeitsrechte als Vermögensrechte, S. 65, 133, 279; *Wandtke*, GRUR 2000, 942, 949; Wandtke/Bullinger-*Wandtke/Grunert*, Vor §§ 31 ff., Rn. 37 f.; Dreier/Schulze-*Dreier*, § 22 KUG, Rn. 36; *Rehbinder*, Urheberrecht, Rn. 433; vgl. auch *Peukert*,

tion einer derartigen Übertragung wird auch hier keineswegs einheitlich beurteilt. So ist in jüngerer Zeit beispielsweise vorgeschlagen worden, das von *Forkel* entwickelte Konzept der "gebundenen Rechtsübertragung"[1219] dahingehend zu modifizieren, dass der Fruchtbegriff (§ 99 BGB) und die Dogmatik der Aneignungsgestattung gemäß § 956 Abs. 1 S. 1, 1. Alt BGB auf Verfügungen über Persönlichkeitsgüter entsprechend anwendbar sein sollen.[1220] Befürwortet man mit dem Schrifttum die Möglichkeit einer dinglichen Verfügung, so stellt sich die Frage, welchen Umfang diese haben würde und welche Auswirkungen sich hierdurch im Rechtsverkehr ergäben.

(1) Umfang einer Verfügung

Der für eine (konstitutive oder translative) Übertragung in Betracht kommende Kreis von Persönlichkeitsmerkmalen kann nicht abschließend festgelegt werden.[1221] Ein tauglicher Verfügungsgegenstand liegt allerdings nur dann vor, wenn die betreffenden Persönlichkeitsdetails und -aspekte einer Objektivierung, Vergegenständlichung bzw. Verdinglichung zugänglich sind, etwa in Form einer

---

ZUM 2000, 710, 716, 721; *Forkel*, GRUR 1988, 491, 495 ff.; *Forkel*, NJW 1993, 3181, 3182 f.; *Forkel*, LM § 823 (Ah) BGB Nr. 132; *Freitag*, Die Kommerzialisierung, S. 165 ff.; *Magold*, Personenmerchandising, S. 511 ff., 515 ff.; *Schertz*, Merchandising, Rn. 376 ff., 380; *Lausen*, ZUM 1997, 86, 92 f. Innerhalb der Literatur ist darüber hinaus streitig, wie das Verhältnis zwischen allgemeinem Persönlichkeitsrecht und vermögenswerten Persönlichkeitsinteressen dogmatisch zu beurteilen ist. Die wohl h.M. plädiert für ein monistisches Verständnis des Persönlichkeitsrechts als Quellrecht für ideelle und vermögenswerte Persönlichkeitsinteressen, vgl. BGH NJW 2000, 2195, 2197 – Marlene Dietrich; *Götting*, Persönlichkeitsrechte als Vermögensrechte, S. 60 ff., 65, 136 ff., 276, 278 f.; *Magold*, Personenmerchandising, S. 515 f., 666; *Schertz*, Merchandising, Rn. 376 ff., 380 ff.; *Forkel*, GRUR 1988, 491, 495 ff.; *Ernst-Moll*, GRUR 1996, 558, 562; *Rehbinder*, Urheberrecht, Rn. 433. Nach a.A. ist eine dualistische Betrachtungsweise zu befürworten, wonach zwischen allgemeinem Persönlichkeitsrecht und Persönlichkeitsverwertungsrechten zu unterscheiden ist. Da die Persönlichkeitsverwertungsrechte eine Doppelnatur aufweisen, indem sie ideelle und vermögenswerte Persönlichkeitsinteressen gleichermaßen schützen, seien sie nicht integraler Bestandteil des allgemeinen Persönlichkeitsrechts, sondern stellen eine selbstständige Gruppe von Persönlichkeitsrechten dar, vgl. *Peukert*, ZUM 2000, 710, 720 f.; *Taupitz*, Rufausbeutung nach dem Tode, S. 1, 40; vgl. auch *Schack*, Urheber- und Urhebervertragsrecht, Rn. 51 (Fn. 40) und AcP 195, 594, 599, der im Ergebnis die Möglichkeit einer dinglichen Übertragung jedoch ablehnt. Auf der Grundlage eines immaterialgüterrechtlichen Modells wird z.T. die Lösung einzelner Persönlichkeitsdetails aus dem allgemeinen Persönlichkeitsrecht und deren Einordnung als persönlichkeitsbezogene Immaterialgüterrechte gefordert, *Beuthien/Schmölz*, Persönlichkeitsschutz durch Persönlichkeitsgüterrechte, S. 21 f., 26 ff., 33 f., und *Ullmann*, AfP 1999, 209, 210.

[1219] *Forkel*, GRUR 1988, 491, 495 ff.; *Forkel*, NJW 1993, 3181, 3182 f.; *Forkel*, LM § 823 (Ah) BGB Nr. 132.

[1220] *Bungart*, Dingliche Lizenzen an Persönlichkeitsrechten, S. 108 ff.

[1221] *Ullmann*, AfP 1999, 209, 210; *Peukert*, ZUM 2000, 710, 719; Erman-*Ehmann*, Anh. § 12, Rn. 248; *Taupitz*, Rufausbeutung nach dem Tode, S. 1, 39.

schriftlichen oder bildlichen Fixierung.[1222] Denn in diesen Fällen dient der Schutz des betreffenden Persönlichkeitsdetails nicht nur der Wahrung ideeller Interessen, sondern hat darüber hinausgehend die Funktion, eine positive Verwertungsbefugnis in Bezug auf das Persönlichkeitsdetail zu gewährleisten.[1223] Diese Voraussetzung ist namentlich bei „materialisierten"[1224] bzw. materialisierbaren Persönlichkeitsdetails erfüllt, d.h. bei Persönlichkeitsmerkmalen, die einen Vermögenswert besitzen, da sie aufgrund einer marktfähigen Verwertungsmöglichkeit kommerzialisierbar sind und die Befugnis zur kommerziellen Nutzung ausschließlich dem Rechtsinhaber zugewiesen ist.[1225] Als tauglicher Gegenstand einer dinglichen Verfügung werden in der Literatur z.B. Name, Bild und Stimme einer Person[1226], persönliche schriftliche Aufzeichnungen wie vertrauliche Briefe oder Tagebücher[1227], höchstpersönliche Lebensdaten[1228] sowie das hierdurch geprägte Persönlichkeitsbild[1229] genannt. Andere sehen hingegen im Lebensbild keinen tauglichen Anknüpfungspunkt für eine dingliche Verfügung, da es unmöglich sei, das eventuell kommerzialisierbare Leben des Dargestellten so bestimmt und dauerhaft vom Privatleben zu isolieren, dass sich daraus ein deutlich abgegrenzter Verkehrsgegenstand machen ließe.[1230] Der BGH hat die Frage einer dinglichen Verfügung über Persönlichkeitsdetails bisher offen gelassen, stellte jedoch einen Vermögenswert im Hinblick auf „kennzeichnende Persönlichkeitsmerkmale" fest, also Merkmale, „die ein Wiedererkennen ermögli-

---

[1222] *Forkel*, GRUR 1988, 491, 498 f.; *Forkel*, NJW 1993, 3181, 3182; *Forkel*, FS Schnorr von Carolsfeld, S. 105, 115; Erman-*Ehmann*, Anh. § 12, Rn. 265; *Ullmann*, WRP 2000, 1049, 1052; *Götting*, Persönlichkeitsrechte als Vermögensrechte, S. 279 f. Vgl. zur „Verdinglichung" von Persönlichkeitsgütern auch: BGHZ 80, 25, 42; BGHZ 73, 120, 122 ff.; BGH GRUR 1987, 464, 466 – BND-Interna; s. auch *Brandl*, AfP 1981, 349, 351.

[1223] Auf die Verwertungsfunktion stellen ab: *Peukert*, ZUM 2000, 710, 719; Erman-*Ehmann*, Anh. § 12, Rn. 248; *Ullmann*, AfP 1999, 209, 210 f.

[1224] *Schlechtriem*, FS Hefermehl, S. 445, 454; *Taupitz*, Rufausbeutung nach dem Tode, S. 1, 39, 41; *Ullmann*, AfP 1999, 209, 210.

[1225] *Peukert*, ZUM 2000, 710, 719 ff.; *Ullmann*, AfP 1999, 209, 209 ff.; *Beuthien/Schmölz*, Persönlichkeitsschutz durch Persönlichkeitsgüterrechte, S. 26 ff.; Wandtke/Bullinger-*Wandtke/Grunert*, Vor §§ 31 ff., Rn. 37 f.; *Wandtke*, GRUR 2000, 942, 949; im Ausgangspunkt auch *Moosmann*, Exklusivstories, S. 115.

[1226] *Götting*, Persönlichkeitsrechte als Vermögensrechte, S. 277; *Beuthien/Schmölz*, Persönlichkeitsschutz durch Persönlichkeitsgüterrechte, S. 11 ff., 22, 34; *Peukert*, ZUM 2000, 710, 719 f.; *Ullmann*, AfP 1999, 209, 210; *Forkel*, GRUR 1988, 491, 498 f.

[1227] *Beuthien/Schmölz*, Persönlichkeitsschutz durch Persönlichkeitsgüterrechte, S. 11 ff., 22, 34; *Peukert*, ZUM 2000, 710, 719 f.; *Ullmann*, AfP 1999, 209, 210; *Forkel*, GRUR 1988, 491, 498 f.

[1228] *Beuthien/Schmölz*, Persönlichkeitsschutz durch Persönlichkeitsgüterrechte, S. 11 ff., 22, 34; *Peukert*, ZUM 2000, 710, 719 f.; *Ullmann*, AfP 1999, 209, 210; *Forkel*, GRUR 1988, 491, 498.

[1229] *Beuthien/Schmölz*, Persönlichkeitsschutz durch Persönlichkeitsgüterrechte, S. 11 ff., 22, 34; *Forkel*, GRUR 1988, 491, 498 f.; vgl. auch *Brandl*, AfP 1981, 349, 351.

[1230] *Freitag*, Die Kommerzialisierung, S. 154 ff.

chen", und führte exemplarisch das Bild, den Namen sowie die Stimme einer Person an.[1231]

Was den Umfang der Verfügung angeht, würde diese unstreitig nicht das Persönlichkeitsmerkmal – wie z.B. das Lebens- und Charakterbild – selbst betreffen. Weder das allgemeine noch die besonderen Persönlichkeitsrechte sind als solche übertragbar, da dies im Widerspruch zur Menschenwürdegarantie (Art. 1 GG) und zum Selbstbestimmungsrecht (Art. 2 GG) stünde. Vielmehr sind Persönlichkeitsrechte, soweit sie dem Schutz ideeller Interessen dienen, unauflöslich an die Person ihres Trägers gebunden und als höchstpersönliche Rechte unverzichtbar und unveräußerlich, also auch nicht übertragbar und vererblich.[1232] Dementsprechend kann auch nicht über das Recht auf Ehre[1233], Diskretion[1234] und Identität[1235], sondern allenfalls über die vermögenswerten Bestandteile des Persönlichkeitsrechts mit dinglicher Wirkung disponiert werden. Die dingliche Verfügung betrifft demnach die aus dem wirtschaftlichen Selbstbestimmungsrecht resultierende und durch das (allgemeine) Persönlichkeitsrecht geschützte persönlichkeitsrechtliche Befugnis, vermögenswerte Persönlichkeitsmerkmale wie das Lebens- und Charakterbild auf eine bestimmte Art und Weise zu verwerten.[1236]

(2) Auswirkungen einer Verfügung

Sofern man die Möglichkeit einer dinglichen Verfügung über persönlichkeitsrechtliche Befugnisse befürwortet, hätte diese im Vergleich zu einer bloß

[1231] BGH NJW 2000, 2195, 2197 f. – Marlene Dietrich.

[1232] BGH NJW 2000, 2195, 2197 – Marlene Dietrich; BGHZ 50, 133, 137 – Mephisto; *Peukert*, ZUM 2000, 710, 715; *Beuthien/Schmölz*, Persönlichkeitsschutz durch Persönlichkeitsgüterrechte, S. 33 f., 62 f.; *Götting*, Persönlichkeitsrechte als Vermögensrechte, S. 60 ff., 65; *Forkel*, GRUR 1988, 491, 498; Dreier/Schulze-*Dreier*, § 22 KUG, Rn. 36; *Schertz*, Merchandising, Rn. 376 ff., 380; *Schricker*, FS Hubmann, S. 409, 413.

[1233] *Peukert*, ZUM 2000, 710, 720; *Taupitz*, Rufausbeutung nach dem Tode, S. 1, 39 f.; *Beuthien/Schmölz*, Persönlichkeitsschutz durch Persönlichkeitsgüterrechte, S. 35; *Wandtke*, GRUR 2000, 942, 949.

[1234] *Peukert*, ZUM 2000, 710, 720; vgl. auch BVerfG NJW 2000, 1021, 1023 – Caroline von Monaco, wonach der verfassungsrechtliche Privatsphärenschutz nicht im Interesse einer Kommerzialisierung der eigenen Person gewährleistet ist.

[1235] *Peukert*, ZUM 2000, 710, 720.

[1236] *Peukert*, ZUM 2000, 710, 720; *Wandtke*, GRUR 2000, 942, 949; vgl. auch *Beuthien/Schmölz*, Persönlichkeitsschutz durch Persönlichkeitsgüterrechte, S. 34: „Übertragen wird vielmehr die materielle Befugnis, vermarktungsfähige und damit entgeltwerte Gegenstände mit nahem Persönlichkeitsbezug (also menschliche Abbilder, höchstpersönliche Daten usw.) zu verwerten." Zum Schutz des wirtschaftlichen Selbstbestimmungsrechts durch das allgemeine Persönlichkeitsrecht vgl. auch BGHZ 20, 345, 350 f. – Paul Dahlke; BGHZ 81, 75, 78 f. – Carrera; BGH GRUR 1987, 128, 128 – NENA; BGH NJW 1992, 2084, 2084 f.; BGH NJW 2000, 2195, 2197 – Marlene Dietrich; OLG Köln NJW 1992, 2641, 2641.

schuldrechtlichen Nutzungsgestattung vor allem eine erhöhte Verkehrsfähigkeit der betreffenden Persönlichkeitsmerkmale und damit eine gesteigerte rechtliche Absicherung des Erwerbers zur Folge. Im Falle einer schuldrechtlichen Gestattung wird der Erwerber nicht Inhaber bzw. dinglich Nutzungsberechtigter der vertragsgegenständlichen Persönlichkeitsmerkmale, sondern erhält lediglich die Zusicherung, dass der Rechtsinhaber Eingriffe in das Persönlichkeitsrecht im vertraglich beschriebenen Umfang duldet bzw. Ansprüche wegen einer Persönlichkeitsrechtsverletzung nicht geltend macht. Nicht umfassend geschützt ist der Erwerber jedoch davor, dass der Rechtsinhaber die ihm exklusiv zugesicherten Befugnisse anderen erteilt bzw. selbst eine vertragswidrige Nutzung der Persönlichkeitsmerkmale vornimmt. Gegen eine Verletzung seiner exklusiven, allerdings nur inter partes wirkenden Nutzungsbefugnis durch Dritte kann der Erwerber nicht aufgrund einer ausschließlich ihm selbst zustehenden Rechtsposition vorgehen.[1237]

Demgegenüber würde dem Interesse des Filmherstellers an einer möglichst umfassenden Rechtsstellung mit einer dinglichen Berechtigung in zweierlei Weise entsprochen: Soweit die erteilte Einwilligung reicht, hätte der Betroffene die Befugnis verloren, erneut über die betreffenden Persönlichkeitsdetails zu verfügen. Der Filmhersteller könnte also sicher sein, dass allein er rechtlich zu einer Verfilmung des Lebens- und Charakterbildes befugt wäre. Zudem könnte er gegen eine Nutzung der Persönlichkeitsdetails durch Dritte im eigenen Namen vorgehen, da diese eine Verletzung eines ihm zustehenden dinglichen Rechts darstellen würde.[1238]

Befürwortet man eine dingliche Ausgestaltung der persönlichkeitsrechtlichen Gestattung, so schließt sich hieran zudem die Frage an, ob für das Verhältnis von Verpflichtungs- und Verfügungsgeschäft das Abstraktionsprinzip gilt. Sofern man dies bejaht[1239], bliebe die dingliche Rechtseinräumung von einer etwaigen Unwirksamkeit des Verpflichtungsgeschäftes unberührt, wodurch sich eine erhöhte Stabilität der Vertragskette ergäbe. Dementsprechend wäre die dingliche Wirkung der Gestattung vor allem für die Rechtsstellung etwaiger Sublizenznehmer des Erwerbers der Nutzungsrechte von Bedeutung.

[1237] Vgl. hierzu unten unter 5. Teil B IV 1.

[1238] Vgl. *Helle*, Besondere Persönlichkeitsrechte im Privatrecht, S. 110; *Wandtke*, GRUR 2000, 942, 949.

[1239] Streitig im Bereich des Urheberrechts, vgl. hierzu: Schricker-*Schricker*, Vor §§ 28 ff., Rn. 59 ff., m.w.N.; OLG Hamburg AfP 2002, 322, 322 ff. Ablehnend für die persönlichkeitsrechtliche Gestattung *Bungart*, Dingliche Lizenzen an Persönlichkeitsrechten, S. 147.

bb) Schuldrechtlicher Gestattungsvertrag

Nach einer anderen Auffassung scheidet eine Verfügung über Persönlichkeitsrechte mit dinglicher Wirkung aus.[1240] Der Gestattungsvertrag begründet demnach keine dingliche Rechtsübertragung, sondern eine ausschließlich zwischen den Parteien wirkende schuldrechtliche Befugnis zur (kommerziellen) Nutzung eines bestimmten Persönlichkeitsrechts.[1241] Damit ist der Filmhersteller aufgrund der Einwilligung jedenfalls im Ergebnis vor durchsetzbaren Unterlassungs- und Schadensersatzansprüchen des Rechtsinhabers geschützt. Gegen eine widerrechtliche Nutzung der betreffenden Persönlichkeitsmerkmale durch Dritte kann sich der Vertragspartner gegebenenfalls im Wege der gewillkürten Prozessstandschaft zur Wehr setzen.[1242] Gegen die Anerkennung einer dinglichen Übertragbarkeit von persönlichkeitsrechtlichen Befugnissen werden von den Vertretern dieser Auffassung unterschiedliche Argumente vorgebracht.

(1) Gewährleistung des Rechts am Lebens- und Charakterbild ausschließlich zum Schutz ideeller Persönlichkeitsinteressen

Zum Teil wird die Möglichkeit einer dinglichen Verfügung – zumindest im Hinblick auf das Lebens- und Charakterbild – mit der Begründung abgelehnt, dass das Lebensbildrecht nicht im Sinne einer positiven Verwertbarkeit bzw. Kommerzialisierung der eigenen Person, sondern allein aus ideellen Schutzgesichtspunkten gewährleistet sei. Nicht zur Vermarktung der eigenen Person und Geschichte werde Anonymität und Diskretion geschützt, sondern zur Protektion einer von öffentlicher Neugier unbelasteten Individualität und zur Sicherung eines Bereiches, in dem der Einzelne für sich sein und seine Persönlichkeit entwickeln und entfalten kann.[1243] Eine Rechtsposition, die lediglich den Schutz ideeller Interessen bezwecke, sei wegen ihrer unauflöslichen Bindung an die Person jedoch kein tauglicher Verfügungsgegenstand.[1244] Ungeachtet der rein

---

[1240] *Schack*, Urheber- und Urhebervertragsrecht, Rn. 51; *Krneta*, GRUR Int. 1996, 298, 305 f.; *Prantl*, Die journalistische Information zwischen Ausschlußrecht und Gemeinfreiheit, S. 138 ff.; *Moosmann*, Exklusivstories, S. 111 ff.; OLG München ZUM 1985, 448, 450. Zum Lebensbildverfilmungsvertrag: *Homann*, Praxishandbuch Filmrecht, S. 139 f.; *Schertz*, ZUM 1998, 757, 764 f.; offen *Eickmeier/Eickmeier*, ZUM 1998, 1, 8. Im Bereich des Namens- und Zeichenrechts: BGH GRUR 1985, 567, 568 – Hydair; BGH GRUR 1970, 528, 531 – Migrol; Palandt-*Heinrichs*, § 12, Rn. 17; Staudinger-*Weick/Habermann*, § 12, Rn. 42 ff.

[1241] Zu den Rechtswirkungen der Einwilligung vgl. oben unter 4. Teil G I.

[1242] *Schack*, Urheber- und Urhebervertragsrecht, Rn. 564 f., 725; vgl. hierzu und zu etwaigen wettbewerbsrechtlichen Ansprüchen des Filmherstellers unten unter 5. Teil B IV.

[1243] *Moosmann*, Exklusivstories, S. 116, 202 f.; ähnlich *Schertz*, ZUM 1998, 757, 765.

[1244] *Moosmann*, Exklusivstories, S. 115; ähnlich *Schertz*, ZUM 1998, 757, 765; im Ergebnis lehnt auch *Freitag*, Die Kommerzialisierung, S. 154 ff., das Lebensbild als tauglichen Anknüpfungsgegenstand einer dinglichen Verfügung ab, allerdings mit der Begründung, dass dieses unvermeidbar mit Daten aus dem Privat- und Intimbereich verknüpft sei und dass der

ideellen Schutzrichtung des Lebensbildrechts soll dieses aufgrund der Nachfrage der Medien nach persönlichkeitsrechtlich geschützten Informationen allerdings einen Geldwert haben, so dass dem Betroffenen im Falle einer kommerziellen Ausbeutung des Lebensbildes Bereicherungsansprüche zustehen.[1245] Auch wenn dem Lebensbildrecht keine vermögensrechtliche Finalität zukomme, spreche dies nicht gegen einen vermögensrechtlichen Zuweisungsgehalt dieses Rechts.[1246]

Die der vorstehenden Ansicht zugrunde liegende Prämisse, dass der rechtliche Schutz des Lebens- und Charakterbildes allein ideellen Interessen zu dienen bestimmt sei, ist jedoch abzulehnen. Zwar ist es zutreffend, dass der persönlichkeitsrechtliche Diskretionsschutz nicht zu dem Zweck gewährleistet ist, die rechtlichen Voraussetzungen für eine wirtschaftliche Verwertung von Persönlichkeitsmerkmalen zu schaffen, sondern um dem Einzelnen einen Rückzugsbereich vor öffentlicher Anteilnahme zu sichern. Jedoch beschränkt sich der Lebensbildschutz nicht auf einen derartigen Diskretionsschutz, sondern ist vor allem Ausdruck der dem Einzelnen zustehenden Selbstbestimmungsbefugnis.[1247] Dementsprechend beschreibt das BVerfG den Lebensbildschutz in seiner „Lebach" – Entscheidung dahingehend, dass jedermann grundsätzlich selbst und allein bestimmen darf, „ob und wieweit andere sein Lebensbild im Ganzen oder bestimmte Vorgänge aus seinem Leben öffentlich darstellen dürfen."[1248] Der Schutz des Lebens- und Charakterbildes dient also nicht nur dazu, dem Einzelnen einen Rückzugsbereich vor der Öffentlichkeit zu gewährleisten. Vielmehr geht es gerade um die Bestimmungsbefugnis und Kompetenz des Rechtsinhabers, selbst darüber zu entscheiden, inwieweit sein Leben und Charakter in der Öffentlichkeit dargestellt wird. Diese Bestimmungsbefugnis umfasst jedoch keineswegs nur ideelle Persönlichkeitsaspekte, sondern auch die Entscheidung über eine wirtschaftliche Nutzung der eigenen Persönlichkeit, die Ausdruck des wirtschaftlichen Selbstbestimmungsrechts des Einzelnen ist.[1249]

Insofern erscheint es widersprüchlich, dem Lebens- und Charakterbild einerseits einen Geldwert zuzuerkennen, andererseits diese vermögensrechtliche Dimension vom persönlichkeitsrechtlichen Schutz vollständig auszuklammern und diesem eine rein ideelle Schutzrichtung zuzusprechen. Aus dem von der Rechtsordnung anerkannten Vermögenswert und dem daraus resultierenden vermö-

---

Umfang des (kommerzialisierbaren) Lebensbildes nicht konkret festgehalten und von der „übrigen Persönlichkeit" abgegrenzt werden könne.

1245 *Moosmann*, Exklusivstories, S. 115, 203.

1246 *Moosmann*, Exklusivstories, S. 203.

1247 *Larenz/Canaris*, Schuldrecht Bd. II/2, § 80 II 5a f.; *Baston-Vogt*, Der sachliche Schutzbereich des zivilrechtlichen allgemeinen Persönlichkeitsrechts, S. 373.

1248 BVerfGE 35, 202, 220 – Lebach.

1249 *Baston-Vogt*, Der sachliche Schutzbereich des zivilrechtlichen allgemeinen Persönlichkeitsrechts, S. 251 ff.; vgl. zur Differenzierung zwischen Selbstbestimmungsinteresse und persönlichkeitsrechtlichem Privatsphärenschutz auch *Peukert*, ZUM 2000, 710, 720.

gensrechtlichen Zuweisungsgehalt resultiert vielmehr die Schutzwürdigkeit des wirtschaftlichen Selbstbestimmungsinteresses über die vermögenswerten Befugnisse und deren Nutzung.[1250] Dementsprechend bestehen nach ganz h.M. im Falle einer unberechtigten kommerziellen Nutzung von vermögenswerten Persönlichkeitsmerkmalen nicht nur Bereicherungsansprüche, die dem Ausgleich eines ungerechtfertigten Rechtserwerbs dienen, sondern auch Schadensersatzansprüche, die gerade dazu bestimmt sind, einen materiellen Schaden des Rechtsinhabers auszugleichen. Schließlich ist nicht einzusehen, warum das Recht am eigenen Bild bzw. Namen dem Schutz materieller Interessen dienen soll, das Lebens- und Charakterbild hingegen nicht, obgleich dieses im gleichen Maße wirtschaftlich verwertbar ist. Insbesondere ist nicht einzusehen, warum gerade die Möglichkeit einer werbemäßigen Nutzung als Differenzierungskriterium maßgeblich sein soll[1251], wenn im Hinblick auf das Lebens- und Charakterbild andere wirtschaftliche Verwertungsmöglichkeiten zur Verfügung stehen, über die der Betroffene ebenfalls ein erhebliches – nicht nur ideelles, sondern auch vermögenswertes – Interesse hat, selbstbestimmt zu entscheiden.

Auch wenn die im Hinblick auf das Lebens- und Charakterbild bestehenden materiellen Persönlichkeitsinteressen grundsätzlich unter dem Schutz der Rechtsordnung stehen, bedeutet dies allerdings nicht, dass die Umsetzung dieses Schutzes zwingend durch die Anerkennung einer dinglichen Verfügbarkeit über vermögenswerte Persönlichkeitsbefugnisse erfolgen muss. Die bisherige Rechtsentwicklung hat gezeigt, dass den wirtschaftlichen Selbstbestimmungsinteressen des Persönlichkeitsrechtsinhabers auch unter Zugrundelegung eines rein „schuldrechtlichen" Modells Rechnung getragen werden kann. Dementsprechend sind es auch vornehmlich Verwerterinteressen, die für eine Übertragbarkeit persönlichkeitsrechtlicher Befugnisse mit dinglicher Wirkung streiten. Teilweise wird dieses Interesse an einer dinglichen Übertragung mit der Begründung relativiert, dass „die ursprünglich persönlichkeitsrechtlich geschützten Informationen nach ihrer Veröffentlichung gemeinfrei werden, die dinglich wirkende Lizenz mithin wie ein Einwegprodukt nach erstmaligen Gebrauch nutzlos würde."[1252] Dieser Ansicht liegt wiederum die Annahme zugrunde, dass das Lebensbildrecht allein aus ideellen Schutzgesichtspunkten gewährleistet sei. Demnach werde bei der (exklusiven) Gestattung eines indiskreten Berichts das Abwehrrecht gegen nachfolgende Konkurrenzveröffentlichungen verwirkt, da der Betroffene durch sein Verhalten gezeigt habe, dass er eine entsprechende Veröffentlichung gar nicht als eine Verletzung seiner Person empfinde.[1253]

1250 *Ullmann*, AfP 1999, 209, 211; *Wandtke*, GRUR 2000, 942, 949; vgl. auch *Baston-Vogt*, Der sachliche Schutzbereich des zivilrechtlichen allgemeinen Persönlichkeitsrechts, S. 251 ff., nach der sich die kommerzielle Nutzung des Selbstbestimmungsrecht jedoch am primär ideellen Schutzzweck des allgemeinen Persönlichkeitsrechts zu orientieren hat.

1251 *Moosmann*, Exklusivstories, S. 115.

1252 *Moosmann*, Exklusivstories, S. 117.

1253 *Moosmann*, Exklusivstories, S. 207.

Unzutreffend ist jedoch bereits der Ausgangspunkt, dass nach der erstmaligen Publikation das Persönlichkeitsrecht des Betroffenen einer weiteren Veröffentlichung nicht entgegenstehen kann. Zwar kann der persönlichkeitsrechtliche Diskretionsschutz dadurch reduziert sein, dass der Rechtsinhaber persönliche Angelegenheiten von sich aus der Öffentlichkeit offenbart und damit seine Privat- und Intimsphäre auch für eine weitere Berichterstattung öffnet.[1254] Das persönlichkeitsrechtlich geschützte Selbstbestimmungsinteresse hingegen gibt dem Einzelnen nicht nur die Befugnis, selbst darüber zu entscheiden, ob er bestimmte Informationen überhaupt der Öffentlichkeit zur Kenntnis bringt, sondern auch wie oft dies geschehen soll.[1255] Zwar ist das Selbstbestimmungsinteresse durch berechtigte Informationsinteressen der Öffentlichkeit eingeschränkt, so dass eine wiederholte Auseinandersetzung mit den veröffentlichten Informationen auch ohne Zustimmung des Rechtsinhabers gerechtfertigt sein kann. Inwieweit dies der Fall ist, insbesondere welche Form und welchen Umfang die erneute Darstellung haben darf, ist jedoch anhand einer umfassenden Güter- und Interessenabwägung unter Berücksichtigung des Verhältnismäßigkeitsprinzips festzustellen.[1256] Selbst wenn man jedoch unterstellt, dass persönlichkeitsrechtlich geschützte Informationen nach der Veröffentlichung gemeinfrei würden, so wäre eine etwaige dingliche Rechtsposition an der persönlichkeitsrechtlichen (Selbstbestimmungs-) Befugnis zur Verfilmung und Veröffentlichung des eigenen Lebens- und Charakterbildes deshalb nicht nutzlos. Denn jedenfalls vor der erstmaligen Veröffentlichung stünde dem Exklusivberechtigten gegenüber Dritten eine Rechtsposition zu, die gegenüber einer rein schuldrechtlichen Berechtigung stabiler wäre.[1257] Insofern wäre zumindest dem Hauptinteresse des Filmherstellers, eine „störungsfreie" Erstauswertung vornehmen zu können, damit sich die Kosten der Filmherstellung amortisieren, Rechnung getragen.[1258]

(2) Ausufernde Kommerzialisierung der Persönlichkeit

Daneben wird eine dingliche Übertragbarkeit persönlichkeitsrechtlicher Befugnisse mit der Begründung abgelehnt, dass die Kommerzialisierung von Persönlichkeitsmerkmalen eine gesellschaftliche Fehlentwicklung darstelle, der die Rechtsordnung entgegenzutreten und nicht durch die Anerkennung einer dinglichen Verfügbarkeit zu befördern habe. So würden sich dinglich übertragbare

[1254] Vgl. oben unter 4. Teil B II 2 a aa (4).
[1255] Vgl. oben unter 4. Teil B II 2 a aa (4).
[1256] S. oben unter 4. Teil B II 2 a aa (4); *Prantl*, Die journalistische Information zwischen Ausschlußrecht und Gemeinfreiheit, S. 154 ff.; vgl. auch *Seitz*, NJW 2000, 2167, 2168.
[1257] Vgl. oben unter 5. Teil A III 2 a aa (2); so auch *Moosmann*, Exklusivstories, S. 111 f.
[1258] Dass vor allem die Erstveröffentlichung der geschützten Informationen im Interesse des Exklusivberechtigten liegt, nimmt auch *Moosmann*, Exklusivstories, S. 126, an, indem er eine zeitlich Begrenzung der Exklusivität auf den Zeitpunkt der Erstveröffentlichung für interessengerecht hält.

Bestandteile der eigenen Persönlichkeit in letzter Konsequenz gegen die zu schützende Persönlichkeit selbst richten, da sie sie für Dritte verfügbar machen.[1259] Die Möglichkeit der Veräußerung von Identitätsmerkmalen führe zu einer begrenzten Fremdherrschaft über die eigene Persönlichkeitsentfaltung und zu einer geänderten Einstellung der Person zu ihrem Eigensein, indem sie angereizt werde, marktgerecht zu sein. Ein übertragbares Eigentumsrecht an Identitätsmerkmalen trage insofern individualitätsgefährdende Tendenzen in sich.[1260]

Auch wenn dieser Einwand sehr ernst zu nehmen ist, so ist doch fraglich, ob die mit ihm geäußerten Befürchtungen in einem spezifischen Zusammenhang zu der Möglichkeit einer dinglichen Übertragung von persönlichkeitsrechtlichen Befugnissen stehen, oder ob sie nicht gleichermaßen für die Kommerzialisierung von Persönlichkeitsmerkmalen auf schuldrechtlicher Grundlage bedeutsam sind. So findet bereits eine umfassende Vermarktung von Persönlichkeitsgütern auf der Grundlage von rein schuldrechtlich wirkenden Verträgen statt, durch die im Ergebnis ebenfalls eine begrenzte Fremdherrschaft über die Persönlichkeit eintritt, indem Dritte auf bestimmte Persönlichkeitsmerkmale (exklusiv) zugreifen können. Auch wenn der Rechtsinhaber bei einer schuldrechtlichen Gestattung die rechtliche Dispositionsbefugnis über die vertragsgegenständlichen Persönlichkeitsmerkmale behält, so wird er die vertragliche Bindung und die drohenden Regressansprüche im Falle einer Vertragsverletzung doch regelmäßig als Hindernis empfinden, diese Befugnis unter Verstoß gegen seine Exklusivbindung auszuüben. Auch der Anreiz „marktgerecht zu sein“ resultiert vor allem aus der faktisch bestehenden Möglichkeit einer Vermarktung von Persönlichkeitsmerkmalen, unabhängig davon, ob der rechtliche Unterbau schuldrechtlicher oder dinglicher Natur ist. Insofern stellt sich die Frage, ob eine dingliche Ausgestaltung vom juristischen Laien tatsächlich als Öffnung der Rechtsordnung für eine noch weitergehende Kommerzialisierung von Persönlichkeitsrechten wahrgenommen würde, oder ob sich die bisherigen Vermarktungstendenzen nicht lediglich auf anderer rechtlicher Grundlage fortsetzen würden, ohne das Bewusstsein des Rechtsinhabers für die eigene Person gravierend zu verändern. Fest steht jedenfalls, dass der bestehende Trend zur Kommerzialisierung von Persönlichkeitsmerkmalen nicht aufzuhalten ist, solange bestimmte Nutzungsformen von der Rechtsordnung nicht schlichtweg untersagt werden. Auch wenn die Möglichkeit einer dinglichen Verfügbarkeit über vermögenswerte Persönlichkeitsbefugnisse den Interessen der Merchandising- und Medienindustrie in mancherlei Hinsicht entgegen käme, ist ihre Vermarktungstätigkeit auf eine derartige Möglichkeit nicht angewiesen.

[1259] *Schack*, Urheber- und Urhebervertragsrecht, Rn. 51; *Schack*, JZ 2000, 1060, 1060 ff.; *Schack*, AcP 195, S. 594, 594 ff.; *Krneta*, GRUR Int., 298, 305 f.; *Peifer*, Individualität im Zivilrecht, S. 291 ff.; *Peifer*, JR 1996, 420, 421 f.

[1260] *Peifer*, Individualität im Zivilrecht, S. 292 f.

cc) Rechtsprechung des BGH

In seiner „Marlene Dietrich" – Entscheidung erkannte der BGH die Vererblichkeit der vermögenswerten Bestandteile von Persönlichkeitsrechten an, ließ jedoch die Frage, ob dieser Teil des Persönlichkeitsrechts zu Lebzeiten übertragen werden kann bzw. ob an ihm Nutzungsrechte eingeräumt werden können, mangels Entscheidungserheblichkeit ausdrücklich offen.[1261] Allerdings untermauert der BGH seine Ausführungen mit einem Verweis auf das Firmen- und Warenzeichenrecht, deren ursprüngliche Einordnung als reine Persönlichkeitsrechte sich dahingehend entwickelt hat, dass die Rechtsordnung mittlerweile von einem vermögensrechtlichen Charakter sowie der Vererblichkeit und Übertragbarkeit dieser Rechte ausgeht.[1262] Die Möglichkeit, dass die dingliche Übertragbarkeit von vermögenswerten Bestandteilen des Persönlichkeitsrechts künftig auch höchstrichterlich anerkannt sein könnte, rückt damit näher.[1263]

Zwingend ist der Schluss von der Vererblichkeit auf die Übertragbarkeit jedoch nicht. So begründete der BGH die Notwendigkeit einer Vererblichkeit nicht etwa damit, dass die Bedürfnisse des Rechtsverkehrs eine erhöhte Verkehrsfähigkeit der vermögenswerten Persönlichkeitsbestandteile erfordern. Vielmehr unternahm der BGH den Schritt zur Vererblichkeit mit der Begründung, dass nur so die vermögenswerten Bestandteile des Persönlichkeitsrechts nach dem Tod des Rechtsinhabers effektiv von den Erben geschützt werden können. Denn der traditionelle postmortale Persönlichkeitsschutz bietet nur Abwehransprüche gegen schwerwiegende Verletzungen von ideellen Persönlichkeitsinteressen, nicht jedoch Schadensersatz- oder Bereicherungsansprüche wegen einer kommerziellen Ausbeutung der Persönlichkeit des Verstorbenen.[1264] Zu Lebzeiten des Berechtigten bestehen derartige Schutzdefizite nicht. Nach h.M. kann der Rechtsinhaber – unabhängig von einer dinglichen Verfügungsmöglichkeit – gegen eine unberechtigte kommerzielle Nutzung von Persönlichkeitsrechten neben Unterlassungsansprüchen auch Schadensersatz- und Bereicherungsansprüche geltend machen.[1265] Auch eine positive Verwertung der vermögenswerten Persönlichkeitsbestandteile ist aufgrund der Möglichkeit von obligatorischen Gestattungen gewährleistet.[1266] Für die Rechtspraxis lässt sich dem Urteil damit keine eindeutige Aussage entnehmen. Insbesondere für den Bereich der Vertragsgestaltung stellt sich daher die Frage, wie auf die unterschiedlichen dogmatischen Ansätze in Literatur und Rechtsprechung reagiert werden sollte.

[1261] BGH NJW 2000, 2195, 2197 f. – Marlene Dietrich; ebenfalls offen gelassen in BGH GRUR 1987, 128, 128 – NENA.
[1262] BGH NJW 2000, 2195, 2198 – Marlene Dietrich.
[1263] *Schack*, JZ 2000, 1060, 1062; *Ullmann*, WRP 2000, 1049, 1052; Erman-*Ehmann*, Anh. § 12, Rn. 265.
[1264] Vgl. oben unter 4. Teil F I 2.
[1265] S. oben unter 4. Teil F II.
[1266] *Schack*, Urheber- und Urhebervertragsrecht, Rn. 51, 566.

b) Folgen für die Vertragsgestaltung

Die Gestaltung eines Vertrages hat sich vorrangig an dem von den Vertragsparteien verfolgten Ziel zu orientieren. Wie bereits ausgeführt, liegt der Vertrag über eine Lebens- und Charakterbildverfilmung in erster Linie im Interesse des Filmherstellers. Er sucht wegen seiner hohen finanziellen Aufwendungen bei der Filmherstellung die Sicherheit, dass die Einwilligung des Dargestellten rechtlich konsistent ist und das Risiko persönlichkeitsrechtlicher Einwendungen möglichst weitgehend ausgeschlossen wird. Die begehrte rechtliche Sicherheit kann ein Vertrag allerdings nur dann gewährleisten, wenn die bei seiner Gestaltung gewählte rechtliche Konstruktion von der Rechtsordnung auch anerkannt und in einem etwaigen Rechtsstreit Bestand haben wird. Vor diesem Hintergrund kann von einer Übertragbarkeit persönlichkeitsrechtlicher Befugnisse bzw. der Möglichkeit einer Nutzungsrechtseinräumung nicht mit letzter Sicherheit ausgegangen werden. Bis insoweit eine klare Aussage des BGH vorliegt, sollte der Vertrag – wie bislang von Rechtsprechung und Rechtslehre anerkannt – grundsätzlich als schuldrechtlicher Gestattungsvertrag konstruiert werden. Von einer derartigen Gestaltung gehen auch die folgenden Ausführungen aus. Über die bestehende Rechtsunsicherheit hat sich die bisherige Vertragspraxis häufig mit der Formulierung hinweggeholfen, dass die vertragsgegenständlichen persönlichkeitsrechtlichen Befugnisse „übertragen" werden.[1267] Während derartige Formulierungen bisher dahingehend ausgelegt wurden, dass die Nutzung der Persönlichkeitsmerkmale schuldrechtlich gestattet sein soll[1268], könnte der Begriff der „Übertragung" bei einer entsprechenden Anerkennung durch die Rechtsordnung in einem dinglichen Sinne interpretiert werden. Maßgebend für die Auslegung ist dabei der Parteiwille (§§ 133, 157 BGB).

Für die hier gewählte Vorgehensweise spricht, dass sich Unterschiede zwischen schuldrechtlicher Gestattung und dinglicher Rechtseinräumung vor allem im Hinblick auf die Rechtsfolgen der Einwilligung, insbesondere im Verhältnis zu Dritten ergeben. Für die Vertragsgestaltung hingegen hat die Entscheidung zwischen einer rein schuldrechtlichen oder einer dinglichen Wirkung der Einwilligung nur begrenzte Auswirkungen. Dies liegt daran, dass die für eine dingliche Ausgestaltung überwiegend befürwortete konstitutive Rechtseinräumung Einschränkungen unterliegen soll, die im Ergebnis zu einer starken Annäherung an die schuldrechtliche Gestattung führen. Diese Einschränkungen gewährleisten,

---

[1267] In der Praxis wird in der Formulierung häufig nicht zwischen obligatorischer Gestattung und dinglicher Übertragung differenziert, *Götting*, Persönlichkeitsrechte als Vermögensrechte, S. 279. Vgl. etwa den Sachverhalt in BGH GRUR 1987, 128, 128 – NENA. Dort hieß es in dem Vertrag: „NENA überträgt hiermit sämtliche für die kommerzielle Nutzung (...) erforderlichen Rechte (...)."; vgl. auch BGH GRUR 1968, 209, 209 – Lengede; OLG München AfP 1981, 347, 347; BGHZ 119, 237, 238 – Universitätsemblem.

[1268] BGH GRUR 1987, 128, 128 f. – NENA; *Götting*, Persönlichkeitsrechte als Vermögensrechte, S. 143 (Fn. 4).

dass die unverzichtbaren ideellen Interessen des Berechtigten gewahrt bleiben. Um den Rechtsinhaber vor einem zu weitreichenden Rechtsverlust zu schützen, soll beispielsweise der Gedanke der Zweckübertragungsregel, wie er in § 31 Abs. 5 UrhG enthalten ist, heranzuziehen sein.[1269] Hiernach werden im Zweifel Rechte nur in einem für die Erreichung des Vertragszweckes erforderlichen Umfang übertragen, so dass die zu erwerbenden Befugnisse möglichst umfassend und hinreichend bestimmt in den Vertrag aufzunehmen sind. Diese Einschränkung gilt auch für den schuldrechtlichen Gestattungsvertrag, auf den die Zweckübertragungsregel ebenfalls Anwendung findet.[1270] Um dem dynamischen Wesen des Persönlichkeitsrechts Rechnung zu tragen, soll dem Rechtsinhaber ferner ein Widerrufsrecht aus wichtigem Grund, insbesondere wegen gewandelter Überzeugung (vgl. § 42 UrhG) zuzuerkennen sein.[1271] Gleiches gilt für den schuldrechtlichen Gestattungsvertrag.[1272] Schließlich soll – wie bei der schuldrechtlichen Gestattung – die Weiterübertragung des Nutzungsrechts nur mit Zustimmung des Rechtsinhabers möglich sein[1273] und beschränkt geschäftsfähigen Rechtsinhabern bei entsprechender Einsichtsfähigkeit ein Mitspracherecht zustehen[1274].

B. Einzelne vertragliche Bestimmungen

I. Vertragsparteien

Vertragsparteien des Vertrages über die Gestattung einer Lebens- und Charakterbildverfilmung sind der Filmhersteller und der Inhaber der vertragsgegenständlichen persönlichkeitsrechtlichen Befugnisse.[1275] Ist die Verfilmung des Lebens- und Charakterbildes eines Minderjährigen beabsichtigt, so bedarf der Vertragsschluss entsprechend den oben getroffenen Ausführungen gemäß §§ 107, 108 BGB der Zustimmung des gesetzlichen Vertreters. Besitzt der beschränkt Geschäftsfähige die hinreichende Einsichtsfähigkeit in die Tragweite

---

[1269] *Götting*, Persönlichkeitsrechte als Vermögensrechte, S. 280; *Peukert*, ZUM 2000, 710, 716.
[1270] Vgl. unten unter 5. Teil B II 1.
[1271] *Götting*, Persönlichkeitsrechte als Vermögensrechte, S. 280; *Peukert*, ZUM 2000, 710, 716.
[1272] Vgl. unten unter 5. Teil C I.
[1273] *Götting*, Persönlichkeitsrechte als Vermögensrechte, S. 280; a.A. *Peukert*, ZUM 2000, 710, 716, der eine Übertragung der Nutzungsbefugnis für gänzlich ausgeschlossen hält.
[1274] *Götting*, Persönlichkeitsrechte als Vermögensrechte, S. 280 f.
[1275] Zur Rechtslage nach dem Tod des Berechtigten s. unten unter 5. Teil E.

der Einwilligung, ist ihm – jedenfalls bezüglich des Eingriffs in sein Persönlichkeitsrecht – ein Mitspracherecht zuzuerkennen.[1276]

II. Die Gestattung

Zu den wesentlichen Vertragsinhalten des Lebensbildverfilmungsvertrages gehört die Gestattung des Eingriffs in Persönlichkeitsrechte, durch die der Erwerber eine schuldrechtliche, d.h. ausschließlich zwischen den Parteien wirkende Befugnis zur (kommerziellen) Nutzung der vertragsgegenständlichen Persönlichkeitsmerkmale erwirbt. Der Gestattungsvertrag begründet eine obligatorische Verpflichtung des Rechtsinhabers, Eingriffe in das Persönlichkeitsrecht im vertraglich beschriebenen Umfang zu dulden bzw. entsprechende Ansprüche wegen einer Persönlichkeitsrechtsverletzung nicht geltend zu machen.[1277] Dementsprechend sollte eine Formulierung im Vertrag gewählt werden. Sofern ein Vertrag diesbezüglich keine ausdrückliche Formulierung enthält, kann der Verzicht auf die Geltendmachung von Ansprüchen in der Regel und in den Grenzen des Zumutbaren aus dem Abschluss des Exklusivvertrages als solchen abgeleitet werden (§§ 133, 157 BGB).[1278] Denn die Zahlung eines Honorars für eine Exklusivberechtigung würde ohne die Gewissheit, dass der Rechtsinhaber gegen eine entsprechende Veröffentlichung nicht vorgeht, wenig Sinn machen.

1. Erfordernis der Bestimmtheit der Gestattung

Bei der Vertragsformulierung sind Inhalt und Umfang der Gestattung möglichst genau zu beschreiben. Das Erfordernis der Bestimmtheit oder zumindest Bestimmbarkeit der Gestattung ergibt sich aus Erwägungen des Persönlichkeitsschutzes, da der Rechtsinhaber abschätzen können muss, inwieweit er über seine Persönlichkeitsrechte und -merkmale disponiert. Eine Generaleinwilligung würde auf einen faktischen Rechtsverzicht hinauslaufen und der Rechtsinhaber würde sich entgegen den in Art. 1 und Art. 2 GG verankerten Grundwerten der Fremdbestimmung eines anderen ausliefern.[1279] Zur Begründung können ferner die §§ 413, 398 BGB entsprechend herangezogen werden, wonach die Übertragung eines Rechts dessen Bestimmbarkeit voraussetzt[1280]. Die Anwendbarkeit dieser Voraussetzung ist vor allem dann zu fordern, wenn man die Möglichkeit einer Einräumung von (quasi-) dinglichen Nutzungsrechten am Persönlichkeits-

---

[1276] Vgl. oben unter 4. Teil G III.
[1277] Vgl. oben unter 4. Teil G I.
[1278] *Soehring*, Presserecht, Rn. 7.50.
[1279] *Götting*, Persönlichkeitsrechte als Vermögensrechte, S. 142, 279; *Forkel*, GRUR 1988, 491, 500.
[1280] Vgl. Palandt-*Heinrichs*, § 398, Rn. 14.

recht in Anlehnung an das Urheberrecht bejaht.[1281] Aber auch, wenn man zum Schutz der Persönlichkeit eine nur schuldrechtlich wirkende Gestattung befürwortet, kann gerade aus Schutzerwägungen auf die Bestimmtheit der Gestattung nicht verzichtet werden.[1282]

Für den Filmhersteller ergibt sich die Notwendigkeit einer hinreichend bestimmten vertraglichen Regelung jedenfalls rein faktisch aus dem Umstand, dass der allgemeine Zweckübertragungsgedanke auch auf die persönlichkeitsrechtliche Gestattung anwendbar ist.[1283] Hiernach werden Rechte im Zweifel nur in dem Umfang eingeräumt, der für die Erreichung des Vertragszwecks erforderlich ist.[1284] Die Zweckübertragungslehre gilt nicht nur für die Anzahl der eingeräumten Nutzungsarten, sondern auch für deren Inhalt, d.h. auch im Hinblick auf zeitliche, räumliche oder inhaltliche Beschränkungen der Befugnis.[1285] Will der Filmhersteller also vermeiden, dass die mit dem Vertrag eingeräumten Befugnisse zu seinen Lasten eng ausgelegt werden, sind diese möglichst genau zu umschreiben. Inhalt und Form der beabsichtigten Lebens- und Charakterbilddarstellung, die betroffenen Persönlichkeitsaspekte sowie die geplante Auswertung des Films sind demnach im Vertrag so konkret wie möglich zu spezifizieren.

2. Umfang und Gegenstand der Gestattung

Mit dem Vertrag gestattet der Rechtsinhaber die Herstellung und kommerzielle Auswertung einer Verfilmung seines Lebens- und Charakterbildes nach Maßgabe der vertraglichen Bestimmungen. Der Vertrag sollte zunächst eine ausdrück-

---

[1281] *Götting*, Persönlichkeitsrechte als Vermögensrechte, S. 279. Auch die Einräumung von Nutzungsrechten am Urheberrecht folgt gemäß § 413 BGB den §§ 398 ff. BGB, soweit das UrhG nichts anderes bestimmt, vgl. *Ulmer*, Urheber- und Verlagsrecht, S. 360; Palandt-*Heinrichs*, § 413, Rn. 3.

[1282] Dies gilt insbesondere, wenn man die Gestattung als ein Verzicht auf künftige Ansprüche versteht, für den das Bestimmtheitserfordernis wie bei der Abtretung künftig entstehender Forderungen gelten soll, vgl. *Dasch*, Die Einwilligung zum Eingriff in das Recht am eigenen Bild, S. 29 f.; *Esser/Schmidt*, Schuldrecht Bd. I/1, S. 332.

[1283] OLG Köln AfP 1999, 377, 377; KG ZUM-RD 1998, 554, 554; OLG Hamburg ZUM 1996, 789, 790; Dreier/Schulze-*Dreier*, § 22 KUG, Rn. 21; Wandtke/Bullinger-*Fricke*, § 22 KUG, Rn. 16; Schricker-*Gerstenberg/Götting*, § 60/§ 22 KUG, Rn. 17; *Homann*, Praxishandbuch Filmrecht, S. 140; Wenzel-*von Strobl-Albeg*, Rn. 7.81; *Dasch*, Die Einwilligung zum Eingriff in das Recht am eigenen Bild, S. 64; *Prantl*, Die journalistische Information zwischen Ausschlußrecht und Gemeinfreiheit, S. 145 (Fn. 134); *Moosmann*, Exklusivstories, S. 121; *Frömming/Peters*, NJW 1996, 958, 959; *v. Olenhusen*, FuR 1983, 189, 192. Auch auf eine etwaige dingliche Verfügung über persönlichkeitsrechtliche Befugnisse wäre der Gedanke der Zweckübertragungsregel heranzuziehen, vgl. *Götting*, Persönlichkeitsrechte als Vermögensrechte, S. 280; *Peukert*, ZUM 2000, 710, 716.

[1284] Schricker-*Schricker*, §§ 31/32, Rn. 31; Fromm/Nordemann-*Hertin*, §§ 31/32, Rn. 19.

[1285] BGH GRUR 1996, 121, 122 – Pauschale Rechtseinräumung; Fromm/Nordemann-*Hertin*, §§ 31/32, Rn. 24; Wenzel-*von Strobl-Albeg*, Rn. 7.81.

liche Klarstellung enthalten, dass sich die Gestattung einschließlich der vertraglich vorgesehenen Vergütung nicht nur auf Eingriffe in ideelle Persönlichkeitsinteressen des Dargestellten erstreckt, sondern dass sie auch die durch die Herstellung und Auswertung des Films tangierten vermögenswerten Persönlichkeitsinteressen umfasst. Daneben empfiehlt es sich, bezüglich der folgenden Aspekte eine ausdrückliche Regelung in den Gestattungsvertrag aufzunehmen.

a) Betroffene Persönlichkeitsdetails sowie Daten und Informationen über das Leben und den Charakter des Dargestellten

Der Vertrag sollte eine möglichst konkrete Regelung im Hinblick auf die zu verwendenden Persönlichkeitsdetails und Lebensdaten des Betroffenen enthalten. Hiernach hat der Rechtsinhaber seine Einwilligung in die Darstellung der relevanten Persönlichkeitsmerkmale wie etwa Name, Aussehen und Erscheinungsbild, Stimme, Gestik, Mimik, Persönlichkeits- und Charaktermerkmale, aber auch seine innere Einstellung bzw. Ansichten und Äußerungen zu bestimmten Themen zu erklären. Zudem ist festzulegen, welche Lebensabschnitte, Ereignisse, persönlichen Erfahrungen, Erlebnisse und Situationen aus dem Leben des Betroffenen vollständig oder nur teilweise Gegenstand der Verfilmung sein sollen.[1286] Dies kann durchaus Auswirkungen auf die Vertragsverhandlungen haben. So mag der Dargestellte beispielsweise auf umfangreiche Mitwirkungs- und Zustimmungsbefugnisse drängen, um eine von ihm befürchtete diskreditierende Darstellung eines bestimmten Lebensabschnittes oder auch nur eines punktuellen Erlebnisses auszuschließen. Ist der betreffende Lebensabschnitt für den Film von nur untergeordneter Bedeutung, mag es für den Filmhersteller unkomplizierter sein, diesen von der Einwilligungserteilung ganz auszunehmen.[1287]

b) Form der Darstellung

Der Gestattungsvertrag sollte ferner eine Aussage darüber enthalten, in welcher Form die filmische Darstellung des Lebens- und Charakterbildes erfolgen soll. Dabei ist zunächst das geplante Format von Interesse, da es das Persönlichkeitsrecht in spezifischer Weise tangieren kann. So sind die unterschiedlichen Formen dokumentarischer Darstellungen durch ein unterschiedliches Maß an Verfremdung gekennzeichnet. Gerade bei Doku-Dramen bzw. Formaten, die Dokumentations- und Spielfilmelemente miteinander verbinden, ist es aus dramaturgischen Gründen oftmals angezeigt, Verfremdungen bzw. Fiktionalisierungen des Geschehens vorzunehmen. Bereits oben wurde festgestellt, dass derartige

---

[1286] *Litwalk*, Contracts for the Film & Television Industry, S. 28.
[1287] *Litwalk*, Contracts for the Film & Television Industry, S. 27.

Verfremdungen im dokumentarischen Bereich im weiten Umfang unzulässig sind, insbesondere, wenn sie das Lebens- und Charakterbild des Dargestellten in seinen wesentlichen Zügen verändern. Die Zulässigkeit einer Verfremdung ist eine Ermessensfrage und kann daher Anlass für Streitigkeiten bieten, über die im Ergebnis eine Auslegung des Gestattungsvertrages entscheiden wird.[1288] Deshalb sollte der Vertrag das geplante Darstellungsformat (Dokumentation, Doku-Drama etc.) bezeichnen und eine Regelung enthalten, wonach der Betroffene auch mit Dramatisierungen, Fiktionalisierungen und sonstigen Verfremdungen seiner Lebensgeschichte einverstanden ist.[1289] Soweit Verfremdungen bereits absehbar sind, empfiehlt es sich, sie so genau wie möglich zu spezifizieren. Dies könnte etwa erreicht werden, indem dem Vertrag ein bereits erstelltes Exposé, Treatment oder Drehbuch als Anlage beigefügt wird. Ferner könnte man eine Regelung in den Vertrag aufnehmen, wonach das noch zu erstellende Exposé bzw. Treatment einer Abnahme durch den Dargestellten bedarf. Bezüglich weiterer Produktionsstufen kann sich eine derartige Abnahmeregelung für den Filmhersteller jedoch als riskant erweisen. Denn bereits in die Entwicklung des Drehbuchs wird regelmäßig ein nicht unerhebliches Maß an Zeit und Geld investiert, so dass ein Abnahmerecht des Abgebildeten mit erheblichen Unwägbarkeiten für den Filmhersteller verbunden wäre.[1290]

Ferner kann die konkrete Erzählweise des Films einen mehr oder minder starken Einfluss auf die Persönlichkeitssphäre des Betroffenen haben. Soll das Leben und Erleben des Dargestellten beispielsweise in der „Ich"- Form präsentiert werden, so wird hierdurch eine wesentlich stärkere Verbindung zwischen der Persönlichkeit des realen Vorbildes und der filmischen Darstellung gezogen.[1291] Im Ergebnis findet eine Art Zurechnung der Aussagen des Filmes statt, die im Einzelfall persönlichkeitsverletzend wirken kann. Wird ein entsprechender Erzählmodus in Betracht gezogen, sollte auch diesbezüglich eine ausdrückliche vertragliche Regelung getroffen werden.

c) Beabsichtigte Auswertung des Films

Des Weiteren muss die Gestattung zur Nutzung der Persönlichkeitsmerkmale in dem Umfang erteilt werden, in dem eine Auswertung der Produktion beabsich-

---

[1288] Sehr weitgehend LG Berlin UFITA 34 (1961), 233, 235, wonach eine vertragliche Verpflichtung, die im Film dargestellte Person nicht durch eine Entstellung der Wahrheit zu diffamieren, nach §§ 133, 157 BGB dahingehend auszulegen sein soll, dass dem Produzenten des Filmes das Recht eingeräumt ist, das Leben einer solchen Person auch abweichend von der Wirklichkeit zu schildern, sofern diese Abweichungen nicht als diffamierend anzusehen sind.

[1289] *Litwalk*, Contracts for the Film & Television Industry, S. 28.

[1290] *Litwalk*, Contracts for the Film & Television Industry, S. 26 f.

[1291] *Moosmann*, Exklusivstories, S. 118; a.A. *Prantl*, Die journalistische Information zwischen Ausschlußrecht und Gemeinfreiheit, S. 145.

tigt ist. Einen Anhaltspunkt für den notwendigen Inhalt der Einwilligung bieten insoweit die urheberrechtlichen Filmlizenzverträge, die der Filmhersteller mit den am Filmherstellungsprozess Beteiligten bzw. mit Filmauswertungsunternehmen und Sendeanstalten abschließt.

Der Vertrag sollte eine Regelung bezüglich der gestatteten Nutzungsarten sowie etwaiger räumlicher, zeitlicher oder inhaltlicher Beschränkungen der Nutzung enthalten.[1292] So ist z.B. relevant, ob die Produktion ausschließlich gesendet werden soll oder ob eine Kinoauswertung bzw. die Herstellung von Videogrammen (z.B. ein Video zu einer Fernsehsendung) geplant ist. Möchte der Filmhersteller ein Buch zum Film herausbringen, wie dies mittlerweile im Falle vieler Dokumentationen und Doku-Dramen geschieht[1293], bedarf es auch insoweit einer Einwilligung des Rechtsinhabers. Gleiches gilt für die Bewerbung der Produktion, etwa mit Abbildungen des Betroffenen. Andererseits mag eine zeitlich oder räumlich beschränkte Auswertung geplant sein, wie z.B. eine Auswertung während einer bestimmten Lizenzzeit ausschließlich im deutschsprachigen Lizenzgebiet, was die Kosten der Gestattung reduzieren kann. Die Reihe ließe sich im Hinblick auf die vielfältigen Auswertungsrechte an Filmen mit zahlreichen Beispielen fortsetzen. Um eine Übereinstimmung zwischen dem Umfang der Gestattung und der geplanten Auswertung des Filmwerkes zu erzielen, bietet es sich daher an, bei der Formulierung im Ansatz auf die urheberrechtliche Filmvertragspraxis, insbesondere auf die dort gängige Verwendung von umfassenden Katalogen der einzuräumenden Rechte zurückzugreifen.

3. Weiterübertragbarkeit der Gestattung

Die Auswertung eines Films erfolgt in aller Regel nicht durch den Filmhersteller selbst, sondern durch Dritte (z.B. Sendeanstalten, Verleih- oder Vertriebsunternehmen), die sich die hierfür erforderlichen Rechte vom Filmhersteller vertraglich einräumen lassen. Für den Erwerber der Rechte ist ein entsprechender Vertragsschluss jedoch nur dann sinnvoll, wenn sich der Dargestellte nicht mit persönlichkeitsrechtlichen Unterlassungs- oder Schadensersatzansprüchen gegen eine Auswertung wehren kann. Da die schuldrechtliche Gestattung zur Herstellung und Auswertung der Lebens- und Charakterbildverfilmung nur inter partes wirkt, besitzt der Filmhersteller keine dingliche Rechtsposition, über die er verfügen kann. Für die Praxis von erheblicher Bedeutung ist daher die Frage, in-

---

1292 *Litwalk*, Contracts for the Film & Television Industry, S. 26, 28; *Homann*, Praxishandbuch Filmrecht, S. 140.

1293 Zu dem ARD-Doku-Drama „Die Manns – ein Jahrhundertroman“ (Buch/Regie: *Heinrich Breloer* und *Horst Königstein*) wurde ein Buch mit gleichem Titel herausgebracht. Auch zu den ZDF-Doku-Reihen von *Guido Knopp* und seinem Autorenteam erscheinen regelmäßig Begleitbücher (z.B. „Vatikan – Die Macht der Päpste“, „Hitlers Helfer“).

wieweit der Filmhersteller die ihm durch die Einwilligung erteilte obligatorische Berechtigung auf Dritte weiterübertragen kann.

In der Literatur besteht zu Recht weitgehend Einigkeit darüber, dass die mit der Einwilligung gewährten Befugnisse auf Dritte übertragbar sind, sofern die Einwilligung unbeschränkt erteilt worden ist.[1294] Die Übertragbarkeit der Einwilligung entspricht den Bedürfnissen des Geschäftsverkehrs und ist zwangsläufige Konsequenz der zunehmenden Kommerzialisierung persönlichkeitsrechtlicher Befugnisse. Auch der BGH scheint von der Möglichkeit einer Übertragung auszugehen, auch wenn er zu der Problematik noch nicht ausdrücklich Stellung bezogen hat.[1295] Dogmatisch wird die Übertragbarkeit der Einwilligung auf eine entsprechende Anwendung der §§ 413, 398 BGB gestützt.[1296] Allerdings besteht die Befugnis zur Übertragung der Einwilligung nur dann, wenn der Berechtigte diese eindeutig gestattet hat, so dass bei Fehlen einer entsprechenden ausdrücklichen Vereinbarung eine Übertragung auf Dritte nur mit Zustimmung des Rechtsinhabers erfolgen kann. Die Einwilligung berechtigt im Zweifelsfall also nur den ersten Erklärungsempfänger.[1297] Dieses Ergebnis wird einerseits auf den Rechtsgedanken des § 34 Abs. 1 S. 1 UrhG zurückgeführt.[1298] Andererseits wird aus Schutzerwägungen eine Zweckbindung der mit der Einwilligung erteilten Befugnisse derart angenommen, dass die Übertragung ohne die Zustimmung des

---

[1294] *Helle*, Besondere Persönlichkeitsrechte im Privatrecht, S. 108 ff.; *Helle*, AfP 1985, 93, 99; *Dasch*, Die Einwilligung zum Eingriff in das Recht am eigenen Bild, S. 94 f.; *Unland*, Die Verfilmung tatsächlicher Ereignisse, S. 40 ff.; *Moosmann*, Exklusivstories, S. 124 f.; Palandt-*Heinrichs*, § 12, Rn. 17, zum namensrechtlichen Gestattungsvertrag. Auch wenn man die Möglichkeit einer dinglichen Verfügung über persönlichkeitsrechtliche Befugnisse befürwortet sind die betreffenden Befugnisse mit Zustimmung des Rechtsinhabers auf Dritte übertragbar, vgl. *Götting*, Persönlichkeitsrechte als Vermögensrechte, S. 162 f., 280; a.A. *Peukert*, ZUM 2000, 710, 716.

[1295] BGH GRUR 1987, 128, 129 – NENA.

[1296] *Götting*, Persönlichkeitsrechte als Vermögensrechte, S. 162; *Dasch*, Die Einwilligung zum Eingriff in das Recht am eigenen Bild, S. 95; *Unland*, Die Verfilmung tatsächlicher Ereignisse, S. 40; *Moosmann*, Exklusivstories, S. 124 f.; *Helle*, AfP 1985, 93, 99. Nach *Helle*, Besondere Persönlichkeitsrechte im Privatrecht, S. 109, sind bei der durch Gestattungsvertrag erteilten Einwilligung die §§ 398 ff. BGB direkt anzuwenden, da der Erklärungsempfänger hierdurch eine Forderung gegen den Berechtigten, nämlich den Anspruch auf Duldung des Eingriffs erworben hat.

[1297] *Helle*, Besondere Persönlichkeitsrechte im Privatrecht, S. 109; *Unland*, Die Verfilmung tatsächlicher Ereignisse, S. 41; *Götting*, Persönlichkeitsrechte als Vermögensrechte, S. 163; *Dasch*, Die Einwilligung zum Eingriff in das Recht am eigenen Bild, S. 96; *Moosmann*, Exklusivstories, S. 124 f.

[1298] *Unland*, Die Verfilmung tatsächlicher Ereignisse, S. 41; *Dasch*, Die Einwilligung zum Eingriff in das Recht am eigenen Bild, S. 96 (Fn. 420); *Götting*, Persönlichkeitsrechte als Vermögensrechte, S. 163. Der Rechtsgedanke des § 90 S. 1 UrhG kann demnach aus Gesichtspunkten des Persönlichkeitsschutzes keine Anwendung finden.

Einwilligenden zu einer gemäß § 399, 1. Alt BGB unzulässigen Inhaltsänderung führen würde[1299].

Im Ergebnis bedeutet dies, dass der Filmhersteller eine ausdrückliche Regelung in den Vertrag aufnehmen sollte, wonach er zu einer Übertragung der mit der Einwilligung gewährten Befugnisse auf Dritte berechtigt ist. In einem derartigen „Weiterreichen" der Einwilligung liegt keine anstößige und gemäß § 138 Abs. 1 BGB sittenwidrige Kommerzialisierung der Persönlichkeit, da die freie Selbstbestimmung des Betroffenen nicht in einem unzulässigen Maße eingeschränkt wird. Vielmehr kann die – ausdrücklich zu gestattende – Übertragbarkeit der Einwilligung durchaus im Interesse des Betroffenen liegen und ist daher letztendlich eine Ausprägung seines (wirtschaftlichen) Selbstbestimmungsrechts. Zudem bleiben wesentliche Rechte des Einwilligenden auch gegenüber dem Erwerber der Einwilligung erhalten. Dieser erwirbt die mit der Einwilligung gewährten Befugnisse nämlich nur in dem Umfang, in dem sie ursprünglich erteilt worden sind, d.h. behaftet mit allen Unsicherheiten, die mit einer Einwilligung in Persönlichkeitseingriffe einhergehen. Als eine solche Unsicherheit ist beispielsweise das der Einwilligung von vornherein immanente Recht zum Widerruf aus wichtigem Grund anzusehen. Dieses kann in entsprechender Anwendung des § 404 BGB auch gegenüber dem Erwerber der Einwilligung ausgeübt werden.[1300]

4. Einräumung einer Option

Bezüglich der Gestattungserteilung sind unterschiedliche Vertragsgestaltungen denkbar. Zum einen kann die Gestattung zur Verfilmung der Lebensgeschichte sofort mit Vertragsunterzeichnung erteilt werden. Gerade wenn die Filmherstellung noch ungewiss ist, kommt jedoch auch die Möglichkeit in Betracht, dass der Rechtsinhaber dem Filmhersteller zunächst nur eine Option auf die Gestattung einräumt. Für den Filmhersteller hat dies den Vorteil, dass er sich die Befugnis zur Verfilmung für eine bestimmte Optionszeit exklusiv „sichern kann" und hierfür lediglich einen Betrag zahlen muss, der unterhalb der für die Gestattung zu entrichtenden Vergütung liegt. Zugunsten des Rechtsinhabers wird der Optionsvertrag vorsehen, dass die von ihm übernommenen vertraglichen Pflichten gegenstandslos werden, sofern eine Ausübung der Option nicht innerhalb der Optionszeit erfolgt ist. Hierdurch ist gewährleistet, dass der Rechtsinhaber einer anderen Person die Verfilmung seines Lebens- und Cha-

---

[1299] *Dasch*, Die Einwilligung zum Eingriff in das Recht am eigenen Bild, S. 96; *Götting*, Persönlichkeitsrechte als Vermögensrechte, S. 163; *Helle*, Besondere Persönlichkeitsrechte im Privatrecht, S. 110.

[1300] *Götting*, Persönlichkeitsrechte als Vermögensrechte, S. 163; *Unland*, Die Verfilmung tatsächlicher Ereignisse, S. 41; wohl auch *Helle*, AfP 1985, 93, 101, der auch dem Zessionar im Falle des Widerrufs einen Anspruch auf Ersatz des Vertrauensschadens zubilligt.

rakterbildes gestatten kann, wenn sein ursprünglicher Vertragspartner das Projekt nicht innerhalb eines bestimmten Zeitraumes realisiert.[1301]

III. Mitwirkungsrechte und -pflichten

Neben der Gestattung zur Nutzung persönlicher Lebensdaten sieht der Vertrag regelmäßig Mitwirkungspflichten des Betroffenen vor.[1302] Diese dienen zunächst dazu, dem Produzenten die für eine Lebens- und Charakterbilddarstellung erforderlichen Informationen zu verschaffen. Danach kann der Betroffene verpflichtet sein, Materialien wie z.B. Fotografien, Film- und Zeitungsausschnitte, Tagebuchaufzeichnungen, Briefe, Niederschriften und ähnliche Unterlagen zur Verfügung zu stellen. Darüber hinaus kann der Vertrag eine Beratungspflicht des Dargestellten, etwa in Form einer Zusammenarbeit mit dem Autor enthalten. Denkbar ist auch die Pflicht, während der Dreharbeiten für Filmaufnahmen wie z.B. Interviews zur Verfügung zu stehen.[1303] Eine derartige Mitwirkung des Betroffenen spielt gerade bei klassischen Dokumentarfilmen, die auf den Einsatz von Schauspielern verzichten, eine erhebliche Rolle im Hinblick auf die Umsetzung und Visualisierung des Filmstoffes.

Für den Filmhersteller besteht eine zusätzliche Bedeutung der Mitwirkungsrechte und -pflichten darin, dass die Einbindung des Betroffenen in den Filmherstellungsprozess als vertrauensbegründender Umstand für den Bestand des Vertrages wirkt und insofern das Widerrufsrisiko für den Produzenten mindert.[1304] Denn durch seine Mitwirkung weckt der Rechtsinhaber beim Filmhersteller das berechtigte Vertrauen, dass er sich von seiner Einwilligung nicht lossagen wird, so dass ein Widerruf nur ausnahmsweise bei einem wichtigen Grund zuzulassen ist. Allerdings ist im Einzelfall sorgfältig abzuwägen, ob bzw. inwieweit es die Minimierung des Widerrufsrisikos wert ist, einem „produktionsfremden" Dritten das Recht zur Zusammenarbeit und Mitwirkung einzuräumen.[1305]

IV. Exklusivität

Ungeteiltes Publikumsinteresse und die damit verbundenen wirtschaftlichen Gewinne verspricht die Verfilmung nur dann, wenn die Lebensgeschichte im

---

[1301] *Litwalk*, Contracts for the Film & Television Industry, S. 26, 31 f.

[1302] Vgl. zu den Mitwirkungspflichten: *Homann*, Praxishandbuch Filmrecht, S. 141; *Prantl*, Die journalistische Information zwischen Ausschlußrecht und Gemeinfreiheit, S. 141 ff.; *Moosmann*, Exklusivstories, S. 118 f.; *Litwalk*, Contracts for the Film & Television Industry, S. 25 ff.; *Schertz*, ZUM 1998, 757, 764.

[1303] Vgl. etwa OLG Frankfurt a. M. ZUM-RD 1998, 277, 278.

[1304] Vgl. unten unter 5. Teil C I.

[1305] S. hierzu die Ausführungen oben unter 5. Teil B II 2 b.

Zeitpunkt der Veröffentlichung nicht Gegenstand anderer Filme ist. Aus diesem Grunde enthält der Gestattungsvertrag regelmäßig eine Exklusivitätsvereinbarung, d.h. das Verbot für den Betroffenen, die Verfilmung der persönlichen Daten einem anderen Produzenten zu gestatten bzw. bei anderen Produktionen beratend oder mitwirkend zur Verfügung zu stehen.[1306] In Anlehnung an die Ausgestaltung in § 31 UrhG kann die Exklusivität räumlich, zeitlich oder inhaltlich beschränkt werden, etwa um dem Vorwurf einer sittenwidrigen Monopolisierung von Informationen auszuräumen[1307] oder um den Markt durch Vorabinformationen zu präparieren[1308].

Soweit man der Exklusivitätsvereinbarung einen rein schuldrechtlichen Charakter beimisst, ist der Einwilligende nicht daran gehindert, einem anderen Filmhersteller die Verfilmung seiner Lebensgeschichte wirksam zu gestatten. Dies folgt bereits aus dem Rechtsgedanken des § 137 BGB. Zwar macht sich der Einwilligende bei einem Verstoß gegen die Exklusivklausel schadensersatzpflichtig[1309], jedoch ist ungewiss, ob sich der Filmhersteller bei ihm angesichts der mit einer Filmherstellung verbundenen hohen Kosten immer schadlos halten kann. Insofern stellt sich die Frage, unter welchen Voraussetzungen der Exklusivberechtigte gegen die Verfilmung eines Konkurrenten vorgehen kann und welche vertraglichen Möglichkeiten zur Absicherung der Exklusivität bestehen.

1. Eingeschränkte Möglichkeit zum Vorgehen gegen Konkurrenten

Aufgrund der rein schuldrechtlichen Wirkung des Exklusivvertrages besitzt der Filmhersteller kein dingliches Ausschließungsrecht gegen Konkurrenten, die eine Verfilmung desselben Stoffes beabsichtigen. Da zwischen den konkurrierenden Filmherstellern in der Regel auch keine unmittelbaren vertraglichen Bindungen bestehen, bewegen sich beide auf dem Filmmarkt im freien Wettbewerb zueinander. Insofern kommt ein reglementierendes Einschreiten des exklusivberechtigten Filmherstellers gegen die unternehmerische Betätigung seines Konkurrenten allenfalls unter wettbewerbsrechtlichen Gesichtspunkten in Betracht. Anknüpfungspunkt eines Unterlassungs- bzw. Schadensersatzanspruches gemäß §§ 3 f., 8 f. UWG n.F. könnte dabei einerseits die durch den Exklusivvertrag

---

[1306] *Schertz*, ZUM 1998, 757, 764; *Prantl*, Die journalistische Information zwischen Ausschlußrecht und Gemeinfreiheit, S. 146 f.; *Homann*, Praxishandbuch Filmrecht, S. 141; *Moosmann*, Exklusivstories, S. 126; *Krone*, AfP 1982, 196, 197. Im Fall OLG Frankfurt a. M. ZUM-RD 1998, 277, 278, wurde im Exklusivvertrag festgehalten, dass Exklusivität nach dem Parteiwillen bedeutet, „dass jede anderweitige Information ohne ausdrückliche vorherige Zustimmung" des Exklusivberechtigten „gegen diese Vereinbarung verstößt."

[1307] Vgl. hierzu unten unter 5. Teil D II.

[1308] *Prantl*, Die journalistische Information zwischen Ausschlußrecht und Gemeinfreiheit, S. 146 f.; *Moosmann*, Exklusivstories, S. 126.

[1309] *Homann*, Praxishandbuch Filmrecht, S. 141; OLG Frankfurt a. M. ZUM-RD 1998, 277, 279 ff.

vermittelte, eigene Rechtsposition des Filmherstellers sein, sowie andererseits die Verletzung von Persönlichkeitsrechten des Betroffenen, also die Rechtsposition eines Dritten.

a) Ansprüche des Filmherstellers gegen Konkurrenten wegen Einbruchs in den Exklusivvertrag

Auch im Wettbewerbsrecht gilt der Grundsatz, dass unbeteiligte Dritte an schuldrechtliche Verträge anderer nicht gebunden sind.[1310] Daher kann ein Eindringen in fremde Vertragsbeziehungen nicht ohne weiteres untersagt werden[1311], vielmehr ist der Einbruch in fremde Vertragsbeziehungen nur bei besonderen, die Wettbewerbswidrigkeit begründenden Umständen unlauter.[1312] Hierzu zählen im Falle einer Missachtung von Ausschließlichkeitsverträgen durch nicht gebundene Dritte vor allem das Verleiten zum Vertragsbruch bzw. die Ausnutzung eines fremden Vertragsbruches. Während die wettbewerbliche Relevanz von Verstößen gegen vertragliche Bindungen nach alter Rechtslage im Rahmen der Generalklausel des § 1 UWG a.F. erörtert wurde[1313], wird sie nach der Reform des UWG überwiegend als ein Fall der Behinderung gemäß § 4 Nr. 10 UWG n.F. behandelt[1314].

aa) Verleiten zum Vertragsbruch

Ein Verleiten zum Vertragsbruch ist stets wettbewerbswidrig, ohne dass es auf das Vorliegen weiterer Umstände ankommt.[1315] Unter einem Verleiten versteht

---

1310 Gloy/Loschelder-*Hasselblatt*, Handbuch des Wettbewerbsrechts, § 51, Rn. 58, 84; Harte-Bavendamm/Henning-Bodewig-*v. Jagow*, § 4 Nr. 11, Rn. 136; *v. Gamm*, UWG, § 1, Rn. 230; *v. Gamm*, Wettbewerbsrecht Bd. I/1, § 33, Rn. 1; Gloy-*Jacobs/Hasselblatt*, Handbuch des Wettbewerbsrechts, § 48, Rn. 28.

1311 *v. Gamm*, UWG, § 1, Rn. 230; Gloy/Loschelder-*Hasselblatt*, Handbuch des Wettbewerbsrechts, § 51, Rn. 84.

1312 *v. Gamm*, UWG, § 1, Rn. 231; *v. Gamm*, Wettbewerbsrecht Bd. I/1, § 33, Rn. 1; *Baumbach/Hefermehl*, Wettbewerbsrecht, § 1 UWG, Rn. 695.

1313 *Baumbach/Hefermehl*, Wettbewerbsrecht, § 1 UWG, Rn. 694 ff.; Köhler/Piper-*Piper*, § 1, Rn. 889 ff.; *v. Gamm*, Wettbewerbsrecht Bd. I/1, § 33, Rn. 1 ff.; *v. Gamm*, UWG, § 1, Rn. 280 ff.

1314 Harte-Bavendamm/Henning-Bodewig-*v. Jagow*, § 4 Nr. 11, Rn. 134 ff., 142 ff.; Gloy/Loschelder-*Hasselblatt*, Handbuch des Wettbewerbsrechts, § 51, Rn. 85 ff.; Baumbach/Hefermehl-*Köhler*, Wettbewerbsrecht, § 4 UWG, Rn. 10.32, 10.36. Nach Hasselblatt-*Dittert*, Gewerblicher Rechtsschutz, § 21, Rn. 50, sind die Fallgruppen des Vertragsbruchs auf den allgemeinen Unlauterkeitstatbestand des § 3 UWG n.F. zu stützen.

1315 *v. Gamm*, UWG, § 1, Rn. 238; *v. Gamm*, Wettbewerbsrecht Bd. I/1, § 33, Rn. 6; *Baumbach/Hefermehl*, Wettbewerbsrecht, § 1 UWG, Rn. 697; *Prantl*, Die journalistische Information zwischen Ausschlußrecht und Gemeinfreiheit, S. 149; *Moosmann*, Exklusivstories, S. 186. Zu § 4 Nr. 10 UWG n.F.: Harte-Bavendamm/Henning-Bodewig-*v. Jagow*, § 4 Nr. 11,

man jedes bewusste Hinwirken darauf, dass der andere einen Vertragsbruch begeht.[1316] Dementsprechend liegt ein Verleiten zum Vertragsbruch vor, wenn der Konkurrent dem Rechtsinhaber ein Angebot unterbreitet, das seinen Konditionen nach (höheres Honorar, Freistellung von Vertragsstrafen oder Schadensersatzansprüchen gegenüber dem Vertragspartner, Übernahme der Kosten der Rechtsverteidigung etc.) bewusst so verlockend gestaltet wird, dass dem Umworbenen ein Abschluss trotz des Vertragsbruches lohnend erscheinen muss.[1317] In subjektiver Hinsicht muss der Verleitende die Umstände (hier das Bestehen einer Exklusivvereinbarung) kennen, die sein Verhalten als unlauter erscheinen lassen, oder mit der Möglichkeit ihres Vorliegens, etwa wegen der Gepflogenheiten der Branche rechnen und sie bewusst in Kauf nehmen.[1318] Wer sich der Kenntnis der relevanten Umstände bewusst verschließt oder entzieht, wird so behandelt, als habe er die den Vertragsbruch begründenden Umstände gekannt.[1319]

bb) Ausnutzen eines fremden Vertragsbruchs

Darüber hinaus ist die Fallkonstellation denkbar, dass der Rechtsinhaber unter Verstoß gegen die Exklusivbindung mit seiner Geschichte an einen anderen Filmhersteller herantritt, der den Filmstoff unter Ausnutzung dieses Vertragsbruches realisiert. Das Ausnutzen eines fremden Vertragsbruchs ist grundsätzlich nur dann wettbewerbswidrig, wenn besondere, die Unlauterkeit begründende Umstände hinzutreten.[1320] Teilweise wird bereits die Existenz einer Ausschließlichkeitsvereinbarung als ein derartiger besonderer Umstand gewertet. Hiernach soll derjenige, der zu seinem eigenen Nutzen und damit zum Schaden eines Mitbewerbers Verträge mit jemanden abschließt, der durch eine Exklusiv-

---

Rn. 146; Gloy/Loschelder-*Hasselblatt*, Handbuch des Wettbewerbsrechts, § 51, Rn. 85; Baumbach/Hefermehl-*Köhler*, Wettbewerbsrecht, § 4 UWG, Rn. 10.32, 10.36.

[1316] *v. Gamm*, UWG, § 1, Rn. 238; *Baumbach/Hefermehl*, Wettbewerbsrecht, § 1 UWG, Rn. 698; OLG Hamburg ZUM-RD 1998, 116, 118. Zu § 4 Nr. 10 UWG n.F.: Gloy/ Loschelder-*Hasselblatt*, Handbuch des Wettbewerbsrechts, § 51, Rn. 86; Baumbach/ Hefermehl-*Köhler*, Wettbewerbsrecht, § 4 UWG, Rn. 10.32, 10.36.

[1317] *v. Gamm*, UWG, § 1, Rn. 238; *v. Gamm*, Wettbewerbsrecht Bd. I/1, § 33, Rn. 6; RGZ 81, 86, 91; *Prantl*, Die journalistische Information zwischen Ausschlußrecht und Gemeinfreiheit, S. 149.

[1318] *v. Gamm*, UWG, § 1, Rn. 232; *Baumbach/Hefermehl*, Wettbewerbsrecht, § 1 UWG, Rn. 701. Zu § 4 Nr. 10 UWG n.F.: Gloy/Loschelder-*Hasselblatt*, Handbuch des Wettbewerbsrechts, § 51, Rn. 89.

[1319] *Baumbach/Hefermehl*, Wettbewerbsrecht, § 1 UWG, Rn. 701. Zu § 4 Nr. 10 UWG n.F.: Gloy/Loschelder-*Hasselblatt*, Handbuch des Wettbewerbsrechts, § 51, Rn. 89.

[1320] OLG Hamburg ZUM-RD 1998, 116, 118; *Baumbach/Hefermehl*, Wettbewerbsrecht, § 1 UWG, Rn. 703; *v. Gamm*, UWG, § 1, Rn. 239, jeweils mit weiteren Nachweisen. Zu § 4 Nr. 10 UWG n.F.: Harte-Bavendamm/Henning-Bodewig-*v. Jagow*, § 4 Nr. 11, Rn. 147; Gloy/ Loschelder-*Hasselblatt*, Handbuch des Wettbewerbsrechts, § 51, Rn. 90; Baumbach/ Hefermehl-*Köhler*, Wettbewerbsrecht, § 4 UWG, Rn. 10.32, 10.36.

klausel an den Mitbewerber gebunden ist, sich bei entsprechender subjektiver Kenntnis zum Komplizen fremden Vertragsbruchs machen.[1321] Dieser Auffassung ist jedenfalls für Exklusivverträge im Medienbereich zu folgen, bei denen das Ausnutzen eines fremden Vertragsbruches demnach ohne weiteres als wettbewerbswidrig anzusehen ist.[1322] Während sich nämlich bei anderen Dauerschuldverhältnissen mit Exklusivbindung aufgrund bereits gelieferter Leistungen wenigstens teilweise ein wirtschaftlicher Vorteil realisiert haben wird, gilt dies nicht für journalistische Exklusivverträge, die den ausschließlichen Zugriff auf bestimmte Daten und Informationen zum Gegenstand haben. Sobald die Informationen durch einen Dritten veröffentlicht werden, wird ihnen der durch die Exklusivität begründete Publikums- und Marktwert geraubt. Insofern macht ein einziger Fall des Ausnutzens eines fremden Vertragsbruchs die noch nicht realisierte Wettbewerbsposition des Exklusivberechtigten völlig zunichte.[1323]

b) Vorgehen des Exklusivberechtigten gegen den Konkurrenten wegen Verletzung des Persönlichkeitsrechts seines Vertragspartners

Wird die konkurrierende Lebensbildverfilmung ohne Einwilligung des vertragstreuen Persönlichkeitsrechtsinhabers realisiert, stellt sich die Frage, ob der exklusivberechtigte Filmhersteller wegen der Persönlichkeitsrechtsverletzung seines Vertragspartners wettbewerbsrechtliche Ansprüche gegen seinen Konkurrenten hat. Unter der Geltung des UWG in seiner alten Fassung war streitig, ob eine zu Zwecken des Wettbewerbs vorgenommene Veröffentlichung persönlichkeitsrechtlich geschützter Informationen und Daten ohne Einwilligung des Dargestellten ein unter dem Gesichtspunkt des Rechtsbruchs unlauteres Wettbewerbsverhalten im Sinne des § 1 UWG a.F. darstellte[1324], gegen das sich ein exklusivberechtigter Mitbewerber zur Wehr setzen kann. Gegen die Zuerkennung einer entsprechenden Klagebefugnis wurde eingewendet, dass die Rechtsverfolgung von Verletzungen des Persönlichkeitsrechts als Individualrecht grundsätzlich der Disposition des Rechtsinhabers überlassen bleiben müsse, da

---

[1321] OLG Hamburg ZUM-RD 1998, 116, 118; *Baumbach/Hefermehl*, Wettbewerbsrecht, § 1 UWG, Rn. 705; Köhler/Piper-*Piper*, § 1, Rn. 911. A.A.: *Soehring*, Presserecht, Rn. 7.58; *Prantl*, Die journalistische Information zwischen Ausschlußrecht und Gemeinfreiheit, S. 150; *Moosmann*, Exklusivstories, S. 187 f. Vgl. zu § 4 Nr. 10 UWG n.F. auch: Harte-Bavendamm/Henning-Bodewig-*v. Jagow*, § 4 Nr. 11, Rn. 147; Gloy/Loschelder-*Hasselblatt*, Handbuch des Wettbewerbsrechts, § 51, Rn. 90.

[1322] *Prantl*, Die journalistische Information zwischen Ausschlußrecht und Gemeinfreiheit, S. 150; *Moosmann*, Exklusivstories, S. 188 f.; Köhler/Piper-*Piper*, § 1, Rn. 911; *Nordemann*, Schulze OLGZ Nr. 163, 11, 13. A.A. *Soehring*, Presserecht, Rn. 7.58.

[1323] *Prantl*, Die journalistische Information zwischen Ausschlußrecht und Gemeinfreiheit, S. 150 f. Die dort für die Presseberichterstattung getroffenen Ausführungen lassen sich auf die Medien Film und Fernsehen ohne weiteres übertragen.

[1324] Dafür: LG Düsseldorf WRP 1980, 46, 47; *Baumbach/Hefermehl*, Wettbewerbsrecht, § 1 UWG, Rn. 667; *Moosmann*, Exklusivstories, S. 192.

ihm anderenfalls die autonome Entscheidung darüber genommen würde, ob er gegen die Verletzung überhaupt vorgehen will. Könnte der Mitbewerber gegen den Willen des Betroffenen Rechtsmittel ergreifen, stünde dies im Widerspruch zu dessen persönlichkeitsrechtlicher Selbstbestimmungsbefugnis.[1325] Im Einzelfall mag der Rechtsinhaber eine außergerichtliche Einigung vorziehen, da die Angelegenheit durch einen Prozess erst recht in das Blickfeld der Öffentlichkeit rückt.[1326]

Dennoch wurde z.T. ein eigenes Klagerecht des exklusivberechtigten Mitbewerbers befürwortet – teils unmittelbar aus § 1 UWG a.F.[1327], teils aufgrund der Klagebefugnis abstrakt betroffener Mitbewerber gemäß § 13 Abs. 2 Nr. 1 UWG a.F.[1328] – und zwar mit der Begründung, dass die durch den Exklusivvertrag rechtmäßig erworbene Wettbewerbschance durch das Verhalten des Konkurrenten zunichte gemacht wird und insofern aufgrund der Persönlichkeitsrechtsverletzung weitere, das beanstandete Wettbewerbsverhalten als anstößig zu qualifizierende Gesichtspunkte hinzutreten.[1329] Zur Begründung dieser Ansicht wurde auf den parallel gelagerten Fall einer zu Zwecken des Wettbewerbs vorgenommenen Verletzung von Immaterialgüterrechten wie etwa von Urheberrechten, also ebenfalls mit absoluter Wirkung ausgestatteten Individualrechten, zurückgegriffen.[1330] Nach überwiegender Auffassung bestand hier ein eigenes Klagerecht des rechtstreuen Wettbewerbers, wenn aus dem Wettbewerbsverhalten des Konkurrenten nicht nur eine Verletzung des Individualrechts folgt, sondern besondere, außerhalb des Individualrechts liegende Umstände hinzutreten,

---

[1325] *Dirschl*, Individualrechtsverletzungen als Wettbewerbsverstöße, S. 206 ff.; *Krüger*, WRP 1980, 251, 251; *Prantl*, Die journalistische Information zwischen Ausschlußrecht und Gemeinfreiheit, S. 153.

[1326] *Krüger*, WRP 1980, 251, 251.

[1327] *Prantl*, Die journalistische Information zwischen Ausschlußrecht und Gemeinfreiheit, S. 153; OLG München NJW-RR 1990, 1327, 1328.

[1328] *Moosmann*, Exklusivstories, S. 192, 194; s. auch LG Düsseldorf WRP 1980, 46, 47 f.

[1329] Als solche zusätzliche Umstände sah das OLG München im Falle einer Verletzung des Rechts am eigenen Bild durch die Verbreitung einer nicht autorisierten Franz Josef Strauß-Gedenkmedaille eine systematische Behinderung des klagenden Mitbewerbers an, der zum Vertrieb entsprechender Gedenkmedaillen von den Erben exklusiv ermächtigt worden war. Die unberechtigte Herausgabe einer zweiten Münze führe zu einer erheblichen Verunsicherung des Marktes, durch die Bewerbung verschiedener Gedenkmedaillen verringere sich das Interesse der angesprochenen Sammlerkreise und die vom Kläger herausgebrachte Medaille verliere an Exklusivität. Zugleich trete die Gefahr einer Marktverstopfung ein, da Sammler dazu neigen, anlässlich eines bestimmten Ereignisses nur eine Medaille zu erwerben, vgl. OLG München NJW-RR 1990, 1327, 1328.

[1330] *Moosmann*, Exklusivstories, S. 194. Auch *Traub*, FS Quack, S. 119, 130 f., wendet die für Immaterialgüterrechte geltenden Grundsätze unter Hinweis auf OLG Köln GRUR 1983, 133, 133, unterschiedslos für die Verletzung absoluter Rechte wie z.B. Eigentum und Ehre an.

welche die beanstandete Handlung als unlauter im Sinne des § 1 UWG a.F. erscheinen lassen.[1331]

Aus den vorstehenden Ausführungen ergibt sich, dass die Frage, ob ein exklusivberechtigter Wettbewerber bei einer Persönlichkeitsrechtsverletzung seines Vertragspartners durch einen Konkurrenten auf wettbewerbsrechtlicher Grundlage gegen den Konkurrenten vorgehen kann, bereits vor der Reform des UWG in Rechtsprechung und Literatur weitgehend ungeklärt war. Dies gilt zumal unter Zugrundelegung des UWG in seiner neuen Fassung. Da die Klagebefugnis lediglich abstrakt betroffener Mitbewerber gemäß § 13 Abs. 2 Nr. 1 UWG a.F. entfallen ist, stellt sich die Frage, ob der exklusivberechtigte Filmhersteller gemäß § 8 Abs. 3 Nr. 1 UWG n.F. klagebefugt wäre. Nach dieser Bestimmung wird eine Klagebefugnis nur Mitbewerbern im Sinne des § 2 Abs. 1 Nr. 3 UWG n.F. eingeräumt, d.h. unmittelbar verletzten Mitbewerbern, die mit dem unlauter Handelnden in einem konkreten Wettbewerbsverhältnis stehen.[1332] Zudem ist ein Rechtsbruch nach der Neuregelung in § 4 Nr. 11 UWG n.F. nur dann als unlautere Wettbewerbshandlung im Sinne von § 3 UWG n.F. anzusehen, wenn einer gesetzlichen Vorschrift zuwider gehandelt wird, die auch dazu bestimmt ist, im Interesse der Marktteilnehmer das Marktverhalten zu regeln. Demnach ist die auf einem Gesetzesverstoß beruhende Wettbewerbshandlung nur dann als unlauter zu qualifizieren, wenn der verletzten Norm zumindest eine „sekundäre Schutzfunktion“ zugunsten des Wettbewerbs zukommt.[1333] Ein derartiger Wettbewerbsbezug der Vorschrift ist unter Berücksichtigung des Schutzzwecks des UWG jedoch nur dann anzunehmen, wenn diese zumindest auch dazu dient, die Gegebenheiten eines bestimmten Marktes festzulegen und gleiche rechtliche Voraussetzungen für die an diesem Markt partizipierenden Marktteilnehmer zu schaffen.[1334] Ob den Vorschriften zum Schutz der Persönlichkeit ein derartiger Wettbewerbsbezug zukommt, erscheint zweifelhaft. Jedenfalls für die Bestimmungen zum Schutze des geistigen Eigentums, insbesondere des Urheberrechts wird dies abgelehnt, da sie nicht den Zweck haben, den Wettbewerb durch Auf-

---

[1331] BGHZ 134, 250, 267 – CB - infobank I; BGH WM 1999, 400, 402; OLG Hamm GRUR 1984, 539, 540; OLG Köln GRUR 1983, 133, 133 f.; OLG Köln GRUR 1983, 517, 517; *Baumbach/Hefermehl*, Wettbewerbsrecht, § 1 UWG, Rn. 666, § 13 UWG, Rn. 6; *Traub*, FS Quack, S. 119, 130 f.; a.A. *Dirschl*, Individualrechtsverletzungen als Wettbewerbsverstöße, S. 206 ff.

[1332] S. hierzu: Gloy/Loschelder-*Gloy*, Handbuch des Wettbewerbsrechts, § 21, Rn. 10 ff.; Baumbach/Hefermehl-*Köhler*, Wettbewerbsrecht, § 8 UWG, Rn. 3.26 ff.; *Emmerich*, Unlauterer Wettbewerb, S. 467 ff.

[1333] Vgl. die Begründung zum Entwurf eines Gesetzes gegen den unlauteren Wettbewerb (UWG), BT-Drs. 15/1487, 1, 19; Hasselblatt-*Dittert*, Gewerblicher Rechtsschutz, § 21, Rn. 27; Gloy/Loschelder-*Hasselblatt*, Handbuch des Wettbewerbsrechts, § 50, Rn. 29.

[1334] Gloy/Loschelder-*Hasselblatt*, Handbuch des Wettbewerbsrechts, § 50, Rn. 30.

stellung gleicher Schranken zu regeln und damit zur Chancengleichheit der Wettbewerber beizutragen.[1335]

Eine umfassende Auseinandersetzung mit der Problematik einer wettbewerbsrechtlichen Klagebefugnis des exklusivberechtigten Mitbewerbers wegen einer Persönlichkeitsrechtsverletzung seines Vertragspartners kann an dieser Stelle nicht geleistet werden. Im Ergebnis kann jedoch wiederum festgehalten werden, dass der exklusivberechtigte Filmhersteller bei einer dinglichen Ausgestaltung seiner Rechtsposition unter erleichterten Voraussetzungen gegen Konkurrenten vorgehen könnte, als es ihm auf der Grundlage des Wettbewerbsrechts möglich ist.

2. Vertragliche Instrumente zur Absicherung der Exklusivität

Aus den zuvor getroffenen Ausführungen ergibt sich, dass ein schuldrechtlicher Exklusivvertrag im Vergleich zu einem dinglich wirkenden Vertrag mit erhöhten rechtlichen Unsicherheiten für den Exklusivberechtigten verbunden ist. Damit stellt sich die Frage, inwieweit dieses Defizit durch anderweitige vertragliche Regelungen ausgeglichen werden kann. Vor einem vertragswidrigen Verhalten seines Vertragspartners kann sich der exklusivberechtigte Filmhersteller in einem gewissen Umfang dadurch schützen, dass er zur Absicherung der Exklusivvereinbarung eine erhebliche Vertragsstrafe in den Vertrag aufnimmt, die in ihrer Höhe abschreckende Wirkung entfaltet.[1336] Selbst wenn sich der Rechtsinhaber aufgrund einer drohenden Vertragsstrafe vertragstreu verhält, bleibt es anderen Filmherstellern jedoch unbenommen, die betreffende Lebensgeschichte unabhängig von einer Mitwirkung des Betroffenen zu verfilmen. Werden hierbei Persönlichkeitsrechte verletzt, kann jedenfalls der Rechtsinhaber gegen die Verfilmung vorgehen. Ob eine wettbewerbsrechtliche Klagebefugnis des exklusivberechtigten Filmherstellers besteht, ist jedoch – wie zuvor ausgeführt – noch weitgehend ungeklärt.[1337] Um unabhängig von einer etwaigen eigenen Klagebefugnis dennoch eine Möglichkeit zur Einflussnahme zu besitzen, sollte sich der Filmhersteller durch die Vereinbarung einer gewillkürten Prozessstandschaft dazu ermächtigen lassen, etwaige Ansprüche seines Vertragspartners wegen Persönlichkeitsrechtsverletzungen – insbesondere auf Unterlas-

---

[1335] Baumbach/Hefermehl-*Köhler*, Wettbewerbsrecht, § 4 UWG, Rn. 11.40; *Köhler*, GRUR 2004, 381, 384; Fezer-*Götting*, UWG, § 4-11, Rn. 60; Hasselblatt-*Dittert*, Gewerblicher Rechtsschutz, § 21, Rn. 45; Gloy/Loschelder-*Hasselblatt*, Handbuch des Wettbewerbsrechts, § 50, Rn. 79; vgl. auch BGH WM 1999, 400, 402.

[1336] *Homann*, Praxishandbuch Filmrecht, S. 141; *Prantl*, Die journalistische Information zwischen Ausschlußrecht und Gemeinfreiheit, S. 147. Vgl. zur Vertragsstrafe unten unter 5. Teil B VII.

[1337] Vgl. zuvor unter 5. Teil B IV 1 b.

sung der Konkurrenzproduktion – im eigenen Namen prozessual geltend machen zu können.[1338]

V. Vergütung

Der Betroffene wird die Gestattung einer Verfilmung seines Lebens- und Charakterbildes in aller Regel von einer Vergütung abhängig machen, deren Höhe sich vor allem nach seinem Bekanntheitsgrad bzw. am Publikumsinteresse oder Skandalwert der Lebensgeschichte bemisst.[1339] Für den Filmhersteller bietet die Entgeltlichkeit der Gestattung den rechtlichen Vorteil, dass sie für den Bestand der Einwilligung vertrauensbegründend wirkt und insofern das Widerrufsrisiko minimiert.[1340]

Die Ausgestaltung der Vergütung kann in unterschiedlicher Weise erfolgen: Regelmäßig wird eine Pauschalvergütung für die Gestattung vereinbart. Unter Umständen bietet sich eine Erlösbeteiligung am Nettogewinn an.[1341] Die Auszahlung der Vergütung kann in Raten vorgesehen sein, etwa indem ein Teil des Honorars zur Sicherung der Exklusivität erst nach der Erstveröffentlichung des Films zur Zahlung fällig wird.[1342] Räumt der Rechtsinhaber dem Filmhersteller nur eine Option auf Abschluss des Gestattungsvertrages ein, so ist zunächst nur eine Optionsgebühr an den Betroffenen zu zahlen, während die Vergütung für die Gestattung erst bei Ausübung der Option anfällt. Hier sollte der Vertrag eine Regelung darüber enthalten, ob die Optionsgebühr auf die spätere Vergütung anrechenbar ist. Soweit der Vertrag Beratungspflichten des Einwilligenden vorsieht, wird der Vertrag zusätzlich zur Pauschalvergütung ein Beratungshonorar sowie gegebenenfalls ein Interviewhonorar enthalten.[1343]

VI. Gewillkürte Prozessstandschaft

Legt man dem Gestattungsvertrag eine rein schuldrechtliche Wirkung bei, so erwirbt der Filmhersteller keine dingliche Rechtsposition, auf deren Grundlage er gegen eine unbefugte Nutzung der vertragsgegenständlichen persönlichkeitsrechtlichen Befugnisse durch Dritte vorgehen könnte. Um dieses Defizit auszugleichen, sollte der Vertrag zugunsten des Filmherstellers eine gewillkürte Prozessstandschaft vorsehen. Die Möglichkeit einer gewillkürten Prozessstand-

---

[1338] S. hierzu sogleich unter 5. Teil B VI.
[1339] *Homann*, Praxishandbuch Filmrecht, S. 142.
[1340] Vgl. unten unter 5. Teil C I.
[1341] *Homann*, Praxishandbuch Filmrecht, S. 142.
[1342] Vgl. auch die Vereinbarung im Fall OLG Frankfurt a. M. ZUM-RD 1998, 277, 278.
[1343] *Homann*, Praxishandbuch Filmrecht, S. 142; *Litwalk*, Contracts for the Film & Television Industry, S. 26.

schaft, d.h. die aufgrund einer Ermächtigung erteilte Befugnis, ein fremdes Recht im eigenen Namen gerichtlich geltend zu machen, ist von der h.M. im Grundsatz anerkannt.[1344] Für die Wahrnehmung von persönlichkeitsrechtlichen Ansprüchen wird die Zulässigkeit einer derartigen Prozessführungsbefugnis jedoch häufig unter zwei Gesichtspunkten in Frage gestellt.

Nach überwiegender Auffassung setzt die gewillkürte Prozessstandschaft ein berechtigtes eigenes Interesse des Ermächtigten zur prozessualen Geltendmachung des fremden Rechts voraus. Sofern hierfür nicht nur ein wirtschaftliches, sondern ein rechtliches Interesse gefordert wird[1345], könnte man an der Zulässigkeit der gewillkürten Prozessstandschaft im hier behandelten Kontext Bedenken haben. Denn ein rechtliches Interesse ist nur dann anzunehmen, wenn die Entscheidung des Prozesses die eigene Rechtslage des Prozessführenden beeinflusst.[1346] Eine gerichtliche Entscheidung darüber, ob ein Konkurrent mit seiner Verfilmung unzulässig in Persönlichkeitsrechte des Dargestellten eingreift, hat jedoch nur faktische bzw. wirtschaftliche Konsequenzen für die inter partes wirkende Exklusivberechtigung des Filmherstellers. Allerdings wird im Bereich des Namens- und Kennzeichenrechts insbesondere in der Rechtsprechung die Auffassung vertreten, dass die schuldrechtliche Gestattung zur Nutzung derartiger Rechte zulässigerweise auch die Ermächtigung zur Prozessstandschaft enthalten kann. In diesem Fall soll ein wirtschaftliches Interesse des Ermächtigten zur gerichtlichen Verfolgung der Ansprüche des Rechtsinhabers genügen.[1347] Wie bereits zuvor ausgeführt, beschränkt sich die kommerzielle Nutzung von Persönlichkeitsmerkmalen jedoch keineswegs auf Namensrechte. Auch andere Persönlichkeitsrechte wie z.B. das Recht am eigenen Bild sind in der Praxis häufig Gegenstand wirtschaftlicher Transaktionen, so dass nicht ersichtlich ist, weshalb sich die Möglichkeit einer gewillkürten Prozessstandschaft auf namensrechtliche Ansprüche beschränken sollte. Wird einer Person die exklusive Nutzung eines Persönlichkeitsmerkmals gegen Zahlung eines Entgelts gestattet, so hat diese ein berechtigtes schutzwürdiges Interesse, sich – im Einvernehmen mit dem Rechtsinhaber – gegen etwaige Verletzungshandlungen durch Dritte gerichtlich zur Wehr setzen zu können.[1348]

[1344] Vgl. jeweils m.w.N.: MüKo/ZPO-*Lindacher*, Vor § 50, Rn. 55; Zöller-*Vollkommer*, Vor § 50, Rn. 42.

[1345] Baumbach/Lauterbach/Albers/Hartmann-*Hartmann*, § 50, Rn. 30; Stein/Jonas-*Bork*, vor § 50 IV, Rn. 42.

[1346] Baumbach/Lauterbach/Albers/Hartmann-*Hartmann*, § 50, Rn. 30; Zöller-*Vollkommer*, Vor § 50, Rn. 44.

[1347] BGHZ 119, 237, 242 – Universitätsemblem; BGH NJW 1995, 3186, 3186; BGH NJW-RR 1995, 358, 360; LG München GRUR-RR 2001, 161, 163; MüKo/ZPO-*Lindacher*, Vor § 50, Rn. 55; Zöller-*Vollkommer*, Vor § 50, Rn. 44, 49. Vgl. zum Recht am eigenen Bild: OLG München ZUM 1985, 448, 451; im Ergebnis OLG Hamm NJW-RR 1987, 232, 232 f.

[1348] Zum Recht am eigenen Bild: OLG München ZUM 1985, 448, 451; OLG Hamm NJW-RR 1987, 232, 232 f.

Darüber hinaus wird die Möglichkeit einer gewillkürten Prozessstandschaft im Bereich der Persönlichkeitsrechte häufig mit der Begründung abgelehnt, dass eine Prozessführungsermächtigung bei höchstpersönlichen, nicht übertragbaren Rechten unzulässig sei.[1349] Da höchstpersönliche Rechte in einem unlösbaren Zusammenhang mit der Person des Rechtsinhabers stehen, soll der Zweck der Unübertragbarkeit einer Prozessführungsermächtigung entgegenstehen.[1350] Zudem hätte die Anerkennung einer Prozessstandschaft im höchstpersönlichen Bereich die Verdinglichung einer nur schuldrechtlich begründeten Rechtsposition zur Folge.[1351] Diese Ansicht stellt jedoch unzutreffenderweise ausschließlich auf die ideelle Schutzrichtung von Persönlichkeitsrechten ab, so dass die vermögensrechtliche Qualität bestimmter Persönlichkeitsrechte unberücksichtigt bleibt. Wenn eine Person aufgrund eines schuldrechtlichen Gestattungsvertrages zur exklusiven kommerziellen Auswertung eines Persönlichkeitsmerkmals ermächtigt werden kann, besteht kein Grund, warum ihr nicht auch die gerichtliche Wahrnehmung von Abwehransprüchen gegen Dritte gestattet werden können soll, die in die betreffende Rechtsposition eingreifen.[1352] Gerade im Hinblick auf die fehlende Anerkennung einer dinglichen Verfügbarkeit über Persönlichkeitsbefugnisse ist die Möglichkeit einer gewillkürten Prozessstandschaft im Namens- und Kennzeichenrecht von der überwiegenden Auffassung bereits anerkannt.[1353] Aber auch für andere Persönlichkeitsmerkmale, die Gegenstand einer kommerziellen Verwertung sind, wird zunehmend von der Zulässigkeit einer derartigen Prozessführungsermächtigung ausgegangen.[1354] Hierfür spricht, dass bei einer wirtschaftlichen Nutzung von Persönlichkeitsmerkmalen die Befugnis zur Erteilung einer Prozessführungsermächtigung aus dem kommerziellen Wert des Persönlichkeitsrechts folgt und nicht aus dessen Charakter als höchstpersönliches Recht. Betreffen die geltend zu machenden Ansprüche nicht ausschließ-

---

[1349] BGH NJW 1981, 1089, 1094; BGH NJW 1969, 1110, 1111 (zum Anspruch auf Schmerzensgeld); BGH NJW 1964, 2296, 2297 f. (zur beschränkt persönlichen Dienstbarkeit); *Helle*, AfP 1985, 93, 99; Baumbach/Lauterbach/Albers/Hartmann-*Hartmann*, § 50, Rn. 38; Stein/Jonas-*Bork*, vor § 50 IV, Rn. 43a; zum Lebensbildrecht *Moosmann*, Exklusivstories, S. 199 f. Zum Namensrecht: BVerwG NJW 1983, 1133, 1133; BGH MDR 1978, 1019, 1019 (zum Anspruch auf Erfinderbenennung).

[1350] BGH NJW 1981, 1089, 1094; *Moosmann*, Exklusivstories, S. 200 f.; Stein/Jonas-*Bork*, vor § 50 IV, Rn. 43a.

[1351] *Helle*, AfP 1985, 93, 99.

[1352] OLG München ZUM 1985, 448, 450; OLG Hamm NJW-RR 1987, 232, 232 f.

[1353] BGHZ 119, 237, 240 ff. – Universitätsemblem; BGH NJW 1995, 3186, 3186; BGH NJW-RR 1995, 358, 360; LG München GRUR-RR 2001, 161, 163; MüKo/ZPO-*Lindacher*, Vor § 50, Rn. 64; Zöller-*Vollkommer*, Vor § 50, Rn. 46, 49; Palandt-*Heinrichs*, § 12, Rn. 17.

[1354] OLG München ZUM 1985, 448, 450; OLG Hamm NJW-RR 1987, 232, 232 f.; *Schack*, Urheber- und Urhebervertragsrecht, Rn. 564 f., 725; *Krneta*, GRUR Int. 1996, 298, 306; Schricker-*Gerstenberg/Götting*, § 60/§§ 33-50 KUG, Rn. 6; *Schricker*, EWiR 1987, 79, 80; *Prantl*, Die journalistische Information zwischen Ausschlußrecht und Gemeinfreiheit, S. 156; *Prantl*, AfP 1984, 17, 21; *Ernst-Moll*, GRUR 1996, 558, 563; im Ergebnis *Helle*, Besondere Persönlichkeitsrechte im Privatrecht, S. 116; einschränkend Dreier/Schulze-*Dreier*, § 22 KUG, Rn. 20.

lich ideelle, sondern vermögenswerte Persönlichkeitsinteressen, fehlt es gerade am höchstpersönlichen Bezug, der eine Prozessstandschaft verbieten könnte.[1355]

Aus dem Vorstehenden folgt, dass die Vereinbarung einer gewillkürten Prozessstandschaft für persönlichkeitsrechtliche Ansprüche außerhalb des Namens- und Kennzeichenrechts mit Unsicherheiten belastet ist, da nicht sicher ist, ob ein Gericht sie im Einzelfall als zulässig anerkennen wird. Allerdings befindet sich die persönlichkeitsrechtliche Dogmatik gerade im Hinblick auf den wirtschaftlichen Charakter von Persönlichkeitsrechten in einem starken Wandlungsprozess, weshalb auch die Möglichkeit einer gewillkürten Prozessstandschaft in Literatur und Rechtsprechung – wie zuvor dargelegt – zunehmend in Betracht gezogen wird. Insofern erscheint eine entsprechende vertragliche Vereinbarung für den Filmhersteller trotz der bestehenden Unsicherheiten zweckmäßig.[1356] Für den Fall, dass ein Gericht die Prozessstandschaft nicht anerkennt, kann sich der Filmhersteller von seinem Vertragspartner zusätzlich die Vollmacht einräumen lassen, gegen Beeinträchtigungen der vertragsgegenständlichen Persönlichkeitsrechte durch Dritte im Namen des Rechtsinhabers Abwehrmaßnahmen ergreifen zu dürfen. Insbesondere kann sich der Filmhersteller zur außergerichtlichen und prozessualen[1357] Geltendmachung von Ansprüchen wegen Verletzung des Persönlichkeitsrechts bevollmächtigen lassen. In diesem Fall muss der Filmhersteller zwar im fremden Namen gegen seine Konkurrenten vorgehen, jedoch hat er durch die Bevollmächtigung zumindest ein Grundmaß an Einflussmöglichkeit.

VII. Vertragsstrafe

Zur Absicherung der Exklusivklausel sollte der Gestattungsvertrag eine Vertragsstrafe enthalten, die den Rechtsinhaber in ihrer Höhe von einem Vertragsbruch abschreckt.[1358] Darüber hinaus kann es im Interesse des Filmherstellers

[1355] Vgl. etwa *Prantl*, Die journalistische Information zwischen Ausschlußrecht und Gemeinfreiheit, S. 156; OLG München ZUM 1985, 448, 450.

[1356] Der Vertrag sollte dann aber in jedem Fall eine Salvatorische Klausel enthalten. Hiernach berührt die Unwirksamkeit einer vertraglichen Regelung (etwa die Vereinbarung einer gewillkürten Prozessstandschaft) nicht die Wirksamkeit des Vertrages im Übrigen.

[1357] Eine Prozessvollmacht kann grundsätzlich auch einem Nichtanwalt erteilt werden. Dies gilt zumindest für den Parteiprozess, vgl. § 79 ZPO. Bezüglich des Anwaltsprozesses ist streitig, ob die Prozessvollmacht auch einer postulationsunfähigen Person wirksam erteilt werden kann. Sofern man dies bejaht (vgl. *Koch*, JZ 1984, 809, 815; Stein/Jonas-*Bork*, § 80, Rn. 10; Baumbach/Lauterbach/Albers/Hartmann-*Hartmann*, § 80, Rn. 7; OLG München AnwBl. 1985, 44, 44. A.A.: RG JW 1926, 2574, 2575; Wieczorek/Schütze-*Steiner*, § 80, Rn. 9), kann der Bevollmächtigte einen postulationsfähigen Unterbevollmächtigten bestellen. Jedenfalls kann dem Postulationsunfähigen die Vollmacht zur Erteilung von Prozessvollmachten erteilt werden (Wieczorek/Schütze-*Steiner*, § 80, Rn. 9).

[1358] *Prantl*, Die journalistische Information zwischen Ausschlußrecht und Gemeinfreiheit, S. 147; *Homann*, Praxishandbuch Filmrecht, S. 141.

liegen, eine Vertragsstrafe für den Fall der Nichterfüllung der Mitwirkungspflichten durch den Rechtsinhaber zu vereinbaren, da diese als persönliche Handlungen gemäß § 888 Abs. 3 ZPO nicht vollstreckbar sind.[1359]

VIII. Garantie

Sofern man die dingliche Übertragbarkeit von Persönlichkeitsrechten ablehnt, ist der lediglich schuldrechtlich gebundene Rechtsinhaber nicht darin gehindert, auch anderen Filmherstellern die Nutzung der betreffenden Persönlichkeitsmerkmale wirksam zu gestatten. Neben der Exklusivitätsvereinbarung sollte sich der Filmhersteller daher garantieren lassen, dass der Rechtsinhaber bei Vertragsschluss noch keine anderweitigen Einwilligungen bzw. Gestattungen zur Nutzung der vertragsgegenständlichen Rechte erteilt hat und sie im vertraglich vorgesehenen Umfang auch nicht erteilen wird. Der Vorteil einer derartigen Garantieerklärung besteht für den Filmhersteller darin, dass sie im Falle ihrer wahrheitswidrigen Abgabe Grundlage einer Schadensersatzpflicht des Rechtsinhabers sein kann. Darüber hinaus schützt die Garantieerklärung den Filmhersteller vor dem Vorwurf eines wettbewerbswidrigen Verhaltens, da sie ein Indiz für seine fehlende Kenntnis von anderweitigen Exklusivzusagen des Rechtsinhabers darstellt.

IX. Sonstige Bestimmungen

Je nach Interessenlage der Parteien kann der Gestattungsvertrag weitere Bestimmungen und Modalitäten für die Verfilmung des Lebens- und Charakterbildes enthalten. Für den Rechtsinhaber kann beispielsweise eine Rückfallklausel von Interesse sein, wonach das (obligatorische) Recht zur Filmherstellung gegenstandslos wird, wenn der Filmhersteller nicht innerhalb eines bestimmten Zeitraumes die Verfilmung durchführt. Dies gilt vor allem, wenn sich der Filmhersteller zunächst nur eine Option an der Lebensgeschichte sichert.[1360] Der Filmhersteller kann im Hinblick auf die Vermarktung des Filmes ein Interesse daran haben, dass der Dargestellte für die Öffentlichkeitsarbeit (z.B. Interviews und Pressetermine) zur Verfügung steht. Des Weiteren ist eine klarstellende Vereinbarung sinnvoll, wonach der Produzent nicht zur Filmherstellung verpflichtet ist. Schließlich ist an die gängigen vertraglichen Schlussbestimmungen wie z.B. eine Salvatorische Klausel oder ein Schriftformerfordernis für Vertragsänderungen zu denken.

[1359] *Prantl*, Die journalistische Information zwischen Ausschlußrecht und Gemeinfreiheit, S. 141; *Moosmann*, Exklusivstories, S. 132.

[1360] *Litwalk*, Contracts for the Film & Television Industry, S. 26.

C. Beendigung des Vertrages

I. Widerruf

Die Einwilligung in eine Lebens- und Charakterbildverfilmung kann unter den bereits geschilderten Voraussetzungen vom Rechtsinhaber widerrufen werden. Hiernach entscheidet eine Interessenabwägung darüber, ob der Filmhersteller wegen besonderer vertrauensbegründender Umstände ein schutzwürdiges Interesse am Bestand der Einwilligung hat. Ist dies der Fall, kommt unter Heranziehung des in § 42 UrhG enthaltenen Rechtsgedankens ein Widerruf nur aus wichtigem Grund bei einem grundlegenden Überzeugungswandel in Betracht.[1361] Für den Filmhersteller birgt diese Widerrufsmöglichkeit ein enormes Auswertungsrisiko. Er hat daher ein Interesse an einer größtmöglichen Bindung des Einwilligenden durch die Begründung möglichst vieler vertrauenserzeugender Momente zwischen ihm und dem Rechtsinhaber. In diesem Zusammenhang nimmt der Lebensbildverfilmungsvertrag seine zentrale Bedeutung ein. So wird ein Vertragsschluss in Literatur und Rechtsprechung als hauptsächliches vertrauensbegründendes Moment für den Bestand der Einwilligung angesehen. Daneben wird als vertrauensbegründender Umstand eine etwaige Entgeltzahlung an den Einwilligenden genannt. Der entgeltliche Gestattungsvertrag minimiert damit das Widerrufsrisiko. Oder spiegelbildlich gesprochen: Durch den Vertragsschluss begibt sich der Einwilligende in weitem Umfang seiner Widerrufsmöglichkeit. Als weitere vertrauensbegründende Momente können Mitwirkungspflichten des Einwilligenden, insbesondere Abnahmepflichten, Beratungsleistungen sowie die Informations- und Materiallieferung angesehen werden.

Im Übrigen bleibt es den Parteien unbenommen, einen vertraglichen Widerrufsvorbehalt zu vereinbaren. Im Kontext der Vertragsfreiheit stellt sich daneben die Frage, ob die Widerrufsmöglichkeit auch ausgeschlossen werden kann. Dies ist abzulehnen. Zwar ist § 130 Abs. 1 S. 2 BGB dispositives Recht.[1362] Jedoch bezieht sich diese Disponibilität nur auf den konkreten Regelungsinhalt des § 130 Abs. 1 S. 2 BGB, der eine Widerruflichkeit für den Fall vorsieht, dass vor oder gleichzeitig mit der Willenserklärung ein Widerruf zugeht. Die bei einer Verwertung von Persönlichkeitsrechten vorgesehene Widerruflichkeit nach Erteilung der Einwilligung wurde jedoch gerade außerhalb der Regelung des § 130 BGB entwickelt, so dass sich die Abdingbarkeit nicht auf diese verfassungsrechtlich gebotene Ausnahme beziehen kann. Das Persönlichkeitsrecht lässt eine

---

[1361] S. hierzu die Ausführungen unter 4. Teil G IV. Auch diejenigen, die eine konstitutive Einräumung persönlichkeitsrechtlicher Befugnisse befürworten, gehen in Anlehnung an § 42 UrhG von einem Widerrufsrecht aus wichtigem Grund wegen gewandelter Überzeugung aus, vgl. oben unter 5. Teil A III 2 b.

[1362] Palandt-*Heinrichs*, § 130, Rn. 19.

unwiderrufliche Bindung nicht zu[1363], so dass einem vertraglichen Widerrufsausschluss seine Wirkung abzuerkennen ist.[1364]

II. Kündigung

Neben einem etwaigen vertraglich vereinbarten Kündigungsrecht kommt ein außerordentliches Recht zur Kündigung des Gestattungsvertrages aus wichtigem Grund gemäß § 314 BGB in Betracht, sofern man dieses als Dauerschuldverhältnis qualifiziert.[1365] Entscheidend für den Charakter eines Dauerschuldverhältnisses ist es, dass der Umfang der Gesamtleistung von der Dauer der Rechtsbeziehung, also der Länge der Zeit abhängt, während der die Leistungserbringung fortgesetzt werden soll. Die Leistung kann in einem fortdauernden Verhalten, etwa einem Dulden oder Unterlassen, oder in wiederkehrenden Leistungen bestehen.[1366] Unter Zugrundelegung dieser Definition kann der Gestattungsvertrag als ein Dauerschuldverhältnis eingeordnet werden, da er auf die Duldung künftiger Verletzungen des Persönlichkeitsrechts gerichtet ist bzw. einen Verzicht auf alle in Zukunft entstehenden Unterlassungsansprüche enthält.[1367]

Bei Dauerschuldverhältnissen tritt das Kündigungsrecht aus wichtigem Grund gemäß § 314 BGB an die Stelle eines Rücktritts.[1368] Ein wichtiger Grund ist – entsprechend den ursprünglich von Rechtsprechung und Literatur entwickelten Voraussetzungen für ein außerordentliches Kündigungsrecht[1369] – gegeben, wenn Tatsachen vorliegen, die unter Berücksichtigung aller Umstände des Einzelfalls und unter Abwägung der beiderseitigen Interessen die Fortsetzung des Vertragsverhältnisses für den Kündigenden unzumutbar machen (vgl. § 314 Abs. 1 S. 2 BGB). Beruht der Kündigungsgrund auf einem pflichtwidrigen Verhalten des anderen Teils, wird in der Regel eine Abmahnung vorausgesetzt, die

---

[1363] OLG München NJW-RR 1990, 999, 1000.

[1364] *Dasch*, Die Einwilligung zum Eingriff in das Recht am eigenen Bild, S. 86; *Götting*, Persönlichkeitsrechte als Vermögensrechte, S. 151, jeweils mit dem Hinweis auf die unwiderruflich erteilte Vollmacht, die aus wichtigem Grund widerrufen werden kann.

[1365] Hierfür: OLG Frankfurt a. M. ZUM-RD 1998, 277, 280; OLG München NJW-RR 1990, 999, 1000; OLG München AfP 1981, 347, 348; LG Köln AfP 1996, 186, 187; *Moosmann*, Exklusivstories, S. 127; Wenzel-*Burkhardt*, Rn. 2.64; zum namensrechtlichen Gestattungsvertrag Palandt-*Heinrichs*, § 12, Rn. 17.

[1366] *Larenz*, Schuldrecht, Bd. I, § 2 IV; Palandt-*Heinrichs*, § 314, Rn. 2.

[1367] OLG München NJW-RR 1990, 999, 1000; LG Köln AfP 1996, 186, 187; Palandt-*Heinrichs*, § 314, Rn. 5. OLG Frankfurt a. M. ZUM-RD 1998, 277, 281, begründet den Charakter des Exklusivvertrages als Dauerschuldverhältnis damit, dass für die Vertragslaufzeit ständig neue Leistungspflichten, wie z.B. die laufende Weitergabe von Informationen und die Wahrung der Exklusivität begründet werden.

[1368] Palandt-*Heinrichs*, § 314, Rn. 12.

[1369] BGHZ 41, 104, 108; BGH NJW 1999, 1177, 1178; BGHZ 133, 316, 320.

gemäß § 314 Abs. 2 i.V.m. § 323 Abs. 2 BGB insbesondere dann entbehrlich ist, wenn der Schuldner die Leistung ernsthaft und endgültig verweigert oder besondere Umstände vorliegen, die unter Abwägung der beiderseitigen Interessen eine sofortige Beendigung des Vertrages rechtfertigen, namentlich das Vertrauensverhältnis so schwerwiegend gestört ist, dass eine sofortige Kündigung zulässig erscheint.[1370] Die Rechtsprechung füllt den Begriff des wichtigen Grundes bei einer Kündigung von Gestattungsverträgen über die Nutzung des Rechts am eigenen Bild – ebenso wie beim Widerruf[1371] – durch den Rechtsgedanken der § 42 UrhG, § 35 VerlG aus und scheint in derartigen Fällen die Begriffe Kündigung und Widerruf synonym zu verwenden.[1372] Damit entsprechen die Voraussetzungen, unter denen gekündigt werden kann, den Voraussetzungen für einen Widerruf aus wichtigem Grund, zumal auch das Kündigungsrecht aus wichtigem Grund individualvertraglich nicht ausgeschlossen werden kann[1373]. Dennoch ist das Recht zur Kündigung des Gestattungsvertrages aus wichtigem Grund nicht ohne jede Relevanz. Zum einen steht das oben beschriebene Widerrufsrecht nur dem Inhaber des Persönlichkeitsrechts zu. Dementsprechend besitzt das Recht zur außerordentlichen Kündigung einen eigenen Anwendungsbereich für den Fall, dass dem Filmhersteller die Fortsetzung des Vertragsverhältnisses nicht zugemutet werden kann. Zum anderen ist es denkbar, dass auf Seiten des Rechtsinhabers die oben beschriebenen Voraussetzungen eines außerordentlichen Kündigungsrechts, insbesondere ein gravierender Vertrauensverlust vorliegen, auch ohne dass bei ihm ein grundlegender Überzeugungswandel im Sinne der § 42 UrhG, § 35 VerlG stattgefunden hat.[1374]

1370 Palandt-*Heinrichs*, § 314, Rn. 8.

1371 Vgl. oben unter 4. Teil G IV und 5. Teil C I.

1372 OLG München NJW-RR 1990, 999, 1000.

1373 Palandt-*Heinrichs*, § 314, Rn. 3.

1374 Vgl. etwa die Fälle OLG München AfP 1981, 347, 348 f., und OLG Frankfurt a. M. ZUM-RD 1998, 277, 283, in denen ein Kündigungsgrund wegen Vertrauenswegfalls im Ergebnis allerdings abgelehnt worden ist. Nach *Brandl*, AfP 1981, 349, 350 (Fn. 13), und *Prantl*, Die journalistische Information zwischen Ausschlußrecht und Gemeinfreiheit, S. 144, (jeweils unter Verweis auf OLG Köln v. 22.10.1975 – 13 U 36/75), kann ein Grund für eine fristlose Kündigung wegen eines nachhaltig erschütterten Vertrauensverhältnisses darin bestehen, dass der Empfänger der Gestattungserklärung verfrüht mit der Veröffentlichung beginnt, obgleich der Vertragspartner ein berechtigtes Interesse an der strikten Einhaltung der Terminabsprache hat. Nach *Moosmann*, Exklusivstories, S. 128, kann eine unerwartet kritische, nachteilige Darstellung des Betroffenen keine schwerwiegende Störung des Vertrauensverhältnisses bewirken, solange die Informationen von der Einwilligung gedeckt sind und auch im Übrigen die Grenzen einer zulässigen Berichterstattung eingehalten werden. Kritisch hierzu *Beater*, AfP 2003, 382, 382 f.

D. Die Sittenwidrigkeit des Gestattungsvertrages, § 138 Abs. 1 BGB

Ein Vertrag über die Verfilmung des Lebens- und Charakterbildes einer Person ist nur dann wirtschaftlich sinnvoll, wenn sein rechtlicher Bestand von der Rechtsordnung anerkannt wird. Durch § 138 Abs. 1 BGB sind der Privatautonomie insoweit Grenzen gesetzt, als ein Rechtsgeschäft, das gegen die guten Sitten verstößt, nichtig ist. Bei der Beurteilung, wann ein Vertrag die Grenze zur Sittenwidrigkeit überschreitet, ist der Zweck des § 138 Abs. 1 BGB zu berücksichtigen, der darin besteht, ein gewisses „ethisches Minimum" im rechtsgeschäftlichen Verkehr aufrechtzuerhalten. Danach ist einem Vertrag die Wirksamkeit zu versagen, wenn er bei einer Gesamtwürdigung anhand seines Inhalts, Motivs und Zwecks gegen Grundwerte der geltenden Rechtsordnung, insbesondere die in der Verfassung enthaltenen Wertentscheidungen bzw. die herrschende Rechts- und Sozialmoral verstößt.[1375]

An eine Sittenwidrigkeit des Lebensbildverfilmungsvertrages kann man unter verschiedenen Gesichtspunkten denken: Ein Anknüpfungspunkt des Sittenwidrigkeitsvorwurfes könnte sein, dass das Leben und der Charakter einer Person und damit höchstpersönliche Güter überhaupt zum Gegenstand eines entgeltlichen Austauschvertrages gemacht werden. Geschieht dies in Form einer Exklusivitätsvereinbarung, wird zudem die gesamte Öffentlichkeit von Informationen ausgeschlossen, die gegebenenfalls für die Gemeinschaft bedeutsam und von Interesse sind. Schließlich mag die Verfilmung in sittenwidriger Weise Interessen Dritter beeinträchtigen, etwa wenn die „verkauften" Informationen gleichermaßen das Lebensschicksal anderer Personen betreffen, die an der Veröffentlichung ihrer höchstpersönlichen Daten jedoch kein Interesse haben.

I. Anstößige Kommerzialisierung der Persönlichkeit

Die Kommerzialisierung einer rechtlichen Position kann einen Sittenverstoß begründen, wenn die Vereinbarung eines Entgelts in dem betreffenden Lebensbereich anstößig ist und daher missbilligt wird.[1376] Wie bereits ausgeführt, sind Lebens- und Charakterbilddarstellungen in Film und Fernsehen weit verbreitet und damit zum wirtschaftlichen Faktor geworden. Ihre Kommerzialisierung wird von der herrschenden Rechts- und Sozialmoral nicht als anstößig beurteilt und nicht missbilligt. Vielmehr werden vertragliche Vereinbarungen über die kommerzielle Verwertung von Lebens- und Charakterbildern in Rechtsprechung

---

[1375] Palandt-*Heinrichs*, § 138, Rn. 2 ff.; Soergel-*Hefermehl*, § 138, Rn. 3 ff.; Jauernig-*Jauernig*, § 138, Rn. 6.

[1376] Palandt-*Heinrichs*, § 138, Rn. 56; MüKo-*Mayer-Maly/Armbrüster*, § 138, Rn. 127.

und Literatur als grundsätzlich zulässig erachtet.[1377] Auch das BVerfG geht von der Zulässigkeit von Exklusivvereinbarungen über die Berichterstattung aus der Privatsphäre aus.[1378]

Da die Gestattung einer Lebens- und Charakterbilddarstellung demnach grundsätzlich nicht die Sittenwidrigkeit des Vertrages zur Folge hat, muss dies auch für die einzelnen Vertragsinstrumente zur rechtlichen Absicherung und Konkretisierung des Vertragsgegenstandes gelten. So kann eine anstößige Kommerzialisierung nicht etwa deshalb angenommen werden, weil der Vertrag zur Absicherung der Vertragspflichten eine Vertragsstrafevereinbarung enthält. Denn wenn man in einem ersten Schritt vertragliche Abreden über die entgeltliche Nutzung von Persönlichkeitsdetails anerkennt, wäre es widersprüchlich, ein Vertragsstrafeversprechen für den Fall der Zuwiderhandlung gegen die Abreden als anstößige Kommerzialisierung der Persönlichkeit aufzufassen.[1379] Auch eine Exklusivitätsvereinbarung begegnet unter dem Gesichtspunkt einer Kommerzialisierung der Persönlichkeit keinen rechtlichen Bedenken. Da jedermann in Ausübung seiner Selbstbestimmungsbefugnis frei darüber entscheiden kann, ob er überhaupt Persönlichkeitsdetails zur Filmherstellung preisgibt, kann auch der Entschluss, dies ausschließlich gegenüber einer Person zu tun, nicht sittenwidrig sein.[1380] Auch die vertraglich vereinbarte Übertragbarkeit der Einwilligung begegnet im Hinblick auf § 138 Abs. 1 BGB keinen Bedenken. Allerdings kann sich die Sittenwidrigkeit des Vertrages wegen einer anstößigen Kommerzialisierung der Persönlichkeit im Zusammenhang mit den geschuldeten Mitwirkungspflichten des Rechtsinhabers ergeben.[1381] Wenn dieser durch den Vertrag „gleichsam sich selbst verkauft“[1382], kann die Vereinbarung im Hinblick auf die Menschenwürdegarantie (Art. 1 Abs. 1 GG) ihrem Inhalt nach sittenwidrig sein. Ob eine Mitwirkungspflicht die Würde einer Person verletzt, ist Frage der Umstände des jeweiligen Einzelfalls, kann wohl aber nur in extremen Ausnahme-

---

[1377] BGH GRUR 1968, 209, 209 f. – Lengede; OLG Hamburg ZUM-RD 1998, 116, 118; OLG Frankfurt a. M. ZUM-RD 1998, 277, 280; LG Hamburg AfP 1975, 37, 38; OLG Köln AfP 1975, 37, 37; OLG München AfP 1981, 347, 347 ff.; *Krone*, AfP 1982, 196, 200; *Brandl*, AfP 1981, 349, 349 ff.; *Homann*, Praxishandbuch Filmrecht, S. 139 ff.; *Schertz*, ZUM 1998, 757, 764. Zum journalistischen Exklusivvertrag: *Prantl*, Die journalistische Information zwischen Ausschlußrecht und Gemeinfreiheit, S. 126 ff.; *Prantl*, AfP 1984, 17, 17 ff.; *Wente*, Das Recht der journalistischen Recherche, S. 190; *Soehring*, Presserecht, Rn. 7.54; Wenzel-*Burkhardt*, Rn. 2.62 ff.; *Moosmann*, Exklusivstories, S. 1 ff.; 137 ff.; *Schmidt-Osten*, AfP 1973, 416, 416.

[1378] BVerfG NJW 2000, 1021, 1023 – Caroline von Monaco.

[1379] OLG Köln AfP 1975, 37, 37; *Prantl*, Die journalistische Information zwischen Ausschlußrecht und Gemeinfreiheit, S. 141.

[1380] LG Hamburg AfP 1975, 37, 38; *Soehring*, Presserecht, Rn. 7.54.

[1381] OLG Köln AfP 1975, 37, 37; *Prantl*, Die journalistische Information zwischen Ausschlußrecht und Gemeinfreiheit, S. 142; *Wente*, Das Recht der journalistischen Recherche, S. 191.

[1382] LG Hamburg AfP 1975, 37, 38; *Brandl*, AfP 1981, 349, 350.

fällen angenommen werden.[1383] Schließlich wird unter dem Aspekt einer anstößigen Kommerzialisierung der Persönlichkeit die Sittenwidrigkeit von Verträgen erörtert, mittels der ein Straftäter seine Lebensgeschichte gewinnbringend vermarktet und insofern aus einer von der Rechtsordnung missbilligten Tat Gewinne erwirtschaftet. Auf diesen Aspekt wird an späterer Stelle gesondert zurückgekommen.[1384]

II. Sittenwidrige Beeinträchtigung von Gemeinschaftsinteressen

Ferner stellt sich die Frage, ob die vertraglich vereinbarte Exklusivität, d.h. die Abschirmung des Rechtsinhabers von anderen Medien, in sittenwidriger Weise Gemeinschaftsinteressen, namentlich berechtigte Informationsinteressen der Öffentlichkeit verletzt. Im Zusammenhang mit der Exklusivklausel kollidieren zwei verfassungsrechtlich geschützte Rechtspositionen, die in einen verhältnismäßigen Ausgleich zu bringen sind: Einerseits die durch Art. 2 Abs. 1 GG garantierte rechtsgeschäftliche Privatautonomie[1385], die eine exklusive Bindung von Informationsträgern grundsätzlich zulässt, und andererseits die durch Art. 5 Abs. 1 GG geschützte Meinungs- und Berichterstattungsfreiheit, deren Ausübung durch entsprechende Exklusivvereinbarungen beschränkt wird. Über den generalklauselartigen Begriff der „guten Sitten" in § 138 Abs. 1 BGB wirkt das im Grundgesetz verkörperte Wertesystem in das Privatrecht ein.[1386] § 138 Abs. 1 BGB ist damit eine Einfallspforte für die Abwägung der widerstreitenden Verfassungsinteressen. Erweist sich bei dieser Abwägung die Berichterstattungsfreiheit als vorrangig vor der Vertragsfreiheit, ist der Exklusivvertrag wegen eines nicht gerechtfertigten Eingriffs in die Kommunikationsfreiheiten (Art. 5 Abs. 1 GG) als nichtig gemäß § 138 Abs. 1 BGB anzusehen.[1387]

Zu der Frage, wann ein Exklusivvertrag wegen einer sittenwidrigen Beeinträchtigung der Medienberichterstattung nichtig ist, hat sich der BGH in seiner „Lengede" – Entscheidung[1388] geäußert. Danach können Exklusivvereinbarungen

---

[1383] Als Beispiel einer sittenwidrigen Mitwirkungspflicht wird der Fall genannt, dass sich eine Person in psychologischen Tests einer schrankenlosen Durchleuchtung ihrer Persönlichkeit ausliefert, vgl. *Prantl*, Die journalistische Information zwischen Ausschlußrecht und Gemeinfreiheit, S. 142; vgl. auch *Hubmann*, Das Persönlichkeitsrecht, S. 184, 309; *Huth*, AfP 1977, 212, 213 f.

[1384] Vgl. unten unter 5. Teil F.

[1385] BVerfGE 12, 341, 347; Maunz/Dürig-*Di Fabio*, Art. 2 Abs. 1, Rn. 19.

[1386] Palandt-*Heinrichs*, § 138, Rn. 4; MüKo-*Mayer-Maly/Armbrüster*, § 138, Rn. 20; Jauernig-*Jauernig*, § 138, Rn. 6.

[1387] *Krone*, AfP 1982, 196, 200 f.

[1388] BGH GRUR 1968, 209, 209 ff. – Lengede. Die Aussagen des Urteils beziehen sich auf die Pressetätigkeit, sind jedoch auf die Medien Film und Fernsehen ohne weiteres übertragbar. Gegenstand der Entscheidung war eine Exklusivvereinbarung, die der Verlag Gruner & Jahr mit den Überlebenden des Bergwerkunglücks bei Lengede abgeschlossen hatte. Hierin

rechtsungültig sein, wenn „ es im allgemeinen Interesse nicht hingenommen werden kann, dass durch eine solche Vereinbarung die einzige Quelle der Information über ein Geschehen verstopft wird, über das zuverlässig unterrichtet zu werden die Öffentlichkeit ein erhebliches und berechtigtes Interesse hat (...). In solchen Fällen muss der Zugang zur Quelle der Information über das Zeitgeschehen jedermann grundsätzlich freigehalten werden. Besonders bedenklich ist in einem solchen Falle die Exklusivvereinbarung dann, wenn sie nicht einmal zum Zwecke des Informationsmonopols für einen Nachrichtenträger geschlossen würde, sondern wenn sie den Zweck hätte, das Schweigen der Betroffenen zu erkaufen und die in Betracht kommenden Nachrichten der Öffentlichkeit gänzlich vorzuenthalten. (...) Aber auch abgesehen von einer derartigen Absicht der Verheimlichung sind in derartigen Fällen Bedenken schon deshalb zu erheben, weil die Exklusivvereinbarung dem Meistbietenden die Möglichkeit eröffnet, Informationsquellen zu verschließen."[1389] Im Einklang mit dieser Rechtsprechung geht die h.M. für die vom BGH beschriebenen Konstellationen von einer Nichtigkeit des Exklusivvertrages gemäß § 138 Abs. 1 BGB aus.[1390] Auch die publizistischen Grundsätze des Deutschen Presserates sehen in der Richtlinie 1.1 ein Verbot derartiger Exklusivverträge vor.[1391]

Allerdings wird sich die zuvor beschriebene Problematik einer Verstopfung von Informationenquellen durch Exklusivvereinbarungen im Zusammenhang mit Lebens- und Charakterbilddarstellungen nur sehr selten stellen. Zunächst betreffen Lebensbildverfilmungen zumeist Informationen, über die der Informant frei verfügen kann, nämlich Vorgänge aus seiner Privat- und Intimsphäre. Ist der Rechtsinhaber in der Entscheidung darüber frei, ob überhaupt und welchen Medien er Informationen erteilen will, so kann es keine sittenwidrige Beeinträchtigung öffentlicher Informationsinteressen darstellen, wenn er die Informationen nur selektiv einem Publikationsorgan zur Verfügung stellt.[1392] An der Mitteilung des höchstpersönlichen Bereichs des eigenen Lebens und Charakters besteht in

---

verpflichteten sich die Bergleute gegen eine Vergütung in Höhe von 250.000 DM ihre Erlebnisse ausschließlich der Illustrierten „Stern" zur Verfügung zu stellen und weder im Inland noch im Ausland anderen Publikationsorganen zugänglich zu machen. *Prantl*, Die journalistische Information zwischen Ausschlußrecht und Gemeinfreiheit, S. 119.

1389 BGH GRUR 1968, 209, 209 f. – Lengede.

1390 OLG Köln AfP 1975, 37, 37; OLG Hamburg ZUM-RD 1998, 116, 118 f.; OLG Frankfurt a. M. ZUM-RD 1998, 277, 280; OLG München AfP 1981, 347, 348; Wenzel-*Burkhardt*, Rn. 2.63. Im Ergebnis: *Krone*, AfP 1982, 196, 202, 203; *Soehring*, Presserecht, Rn. 7.55, der eine Unwirksamkeit allerdings nur für den extremen Ausnahmefall zulässt, dass gegenüber dem Erlebnisträger ein klagbarer Informationsanspruch gemäß § 826 BGB besteht; einschränkend *Prantl*, Die journalistische Information zwischen Ausschlußrecht und Gemeinfreiheit, S. 169 f.

1391 Abgedruckt bei *Wenzel*, Das Recht der Wort- und Bildberichterstattung, Anhang, S. 1021, 1021.

1392 *Soehring*, Presserecht, Rn. 7.54; OLG München AfP 1981, 347 348; OLG Frankfurt a. M. ZUM-RD 1998, 277, 280; vgl. auch *Moosmann*, Exklusivstories, S. 155.

aller Regel kein gewichtiges öffentliches Informationsinteresse, so dass bei einem Exklusivvertrag über eine Lebensgeschichte nicht von einer sittenwidrigen Verstopfung von Informationsquellen gesprochen werden kann.[1393] Nur in Ausnahmefällen kann ein öffentliches Informationsinteresse an Aspekten des Privatlebens – nicht jedoch an der Intim- und Geheimsphäre – einer Person bestehen, etwa wenn diese für die Beurteilung des öffentlichen Wirkens einer Person von Bedeutung sind.[1394]

Selbst wenn das persönliche Lebensbild jedoch mit zeitgeschichtlichen Ereignissen zusammenfällt, an denen ein erhebliches, gewichtiges öffentliches Informationsinteresse besteht, wird der Lebensbildträger nur selten die einzige Informationsquelle darstellen, aus der dieses Informationsinteresse befriedigt werden kann. Da die Exklusivvereinbarung lediglich inter partes wirkt, sind die Medien nicht daran gehindert, sich aus anderen Quellen Informationen über das Ereignis zu beschaffen und aufgrund dieser Informationen zu berichten. Auch in diesem Fall werden Informationen durch den Exklusivvertrag nicht in sittenwidriger Weise unterdrückt oder Informationsquellen verstopft.[1395] In dem theoretisch denkbaren Fall, dass die Lebensbildverfilmung einen Erlebnisträger betrifft, der als Einziger über ein zeitgeschichtliches Ereignis berichten kann, an dem ein erhebliches und berechtigtes öffentliches Informationsinteresse besteht, sollte man dies bei der Vertragsgestaltung berücksichtigen, etwa in Form einer Freigabeklausel für Interviews.

III. Sittenwidrige Beeinträchtigung von Interessen Dritter

Schließlich ist der Gestattungsvertrag gemäß § 138 Abs. 1 BGB nichtig, wenn er in sittenwidriger Weise Interessen Dritter beeinträchtigt. Eine solche Beeinträchtigung ist etwa bei einem vorsätzlichen Verleiten zum Vertragsbruch anzunehmen.[1396] Daneben stellt sich gerade bei Lebens- und Charakterbildverfilmungen die Frage, ob die Verletzung von Persönlichkeitsrechten Dritter eine Sittenwidrigkeit des Gestattungsvertrages zur Folge hat. Sofern die Darstellung gegen die Menschenwürde des Dritten verstößt, ist der Vertrag bereits wegen seines Inhalts sittenwidrig[1397], ohne dass es weiterer subjektiver Voraussetzungen be-

[1393] OLG Frankfurt a. M. ZUM-RD 1998, 277, 280; *Prantl*, Die journalistische Information zwischen Ausschlußrecht und Gemeinfreiheit, S. 160 f., 170 f.; a.A. *Krone*, AfP 1982, 196, 202, der auch bezüglich persönlichkeitsbezogener Informationen wie etwa Lebensbilder ein überwiegendes öffentliches Informationsinteresse für möglich hält.

[1394] v. Hartlieb/Schwarz-*Reber*, Kap. 24, Rn. 12, Kap. 28, Rn. 7; *Krone*, AfP 1982, 196, 202. Vgl. hierzu auch oben unter 4. Teil B II 2 a aa (2).

[1395] BGH GRUR 1968, 209, 210 – Lengede; OLG München AfP 1981, 347, 348; OLG Köln AfP 1975, 37, 37; *Soehring*, Presserecht, Rn. 7.55.

[1396] Palandt-*Heinrichs*, § 138, Rn. 61; BGHZ 103, 235, 241.

[1397] Palandt-*Heinrichs*, § 138, Rn. 7.

dürfte.[1398] Handelt es sich hingegen um eine Verletzung von Persönlichkeitsrechten, kann sich die Sittenwidrigkeit des Vertrages nur aus dem Gesamtcharakter des Rechtsgeschäfts, d.h. aus einer zusammenfassenden Würdigung von Inhalt, Motiv und Zweck des Rechtsgeschäfts ergeben.[1399] Zudem setzt § 138 Abs. 1 BGB bei einer Verletzung von Rechtspositionen Dritter in subjektiver Hinsicht voraus, dass alle vertragsschließenden Parteien die Tatsachen, welche die Sittenwidrigkeit begründen, kennen oder sich ihrer Kenntnis grob fahrlässig verschließen.[1400] Diese Voraussetzungen werden in der Regel nur dann erfüllt sein, wenn der Vertrag – für beide Parteien bewusst – gerade auf die Persönlichkeitsrechtsverletzung eines Dritten zielt.[1401] Ob dies der Fall ist, ist Frage des Einzelfalles.

E. Vertrag über die Verfilmung des Lebens- und Charakterbildes eines Verstorbenen

Neben den zuvor beschriebenen Punkten sind bei Verträgen über die Verfilmung des Lebens- und Charakterbildes eines Verstorbenen vor allem die vom BGH in der „Marlene Dietrich“ – Entscheidung aufgestellten Grundsätze zu beachten.[1402] Hiernach ist im Hinblick auf die Wahrnehmung des Persönlichkeitsschutzes zwischen den ideellen und den vermögenswerten Persönlichkeitsinteressen des Verstorbenen zu unterscheiden: Während der Schutz der ideellen Persönlichkeitsinteressen des Verstorbenen von den Angehörigen (§ 22 S. 3, 4 KUG) oder von einem hierzu berufenen Wahrnehmungsberechtigten (postmortaler Schutz des allgemeinen Persönlichkeitsrechts) wahrgenommen werden, sind als Träger der vermögenswerten Befugnisse allein die Erben anzusehen.[1403] Aus diesem Dualismus ergibt sich, dass gegebenenfalls die Zustimmung unterschiedlicher Rechtsinhaber kumulativ einzuholen ist. Die Einwilligung nur der Angehörigen bzw. Wahrnehmungsberechtigten oder nur der Erben ist für den Filmhersteller damit wertlos, da die jeweils andere Gruppe von Berechtigten eine filmische Darstellung blockieren kann. Erweist sich das Einholen aller erforderlichen Einwilligungen als unmöglich, kommt eine Verfilmung ohne Aus-

---

[1398] Palandt-*Heinrichs*, § 138, Rn. 7, 40; Jauernig-*Jauernig*, § 138, Rn. 10.

[1399] Palandt-*Heinrichs*, § 138, Rn. 8; BGHZ 86, 82, 88; BGHZ 107, 92, 97; BGH NJW 2001, 1127, 1127.

[1400] Palandt-*Heinrichs*, § 138, Rn. 40; MüKo-*Mayer-Maly/Armbrüster*, § 138, Rn. 131; Jauernig-*Jauernig*, § 138, Rn. 11; BGH NJW 1990, 567, 568; BGH NJW 1992, 310, 310.

[1401] *Wente*, Das Recht der journalistischen Recherche, S. 192; *Prantl*, Die journalistische Information zwischen Ausschlußrecht und Gemeinfreiheit, S. 133.

[1402] Vgl. hierzu oben unter 4. Teil F II 1 a cc.

[1403] BGH NJW 2000, 2195, 2199 – Marlene Dietrich.

wertungsrisiko erst nach Ablauf der Dauer des Persönlichkeitsschutzes des Verstorbenen in Betracht.[1404]

F. Besonderheiten im Zusammenhang mit der Darstellung von Straftaten

Die bei der Darstellung des Lebens- und Charakterbildes eines Straftäters zu beachtenden Aspekte wurden bereits an früherer Stelle behandelt, so dass im Wesentlichen auf die dort getroffenen Ausführungen verwiesen werden kann.[1405] Bei der Verfilmung der Lebensgeschichte eines Straftäters ist – ebenso wie bei anderen Lebens- und Charakterbildverfilmungen – genau zu prüfen, inwieweit die Darstellung in geschützte Persönlichkeitssphären identifizierbarer Dritter eingreift. Das aufgrund einer Interessenabwägung zu ermittelnde berechtigte Informationsinteresse an einer umfassenden Darstellung der Geschehnisse bzw. der Tatbeteiligten nimmt mit zunehmendem zeitlichen Abstand von der Tat ab, zumal das Opfer ungewollt zum Subjekt des öffentlichen Informationsinteresses geworden ist. Neben der Einwilligung des Straftäters wird daher regelmäßig eine Einwilligung des Tatopfers erforderlich sein.[1406]

Darüber hinaus ergeben sich für entgeltliche (Exklusiv-) Verträge über die Darstellung von Straftaten Besonderheiten aufgrund des Opferanspruchssicherungsgesetzes vom 8.5.1998 (OASG)[1407]. Gemäß § 1 OASG erhält das Opfer einer Straftat zur Sicherung etwaiger Schadensersatzansprüche gegen einen Beteiligten der Straftat ein gesetzliches Pfandrecht an Honoraransprüchen, die der Tatbeteiligte im Hinblick auf die öffentliche Darstellung der Tat gegen einen Dritten erwirbt. Das Pfandrecht besteht nicht nur dann, wenn die Tat an sich dargestellt wird. Vielmehr entsteht es gemäß § 1 Abs. 1 S. 2 OASG auch im Fall einer Darstellung der Person des Tatbeteiligten, insbesondere seiner Lebensgeschichte. Dies setzt allerdings voraus, dass die Straftat für die Veröffentlichung bestimmend war, die Tat also der maßgebliche Grund dafür ist, dass die Medien ein Interesse an dem Tatbeteiligten haben und deshalb über ihn berichten.[1408] Hintergrund für den Erlass dieser Regelung war die zunehmende Tendenz, dass Straftäter ihre Taten in den Medien gewinnbringend vermarkteten, wodurch das Opfer der Straftat regelmäßig auch in das Blickfeld der Öffentlichkeit geriet.

[1404] S. zur Schutzdauer oben unter 4. Teil F.
[1405] Vgl. oben unter 4. Teil E und 4. Teil B II 2.
[1406] Vgl. oben unter 4. Teil E I.
[1407] Gesetz zur Sicherung der zivilrechtlichen Ansprüche der Opfer von Straftaten (Opferanspruchssicherungsgesetz – OASG) vom 8.5.1998, BGBl. I 1998, S. 905. Vgl. zum OASG auch: *Nowotsch*, NJW 1998, 1831, 1831 ff.; *Silverman*, JZ 1998, 552, 552 ff.
[1408] Vgl. die Begründung zum Gesetzesentwurf, BT-Drs. 13/6831, S. 5, 9.

Diese Situation erwies sich vor allem dann als unbillig, wenn der Tatbeteiligte durch die Vermarktung der Tat eine beträchtliche Vergütung erhielt, das geschädigte Opfer seinen Schadensersatzanspruch jedoch nicht verwirklichen konnte, weil der Verwertungserlös bereits abgetreten oder anderweitig verwertet war.[1409] Für die Vertragsgestaltung ist vor allem das Umgehungsverbot in § 7 OASG von Bedeutung. Hiernach besteht das Pfandrecht auch an Forderungen, die ein Dritter als Gegenleistung für die öffentliche Darstellung der Tat erlangt, sofern sich ergibt, dass ein Tatbeteiligter an deren Zustandekommen mitgewirkt hat und nach den Umständen davon auszugehen ist, dass er aus der Veröffentlichung einen geldwerten Vorteil erlangt. Demnach ist einer Vertragsgestaltung, die verhindern soll, dass in der Person des Tatbeteiligten ein mit einem Pfandrecht belasteter Honoraranspruch entsteht, der Boden entzogen.[1410]

Teilweise werden Verträge, durch die ein im Blickpunkt des öffentlichen Interesses stehender Straftäter seine Lebensgeschichte bzw. Ausschnitte daraus gewinnbringend vermarktet, als gemäß § 138 Abs. 1 BGB sittenwidrig beurteilt. Die Sittenwidrigkeit soll sich hierbei aus der Kommerzialisierung der von der Rechtsordnung missbilligten Tat ergeben.[1411] Ob dieser Kommerzialisierungsaspekt bei einer Gesamtwürdigung von Inhalt, Motiv und Zweck derartiger Verträge tatsächlich gegen Grundwerte der geltenden Rechtsordnung, insbesondere die in der Verfassung enthaltenen Wertentscheidungen bzw. die herrschende Rechts- und Sozialmoral verstößt, erscheint angesichts der in den Medien zu beobachtenden Realitäten zweifelhaft. Auch der Gesetzgeber hat mit Erlass des OASG wohl zum Ausdruck gebracht, dass Verträge über die Darstellung von Straftaten bzw. über die Lebensgeschichten von Straftätern und die damit verbundene Vermarktung von der herrschenden Rechts- und Sozialmoral nicht in dem Maße als anstößig beurteilt werden, dass sie gemäß § 138 Abs. 1 BGB nichtig wären. Nach der Konzeption dieses Gesetzes wird gerade von der Wirksamkeit entsprechender Vertragsabschlüsse ausgegangen und aus Billigkeitserwägungen an den vertraglichen Honoraransprüchen ein Pfandrecht begründet. Nach Richtlinie 11.5 des Pressekodexes verstößt die Veröffentlichung sogenannter Verbrecher-Memoiren allerdings gegen die publizistischen Grundsätze, wenn Straftaten nachträglich gerechtfertigt oder relativiert werden, die Opfer unangemessen belastet oder durch eine detaillierte Schilderung eines Verbrechens lediglich Sensationsbedürfnisse befriedigt werden.[1412]

[1409] Vgl. die Begründung zum Gesetzesentwurf, BT-Drs. 13/6831, S. 5, 5; *Nowotsch*, NJW 1998, 1831, 1832. Zur Praxis, die Kosten der Strafverteidigung durch Exklusivverträge mit Publikationsorganen zu finanzieren, vgl. *Tillmanns*, UFITA 168 (1999), 227, 230, 232; OLG Hamburg ZUM-RD 1998, 116, 116 ff.

[1410] *Nowotsch*, NJW 1998, 1831, 1832, 1834.

[1411] *Wente*, Das Recht der journalistischen Recherche, S. 191; *Prantl*, Die journalistische Information zwischen Ausschlußrecht und Gemeinfreiheit, S. 134; *Prantl*, AfP 1984, 17, 21 f.

[1412] Publizistischen Grundsätze des Deutschen Presserates (Pressekodex) abgedruckt bei *Wenzel*, Das Recht der Wort- und Bildberichterstattung, Anhang, S. 1021, 1029.

Literatur

Adler, Emanuel: Anmerkung zu OLG Kiel v. 9.7.1929 – 2 U 181/29 (JW 1930, 78), JW 1930, 78.

Allner, Uwe: Die tatsächliche Vermutung mit besonderer Berücksichtigung der GEMA-Vermutung, Diss. Pfaffenweiler 1993.

Anders, Monika / *Gehle*, Burkhard: Das Assessorexamen im Zivilrecht, 6. Auflage, Düsseldorf 1999.

Arnold, Bernd-Peter: Magazinsendung, in: Medienlexikon: Kommunikation in Gesellschaft und Staat, hrsg. v. Lothar Döhn/ Klaus Klöckner, Darmstadt 1979, S. 133.

Bär, Peter: Die verfassungsrechtliche Filmfreiheit und ihre Grenzen: Filmzensur und Filmförderung, Frankfurt a. M. 1984 (zit.: Die verfassungsrechtliche Filmfreiheit und ihre Grenzen).

Bartnik, Marcel: Caroline à la française – ein Vorbild für Deutschland?, AfP 2004, 489.

Baston-Vogt, Marion: Der sachliche Schutzbereich des zivilrechtlichen allgemeinen Persönlichkeitsrechts, Diss. Tübingen 1997 (zit.: Der sachliche Schutzbereich des zivilrechtlichen allgemeinen Persönlichkeitsrechts).

Baumbach, Adolf / *Hefermehl*, Wolfgang: Wettbewerbsrecht: Gesetz gegen den unlauteren Wettbewerb, Preisangabenverordnung, 23. Auflage, München 2004 (zit.: Baumbach/Hefermehl-*Bearbeiter*, Wettbewerbsrecht).

– Wettbewerbsrecht: Gesetz gegen den unlauteren Wettbewerb, Zugabeverordnung, Rabattgesetz und Nebengesetze, 22. Auflage, München 2001 (zit.: *Baumbach/Hefermehl*, Wettbewerbsrecht).

Baumbach, Adolf / *Lauterbach*, Wolfgang / *Albers*, Jan / *Hartmann*, Peter: Zivilprozessordnung: mit Gerichtsverfassungsgesetz und anderen Nebengesetzen, 62. Auflage, München 2004 (zit.: Baumbach/Lauterbach/Albers/ Hartmann-*Bearbeiter*).

Beater, Axel: Buchbesprechung: Oliver Moosmann: Exklusivstories – Zur rechtlichen Problematik der Exklusivvermarktung von Lebensgeschichten und anderen persönlichkeitsrechtlich geschützten Informationen, AfP 2003, 382.

v. Becker, Bernhard: Zitat und Kunstfreiheit – Das „Brecht-Zitate"-Urteil des Bundesverfassungsgerichts, ZUM 2000, 864.

Behrendt, Esther Maxine: Doku-Drama, in: Reclams Sachlexikon des Films, hrsg. v. Thomas Koebner, Stuttgart 2002, S. 122.

Bender, Albrecht W.: Das postmortale allgemeine Persönlichkeitsrecht: Dogmatik und Schutzbereich, VersR 2001, 815.

Berg-Walz, Benedikt: Vom Dokumentarfilm zur Fernsehreportage, Diss. Berlin 1995.

Beuthien, Volker: Was ist vermögenswert, die Persönlichkeit oder ihr Image? Begriffliche Unstimmigkeiten in den Marlene-Dietrich-Urteilen, NJW 2003, 1220.

Beuthien, Volker / *Hieke*, Mario: Unerlaubte Werbung mit dem Abbild prominenter Personen: Dogmatische Grundlagen und Rechtsfolgen, AfP 2001, 353.

Beuthien, Volker / *Schmölz*, Anton S.: Persönlichkeitsschutz durch Persönlichkeitsgüterrechte: Erlösherausgabe statt nur billige Entschädigung in Geld, München 1999 (zit.: Persönlichkeitsschutz durch Persönlichkeitsgüterrechte).

Blankenagel, Alexander: Vom Recht der Wissenschaft und der versteckten Ratlosigkeit der Rechtswissenschaftler bei der Betrachtung des- und derselben, AöR 125 (2000), 70.

Bötticher, Eduard: Zur Ausrichtung der Sanktion nach dem Schutzzweck der verletzten Privatrechtsnorm, AcP 158, 385.

Bohr, Kurt: Die Urheberrechtsbeziehungen der an der Filmherstellung Beteiligten, Diss. Berlin 1978.

– Fragen der Abgrenzung und inhaltlichen Bestimmung der Filmurheberschaft, UFITA 78 (1977), 95.

Bormann, Gerald: Das „Lebensbild" in Film und Fernsehen: Abgrenzung und Verletzungstatbestände, FuR 1974, 630.

Bornkamm, Joachim: Ungeschriebene Schranken des Urheberrechts? Anmerkungen zum Rechtsstreit Botho Strauß/Theater Heute, in: Festschrift für Henning Piper, hrsg. v. Willi Erdmann/ Wolfgang Gloy/ Rolf Herber, München 1996, S. 641 (zit.: *Bornkamm*, FS Piper).

Brack, Hans: Die Rechte der ausübenden Künstler und der Hersteller von Tonträgern bei der Verwertung von Schallplatten im Rundfunk, UFITA 50 (1967), 544.

Brandl, Norbert: Anmerkung zu OLG München v. 20.12.1979 – 6 U 3430/79 – (AfP 1981, 347), AfP 1981, 349.

Brauns, Christian: Die Entlehnungsfreiheit im Urheberrechtsgesetz, Diss. Baden-Baden 2001.

Brehmer, Nikolaus / *Voegeli*, Wolfgang: Das allgemeine Persönlichkeitsrecht (APR), JZ 1978, 374.

Brockhaus-Enzyklopädie: in vierundzwanzig Bänden, Fünfter Band COT – DR, 19. Auflage, Mannheim 1988.

Bruchmann, Ludwig: Wer ist Urheber beim Tonfilm?, Diss. Breslau 1939.

Buchers Enzyklopädie des Films, hrsg. v. Liz-Anne Bawden/ Wolfram Tichy, Luzern/Frankfurt a. M. 1977.

Bungart, Frederik: Dingliche Lizenzen an Persönlichkeitsrechten, Diss. Baden-Baden 2005.

Burgmann, Christhart: Alles kann zum Thema werden. Über einige Bedingungen des Features, in: Fernsehsendungen und ihre Formen: Typologie, Geschichte und Kritik des Programms in der Bundesrepublik Deutschland, hrsg. v. Helmut Kreuzer/ Karl Prümm, Stuttgart 1979, S. 290.

Bydlinski, Franz: Juristische Methodenlehre und Rechtsbegriff, 2. Auflage, Wien 1991.

v. Caemmerer, Ernst: Der privatrechtliche Persönlichkeitsschutz nach deutschem Recht, in: Festschrift für Fritz von Hippel zum 70. Geburtstag, hrsg. v. Josef Esser/ Hans Thieme, Tübingen 1967, S. 27 (zit.: *v. Caemmerer*, FS v. Hippel).

Canaris, Claus-Wilhelm: Die Feststellung von Lücken im Gesetz: Eine methodologische Studie über Voraussetzungen und Grenzen der richterlichen Rechtsfortbildung preater legem, 2. Auflage, Berlin 1983 (zit.: Die Feststellung von Lücken im Gesetz).

– Gewinnabschöpfung bei Verletzung des allgemeinen Persönlichkeitsrechts, in: Festschrift für Erwin Deutsch: Zum 70. Geburtstag, hrsg. v. Hans-Jürgen Ahrens/ Christian von Bahr/ Gerfried Fischer/ Andreas Spickhoff/ Jochen Taupitz, Köln/Berlin/Bonn/München 1999, S. 85 (zit.: *Canaris*, FS Deutsch).

Classen, Claus Dieter: Wissenschaftsfreiheit außerhalb der Hochschule: Zur Bedeutung von Artikel 5 Absatz 3 Grundgesetz für außeruniversitäre Forschung und Forschungsförderung, Tübingen 1994 (zit.: *Classen*, Wissenschaftsfreiheit außerhalb der Hochschule).

Damm, Renate / *Kuner*, Wolfdieter: Widerruf, Unterlassung und Schadensersatz in Presse und Rundfunk, München 1991.

Dasch, Norbert: Die Einwilligung zum Eingriff in das Recht am eigenen Bild, München 1990.

Decker, Christoph: Dokumentarfilm, in: Sachlexikon Film, hrsg. v. Rainer Rother, Hamburg 1997, S. 61.
– Direct Cinema, in: Sachlexikon Film, hrsg. v. Rainer Rother, Hamburg 1997, S. 59.

Deutsch, Erwin: Die Dokumentationsfreiheit im Urheberrecht, NJW 1967, 1393.

Dietz, Adolf: Das Urheberpersönlichkeitsrecht vor dem Hintergrund der Harmonisierungspläne der EG-Kommission, ZUM 1993, 309.

Dirschl, Günter: Individualrechtsverletzungen als Wettbewerbsverstöße und erweitertes Klagerecht aus § 13 Abs. 1, 1a UWG, München 1985 (zit.: Individualrechtsverletzungen als Wettbewerbsverstöße).

Dolzer, Rudolf / *Vogel*, Klaus / *Graßhof*, Karin: Bonner Kommentar zum Grundgesetz, Heidelberg 2004 (Dolzer/Vogel/Graßhof-*Bearbeiter*, BK).

Dreier, Horst (Hrsg.): Grundgesetz: Kommentar, Band I Präambel, Artikel 1-19, 2. Auflage, Tübingen 2004 (zit.: Dreier-*Bearbeiter*).

Dreier, Thomas: Die Umsetzung der Urheberrechtsrichtlinie 2001/29/EG in deutsches Recht, ZUM 2002, 28.

Dreier, Thomas / *Schulze*, Gernot: Urheberrechtsgesetz, Urheberrechtswahrnehmungsgesetz, Kunsturhebergesetz: Kommentar, München 2004 (zit.: Dreier/Schulze-*Bearbeiter*).

Dreyer, Gunda / *Kotthoff*, Jost / *Meckel*, Astrid: Heidelberger Kommentar zum Urheberrecht, Heidelberg 2004 (zit.: Dreyer/Kotthoff/Meckel-*Bearbeiter*).

Eickmeier, Frank / *Eickmeier*, Jens: Die rechtlichen Grenzen des Doku-Dramas: Zur Zulässigkeit der Verfilmung des Lebens- und Charakterbildes einer Person der Zeitgeschichte, ZUM 1998, 1.

Ekrutt, Joachim W.: Urheberrechtliche Probleme beim Zitat von Filmen und Fernsehsendungen, Diss. Hamburg 1973.

Emmerich, Volker: Unlauterer Wettbewerb, 7. Auflage, München 2004.

Engau, Herwigh: Straftäter und Tatverdächtige als Personen der Zeitgeschichte: Ein Beitrag zur Problematik identifizierender Mediendarstellungen, Diss. Frankfurt a. M. 1993 (zit.: Straftäter und Tatverdächtige als Personen der Zeitgeschichte).

Engels, Stefan / *Schulz*, Wolfgang: Das Bildnis aus dem Bereich der Zeitgeschichte: Anmerkungen zur Dogmatik des Bildnisschutzes, AfP 1998, 574.

Erdmann, Willi: Schutz von Werbeslogans, GRUR 1996, 550.
– Schutz der Kunst im Urheberrecht, in: Festschrift für Otto-Friedrich Frhr. v. Gamm, hrsg. v. Willi Erdmann/ Hans-Kurt Mees/ Henning Piper/ Otto

Teplitzky/ Wolfgang Hefermehl/ Peter Ulmer, Köln/Berlin/Bonn/München 1990, S. 389 (zit.: *Erdmann*, FS v. Gamm).

Erdmann, Willi / *Bornkamm*, Joachim: Schutz von Computerprogrammen – Rechtslage nach der EG-Richtlinie –, GRUR 1991, 877.

Erlanger, Christine Nicole: Die Gewinnabschöpfung bei Verletzung des allgemeinen Persönlichkeitsrechts: Zugleich ein Diskussionsbeitrag zur Caroline-von-Monaco-Rechtsprechung des BGH, Diss. Aachen 2001 (zit.: Die Gewinnabschöpfung bei Verletzung des allgemeinen Persönlichkeitsrechts).

Erman, Walter: Bürgerliches Gesetzbuch: Handkommentar mit EGBGB, ErbbauVO, HausratsVO, LPartG, ProdHaftG, UKlaG, VAHRG und WEG, Band I (§§ 1-811 BGB, UKlaG), 11. Auflage, Köln 2004 (zit.: Erman-*Bearbeiter*).

– Bürgerliches Gesetzbuch: Handkommentar mit EGBGB, ErbbauVO, HausratsVO, LPartG, ProdHaftG, UKlaG, VAHRG und WEG, Band II (§§ 812 – 2385 BGB, EGBGB, ErbbauVO, HausratsVO, LPartG, ProdHaftG, VAHRG, WEG), 11. Auflage, Köln 2004 (zit.: Erman-*Bearbeiter*).

Ernst-Moll, Jürgen: Das Recht am eigenen Bildnis – vor und vor allem nach dem Tode, GRUR 1996, 558.

Ertel, Dieter: Von der Stuttgarter Schule zum Haus des Dokumentarfilms, in: Fernseh-Dokumentarismus: Bilanz und Perspektiven, hrsg. v. Peter Zimmermann, 2. Auflage, Konstanz 1994, S. 15.

Esser, Josef / *Schmidt*, Eike: Schuldrecht: Band I Allgemeiner Teil, Teilband 1: Entstehung, Inhalt und Beendigung von Schuldverhältnissen, 8. Auflage, Heidelberg 1995 (zit.: *Esser/Schmidt*, Schuldrecht Bd. I/1).

– Schuldrecht: Band I Allgemeiner Teil, Teilband 2: Durchführungshindernisse und Vertragshaftung, Schadensausgleich und Mehrseitigkeit beim Schuldverhältnis, 8. Auflage, Heidelberg 2000 (zit.: *Esser/Schmidt*, Schuldrecht Bd. I/2).

Esser, Josef / *Weyers*, Hans-Leo: Schuldrecht Band II Besonderer Teil, Teilband 2: Gesetzliche Schuldverhältnisse, 8. Auflage, Heidelberg 2000 (zit.: *Esser/ Weyers*, Schuldrecht Bd. II/2).

Evermann, Jovan; Lexikon der deutschen Soaps: Schauspieler – Macher – Rollen aller deutschen Dailys und Weeklys, Berlin 2000 (zit.: Lexikon der deutschen Soaps).

Feil, Georg (Hrsg.): Dokumentarisches Fernsehen: Eine aktuelle Bestandsaufnahme, Konstanz 2003.

Feyock, Martin / *Straßer*, Robert: Die Abgrenzung der Filmwerke von Laufbildern am Beispiel der Kriegswochenschauen, ZUM 1992, 11.

Fezer, Karl-Heinz: Lauterkeitsrecht: Kommentar zum Gesetz gegen den unlauteren Wettbewerb (UWG), Band 1: §§ 1 – 4 UWG, München 2005 (zit.: Fezer-*Bearbeiter*, UWG).

Flechsig, Norbert P.: Grundlagen des Europäischen Urheberrechts: Die Richtlinie zur Harmonisierung des Urheberrechtsschutzes in Europa und die Anforderungen an ihre Umsetzung in deutsches Recht, ZUM 2002, 1.

Forkel, Hans: Lizenzen an Persönlichkeitsrechten durch gebundene Rechtsübertragung, GRUR 1988, 491.
– Zur Zulässigkeit beschränkter Übertragungen des Namensrechts, NJW 1993, 3181.
– Zur Übertragbarkeit geheimer Kenntnisse, in: Festschrift für Ludwig Schnorr von Carolsfeld zum 70. Geburtstag: 26. Januar 1973, hrsg. v. Heinrich Hubmann/ Heinz Hübner, Köln/Berlin/Bonn/München 1973, S. 105 (zit.: *Forkel*, FS Schnorr von Carolsfeld).
– Anmerkung zu BGH v. 1.12.1999 – I ZR 226/97 (LM § 823 (Ah) BGB Nr. 132), LM § 823 (Ah) BGB Nr. 132.

Freitag, Andreas: Die Kommerzialisierung von Darbietung und Persönlichkeit des ausübenden Künstlers, Diss. Baden-Baden 1993 (zit.: Die Kommerzialisierung).
– Die Nachahmung bekannter Persönlichkeiten in der Werbung, GRUR 1994, 345.

Frömming, Jens / *Peters*, Butz: Die Einwilligung im Medienrecht, NJW 1996, 958.

Fromm, Friedrich Karl / *Nordemann*, Wilhelm: Urheberrecht: Kommentar zum Urheberrechtsgesetz und zum Urheberrechtswahrnehmungsgesetz; mit den Texten der Urheberrechtsgesetze Österreichs und der Schweiz, 9. Auflage, Stuttgart/Berlin/Köln 1998 (zit.: Fromm/Nordemann-*Bearbeiter*).

Frowein, Jochen Abr. / *Peukert*, Wolfgang: Europäische Menschenrechtskonvention: EMRK-Kommentar, Kehl/Strassburg/Arlington 1985 (zit.: Frowein/Peukert-*Bearbeiter*).

Gäbler, Bernd: Vorwort, in: Fritz Wolf: Alles Doku – oder was? Über die Ausdifferenzierung des Dokumentarischen im Fernsehen, Wuppertal 2003, S. 9.

v. Gamm, Otto-Friedrich Frhr.: Urheberrechtsgesetz: Kommentar, München 1968.
– Wettbewerbsrecht: Mit Zugabe- und Rabattrecht sowie mit Nebengesetzen und kartellrechtlichen Vorschriften, Band 1, 1. Halbband, 5. Auflage, Köln/ Berlin/Bonn/München 1987 (zit.: *v. Gamm*, Wettbewerbsrecht Bd. I/1).
– Gesetz gegen den unlauteren Wettbewerb, 3. Auflage, Köln/Berlin/Bonn/ München 1993 (zit.: *v. Gamm*, UWG).

Geiger, Christoph: Anmerkung zu TGI Paris (3. Kammer) v. 23.2.1999 (GRUR Int. 2001, 252), GRUR Int. 2001, 253.
– Anmerkung zu Cour d'appel de Paris (4. Kammer) v. 30.5.2001 (GRUR Int. 2002, 329), GRUR Int. 2002, 330.

Geiser, Thomas: Die Persönlichkeitsverletzung insbesondere durch Kunstwerke, Basel/Frankfurt a. M. 1990.

Gloy, Wolfgang: Handbuch des Wettbewerbsrechts, 2. Auflage, München 1997.
– Das Urheberrecht des Angestellten unter besonderer Berücksichtigung der Rechtsverhältnisse bei Film- und Gruppenwerken, Diss. Hamburg 1962 (zit.: Das Urheberrecht des Angestellten).

Gloy, Wolfgang / *Loschelder*, Michael: Handbuch des Wettbewerbsrechts, 3. Auflage, München 2005 (zit.: Gloy/Loschelder-*Bearbeiter*, Handbuch des Wettbewerbsrechts).

Götting, Horst-Peter: Persönlichkeitsrechte als Vermögensrechte, Tübingen 1995.
– Die Vererblichkeit der vermögenswerten Bestandteile des Persönlichkeitsrechts – ein Meilenstein in der Rechtsprechung des BGH, NJW 2001, 585.
– Schöpfer vorbestehender Werke, ZUM 1999, 3.
– Sanktionen bei Verletzung des postmortalen Persönlichkeitsrechts, GRUR 2004, 801.

Gounalakis, Georgios: Persönlichkeitsschutz und Geldersatz, AfP 1998, 10.

Grabenwarter, Christoph: Schutz der Privatsphäre versus Pressefreiheit: Europäische Korrektur eines deutschen Sonderweges? AfP 2004, 309.

Greco, Paolo: Die Struktur der Filmwerke und deren Stellung im System des Urheberrechts: Eine rechtsvergleichende Betrachtung, UFITA 25 (1958), 497.

Haesner, Christoph: Zitate in Filmwerken, GRUR 1986, 854.

Hahn, Bernhard: Das Recht am eigenen Bild – anders betrachtet, NJW 1997, 1348.

Harte-Bavendamm, Henning / *Henning-Bodewig*, Frauke: Gesetz gegen den unlauteren Wettbewerb (UWG): Mit Preisangabenverordnung, Kommentar, München 2004 (zit.: Harte-Bavendamm/Henning-Bodewig-*Bearbeiter*).

v. *Hartlieb*, Horst: Handbuch des Film-, Fernseh- und Videorechts, 3. Auflage, München 1991.
– Persönlichkeitsschutz und Filmfreiheit, UFITA 27 (1959), 145.

v. *Hartlieb*, Holger / *Schwarz*, Mathias: Handbuch des Film-, Fernseh- und Videorechts, 4. Auflage, München 2004 (zit.: v. Hartlieb/Schwarz-*Bearbeiter*).

Hartmann, Britta / *Wulf*, Hans J.: Cinéma Vérité, in: Sachlexikon Film, hrsg. v. Rainer Rother, Hamburg 1997, S. 43.

Hasselblatt, Gordian N.: Münchener Anwaltshandbuch: Gewerblicher Rechtsschutz, 2. Auflage, München 2005 (zit.: Hasselblatt-*Bearbeiter*, Gewerblicher Rechtsschutz).

Hattendorf, Manfred: Dokumentarfilm und Authentizität: Ästhetik und Pragmatik einer Gattung, 2. Auflage, Diss. Konstanz 1999 (zit.: Dokumentarfilm und Authentizität).

Heidmeier, Sandra: Das Urheberpersönlichkeitsrecht und der Film, Diss. Frankfurt a. M. 1996.

Helle, Jürgen: Besondere Persönlichkeitsrechte im Privatrecht: Das Recht am eigenen Bild, das Recht am gesprochenen Wort und der Schutz des geschriebenen Wortes, Tübingen 1991 (zit.: Besondere Persönlichkeitsrechte im Privatrecht).
- Anmerkung zu BGH v. 12.10.1993 – VI ZR 23/93 (JZ 1994, 413), JZ 1994, 416.
- Bemerkungen zum Recht am eigenen Bild als Unterfall des allgemeinen Persönlichkeitsrechts, AfP 1986, 25.
- Die Einwilligung beim Recht am eigenen Bild, AfP 1985, 93.

Heller, Heinz-B.: Dokumentarfilm im Fernsehen – Fernsehdokumentarismus, in: Geschichte des Fernsehens in der Bundesrepublik Deutschland, Band 3: Informations- und Dokumentarsendungen, hrsg. v. Peter Ludes/ Heidemarie Schumacher/ Peter Zimmermann, München 1994, S. 91.
- Direct Cinema, in: Reclams Sachlexikon des Films, hrsg. v. Thomas Koebner, Stuttgart 2002, S. 120.
- Dokumentarfilm, in: Reclams Sachlexikon des Films, hrsg. v. Thomas Koebner, Stuttgart 2002, S. 124.

Herrmann, Günter: Zum verfassungsrechtlichen Schutz der Persönlichkeit in ihrer Identität, Selbstbestimmung und Ehre, ZUM 1990, 541.

Hertin, Paul-W.: Die urheberrechtliche Stellung des Kameramannes, UFITA 118 (1992), 57.

Hickethier, Knut: Fiktion und Fakt. Das Dokumentarspiel und seine Entwicklung bei ZDF und ARD, in: Fernsehsendungen und ihre Formen: Typologie, Geschichte und Kritik des Programms in der Bundesrepublik Deutschland, hrsg. v. Helmut Kreuzer/ Karl Prümm, Stuttgart 1979, S. 53.

Hochrathner, Uwe J.: Hidden Camera – Ein zulässiges Einsatzwerkzeug des investigativen Journalismus? Rechtliche Aspekte bei der Arbeit mit versteckter Kamera, ZUM 2001, 669.

Hoeren, Thomas: Urheberrechtliche Probleme des Dokumentarfilms, GRUR 1992, 145.
- Urheberrecht 2000 – Thesen für eine Reform des Urheberrechts, MMR 2000, 3.
- Die Reichweite gesetzlicher Schranken und Lizenzen, in: Internet- und Multimediarecht (Cyberlaw), hrsg. v. Michael Lehmann, Stuttgart 1997, S. 95.

Hoffer, Thomas W. / *Musburger*, Robert / *Nelson*, Richard Alan: Docudrama, in: TV Genres: A Handbook and Reference Guide, hrsg. v. Brian G. Rose/ Robert S. Alley, Westport 1985, S. 181 (zit.: TV Genres).

Hohenberger, Eva: Dokumentarfilmtheorie: Ein historischer Überblick über Ansätze und Probleme, in: Bilder des Wirklichen: Texte zur Theorie des Dokumentarfilms, hrsg. v. Eva Hohenberger, Berlin 1998, S. 8 (zit.: Dokumentarfilmtheorie).

Hohlfeld, Ralf: Weniger Wirklichkeit war nie – Big Brother und die Tradition des Reality-Fernsehens, in: Inszenierte Banalität zur Prime Time, hrsg. v. Frank Weber, Münster 2000, S. 195 (zit.: Weniger Wirklichkeit war nie).

Homann, Hans-Jürgen: Praxishandbuch Filmrecht: Ein Leitfaden für Film-, Fernseh- und Medienschaffende, 2. Auflage, Berlin/Heidelberg 2004 (zit.: Praxishandbuch Filmrecht).

Hoppe, Tilmann: Persönlichkeitsschutz durch Haftungsrecht, Diss. Berlin 2001.

Hubmann, Heinrich: Das Persönlichkeitsrecht, 2. Auflage, Köln 1967.
- Persönlichkeitsschutz ohne Grenzen? Betrachtungen zu einigen neueren Entscheidungen des BVerfG, UFITA 70 (1974), 75.
- Die Personendarstellung im Film und der Gesetzentwurf des BJM über den Persönlichkeitsschutz, UFITA 26 (1958), 19.
- Anmerkung zu BGH v. 3.6.1975 – VI ZR 123/74 (JZ 1975, 637), JZ 1975, 639.

Hüffer, Uwe: Die Eingriffskondiktion, JuS 1981, 263.

Huth, Juliane: Persönlichkeitsverletzung durch psychologische Darstellung und Beurteilung des Lebens- und Charakterbildes in der Presse, AfP 1977, 212.

Isensee, Josef: Kunstfreiheit im Streit mit Persönlichkeitsschutz, AfP 1993, 619.

Isensee, Josef / *Kirchhof*, Paul: Handbuch des Staatsrechts der Bundesrepublik Deutschland, Band VI Freiheitsrechte, Heidelberg 1989 (zit.: Isensee/ Kirchhof-*Bearbeiter*, Handbuch des Staatsrechts VI).

Jacobs, Rainer: Das Verbrechen im Film, in: Wanderer zwischen Musik, Politik und Recht: Festschrift für Reinhold Kreile zu seinem 65. Geburtstag, hrsg.

v. Jürgen Becker/ Peter Lerche/ Ernst-Joachim Mestmäcker, Baden-Baden 1994, S. 307 (zit.: *Jacobs*, FS Kreile).
– Anmerkung zu BGH v. 8.6.1982 – VI ZR 139/80 (GRUR 1982, 627), GRUR 1982, 629.

Jarass, Hans D.: Das allgemeine Persönlichkeitsrecht im Grundgesetz, NJW 1989, 857.

Jarass, Hans D. / *Pieroth*, Bodo: Grundgesetz für die Bundesrepublik Deutschland: Kommentar, 6. Auflage, München 2002 (zit.: Jarass/Pieroth-*Bearbeiter*).

Jauernig, Othmar: Bürgerliches Gesetzbuch: Kommentar, 11. Auflage, München 2004 (zit.: Jauernig-*Bearbeiter*).

Johnen, Kurt: Big Brother – und raus bist Du, in: Inszenierte Banalität zur Prime Time, hrsg. v. Frank Weber, Münster 2000, S. 57.

Kaboth, Daniel: Der EGMR und Caroline von Hannover: Mehr Schutz vor der Veröffentlichung von Fotoaufnahmen aus dem Privatleben Prominenter?, ZUM 2004, 818.

Keller, Hans-Joachim: Zum Verhältnis von Persönlichkeitsschutz und Kunstfreiheit, UFITA 79 (1977), 89.

Kläver, Magdalene: Bereicherungsrechtliche Ansprüche bei einer Verletzung des allgemeinen Persönlichkeitsrechts, Diss. Hamburg 1999.
– Vermögensrechtliche Aspekte des zivilrechtlichen allgemeinen Persönlichkeitsrechts, ZUM 2002, 205.

Klein, Stefanie: Der zivilrechtliche Schutz des einzelnen vor Persönlichkeitsrechtsverletzungen durch die Sensationspresse, Diss. Frankfurt a. M. 2000 (zit.: Der zivilrechtliche Schutz des einzelnen vor Persönlichkeitsrechtsverletzungen).

Klippel, Diethelm: Der zivilrechtliche Schutz des Namens: Eine historische und systematische Untersuchung, Paderborn/München/Wien/Zürich 1985 (zit.: Der zivilrechtliche Schutz des Namens).

Klöckner, Klaus: Reportage, in: Medienlexikon: Kommunikation in Gesellschaft und Staat, hrsg. v. Lothar Döhn/ Klaus Klöckner, Darmstadt 1979, S. 193.
– Bericht, in: Medienlexikon: Kommunikation in Gesellschaft und Staat, hrsg. v. Lothar Döhn/ Klaus Klöckner, Darmstadt 1979, S. 193.

Knöbl, Harald Peter: Die „kleine Münze“ im System des Immaterialgüter- und Wettbewerbsrechts: Eine rechtsvergleichende Analyse des deutschen, schweizerischen, französischen und US-amerikanischen Rechts, Diss. Hamburg 2002 (zit.: Die „kleine Münze“).

Koch, Harald: Über die Entbehrlichkeit der „gewillkürten Prozeßstandschaft“ - Alternativen der Prozeßführung durch Rechtsfremde -, JZ 1984, 809.

Koebel, Ulrich: Namensnennung in Massenmedien, JZ 1966, 389.
- Persönlichkeitsschutz gegenüber öffentlichen Informationen, MDR 1972, 8.
- Allgemeines Persönlichkeitsrecht und Unterlassungsanspruch, NJW 1955, 1337.

Köhler, Helmut: Der Rechtsbruchtatbestand im neuen UWG, GRUR 2004, 381.

Köhler, Helmut / *Piper*, Henning: Gesetz gegen den unlauteren Wettbewerb mit Preisangabenverordnung: Kommentar, 3. Auflage, München 2002 (zit.: Köhler/Piper-*Bearbeiter*).

Kohte, Wolfhard: Die rechtfertigende Einwilligung, AcP 185, 105.

Koller, Peter: Theorie des Rechts: Eine Einführung, 2. Auflage, Wien/Köln/ Weimar 1997 (zit.: Theorie des Rechts).

Koppehele, Harald: Voraussetzungen des Schmerzensgeldanspruchs bei prominenten Personen aus dem Showgeschäft, AfP 1981, 337.

Krause-Ablaß, Günter B.: Zitate aus Aufführungen, Tonaufnahmen, Filmen und Sendungen in Film und Rundfunk, GRUR 1962, 321.

Krneta, Slavica: Kommerzielle Aspekte des Rechts am eigenen Bild, GRUR Int. 1996, 298.

Krone, Gunnar: Der Exklusivvertrag: Im Spannungsfeld von Berichterstattungs- und Vertragsfreiheit, AfP 1982, 196.

Krüger, Christof: Verstoß gegen § 1 UWG bei Verletzung fremder Persönlichkeitsrechte? Bemerkungen zu dem Urteil des Landgerichts Düsseldorf v. 3.10.1979 – 12 O 137/79 – WRP 1980, 46 f., WRP 1980, 251.

Krüger-Nieland, Gerda: Zitatensammlungen und Urheberschutz, GRUR Int. 1973, 289.

Kübler, Hans-Dieter: Inszenierte Banalität: Wie symptomatisch ist die „Real Life Show Big Brother“ für Fernsehen und Gesellschaft?, in: Inszenierte Banalität zur Prime Time, hrsg. v. Frank Weber, Münster 2000, S. 11 (zit.: Inszenierte Banalität).

Kurowski, Ulrich: Lexikon Film, 2. Auflage, München 1973.

Ladeur, Karl-Heinz: Schutz von Prominenz als Eigentum: Zur Kritik der Caroline-Rechtsprechung des Bundesverfassungsgerichts, ZUM 2000, 879.

Lampe, Ernst-Joachim: Der Straftäter als „Person der Zeitgeschichte“, NJW 1973, 217.

Landgraeber, Wolfgang: Ihr da draußen, wir hier drinnen ... Vom komplizierten Verhältnis zwischen Dokumentarfilmautor und Redakteur, in: Dokumentarisches Fernsehen: Eine aktuelle Bestandsaufnahme, hrsg. v. Georg Feil, Konstanz 2003, S. 247 (zit.: Ihr da draußen, wir hier drinnen).

Larenz, Karl: Lehrbuch des Schuldrechts: Erster Band, Allgemeiner Teil, 14. Auflage, München 1987 (zit.: *Larenz*, Schuldrecht Bd. I).
– Lehrbuch des Schuldrechts: Zweiter Band Besonderer Teil, 12. Auflage, München 1981, (zit.: Schuldrecht Bd. II).

Larenz, Karl / *Canaris*, Claus-Wilhelm: Methodenlehre der Rechtswissenschaft, 3. Auflage, Berlin/Heidelberg/New York 1995.
– Lehrbuch des Schuldrechts: Zweiter Band, Besonderer Teil, 2. Halbband, 13. Auflage, München 1994 (zit.: *Larenz/Canaris*, Schuldrecht Bd. II/2).

Larenz, Karl / *Wolf*, Manfred: Allgemeiner Teil des Bürgerlichen Rechts, 9. Auflage, München 2004 (zit.: BGB AT).

Lausen, Matthias: Der Schauspieler und sein Replikant, ZUM 1997, 86.

Leinveber, Gerhard: Rechtsprobleme um das sog. „große und kleine Zitat“ zu wissenschaftlichen Zwecken, GRUR 1966, 479.
– Nochmals: Der urheberrechtliche Fall „Kandinsky“: Zum Begriff der Erläuterung im Rahmen der Zitierfreiheit, GRUR 1969, 130.
– Die Darstellung des Lebensbildes in der Öffentlichkeit: Ein presserechtliches Nachwort zum sog. „Mephisto-Gründgens-Prozeß“, AfP 1967/70, 803.

Leipziger Kommentar: Strafgesetzbuch: Großkommentar, hrsg. v. Burkhard Jähnke/ Heinrich Wilhelm Laufhütte/ Walter Odersky, Zweiter Band §§ 32 bis 60, 11. Auflage, Berlin 2003 (zit.: LK-*Bearbeiter*).

Leiser, Erwin: Dokumentarfilm und Geschichte, in: Fernseh-Dokumentarismus: Bilanz und Perspektiven, hrsg. v. Peter Zimmermann, 2. Auflage, Konstanz 1994, S. 37.

Lilienthal, Volker: Sendefertig abgesetzt: ZDF, SAT.1 und der Soldatenmord von Lebach, Berlin 2001 (zit.: Sendefertig abgesetzt).

Litwalk, Mark: Contracts for the Film & Television Industry, 2. Auflage, Los Angeles 1998.

Löffler, Martin: Das Grundrecht auf Informationsfreiheit als Schranke des Urheberrechts, NJW 1980, 201.

Löffler, Martin / *Glaser*, Hans: Grenzen der Zitierfreiheit, GRUR 1958, 477.

Löffler, Martin / *Ricker*, Reinhart: Handbuch des Presserechts, 4. Auflage, München 2000.

Loewenheim, Ulrich: Handbuch des Urheberrechts, München 2003 (zit.: Loewenheim-*Bearbeiter*).

– Der Schutz der kleinen Münze im Urheberrecht, GRUR 1987, 761.

Loewenheim, Ulrich / *Winckler*, Annemarie: Grundfälle zum Bereicherungsrecht, JuS 1984, 116.

Lucas-Schloetter, Agnès: Die Interessenabwägung bei der Ausübung des Urheberpersönlichkeitsrechts, GRUR Int. 2002, 2.

Ludes, Peter: Vom neuen Stichwortgeber zum überforderten Welterklärer und Synchronregisseur: Nachrichtensendungen, in: Geschichte des Fernsehens in der Bundesrepublik Deutschland, Band 3: Informations- und Dokumentarsendungen, hrsg. v. Peter Ludes/ Heidemarie Schumacher/ Peter Zimmermann, München 1994, S. 17 (zit.: Nachrichtensendungen).

Lütje, Stefan: Die Rechte der Mitwirkenden am Filmwerk, Diss. Baden-Baden 1987.

Lukes: zitiert nach Wolfgang Zöllner, Bericht über die Tagung der Zivilrechtslehrer in Bad Kissingen am 11. / 12. Oktober 1961, AcP 160, 538.

Magold, Hanns Arno: Personenmerchandising: Der Schutz der Persona im Recht der USA und Deutschlands, Diss. Frankfurt a. M. 1994 (zit.: Personenmerchandising).

v. Mangoldt, Hermann / *Klein*, Friedrich / *Starck*, Christian: Das Bonner Grundgesetz: Kommentar, Band 1: Präambel, Artikel 1 bis 19, 4. Auflage, München 1999 (zit.: v. Mangoldt/Klein/Starck-*Bearbeiter*).

Mann, Roger: Auswirkungen der Caroline-Entscheidung des EGMR auf die forensische Praxis, NJW 2004, 3220.

Marxen, Klaus: Medienfreiheit und Unschuldsvermutung, GA 1980, 365.

Maunz, Theodor / *Dürig*, Günter: Grundgesetz: Kommentar, Band I Art. 1-5, München 2004 (zit.: Maunz/Dürig-*Bearbeiter*).

Merker, Martina: Das Urheberrecht des Chefkameramannes am Spielfilmwerk, Diss. Frankfurt a. M. 1996.

Metzger, Axel: „Germania 3 Gespenster am toten Mann“ oder: Welchen Zweck darf ein Zitat gemäß § 51 Nr. 2 UrhG verfolgen? Zugleich ein Beitrag zur Grundrechtswirkung im Urheberrecht, ZUM 2000, 924.

v. Metzler, W.: Namensverwendung und Darstellung des Lebensbildes in Film und in literarischen Werken, UFITA 20 (1955), 38.

Meyer-Cording, Ulrich: Das literarische Portrait und die Freiheit der Kunst, JZ 1976, 737.

Meyer-Goßner, Lutz: Strafprozessordnung: Gerichtsverfassungsgesetz, Nebengesetze und ergänzende Bestimmungen, 47. Auflage, München 2004 (zit.: Strafprozessordnung).

Meyer-Ladewig, Jens / *Petzold*, Herbert: Die Bindung deutscher Gerichte an Urteile des EGMR: Neues aus Straßburg und Karlsruhe, NJW 2005, 15.

Meyers Enzyklopädisches Lexikon: in 25 Bänden, Band 7: Div – Eny und 2. Nachtrag, 9. Auflage, Mannheim 1973.

Mikos, Lothar: Big Brother als performatives Realitätsfernsehen – Ein Fernsehformat im Kontext der Entwicklung des Unterhaltungsfernsehens, in: Inszenierte Banalität zur Prime Time, hrsg. v. Frank Weber, Münster 2000, S. 161 (zit.: Big Brother als performatives Realitätsfernsehen).

Möhring, Philipp / *Nicolini*, Käte: Urheberrechtsgesetz: Kommentar, hrsg. v. Käte Nicolini/ Hartwig Ahlberg, 2. Auflage, München 2000 (zit.: Möhring/ Nicolini-*Bearbeiter*).

Mohr, Reinhard: Hinter tausend Stäben, Der Spiegel v. 8.10.2001 (Nr. 41/01), 66.

v. Moltke, Bertram: Das Urheberrecht an Werken der Wissenschaft, Baden-Baden 1992.

Monaco, James: Film verstehen: Kunst, Technik, Sprache, Geschichte und Theorie des Films und der Neuen Medien, Reinbek 2000 (zit.: Film verstehen).

Moosmann, Oliver: Exklusivstories: Zur rechtlichen Problematik der Exklusivvermarktung von Lebensgeschichten und anderen persönlichkeitsrechtlich geschützten Informationen, Diss. Frankfurt a.M. 2002 (zit.: Exklusivstories).

v. Münch, Ingo / *Kunig*, Philip: Grundgesetz-Kommentar, Band 1 (Präambel bis Art. 19), 5. Auflage, München 2000 (zit.: v. Münch/Kunig-*Bearbeiter*).

Münchener Kommentar zum Bürgerlichen Gesetzbuch: Band 1 Allgemeiner Teil: §§ 1 – 240, AGB-Gesetz, hrsg. v. Kurt Rebmann/ Franz Jürgen Säcker/ Roland Rixecker, 4. Auflage, München 2001 (zit.: MüKo-*Bearbeiter*).

- Band 1 Allgemeiner Teil (§§ 1 – 240), AGB-Gesetz, hrsg. v. Kurt Rebmann/ Franz Jürgen Säcker, 3. Auflage, München 1993 (zit.: MüKo^3-*Bearbeiter*).
- Band 2a Schuldrecht Allgemeiner Teil: §§ 241 – 432, hrsg. v. Kurt Rebmann/ Franz Jürgen Säcker/ Roland Rixecker, 4. Auflage, München 2003 (zit.: MüKo-*Bearbeiter*).
- Band 5 Schuldrecht Besonderer Teil: §§ 705 – 853, Partnerschaftsgesellschaftsgesetz, Produkthaftungsgesetz, hrsg. v. Kurt

Rebmann/ Franz Jürgen Säcker/ Roland Rixecker, 4. Auflage, München 2004 (zit.: MüKo-*Bearbeiter*).
- Band 6 Sachenrecht §§ 854 – 1296, Wohnungseigentumsgesetz, Erbbaurechtsverordnung, Sachenrechtsbereinigungsgesetz, Schuldrechtsänderungsgesetz, hrsg. v. Kurt Rebmann/ Franz Jürgen Säcker/ Roland Rixecker, 4. Auflage, München 2004 (zit.: MüKo-*Bearbeiter*).

Münchener Kommentar zum Strafgesetzbuch: Band 1 §§ 1 – 51 StGB, hrsg. v. Wolfgang Joecks/ Klaus Miebach, München 2003 (zit.: MüKo/StGB-*Bearbeiter*).

Münchener Kommentar zur Zivilprozeßordnung: mit Gerichtsverfassungsgesetz und Nebengesetzen, Band 1 §§ 1-354, hrsg. v. Gerhard Lüke/ Peter Wax, 2. Auflage, München 2000 (zit.: MüKo/ZPO-*Bearbeiter*).

Müsse, Hans-Gabriel: Das Urheberpersönlichkeitsrecht unter besonderer Berücksichtigung der Veröffentlichung und der Inhaltsmitteilung, Diss. Tübingen 1999 (zit.: Das Urheberpersönlichkeitsrecht).

Neumann-Duesberg, Horst: Bildberichterstattung über absolute und relative Personen der Zeitgeschichte, JZ 1960, 114.
- Wissenschaftliches Großzitat: Verbietungsrecht des Urhebers aus Urheberverwertungsrecht, Urheberpersönlichkeitsrecht und Persönlichkeitsrecht?, UFITA 46 (1966), 68.
- Anmerkung zu OLG Freiburg i. Br. v. 11.6.1953 (Schulze OLGZ 90, 1), Schulze OLGZ 90, 5.

Neuner, Jörg: Die Rechtsfindung contra legem, Diss. München 1992.

Nipperdey, Hans Carl: Das allgemeine Persönlichkeitsrecht, UFITA 30 (1960), 1.
- Grundrechte und Privatrecht: Eine Universitätsrede, in: Festschrift für Erich Molitor zum 75. Geburtstag: 3. Oktober 1961, hrsg. v. Hans Carl Nipperdey, München/Berlin 1962, S. 17 (zit.: *Nipperdey*, FS Molitor).

Nordemann, Wilhelm: Anmerkung zu OLG Hamburg v. 22.1.1976 – 3 U 163/75 (Schulze OLGZ 163), Schulze OLGZ 163, 11.

Nowotsch, Barbara: Das neue Opferanspruchssicherungsgesetz, NJW 1998, 1831.

Odin, Roger: Dokumentarischer Film – dokumentarisierende Lektüre, in: Bilder des Wirklichen: Texte zur Theorie des Dokumentarfilms, hrsg. v. Eva Hohenberger, Berlin 1998, S. 286.

Oekonomidis, Demetrius: Die Zitierfreiheit im Recht Deutschlands, Frankreichs, Großbritanniens und der Vereinigten Staaten, Berlin/Frankfurt a. M. 1970 (zit.: Die Zitierfreiheit).

– Die Grenzen der Zitierfreiheit nach deutschem Recht: Unter besonderer Berücksichtigung der Rechtsprechung des Bundesgerichtshofs zum Fall Kandinsky, UFITA 1957 (1970), 179.

Ohly, Ansgar: „Volenti non fit iniura“: Die Einwilligung im Privatrecht, Tübingen 2002 (zit.: Die Einwilligung im Privatrecht).

– Harmonisierung des Persönlichkeitsrechts durch den Europäischen Gerichtshof für Menschenrechte? Rechtsvergleichende Anmerkungen zum Urteil in der Sache von Hannover/Deutschland, GRUR Int. 2004, 902.

v. Olenhusen, Albrecht Götz: Der Schutz gegen unerlaubte Bildnisveröffentlichung und seine Schranken: Anmerkungen zum Urteil des OLG Stuttgart – 4 U 88/81 – vom 16.12.1981, FuR 1983, 189.

Osiander, Daniela: Das Recht am eigenen Bild im allgemeinen Persönlichkeitsrecht: Aspekte für Medienschaffende, Diss. Frankfurt a. M. 1993 (zit.: Das Recht am eigenen Bild im allgemeinen Persönlichkeitsrecht).

Osterrieth, Albert / *Marwitz*, Bruno: Das Urheberrecht an Werken der bildenden Künste und der Photographie: Gesetz vom 9. Januar 1907 mit den Abänderungen vom 22. Mai 1910, 2. Auflage, Berlin 1929 (zit.: KUG).

Palandt, Otto: Bürgerliches Gesetzbuch: mit Einführungsgesetz (Auszug), BGB-Informationspflichten-Verordnung, Unterlassungsklagengesetz, Produkthaftungsgesetz, Erbbaurechtsverordnung, Wohnungseigentumsgesetz, Hausratsverordnung, Lebenspartnerschaftsgesetz, Gewaltschutzgesetz (Auszug), 63. Auflage, München 2004.

Peifer, Karl-Nikolaus: Individualität im Zivilrecht: Der Schutz persönlicher, gegenständlicher und wettbewerblicher Individualität im Persönlichkeitsrecht, Immaterialgüterrecht und Recht der Unternehmen, Tübingen 2001 (zit.: Individualität im Zivilrecht).

– Anmerkung zu BGH v. 5.12.1995 – VI ZR 332/94 (JR 1996, 419), JR 1996, 420.

Peukert, Alexander: Persönlichkeitsbezogene Immaterialgüterrechte?, ZUM 2000, 710.

Pieroth, Bodo / *Schlink*, Bernhard: Grundrechte: Staatsrecht II, 19. Auflage, Heidelberg 2003 (zit.: Grundrechte).

Pietzko, Joachim: Die Werbung mit dem Doppelgänger eines Prominenten, AfP 1988, 209.

Pintsch, Horst Richard: Das Urheberrecht am Tonfilm: Ein Beitrag zur neuesten Entwicklung auf dem Gebiete des Urheberrechts am Tonfilm, Diss. Leipzig 1938 (zit.: Das Urheberrecht am Tonfilm).

Prantl, Heribert: Die journalistische Information zwischen Ausschlußrecht und Gemeinfreiheit: Eine Studie zum sogenannten Nachrichtenschutz, zum mittelbaren Schutz der journalistischen Information durch § 1 UWG und zum Exklusivvertrag über journalistische Informationen, Diss. Bielefeld 1983 (zit.: Die journalistische Information zwischen Ausschlußrecht und Gemeinfreiheit).

– Der journalistische Exklusivvertrag über Informationen aus der personalen Sphäre, AfP 1984, 17.

Prinz, Matthias: Geldentschädigung bei Persönlichkeitsverletzungen durch Medien, NJW 1996, 953.

Prinz, Matthias / *Peters*, Butz: Medienrecht: Die zivilrechtlichen Ansprüche, München 1999 (zit.: Medienrecht).

Proske, Rüdiger: Die Anfänge des Dokumentarfilms im Deutschen Fernsehen, in: Fernseh-Dokumentarismus: Bilanz und Perspektiven, hrsg. v. Peter Zimmermann, 2. Auflage, Konstanz 1994, S. 81.

Prümm, Karl: Die schöpferische Rolle des Kameramannes, UFITA 118 (1992), 23.

Rabinger, Michael: Dokumentarfilme drehen, Frankfurt a. M. 2000.

Ramelow, Michael: Der Lebensbildschutz im Rahmen des allgemeinen Persönlichkeitsrechts, Diss. Hamburg 1963.

Rehbinder, Manfred: Urheberrecht, 12. Auflage, München 2002.

Reichsgerichtsräte-Kommentar: Das Bürgerliche Gesetzbuch: mit besonderer Berücksichtigung der Rechtsprechung des Reichsgerichts und des Bundesgerichtshofes; Kommentar; Band I §§ 1 – 240, hrsg. v. Mitgliedern des Bundesgerichtshofes, 12. Auflage, Berlin/New York 1982 (zit.: BGB-RGRK-*Bearbeiter*).

– Band II, 5. Teil §§ 812 – 831 (Anhang nach § 823: I. Verletzung des Persönlichkeitsrechts, II. Arzthaftungsrecht), hrsg. v. Mitgliedern des Bundesgerichtshofes, 12. Auflage, Berlin/New York 1989 (zit.: BGB-RGRK-*Bearbeiter*).

Reihe Alternativkommentare: Kommentar zum Grundgesetz für die Bundesrepublik Deutschland, Band 1 Art. 1-37, hrsg. v. Rudolf Wassermann, 2. Auflage, Neuwied 1989 (zit.: AK-*Bearbeiter*).

Reimer, Dietrich: Zum Urheberrechtsschutz von Darstellungen wissenschaftlicher oder technischer Art, GRUR 1980, 572.

Reinhardt, Rudolf: Das „Lebensbild" und der Schutz der Persönlichkeit im modernen Privatrecht, in: Persönlichkeit in der Demokratie: Festschrift für Erich Schwinge zum 70. Geburtstag, hrsg. v. Hans Ulrich Evers/ Karl

Heinrich Friauf/ Ernst Walter Hanack/ Rudolf Reinhardt, Köln/Bonn 1973, S. 127 (zit.: *Reinhardt*, FS Schwinge).

Reupert, Christine: Der Film im Urheberrecht: Neue Perspektiven nach hundert Jahren Film, Diss. Freiburg (Breisgau) 1994 (zit.: Der Film im Urheberrecht).
– Die Filmfreiheit, NVwZ 1994, 1155.

Reuter, Dieter / *Martinek*, Michael: Ungerechtfertigte Bereicherung, Tübingen 1983.

Roeber, Georg: Rechtsfragen der filmischen Dokumentation, UFITA 60 (1971), 193.
– Das Filmrecht und die Frage seiner Reformbedürftigkeit, Berlin 1933.
– Symposium zu Rechtsfragen der filmischen Dokumentation: Niederlegung von Thesen zum Rechtsschutz der Filme der Wochenschau, FuR 3/1971, 99.

Rommé, Oliver: Der Anscheinsbeweis im Gefüge von Beweiswürdigung, Beweismaß und Beweislast, Diss. Köln/Berlin/Bonn/München 1988.

Rosenberg, Leo: Die Beweislast: Auf der Grundlage des Bürgerlichen Gesetzbuchs und der Zivilprozessordnung, 5. Auflage, München/Berlin 1965 (zit.: Die Beweislast).

Roth, Wilhelm: Der Dokumentarfilm seit 1960, München/Luzern 1982.

Rühle, Alex: Conciergen der Literatur: Biografien: Der deutsche Bücherherbst findet vor Gericht statt, Süddeutsche Zeitung v. 11./12.10.2003 (Nr. 234), 13.

Rüthers, Bernd / *Berghaus*, Michael: Der ungerechte Zorn des Dichters – oder: Literaturgeschichte contra Persönlichkeitsschutz – Zur Veröffentlichung ehrverletzender Falschbehauptungen in Schriftstellerbriefen –, JZ 1987, 1093.

Rupp-v.Brünneck: Abweichende Meinung zu BVerfG v. 24.2.1971 – 1 BvR 435/68 (NJW 1971, 1645), NJW 1971, 1652.

Sachs, Michael (Hrsg.): Grundgesetz: Kommentar, 3. Auflage, München 2003 (zit.: Sachs-*Bearbeiter*).
– Verfassungsrecht II: Grundrechte, 2. Auflage, Berlin/Heidelberg 2003 (zit.: Verfassungsrecht II).

Schack, Haimo: Urheber- und Urhebervertragsrecht, 2. Auflage, Tübingen 2001.
– Anmerkung zu BGH v. 1.12.1999 – I ZR 49/97 (JZ 2000, 1056 – Marlene Dietrich), JZ 2000, 1060.
– Besprechung von Horst Peter Götting, Persönlichkeitsrechte als Vermögensrechte, Tübingen 1995, AcP 195, 594.

– Das Persönlichkeitsrecht der Urheber und ausübenden Künstler nach dem Tode, GRUR 1985, 352.

Schanze, Helmut: Big Brother oder Die Erfindung des Nebenbeifernsehens, in: Inszenierte Banalität zur Prime Time, hrsg. v. Frank Weber, Münster 2000, S. 3.

Schertz, Christian: Merchandising: Rechtsgrundlagen und Rechtspraxis, München 1997 (zit: Merchandising).

– Die Verfilmung tatsächlicher Ereignisse: Rechtliche Grenzen aus persönlichkeits- und urheberrechtlicher Sicht: Zugleich eine Erwiderung auf Eickmeier/Eickmeier, „Die rechtlichen Grenzen des Doku-Dramas", ZUM 98, 1 ff., ZUM 1998, 757.

Schicha, Christian: „Leb, so wie Du Dich fühlst?" Zur Fiktion von Authentizität beim Sendeformat Big Brother, in: Inszenierte Banalität zur Prime Time, hrsg. v. Frank Weber, Münster 2000, S. 77 (zit.: „Leb, so wie Du Dich fühlst?").

Schilling, Ernst B.: Grundfragen des Tonfilmrechts für Zwangsvollstreckung, Vergleich und Konkurs, Diss. Coburg 1934.

Schlechtriem, Peter: Bereicherung aus fremdem Persönlichkeitsrecht, in: Strukturen und Entwicklungen im Handels-, Gesellschafts- und Wirtschaftsrecht: Festschrift für Wolfgang Hefermehl zum 70. Geburtstag am 18. September 1976, hrsg. v. Robert Fischer/ Ernst Gessler/ Wolfgang Schilling/ Rolf Serick/ Peter Ulmer, München 1976, S. 445 (zit.: *Schlechtriem*, FS Hefermehl).

Schlingloff, Jochen: „Fotografieren verboten!" Zivilrechtliche Probleme bei der Herstellung und Reproduktion von Lichtbildern ausgestellter Kunstwerke, AfP 1992, 112.

Schmalz, Dieter: Methodenlehre für das juristische Studium, 4. Auflage, Baden-Baden 1998 (zit.: Methodenlehre).

Schmidt-Bleibtreu, Bruno / *Klein*, Franz: Kommentar zum Grundgesetz, 10. Auflage, München 2004 (zit.: Schmidt-Bleibtreu/Klein-*Bearbeiter*).

Schmidt-Osten, Hans: Informationsmonopol durch Exklusivverträge: Der Fall Steiner in rechtlicher und publizistischer Sicht, AfP 1973, 416.

Schneider, Egon: Beweis und Beweiswürdigung: unter besonderer Berücksichtigung des Zivilprozesses, München 1994.

Schönke, Adolf / *Schröder*, Horst: Strafgesetzbuch: Kommentar, 26. Auflage, München 2001 (zit.: Schönke/Schröder-*Bearbeiter*).

Schricker, Gerhard: Urheberrecht: Kommentar, 2. Auflage, München 1999 (zit.: Schricker-*Bearbeiter*).

– Zum Urheberschutz und Geschmacksmusterschutz von Postwertzeichen – Teil I, GRUR 1991, 563.
– Anmerkung zu BGH v. 24.11.1983 – I ZR 147/81 (GRUR 1984, 730, 730 ff. – Filmregisseur), GRUR 1984, 733.
– Kurzkommentar zu BGH v. 4.12.1986 – I ZR 189/84, EWiR 1987, 287.
– Kurzkommentar zu BGH, v. 14.10.1986 – VI ZR 10/86, EWiR 1987, 79.
– Die Einwilligung des Urhebers in entstellende Änderungen des Werks, in: Beiträge zum Schutz der Persönlichkeit und ihrer schöpferischen Leistungen: Festschrift für Heinrich Hubmann zum 70. Geburtstag, hrsg. v. Hans Forkel/ Alfons Kraft, Frankfurt a. M. 1985, S. 409 (zit.: *Schricker*, FS Hubmann).

Schulz, Wolfgang: Das Zitat in Film- und Multimediawerken: Grundsätze für die Praxis des Zitierens gemäß § 51 UrhG in audiovisuellen Medien, ZUM 1998, 221.

Schulze, Gernot: Die kleine Münze und ihre Abgrenzungsproblematik bei den Werkarten des Urheberrechts, Diss. Freiburg i.Br. 1983 (zit.: Die kleine Münze).
– Der Schutz der kleinen Münze im Urheberrecht, GRUR 1987, 769.

Schumacher, Heidemarie: Ästhetik, Funktion und Geschichte der Magazine im Fernsehprogramm der Bundesrepublik Deutschland, in: Geschichte des Fernsehens in der Bundesrepublik Deutschland Band 3: Informations- und Dokumentarsendungen, hrsg. v. Peter Ludes/ Heidemarie Schumacher/ Peter Zimmermann, München 1994, S. 101.

Schwerdtner, Peter: Das Persönlichkeitsrecht in der deutschen Zivilrechtsordnung: Offene Probleme einer juristischen Entdeckung, Berlin 1976 (zit.: Das Persönlichkeitsrecht).
– Der zivilrechtliche Persönlichkeitsschutz, JuS 1978, 289.

Seeliger, Gerhard: Beweislast, Beweisverfahren, Beweisarten und Beweiswürdigung im Steuerprozeß, Berlin 1981 (zit.: *Seeliger*, Beweislast).

Seifert, Fedor: Das Zitatrecht nach „Germania 3“, in: Festschrift für Willi Erdmann: Zum 65. Geburtstag, hrsg. v. Hans-Jürgen Ahrens/ Joachim Bornkamm/ Wolfgang Gloy/ Joachim Starck/ Joachim v. Ungern-Sternberg, Köln/Berlin/Bonn/München 2002, S. 195 (zit.: *Seifert*, FS Erdmann).

Seitz, Walter: Einmal nackt – immer frei? Vom Recht auf Bloßstellung „etwa nach Exklusivverträgen“, NJW 2000, 2167.

Siemens, Christiane: Anmerkung zu OLG Hamburg v. 25.7.1996 – 3 U 60/93 (AfP 1997, 538), AfP 1997, 542.

Silverman, Emily: Der Zugriff auf Profite aus der Vermarktung von Straftaten, JZ 1998, 552.

Singleton, Ralph S.: Filmmaker's Dictionary, Beverly Hills 1990.

Soehring, Jörg: Presserecht: Recherche, Darstellung und Haftung im Recht der Presse, des Rundfunks und der Neuen Medien, 3. Auflage, Stuttgart 2000 (zit.: Presserecht).
– Caroline und ein Ende? Anmerkungen zum Urteil des Bundesverfassungsgerichts vom 15. Dezember 1999 – 1 BvR 653/96, AfP 2000, 230.

Soehring, Jörg / *Seelmann-Eggebert*, Sebastian: Die Entwicklung des Presse- und Äußerungsrechts 1997 bis 1999, NJW 2000, 2466.

Soergel, Hs. Th.: Bürgerliches Gesetzbuch: mit Einführungsgesetz und Nebengesetzen, Band 1 Allgemeiner Teil 1 §§ 1 – 103, hrsg. v. W. Siebert u.a./ wiss. Red. Manfred Wolf, 13. Auflage, Stuttgart/Berlin/Köln/Mainz 2000 (zit.: Soergel-*Bearbeiter*).
– Bürgerliches Gesetzbuch: mit Einführungsgesetz und Nebengesetzen, Band 2 Allgemeiner Teil 2 §§ 104 – 240, hrsg. v. W. Siebert u.a./ wiss. Red. Manfred Wolf, 13. Auflage, Stuttgart/Berlin/Köln/Mainz 1999 (zit.: Soergel-*Bearbeiter*).
– Bürgerliches Gesetzbuch: mit Einführungsgesetz und Nebengesetzen, Band 2 Schuldrecht I §§ 241 – 432, hrsg. v. W. Siebert u.a./ wiss. Red. Hans-Joachim Mertens, 12. Auflage, Stuttgart/Berlin/Köln 1990.
– Bürgerliches Gesetzbuch: mit Einführungsgesetz und Nebengesetzen, Band 5/2: Schuldrecht V/2 (§§ 823 – 853) Produkthaftungsgesetz, Umwelthaftungsgesetz, hrsg. v. W. Siebert u.a./ wiss. Red. Otto Mühl/ Walther Hadding, 12. Auflage, Stuttgart/Berlin/Köln 1999 (zit.: Soergel-*Bearbeiter*).

Staudinger, Julius von: Kommentar zum Bürgerlichen Gesetzbuch mit Einführungsgesetz und Nebengesetzen: Geleitwort; Einleitung zum BGB; Erstes Buch, Allgemeiner Teil §§ 1 – 12; VerschG, 13. Bearbeitung 1995, Berlin 1995 (zit.: Staudinger-*Bearbeiter*).
– Kommentar zum Bürgerlichen Gesetzbuch mit Einführungsgesetz und Nebengesetzen: Erstes Buch, Allgemeiner Teil §§ 90 – 240, 12. Auflage, Berlin 1980 (zit.: Staudinger[12]-*Bearbeiter*).
– Kommentar zum Bürgerlichen Gesetzbuch mit Einführungsgesetz und Nebengesetzen, II. Band: Recht der Schuldverhältnisse, 3. Teil §§ 611 – 704, 11. Auflage, Berlin 1958 (zit.: Staudinger[11]- *Bearbeiter*).
– Kommentar zum Bürgerlichen Gesetzbuch mit Einführungsgesetz und Nebengesetzen: Zweites Buch. Recht der Schuldverhältnisse §§ 812 – 822, Neubearbeitung 1999, Berlin 1999 (zit.: Staudinger-*Bearbeiter*).

– Kommentar zum Bürgerlichen Gesetzbuch mit Einführungsgesetz und Nebengesetzen: Zweites Buch. Recht der Schuldverhältnisse §§ 823 – 825, 13. Bearbeitung 1999, Berlin 1999 (zit.: Staudinger-*Bearbeiter*).
– Kommentar zum Bürgerlichen Gesetzbuch mit Einführungsgesetz und Nebengesetzen: Buch 3 Sachenrecht §§ 903 – 924, Neubearbeitung 2002, Berlin 2002 (zit.: Staudinger-*Bearbeiter*).

Steffen, Erich: Schmerzensgeld bei Persönlichkeitsverletzungen durch Medien: Ein Plädoyer gegen formelhafte Berechnungsmethoden bei der Geldentschädigung, NJW 1997, 10.

Stein, Friedrich / *Jonas*, Martin: Kommentar zur Zivilprozeßordnung, Band 1 §§ 1-90, 21. Auflage, 1993 Tübingen (Stein/Jonas-*Bearbeiter*).
– Kommentar zur Zivilprozeßordnung, Band 3 §§ 253 – 299a, 21. Auflage, Tübingen 1997 (zit.: Stein/Jonas-*Bearbeiter*).

Stöcker, Hans A.: Wirkungen der Urteile des Europäischen Gerichtshofs für Menschenrechte in der Bundesrepublik, NJW 1982, 1905.

Straßer, Robert: Die Abgrenzung der Laufbilder vom Filmwerk: Unter besonderer Berücksichtigung des urheberrechtlichen Werkbegriffs, Diss. Baden-Baden 1995 (zit.: Die Abgrenzung der Laufbilder vom Filmwerk).

Strothmann, York: Werbung mit bekannten Persönlichkeiten – Zugleich Anmerkung zur neueren Rechtsprechung des BGH –, GRUR 1996, 693.

Sutermeister, Peter: Das Urheberrecht am Film, Basel 1955.

Taupitz, Jochen: Rufausbeutung nach dem Tode: Wem gebührt der Profit? – Zugleich eine Analyse der arbeitsteiligen Fortentwicklung des allgemeinen Persönlichkeitsrechts durch den VI. und I. Zivilsenat des BGH –, in: Rufausbeutung nach dem Tode: Wem gebührt der Profit?, hrsg. v. Jochen Taupitz/ Gerda Müller, Heidelberg 2002, S. 1 (zit.: Rufausbeutung nach dem Tode).
– Wem gebührt der Schatz im menschlichen Körper? – Zur Beteiligung des Patienten an der kommerziellen Nutzung seiner Körpersubstanzen –, AcP 191, 201.

Teplitzky, Otto: Wettbewerbsrechtliche Ansprüche und Verfahren: Unterlassung – Beseitigung – Schadensersatz; Anspruchsdurchsetzung und Anspruchsabwehr, 8. Auflage, Köln/Berlin/Bonn/München 2002 (zit.: Wettbewerbsrechtliche Ansprüche und Verfahren).

Tessmer, Dirk: Der privatrechtliche Persönlichkeitsschutz von Prominenten vor Verletzung durch die Medien - mit rechtsvergleichenden Bezügen -, Diss. Marburg 2000 (zit.: Der privatrechtliche Persönlichkeitsschutz von Prominenten).

Thomas, Heinz / *Putzo*, Hans: Zivilprozessordnung: mit Gerichtsverfassungsgesetz, den Einführungsgesetzen und europarechtlichen Vorschriften (EuGVVO, EheVO, ZustellungsVO, ZustDG, AVAG), 25. Auflage, München 2003 (zit.: Thomas/Putzo-*Bearbeiter*).

Thoms, Frank: Der urheberrechtliche Schutz der kleinen Münze: Historische Entwicklung – Rechtsvergleichung – Rechtspolitische Wertung, Diss. München 1980 (zit.: Der urheberrechtliche Schutz der kleinen Münze).

Tillmanns, Lutz: Mediale Vermarktung von Verbrechen und Grundsätze eines *fair trial*, in: Medien zwischen Spruch und Informationsinteresse: Festschrift für Robert Schweizer zum 60. Geburtstag, hrsg. v. Andreas Heldrich, Baden-Baden 1999, UFITA 168 (1999), 227.

Traub, Fritz: Wettbewerbsrechtliche Nachahmungstatbestände und Klagebefugnis der Wettbewerber, in: Festschrift für Karlheinz Quack zum 65. Geburtstag, hrsg. v. Harm Peter Westermann/ Wolfgang Rosener, Berlin/New York 1991 (zit.: *Traub*, FS Quack).

Tröndle, Herbert / *Fischer*, Thomas: Strafgesetzbuch und Nebengesetze, 52. Auflage, München 2004 (zit.: Tröndle/Fischer-*Bearbeiter*).

Troller, Alois: Immaterialgüterrecht: Patentrecht, Markenrecht, Urheberrecht, Muster- und Modellrecht, Wettbewerbsrecht, Band I, 2. Auflage Basel/ Stuttgart 1968 (zit.: Immaterialgüterrecht Bd. I).

Troller, Georg-Stefan: Zur Psychologie des Dokumentaristen, in: Fernseh-Dokumentarismus: Bilanz und Perspektiven, hrsg. v. Peter Zimmermann, 2. Auflage, Konstanz 1994, S. 169.

Ullmann, Eike: Caroline v., Marlene D., Eheleute M. – ein fast geschlossener Kreis, WRP 2000, 1049.
– Persönlichkeitsrechte in Lizenz?, AfP 1999, 209.

Ulmer, Eugen: Urheber- und Verlagsrecht, 3. Auflage, Berlin/Heidelberg/New York 1980.
– Urheber- und Verlagsrecht, 2. Auflage, Berlin/Göttingen/Heidelberg 1960 (zit.: *Ulmer*^{2}, Urheber- und Verlagsrecht).
– Zitate in Filmwerken, GRUR 1972, 323.
– Zur Neuregelung des Filmrechts, GRUR 1952, S. 5.

Ulrich, Stefan: Das Recht auf Identität im zivilrechtlichen Persönlichkeitsschutz dargestellt unter besonderer Berücksichtigung des Pressebereichs, Diss. München 1995 (zit.: Das Recht auf Identität im zivilrechtlichen Persönlichkeitsschutz).

Unland, André: Die Verfilmung tatsächlicher Ereignisse: Persönlichkeitsrechtliche Grenzen, Diss. Münster 2000 (zit.: Die Verfilmung tatsächlicher Ereignisse).

Vinck, Kai: Anmerkung zu BGH v. 20.3.2003 – I ZR 117/00 (GRUR 2003, 956 – Gies-Adler), LMK 2003, 236.

Wagner, Gerhard: Anmerkung zu BGH v. 1.12.1999 – I ZR 49/97 (GRUR 2000, 709 – Marlene Dietrich) und BGH v. 1.12.1999 – I ZR 226/97 (GRUR 2000, 715 – Der blaue Engel), GRUR 2000, 717.
– Prominente und Normalbürger im Recht der Persönlichkeitsverletzung, VersR 2000, 1305.
– Geldersatz für Persönlichkeitsverletzungen, ZeuP 2000, 200.

Walter, Gerhard: Der Anwendungsbereich des Anscheinsbeweises, ZZP 90 (1977), 270.

Wandrey: Das Recht am Lebensbild, UFITA 5 (1932), 359.

Wandtke, Artur: Deutsche Kriegswochenschauen als Filmwerke, UFITA 132 (1996), 31.
– Doppelte Lizenzgebühr im Urheberrecht als Modell für den Vermögensschaden von Persönlichkeitsrechtsverletzungen im Internet?, GRUR 2000, 942.

Wandtke, Artur-Axel / *Bullinger*, Winfried: Praxiskommentar zum Urheberrecht, München 2002 (zit.: Wandtke/Bullinger-*Bearbeiter*).
– Gesetz zur Regelung des Urheberrechts in der Informationsgesellschaft: Ergänzungsband zum Praxiskommentar zum Urheberrecht, München 2003 (zit.: Wandtke/Bullinger-*Bearbeiter*, Ergänzungsband).

Wasserburg, Klaus: Der Schutz der Persönlichkeit im Recht der Medien: Ein Handbuch über die Ansprüche auf Schadensersatz, Unterlassung, Widerruf und Gegendarstellung, Heidelberg 1988 (zit.: Der Schutz der Persönlichkeit im Recht der Medien).

Weber, Franz: Der Träger des Filmurheberrechts im zukünftigen Recht, Diss. Düsseldorf 1940.

Wegener, Claudia: Reality TV: Fernsehen zwischen Emotion und Information, Opladen 1994.

Weingarten, Susanne: Grillparty mit der Stasi: Volker Schlöndorff drehte das Leben der Terroristin Inge Viett nach – und bekam eine Menge Ärger, Der Spiegel v. 14.2.2000 (Nr. 7/00), 222.

Weinsheimer, Stefanie: Biopicture, in: Reclams Sachlexikon des Films, hrsg. v. Thomas Koebner, Stuttgart 2002, S. 76.

Wente, Jürgen K.: Das Recht der journalistischen Recherche: Ein Beitrag zum Konflikt zwischen Medienfreiheiten und der informationellen Selbstbestimmung, Baden-Baden 1987.

Wenzel, Karl Egbert: Das Recht der Wort- und Bildberichterstattung: Handbuch des Äußerungsrechts, 5. Auflage, Köln 2003 (zit.: Wenzel-*Bearbeiter*).
– Die Verfassungsrechtsprechung in Sachen Böll, Eppler und „Kunstkritik", AfP 1980, 195.

Werhahn, Jürgen W.: Urheberrecht am Tonfilm, GRUR 1954, 16.

Westerbarkey, Joachim: Der Voyeur als Kontrolleur. Lust und Nutzen fiktiver Privatheit, in: Inszenierte Banalität zur Prime Time, hrsg. v. Frank Weber, Münster 2000, S. 69.

Wieczorek, Bernhard / *Schütze*, Rolf A.: Zivilprozeßordnung und Nebengesetze: Großkommentar, Band 1. Teilband 2. §§ 50 – 127a, 3. Auflage, Berlin 1994 (zit.: Wieczorek/Schütze-*Bearbeiter*).

Willems, Herbert: Big Brother – We are watching you: Überlegungen zum Genre und zur Resonanz einer neuen Form der Fernsehunterhaltung, in: Inszenierte Banalität zur Prime Time, hrsg. v. Frank Weber, Münster 2000, S. 23 (zit.: Big Brother – We are watching you).

Witzke, Bodo / *Rothaus*, Ulli: Die Fernsehreportage, Konstanz 2003.

Wolf, Fritz: Alles Doku – oder was? Über die Ausdifferenzierung des Dokumentarischen im Fernsehen, Wuppertal 2003 (zit.: Alles Doku – oder was?).

Wolpert, Fritz: Personennamen in Film- und Fernsehdarstellungen: Zwei Fallgruppen, FuR 1968, 126.

Zimmermann, Peter: Geschichte von Dokumentarfilm und Reportage von der Adenauer-Ära bis zur Gegenwart, in: Informations- und Dokumentarsendungen, hrsg. v. Peter Ludes/ Heidemarie Schumacher/ Peter Zimmermann, München 1994 (zit.: Geschichte von Dokumentarfilm und Reportage).

Zitelmann, Ernst: Ausschluß der Widerrechtlichkeit, AcP 99, 1.

Zöller, Richard: Zivilprozessordnung: mit Gerichtsverfassungsgesetz und den Einführungsgesetzen, mit Internationalem Zivilprozessrecht, EG-Verordnungen, Kostenanmerkungen; Kommentar, 24. Auflage, Köln 2004 (zit.: Zöller-*Bearbeiter*).

Studien zum deutschen
und europäischen Medienrecht

Herausgegeben von Dieter Dörr und Udo Fink
mit Unterstützung der Dr. Feldbausch Stiftung

Band 1 Peter Charissé: Die Rundfunkveranstaltungsfreiheit und das Zulassungsregime der Rundfunk- und Mediengesetze. Eine verfassungs- und europarechtliche Untersuchung der subjektiv-rechtlichen Stellung privater Rundfunkveranstalter. 1999.

Band 2 Dieter Dörr: Umfang und Grenzen der Rechtsaufsicht über die Deutsche Welle. 2000.

Band 3 Claudia Braml: Das Teleshopping und die Rundfunkfreiheit. Eine verfassungs- und europarechtliche Untersuchung im Hinblick auf den Rundfunkstaatsvertrag, den Mediendienste-Staatsvertrag, das Teledienstegesetz und die EG-Fernsehrichtlinie. 2000.

Band 4 Dieter Dörr, unter Mitarbeit von Mark D. Cole: *Big Brother* und die Menschenwürde. Die Menschenwürde und die Programmfreiheit am Beispiel eines neuen Sendeformats. 2000.

Band 5 Martin Stock: Medienfreiheit in der EU-Grundrechtscharta: Art. 10 EMRK ergänzen und modernisieren! 2000.

Band 6 Wolfgang Lent: Rundfunk-, Medien-, Teledienste. Eine verfassungsrechtliche Untersuchung des Rundfunkbegriffs und der Gewährleistungsbereiche öffentlich-rechtlicher Rundfunkanstalten unter Berücksichtigung einfachrechtlicher Abgrenzungsfragen zwischen Rundfunkstaatsvertrag, Mediendienstestaatsvertrag und Teledienstegesetz. 2001.

Band 7 Torsten Schreier: Das Selbstverwaltungsrecht der öffentlich-rechtlichen Rundfunkanstalten. 2001.

Band 8 Dieter Dörr: Sport im Fernsehen. Die Funktionen des öffentlich-rechtlichen Rundfunks bei der Sportberichterstattung. 2000.

Band 9 Dieter Dörr (Hrsg.): www.otello.de. Klassik nur noch im Internet oder per pay? Symposium aus Anlass des 85. Geburtstages von Professor Dr. Heinz Hübner. 2000.

Band 10 Markus Nauheim: Die Rechtmäßigkeit des Must-Carry-Prinzips im Bereich des digitalisierten Kabelfernsehens in der Bundesrepublik Deutschland. Illustriert anhand des Vierten Rundfunkänderungsstaatsvertrages. 2001.

Band 11 Stefan Sporn: Die Ländermedienanstalt. Zur Zukunft der Aufsicht über den privaten Rundfunk in Deutschland und Europa. 2001.

Band 12 Christian Ebsen: Fensterprogramme im Privatrundfunk als Mittel zur Sicherung von Meinungsvielfalt. 2003.

Band 13 Dieter Dörr / Stephanie Schiedermair: Rundfunk und Datenschutz. Die Stellung des Datenschutzbeauftragten des Norddeutschen Rundfunks. Eine Untersuchung unter besonderer Berücksichtigung der verfassungsrechtlichen und europarechtlichen Vorgaben. 2002.

Band 14 Dieter Dörr (Hrsg.): Rundfunk über Gebühr. Die Finanzierung des öffentlich-rechtlichen Rundfunks im Zeitalter der technischen Konvergenz. 3. Mainzer Mediengespräch. 2003.

Band 15 Dieter Dörr / Stephanie Schiedermair: Die Deutsche Welle. Die Funktion, der Auftrag, die Aufgaben und die Finanzierung heute. 2003.

Band 16 Frauke Blechschmidt: Das Instrumentarium audiovisueller Politik der Europäischen Gemeinschaft aus kompetenzrechtlicher Sicht. 2003.

Band 17 Christine Jury: Die Maßgeblichkeit von Art. 49 EG für nationale rundfunkpolitische Ordnungsentscheidungen unter besonderer Berücksichtigung von Art. 151 EG. Eine Untersuchung am Beispiel öffentlich-rechtlicher Spartenkanäle. 2005.

Band 18 Sabine Groh: Die Bonusregelungen des § 26 Abs. 2 S. 3 des Rundfunkstaatsvertrages. 2005.

Band 19 Sylke Wagner: Das *Websurfen* und der Datenschutz. Ein Rechtsvergleich unter besonderer Berücksichtigung der Zulässigkeit sogenannter *Cookies* und *Web Bugs* am Beispiel des deutschen und U.S.-amerikanischen Rechts. 2006.

Band 20 Stephanie Reese: Der Funktionsauftrag des öffentlich-rechtlichen Rundfunks vor dem Hintergrund der Digitalisierung. Zur Konkretisierung des Funktionsauftrages in § 11 Rundfunkstaatsvertrag. 2006.

Band 21 Henrike Maaß: Der Dokumentarfilm – Bürgerlichrechtliche und urheberrechtliche Grundlagen der Produktion. 2006.

Alexandra Loock

Das allgemeine Persönlichkeitsrecht der öffentlichen Person in den Medien

Eine Betrachtung mit interdisziplinären Bezügen

Frankfurt am Main, Berlin, Bern, Bruxelles, New York, Oxford, Wien, 2005. 264 S.
Europäische Hochschulschriften: Reihe 2, Rechtswissenschaft. Bd. 4289
ISBN 3-631-54118-X · br. € 45.50*

„Öffentlichkeit" ist der zentrale Begriff beim allgemeinen Persönlichkeitsrecht der lebenden „öffentlichen Person" in den Medien. Die Arbeit untersucht diesen Terminus mittels eines interdisziplinären Ansatzes, wozu zunächst der Begriff der „öffentlichen Person" definiert wird. Beim Persönlichkeitsrechtsschutz in den Medien geht es um die Rechtsabwägung zwischen Persönlichkeitsrecht und Medienfreiheit. Daher werden die Medien, ihre Rechte, das Wesen der Persönlichkeit, die Persönlichkeitssphäre und die Lehre von der „Person der Zeitgeschichte" näher beleuchtet. Diese Arbeit zeigt, dass die „öffentliche Person" nicht klar vom „realen" Individuum abgrenzbar ist und die Grenze zwischen Öffentlichkeit und Privatheit diffundiert. Die Auswirkungen dieser Erkenntnis auf den Schutzbereich des allgemeinen Persönlichkeitsrechts, den Rechtsschutz und die Schadensbestimmung werden im Einzelnen dargestellt.

Aus dem Inhalt: Die öffentliche Person als Teil der Mediengesellschaft · Definition des Begriffs „öffentliche Person" · Die Rechte des Art. 5 Absatz 1, Absatz 3 GG · Gründe für den Schutz von Privatheit · Die „öffentliche Person" als Person der Zeitgeschichte · Das allgemeine Persönlichkeitsrecht · Grundlagen des allgemeinen Persönlichkeitsrechts · Darstellung der einzelnen Sphären · Rechtswidrigkeit · Verschulden · Schaden · Rechtsschutz · Pressekodex des Deutschen Presserates · Wichtige Entscheidungen zum allgemeinen Persönlichkeitsrecht

FSC
www.fsc.org
MIX
Papier | Fördert
gute Waldnutzung
FSC® C083411

Kolibri 360 GmbH
Ferdinand-Jühlke-Straße 7
99095 Erfurt, Deutschland
produktsicherheit@kolibri360.de

Druck:
CPI Druckdienstleistungen GmbH
im Auftrag der
Kolibri 360 GmbH
Ferdinand-Jühlke-Str. 7
99095 Erfurt